HANS-GEORG KEMPER

# Deutsche Lyrik der frühen Neuzeit

Band 4/I

HANS-GEORG KEMPER

# Deutsche Lyrik
# der frühen Neuzeit

Band 4/I
Barock-Humanismus:
Krisen-Dichtung

MAX NIEMEYER VERLAG
TÜBINGEN 2006

Bibliografische Information der Deutschen Bibliothek

Die Deutsche Bibliothek verzeichnet diese Publikation in der Deutschen Nationalbibliografie;
detaillierte bibliografische Daten sind im Internet über *http://dnb.ddb.de* abrufbar.

ISBN 13: 978-3-484-10562-1   ISBN 10: 3-484-10562-3  kart.
ISBN 13: 978-3-484-10569-0   ISBN 10: 3-484-10569-0  Gewebe

© Max Niemeyer Verlag, Tübingen 2006
Ein Unternehmen der K. G. Saur Verlag GmbH, München
*http://www.niemeyer.de*
Printed in Germany.
Gedruckt auf alterungsbeständigem Papier.
Satz: pagina GmbH, Tübingen
Druck: AZ Druck und Datentechnik GmbH, Kempten
Einband: Buchbinderei Norbert Klotz, Jettingen-Scheppach

# Inhalt

## Zur technischen Einrichtung des Bandes

Im Darstellungsteil des vorliegenden Bandes werden die im ›Verzeichnis der zitierten Literatur‹ innerhalb von Sachgruppen alphabetisch aufgeführten Publikationen durch die Angabe der römischen Ziffer des jeweiligen Abschnitts der Bibliographie sowie des Verfassernamens, bei mehreren im selben Abschnitt aufgeführten Titeln desselben Autors auch durch das Erscheinungsdatum der Publikation sowie mit der Seitenzahl zitiert. Die Forschungsliteratur aus Abschnitt II des Verzeichnisses wird mit hinzugesetzter arabischer Ziffer aufgeführt, welche auf den jeweiligen historischen Bezugs-Autor verweist. Der Name eines im Zusammenhang bereits erwähnten oder eines im jeweiligen Kapitel behandelten Autors wird in den Klammern nicht wiederholt. Bei Autoren, denen jeweils ein Kapitel oder ein Abschnitt der Darstellung gewidmet sind, entfällt die Repetition der römischen Ziffer nach ihrer ersten Notierung. Darüber hinaus werden entweder die zitierten Ausgaben nach den in der Forschung eingebürgerten Abkürzungen genannt oder die Hauptwerke nach den Titel-Initialen aufgeführt. Die betreffenden Abkürzungen selbst sind im Literaturverzeichnis unter dem jeweiligen Autor zitiert und aufgeschlüsselt. Hervorhebungen in den Zitaten stammen – wenn nicht ausdrücklich anders vermerkt – aus den jeweils angeführten Werken.

Die Bände der vorliegenden Reihe (vgl. IV Kemper) werden nur nach Band- und Seitenzahl zitiert.

# Vorwort

Mit dem Erscheinen der beiden Teil-Bände zum ›Barock-Humanismus‹ liegt die ›Deutsche Lyrik der frühen Neuzeit‹ abgeschlossen vor (10 Bände 1987–2006). Diese Geschichte versucht, die mehr als hundert wichtigsten Lyriker aus dem Zeitraum von 300 Jahren zwischen Luther und Goethe in ihrem kulturgeschichtlichen Kontext zu erschließen. Das Projekt begann vor dreißig Jahren mit der Arbeit an meiner Habil.-Schrift (2 Bände 1980). Es wurde von einigen Editionen sowie zahlreichen Aufsätzen begleitet und durch eine 2004 erschienene Überblicksdarstellung ergänzt (vgl. IV Holznagel/Kemper u.a.).

Von Anfang an sollte die Darstellung zum ›Barock-Humanismus‹ als letzte erscheinen. Sie ist in der ›Mitte‹ der frühneuzeitlichen Epochen angesiedelt und kann so die kultur- und gattungsgeschichtlichen Stränge verknüpfen und abschließend Rück- und Überschau ermöglichen. Die Forschung hat sich in dem langen Entstehungszeitraum zum Teil rasant entwickelt. Ich habe versucht, den jeweiligen Stand zur Lyrikgeschichte in den einzelnen Bänden zu berücksichtigen und zugleich mein Hauptanliegen durchzuhalten, möglichst viele Facetten des riesigen Feldes frühneuzeitlicher Lyrik – darunter auch und vor allem die von den Autoren sehr ernst genommene, aber von der Forschung vernachlässigte geistliche Poesie – einzubeziehen. Dies im Problemhorizont der Epoche selbst, aber zugleich unter der Fragestellung, inwieweit sich in der geistlichen Dichtung rückschauend *auch* Tendenzen hin zur Moderne abzeichnen. Nur so war es möglich, die geistliche und weltliche Lyrik (oft aus der Feder derselben Autoren) aus einer methodisch einheitlichen Perspektive darzustellen. Wie ernst ich dabei die religiösen Anliegen der Autoren genommen habe, mögen auch die beiden Bände zum ›Barock-Humanismus‹ bezeugen. Daß der Horizont der Poeten dabei mehr Weltbilder einbezieht, als einer konfessionell gebundenen Frömmigkeit damals lieb war und heute noch lieb ist, macht ihre Gedichte kultur- und literarhistorisch interessant – auch im Blick auf den gegenwärtig eher betrüblichen Stand des interkonfessionellen Gesprächs und die Integrationsprobleme eines politisch bis zum ›Bosporus‹ wachsenden, seine Identität indes in der christlichen Tradition suchenden, jedoch weithin säkularen Europa (vgl. dazu auch III Breuer 1995b, S. XIVf.).

Die Darstellung konzentriert sich wie in den anderen Bänden auf die wichtigen Autoren. Auch bei ihnen ist immer noch viel zu entdecken. Stärker als bisher wahrgenommen, wirken zum Beispiel Ideen der Renaissance unter den deutschen Humanisten des 17. Jahrhunderts fort. Insbesondere stellt sie ihre Nähe zu neuplatonischen, magischen und hermetischen Vorstellungen in eine überraschende Nähe zu den Barock-Mystikern (vgl. Bd. III). Beide Richtungen treten so mit ihren Hauptvertretern in eine bemerkenswerte – als historische Leistung zu würdigende – Spannung zu ihrer Epoche, der Krisenzeit des Konfessionalismus (vgl. dazu Bd. II). Der

mitunter aufwendige interpretatorische Nachweis dieser Zusammenhänge verbot die
Berücksichtigung aller Lyriker der Epoche, die gelehrter Sammel- und Editionseifer
inzwischen zutage gefördert hat. Das gilt vor allem für Autoren von Gelegenheitsdichtung, über deren massenhaftes Erscheinen sich schon Opitz beklagte (II BDP,
S. 18f.). Im Zweifelsfall haben die Erfordernisse der akademischen Lehre Auswahl
und darstellerische Gewichtung bestimmt.

In die vorliegenden Bände habe ich einige meiner früheren Publikationen in zum
Teil aktualisierter Form eingearbeitet.

Für zuverlässige Literaturbeschaffung danke ich Gabriela Lucia Wacker, Kristine
Hannak und Phoebe Häcker, letzterer auch für die Mitarbeit an der Bibliographie,
Monika Weiblen für die Erstellung des Manuskripts. –

Mein Dank gilt vor allem Herrn Dr. h. c. Robert Harsch-Niemeyer, dem Seni-
orchef des Hauses Niemeyer, und Frau Birgitta Zeller-Ebert, der Geschäftsführerin
des Verlages. Beide haben – wenn auch nicht unbeeindruckt von dem wachsenden
Umfang und der wachsenden Zahl der Bände – an dem Projekt festgehalten und
meinen Einrichtungs- und Ausstattungswünschen stets ein offenes Ohr geschenkt.

»So eine Arbeit wird eigentlich nie fertig, man muß sie für fertig erklären, wenn man nach
Zeit und Umständen das möglichste getan hat.«
(Goethe, ›Italienische Reise‹)

Tübingen, 30. 6. 2005                                                    H.-G. K.

# Einleitung

## a) Barock-Humanismus und Konfessionen: Grenzüberschreitung und kritische Loyalität

1) *Renaissance, Humanismus und Reformation*: Der Humanismus war eine wissenschaftlich orientierte, zumeist von Gelehrten und Hochschulabsolventen getragene geistige Richtung und Haltung, die im Zusammenhang mit der Renaissance in Italien entstand und im weltlichen Typ des Humanisten dem bisherigen Kleriker als Hauptrepräsentanten der Kultur Konkurrenz zu machen begann (vgl. dazu auch III Buck 1987; Kühlmann/Wiegand).

Die *Renaissance* war die Zeit der hochgemuten Entdeckungen der ›authentischen‹ Antike und ihrer bislang zum Teil unbekannten Weisheit, ihrer emphatischen Indienstnahme für ein neues säkulares Bild von der ›Würde des Menschen‹ bei Giovanni Pico della Mirandola (1463–1494), welcher erklärte, daß »doch alle Weisheit erst von den Barbaren zu den Griechen und von ihnen zu uns gekommen ist« (II, S. 65; vgl. dazu Bd. I, S. 67) oder ihrer Integration in die (noch) eine katholische Wahrheit des Christentums wie bei Marsilio Ficino (1433–1499), in dessen apologetischer Schrift ›De religione christiana‹ (1474), einer Parallelschrift zu seinem Hauptwerk, der ›Platonica Theologia‹ (1482), er das Christentum auf platonischer Basis als natürliche und vernünftige philosophische Religion zu begründen versuchte.

Die *deutschen Humanisten* der beiden ersten Generationen (zwischen 1450 und 1550; vgl. Bd. I, S. 61 ff.) konzentrierten sich stärker auf philologische Interessen, auf Lektüre und Edition zunächst italienischer, dann zunehmend antiker Quellen (»ad fontes«). Indes im Rückgriff auch auf das neu entdeckte, von christlicher Überformung freie Gedankengut der heidnischen Antike in der italienischen Renaissance vermittelte der an deutschen Universitäten zu Beginn des 16. Jahrhunderts wirksame – und durch die Einrichtung persönlichkeitsbildender Fächer wie Geschichte, Literatur, Rhetorik (mit ethischem Anspruch zugleich als Bezugswissenschaft für Poetik und Poesie) und Moralphilosophie an der Artistenfakultät auch institutionell verankerte – Humanismus zugleich neue Ideen von der *Würde des Menschen*, von *Toleranz* und dem friedlichen Miteinander der Religionen und Weltanschauungen, ferner eine *neue Hochschätzung der Poesie* (vgl. III Grimm, S. 68 ff.). Die Humanisten vertraten im Magisterstudiengang, den alle Studierenden zunächst zu absolvieren hatten, bevor sie sich dem Studium der Theologie, Jurisprudenz oder Medizin widmen konnten, »die Fächer des studium generale, die sie mit einem weit darüber hinaus reichenden Anspruch für die Fächer hielten, die das sittliche Wesen des Menschen bildeten und seine Erziehung für das gesellschaftliche Leben betrafen.« (Ebda., S. 71) – Deshalb beginnt auch die vorliegende Geschichte der frühneuzeitlichen Ly-

rik mit dem Humanismus, setzt diesem aber die *Reformation* kontrapunktisch gegenüber (vgl. Bd. I, S. 61ff.), denn die Ideen des Humanismus sind – kaum, daß sie
entstanden waren – durch Luthers Reformation und durch das Engagement vieler
Humanisten für seine Sache im Laufe des 16. Jahrhunderts stark beschnitten und
konfessionell eingebunden worden (vgl. ebda., S. 91ff., 137ff.).

Denn Martin LUTHERS (1483–1546) Auseinandersetzung mit ERASMUS VON ROT-
TERDAM (ca. 1469–1536) wies dem Humanismus unter der Parole ›divina contra
humana‹ enge Schranken. Luther befreite die Herzen zwar von der geistigen und
finanziellen Unterdrückung durch das katholische Rom, aber er nahm zugleich die
Vernunft gefangen, weil er sie durch den Sündenfall für zutiefst korrumpiert und
schwach hielt, und er sprach dem Menschen jeglichen freien Willen ab (vgl. ebda.,
S. 91ff.). Dies führte trotz der vermittelnden Position Melanchthons (vgl. ebda.,
S. 129ff.; Kap. 1 b–3) auch zum Bruch mit vielen Humanisten. Der Mensch sollte
gar nichts aus eigenen Kräften vermögen, Christus sollte vielmehr alles für seine
Erlösung getan haben, der Glaube an die Erlösungstat selbst erwarb bereits das Heil,
gute Werke waren dazu nicht erforderlich, wenn auch erwünscht, und damit erlahm-
te der Impetus zur Reform, zur Erneuerung der Welt, die wissenschaftliche Neugierde wurde als Verführung zum ›eritis sicut Deus‹ gebrandmarkt und die Würde des
Menschen in einer radikalen Erbsündenlehre zu Grabe getragen (vgl. Bd. I, S. 91ff.,
129ff.; vgl. dazu auch Kap. 1 b, ferner die ›Kleine Konfessionskunde‹ im Anhang
dieses Bandes). – Während z. B. in Italien unter dem Eindruck der Erneuerung des
Katholizismus die geistliche Lyrik an innovativer Kraft die weltliche überflügelte
und maßgeblich zur Überwindung des Renaissance-Klassizismus und um die Wende
zum 17. Jahrhundert vor allem durch die ›Rime sacre‹ Giovan Battista MARINOS
(1569–1625) zur Einführung des ›Barock‹-Stils führte (vgl. IV Föcking), blieben dem
deutschen Späthumanismus analoge Innovationen im 16. Jahrhundert verwehrt.

2)   *Späthumanismus vs. Barock-Humanismus*: In den religiösen Kämpfen seit 1555,
in deren Verlauf sich neben dem Luthertum der Calvinismus als weitere Konfession
gegenüber der Römisch-Katholischen Kirche herausbildete, geriet der Humanismus
im ›Heiligen Römischen Reich deutscher Nation‹ in eine widersprüchliche Lage. Auf
der einen Seite verschärfte und verengte sich das geistige Klima in den religiösen
Streitigkeiten und ließ keinen Platz für konfessionell unabhängige Bildungs-Konzep-
tionen. »Nach dem Sieg der Reformation und Gegenreformation«, so erklärt auch
Wilhelm Kühlmann, »gab es jedenfalls in Deutschland für eine autonome Bildungs-
religion des Erasmischen Typus, geschweige denn für säkulare oder pagane Tendenzen keine Chance mehr, sich als öffentlich anerkanntes und eigenständiges Kultur-
ideal zu behaupten.« (III Kühlmann 1982, S. 11). Deshalb hält Kühlmann an dem
Begriff »*Spät*humanismus« für die Träger der Gelehrtenschicht im 17. Jahrhundert
fest und definiert ihn wie folgt:

> »Der Terminus ›Späthumanismus‹ wird verwendet als Inbegriff einer soziliterarischen
> Formation, wie sie für die deutschen Verhältnisse im scholastischen Gelehrtenhumanis-
> mus ausgebildet worden ist. Unter einem wissenschaftsgeschichtlichen Blickwinkel be-
> dingt dies die Konzentration auf die ›studia humanitatis‹, vor allem also Grammatik,
> Rhetorik, Ethik und Geschichtswissenschaft, dazu die deren Praxis programmatisch be-
> gründende und begleitende akademische Literatur. Wissenschaftssoziologisch und sozi-

algeschichtlich sind die Humanisten gemeint, d. h. konkret die Vertreter und Lehrer dieser ›Studien‹ sowie mittelbar die lateinische Gelehrtenrepublik überhaupt, deren Identität sich aus der Beherrschung und Pflege der ›litterae‹ ableitete. In diesem Begriff sind Literatur und Dichtung im heutigen Sinne noch nicht vom Gesamtkomplex einer philologisch-antiquarischen, auf die Antike bezogenen Buchgelehrsamkeit zu trennen.« (Ebda., S. 10f.)

Zugleich beschreibt Kühlmann die Geschichte des Späthumanismus als einen allmählichen Aus- und Niedergang. Er weist auf die instabile Situation der Gelehrten in dieser Zeit politischer Unsicherheit mit der Genese des frühmodernen Machtstaates hin, wodurch »die Kluft zwischen einer Verwaltungsaristokratie im Umkreis der Höfe und der breiten Masse der bürgerlichen Intelligenz« »größer« wurde (ebda., S. 29). Der an die Höfe strebende akademische Nachwuchs begegnete den traditionellen humanistischen Studien zunehmend mit Skepsis und verlangte im Blick auf die neuen Chancen nach politisch verwertbarem Wissen (vgl. ebda., S. 63). Die »Aufweichung des humanistischen Monopols« zeigte sich in der Gründung einer Reihe von Ritterakademien mit neuem Bildungskonzept und im Wandel zum Vorbild des ›politicus‹ und schließlich des ›Galanten‹ (ebda., S. 62; vgl. III Barner 1970, S. 377ff.; II.89 Braungart, S. 31; III Braungart, S. 63).

Auf der anderen Seite eröffneten sich dem Humanismus auch wiederum Chancen durch die Konkurrenz der Konfessionen, denn diese wetteiferten auch auf dem Felde der Kultur und Bildung. Den glanzvollen Bildungsaktivitäten der Jesuiten standen die Blüte der Wissenschaften an calvinistischen Kollegs und Hochschulen gegenüber (führende europäische Universität und Studienort namhafter schlesischer Humanisten war das niederländisch-calvinistische Leiden), und diese Konkurrenz führte auch im Luthertum zu Reformbemühungen im Erziehungswesen, zur Wiedereinführung der Philosophie in die Theologie und zu neuer Hochschätzung wissenschaftlicher Disziplinen. Nicht nur der Katholizismus, sondern auch der Calvinismus entwickelte um die Wende zum 17. Jahrhundert eine beträchtliche politische und kulturelle Dynamik, welche auch Kurfürst Friedrich V. von der Pfalz, propagandistisch unterstützt von vielen protestantischen Gelehrten, in das »böhmische Abenteuer« und das Schicksal des »Winterkönigs« verstrickte (vgl. III Wolf/Henker u. a.).

Von daher ist es auch kein Zufall, daß der Anstoß zu einer deutschsprachigen Gelehrtenpoesie von einem *Calvinisten*, nämlich Martin OPITZ (1597–1639), ausging: Dieser behielt das Konzept der traditionellen gelehrten Poesie bei, begriff aber – dies die im vorliegenden Band zu plausibilisierende These – seine deutschsprachige Reform auch als Chance zu einer *Erneuerung der humanistischen Ideale* und befreite deshalb die Poesie schon mit dem Fanfarenstoß seines ›Buchs von der Deutschen Poeterey‹ (1624) aus der Enge des spätscholastischen Humanismus und band sie an die reiche und auch häretische Ideenwelt der Renaissance zurück (vgl. Kap. 4 c-e). Damit und mit seiner eigenen Poesie suchte er der Dichtkunst wieder den ganzen Spielraum und die in der Renaissance eroberte Würde eines der Theologie ebenbürtigen, selbst aus alter ›Weisheit‹ gespeisten Organs der Wahrheitsfindung und -verkündigung und der philosophisch-ethischen Vermittlung von Lebens-›Weisheit‹ zurückzugewinnen. Das ist eine in den einengenden Verhältnissen des Konfessionalismus hoch einzuschätzende Leistung, deren Kühnheit nur von wenigen mitgetragen wurde, auf die sich aber gerade die Großen der Epoche wie Hoffmannswaldau und

Lohenstein beriefen (vgl. Bd. IV/2, Kap. 6 u. 7); inwieweit ihn auch der ›Teutsche
Krieg‹ zu seinem poetischen Feldzug für eine deutsche ›Poeterey‹ inspirierte, wird in
der Forschung noch zu diskutieren sein (vgl. III Kaminski). Zum anderen und zugleich damit versuchte Opitz die Dichtkunst – insbesondere mit ihrer Rückbindung
an das Ideal des »poeta doctus« und mit ihrer Aufwertung als Inbegriff der Gelehrsamkeit und »gelehrter Professionalität« – als Erzieherin zur Tugend und als Ver-
mittlerin höchster Weisheit den zahlreichen Höfen als wichtiges Element der dort
entstehenden »Repräsentationskultur« anzudienen (vgl. II.89 Braungart, S. 33). Und
er selbst ergriff so weit wie möglich die Chance, dieses Ideal des »poeta doctus« und
Hofmanns in seinem Lebenslauf zu verbinden (vgl. Kap. 4 a). Ob »der Patriotismus
und die Literaturreform für Opitz« lediglich, wie Braungart behauptet, »ein Vehikel
der Standespolitik und der eigenen Interessen waren« (II.89, S. 37), wird weiter zu
erörtern sein. Aber schon die skizzierten Veränderungen der kulturpolitischen Situation, die starken – und inspirierenden – politischen und ideologischen Spannungen
im Reich und die auch bei Weckherlin und Opitz erkennbaren Erwartungen und
Hoffnungen auf ein Aufblühen einer deutschsprachigen Kultur und Kunst legen es
nahe, die vor allem mit Opitz einsetzende Phase des Humanismus mit dem Begriff
›Barock-Humanismus‹ sowohl vom Renaissance-Humanismus als auch von dem
konservativen Späthumanismus des 16. Jahrhunderts terminologisch zu unterscheiden.

3)   *Grenzüberschreitung und kritische Loyalität als Profil des Barock-Humanismus*:
Während Opitz mit Leben und Werk die Möglichkeit humanistischer Alternativen
zu den christlichen Konfessionen auslotet, verweisen Leben und Werk von Andreas
GRYPHIUS (1616–1664), dem anderen Schwerpunkt des vorliegenden Bandes, exemplarisch auf eine weitere, vielfach auch von anderen Gelehrten praktizierte Möglichkeit des Barock-Humanismus in der Epoche der Konfessionalisierung (vgl.
Kap. 1 a): auf *kritische Loyalität* mit der eigenen angestammten Konfession, hier
dem Luthertum. *Loyalität* mit der in Schlesien von der aggressiven, als unchristlich
empfundenen Rekatholisierungspolitik Habsburgs besonders bedrohten Konfession,
Unterstützung ihrer Reformversuche, aber auch *kritische* Loyalität in dem Bestre-
ben, sich mit der Konfessionalisierung, Abgrenzungspolitik und Streitsucht auch der
eigenen Kirche selbst nicht abzufinden, sondern nach konfessionellen Gemeinsamkeiten zu suchen, auch gegnerische Positionen mitzubedenken, Spannungen auszu-
gleichen und sich das Recht zu nehmen, angesichts der Widersprüche und Kontroversen selbst nach der religiösen Wahrheit zu suchen und so im Medium der Dichtkunst einen eigenen ›Tempel‹ zu errichten – wie George HERBERT (1593–1633; ›The
Temple‹; vgl. II.53 Kuhfuß), in dem das Ziel einer Überwindung des Konfessionalismus bereits – tendenziell individuelle – literarische Kontur gewinnt.

Gerade wegen dieser den Prozeß der Konfessionalisierung begleitenden, kom-
mentierenden und kompensierenden Aktivitäten erweist sich das geistliche Schrifttum dieser Autoren des Barock-Humanismus als besonders aufschlußreich für die
humanistischen Intentionen und als besonders innovativ im Blick auf den poetischen
Umgang mit der Bibel und den Traditionen geistlicher Poesie. Dieser religiösen
Dichtung der zumeist in ›weltlichen‹ Berufen tätigen Gelehrten gilt daher ein besonderes Augenmerk in den vorliegenden Bänden.

Den hier behandelten Barock-Humanisten standen durch Studium, Reisen, Gesellschaften, Freundschaften und den Zugang zur gelehrten, durch den Buchdruck geförderten Kommunikation die in der Renaissance bereitgestellten Einsichten in alternative Denkformen und Weltzugänge offen, und es ist ein Kennzeichen ihrer Werke, solche Alternativen, die den *Konfessionen* oft als Kontrapost zur Abschottung und *Markierung der eigenen Grenze* dienten, mit den Weltbildern der Konfessionen ›abzugleichen‹, jedenfalls ins Gespräch zu bringen. Idee und Programm Pico della Mirandolas, daß sich Gott im Gang durch die Geschichte im Vollzug eines ›logos spermatikos‹ in allen Philosophen- und Theologenschulen geoffenbart habe, so daß »der Funke der Wahrheit« erst aus einer »Gegenüberstellung mehrerer Gruppen«, »einer Diskussion über viele philosophische Richtungen« »herausgeschlagen« werden könne (II Pico, S. 65), gewann hier vor allem am Anfang und in der zweiten Hälfte des Jahrhunderts Aktualität und Brisanz. Weil die Theologen um die Glaubenswahrheiten stritten, fühlten sich die gelehrten Laien dazu aufgefordert, selbst nach ihr zu suchen. Und wenn sie dabei im Sinne der Renaissance die *eine* christliche Wahrheit beschworen, überschritten sie damit bereits den Horizont der sich befehdenden Konfessionen.

Hier öffnet sich der Analyse, wie sich zeigen wird, ein weites Feld. Solche *Überschreitung* reicht von der Aufweichung bestimmter Dogmen der eigenen Konfession über den Versuch, zwischen den Konfessionen dogmatisch oder diplomatisch zu vermitteln und zu einem einheitlichen Christentum zurückzukehren, bis hin zum Rückgriff auf ursprünglich alternative Weltbilder, wie sie etwa die Tradition der Hermetik bereitstellte (vgl. Kap. 1 f) und mit welcher christliches Denken wie in der Renaissance auf unterschiedliche Weise ›vermittelt‹, in welche es integriert oder aus welcher es ausgeschlossen wurde (vgl. dazu auch III Kühlmann 1993, 1999). In jedem Falle aber erweist sich der Barock-Humanismus als eine *Transgressions-Bewegung* von eigener Kraft, deren Leistung darin besteht, die starren Fronten der Einzelkirchen auf religiösem, kulturellem und politischen Felde aufzubrechen, zu übertreten und ihren Wahrheitsanspruch in einem weitläufigen Feld von ›Diskursen‹ zu erörtern und zu prüfen. Und mit diesen Tendenzen hat der Barock-Humanismus zugleich Anteil am Säkularisierungsprozeß (vgl. Kap. 1 a–7). Den Begriff ›pluraler Identitäten‹ wird man nur bei wenigen Autoren in Erwägung ziehen können, aber eine *plurale kulturelle Orientierung*, wie sie auch dem verbreiteten Eklektizismus entspricht, ist vielen Humanisten zu attestieren.

Dabei erweist sich gerade die *Poesie* – zumal auch die geistliche – mit ihren zahlreichen Möglichkeiten zur Vieldeutigkeit, Heterotopie und ›Anders-Rede‹ (vgl. III Drügh 2000) als eine besonders geeignete Form der kommunikativen Überschreitung. Und auch im Bereich der literarischen Form selbst gelangen den Humanisten Transgressionen und Innovationen, die sich vor allem in der zweiten Hälfte des 17. Jahrhunderts auch in einer Reihe von *Gattungshybriden* zur Geltung bringen. Die gegenwärtig in der Forschung erarbeitete ›Transgressions-Poetik‹ findet also schon in der vormodernen Gelehrtenliteratur Anknüpfungspunkte (vgl. III Hart Nibbrig; Lamping; Faber/Neumann; Benthien/Krüger-Fürhoff; Branden/Krug; Neumann/ Warning; V Mergenthaler).

4) *Barock-Mystik und Barock-Humanismus* werden in diesem Epochen-Kontext als (vordergründig einander entgegengesetzte) Komplementärbewegungen zum epochalen Grundzug des Konfessionalismus faßbar: Die *Mystiker* des 17. Jahrhunderts (vgl. Bd. III) lösten sich zum Teil aus der dogmatischen Bindung an ihre Kirchen und suchten sich das Anliegen der religiösen Reformen – gerade in der Agglutination ihrer religiösen Sprache und im intertextuellen Spiel mit christlichen und nicht-christlichen (mythologischen, hermetischen) Traditionen – sehnsüchtig nach Gottesgewißheit und Selbstvergottung unmittelbar im Medium der Poesie zu erschreiben. Die vorwiegend Traditionen aus der Renaissance verpflichtete und von *Rhetorik* und *Poetik* regulierte Lyrik des Barock-Humanismus trug zwar gegenüber anderen europäischen Ländern das Merkmal der ›Verspätung‹, doch gewann sie im spezifisch konfessionspolitischen Klima Deutschlands eine eminent irenisch-politische Funktion: Sie suchte die religiösen Energien nicht zuletzt auf dem Boden der gattungsreichen *geistlichen Dichtung* selbst in eine Toleranz einfordernde humanistische Tradition einzubinden und damit für ein geordnetes, friedliches Leben im Diesseits fruchtbar zu machen. In beiden Richtungen spielte die – Haß, Krieg und Krisen entgegengesetzte, auf Versöhnung und Sympathie gegründete – Tradition geistlicher und weltlicher *Liebe* eine entscheidende Rolle: Die Barock-Mystiker eigneten sich für ihre Liebes-Botschaft und den Umgang mit Jesus die Sprache des *Hohenliedes* und das Liebes-Konzept des *Neuplatonismus* neu an (Spee, Czepko, Greiffenberg), die weltlichen Liebesdichter verbanden originale Spiel-Arten des *Petrarkismus* zugleich mit *epikureischen* und *stoischen* Ingredienzien (Fleming, Hoffmannswaldau, Lohenstein, Günther) und proklamierten das Naturrecht glücklicher diesseitiger Liebe (vgl. Bd. IV/2). Beide Strömungen erstrebten so auf unterschiedliche Weise das in der Renaissance vorformulierte und in beiden Richtungen als Erbe lebendige, aber von den Kirchen als Hauptsünde des ›eritis sicut Deus‹ gebrandmarkte und erst in der zweiten Jahrhunderthälfte wieder offen artikulierbare Ideal des Menschen als eines mit der *Gottebenbildlichkeit* geadelten ›Gottes auf Erden‹ (diese Tendenzen kulminierten dann in der Genie-Konzeption des Sturm und Drang; vgl. Bde. VI/2, VI/3).

5) *Humanismus und kulturwissenschaftliche Literaturwissenschaft*: Die gelehrte Literatur des 17. Jahrhunderts als Literatur aus der Feder der Gelehrten an den Bildungsanstalten – vor allem den Gymnasien und Universitäten – versteht sich noch nicht als autonom im modernen Sinne, sondern als Organ und Medium allgemeiner politischer, sozialer und kultureller Diskurse. Aus systemtheoretischer Sicht fehlten der alteuropäischen und vormodernen Gesellschaft, mit der wir es im 17. Jahrhundert zu tun haben, »noch alle weiterreichenden Möglichkeiten, Kommunikationen gegeneinander zu differenzieren, und es ist gerade dieses geringe Maß an kommunikativer Außenabgrenzung, […] in der alles, was literarisch gesagt wird, auch unmittelbar religiöse, moralische oder politische Resonanzen erzeugt.« (III Stöckmann 2001, S. 2) Von daher erfordert diese Gelehrtenliteratur immer schon eine kulturgeschichtliche Öffnung der Literaturgeschichtsschreibung. Der Barock-Historiker muß deshalb auf keinen modischen Zug aufspringen (vgl. zur verzweigten Diskussion um die kulturwissenschaftliche Öffnung der Literaturwissenschaft den kritischen Überblick in III Drügh 2006). – Wenn wir in diesem Band also nach Weck-

herlin mit Martin Opitz beginnen, dann müssen wir aus sachlichen Gründen – nämlich wegen der Rückbindung seiner Position an die Ideen des Renaissance-Humanismus – eben diese Gedankenwelt als Folie, Anspielungshorizont der Texte und
zugleich damit als Maßstab zur Bewertung der humanistischen Substanz der Autoren und Positionen mit berücksichtigen und diese auf den kulturgeschichtlichen
Kontext der Epoche beziehen.

## b)   Barock – Vorbote des ›Anderen‹ der Moderne?

1)   *Vagheit und Enge des ›Barock‹-Begriffs*: ›Barock‹ ist ein weithin eingeführter
Epochen-Begriff für die Kultur und damit auch für die Literatur des 17. Jahrhunderts. Er stammt »sowohl von dem portugiesischen Wort ›pérola barròca‹ (unregel-
mäßige Perle) als auch von dem scholastisch lateinischen Terminus ›baroco‹ (spezielle Form des Syllogismus)« ab (III Bahner 1976, S. 130; vgl. hierzu und zum folgenden Bd. I, S. 34f.). Erst um die Wende zum 20. Jahrhundert wurde dieser Begriff
als überzeitlich zu verstehender, weil in verschiedenen Epochen auftretender *Stil*-
begriff aus dem Bereich der Kunstgeschichte auf die Literatur des 17. Jahrhunderts
übertragen. Und erst im weiteren Verlauf ist »Barock« »immer deutlicher zum *Epo-*
*chen*begriff mit stilistischen Assoziationen geworden« (III Barner 1971, S. 324). Zunächst galt vor allem jene Literatur als ›barock‹, auf die sich – im Sinne einer »wechselseitigen Erhellung der Künste« – Stilphänomene aus dem Bereich der Barock-
Architektur, -Malerei oder -Musik übertragen ließen, die in Deutschland übrigens
erst im 18. Jahrhundert eine Blütezeit erlebten (also mitten in der literatur- und
kulturgeschichtlichen Epoche der Aufklärung). »Überall in der Barockliteratur suchte man nach ›Bauschungen‹ und ›Schwellungen‹, nach ›Falten‹ und ›Stauungen‹,
nach ›Farbigkeit‹ und ›quellender Bewegung‹« (ebda., S. 309). Später trachtete man
den Sinngehalt des Barocks auf geistesgeschichtlichem Wege zu erhellen und hob
dabei vor allem das »antithetische Lebensgefühl« der Epoche hervor, die Spannung
zwischen Weltflucht und Diesseitsbejahung, »ein übergreifendes und durchgehendes
Kräftespiel, an dem unzählige Zeitgenossen Anteil haben« (IV Cysarz 1964a, S. 6),
und man erblickte in der »Uneinheitlichkeit und inneren Gegensätzlichkeit der deutschen Dichtung des 17. Jahrhunderts« ihr entscheidendes barockes Kennzeichen (III
Szyrocki, S. 14). Gleichzeitig setzte man – aus ideologiekritischer Perspektive – das
»Barock« als kulturgeschichtliches Phänomen mit der als restaurativ empfundenen
katholischen Gegenreformation gleich. Aus eher sozialgeschichtlicher Sicht identifizierte man das ›Barock‹ mit der höfisch-feudalen Kultur. Doch auch dies blieb
nicht unwidersprochen: Man verwies auf die antihöfisch-bürgerlichen Tendenzen,
die sich in der Literatur dieses Zeitraums ebenfalls finden.
    Im übrigen denkt man bei der ›Barock-Literatur‹ hauptsächlich an die humani-
stisch gesinnten Gelehrten und die von ihnen stammende Literatur. Dadurch entsteht ein völlig verzerrtes Bild von Relationen der Literatur in diesem Zeitraum. Die
mit Abstand größte Gruppe an Literaturproduzenten im 17. Jahrhundert waren die
Theologen und Pfarrer, und diese waren zwar auch meist im gezähmten Melan-
chthonschen Humanismus erzogene, aber in der Regel nicht humanistisch gesinnte
Gelehrte (vgl. III Kemper 1988). Nahezu 50% der gesamten Buchproduktion des

Jahrhunderts stammt aus ihrer Feder, ist also theologisches Schrifttum, das – einschließlich des riesigen Arsenals an Erbauungsliteratur und an geistlichen Liedern (vgl. dazu Bd. II) – kaum unter den Begriff des ›Barock‹ subsumierbar ist und daher von der Literaturgeschichtsschreibung auch zumeist sträflich vernachlässigt wird. Wenn man also wirklich die Breite der Literatur des 17. Jahrhunderts in den Blick nehmen will, dann empfiehlt sich der Begriff des Barock als einer Epochenbezeichnung nicht, sondern höchstens als eingeführtes Verständigungsmittel der wissenschaftlichen Kommunikation für den kleinen Teilbereich der deutschsprachigen Gelehrten-Literatur, also des Barock-Humanismus (zur ausführlichen Begründung dieses Konzepts vgl. Bd. I, S. 23ff., bes. S. 34f.; Bd. III, S. 7ff., 25ff.). Schlaffers Vorwurf, durch »geschickte Namensgebung« habe »die Germanistik« mit dem Begriff ›Barock‹ »das Abgeleitete zum Ursprünglichen umgetauft« (III Schlaffer 2002, S. 38), zeigt die Gefahr einer Perspektive, die nur Literaturen zwischen den Ländern vergleicht und deren Urteil ungerecht wird, wenn sie die in Deutschland, dem Stammland der Reformation und der konfessionellen Kämpfe, mit seinen ausgeprägten regionalen Unterschieden besonders erschwerten Bedingungen für Entstehung und Verbreitung einer deutschsprachigen humanistischen Literatur unberücksichtigt läßt (vgl. dazu auch III Hoffmeister; Schlaffer dienen diese Umstände allerdings umgekehrt zur Abwertung dieser Literatur).

2)  ›*Barock*‹ *als letztes Mittelalter*: Der hohe Anteil religiöser Literatur verpflichtet die Literaturwissenschaft natürlich zur eigenen Grenzüberschreitung hin zur Theologie. Und im Zusammenhang damit erkannte man die Eingebundenheit dieser Literatur in eine ganze Reihe von literarischen Traditionen und weiteren Disziplinen: »Lateinische Dichtungstradition, stoische Tradition, patristische Tradition, emblematische Tradition, petrarkistische Tradition, rhetorische Tradition: alles das soll an der Prägung der Barockliteratur mitgewirkt haben, und es läßt sich unmittelbar an den Texten verifizieren« (III Barner 1971, S. 317; vgl. III Barner 1975, S. 7ff.).

Mit dem Nachweis solcher Traditionsverhaftetheit der Barockliteratur hat die Forschung die Kluft zu den nachfolgenden Epochen eher vergrößert als verringert. Urs Herzog erschien das Barock ebenso wie Erich Trunz (vgl. III Trunz 1992, S. 37f.) als »das letzte Auffahren und Verrauschen des Mittelalters, dessen Finale und letztes Aufgebot aller Stimmen gegen den Einspruch heraufziehender Säkularisation im Innern.« (IV Herzog, S. 111f.; vgl. dazu auch zustimmend III Brauneck).

3)  ›*Barock*‹ – *Grenzstation vor der Moderne*: Die neuere Forschung hat diese Tendenz, die Literatur des 17. Jahrhunderts insbesondere wegen ihrer Orientierung am System der Rhetorik von der mit dem 18. Jahrhundert einsetzenden Literatur der Moderne zu trennen, zum guten Teil bestätigt (vgl. dazu Kap. 1 e; vgl. dazu auch Bd. I, S. 11–57), und Heinz Schlaffer hat sie neuerdings – polemisch als Vorwurf zugespitzt – wiederholt und unter der Überschrift ›Die verspätete Neuzeit‹ legitimiert (III Schlaffer 2002, S. 35ff.): Die durch Opitz initiierte deutschsprachige Gelehrtenliteratur sei ein um ein Jahrhundert verspäteter, inhaltlich entleerter und zu seiner Zeit schon wirkungsloser Renaissance-»Formalismus« im Sinne einer sprachlich uneleganten »angewandten Rhetorik« gewesen: »Lesenswerte Dichtung geht nicht aus der Erfüllung von Vorschriften hervor, sondern aus ihrer unerwarteten Durchbre-

chung.« (Ebda., S. 40) Dagegen ersticke die deutschsprachige Dichtung der Zeit an der Demonstration ihrer eigenen Gelehrsamkeit. Je intensiver die Barock-Forschung versuche, den zum Verständnis dieser Literatur erforderlichen sozial- und kulturhistorischen Kontext und die zahlreichen Traditionen aufzuarbeiten, desto interessanter würden die Epoche und die Forschung selbst, aber nicht die Literatur. Diese werde dadurch allenfalls zum Sprechen gebracht, aber nicht mehr zum literarischen Leben erweckt (ebda., S. 38f.). Tatsächlich seien die deutschen Barock-Humanisten aus Angst vor den Kirchen nicht zum »Risiko« einer »Revolution der Lebensform« bereit gewesen, wie sie im italienischen Humanismus bei Marsilio Ficino und Pico della Mirandola als Möglichkeit erkennbar werde, »an die Stelle der christlichen eine ästhetische Religion der Sinnlichkeit und Schönheit für Künstler und Eingeweihte zu setzen« (ebda., S. 38). So erblickte auch schon die Goethezeit selbst die Literatur des ›Barock‹ als einen verfremdeten Spiegel, an dem sie ihre »Alterität« »so prägnant wie möglich wahrnehmen« konnte (III Stöckmann 2002, S. 3). Aber vielleicht eröffnet wiederum die postmoderne Entfremdung von Goethezeit und Aufklärung einen neuen Zugang zu dieser vor-modernen Kultur.

4) *›Barocke‹ Affinitäten zwischen Vor- und Postmoderne*: Interessant, daß diese furchterregend gelehrte ›Barock-Literatur‹, die nur noch in Expertenzirkeln rezipiert zu werden scheint, von einigen Gegenwartsautoren ins allgemeinere Bewußtsein gehoben wurde, wobei das größere Publikum diese Werke wohl eher aus Interesse an den Autoren mit großem Namen las (z. B. Günter Grass, ›Der Butt‹, 1977; ›Das Treffen in Telgte‹, 1979). Eine begrenzte Renaissance erfuhr die »mittelalterlichste« unter den neueren Literaturepochen in den 80er und 90er Jahren unter dem – ironisch-distanzierten – Begriff des »Neobarocco‹ wie im 1992 erschienenen ›Literatur Magazin‹ (Nr. 29 bei Rowohlt). »Weil ja«, so Karl Riha, »im Zeitalter der Postmoderne Stilwiederholungen zum Prinzip geworden zu sein scheinen: der ›Geist der Zeit‹ macht seine Anleihen überall und verbindet sie zu beliebigen Mixturen, ›anything goes‹!« (III Riha, S. 83) Er verweist auf zwei Mitglieder der sog. ›Wiener Gruppe‹, H. C. Artmann und Gerhard Rühm mit ihren Ausgaben von Barock-Autoren, ferner auf Enzensbergers Anthologie ›Wasserzeichen der Poesie oder Die Kunst und das Vergnügen, Gedichte zu lesen‹ von 1985. Ist Grass von der prallen Fülle und Fabulierlust der barocken Schelmenromane fasziniert, so die von Riha genannten Autoren von der lyrischen Experimentierfreude der Barock-Autoren:

> »»in einer zeit radikalen experimentierens mit der sprache‹, so berichtet Rühm selbst im ›LiteraturMagazin‹, »entdeckten wir gerade bei den extremsten vertretern barocker ästhetik verwandtes: die exzessive aktivierung der sinnlich materialen aspekte der sprache wie lautung und rhythmik, die oft fast schon surreale bildhaftigkeit des ausdrucks, die vorliebe für aussergewöhnliche thematik, die funktionalisierung des schriftbildes bis hin zu figurengedichten – ganz allgemein das bewusst artifizielle, die visionär gesteigerte ausdruckswelt des expressionismus... zeigt eine unverkennbare affinität zu der des barock.« (II Rühm, S. 95; vgl. auch I Rühm)

So wie in der Zeit des Expressionismus das Barock-Zeitalter aus einem scheinbar verwandten Lebensgefühl heraus wiederentdeckt wurde, so hier aus einem scheinbar verwandten Sprach- und Formgefühl. Der Autor und Literaturwissenschaftler Gerhard Köpf wiederum überrascht uns mit der Behauptung, in seiner katholisch-bay-

rischen Heimat sei heute noch das ganze kirchliche und soziale Leben so barock wie
die Kirche und ihre Würdenträger:

> »Von der Wiege bis zur Bahre, von der Taufe bis zur letzten Ölung wurde das Leben in
> meiner zunehmend prosperierenden Bärenmarkenidylle von der Barock-katholischen
> Kirche und ihren meist dem Rotwein verfallenen und prälatenbäuchigen Großfürsten
> diktiert.« (II Köpf, S. 100)

Barock erscheint in seiner anschließenden Aufzählung entsprechender Phänomene
als eine Lebenswelt, die deshalb kurios wirkt – und um der Kuriosität willen zusam-
menkomponiert wird –, weil sie aus toten Relikten einer – im Lauf der Geschichte
noch verkitschten – vorwiegend religiös geprägten Tradition stammt, die zum
Brauchtum sedimentiert, in ihm also verwurzelt ist und deshalb nicht ernsthaft in-
fragegestellt wird. Und diese Tradition ist so stark, daß sie auch »artfremde« kulturelle Phänomene wie Filme und potentiell revolutionäre Theaterstücke – »Sire,
geben Sie Gedankenfreiheit« (Schillers ›Don Carlos‹) – mühelos in die Exorbitanz
der Brauchtumsszenerie integriert, die als merkwürdiges, in Einzelaspekte zerlegtes
Zeichensystem erscheint, dessen Heterogenität unter die Einheitlichkeit des »Barocken« gezwungen wird und den Begriff selbst dadurch zum Signifikanten der exorbitanten Heterogenität, ja Kuriosität demontiert.

Wenn Köpf erklärt, aus dieser barocken Welt ergebe sich das Hauptthema seiner
Bücher – »das Verhältnis von Illusion und Enttäuschung, von Lebenslug und
Glückstrug sowie die Einsicht, daß am Ende alles lächerlich und armselig ist« (ebda.,
S. 102), dann bringt er in der Tat ein entscheidendes, die gattungsspezifische Begeisterung von Grass und den modernen Lyrikern weit übersteigendes inhaltliches Moment epochaler Verwandtschaft zwischen diesen Epochen der Vor- und der Postmoderne zum Ausdruck: die Einsicht in die Diskrepanz von Schein und Sein, in die
Virtualität unserer von Medien und Medialität beherrschten Schein-Welt und Kultur, die Sehnsucht nach Abschottung und Flucht vor der krisenhaften Wirklichkeit
in die Welt des schönen Scheins, die Erkenntnis der Unhaltbarkeit dauerhafter politischer und sozialer Zustände, das Wissen um die Absurdität eines ritualisierten,
aber sinnentleerten Lebens, die bedrohliche Dekonstruktion von Ordnung und Le-
bens-Sinn, so »daß am Ende alles lächerlich und armselig ist«.

Aus dieser Perspektive erfolgte offenkundig auch die von Günter Grass und Peter
Rühmkorf einfühlsam gelesene Auswahl von Barockgedichten auf einer vom NDR
1998 produzierten CD (vgl. I Grass/Rühmkorf; als *Lese-Anthologien* empfehlen sich
nach den älteren von Cysarz und Hederer vor allem die große Auswahl von Albrecht
Schöne und speziell für die Lyrik die Sammlungen von Düwel, Wagenknecht, Haufe
und Maché/Meid [vgl. unter I]; als *Einführung in die Lyrikgeschichte* des 17. Jahrhunderts hilfreich IV Meid 1986; auf neuerem Forschungsstand IV Baasner, Schilling; für das geistliche Lied immer noch unentbehrlich IV Scheitler 1982; forschungs-
geschichtlich noch von Interesse: IV Browning; Herzog).

5) ›*Barock*‹ *als das melancholische Andere der Moderne*: Unausgesprochen führt
Köpf als autobiographische Erfahrung vor, was Walter Benjamin in seinem berühm-
ten Buch über den ›Ursprung des deutschen Trauerspiels‹ von 1928 dem barocken
Weltbild als spezifisch in die Moderne weisenden Zug zuschreibt: das Auseinander-

klaffen von Ding und Bedeutung im Zugriff eines allegorischen Deutens, das sich von der Realität abkoppelt und sich in der selbst geschaffenen Zeichenwelt unrettbar und melancholisch verliert. »Allegorien sind im Reiche der Gedanken, was Ruinen im Reiche der Dinge. Daher denn der barocke Kultus der Ruine.« (IV Benjamin, S. 197; zum Allegorie-Begriff des Barock und Benjamins vgl. III Drügh 2000, S. 7ff., 281ff., 321ff.) Der Ruine im Bereich der Zivilisation und der Kultur entspricht im Bereich des Menschen die Leiche. Und deshalb endet das barocke Trauerspiel – ob im Tyrannen- oder im Märtyrerdrama – mit dem Tod des Protagonisten, der nicht irgendein Mensch ist, sondern der die höchstmögliche Form des Menschseins – sei es als weltlicher Tyrann, sei es als Heiliger – repräsentiert. Und zugleich auch ist der Fürst »das Paradigma des Melancholischen. Nichts lehrt so drastisch die Gebrechlichkeit der Kreatur, als daß selbst er ihr unterworfen ist.« (IV Benjamin, S. 154). Nicht nur die Geschichte, auch die Natur erscheint den Barock-Dichtern nach Benjamin »nicht in der Knospe und Blüte, sondern in Überreife und Verfall ihrer Geschöpfe. Natur schwebt ihnen vor als ewige Vergängnis, in der allein der saturnische Blick jener Generation die Geschichte erkannte... Der Inbegriff jener verfallenden Dinge ist der extreme Gegensatz zum Begriff der verklärten Natur, den die Frührenaissance faßte.« (Ebda., S. 199f.) »Benjamin hat also«, so interpretiert Klaus Garber dies mit Recht,

> »die Frühe Neuzeit selbst dialektisch konstruiert. Seine – gewiß mit Vorsatz ergriffene, aber eben als solche nie einbekannte – Aufgabe blieb es, den wohlbelichteten, voll Lebensgefühl, Optimismus und Zukunftserwartungen erfüllten Epochen der Renaissance und der Aufklärung die – forschungsgeschichtlich wie ihrem Wesen nach – dunkle Schattenseite in Gestalt des Barock und seiner Derivate zu kontrastieren.« (III Garber 1992, S. 42)

Die Epoche des Barock wählte Benjamin, »um diese Nachtseite der Geschichte dem Bild der Frühmoderne massiv und ein für allemal einzuzeichnen.« (Ebda., S. 43) Garber gibt seinerseits zu bedenken:

> »Ist es nicht denkbar, daß Renaissance, Aufklärung, Realismus als die vergleichsweise abgeschlossenen Epochen erscheinen, wohingegen das Barock unter natürlich gänzlich gewandelten Bedingungen eine Reprise in der Moderne erfährt, die nun wahrlich in dieser ihr von Benjamin verliehenen Fassung nicht abgeschlossen, sondern unser aller gegenwärtiger Horizont und Erfahrungsraum geblieben ist und bis in alle voraussehbare Zukunft heute um so mehr denn je bleiben wird. In diesem Sinne figurierte die Epoche des Barock dann tatsächlich mit ganz neuem Recht als Ursprung der Moderne...« (Ebd., S. 44)

In diesem Sinne könnte sich eine Reflexion auf die Dialektik der Geschichte ergeben:

> »Inanspruchnahme Benjamins im Umkreis der Postmoderne hieße dann gerade Inanspruchnahme seiner Barock- ... Moderne Konzeption als eines Widerparts zur Verpflichtung auf Aufklärung, auf Idealismus, auf Geschichtsoptimismus jedweder Couleur, auf Sinnpotential, teleologische Erwartungshaltungen, Progressionsmetaphern, utopische Horizonte etc., aber auch erkenntnistheoretisch das Insistieren auf geschlossenen, kohärenten, stimmigen Werk-, Gattungs-, Epochenbildern, anstelle ihrer permanenten Dekonstruktion und ihrer ständigen Neu- und Wiedererzeugung in jedem sprechenden und schreibenden Subjekt.« (Ebda.)

6)  *Lebens-Lust und kreative Vielfalt des ›Barock‹*: Allerdings sah sich schon Garber
selbst genötigt, an diesem sprachmächtig entworfenen ›idealtypischen‹ Konstrukt
des ›Barock‹ als der Schattenseite der Moderne erhebliche Retuschen anzubringen.
Und die Stimmen wollen nicht verstummen, die das ›Barock‹ denn auch am genau
entgegengesetzten Pol verorten. In der neuesten Einführung ›Abenteuer Barock.
Kultur im Zeitalter der Entdeckungen‹ entwickelt Günter Freund aus der »Frage
nach der Aktualität barocken Dichtens und barocker Lebenskultur« sowie »nach
der möglichen Bedeutung einer vergangenen Schreibweise für das Selbstverständnis
der Gegenwart« (III Freund, S. 7) vor den Augen des erstaunten Lesers ein nahezu
entgegengesetztes Epochenpanorama. Da ist von der »neuen Lust am Leben« die
Rede, vom »Vertrauen auf die selbsterlösenden Kräfte des Menschen«, seinem »Verlangen, sich selbst zu bestimmen«, seiner Sensibilisierung für die »sinnliche Natur
und die menschliche Schönheit«, seiner Neigung, »das Leben als ein Fest der Sinne
und als ein geselliges Vergnügen zu genießen.« (Ebda., S. 7f.) Um dieses Bild vermitteln zu können, zieht Freund in reichem Maße die bildende Kunst und die Hof-
Künste (Oper, Park, Architektur) heran und erläutert seine Darstellungsweise mit
dem Hinweis, die Barock-Zeit erschließe sich »weniger der akademisch strengen,
historisch-philologischen Systematik als dem staunenden Blick im Angesicht der
Vielfalt barocker Kreativität.« (Ebda., S. 10). Durch den »staunenden Blick« als
›Methode‹ sieht sich der Verfasser zugleich berechtigt, den Ballast der akademisch
strengen Forschung großenteils erst gar nicht in Augenschein zu nehmen. Das schön
bebilderte Werk mit seiner undialektisch-optimistischen Sicht vermittelt gleichwohl
bedenkenswerte Einsichten.

Die Frage nach dem historischen Stellenwert des ›Barock‹ bleibt indes nach dieser
exemplarischen Vorstellung widersprüchlicher Positionen offen. Im folgenden gilt es,
die Epoche in ihren historischen Bedingungen und aus ihnen heraus deren Literatur
zu verstehen und zu analysieren, um damit auch die historische Differenz heraus-
zuarbeiten, die es allererst erlaubt, das ferne Vergangene als das Andere und Fremde
in produktive Beziehung zur Nähe unserer Gegenwart zu bringen. Deshalb muß die
›Barocklyrik‹ auch wieder stärker an den Zeitkontext zurückgebunden werden, aus
dem sie erwächst und auf den sie sich vielfältiger und intensiver bezieht, als eine
jahrzehntelange Rezeptionspraxis vermuten läßt, welche diese Zeitbezüge zugunsten
eines Bildes von ›überzeitlicher‹ ›Barock-Dichtung‹ oft zu sehr ausgeblendet hat. Die
Eigenart der Epoche legt es nahe, auch kultur- und sozialgeschichtliche Sachverhalte
einzubeziehen, die für die Einschätzung der Literatur des Zeitraums wichtig sind
(vgl. dazu auch die voluminöse Darstellung in: III Meier; ferner III Niefanger).

7)  *Zur Konzeption und Aufteilung der Bände*: Sowohl die hohe Zahl bedeutender
Autoren als auch zwei thematisch verschiedene und doch gleich gewichtige Themen-
schwerpunkte legten eine Aufteilung der Darstellung in zwei Teilbände nahe. Im
vorliegenden ersten Band (IV/1: ›Krisen-Dichtung‹) geht es um die *Bewährung* des
Barock-Humanismus *in der Krisen- und Kriegszeit* vor allem der *ersten Jahrhunderthälfte*. Dazu wird zunächst das Epochenprofil (Kap. 1) erstellt und um einen Überblick über den Stand der Gattungstheorie und -geschichte der Lyrik des Barock-
Humanismus ergänzt (Kap. 2). Die nachfolgenden Einzeldarstellungen sind von
Weckherlin über Opitz und Logau bis zu Gryphius chronologisch gereiht und folgen

zugleich einer Dramaturgie zunehmend differenzierter und sich individualisierender poetischer Auseinandersetzung mit der Katastrophenzeit der ersten Jahrhunderthälfte. Sie enden mit den Friedensdichtungen der Nürnberger Pegnitz-Schäfer, die Mars und seine dreißigjährige Schreckenszeit noch ganz ›kriegerisch‹ zu Grabe tragen: So wie Weckherlins Dichtung aggressiv auf den Krieg einschwor, so mußte nun der Friede mit ›martialischer‹ Feder erkämpft werden. Die Fixiertheit auf den Krieg als Stimulans auch der eigenen – sogar der religiösen – Poesie der Mitglieder des ›Blumen-Odens‹, vor allem Klajs, wird hier erstmals herausgearbeitet (für Teilaspekte vgl. III Kaminski).

Der zweite Teil-Band (IV/2: ›Liebeslyrik‹) widmet sich der *Bewährung in der Liebe* als dem anderen herausragenden Thema der humanistischen Poesie. Die Darstellung bezieht dabei mit Opitz, Dach und Fleming auch Autoren aus der Krisen-Zeit mit ein, ihr Schwerpunkt liegt aber in der *zweiten Hälfte des Jahrhunderts*. Ein erstes Kapitel erläutert – zum Teil im Rückgriff auf Beispiele aus der Poesie – sozial- und kulturgeschichtliche Bedingungen und Grenzen frühneuzeitlicher Konstruktionen und Reglementierungen von ›Liebe‹ als Verständnisvoraussetzung für die Möglichkeiten poetischen Redens über dieses tabuumstellte Thema und umfaßt schwerpunktmäßig zugleich mit Zesen, Rist und Stieler sowie vor allem mit Hoffmannswaldau, Lohenstein, den ›Galanten‹ und Günther die bedeutendsten Dichter aus der zweiten Epochenhälfte. Daß auch dieser Band mit Opitz beginnt, unterstreicht dessen grundlegende Bedeutung für die von ihm initiierte deutschsprachige Gelehrtendichtung auch im Blick auf seine Einführung der wichtigsten Liebes-Diskurse und macht zusammen mit Flemings Poesie deutlich, daß die Liebe auch in der ersten Jahrhunderthälfte – verstanden als individuelle Treue-Beziehung *und* als kosmisches Ordnungsprinzip – ein bedeutendes Heil-Mittel gegen die Krisen-Erfahrung gewesen ist. Der besondere Umfang des Lohenstein-Kapitels rechtfertigt sich dadurch, daß hier erstmals die Lyrik dieses bislang zumeist nur als Dramatiker und Roman-Autor geschätzten Poeten als origineller Beitrag zu einer poetischen Hermetik gewürdigt wird. – Beide Bände beziehen sich aufeinander, sind aber so verfaßt, daß sie jeweils eine in sich geschlossene Einheit bilden und somit auch separat benutzt werden können.

## 1) Zum Epochenprofil

### a) Konfessionalismus als Grunderfahrung des Zeitraums

Das Epochenprofil innerhalb des Zeitraums der Frühen Neuzeit wurde in den ersten drei Bänden dieser Lyrik-Geschichte (1987/88) entfaltet und begründet. Die Barock-Forschung hat sich seither ausdifferenziert und das 17. Jahrhundert methodisch und thematisch erfreulich vielseitig erkundet. Im folgenden versuche ich meine literaturgeschichtliche ›Konstruktion‹ der Frühen Neuzeit mit neueren Forschungspositionen abzugleichen.

1) *Zur Periodisierung und Definition*: Was in Deutschland im 17. Jahrhundert literarischer ›Barock‹ sein soll, ist weder inhaltlich noch stilistisch recht auszumachen. Wo der Begriff sich endlich mit Anschauung zu füllen scheint, nämlich gegen Ende des Jahrhunderts im manieristischen ›Schwulststil‹ des ›Hoch- und Spätbarock‹ und der sog. ›Zweiten schlesischen Schule‹ (also vor allem bei Hoffmannswaldau und Lohenstein; vgl. I Cysarz 1964b, S. 200ff.), da mahnt die neuere Forschung inzwischen kategoriale Differenzierungen zu den sog. ›Galanten‹ an, die dem diffusen ›Barock‹-Begriff aber nicht zu entlocken sind (vgl. Bd. IV/2, Kap. 8). Und die Barock-Musik, -Architektur und Gartenkunst fand in Deutschland so recht erst im 18. Jahrhundert statt – also in der literarischen, philosophischen und kulturellen Epoche der Aufklärung (vgl. Bd. V/1, S. 23ff.; vgl. dazu auch die Beiträge in III Mahlmann-Bauer)! So wird in den beiden letzten Jahrzehnten – unterstützt von der konfessionellen Kirchengeschichte (vgl. III Wallmann, S. 98ff.), aber auch der Literaturwissenschaft (vgl. III Bauer) – vor allem in der Geschichtswissenschaft für die der Aufklärung voraufgehende Epoche verstärkt die Bezeichnung *Konfessionalisierung* bzw. *konfessionelles Zeitalter* erprobt (vgl. – über die in Bd. I und II genannte Literatur hinaus – u. a. die Gesamtdarstellungen von III Klueting; Lanzinner/Schormann; Schindling/Ziegler), überdies wurden die ›katholische Konfessionalisierung‹ (III Reinhard/Schilling), die ›lutherische Konfessionalisierung‹ (III Rublack) sowie die ›reformierte Konfessionalisierung‹ (III Schilling 1986) eindringlich analysiert. Ein neuer Forschungsbericht mit dem Titel ›Reformation und konfessionelles Zeitalter‹ in der Reihe ›Kontroversen um die Geschichte‹ bietet einen Überblick über den Stand der Diskussion (III Ehrenpreis / Lotz-Heumann, S. 17ff., 71ff.) sowie eine umfassende Bibliographie (ebda., S. 121ff.). Auch für die Geschichte und die Literatur Ungarns wurde der Begriff der Konfessionalisierung nach der politischen Wende fruchtbar gemacht (vgl. III Bitskey). – In der deutschen Literaturgeschichtsschreibung wird der Begriff ebenfalls weiterhin erprobt, diskutiert (vgl. III Jaumann 1997) und verwendet (vgl. III Jaumann 2001), hat sich aber noch nicht durchsetzen können.

*Konfessionalisierung* bezeichnet innerhalb der Makroperiode ›frühe Neuzeit‹ den Zeitraum zwischen 1555 und 1648 bzw. 1685, d. h. zwischen dem Augsburger Religionsfrieden mit der reichsrechtlichen Anerkennung des Luthertums und dem Ende des Dreißigjährigen Krieges (1648) mit der reichsrechtlichen Anerkennung des Calvinismus bzw. dem Widerruf des Edikts von Nantes (1685). Der Begriff bezieht sich zunächst vorrangig auf das Hauptphänomen jenes Zeitraums: auf die zunehmende Kooperation von »frühmodernem Staat und Konfessionskirche in einer symbiotischen Ausbildung geistiger und institutioneller Kapazitäten zur Regulierung von Frömmigkeit und Untertanenverhalten.« (III Holzem, S. 3; vgl. II.44 Boneberg) Dieser Prozeß ist in seinen gesellschaftlichen Folgen und kulturellen Implikationen differenziert zu werten. Auf der einen Seite führte er zur Vermengung politischer und religiöser Interessen, zu intellektueller Unduldsamkeit und aggressiver Selbstbehauptung der Konfessionen. Das begann eigentlich schon mit Luthers *Reformation* (seit 1517). Diese war von Anfang an involviert in das Schachspiel politischer Interessen, die Reformatoren mußten bei den Fürsten um Unterstützung gegen Rom nachsuchen, sich also auch in die Abhängigkeit der politischen Mächte begeben. Diese nutzten das Schutzbedürfnis der neuen Kirche mehr und mehr für die eigenen politischen Interessen aus (vgl. Bd. I, S. 61 ff., 91 ff., 129 ff.). In der nachfolgenden Epoche ereigneten sich die feste Etablierung von *drei* Konfessionen (durch das Vordringen des Calvinismus in einigen Territorien, beginnend 1563 mit der Einführung des ›Heidelberger Katechismus‹ in der Kurpfalz), die politisch-religiöse Erstarrung der Fronten mit den Folgen einer ›ideologischen Einigelung‹, die u. a. zum Teil zur Regionalisierung und Provinzialisierung der Literatur, ja sogar – wie Dieter Breuer gezeigt hat (III Breuer 1979) – zur sprachlichen Abgrenzung aus konfessionspolitischen Gründen führte, ständige politisch-religiöse Unruhen durch die Folgen der »cuius regio eius religio«-Regelung von 1555, intensive Glaubenspolemik und -propaganda (vgl. III Kemper 1985; Bremer), Verfestigung vor allem des Luthertums zur Orthodoxie, Glaubenspressionen und Verfolgungen aller Art.

Auf der anderen Seite und darüber hinaus meint Konfessionalisierung aber auch den aus solcher umfassenden, konfrontativen Sozialisierung erwachsenden »gesellschaftlichen Fundamentalvorgang« der »Formierung einer neuzeitlich disziplinierten Untertanengesellschaft, die […] institutionell-flächenmäßig organisiert war, sowie parallel zur Entstehung des modernen kapitalistischen Wirtschaftssystems das öffentliche und private Leben in Europa tiefgreifend umpflügte. In langfristiger Perspektive gesehen, gehörte die Konfessionalisierung zu den Antriebselementen jenes frühneuzeitlichen Transformationsprozesses, der die ständische Welt Alteuropas umformte in die moderne demokratische Industriegesellschaft.« (III Schilling 1995, S. 4; vgl. II.44 Boneberg, S. 26 f.)

Die religiöse Spannung und Dynamik des Zeitraums riefen zugleich zahlreiche oppositionelle religiöse Gruppierungen hervor, führten zur Abgrenzung, aber auch zum Versuch der Integration und Assimilierung von ursprünglich heterodoxem Gedankengut in den Bekenntnissen (z. B. der Mystik im Luthertum) oder der Übernahme ›ketzerischer‹ Frömmigkeitsformen in die eigene Konfession (etwa des katholischen ›imitatio Christi‹-Postulats im lutherischen und reformierten Erbauungsschrifttum). Die Konfessionalisierung entfachte auch einen *Wettbewerb* zwischen den Bekenntnissen; er nötigte sie nach innen zu Reformprozessen, zu einer Ausdifferenzierung bestehender und Erfindung neuer Formen geistlichen Schrifttums und nach außen in einigen Bereichen auch zur Entwicklung konkurrierender Bildungsinstitutionen (Universitäten, Gymnasien) und zu öffentlichem literarischem Wettkampf (Jesuitentheater contra protestantisches Schuldrama). Insgesamt erwiesen sich schon für die Zeitgenossen der Katholizismus und der Calvinismus als die größten Gegensätze unter den Konfessionen, das Luthertum suchte sich gegenüber beiden als eigenständig zu profilieren, bot sich aber auch als das mittlere Bekenntnis für – vor allem von den Humanisten ausgehende – Vermittlungsversuche zwischen den Kirchen an (vgl. dazu Kap. 1 b–2; 6).

Die Beziehung des Humanismus insbesondere zu den protestantischen Konfessionen gehört ebenfalls in dieses Spannungsverhältnis produktiver, aber auch kritischer Wechselwirkung der Weltbilder. Die weltlichen deutschsprachigen Autoren des Barock-Humanismus fühlten sich in der Regel einer Konfession zugehörig (wie Opitz dem Calvinismus oder Gryphius dem Luthertum), sie nutzten ihre Ämter auch zur Stärkung ihrer entweder nicht anerkannten oder gefährdeten Bekenntnisse, zugleich aber wandten sie sich gegen Abschottung, Enge, Intoleranz und »Zancksucht« der Kirchen und betonten in humanistischem Geist die gemeinsamen Werte eines allen Kirchen gemeinsamen christlichen Glaubens. Die Dynamik und Energie der ›Gretchenfrage‹ in diesem Zeitraum inspirierte die Barock-Humanisten ebenfalls zu einem reichen und zum Teil innovativen geistlichen Schrifttum (vgl. dazu Kap. 2 c), ferner zum Einbezug ursprünglich nicht-christlicher Weltbilder wie der Hermetik (vgl. Kap. 1 f) sowie – zunehmend in der zweiten Hälfte des 17. Jahrhunderts – zum Entwurf von Gegen-Welten, in denen ausphantasiert wurde, was in der Realität der Zeit (noch) nicht gelebt werden konnte. In der Lyrik gehören dazu vor allem die zahlreichen Spielarten der Liebespoesie.

Das Ende des Dreißigjährigen Krieges (1618–1648) beendete zwar die politischen und zugleich kirchlichen Gebietseroberungen im Zeichen des »cuius regio, eius religio« von 1555, brachte aber zugleich als Reaktion auf die Anerkennung der Calvinisten bei Lutheranern und Katholiken eine Verhärtung der konfessionellen Abschottung mit sich (die Konfessionalisierung verfestigt sich zum *Konfessionalismus*). Der ideologische Kampf der Konfessionen und die dadurch hervorgebrachten kulturellen Grenzen selbst setzten sich also über das Ende des Dreißigjährigen Krieges hinaus ohne große Brüche fort (vgl. dazu kritisch III Jaumann 1997). Das gilt vor allem für Schlesien, das Kernland der deutschen Literatur des 17. Jahrhunderts (vgl. Abschnitt 2). Die Vertreibung der Hugenotten aus Frankreich (1685) zeigt das zweifache Ergebnis des Konfessionalismus: einerseits die Macht des Staates zur Herstellung eines konfessionell einheitlichen Territoriums wie in Frankreich, andererseits – durch die bewußte »Peuplierungs«-Politik und die Flüchtlings-Ansiedlung der calvinistisch gesinnten Herrscher in Deutschland – die politische Erzwingung des Nebeneinanders der Konfessionen in einem Territorium (vgl. Bd. I, S. 27ff., 30ff.; Bd. V/1, S. 15ff.). –

Erst mit großer zeitlicher Verzögerung gewannen die Zeitgenossen das Zutrauen, daß der Westfälische Friede halten würde, und schöpften Hoffnung auf eine Überwindung auch der Glaubensspaltung. So beginnt der Optimismus der *Aufklärung* als letzter Epoche der frühen Neuzeit, die bereits in die Moderne führt, auch erst um die Wende zum 18. Jahrhundert (vgl. Bd. V/1, S. 1ff., 42ff.; zum Sinn und Anforde-

rungsprofil solcher Temporalsequenzen vgl. Bd. I, S. 25ff.). Er zeichnet sich bereits
in einigen Gedichten von Günther und in der Position der Galanten ab (vgl.
Bd. IV/2, Kap. 8, 9).

2) *Konfessionalisierung in Schlesien*: Schlesien gehörte nach der Rechtsauffassung
vor allem Habsburgs nicht zum Territorium des Heiligen Römischen Reichs deutscher Nation (vgl. zum Folgenden und zu Einzelheiten der habsburgischen Rekatholisierungspolitik auch Bd. III, S. 25ff.). Es war deshalb schon vom Augsburger
Religionsfrieden ausgenommen worden. Trotzdem war der Anteil des protestantischen Glaubensgemeinschaften angehörenden Teils der Bevölkerung um 1570 bis auf
rund 90% angewachsen (III Deventer, S. 51f.; vgl. dazu im einzelnen Bd. III,
S. 25ff.). Um 1600 begann sich die Lage zu differenzieren. Während die Piastenherzöge Georg Rudolph von Liegnitz und Johann Christian von Brieg und größere
Teile der Oberschicht zum reformierten Bekenntnis überwechselten, ihren Untertanen aber das Festhalten am Luthertum gestatteten (ebda., S. 76f.), begann in den der
Krone Habsburgs unmittelbar unterstehenden Erbherzogtümern Großglogau,
Schweidniz und Jauer ein das ganze Jahrhundert andauernder Versuch zur Herstellung eines monokonfessionellen katholischen Territoriums. Dieser an den Landes-
hauptstädten Glogau und Schweidnitz aussagekräftig untersuchte Prozeß setzte
nachhaltig ein als Reaktion auf das Engagement der Protestanten für das (rasch
gescheiterte) Unternehmen des von den böhmischen Ständen zum König proklamierten reformierten ›Winterkönigs‹ Friedrich V. von der Pfalz (1595/1614–1632).
Nachdem auch Schlesien seit 1625 zum Schauplatz des Dreißigjährigen Krieges geworden war (vgl. Abschn. 3), kam es in den habsburgischen Territorien zu einer
Welle gewaltsamer Rekatholisierungen (z. T. mit Unterstützung der ›Lichtensteiner
Dragoner‹; vgl. Kap. 6 b–2), zu Vertreibungen lutherischer Prädikanten, in Glogau,
wo nur etwa ein Viertel der Bevölkerung katholisch war, zur Besetzung der Füh-
rungspositionen ausschließlich mit Katholiken, zur Konfiszierung lutherischer Bücher bei der Durchsuchung der Bibliotheken vornehmer Bürger durch eine Kommission und zur Erzwingung der Teilnahme lutherischer Bürger am katholischen
Ritus (vgl. III Deventer, S. 186ff., 198f.).
Nach einer Stagnation dieser Entwicklung durch wechselndes »Kriegsglück« erlangte Kaiser Ferdinand II. (1578/1619–1637) schon im Prager Friedensvertrag mit
dem sächsischen Kurfürsten (1635) die »freie disposition« zur weiteren Durchsetzung des ›cuius regio eius religio‹ in seinen schlesischen Territorien (ebda., S. 212f.),
und Ferdinand III. (1608/1637–1657) erhielt Habsburg dieses Recht auch im Friedensvertrag von Münster und Osnabrück (1648): »In § 38 wurde den Fürsten Augs-
burgischer Konfession in Liegnitz, Brieg, Wohlau und Oels sowie der Stadt Breslau
›ex gratia Caesarea‹, jedoch nicht von Rechts wegen, die Ausübung des Evangelischen Bekenntnisses im Rahmen der Vorkriegsprivilegien gestattet.« (Ebda., S. 250)
In den eigenen Erbfürstentümern dagegen bewilligte der Kaiser den Protestanten nur
die Errichtung von drei Kirchen außerhalb der Städte Glogau, wo Andreas GRY-
PHIUS seit 1650 als Syndikus der Landstände wirkte und sich für den Aufbau der
Kirche einsetzte (vgl. Kap. 6 b–5), Schweidnitz, wo Daniel von CZEPKO als Rechts-
berater ehrenamtlich tätig war (vgl. Bd. III, S. 184ff.), und Jauer. Während diese
sog. ›Friedenskirchen‹ im nachfolgenden Jahrzehnt nur unter großer Mühe errichtet

werden konnten, sich aber als Kristallisationspunkte eines überlebensfähigen Protestantismus und damit der Bikonfessionalität bewährten und damit zugleich die Grenzen der Konfessionalisierung markierten, kam es 1653/54 zu einer erneuten beispiellosen Welle antiprotestantischer Pressionen. Jeweils binnen weniger Monate wurden in den Fürstentümern Schweidnitz und Glogau 254 bzw. 164 evangelische Kirchen enteignet, die Pfarrer vertrieben und durch katholische Geistliche ersetzt, und erneut wurden die Protestanten unter Strafandrohung (Verhör, Gefängnis) zur Teilnahme am katholischen Ritus gezwungen, zum Teil wurde ihnen die Zulassung zum Bürgerrecht verweigert (ebda., S. 296ff., 310). Als nach dem Tod des letzten Piasten 1675 die Fürstentümer Liegnitz, Brieg und Wohlau an den Kaiser fielen, setzte auch hier mit der Schließung von mehr als 100 Kirchen und der Aufhebung der Konsistorien »eine Welle der katholischen Restauration« ein (ebda., S. 251). »Um 1700 verfügten die schlesischen Protestanten nur mehr über etwa 220 Gotteshäuser im Vergleich zu über 1500 ein Jahrhundert zuvor.« (III Evans, S. 101; vgl. Bd. III, S. 31) Kaiser Leopold I. (1640/1658–1705) konzedierte 1669 dem protestantischen Adel bezeichnenderweise lediglich die *Privatandacht* – und dies dürfte (auch schon für die Zeit davor) ein wichtiger Grund für die Blüte der weitgehend für den Privatgebrauch bestimmten protestantischen Erbauungsliteratur in Schlesien gewesen sein:

> »Das Privatvorlesen für die Kinder und Leuth im Haus, das Bethen und Singen, wann es nur nicht in Gestalt eines öffentlichen Exercitii vorgenohmmen wird, nicht soll verschrencket werden, es mag auch auf solche Weiß ein Haußvater seine Kinder daheimb instruiren.« (Zit. in: III Deventer, S. 303f.)

Erst Kaiser Joseph I. (1678/1705–1711) gestand aus außenpolitischen Rücksichten in der für ihn demütigenden *Altranstädter Konvention* (1707) die Rückgabe von 125 Kirchen an die Evangelischen, den Neubau einiger Gotteshäuser und die Einrichtung lutherischer Konsistorien zu: Dies war das Signal für den Verzicht Österreichs, »in Schlesien konfessionelle Homogenität herzustellen.« (Ebda., S. 251) Doch diese Erleichterungen galten nur für das *Luthertum*, das nach offiziellem Sprachgebrauch in Schlesien (auch in den Fürstentümern der Piasten) unter der Bezeichnung »ungeänderte Augsburgische Confession« firmierte (vgl. ebda., S. 212). Dagegen blieb das *reformierte Bekenntnis,* das seit 1648 im Reich anerkannt war, in Schlesien auch über die Altranstädter Konvention hinaus *verboten.* Damit lieferte Habsburg dem preußischen Nachbarn Friedrich dem Großen, dessen Haus seit 1613 zum reformierten Bekenntnis übergetreten war, den willkommenen Grund, die Annektion Schlesiens als Befreiung der dortigen Glaubensbrüder aus dem Despotismus Habsburgs zu rechtfertigen (vgl. Bd. III, S. 31; Bd. V/1, S. 20f.).

Der ständige Katholisierungs-Druck stärkte in Schlesien einen lutherischen Konservatismus, dessen lebensbedrohliche Härte noch Johann Christian GÜNTHER im Übergang zur Aufklärung zu spüren bekam (vgl. Bd. IV/2, Kap. 9 b). Andererseits waren Protestanten und Katholiken im Alltag auch auf Gemeinsamkeiten und Kompromisse geradezu verpflichtet, so daß sich neben bikonfessioneller Konfrontation auch Formen »friedlichen Nebeneinanderlebens bei Vermeidung jedes tiefergehenden Zugeständnisses« entwickelten (III Schöffler 1974, S. 30). Barock-Mystikern und Barock-Humanisten blieb es vorbehalten, aus diesem Spannungsfeld heraus auch Möglichkeiten eines *toleranten* Miteinanders zu propagieren und zu erproben und damit eine »konfessionelle Befriedigungspolitik« zu verfolgen, in der man mit Recht »das geschichtlich größte Verdienst« der europäischen Humanisten erblickt hat (III Garber 1987, S. 387).

3) »*Teutscher Krieg*« *und Krise*: Eine besonders verhängnisvolle Rolle spielte der *Dreißigjährige Krieg* (1618–1648), der als Glaubenskrieg legitimiert wurde und vor allem in Schlesien, der Heimat der wichtigsten deutschsprachigen Humanisten, durch wiederholte Kriegszüge der habsburgisch-spanischen und antihabsburgischen Truppen, durch hohe Bevölkerungsverluste, finanzielle Pressionen, Belagerungen, Plünderungen und Vertreibungen schwere Schäden anrichtete (zum Kriegsverlauf mit Blick auf Schlesien vgl. Bd. III, S. 28ff.; zu Einzelheiten vgl. die Biographien in Bd. III und im vorliegenden Band; zu den Quellen im Blick auf Schlesien vgl. I Lorenz, S. 221ff., 285ff., 370ff., 409ff., 476ff., 501ff. u. ö.; III Becker, S. 29ff.; Dotzauer, S. 117ff.: vgl. ferner u. a. III Schormann, S. 31ff.; Barrudio, S. 77ff., 129ff., 164ff. u. ö.; Lubos, S. 133ff.; Metzger/Metzger 1983, eine übersichtliche Landkarte zum Verlauf des Dreißigjährigen Krieges bietet III Schilling 1988, S. 514f.).

Die einzige umfassende »poetische Erzählung« des Krieges verfaßte ›Celadon von der Donau‹ al. Georg GREFLINGER (1620–um 1677), Buchner-Schüler, Hamburger Notar, Zeitschriften-Herausgeber (›Nordischer Mercur‹) und Mitglied im ›Elbschwanen-Orden‹ des poetischen Pazifisten Johann Rist, mit seiner Alexandriner-Verschronik ›Der Deutschen Dreyßig-Jähriger Krieg‹ (1657) in 5030 Alexandriner-Versen (vgl. dazu die kommentierte nützliche Zeittafel von II.39 Ehrle; S. 157ff.; vgl. dazu auch III van Ingen 1985, S. 244ff.; zu Opitz ebda., S. 247ff.; zu den zahlreichen ›Friedens‹-Dichtungen ebda., S. 251ff.; zu Johannes Rists eindrucksvollem poetischem Friedens-Appell ›An die Christlichen Fürsten und Herren in Deutschland‹ vgl. I Cysarz 1964a, S. 231–235). Greflingers stoffreich-holprige Darstellung aus »streng protestantischer Perspektive« (II.39 Ehrle, S. 263) umfaßt 12 ungleiche Teile und stellt die Kriegszüge (1630–1632) des Schwedenkönigs Gustav II. Adolf, des »Retters des Protestantismus«, in den Teilen 3 bis 5 (mit einem Drittel des Gesamtumfangs) und den Kriegsverlauf nach dessen Tod in der Schlacht bei Lützen in den Mittelpunkt.

Neuerdings sind in der Geschichtswissenschaft – vor allem durch Hartmut Lehmann (III Lehmann 1980; Lehmann/Trepp; vgl. auch III Jakubowski-Tiessen) und Heinz Schilling (III Schilling 1988, S. 371ff.) – die Jahrzehnte vor und nach 1600 überdies als Zeit einer tiefgreifenden *Krise* – verstanden als »Strukturkrise von Gesellschaft und Kultur« – analysiert worden, und deren Symptome zeigen sich einerseits in den historischen Fakten und Verläufen, andererseits in den Reaktionen der Zeitgenossen darauf: andauernde wirtschaftliche Schwierigkeiten und politische Turbulenzen, welche den mühsam geschlossenen Religionsfrieden ständig gefährdeten, Bevölkerungsstagnation und -rückgang infolge u. a. der Seuchen und Kriege, verbunden mit kulturellem Niedergang, schließlich eine religiös-weltanschauliche Krise, deren Symptome unter dem Epochen-Stichwort bereits genannt wurden (vgl. dazu Bd. II, S. 1ff.). In den Bewältigungs- und Verarbeitungsversuchen entwickelten sich allerdings auch das *Erbauungsschrifttum* und der Reichtum des *geistlichen Liedgutes* sowie der *mystischen* und *spiritualistischen Literatur*: Sie sind keine ›Beweise‹ für die

Nicht-Existenz der ›Krise‹ (vgl. III Baur), sondern in ihnen zeigt sich im Gegenteil, daß diese Zeit vor allem im Luthertum als existenzgefährdend erfahren wurde. Vielleicht nicht zuletzt deshalb entstammen gerade dieser Konfession so viele und fast alle bedeutenden deutschen Autoren des 17. Jahrhunderts. Ihre Dichtung erscheint als Krisen-Reflektor und Heil-Versuch, aber auch bereits – in der Mystik – als Organ einer die kirchlich-konfessionellen Grenzen sprengenden ›geistlichen‹ Selbstermächtigung des Subjekts (vgl. Bd. III, S. 7ff., 101ff., 183ff. u. ö.).

4) *Form-Zwang, Neustoizismus und Sozialdisziplinierung*: Der von den Kirchen im 16. Jahrhundert zunehmend unterdrückte und für die eigenen Interessen eingespannte Humanismus rückte bei aller Solidarität im einzelnen mit seiner poetischen Gelehrsamkeit während dieser Zeit mehr und mehr auf die Seite der (kaiserlichen und ständischen) Mächte, welche dem politischen, sozialen und kulturellen Chaos eine befriedete Ordnung entgegenstellen wollten. Mit diesem Engagement suchten die Gelehrten zugleich ihren Nutzen in den entstehenden Verwaltungsapparaten unter Beweis zu stellen. Solcher Ordnungs-Anspruch zeigt sich auf allen Ebenen der humanistischen Literaturtheorie und -praxis. Alles, was formal und thematisch in möglichst großem Widerspruch zur Krise stand, bestimmte ihre Poesie: Das betrifft zunächst die *Vorliebe für strenge Form-Merkmale*. Dieser Tendenz verdankt die deutsche Literaturgeschichte eine Kontinuität im Bereich des europäisch einheitlichen Gattungs- und Form-Inventars selbst in dieser Krisenzeit. Früher hat man darin eine Abschottung der Humanisten gegenüber den Bedrängnissen der eigenen Zeit gesehen (»Barocke Prägung ist Formung nicht so sehr aus dem Leben als gegen das Leben, vom Leben fort oder über das Leben hinweg«; IV Cysarz 1964b, S. 16f.; vgl. ebda., S. 43) und deshalb daraus gefolgert, man könne diese Literatur als zeitenthobenes, autonomes literarisches System analysieren. Heute erkennt man den eminenten Zeitbezug dieses Verhaltens. Denn er entsprach einem ›antithetischen‹ Grundsatz der hippokratisch-galenischen Schulmedizin: »Das Entgegengesetzte ist Heilmittel für das Entgegengesetzte.« (II Galenos, S. 33; vgl. Bd. II, S. 89ff.) In diesem Sinne korrespondiert die Formbewußtheit auch mit inhaltlichen Tendenzen: den Prinzipien stoizistischer Ethik, synkretistischen Harmonisierungen der miteinander konkurrierenden Weltanschauungen (»Das ganze dichterische Barock ist voll glaubensversöhnender Kräfte.« IV Cysarz 1964b, S. 41), einer ›geordneten‹ Liebes-Poesie, in der Venus Mars die Herrschaft über die Welt streitig macht (vgl. Bd. IV/2) sowie der Rezeption bukolisch-arkadischer Poesie als Gegen-Gift zum Zerstörerischen der Epoche. »Das Barock ... hat das Widerstrebende zusammenzuhalten, das Klaffende zu verklammern« (IV Cysarz 1964b, S. 43): Aus diesem Grundanliegen der Humanisten versteht sich u. a. auch ihre Vorliebe für die holistische Weltanschauung der Hermetik (vgl. Kap. 1 f). Diese Motive beweisen im Kontext der Zeit also gerade ihre Zeitgenossenschaft!

Trotz zahlreicher grundlegender Gemeinsamkeiten mit den Renaissance-Humanisten einschließlich des ›poeta doctus‹-Ideals favorisierten die Barock-Humanisten in ihren poetischen Werken literarische Traditionen und philosophische Theorien, die *Ideale stoischer Selbst- und Sozialdisziplinierung sowie kluger Selbstbehauptung* propagierten. Der niederländische Philosoph Justus Lipsius (1547–1606) wurde mit seinem Buch ›De Constantia libri duo‹ (1584; ›Von der Bestendigkeit‹) »zum über-

konfessionellen Leitfaden christlichen Handelns im Barock; für das leidvolle Kriegs-
jahrhundert liefert es die ›Krisenphilosophie‹« (III Niefanger, S. 41); denn das Werk
empfahl im Rückgriff auf die stoischen Ideen von Seneca und Boethius eine die
eigenen Affekte disziplinierende, selbstverantwortliche Lebensführung, die es ermöglichte, sich unabhängig vom unbeeinflußbaren ›Verhängnis‹ der Zeitläufe in stoischer Beständigkeit und christlichem Gottvertrauen als Weiser zu behaupten und im
Leben (notfalls als Märtyrer) zu bewähren.

Im Anschluß an den *Neustoizismus* von Lipsius entwickelten sich auch die auf
Durchsetzung von Befehl und Gehorsam gegründeten, auf Übung und Beispiele
angewiesenen Verfahren der frühneuzeitlichen *Sozialdisziplinierung* (ebda., S. 47).
Anlaß und Grund hierfür war die Infragestellung der überkommenen Ordnung in
allen Lebensbereichen, insbesondere auch in Gesellschaft, Alltag und Wirtschaft.
Seit die Städte beispielsweise an wirtschaftlicher Anziehungskraft gewannen und
neue Arbeitskräfte vom Land anzogen, geriet das traditionelle Sozialgefüge der
Städte ins Wanken.

»Das immer dichtere Zusammenrücken hatte eine nie gekannte und nie geübte Intensität
des Neben- und Miteinanderlebens zur Folge, es veränderte die Toleranzschwelle gegenüber jeder völlig freien Entfaltung, aber auch gegenüber Andersartigkeit und Abartigkeit,
so daß es zwangsläufig zur Ausbildung neuer Lebensform kommen mußte. Dazu trat das
Versagen der kirchlichen Gerichtsbarkeit, so daß ursprünglich durch die Kirche geregelte
Fragen von Zucht und Sitte in den Bereich der weltlichen Ordnung gelangten.« (III
Oestreich, S. 11)

In umfangreichen *Policey-Ordnungen* versuchten die Städte, die aus dem engen Zu-
sammenleben erwachsenden politischen, wirtschaftlichen, sozialen, ethischen und
hygienischen Probleme administrativ zu lösen. Diese Verordnungen regelten nicht
nur das öffentliche Leben, sondern sie griffen tief in das Privatleben jedes einzelnen
ein, indem sie z. B. sogar die Kleidertracht, die Kindererziehung oder den für die
einzelnen Bevölkerungsschichten unterschiedlichen Aufwand für Familienfeiern (insbesondere für Hochzeiten und Beerdigungen, also die Hauptanlässe für Gelegenheitsgedichte) festlegten (vgl. dazu auch Bd. IV/2, Kap. 1 b–5, c–4).

Solchen Disziplinierungsmaßnahmen entsprach ein vor allem an den Universitäten herrschendes, philosophisches und theologisches Denken, das – aus dem Mittelalter ererbt und *Scholastik* (»Schulweisheit«) genannt – auf der Annahme eines von
Gott selbst nach der unterschiedlichen Qualität der Dinge hierarchisch (stratifika-
torisch) geordneten Seinszusammenhangs beruhte. Das Ordnen bestand danach im
Unterscheiden, im Grenzen setzenden Zuweisen der Phänomene und Ereignisse zu
den ihnen im großen Stufenbau der Schöpfung und im Gang der Heilsgeschichte
zugewiesenen Rang und Stellenwert. Dieses Denken prägte auch die Erkenntnis-
struktur eines großen Teils der gelehrten Dichtung dieser Zeit (vgl. III Wiedemann
1973 a/b), schloß aber Grenzüberschreitungen, wie sich inzwischen vielfach gezeigt
hat, keineswegs aus.

Nach dem Ende des ›Teutschen Kriegs‹ kehrten bezeichnenderweise die in der
christlichen Propaganda verteufelten politischen Lehren Niccoló MACHIAVELLIS
(1469–1527; ›Il principe‹, 1513), die dem Fürsten zur erfolgreichen Machterhaltung
eine Trennung von Politik und Moral empfahlen, in der bis hin zu Christian Weise
und Christian Thomasius einflußreichen Klugheitslehre des spanischen Jesuitenpa-

ters Baltasar GRACIÁN (1601–1658; ›Oraculo manual y arte de prudencia‹, 1647) wieder: In der als »theatrum mundi« vorgestellten, von Neid und Mißgunst beherrschten öffentlichen Welt der ›Politik‹ sollte der Bürger bis zur Verstellung klug seine Rolle spielen und sich auch beim Kampf um die Macht behaupten (vgl. III Niefanger, S. 40).

5) *Reichs-»Monstrum« und adlige Literatur-Banausen*: Der Zeitraum vom 16. bis zum 18. Jahrhundert steht in den europäischen Staaten politisch im Zeichen einer Entwicklung von der Feudalordnung des Mittelalters zum modernen, absolutistischen Machtstaat und gesellschaftlich sowie kulturell im Zeichen einer allmählichen Ablösung des Adels als der führenden Schicht durch das Bürgertum. Im Heiligen Römischen Reich deutscher Nation konnten sich auch diese Tendenzen im 17. Jahrhundert nur begrenzt und regional verschieden entfalten. Denn dieses Reich bestand aus einer Ansammlung verschiedener Staatsformen – Monarchien und Freistaaten (vor allem Freien Reichsstädten) – sowie aus Territorien mit geistlichen und weltlichen Oberherren, die zugleich Repräsentanten verschiedener, untereinander verfeindeter Religionsgemeinschaften waren. Der Ausgang des Dreißigjährigen Krieges stärkte die Macht der in den Reichsständen zusammengefaßten Territorialmächte und schwächte die Macht des Kaisertums. »Wie monströs ist schon allein dies, daß sich Haupt und Glieder wie zwei Parteien gegenüberstehen«, urteilte Samuel Pufendorf 1667. »So wird der Reichskörper durch ein vernichtendes Tauziehen zwischen den Interessen des Kaisers und der Stände erschüttert: jener erstrebt mit allen Mitteln die Wiederherstellung der alten monarchischen Rechte, diese verteidigen standhaft die errungene Machtstellung.« (II Pufendorf, S. 119) Kaum einer dieser Territorialmächte gelang der »Sprung zum modernen Machtstaat«: »Nur Österreich und Brandenburg-Preußen, mit Abstrichen auch Bayern und Hannover; die Kleineren verwirklichen oft nur einzelne Tendenzen, manchmal nicht mehr als die absolutistische Selbstrepräsentation der Fürsten.« (III Wiedemann 1973b, S. 182). Und im Unterschied etwa zu England oder den Niederlanden spielte das Bürgertum, das sich als Schicht vor allem aus den reich gegliederten Hierarchien der städtischen Zünfte und Stände herausbildete, im Deutschland des 17. Jahrhunderts mit Ausnahme einiger Freier Reichsstädte noch keine dominierende politische Rolle. Dagegen profitierte es von der wirtschaftlichen Entwicklung, welche die Städte und ihren Handel begünstigte und zu einer Verarmung der Bauern und des Landadels führte.

Ebenso wenig wie das Bürgertum kam aber auch der Adel – trotz der Vielzahl von Residenzen und Höfen – in größerem Umfang als Publikum für die gelehrte deutsche Literatur in Betracht:

»der Ehrgeiz der Fürsten in Deutschland richtete sich auf die illiteraten Künste: auf die Architektur, die Musik (deren Texte italienisch und französisch sind), auf die Inszenierung von Festen (zu denen gelegentlich deutsche Dichter Festpoesien beizusteuern hatten). Nur kleinere Höfe, wie Braunschweig-Wolfenbüttel und Anhalt-Köthen, engagieren sich für deutsche Sprache und Literatur, nicht zuletzt, weil sie die preiswerteste Kunstart ist. [...] Wegen dieses Desinteresses der Oberschicht ist die literarische Produktion im Deutschland der frühen Neuzeit nicht so reich wie in England, wo Hof und Aristokratie, unbeeindruckt von der religiös begründeten Feindseligkeit der Puritaner gegenüber der weltlichen Dichtung, das Vergnügen an englischer Poesie sich nicht stören ließen.« (III Schlaffer 2002, S. 47f.; vgl. III Freund, S. 180ff., 190ff.; vgl. Bd. V/1, S. 8ff.)

Die Verkehrs- und Diplomatensprache an den deutschen Höfen war das Französische, das sich auch die aristokratischen Frauen als Standeszeichen aneigneten. Erst gegen Ende des 17. Jahrhunderts unternahmen die ›Galanten‹ den Versuch, im Rückgriff auf Spielarten der erotischen Poesie eine witzigere und elegantere Dichtung zu initiieren, welche dem höfischen Geschmack eher entsprach als die von imitatorischer Gelehrsamkeit geprägte deutschsprachige Dichtung der ›poetae docti« (vgl. dazu Bd. IV/2, Kap. 8). Nolens volens schrieben diese also nur für ein begrenztes Publikum, zumeist blieben sie bei der Lektüre ihrer Schriften sogar unter sich.

6) *Zur Sozialgeschichte des Schreibens und Lesens:* Auch im 17. Jahrhundert war die Zahl der Analphabeten in allen europäischen Ländern und in allen Bevölkerungsschichten sehr hoch. Während sie z. B. in England in der ersten Hälfte des Jahrhunderts von 75 Prozent auf etwa 60 Prozent zurückging, dürfte sie in Deutschland in derselben Zeit (des Dreißigjährigen Krieges) eher gestiegen sein (III Engelsing, S. 45). Die allgemeine Schulpflicht als wichtige Voraussetzung zur Beseitigung des Analphabetentums wurde hier erst in einigen Ländern eingeführt (Sachsen-Coburg-Gotha 1642, Württemberg 1649, Brandenburg 1662), doch bedeutete dies zumeist nur den Schulbesuch an einem oder zwei Wochentagen in Städten oder größeren Dörfern. Die Schätzung, »daß im 17. und 18. Jahrhundert in Deutschland 25 Prozent der Kinder zur Schule gingen und noch nicht einmal 10 Prozent lesen und schreiben lernten, ist für viele Gegenden kaum übertrieben.« (Ebda., S. 49) So war es keineswegs selten, daß auch wichtige öffentliche Ämter – etwa Ratsstellen – von Männern bekleidet wurden, die nicht oder kaum lesen oder schreiben konnten. Erschwerend hinzu kam ein verbreitetes Desinteresse an Bildung vor allem beim Landadel und bei den Bauern, aber bis ins 18. Jahrhundert hinein hielt auch das Kleinbürgertum mehr davon, wenn der Nachwuchs möglichst rasch sein Handwerk erlernte, anstatt auf den Schulen Dinge zu lernen, die für die Ausübung des Handwerks als unnütz erachtet wurden.

Im Vergleich dazu hatte die Buchproduktion in Deutschland zu Beginn des 17. Jahrhunderts einen erstaunlichen Umfang. 1618 erschienen 1757 Buchtitel, bereits 1637 war die Jahresproduktion als Folge des ›großen Krieges‹ auf 408 neue Titel gesunken. Die Kriegsereignisse ließen statt dessen die Zahl der Flugschriften – vorwiegend zu Tagesereignissen – in die Höhe schnellen, und im Zusammenhang damit entstand auch eine Reihe »regelmäßig erscheinender Zeitungen« (III Engelsing, S. 42; vgl. auch III Straßner), die sich allmählich ein breiteres Lesepublikum in Adel und Bürgertum erobern konnten. Die theologische Literatur, zu der Johann ARNDTS absoluter Bestseller ›Vier Bücher vom wahren Christentum‹ (1605/10) gehört (vgl. Kap. 6 e, f), besaß bis etwa zur Mitte des 18. Jahrhunderts den größten prozentualen Anteil an der Buchproduktion. Die entsprechenden Zahlen lauten in Deutschland noch 1740, also bereits mitten in der Zeit der Aufklärung: »Theologie 38,54% der Gesamtproduktion, darunter 19,08% Erbauungsliteratur für breite Schichten; alle schönen Künste und Wissenschaften 5,83%, darunter Erzählungsliteratur nur 2, 65% der Gesamterzeugung« (III Schöffler 1958, S. 189). Im Verlauf des 17. Jahrhunderts vollzog sich auch der Übergang vom vorwiegend lateinischen zum überwiegend deutschsprachigen Schrifttum: »Der Anteil des deutschen Schrifttums betrug 1600 29% und 1700 62%.« (III Engelsing, S. 43)

7) *Der Säkularisierungsprozeß*: Die eine katholische Wahrheit erschien im 17. Jahrhundert in drei offiziellen und zahlreichen inoffiziellen Variationen. Jede einzelne Konfession behauptete, *die* christliche Wahrheit zu besitzen, und verketzerte folgerichtig die Kontrahenten. Eine tiefe Verunsicherung des Glaubens war bei vielen die Folge. Diese wuchs, als die Kirchen sich um ihrer Existenzsicherung, aber zugleich auch um der Ausweitung des von ihnen vertretenen Glaubens und damit ihres Machtanspruches willen tief in das »weltliche« politische Geschäft verstrickten. Bei den Protestanten besaß der Landesherr auch die kirchliche Oberaufsicht, in den katholischen Territorien standen zum Teil geistliche Würdenträger – regierende Fürstbischöfe oder -äbte wie z. B. in den Erzbistümern Köln, Mainz, Trier oder Salzburg – an der Spitze der Territorialstaaten. Der Dreißigjährige Krieg macht in seiner unlösbaren Verquickung von Glaubensfragen und reinen Machtinteressen der beteiligten europäischen Staaten deutlich, daß die Frage nach der Religion damals nicht nur eine nach der privaten Gesinnung des einzelnen, sondern zugleich eine nach der Einstellung zur öffentlichen, von der jeweiligen Konfession mitgetragenen und -begründeten staatlichen Ordnung war.

Hereinbrechende Naturkatastrophen und Seuchen – vor allem das häufige Auftreten der Pest – interpretierten die Kirchen als Ausdruck des göttlichen Zorns über die Ungläubigkeit und Sündhaftigkeit der Christen (vgl. Bd. II, S. 34ff.). Die Kirchen bedienten sich – von der jeweiligen Obrigkeit unterstützt – einer insgesamt gut organisierten *Zensur* (vgl. III Breuer 1982), um Ansichten zu unterdrücken; die mit dem biblischen Weltbild oder der kirchlichen Tradition als unvereinbar erschienen, wie insbesondere auch das neue kopernikanische Weltbild, für dessen Richtigkeit Galileo Galilei (1564–1642) und Johannes Kepler (1571–1630) neue Beweise geliefert hatten. Mißliebige Autoren wie z. B. der bedeutende schlesische Barockphilosoph Jacob Böhme (1575–1624) erhielten nicht nur Druck-, sondern auch Schreibverbot (vgl. zu ihm Bd. III, S. 136ff.).

> »Die Gewalt, mit der die konfessionellen Loyalitäts- und Entscheidungszwänge die Menschen des 16 und 17. Jahrhunderts bis in die verborgensten Winkel ihrer sozialen und personalen Existenz ergriffen haben, wird man sich noch grausamer vorstellen müssen als selbst die erbitterten politisch-ideologischen Kämpfe des hinter uns liegenden 20. Jahrhunderts. Und es waren häufig gerade die Gelehrten, die Theologen, Juristen, die Naturforscher oder Philosophen, die an den Fronten der Auseinandersetzung zwischen den religiös-kirchlichen Bekenntnissen standen.« (III Jaumann 2001, S. 7f.)

Das Verständnis von Säkularisierung hat bei diesem umfassenden Machtanspruch der Kirchen und Konfessionen anzusetzen. Gemeint ist mit Säkularisierung also nicht ein nur geistesgeschichtlich zu verortender Prozeß von Glaubensverlust und Religionsmüdigkeit. Solchen Erscheinungen haben die Kirchen oder außerkirchliche Erweckungsbewegungen bis heute immer wieder erstaunliche *Rechristianisierungserfolge* entgegengesetzt (vgl. dazu auch III Lehmann 1997, S. 10ff.). Und dies wiederum impliziert, daß Säkularisierung nicht als historische ›Sieger‹-Kategorie oder gar als »ideologiekritischer Kampfbegriff einer intramundanen Emanzipationsbewegung« (IV Föcking, S. 284) gemeint ist, so als gebe es nach der durch die Aufklärung herbeigeführten ›Entzauberung der Welt‹ (Max Weber) nicht weiterhin erstaunlich lebendige Transformationen des Christentums oder als sei alles Kirchliche bzw. Sakrale nur als »Gefahr für das ›humanum‹« zu werten und zu verwerfen (ebda.). Daß dem »Kontakt zwischen Sakralem und Profanem ein beachtliches Potential der Innovation inne wohnt« (ebda., S. 285), zeigt sich gerade an der ›Genie-Religion‹ (vgl. Bd. VI/2), in der sich die Poesie mit Hilfe religiöser Energien selbst zur ›Kunst-Religion‹ aufwertet. Aber dies ist ebenso ein Phänomen der Säkularisierung wie das Ergebnis von Föckings Studie, die zeigt, daß sich der neue Stil des ›Barock‹ in der italienischen Lyrik zuerst in der geistlichen (und nicht in der weltlichen) Dichtung vollzieht, – aber dies nicht zuletzt dadurch, daß die geistliche Dichtung bei Giovan Battista MARINO (1569–1625) in »weltliche Hände« gerät (IV Föcking, S. 251ff.; zu analogen Tendenzen in der deutschen Lyrik vgl. Bd. IV/2)!

So meint Säkularisierung als auf die frühe Neuzeit bezogene Kategorie jene funktionale *Dechristianisierung* im Sinne eines Nachlassens des kirchlichen Einflusses auf die öffentliche und private Lebensgestaltung und Kultur einer Sozietät und damit den Prozeß kirchlich-konfessioneller *Entmachtung*. Am Ende der frühen Neuzeit konnte jedermann Anhänger einer Kirche sein und bleiben, er war dazu aber nicht mehr verpflichtet (vgl. dazu im einzelnen Bd. I, S. 16ff.; Bd. V/1, S. 15ff., 21ff., 86ff.; Bd. V/2, S. 76ff.; Bd. VI/3, S. 12ff.). Eine solche Dechristianisierung geschieht im Bereich der Literatur auch dort, wo biblisch-christliche Traditionen – wie auch im Barock-Humanismus – mit weltlichen durchmischt oder für nicht-religiöse Absichten (wie die Selbstsakralisierung der Kunst) zweckentfremdet werden (vgl. dazu jetzt auch – mit ausführlichem Forschungsbericht zum Stand der Debatte um die Kategorie der Säkularisierung – III Pott 2002; Danneberg, Pott, Schönert, Vollhardt 2002).

## b)   Konkurrenz der Konfessionen und Bezüge zu Humanismus und Kunst

Konfessionskunde gehörte zum *kulturellen Wissen* der Autoren des Barock-Humanismus, insbesondere auch der aus dem lutherisch und reformiert geprägten Protestantismus Schlesiens stammenden Autoren, »so daß ein interkulturelles Bezugsfeld wechselseitiger Rezeption« entstand: »Religion, Politik, Kunst und Literatur bilden ein konfliktreiches Muster, dessen intertextuelle Komplexität durch die Rekonstruktion einer konfessionell reflektierten Hermeneutik zu analysieren ist.« (II.44 Borgstedt/Kiesant, S. 479) Und nur wenn man die wichtigsten konfessionellen Unterschiede und Hauptstreitpunkte kennt, kann man Standort und Leistung, Transgressionen und Oppositionen der Humanisten im Spannungsfeld des Konfessionalismus zureichend beurteilen. Im folgenden geht es um Hinweise zur Entwicklung, zum Profil und zu den Feindbildern der drei sich im Zeitraum etablierenden Bekenntnisse und zu ihrer unterschiedlich intensiven Beziehung zu Humanismus, Kunst und Literatur. Ferner kommen auch die Verbote (Bilder- und Mythologieverbote) sowie jene weniger strittigen Artikel zur Sprache, welche den Kirchen dazu dienten, Grenzen gegenüber gemeinsam bekämpften häretischen Weltanschauungen zu ziehen (also die Lehren von Schöpfer und Schöpfung sowie von den ›letzten Dingen‹). – Weitere signifikante Lehrunterschiede (vor allem Schrift- und Sakramentsverständnis, Christologie, Anthropologie und – im Zusammenhang mit der Prädestinations- und Rechtfertigungslehre – die Problematik der »guten Werke«) sind in einer ›kleinen Konfessionskunde‹ im Anhang dieses Bandes zusammengefaßt. – Schon die Tatsache, daß die Konfessionen, die sich durch polemische Abschottung gegeneinander herausbildeten, vor allem bestimmte humanistische Bildungsideale in das eigene Profil zu integrieren versuchten, verweist auf die Möglichkeit des Humanismus, vermittelnd zwischen den Konfessionen tätig werden zu können (zur ›Konfessionsverteilung um 1600‹ vgl. die Karte in Bd. II, S. 132).

1) *Innere Streitigkeiten des Luthertums*: Das Luthertum, zugleich das Bekenntnis der bedeutendsten deutschsprachigen Barock-Autoren, und seine Theologen hatten unter den Konfessionen in der Zeit der ›Gegenreformation‹ den schwersten Stand. Sie fühlten sich an allen Fronten in Bedrängnis: Nach innen hatten sie sich mit ständig wechselnden oppositionellen Gruppierungen herumzuschlagen, untereinander gerieten sie immer wieder in Lehrstreitigkeiten, nach außen sahen sie sich vom Vordringen sowohl des Calvinismus als auch des Katholizismus in den deutschen Territorien in die Defensive gedrängt.

Der schwungvoll-progressive Martin LUTHER (1483–1546) aus den Anfangsjahren der Reformation, der Streiter für die ›Freiheit eines Christenmenschen‹ (1520), ihr standhafter Verteidiger vor dem Augsburger Reichstag (1521), der Befreier der biblischen Botschaft aus dem scholastischen Gefängnis des römischen »Antichristen« (dies zugleich die Stereotypien der Luther-Hagiographie): dieser Luther war zunächst nicht nur für den sozialrevolutionären Geistlichen und Bauernführer Thomas Müntzer (um 1490–1525), sondern blieb auch für die spiritualistisch-mystischen Radikalen der Reformation eine geachtete Autorität. Freilich hatte der Reformator mit ihnen Geister auf den Plan gerufen, die sich der von ihm verkündeten Freiheit zunächst der Schriftinterpretation auf eine Weise bemächtigten, welche die Autorität seiner Lehre und der kirchlichen Verkündigung in Frage stellen sollte. Sowohl Kaspar von SCHWENCKFELD (1489–1561), der erste bedeutende schlesische Mystiker der frühen Neuzeit (vgl. Bd. III, S. 37ff.), als auch Valentin WEIGEL (1533–1588), Urheber der von den Lutheranern im 17. Jahrhundert am meisten gefürchteten und bekämpften Häresie (paracelsisch beeinflußter Spiritualismus; Monophysitismus, d. h. Christus hat nur einen »himmlischen Leib«, an dem die Anhänger der unsichtbaren Kirche Anteil haben; vgl. ebda., S. 44f. u. ö.), knüpften an Luthers Anthropologie und Rechtfertigungslehre an, zogen aber radikalere Konsequenzen. Sie interpretierten nämlich die Gerechtmachung (»justificatio«) des Menschen als eine Wiedergeburt (»renovatio«), als eine durch die »Eingießung« des göttlichen Geistes, durch Einwohnung Christi erfolgende »Vergottung« des Individuums, das – im Besitz des ›Geistes‹ – auf die äußerlichen Formen kirchlicher Verkündigung (Schrift, Gottesdienst, Predigt, Beichte usw.) und damit auf eine verfaßte Kirche überhaupt verzichten konnte.

Weigel und der von ihm beeinflußte Görlitzer Schuster und Pansoph Jacob BÖHME (1575–1624; vgl. Bd. III, S. 136ff.), der 1613 wegen der Veröffentlichung seiner *Aurora, das ist Morgenröthe im Aufgang* (1612) vom Magistrat kurz inhaftiert und von der lutherischen Orthodoxie nicht nur Druck-, sondern sogar Schreibverbot erhielt (was ihn nicht hindern konnte, ein umfangreiches, z. T. apologetisches Schrifttum zu verfassen): beide ließen ihre Werke handschriftlich verbreiten – eine in jener Zeit überhaupt intensiv genutzte Möglichkeit, Zensurbestimmungen zu unterlaufen. – Die Auswirkungen der Zensur auf die Literatur der Zeit – Formen der Anpassung, der ›inneren Emigration‹ oder Selbstzensur einerseits, der Opposition unter dem Schutz sprachlicher Vieldeutigkeit oder des Gebrauchs der anerkannten Glaubensformeln andererseits – sind in ihrer Mannigfaltigkeit bisher kaum erforscht. Beide Verhaltensweisen aber sollten es dem Individuum ermöglichen, in einer derart überwachten und geistig eingeengten Öffentlichkeit die eigene soziale Unversehrtheit zu erhalten und zugleich den ›öffentlichen‹ Widerspruch zum ›privaten‹ Denken dadurch aufzuheben, daß allein letzterem der Status der ›Eigentlichkeit‹ zugesprochen wurde. So hat die religiöse Kontrolle zugleich das Streben nach Selbstverantwortlichkeit und Individualität mit hervorgerufen und gestärkt, auch wenn sich das Individuum öffentlich – dies gilt möglicherweise ebenfalls für den ›repräsentierenden‹ Stil der Barock-Poeten – nur erst im Medium des ›Nichtidentischen‹ auszusagen wagte (vgl. II.44 Steinhagen, S. 273).

2) *Angst vor dem (Krypto-)Calvinismus*: Zunehmende Verunsicherung ergriff die Lutheraner auch angesichts des sich – heimlich auch in den eigenen Reihen – ausbreitenden *Calvinismus*. Diese Angst verbreitete sich vor allem in Kursachsen und im Herzogtum Sachsen und entlud sich immer wieder in den ›krypto-calvinistischen‹ *Streitigkeiten* des 16. Jahrhunderts, in denen die Erzlutheraner die ›Philippisten‹, also die Anhänger Philipp MELANCHTHONS (d. i. Philipp Schwarzerd, 1497–1560), der als wichtigster Mitstreiter Luthers gleichwohl eine kompromißfähigere, humanistisch beeinflußte Glaubenslehre vertrat (vgl. dazu ausführlich Bd. I, S. 129ff.), des *heimlichen Calvinismus* verdächtigten. Um innerhalb des Luthertums zu einer geschlossenen kirchlichen Amts- und Lehreinheit zurückzufinden, verständigten sich die Theologen nach langem Ringen auf die Annahme einer weiteren umfänglichen Bekenntnisschrift, der ›Formula Concordiae‹ (1577; vorausgegangen waren Luthers ›Großer‹ und ›Kleiner Katechismus‹ [1529], die von Melanchthon verfaßten, von Luther als zu kompromißlerisch kritisierten ›Confessio Augustana‹ [1530] und ›Apologia Confessionis‹ [1530/31] sowie Luthers ›Schmalkaldische Artikel‹ [1537]); in der ›Formula Concordiae‹ wurden extreme lutherische ebenso wie ›philippistische‹ Standpunkte ausgeschlossen (vgl. III Heussi, S. 379f.). Mit den zuvor genannten Symbolen erschien die Konkordienformel 1580 im sog. *Konkordienbuch*. Dieses wurde von 86 Reichsständen und etwa 8000–9000 Theologen (zwei Dritteln des damaligen Protestantismus) unterzeichnet. Doch damit wurde das Ziel einer Wiederherstellung der Lehr-Einheit verfehlt: Seit 1580 gab es ein Luthertum mit und ohne Konkordienbuch (vgl. ebda., S. 349; III Wallmann, S. 91ff., 101ff.; Bd. II, S. 187). Zu den *Nicht-Unterzeichnern* gehörten zahlreiche *schlesische Territorien*, teils wegen des reformierten Bekenntnisses einiger Regenten wie der Herzöge von Liegnitz, Brieg und Wohlau, teils durch Verbot der katholischen Landesherrschaft wie in den kaiserlichen Erbherzogtümern Schweidniz, Jauer und Glogau (vgl. III J. T. Müller, S. CXVII). Dies ermöglichte eine spannungsfreiere Kooperation der Calvinisten mit den Lutheranern und erleichterte gemischtkonfessionelle Arbeitsverhältnisse (etwa des Lutheraners Friedrich von Logau als Rat am reformierten Brieger Hof; vgl. Kap. 5).

Die Streitigkeiten im Luthertum setzten sich fort. Erster spektakulärer Höhepunkt war die öffentliche Enthauptung des kursächsischen Kanzlers Nikolaus Krell 1601 in Dresden, welcher der heimlichen Einführung des Calvinismus in Kursachsen bezichtigt wurde. Einen weiteren Höhepunkt erreichten die Auseinandersetzungen in den sog. *synkretistischen Streitigkeiten.* Georg CALIXT (1586–1656), irenisch gesinnter Theologieprofessor an der melanchthonisch-humanistisch geprägten Hochschule von Helmstedt, schlug eine Vereinigung der Konfessionen durch Rekurs auf die »articuli fundamentales« der ersten fünf nachchristlichen Jahrhunderte vor (›Discurs Von der wahren Christlichen Religion und Kirchen‹, 1652). Indessen »fast das ganze deutsche Luthertum, an der Spitze Abraham Calov, und die Wittenberger, erhob sich gegen Calixt und seine Anhänger in Helmstedt und Königsberg« und denunzierte seinen Vorschlag im großen, über Calixts Tod andauernden synkretistischen Streit (seit 1646) als Kryptokatholizismus (vgl. III Heussi, S. 358f.). Allerdings gelang es den Orthodoxen nicht, Calixt auf einem Theologenkonvent zu verurteilen. Insofern bedeuten diese Auseinandersetzungen »den Wendepunkt in der Geschichte der Orthodoxie«; »die Streittheologen entfremdeten sich durch diesen Streit die Sympathien der Gebildeten: der strenge Konfessionalismus begann zu ermatten.« (Ebda.) Dennoch setzten sich die Streitereien zwischen den Erzlutheranern auf der einen sowie den »Philippisten« und Reformierten auf der anderen Seite auch in der zweiten Hälfte des 17. Jahrhunderts fort. Ausgleichsversuche in Hessen (›Kasseler Gespräch‹ 1661) und Brandenburg (›Berliner Religionsgespräch‹ 1662/63) scheiterten am geschlossenen Widerstand der lutherischen Orthodoxie (III Heussi, S. 359). Paul Gerhardt, der bedeutendste lutherische Kirchenlieddichter des 17. Jahrhunderts, der am ›Berliner Religionsgespräch‹ teilnehmen mußte, erklärte, er könne die Calvinisten (und damit implizit auch seinen Landesherrn) »nicht für Christen« halten, und nahm dafür 1666 die zuvor angedrohte Amtsenthebung in Kauf (vgl. Bd. II, S. 268ff.).

3) *Melanchthon und der Humanismus*: MELANCHTHON (1497–1560), der »Praeceptor Germaniae«, hatte dem Erziehungswesen des Luthertums die humanistische Bildung inoculiert. In seiner Pädagogik gehörte die schöne Literatur zusammen mit der Geschichte und der Moralphilosophie zu den »artes« und sollte moralische Grundsätze an Beispielen veranschaulichen (vgl. II.81 G. R. Schmidt). Dabei maß er dem Bildungsgehalt der »litterae« durchaus besondere Bedeutung zu und setzte voraus, der Wille sei leichter zum Guten zu bewegen, wenn »ihn die Schönheit der Tugend gefangen nimmt« (»capta pulchritudine virtutis«; zit. ebda., S. 15). Die Kenntnis eines beschränkten Kanons guter Schriftsteller (vgl. II Melanchthon, S. 158ff., 164f., 172) diente sowohl der sprachlichen Bildung als auch der Entwicklung von Geist und Seele (ebda., S. 162f.). Und dieses Bildungsziel ließ sich für Melanchthon nicht nur durch Lektüre und Analyse, sondern durch eigene Dichtversuche erreichen (ebda., S. 174f.). Von daher gebührte der Poesie ein fester Platz im Fächerkanon der humanistisch geprägten Bildungsanstalten des Luthertums. Sogar die Theologie profitierte – dies war auch Luthers Überzeugung (vgl. II Luther ARSL; vgl. dazu II.77 Wolf, S. 77f., 115f., 121) – von der Ausbildung in den »artes« (II Melanchthon, S. 53f.). Gleichwohl stellte Melanchthon mit allem Nachdruck die Theologie als oberste, die Offenbarung Gottes verbindlich auslegende und allein heilsentscheidende Wissenschaft über alle Vernunft und Weltweisheit (vgl. I AC, S. 89) und hielt die

Ansicht für absurd, »fundamenta doctrinae Christianae Platonicam Philosophiam esse« (II Melanchthon, S. 60), und überhaupt fehle denen der Verstand, »qui ex philosophia iudicant de doctrina Christiana.« »Sed satis sit monuisse, quod de articulis fidei non ratio, sed scriptura consulenda sit.« (Ebda.)

4) *Feindbilder*: Das konfessionspolemische Schrifttum dieser Zeit vermittelt – neben den später zu behandelnden Lehrstreitigkeiten – zum Teil martialische *Feindbilder* über den konfessionellen Gegner (vgl. dazu auch III Bremer). »Mit den ›mörderischen Calvinisten‹ wollten die ordentlichen Lutheraner nichts zu tun haben. Der sächsische Hofprediger Polykarp Leyser meinte etwa 1602, daß ›die Lutherischen und Romanisten in der Religion näher verwandt seien, denn die Calvinisten‹« (III Hammerstein, S. 97; vgl. Bd. II, S. 270). Dies bestätigt aus katholischer Sicht der zur Rekatholisierung der protestantischen Bevölkerung in Glogau eingesetzte Jesuitenpater Christoph Weller 1625 in einer Denkschrift an den Wiener Hof; darin empfiehlt er u. a. »die Rekatholisierung der Protestanten durch Wiedereinführung des katholischen Gottesdienstes unter Benutzung derjenigen katholischen Gebräuche, die sich – weil im Volk fest verwurzelt – noch erhalten hätten und an denen die Lutheraner aus dem gemeinsamen Gegensatz zum Calvinismus immer noch hingen.« (III Deventer, S. 169) Damit traf er einen besonders wunden Punkt der Lutheraner, die sich durch das forsche Vorgehen der Reformierten zur Loyalität mit dem ›Winterkönig‹ hatten bewegen lassen, nach dessen kläglichem Scheitern mit Recht kaiserliche Sanktionen fürchten mußten und gleichwohl die Solidarität mit dem in Schlesien verbotenen Bekenntnis der Calvinisten nur um den Preis der weiteren Schwächung des Protestantismus gegenüber der katholischen ›Gegenreformation‹ hätten aufkündigen können.

Konfessionelle Abgrenzungen sind wichtige Indikatoren für Art und Ausmaß der jeweiligen Vorurteile, und indem diese sich zu Charakterbildern verfestigten, dienten sie auch als Maßstab zur *Abgrenzung*, als Mittel kultureller *Zuschreibung*, als Begründung für das individuelle und als sozialisierende Norm für das gesellschaftliche Verhalten der eigenen Gemeinschaft gegenüber dem Gegner. Der seinerzeit bekannte orthodoxe Theologe und Liederdichter Nikolaus SELNECKER (1530–1592; vgl. Bd. II, S. 196f.) entwarf 1581 durchaus repräsentativ für seine Glaubensgenossen folgendes Charakterbild der Calvinisten:

> »Denn da findet man gemeiniglich solche Leute / die in jhrem glauben vngewis / im leben stoltz vnd sicher sind / das Predigtampt verachten / mit lûgen andere beschweren / stecken voll ehrgeitz / vnd sehen nicht auff Christum / vnd auff sein wort / verheissung / vnd ehre / hangen nur an den jrrdischen dingen / vnd mehr an eusserlichem schein der Personen / denn an Christo selbst.« (II Selnecker CKA, S. A iij)

Das nur »auff Christum« blickende und deshalb die »jrrdischen dinge« verachtende, gleichwohl zur Demut und zu Obrigkeitsgehorsam verpflichtete und daher zur »Geduld« oder Passivität neigende Luthertum (dies entspricht zugleich im ganzen dem Urteil sozialhistorischer Forschung [vgl. III Troeltsch; S. 141f.]) attackierte den sich offenbar im 16. Jahrhundert bereits in Ansätzen herausbildenden religiösen Gegen-Typ, der sich durch Diesseitsorientierung, Lebensklugheit und Durchsetzungsvermögen auszuzeichnen schien (»im leben stoltz vnd sicher«, »stecken voll ehrgeitz«, »hangen nur an den jrrdischen dingen«). Nur unter dem Verdikt schein- und lügen-

hafter Unwahrheit also durften sich ein Weltverhalten und eine Leistungsethik etablieren, die Max Weber mit Blick vor allem auf den holländischen Calvinismus des
17. Jahrhunderts für die Entstehung des Kapitalismus mitverantwortlich gemacht
hat (vgl. III, S. 66ff.). Und wenn die These auch heftig umstritten und für Deutschland empirisch nicht haltbar ist (vgl. III Trevor-Rooper, S. 20ff.; Seyfarth/Spron-
del), so bestätigt interessanterweise doch das lutherische Feindbild eine solche Einschätzung (vgl. Bd. II, S. 193f.; zum protestantischen ›Feindbild‹ des Katholizismus,
insbesondere der Jesuiten vgl. Bd. II, S. 137ff.).

5) *Vordringen des Calvinismus*: Der Vorwurf des Heimlich-Heuchlerischen bestätigte sich den Lutheranern insbesondere bei dem erfolgreichen Vordringen des Calvinismus in Europa (in der Schweiz, den Niederlanden, in der französischen Hu-
genottenkirche, in der reformierten schottischen Staatskirche [seit 1560], in Teilen
Ungarns, Siebenbürgens und Schlesiens [hier traten die Fürstenhäuser fast geschlossen zum Calvinismus über; vgl. III Schöffler 1974, S. 60, 64]) und seit etwa 1560 auch
auf dem Territorium des Reiches. Hierbei war für die Anhänger Johannes CALVINs
(d. i. Jean Cauvin 1509–1564), der mit seiner ›Institutio religionis christianae‹
(1536/1559) »das geschlossenste systematische Werk« vorlegte, »das die Reformation
hervorgebracht hat« (III Heussi, S. 316), die *politische* Klugheit in hohem Maße
gefordert, denn der Wechsel zu diesem Bekenntnis war wegen dessen fehlender
reichsrechtlicher Anerkennung stets eine besonders heikle Angelegenheit. So erhielt
sich Pfalzgraf Friedrich III. (1515–1576) auf dem Augsburger Reichstag 1566 bei der
öffentlichen Frage nach seiner Konfession den Religions- und Reichsfrieden, indem
er sich zur lutherischen Hauptbekenntnisschrift, der *Confessio Augustana*, und dazu
bekannte, er habe »Caluini Bücher nie gelesen« (vgl. III Münch 1978, S. 102). Ein
solches Verhalten mußte geradezu den Vorwurf des Lügens und der Scheinheiligkeit
auf seiten der Lutheraner provozieren. Mit dem *Heidelberger Katechismus* (1563)
erhielten die Reformierten in Deutschland ihre maßgebliche Bekenntnisschrift. Die
Universität Heidelberg wurde bis zur Besetzung durch Tilly (1622) eine Hochburg
calvinistisch geprägter Gelehrsamkeit. 1572 öffneten sich die Grafschaft Nassau-
Dillenburg (mit Siegen und Herborn, wo 1584 die erste und bis etwa 1630 führende
calvinistische Hochschule auf deutschem Boden eröffnet wurde, die dann u. a. als
Vorbild diente für Bremen und das Schönaichianum in Beuthen; vgl. III Hammerstein, S. 102f.), seit 1605 Hessen-Kassel dem neuen Bekenntnis (hier wurde die Universität Marburg calvinistisch), ferner einige weitere kleine Territorien, u. a. die
Stadtstaaten Bremen und Danzig. 1613 trat der kurbrandenburgische Kurfürst Johann Siegismund zum Calvinismus über, scheiterte aber an den Ständen bei dem
Versuch, auch seine Untertanen zum Calvinismus zu zwingen. Unter seinem Schutz
allerdings entwickelte sich die Viadrina in Frankfurt/Oder zu einer reformierten
Hochschule (vgl. II.44 Kiesant, S. 681ff.). In den den calvinistischen Niederlanden
benachbarten niederrheinischen Gebieten von Jülich, Kleve, Berg und Mark, insbesondere in Wesel, bildeten sich ebenfalls calvinistische Gemeinden, denen die neu
gegründete reformierte Hochschule von Duisburg nahestand (vgl. III Heussi,
S. 349f.).
    Wegen der ungesicherten Lage bildete die reformierte Konfession in den deut-
schen Territorien keine rein calvinistisch-presbyteriale Kirchenstruktur aus, sondern

übernahm wichtige Organisationsformen der landesherrlich-konsistorialen lutherischen Territorialkirche, aus der sie ja auch jeweils hervorwuchs (vgl. III Münch 1978, S. 14f. u. ö.). Auch die öffentliche Einführung des Bekenntnisses geschah eher unmerklich und war für den ›Gemeinen Mann‹ bisweilen nur an gewissen Modifikationen der religiösen Zeremonien (Tisch statt Altar, Brotbrechen statt Verabreichung von Hostien usw.) erkennbar (vgl. ebda., S. 117). Ebenso weist der Calvinismus in seiner reformierten deutschen Version keinerlei signifikant demokratische oder gar revolutionäre Züge auf (ebda., S. 191), und deshalb hat man seine Bedeutung in diesem Zeitraum lange unterschätzt. Heute gilt die reformierte Version des Calvinismus als ›zweite Reformation‹ oder ›Fürstenreformation‹, die den Anspruch erhob, Luthers Reformation, die – so lautete der Vorwurf – in der Reform der Lehre stehen geblieben war, nun im Blick auf Kirchenzucht und christliches Leben in Staat und Kirche zu vollenden (vgl. III Heussi, S. 350; Hammerstein, S. 99; Schilling 1986).

Mit der Durchsetzung dieses Anspruchs verbanden sich drei Besonderheiten dieser Konfession, die zugleich ihre *Affinität mit dem Humanismus* bezeugen: *Erstens* wurde die *Einführung des Calvinismus* in den Territorien zumeist von ›oben‹, also vom Fürsten oder Magistrat veranlaßt, der sich dazu auf eine *gebildete Beamtenschicht* verlassen mußte, wie dies in Heidelberg besonders deutlich in Erscheinung trat (III Hammerstein, S. 99). *Zweitens* lag dieser gegen den bisherigen (meist lutherischen) Glauben der Bevölkerung und ihrer Geistlichkeit gerichteten Durchsetzung des ›neuen‹ Glaubens ein scharfes, geplantes Vorgehen (also auch Disziplinierung und nicht Demokratisierung) zugrunde, das nur durch »rechte Unterweisung« gelingen konnte. »Der Calvinist hatte zu wissen, warum und was er glaubte.« (Ebda.) Deshalb kam neben dem Latein dem *Gebrauch der Muttersprache* erhöhte Bedeutung zu und »ebenso wie schon Melanchthon eignete den Reformierten eine stark pädagogisch-humanistische Ausrichtung«: »Ibi floreant litterae, ubi est vera ecclesia.« (Ebda.) Deshalb sollte möglichst wenig Unterschied zwischen Geistlichen und Laien bestehen; vielmehr sollten alle zu kompetentem Urteil in geistlichen und weltlichen Belangen fähig sein. Die deutschen Calvinisten folgten nicht dem Aristotelismus des Genfer Calvin-Nachfolgers Theodor BEZA (d. i. de Béze 1519–1605), sondern etablierten neben einer theologischen Durchdringung der Wissenschaften »auch eine generell von der *Rhetorik* her konzipierte Wissenschaftsauffassung« (ebda., S. 100). Daher waren *Rhetorik* und *Geschichte* an den reformierten *Schulen* und *Universitäten* Hauptbetätigungsfeld der Calvinisten (ebda.). Da die auf strenge Zucht bedachten calvinistischen Hochschulen – dem Status nach eher illustre Gymnasien als Universitäten – wegen fehlender reichsrechtlicher Anerkennung keine Privilegierung genossen und deshalb auch keine akademischen Grade (sondern nur Abgangszertifikate) erteilen konnten, verfügten sie auch über keine Fakultäten, sondern waren in aufsteigende Klassen eingeteilt, wobei die ›artistische‹ Lehrkanzel in Analogie zu den Jesuiten »fast als das Hauptstück« unter den Fächern und Disziplinen galt (III Hammerstein, S. 104). – *Drittens* zeichnete den Calvinismus im Reich ein *irenischer Grundzug* aus, der natürlich zugleich als *Abwehr- und* als *Eroberungsstrategie* für die nicht anerkannte Konfession diente, aber natürlich mit einem gewichtigen humanistischen Ideal kongruierte! – Insgesamt konnten gerade die Räte und Gelehrten reformierten Bekenntnisses »recht frei von konfessioneller Inbrunst, unter dem

Schein christlicher Ethik ihren eigentlich späthumanistischen Idealen nachstreben. Auslandsstudium und Auslandsverbindungen verstärkten auf ihre Weise diese Tendenz.« (Ebda., S. 101)

Die Minderheits- und Verfolgungssituation im Reich verstärkte das Gefühl der Zusammengehörigkeit, und diese wurde im Gegensatz zu den Lutheranern durch keine gravierende innercalvinistische Streitigkeit gefährdet (zur Dordrechter Synode vgl. Anhang Abschnitt 5): »Bewußter antikatholisch, weniger quietistisch als die Lutheraner, standen sie nicht nur im Reich, sondern allenthalben energisch gegen die Kräfte der Gegenreformation. Gegenseitige Hilfe und Unterstützung ergaben sich insoweit zwangsläufig und damit ein höheres Maß politischen Wollens.« (Ebda.; vgl. dazu auch III Garber 1987) Von daher versteht sich auch der von Heidelberg aus gesteuerte Versuch einer antikatholischen Politik, die den Kurfürsten und ›Winterkönig‹ zum ›böhmischen Abenteuer‹ verleitete (hierzu mehr in den Biographien insbesondere von Opitz und Gryphius).

6) *Katholische ›Gegenreformation‹*: Lügen, Heuchelei, Heimlichkeit: dieses Verhalten erfuhren Lutheraner *und* Calvinisten ihrerseits auch und erst recht in der Auseinandersetzung mit dem *Katholizismus* und den *Jesuiten* als ›Speerspitze‹ der ›Gegenreformation‹ (vgl. dazu Bd. II, S. 127ff., 137ff.). Daß die Katholische Kirche in der zweiten Hälfte des 16. Jahrhunderts zunehmend die Offensive zurückgewann, war zunächst Folge einer überzeugenden inneren Reform, bei der die vom Gegner angeprangerten Mängel in Lehre, Kirchenstruktur und Frömmigkeit beseitigt worden waren. Nur eine solche Reform erlaubte nicht nur eine aussichtsreiche Gegenwehr, sondern auch den Versuch einer umfassenden Restauration des katholischen Herrschaftsbereiches und Besitzstandes in Deutschland (vgl. III Zeeden; S. 2; Jedin, S. 74).

Grundstein für diese innere Erneuerung war die erfolgreiche Arbeit des *Konzils von Trient* (1545–1563). Dessen umfassende Neuformulierung der katholischen Glaubenslehre und dessen Dekrete zur Kirchenreform wurden von einer Reihe von Reformpäpsten mit Unterstützung vor allem der von Ignatius von LOYOLA (d. i. Inigo López de Loyola 1491–1556) 1534 gestifteten und 1540 durch Papst Paul III. bestätigten ›Societas Jesu‹ tatkräftig und planmäßig im ganzen europäischen Einflußbereich der Kirche zur Geltung gebracht (vgl. Bd. II, S. 137ff.). Durch die Reform der Lehrinhalte präsentierte sich das katholische Dogma insgesamt in einem in sich schlüssigen Begründungszusammenhang, der sich gleichermaßen auf die Bibel und die Autorität der Tradition sowie auf die durchgefeilte Terminologie einer aristotelisch geprägten scholastischen Philosophie zu stützten vermochte. Die Lehraussagen waren einerseits präzise genug, um die Ansichten der Reformatoren als neuerwachte, von der alten Kirche bereits verdammte und deshalb neu zu verurteilende Häresien abzuweisen, andererseits aber auch auslegungs- und damit konsens- und integrationsfähig. So vermittelte das Tridentinum den Anhängern der Katholischen Kirche ein aus dem Gefühl dogmatischer Legalität und Überlegenheit erwachsendes neues Selbstbewußtsein und ermöglichte eine teils irenisch-integrative, teils polemisch-aggressive Strategie der Öffentlichkeitsarbeit.

Diese wurde vor allem von den *Jesuiten* meisterhaft gehandhabt. Ignatius von LOYOLA hatte dazu geraten, sich bei dem Geschäft der Ketzerbekehrung als Seelenrettung nach Möglichkeit den jeweiligen Bedingungen ›vor Ort‹ anzupassen, sich so weit wie möglich auch auf die ›Welt‹ einzulassen, ›allen alles zu werden‹, um so alle für Christus zu gewinnen. Die daraus resultierende proteushafte Wandlungsfähigkeit der ›Societas Jesu‹ vermittelte ihren Feinden den Eindruck des Unechten, Schein- und Maskenhaften. Tatsächlich dachte dieser ›Orden‹, der wegen seiner straffen Hierarchie und zentralistischen Organisation häufig mit dem Militär verglichen worden ist, strategisch und taktisch funktional und zweckrational. Und diese Funktionalität, mit der er – unerachtet seiner Zuwendung zu den Menschen und seiner Liebe zu Wissenschaft und Kunst – den irdischen ›Kampfplatz‹ mit zugleich unbedingter Leidensbereitschaft betrat, schlug sich auch im Feindbild von den satanischen »Jesuwidern« als auszurottender Satanstruppe nieder (vgl. Bd. II, S. 137ff.). Die klugen und stets lernfähigen Jesuiten hatten ihrerseits schnell begriffen, welch überragende Bedeutung der Landessprache für den Erfolg der Reformation beizumessen war, und so wandten sie sich alsbald selbst mit einer Vielzahl deutschsprachiger Schriften – von Übersetzungen gelehrter lateinischer Werke bis zu Flugschriften für den ›Gemeinen Mann‹ – an die Öffentlichkeit, allen voran Petrus CANISIUS (1521–1597), dessen *Großer Katechismus* (1555) – als Konkurrenzwerk zu Luthers populären Katechismen – 1556 in deutschem Auszug erschien und alsbald im ›Volksmund‹ »der Canisi« hieß. Glänzende Erfolge feierten die gelehrten und weltläufigen Patres insbesondere in ihrer bis nach China und Japan ausstrahlenden *Mission*, in ihrer Tätigkeit als politisch einflußreiche *Beichtväter* an den katholischen Höfen und vor allem als Hauptträger des erneuerten katholischen *Bildungssystems* mit Neugründungen von illustren *Gymnasien* und *Universitäten*, an denen sie in den artistischen und theologischen Fakultäten dominierten und mit spektakulären öffentlichen *Theateraufführungen* (neben anderen öffentlichkeitswirksamen kulturellen Aktivitäten wie Prozessionen usw.) Glanzpunkte selbstgewisser Katholizität setzten (nur in Jurisprudenz und Medizin durften die Patres nicht unterrichten; vgl. III Hammerstein, S. 97). Damit forderten sie den Wettbewerb mit den Protestanten – auch in der Pflege der ›studia humanitatis‹ – heraus, wofür Breslau ein beredtes Beispiel ist (vgl. Bd. IV/2, Kap. 6, 7). – Zugleich aber sicherten die ›studia humanitatis‹ im Bereich des studium generale auch ein beachtliches Potential vergleichbar hoher Bildung und die Möglichkeit zur sittlichen Erziehung ›unterhalb‹ oder neben der Theologie (vgl. Bd. I, S. 64ff.).

7) *Schöpfer und »creatio ex nihilo«*: Die Lehre von Schöpfer und Schöpfung war innerhalb der Konfessionen weniger umstritten, allerdings – nicht zuletzt deshalb – eines der stärksten Einfallstore für häretische Weltanschauungen und zentraler Ansatzpunkt für die Philosophie der Aufklärung. Bis heute äußern denn auch protestantische Dogmatiker ihr Unbehagen darüber, daß »schon die Redaktoren des Apostolikums etwas unbesonnen gehandelt haben, als sie, im Unterschied von den Bekenntnisformeln des Neuen Testamentes, nicht mit den Aussagen über Jesus Christus, sondern über Gott den Schöpfer einsetzten« (III Diem 1960, S. 268). Mit dem vorangestellten ersten Artikel ›Von der Schöpfung‹ (»Ich gläube an Gott den Vater allmächtigen, Schöpfer Himmels und der Erden.« I KK, S. 357) bestand tatsächlich die Gefahr, daß dieses Lehrstück nicht mehr in die Heilslehre (›Der ander Artikel. Von der Erlösung.« Ebda.) eingebunden, sondern aus ihr herausgelöst wurde und

sich zum Gegenstand einer natürlichen Gotteserkenntnis, eigener Kosmologien sowie metaphysischer Fragestellungen und ontologischer Systeme verselbständigte (vgl. dazu III Mildenberger, S. 3ff.). Das ist tatsächlich geschehen, und zu Beginn der Aufklärung hat sich vor allem Barthold Heinrich BROCKES (1680–1747) für seinen natürlich-adamitischen Gottesdienst ausdrücklich auf den ersten Artikel des Apostolikums berufen, um die Soteriologie den Theologen zuzuweisen (vgl. II Brokkes IVG-NL, S. 80, 198, 223). Und Brockes ist auch ein Beispiel dafür, wie rasch man auf diesem Wege – zumal im Rückgriff auf die Erkenntnisse der ›new science‹ – den personalen, biblischen Gottesbegriff und das biblische Weltbild hinter sich lassen mußte (vgl. Bd. V/2, S. 47ff.). Dieses Problem stellte sich schon den Humanisten des 17. Jahrhunderts angesichts der neuen astronomischen Entdeckungen (vgl. Kap. 6 d, g). – Die Schöpfung entwickelte sich in »spinozistischen, prozeßtheologischen und systemtheoretischen Umformungen« »in eine Natur, die sich selbst organisiert und auf ein offenes Ende hin weitertreibt« (III Bayer, S. 5). Erst neuerdings versucht die Theologie wieder, im Rückgriff auf Luther und Hamann, die Natur als Schöpfung und ›Schöpfung als Anrede‹ Gottes an den Menschen zu verstehen (ebda.).

Oberster Grundsatz aller drei Konfessionen war es, das Verhältnis von Gott als Schöpfer und seiner Schöpfung so zu bestimmen, daß darin Gottes Freiheit – die »Anerkennung der absoluten Souveränität, der schlechthinnigen Unbedingtheit und der unvergleichlichen Machtvollkommenheit des Schöpfers über sein Geschöpf« (III Scheffczyk, S. 27) – unangetastet zur Geltung kam. Und diese Lehre formierte sich als Widerstand gegenüber einer ganzen Reihe von Weltbildern, welche der Katholischen Kirche in Aneignung und Abstoßung bereits bis zum Beginn der Reformation begegnet waren: »gegenüber der aristotelischen Lehre von der Ewigkeit der Materie, gegenüber der platonischen Auffassung von der Weltbildung durch einen Demiurgen, gegenüber gnostischem Dualismus, neuplatonischem Emanatismus und modernem Monismus.« (Ebda.) Rahner und Vorgrimler haben mit entsprechendem Verweis auf die offiziellen Lehraussagen in Denzingers ›Enchiridion Symbolorum‹ (= D) das theologische Anliegen der Schöpfungslehre prägnant zusammengefaßt:

»Gott muß als der absolute und unendliche vom Endlichen schlechthin unterschieden sein (D 1782) (sonst wäre er Gegenstand der begreifenden Erkenntnis, nicht der immer ›darüber hinausliegende‹ Grund solchen Begreifens, was er auch dort noch ist und bleibt, wo in metaphysisch begriffener Reflexion er genannt und ›objektiviert‹ wird), er kann also der endlichen Wirklichkeit (Welt genannt) nicht ›bedürfen‹ (vgl. D 1783), weil er sonst nicht wirklich radikal von ihr verschieden, sondern ein Stück eines höheren Ganzen wäre, in dem die Welt etwas von Gott selbst, gewissermaßen der Leib Gottes, seine Erscheinungsweise, die Weise und das Mittel seines Selbstseins wäre (Pantheismus, Emanation). Und die Welt muß radikal von Gott abhängen (vgl. D 428 1801 1805) (ohne ihn von ihr abhängig zu machen, wie der Herr vom Diener abhängig ist), sie kann schlechterdings nichts seinsmäßig von ihm Unabhängiges an sich tragen, sowenig wie die Vielfalt der Weltdinge in ihrer Vielfalt und Einheit ohne den ›Vorgriff‹, die Transzendenz des Geistes auf ihn erkannt werden können.« (I Rahner/Vorgrimler, S. 325)

Gerade die in der Renaissance wiederentdeckte und für die Humanisten so attraktive ›Weisheit‹ der Alten, die Hermetik, die sich zum System ausformende Magie, die »secta paracelsistica« (III Kühlmann/Telle, S. 39) oder Böhmes Pansophie: sie alle dachten die Beziehung zwischen Gott und Welt in Emanationen, geheimen Korrespondenzen, gradualistischen Entsprechungen (»wie oben, so unten«) und monistischen Mikrokosmos-Makrokosmos-Ideen, welche Gott und Welt nur eine (in Graden abgestufte) geistige Substanz zusprachen und damit den Gegensatz zwischen Gott als reinem Geist und der von ihm geschaffenen oder gar aus ihm ausgeflossenen Welt relativieren oder aufheben wollten. Solche Lehren, die in irgendeiner Weise Schöpfer und Geschöpf ›vermengten‹, galten in allen drei Konfessionen als Häresien.

Auch an der aus dem Schöpfungsbericht entwickelten Lehre von der *creatio ex nihilo*, an der viele Humanisten – von Opitz (vgl. Kap. 4 i) bis Lohenstein (vgl. Bd. IV/2, Kap. 7 d) – Anstoß nahmen, weil sie dem Grundsatz »ex nihilo nihil fit« widersprach (vgl. III Scheffczyk, S. 29), hielten alle drei Konfessionen fest, wenngleich die orthodoxe lutherische Dogmatik im Laufe des 17. Jahrhunderts diese Lehre dahingehend abschwächte, daß Gott nur zu Beginn eine noch ungeformte Materie »aus Nichts« ›erschuf‹, aus welcher er dann die nachfolgenden Teile hervorbrachte (vgl. III Ratschow II, S. 164). Damit war aber auch schon die Loslösung der Schöpfungslehre aus der Heilslehre vollzogen, und die Dogmatik stand hier – beim selbst geschaffenen Problem, nun die Entstehung der Welt erklären zu müssen – gegenüber den entstehenden Naturwissenschaften auf verlorenem Posten!

Allerdings war das Bild der Schöpfungslehre vor allem in Katholizismus und Luthertum reichhaltiger als bisher angedeutet. Neben der nachdrücklich auch von Thomas von Aquin gegen die Heiden vertretenen Trennung von Gott und Schöpfung (vgl. IV Kemper II, S. 169) gab es doch auch Einbruchstellen für Konnexionen: etwa im Gebrauch der scholastischen Distinktion von Gott als ›Ursache‹ und der Welt als ›Wirkung‹, ferner in der Gattung der ›Itinerarien‹ mit dem im Status der Natur und erst recht der Gnade möglichen, neuplatonisch inspirierten Aufstieg der ›betrachtenden‹ Seele durch die Reiche und Stufen des Kosmos zu Gott (so etwa bei Bonaventura, bei Bellarmin und Fénelon), so daß die Natur geradezu als ›Mittlerin‹ zu Gott erscheinen konnte, zumal auch Christus als »Verbum Dei« in sie eingegangen war (vgl. dazu ausführlich IV Kemper I, S. 147ff., 163ff.).

LUTHER wiederum versuchte, die Schöpfung ganz in die Heilsgeschichte einzubinden und die Rechtfertigungslehre aus dem Schöpfungsgedanken abzuleiten: Er verstand die Schöpfung als Instrument göttlichen Handelns, eben als »Anrede« (vgl. II.77 Althaus; III Bayer), und damit wurde alles, was sich in Natur und Geschichte ereignete, als ›lesbares‹ Zeichen göttlichen Willens für die Menschen bedeutsam (vgl. IV Kemper I, S. 215ff.). Damit erfuhr auch das ›Buch der Natur‹ eine gewisse Aufwertung, und auch die Astrologie behielt bis hin zu den Prognostica uneingeschränktes Interesse im Luthertum. Bei Luther war Gott aus seiner scholastischen Aseität wieder zu einem lebendigen, tätigen all-mächtigen Handelnden geworden, und dies ermöglichte die Rezeption von Anschauungen, welche die Schöpfung als aktives Arsenal bewegter und bewegender Kräfte dachte, bis dann für die lutherische Orthodoxie – so polemisch Karl Barth, der bedeutendste calvinistische Dogmatiker des 20. Jahrhunderts – Gott wieder »vor lauter Aseität, Einfachheit, Unveränderlichkeit, Unendlichkeit usw. eigentlich Alles, nur kein in konkreter Entscheidung lebendiger Gott sein durfte« (III Barth, S. 85).

8)  *Adiaphora und Verbote*: Von allen Konfessionen war die *Katholische Kirche* am kunst-freundlichsten und verstand es zugleich, das eigene Selbstverständnis als »mystischer Leib Christi« vor allem in vielfältigen kulturellen Aktivitäten ›zur Schau‹ zu stellen. Von daher band sie aber auch alle Künste in starkem Maße an Kirche und Religion, doch da sie (abgesehen von einigen polemischen und erbaulichen Textsorten für die ›Einfältigen‹) auch in Deutschland – von der Messe über die geistlichen Gesänge bis zum Jesuitentheater – bei der Universalsprache des *Latein* blieb, da sie sich zugleich gegenüber der Kultur des Protestantismus abschottete, gibt es von wenigen Ausnahmen – vor allem Friedrich von Spee – abgesehen, kaum Beiträge zur gelehrten deutschsprachigen *Literatur* und *Lyrik* aus katholischer Feder. Hier ist allerdings jüngst Stephan Hager die interessante Neuentdeckung eines vielseitigen deutschsprachigen altgläubigen Dichters, nämlich des Juristen und Schankwirts Andreas MAYR (1595–1675) aus Landshut, gelungen (vgl. II.80 Hager).

Diese Zurückhaltung im Bereich der Literatur entsprach zugleich einer nachtridentinischen Propaganda, die gegen die protestantische Bild-Feindlichkeit und Schrift-Orientiertheit die ganze Fülle und Farbenpracht der sakralen *Bild-Kunst* zur Geltung brachte:

> »Besonders von den Reformatoren bekämpfte Glaubensinhalte […] wurden nun zu bevorzugten Motiven: Mariologische Themen wie die Unbefleckte Empfängnis bei Murillo oder Bernini, das Bußsakrament und büßende Heilige wie Maria Magdalena bei Rubens oder Guercino, die Eucharistie bei Zurbarán, die Werkgerechtigkeit bei Murillo, die Verehrung der Heiligen und Märtyrer sowie Darstellungen aus dem Ordensleben avancierten zu Themenschwerpunkten der bildenden Kunst und dienten zur Propagierung dogmatischer Standpunkte, wie sie nicht anders in der zeitgenössischen Predigt oder Erbauungsliteratur vertreten wurden.« (IV Föcking, S. 192)

Wichtig im Blick auf das geistige Klima und die Vorliebe mancher Humanisten für die hermetischen Künste und Disziplinen sind die (zur Zeit der Renaissance noch unbekannten) *Verbote*, die das Tridentinum und verschärfend nachfolgende päpstliche Dekrete im Blick auf den Umgang mit solchen okkulten Künsten aussprachen. Am 4. Dezember 1563 verbot eine Index-Kommission »alle Bücher, die mit Divination, Magie oder Zauberei zu tun hatten, sowie Werke der deterministischen Astrologie« (III von Stuckrad 2003, S. 250):

> »Alle Bücher und Schriften der Geomantie, Hydromantie, Aeromantie, Pyromantie, Oneiromantie, Nekromantie, oder in denen Sortilegien, Anleitungen zu Zaubertränken, Augurien, Auspizien, Beschwörungen, magische Künste enthalten sind, werden durchaus verworfen. Die Bischöfe sollen außerdem noch sorgfältig darauf acht geben, daß keine Bücher, Abhandlungen, Verzeichnisse der Judizialastrologie gelesen und im Besitze gehalten werden, die es wagen, über künftig sich ereignende Erfolge oder zufällige Begebenheiten, oder solche Handlungen, die vom menschlichen Willen abhängen, etwas als gewiß geschehend zu behaupten. Erlaubt dagegen sind Bestimmungen und natürliche Beobachtungen, die zum Besten der Nautik, der Landwirtschaft oder der Arzneikunst geschrieben sind.« (Zit. ebda.)

Als sich der zur Durchsetzung der Diskurskontrolle im Sinne Foucaults eingesetzte *Index der verbotenen Bücher* nicht als wirksam genug erwies, verschärfte Papst Sixtus V. 1586 in seiner Bulle ›Constitutio coeli et terra‹ das Verbot der Astrologie und verteufelte nunmehr die divinatorischen Disziplinen als »eingeführt von der Verschlagenheit ruchloser Menschen und von den Trügereien der Dämonen, durch deren Tätigkeit, Rat und Hilfe sich jede Divination ausbreitet« (zit. ebda., S. 251). In diesem Verdikt schlägt sich die auch in den anderen Konfessionen zu dieser Zeit beobachtbare massive Teufels- und Dämonengläubigkeit nieder, die in den periodisch wiederkehrenden Exzessen der *Hexenverfolgungen* ihren schrecklichen Höhepunkt fand (vgl. Bd. II, S. 71ff.).

Von besonderer Bedeutung für die ›studia humanitatis‹ und insonderheit für die Poesie war die im *Luthertum* entwickelte Lehre von den *Adiaphora*, d. h. von den für den Heilserwerb »gleichgültigen«, vom moralischen und religiösen Urteil als unanstößig freigegebenen »Mitteldingen«, zu denen auch die weltliche Poesie, ja sogar Theater und Oper und die bildende Kunst gehörten, soweit sie nicht das sittliche oder religiöse Gefühl verletzten (vgl. dazu auch I FC, S. 551ff., 697ff.). Deshalb war aber auch der Gebrauch der *heidnischen Mythologie* streng *untersagt* (vgl. dazu auch Abschnitt 9). Luther leitete dies u. a. strikt aus dem 1. Gebot ab (»Du sollst nicht andere Götter haben«; vgl. I GK, S. 388f.). Aus demselben Gebot (»Denn ich bin der Herr dein Gott, ein starker Eiferer, der da heimsuchet der Väter Missethat bis ins dritte und vierte Glied, die mich haßen«) leitete Luther ein Verbot der *Beschäftigung mit nichtchristlichen Religionen und Weltanschauungen* ab: »Denn er alle Abgötterei von Anfang her gar ausgerottet hat, und um ihrer willen beide Heiden und Jüden, wie er auch bei heutigem Tage allen falschen Gottesdienst stürzet, daß endlich alle, so darin bleiben, müßen untergehen.« (Ebda., S. 392) Und im Zusammenhang mit dem zweiten Gebot (»Du sollt Gottes Namen nicht vergeblich führen.«) wie auch mit der ersten Bitte des ›Vaterunser‹ (»Geheiliget werde dein Name«) untersagte er auch jede Form von *Zauberei* (ebda., S. 397, 469). Gegenüber Alchimie und Astrologie verhielt er sich skeptisch bis indifferent, während Melanchthon die Astrologie vehement verteidigte und in Horoskopen auch ausübte, ohne damit aber Gottes Freiheit gegenüber den Menschen einschränken zu wollen (vgl. III von Stuckrad 2003, S. 248). Die von Luther forcierte Teufelsgläubigkeit schlug sich auch in dieser Konfession in einer massiven Dämomisierung der Magia naturalis und der neugierigen ›curiositas‹ als Inbegriff der adamitischen Ursünde des ›eritis sicut Deus‹ nieder. Bekanntestes Dokument ist die als ›Warnbuch‹ konzipierte ›Historia von D. Johann Fausten‹: »Ohn allen zweiffel aber ist die Zauberey vnd Schwarzkůnstlerey die grőste vnnd schwereste Sůnde fůr Gott vnd fůr aller Welt« (I ›Historia von D. Johann Fausten‹, S. 8).

Der strenge *Calvinismus* war ›im Prinzip‹ literatur- und kunstfeindlich. Nach Calvin sollte nur etwas gesungen werden, »was Gottes würdig ist«, und deshalb glaubte er keine besseren Lieder finden zu können als die Psalmen Davids, »die der Heilige Geist ihm eingegeben und gemacht hat.« (Zit. in I Jenny, S. 279; vgl. Bd. II, S. 200) Von daher versteht sich die kanonische Bedeutung des *Hugenottenpsalters*, der in der deutschen Übersetzung des Lutheraners Ambrosius Lobwasser (1515–1585) – und nicht in der zu kompliziert geratenen Teil-Translation von Paul Schede (gen. Melissus 1539–1602) – von Friedrich III. in den kurpfälzischen Kirchen zum Gebrauch vorgeschrieben wurde und der von da aus seinen Siegeszug auch in die anderen reformierten Territorien des Reiches antrat. Im Reich machte sich die Kunstfeindlichkeit des Calvinismus allerdings nicht zuletzt auf Grund der stets gesuchten Nähe zum Luthertum und der Hochschätzung des Humanismus als Bildungs-Mittel we-

niger stark bemerkbar. Aber Kunst und Literatur durften nie ›Selbstzweck‹ sein –
von daher auch die Bedeutung der ›Geistlichen Poemata‹ im Werk von Opitz und
sein Versuch, den ›Lobwasser‹ durch eine neue Übersetzung der ›Psalmen Davids‹
(1637) zu ersetzen (vgl. Kap. 4 g) – und hatten stets zumindest ›Bildungs‹-Zwecken
zu dienen. Es ist gewiß kein Zufall, daß die Mehrzahl der deutschsprachigen Poeten –
darunter alle in den vorliegenden beiden Bänden in größeren Kapiteln behandelten
Autoren außer Opitz – der *lutherischen* Konfession entstammten.

Auch der Calvinismus als damals modernste, von allen magischen Ingredienzien
im Dogma befreite Konfession blieb von dem intensiven Teufels- und Dämonenglauben nicht verschont. So veranstaltete – um nur dies eine Beispiel zu nennen – der
Calvinist Johann Fischart (1546–1590), der in seinen konfessionspolemischen Pam-
phleten alles Katholische ohnehin als Teufelswerk brandmarkte (vgl. Bd. II,
S. 213ff.; vgl. II.30 Bachorski) – 1582 in Straßburg eine Ausgabe des berüchtigten
›Hexenhammers‹ von Sprenger und Institoris und übersetzte die ebenfalls berüchtig-
te ›Démonomanie‹ des calvinistischen Gelehrten Jean Bodin (1581; vgl. II Bodin; vgl.
dazu auch Bd. IV/2, Vorwort).

9) *Athen/Jerusalem und Mythologiekritik*: Der Streit um die Verwendung der heid-
nisch-antiken Mythologie in der Poesie gehört in die lange und verwickelte Geschichte der Auseinandersetzung zwischen Heidentum und Christentum um *die*
Wahrheit und damit um geistige Überlegenheit und Vorherrschaft (vgl. III Dyck
1977). Die Kirchenväter standen zunächst vor der Aufgabe, Sprache und Stil der –
neuen – christlichen Bibel gegenüber dem reichen philosophischen und poetischen
Bildungsgut der klassischen Antike rechtfertigen zu müssen. »Sie machten aus der
Not eine Tugend, unterzogen die Heilige Schrift der rhetorischen Analyse und ent-
deckten in ihr Dichtung und gelehrte Wortkunst, die sie an der Sprachgewalt eines
Vergil oder Cicero maßen und für gut befanden.« (Ebda., S. 37) In der Renaissance
machten sich die Dichter diese apologetischen Resultate umgekehrt für eine Aufwertung der weltlichen Poesie zunutze; PETRARCA z. B. leitet die Würde der Poesie
aus deren Bedeutung für die Theologie und für die Bibel selbst ab (vgl. ebda., S. 36).
Im italienischen ›quinquecento‹ entwickelte sich dann wiederum eine ›rhetorica sacra‹ als überlegene Alternative zur säkularen Rhetorik (vgl. IV Föcking, S. 15ff.).
Die von Dyck konstatierte – und nicht weiter hinterfragte – »friedliche Koexistenz
von Muse und Kreuz« (III Dyck 1977, S. 131), von Athen und Jerusalem, ist tatsächlich auch in vielen deutschen Poetiken des 17. Jahrhunderts heftig umstritten
(vgl. Kap. 4, 6, 7).

Konflikte mit der Theologie riskierten die Poeten vor allem beim Gebrauch der
antiken Mythologie (vgl. dazu auch IV Schlaffer, S. 161ff.). Im 17. Jahrhundert war
– nicht zuletzt durch die intensive Kenntnis der patristischen Literatur auf Seiten der
gelehrten Autoren – das Bewußtsein davon noch hellwach, daß die antike Götterwelt
eine starke Konkurrenz zur Welt des Christentums gewesen war, die in mühsamem
Ringen hatte überwunden werden müssen – und diese Götter schienen den Missi-
onaren in allen Teilen der ›Neuen Welt‹ als Wiederauferstandene ebenso höchst lebendig zu begegnen wie den europäischen Zeitgenossen im Dämonenglauben (vgl.
dazu auch II.48 Berns, S. 24ff.). So rief der Gebrauch vor allem der heidnischen
Götternamen in der Poesie den besonderen Argwohn der Orthodoxen hervor. 1647

erschien in Tübingen das ›antimythologische‹ Werk des orthodoxen Ulmer Predigers Balthasar GOCKEL (1581–1656): ›Heidnische Poeterey / Christlich corrigiert vnd verbessert‹. Mit einem Füllhorn von Zitaten sucht Gockel zu dokumentieren, daß sich in dieser Frage die Vertreter der rivalisierenden kirchlichen Konfessionen ausnahmsweise völlig einig sind. Es gehe um

> »die Frag / ob die Poeten in jhren Versen vnd carminibus dőrffen dem rechten / waren / vnd lebendigen Gott der heydnischen Gőtter Namen geben? Jhn heissen Jovum, Appollinem, Minervam Palladem, Musas, Pierides (= Beiname der Musen), Martem, &. Es ist die Frage: Ob die Christen der heydnischen Gőtter honorificè vnnd in ehren gedencken sollen? Sonderlich / ob man bey jhnen / vnnd jhrem namen schweren solle? Darauff ist die richtige / gründliche vnd vnbewegliche Antwort / Nein / man solle solches nicht thun« (II Gockel, S. 4)

Die wichtigsten Belege hierfür findet der Ulmer Pastor wie Luther im Alten Testament (Ex. 20, 3ff. u. Ex. 23, 13 u. 24). Die auch von Opitz gegen dieses Verbot genutzte Verteidigung, die Dichter verwendeten die heidnische Mythologie nur im allegorischen Sinne zur Illustration bestimmter Eigenschaften – so »durch Minerven die vorsichtigkeit / durch den Apollo die Sonne / durch den Neptunus die Lufft welche die Erde vnnd Meer durchstreichet« (II BDP, S. 20) – läßt Gockel nicht gelten: Die Israeliten, die um das goldene Kalb tanzten, haben dieses selbstverständlich auch nicht für Gott selbst gehalten, sondern nur für ein allegorisches »GOttes=Zeichen«, für einen Schmuck, mit dem sie Gott ehren wollten. »Aber eben diß ist ein grober / vnd recht abgőttischer Jrrthumb gewest« (II Gockel, S. 24). Dieser hat sie angesichts des absoluten Bild- und Gleichnisverbots im Dekalog vor Gottes Strafe keineswegs geschützt:

> »Wollen demnach alle Poeten treulich gewarnet seyn / sich vor oben angezeigter vnd erwisener heydnischer Abgőtterey / daemoniis, diabolis, monstris, portentis (= Mißgeburten, Scheusale) fleissig zu hűten / auch bey der zarten vnverstándigen Jugend solche nicht einreissen lassen / sondern dieselbige vielmehr abschaffen / so lieb jhnen ist GOttes Zorn vnd Vngnad / auch zeitlich vnd ewige Straffen zuentfliehen / welche auff die Abgőtterey gesetzt seyn. Welche sich aber nicht wollen warnen lassen / sondern in jhrem alten Gebrauch fortfahren / allerley auß= vnd einrede erdencken / sich damit beschőnen / die muß man eben machen lassen / sie dem Gericht vnnd urtheil GOttes befehlen / vnd mit Paulo auß der Apostel Geschicht/Cap. 18.v.g. zu jhnen sprechen: Euer Blut sey vber euer Haupt.« (Ebda., S. 27)

So läßt Gockel wie übrigens auch Johann Konrad Dannhauer (vgl. zu ihm Bd. IV/2, Kap. 1 b, c) als Anhänger der Reformorthodoxie nur einen negativen Gebrauch der Mythologie zu. Man soll – so Dannhauer – nie »ohn Eckel vnnd Abscheuen von diesen Gőttern« reden (zit. ebda., S. 11). Kein Wunder, daß sich bei dieser Sachlage die Poetologen des 17. Jahrhunderts gar nicht oder nur sehr zurückhaltend zum Gebrauch der Mythologie äußern oder zumindest in ihren Poetiken auf Gockels und Dannhauers Linie einschwenken wie Zesen, Harsdörffer und vor allem Birken (vgl. Kap. 7 b; vgl. dazu auch III Dyck 1977, S. 22, 132ff.) Allerdings gab es auch kritische und spöttische Stimmen. Friedrich von Logau z.B. mokierte sich in seinem Epigramm ›Poeten-Gőtter‹:

»Poeten / die sollen die Gồtter nicht nennen
Die Christen verlachen / die Heyden bekennen;
Wird jhnen man Venus vnd Bacchus nur schencken /
Sie werden der andren nicht leichte gedencken.«
(II Logau SG, S. 65, I, 7, 23)

Und Logau verwahrte sich auch gegen Zesens Eindeutschung der bekannten Götternamen:

»VEnus soll man nicht mehr sprechen / nur *Lustinne* soll man sagen:
Als wann Name zu der Sache kûnt ein ander Art beitragen;
Jst Lateinisch Venus Hure / wird Lustinne Deutsch nicht frömer;...«
(Ebda., S. 116f., II, 8, 47)

Dennoch hielten sich die Autoren – vor allem bis zur Jahrhundertmitte und in ihrer
Gelegenheitsdichtung für den Mittelstand – mit dem Gebrauch der Mythologie zurück (vgl. dazu Bd. IV/2, Kap. 3 c). Erst im Kontext des hier skizzierten engen
Spiel-Raums läßt sich die Leistung der wichtigen deutschen Barock-Humanisten von
Opitz über die ›Pan‹-Verehrer des ›Pegnesischen Blumen-Ordens‹ bis Hoffmannswaldau und Lohenstein auch im Umgang mit den von den Konfessionen inkrimi-
nierten Traditionen angemessen würdigen.

c)    Gelehrten-Welt und Welt als ›Buch‹

1)    *Der Gelehrtenstand als Bildungsträger und Literaturproduzent*: Die weitverbrei-
tete Unkenntnis in elementaren Bildungsbereichen sowie das wachsende Bedürfnis
der Territorien nach fähigen Verwaltungsbeamten machen zum Teil bereits verständlich, daß den Gelehrten (Hochschullehrern, Pfarrern, Juristen, Ärzten, höheren Verwaltungsbeamten und Lehrern) an den zahlreichen Höfen und in den Städten eine
privilegierte Stellung zukam. Bei einer Gesamtbevölkerungszahl von etwa 20 Millionen in Deutschland (einschließlich Preußens und Österreichs) zu Beginn des
17. Jahrhunderts betrug die Zahl der Gelehrten etwa 35 000, und sie erreichte offenbar das Jahrhundert hindurch nicht einmal ein halbes Prozent der jeweiligen Ge-
samtbevölkerung (vgl. III Trunz 1966, S. 154f.; vgl. dazu auch III Lehmann 1980,
S. 110f.; Bd. II, S. 7f.). Es gelang den Gelehrten vor allem in den lutherischen und
calvinistischen Staaten, sich als oberste Stufe des Bürgertums direkt unter dem Adel
– und gelegentlich auch schon im Statuskonflikt und in Konkurrenz mit dem Adel –
um die Verwaltungsstellen an den sich absolutistisch entwickelnden Höfen (vgl. dazu
u. a. III Garber 1982, S. 132ff.) – und dem Selbstverständnis nach als »geistiger Adel
der Nation« zu etablieren und für eine gewisse Zeit als einheitlicher Stand und
Träger einer weitgehend einheitlichen humanistischen Bildung zu behaupten (vgl.
Einleitung a–2). Diese Einheitlichkeit wurde durch zwei Faktoren besonders gesichert: zum einen durch den in *Lateinschule* und an der Artistenfakultät der *Universitäten* von allen Gelehrten vor ihrer nachfolgenden beruflichen Spezialisierung in
den Studienfächern Theologie, Jurisprudenz oder Medizin zu erlernenden, weitgehend festliegenden humanistischen Bildungskanon (vgl. Bd. I, S. 61ff.) – trotz aller
zeitgenössischer Vorurteile gegenüber dem Pedantismus, Provinzialismus, Grobia-
nismus an den Universitäten blieben diese und die höheren Schulen (abgesehen von

Rückschlägen während des Dreißigjährigen Krieges) im 17. Jahrhundert doch »eigentlicher Ort geistiger Selbstvergewisserung im Reich« (III Hammerstein, S. 94; vgl. dazu auch III Schöne 1976, S. 175ff., 313ff.) – und zum anderen nach Abschluß des Studiums durch den gesellschaftlichen Umgang innerhalb dieses Standes, durch Reisen, Besuche, Freundschaften, intensiven Briefwechsel (vgl. III Trunz, 1966, S. 153; Neumeister/Wiedemann; Jaumann 2001). Grundlage der Kommunikation an den Bildungsanstalten und bei der Verständigung der Gelehrten in Europa war die (neu-) lateinische Sprache: »Latein hat keinen Sitz noch Land wie andre Zungen; // Ihm ist die Bürgerschafft durch alle Welt gelungen.« (II Logau SSG, S. 414, II, ZG, 40)

Die – zum Teil durch äußere Zwänge (Vertreibung, Flucht, Studium [in Schlesien z. B. gab es keine Universität]) veranlaßte – Bereitschaft zum *Reisen* ist angesichts der vielen Schwierigkeiten, die frühneuzeitlichen Reisenden das Leben erschwerten (vgl. III Gräf/Pröve), höchst eindrucksvoll. Und im Blick auf die Pressionen, die vor allem die offiziell bis zum Westfälischen Frieden nicht anerkannten Calvinisten im Reich betraf, ist bemerkenswert, wie Glaubensgenossen über Ländergrenzen hinweg europaweit zusammenhielten, miteinander korrespondierten, sich Schüler zusandten, diese förderten und einander bei den Publikationen unterstützten. Aber auch die irenischen Tendenzen und der humanistische Anti-Konfessionalismus bedurften des Zusammenhalts der Gesinnungsgenossen über Konfessions- und Landesgrenzen hinweg. In solchen Vernetzungen verwirklichte sich die frühneuzeitliche ›res publica litteraria‹. Juristen, zu denen gerade die wichtigsten deutschsprachigen Dichter (Gryphius, Hoffmannswaldau und Lohenstein) gehörten, sowie Mediziner entwickelten »selbst während der schlimmsten Zeiten konfessionellen Haders und Kampfes eine eigentümliche Gemeinsamkeit«, »eine von diesen Antagonismen fast unberührte Sphäre gelehrt-politischen Einverständnisses.« (III Hammerstein, S. 94) Gerade in diesem Zeitalter bietet deshalb der Blick auf die Biographie – wie sich zeigen wird – oft verläßlichere Hinweise darauf, ›wes Geistes Kind‹ ein Verfasser ist, als dessen Schriften.

Die Gelehrten waren äußerst produktiv im Bücherschreiben; »nicht wenige« »haben mehr als 40 Bücher verfaßt« (III Trunz 1966, S. 165). Daneben betätigten sie sich als Herausgeber und als Chronisten des eigenen Standes. Sie schrieben weitgehend füreinander und waren weithin auch die einzigen, welche die auf den Buchmessen erscheinenden Schriften kauften und sich eigene Bibliotheken mit mehreren hundert Büchern halten konnten. Dabei wurden seltene Werke oder häretische Manuskripte ausgeliehen und häufig einfach abgeschrieben. Neben dem Buchdruck setzte sich somit – zum Teil auch, um die Zensur zu unterlaufen – die Tradition des Abschreibens fort, an die schon die Schüler durch Anfertigen von umfangreichen Zitatsammlungen klassischer Schriftsteller gewöhnt wurden. – Heute betrachtet man den Gelehrtenstand auch als den »spezifischen Träger der Barockliteratur« (III Barner 1975, S. 11; vgl. III Kühlmann 1982).

2) *»Latein auf Deutsch«*: Die Poetik von Opitz versuchte, die traditionellen, in anderen Nationalliteraturen (in Italien, Frankreich, Spanien, England und den Niederlanden) bereits gebräuchlichen Dichtungs- und Stilvorstellungen »des humanistisch-rhetorischen Gelehrsamkeitsparadigmas« auch auf die deutsche Literatur zu übertragen (vgl. III Grimm, S. 118). Für diesen Übergang von der lateinischen zur

deutschen Sprache waren nicht zuletzt politisch-nationale Gründe maßgebend, wie sie gleichzeitig in den nach italienischem Vorbild auch in deutschen Territorien sich bildenden ›Sprachgesellschaften‹ vorherrschten (vgl. zu diesen Kap. 1 d.): Die deutsche Sprache sollte ihre Würde, Leistungsfähigkeit und damit mindestens ihre Ebenbürtigkeit im Vergleich mit den alten klassischen, aber auch mit den modernen Sprachen – insbesondere mit der auch im diplomatischen Verkehr bevorzugten französischen Sprache – erweisen. Deshalb zielte die Opitzsche Reform auch nicht auf eine Vereinfachung und damit auf eine mögliche bessere Verständlichkeit der Poesie bei breiteren Schichten ab, sondern behielt den artifiziellen, von Rhetorik und Poetik vorgeschriebenen und von klassischer Bildung beherrschten Kunstcharakter der humanistischen Poesie bei. Es war ein mehr oder weniger elegantes »Latein auf Deutsch« (vgl. III Grimm, S. 118).

Damit riskierte Opitz den *Bruch* mit der bisherigen ›*volkssprachlichen*‹ *Literaturtradition* des 16. Jahrhunderts. Mit seiner Versreform ersetzte er sowohl den populären Knittelvers als auch die vor allem im Meistersang gebräuchlichen silbenzählenden, aber tonbeugenden metrischen Verfahren (vgl. Kap. 2 b). Die angestrebte Versöhnung zwischen einer natürlich betonten deutschen Sprache und dem strengen ›internationalen‹ künstlerischen Reglement gelang freilich nur scheinbar: Die lateinisch-gelehrte Sprachkultur wirkte gerade im Deutschen ungewohnt und verfremdend. »Anstelle der äußerlichen Fremdheit des anderen Idioms ist die Wesensfremdheit einer anderen Bildwelt, eines anderen Formempfindens, einer anderen Sprachlogik getreten.« (III Wiedemann 1973b, S. 179) Die bisherige volkstümliche deutsche Literatur wurde zwar weiter rezipiert und der Knittelvers behauptete sich nach wie vor in den ›Zeitungen‹ der Zeit, aber sie war bis zu Herder nicht mehr »hoffähig« und wurde von den gelehrten Autoren auch nicht mehr gepflegt; wo sie sich – wie im Erbauungsschrifttum – des »stilus humilis« bedienten, suchten sie diesen poetisch aufzuwerten oder – wie im Kirchenlied – der Opitzschen Versreform anzupassen. Damit blieben die Humanisten deutlich auf Distanz zu jenem ›einfältigen‹ Deutsch, das die Kirchen im Anschluß an Luthers Übergang zur deutschen Sprache in ihrem geistlichen Schrifttum und ihren Kirchenliedern ständeübergreifend populär gemacht hatten (vgl. Bd. I, S. 100ff., 147ff.; Bd. II, S. 17ff., 171ff.).

3) *Fortsetzung der neulateinischen Poesie*: Opitz selbst dichtete auch weiterhin nebenher in lateinischer Sprache (›Silvarum Liber III. Epigrammatum liber unus‹, 1631 hg. v. seinem Jugendfreund Wilhelm Nüßler; vgl. dazu IV Adam, S. 146ff.), und er benutzte das Latein für wissenschaftliche Darstellungen und Textanmerkungen sowie im Schriftverkehr als das universale, den Gelehrten aller europäischen Länder geläufige Verständigungsmittel (vgl. II.44 Trunz 1975b, S. 22*ff.). Als Dichter in lateinischer Sprache hatten bereits die deutschen Renaissance-Humanisten der ersten und zweiten Generation – u. a. Conrad CELTIS (1459–1508; vgl. Bd. I, S. 61f., 65ff.), Ulrich von HUTTEN (1488–1523; vgl. ebda., S. 104ff.), Helius Eobanus HESSUS (d. i. Eoban Koch 1488–1540; vgl. Bd. I, S. 137; II.55 Gräßer; Gräßer-Eberbach), Petrus LOTICHIUS SECUNDUS (d. i. Peter Lotz; 1528–1560; vgl. Bd. I, S. 138f.; II.74 Kühlmann) und Paul SCHEDE (gen. Melissus 1539–1602; vgl. Bd. II, S. 201ff.; II.110 Kühlmann) – europäisches Niveau erreicht, und eine Reihe deutscher Humanisten des 17. Jahrhunderts knüpfte an diese Tradition an und dichtete in der Universal-

sprache, die auch dem Unterricht an Gymnasien und Universitäten zugrundelag. Der Heidelberger Polyhistor Janus GRUTER (1560–1627) hat – im Rahmen einer 15 umfangreichen Bände umfassenden Ausgabe neulateinischer Dichter Westeuropas – auch neulateinische Dichtungen von 211 deutschen Poeten gesammelt (›Delitiae Poetarum Germanorum‹, 1612; vgl. II.43 Wiegand). Paul FLEMING (vgl. II ALG) und Andreas GRYPHIUS legten Ausgaben ihrer lateinischen (Jugend-)Werke vor (vgl. II Gryphius LKEK, HÖ), doch kam eine von Fleming nach dem Vorbild von Opitz geplante Sammelausgabe seiner lateinischen ›Libri Silvarum‹ nach seinem frühen Tod mangels Interesses an neulateinischer Poesie seit der Jahrhundertmitte schon nicht mehr zustande (vgl. IV Adam, S. 150ff.). Der berühmteste deutsche Neulateiner des 17. Jahrhunderts war der Jesuit Jakob BALDE (1604–1668; ›Opera poetica omnia‹; Bde. 1–8, 1729; Nachdruck Frankf./M. 1990; soeben erschien eine kommentierte deutsch-lateinische Neuausgabe der beiden ersten und wichtigsten Bücher seines Alterswerkes ›Urania Victrix‹ [1663]; vgl. II Balde; vgl. zu ihm u. a. II.7 Galle; Kühlmann; Westermayer; Valentin); Balde bemühte sich als »deutscher Horaz« zugleich um Originalität und gilt als Repräsentant des europäischen Manierismus (vgl. II.7 Kühlmann, S. 297). Noch Herder hat ihm mit einer umfassenden Übersetzung (›Terpsichore‹, 1795) die Reverenz erwiesen, wobei er allerdings dessen Marienverehrung ausblendet (vgl. Bd. VI/2, S. 154).

Eine Redaktionsgruppe um Wilhelm Kühlmann (Heidelberg) hat sich mit dem *Camena-Projekt* (›Neulateinische Dichtung aus dem deutschen Sprachraum im Internet‹) außerordentlich verdient gemacht; hier stehen mehr als 70 deutsche Neulateiner des 16. und 17. Jahrhunderts mit ihren Werken kostenlos zur Nutzung zur Verfügung (vgl. I Camena). Kühlmann und Wiegand edierten mit dem ›Parnassus Palatinus‹ einen Auswahlband mit ›carmina‹ aus dem ›Goldenen Zeitalter‹ der Heidelberger Universität (vgl. I PP), und sie gaben auch einen reich kommentierten Band ›Humanistischer Lyrik des 16. Jahrhunderts‹ heraus (vgl. I Kühlmann/Seidel/ Wiegand). In der Reihe ›Bibliotheca Neolatina‹ erschien 2001 eine zweibändige lateinisch-deutsche Ausgabe der ›Gesammelten Schriften‹ Balthasar VENATORS (1594– 1664), eines Heidelberger Jugendfreundes von Opitz (vgl. II.136 Kühlmann). Es ist zu hoffen, daß Kühlmann in absehbarer Zeit eine Geschichte der neulateinischen Poesie deutscher Autoren vorlegen und damit die veraltete Darstellung von Ellinger ablösen wird (vgl. IV Ellinger).

4) *Interdependenz von Politik und Kultur als Literaturprogramm*: Die *Aufwertung der deutschen Sprache* zum Organ der Gelehrten-Poesie entsprang einem *kulturellen Patriotismus*, war indessen auch nicht frei von einem *politisch motivierten Nationalismus* und *gelehrten Standesinteressen* (vgl. III Sinemus 1978, S. 52; Sinemus 1974). In seiner Schulrede ›Aristarchus, sive de contemptu linguae Teutonicae‹ (vgl. II Opitz A) entwickelte der 20jährige Opitz 1617 (im Jubiläumsjahr der Reformation!) immerhin am Beispiel Germaniens – dieses »stellt das kulturpolitische Äquivalent der germanischen Völker zur Rom-Ideologie der humanistischen Romania, insbesondere Italiens dar« (II.89 Garber 1984, S. 134) – den Gedanken einer Interdependenz von Politik und Kultur, insbesondere von Tugendhaftigkeit und Sprachreinheit als Vorbild und Vermächtnis für die eigene Zeit, in welcher die politische Fremdbestimmung mit der sprachlichen Überfremdung einhergeht. Die deutsche Sprache in die

Poesie einzuführen und auf ihre Reinheit bedacht zu sein, bedeutete deshalb nicht nur, die Gepflogenheit der westeuropäischen Nachbarländer nachzuahmen, um so kulturellen Anschluß und Gleichstand zu erreichen, sondern war gleichsam der philologisch-poetische Versuch, dem merkwürdigen politischen Konstrukt des ›Heiligen Römischen Reichs Deutscher Nation‹ durch die Verbindung von transnationaler ›römischer‹ Bildung im Medium der ›National‹-Sprache einen strukturkonformen kulturellen Gehalt zu verleihen. Es ist freilich signifikant für die konfessionell bestimmte politische Spaltung des Reiches, daß gerade die von Spanien beeinflußten oberdeutsch-katholischen Territorien sich der Opitzschen Reform verschlossen und eine eigene Literatursprache ausbildeten (vgl. III Breuer 1979; Bd. II, S. 136): Gerade in dieser Abwehr zeigt sich die politische Dimension der Opitzschen Reform, die in ihrer Wirkung weitgehend auf die protestantischen Länder beschränkt blieb. Hier freilich wirkte sie mäßigend auf den Konflikt zwischen Lutheranern und Calvinisten/Reformierten ein: In der deutschsprachigen Gelehrtenpoesie werden die Konflikte kaum deutlich, welche die Theologen beider Lager z. T. heftig miteinander austragen.

Im Blick auf die territoriale Zerrissenheit und die verheerenden Folgen des Dreißigjährigen Krieges erweisen sich die Humanisten des 17. Jahrhunderts zwar als »Träger und Propagatoren des Reichsgedankens« (III Kühlmann,1982, S. 55; vgl. auch III Wiedemann 1973b, S. 181; Sinemus 1978, S. 52), zugleich indessen waren sie wegen der Schwäche der kaiserlichen Zentralgewalt auf die Protektion der Territorialmächte angewiesen, in deren Diensten sie zumeist standen. Man hat daher mit Recht unter Hinweis auf die Dedikationen und mäzenatischen Appelle der Opitzschen Werke betont, dieser habe »in seiner Theorie das Bündnis zwischen Dichtung und Territorialfürstentum begründet, dem die geschichtliche Stunde gehörte und das für mehr als ein Jahrhundert intakt bleiben sollte« (II.89 Garber 1984, S. 144; vgl. III Grimm, S. 147; zu Form- und Funktionswandel der Buchwidmung vgl. jetzt auch IV Schramm, S. 13ff., 111ff. u. ö.). Darüber hinaus hat man sogar in dem tendenziell universalistischen ästhetischen Ordnungs-Konzept der ›Poeterey‹ ein Analogon zu den sozialpolitischen Reglementierungstendenzen frühabsolutistischer Staaten oder eine Vorausprojektion der absolutistischen Ordnung des Reiches sehen wollen (vgl. III Wiedemann 1973b, S. 181; II. Drux, S. 151ff.). Dies ist nicht so abwegig-spekulativ, wie es auf den ersten Blick erscheinen mag (vgl. dazu auch III Kaminski, S. 30ff.). Opitz selbst widmete seine ›Acht Bücher, Deutscher Poematum‹ (1625) Fürst Ludwig zu Anhalt-Köthen, dem Oberhaupt der ›Fruchtbringenden Gesellschaft‹, um dadurch »den Anspruch auf Kooptation anzumelden« (II. Garber 1984, S. 141), aber auch den entstandenen Eindruck der Konkurrenz zu revidieren (IV Adam, S. 137ff.). Die ›Thesis‹ des Eingangs der Widmungsvorrede, die er wegen ihres Manifestcharakters auch in der ›Ausgabe letzter Hand‹ beibehielt, stellt die Parallele zwischen Poesie und ›Policey‹ her und sucht in der Betrachtung zahlreicher ›exempla‹ aus der antiken und neueren Geschichte zu erweisen, »daß wie Regimentern und Policeyen / also auch mit ihnen der Geschicklichkeit unnd freyen Künsten ihr gewisses Ziel und Maß gestecket sey / unnd sie auff ein mal mit einander entweder steigen oder zu Grunde gehen« (II Opitz WPV, S.) (ijr; vgl. dazu II.89 Garber 1984, S. 141).

Als der Lutheraner Andreas Gryphius die zweite Ausgabe seines lateinischen Bibel-Epos ›Olivetum‹ dem calvinistischen ›Großen Kurfürsten‹ Friedrich Wilhelm von Brandenburg-Preußen (1620/1640–1688) widmete und als Datum für seine poetischen »Ölzweige des Friedens« (II Gryphius HÖ, S. 155) den 1. September 1648 (und damit die Zeit der Friedensschlüsse im katholischen Münster [6. 8. 1648] und im protestantischen Osnabrück [8. 9. 1648]) wählte, da hatte sich nach dreißigjährigem Kriegselend der Grund für eine feste Verbindung von humanistischen Künsten und Wissenschaften sowie Regentschaft aufs handgreiflichste bestätigt und verlangte zugleich einen sichtbaren Neubeginn: Die Konfessionalität hatte angesichts des Elends, das die verfeindeten kirchlichen und politischen Lager einander angetan hatten, ihren movierenden Kredit eingebüßt. »Während wir darauf bedacht waren, unsere Religionen zu bewahren«, schreibt Gryphius dem Kurfürsten, »haben wir die Kirchen mit dem Blute Unschuldiger befleckt und die zerfetzten Leiber von Priestern auf die Altäre gehäuft.« Mit den grausamsten Schandtaten habe man »das Allerheiligste« »besudelt« (ebda., S. 157). Der Kurfürst dagegen gebe Anlaß zur Hoffnung, weil er den »Studien« »Schutz« einräume: »Nicht glaubt ihr nämlich, daß es Eurer unwürdig sei, mit der Kunst des Herrschens die Feinheiten der Wissenschaften zu verbinden.« Und gerade in dieser Konnexion kündige sich nun »ein würdevolles Zeitalter« an, »das durch öffentliche Sicherheit und geistige Betätigung blüht, das im Zeichen Eurer Regentschaft steht, der Ihr in den härtesten Zeiten die schwierigste Aufgabe gelöst habt, nämlich den Euren alle Ruhe und Sicherheit zu geben.« (Ebda., S. 159)

*Poeta doctus und Regent* stehen somit im Verhältnis der *Interdependenz*, der »wechselseitigen Erhellung« *und* Unterstützung. Von daher stellt das Bild, das Herzog August zu Braunschweig und Lüneburg (1579/1634–1666) mit Gelehrtenmantel und dem Käppchen eines Geistlichen mit einer Schriftrolle in der linken Hand vor zwei Globen in seiner Wolfenbütteler Bibliothek zeigt (vgl. Abb. 1; Kupferstich von

Abb. 1

Conrad Buno 1693; in: I Raabe, S. 329), das Ideal eines Fürsten als *rex litteratus*
dar, der zugleich selbst Gelehrter und ein Bücher-Sammler von hohen Graden war
und der seine Regierungs-Kunst und Welt-Weisheit eben aus der Bücher-Welt der
Gelehrten bezog. Die von Weinranken eingefaßte, »Gott und der Nachwelt« gewidmete ›Bibliotheca Augusta Ducalis‹ war im übrigen – bezogen auf Deutschland –
»mit 135000 Schriften in 31000 Bänden die größte Bibliothek in der Mitte des
17. Jahrhunderts überhaupt« (III Raabe 1987, S. 644) und mit ihrem in 20 Sachge-
bieten erfaßten polyhistorischen Bestand (von der Theologie über Juridica, Histo-
rica, Medica und Humaniora) sowie einem ungewöhnlich großen Anteil an deutschsprachiger Literatur das große Modell einer damaligen Gelehrtenbibliothek (vgl.
ebda., S. 646ff.), die idealiter – zumal bei Leibniz, dem berühmten Wolfenbütteler
Bibliothekar – als ›bibliotheca universalis‹ zugleich Abbild der Seinsordnung war,
welcher die »Vorstellung einer enzyklopädischen Systematisierung der Welt in einem
topischen Gefüge von Büchern« zugrundelag (vgl. V Kilcher, S. 289). Die humanistische Orientierung an der »Weisheit der Alten« unterstreicht die Inschrift auf dem
Stich, ein Zitat von Erycius Puteanus (1574–1646), das in Übersetzung lautet:
»Wann und wo auch immer die Menschen nachdenken und sprechen, der beste Rat
kommt von stummen und toten Zeugen: wenn auch die Menschen schweigen, werden die Bücher eine Stimme finden: was keiner ausspricht, das gibt die Weisheit der
Alten ein.« (Zit. in I Raabe, S. 331) Darüber hinaus ist dieses Bild aber auch geradezu ein Symbol humanistischen Welt-Zugangs und Welt-Verständnisses. Die Welt
ist noch ein ›Buch‹, aber das ›Buch der Natur‹ wird – von Ausnahmen (wie der
Sternbeobachtung, der paracelsischen Medizin oder dem ›anatomischen Theater‹)
abgesehen – noch nicht ›aufklärerisch‹ im empirischen Zugriff erforscht, sondern aus
der vergleichenden und kompilierenden Lektüre der Bücher interpretiert. Die Weisheit der versammelten Bücher-Welt vermittelt zugleich mehr als nur das, was ›vor
Augen liegt‹ und sich von der menschlichen Vernunft auch mit Hilfe der Instrumente
er-messen läßt. So sind denn auch die Globen als Sinnbilder der ›großen Welt‹ um-
rahmt von dem gewaltigen und lückenlosen ›Kosmos‹ der Bücher. In diesen Zusammenhang ordnet auch Daniel Casper von Lohenstein das Lebenswerk seines gelehrten Dichter- und Juristen-Kollegen Andreas Gryphius ein:

> »Die Welt / das große Buch / steckt in gelehrten Schrifften /
> Daraus uns der Natur Geheimnůs wird bekannt;
> Ja ein scharfsichtig Geist ist fåhig diß zu lernen /
> Was über die Natur / was auser Welt und Sternen.«
> (II Lohenstein H, S. 400f.)

5) *Poeta doctus und Poesie als Tugendmittler:* Die Barock-Humanisten sahen einen
engen *Zusammenhang von Sprache und Tugend,* von Sprachgebrauch und ethischem
Verhalten, aber auch von Wort und »Würde« oder Wert der darzustellenden Sache.
»Die red ist ein anzeyg des hertzens« (Zwingli; vgl. IV Kemper I, S. 204): Diese auch
in der protestantischen Theologie beheimatete Überzeugung geht zurück auf die
antike Rhetorik, nach welcher das eigentliche, wahre Wesen der Beredsamkeit in
Wahrheit und Sittlichkeit des Redners gründe. Die starke Stellung von Theologie
und Rhetorik im Bildungswesen des 16. und 17. Jahrhunderts garantierten deshalb
die Überzeugung, daß ein richtiger Gebrauch von Sprache, Rede und Poesie nur aus

einem tugendhaften Gemüt stammen könne, daß umgekehrt aber auch angesichts der Wirkungsorientiertheit von Rhetorik und Poetik die Sprachpflege und der richtige Stilgebrauch eine wesentliche Voraussetzung für die über das reine »delectare« meist hinausstrebende belehrende und bewegende Wirkung seien.

Diese letztlich ontologisch und ethisch begründete, wertorientierte Sprachauffassung legitimiert nicht nur den Hang der Gelehrtenpoesie zum ›hohen‹ und überwiegend zum ›mittleren Stil‹ und zu würdigen Gegenständen und Gelegenheiten – bezeichnenderweise hat Opitz, der beispielgebende Anreger im Bereich der literarischen Gattungen, gerade für Komödie und Schelmenroman keine ›Exempla‹ vorgelegt (vgl. II.89 Garber 1984, S. 164f.) –, sondern zugleich die *Würde der Poesie,* die er aus der ältesten nicht-christlichen *Weisheit* herleitete (vgl. Kap. 4 c, d). Und eine solche Aufwertung der Poesie erforderte zugleich eine *Hochschätzung des Dichters.* Letztere erfolgt im 3. Kapitel der Opitzschen Poetik, das sich »mit etlichen sachen die den Poeten vorgeworffen werden; vnd derselben entschuldigung« beschäftigt. Da die Poesie »alle andere künste vnd wissenschaften in sich helt« (II BDP, S. 17), muß der Poet natürlich ein *Gelehrter,* ein *poeta doctus* sein. Das von den Humanisten aus den Quellen der griechischen und römischen Antike sowie aus der Renaissance geschöpfte Ideal des »gelehrten Dichters« setzt sich aus fünf konstitutiven Merkmalen zusammen:»Wissenschaftsorientiertheit, Traditionsbildung, Handwerklichkeit und Arbeitsethos, Exklusivität für die Verständigen, Verhaftetsein an Reflexion und Theorie« (V Barner, S. 728). Die Aufwertung des Dichters als Person ergibt sich auch durch die in den frühneuzeitlichen Poetiken bis hin zu Gottsched vorangestellte Beschreibung der Fähigkeiten und Charaktereigenschaften eines Poeten (ebda., S. 730; vgl. Bd. I, S. 47f.). – Dabei ermöglicht insbesondere die Untersuchung der Rezeption der heterogenen Antike mit ihren unterschiedlichen ›Weisheiten‹ in den verschiedenen Künsten und Wissenschaften des 17. Jahrhunderts wichtige Aufschlüsse über Befestigung oder Widerlegung christlicher Traditionen bzw. über die Etablierung neuer Richtungen und die Beurteilung einer möglichen kulturellen Pluralität in der Gelehrten-Welt des 17. Jahrhunderts (mit dieser Frage beschäftigt sich 2006 ein Wolfenbütteler Symposium; vgl. dazu auch Kap. 1 e–4).

## d) Sprach- und Dichter-Gesellschaften

1) *Die protestantisch-konfessionsneutrale Fruchtbringende Gesellschaft*: Von solchen Zusammenhängen her wird auch der Stellenwert der – in ihrer Bedeutung immer noch umstrittenen (vgl. III Otto, S. 5f.) – Sprachgesellschaften im 17. Jahrhundert zum Teil verständlich (vgl. dazu auch III van Ingen 1987; Jaumann 2003). Die erste und wichtigste gründete der reformierte Fürst LUDWIG VON ANHALT-KÖTHEN (1579–1650; vgl. I FG II, S. 6ff.), nachdem er im Jahre 1600 als Mitglied mit dem Namen »L'Acceso« (»der Entflammte«) in die italienische ›Accademia della Crusca‹, eine Nachfolgeorganisation der Florenzer ›Academia Platonica‹, aufgenommen worden war. Ludwigs Sozietät, die sich eine Palme zum Leitemblem wählte (vgl. das erste Emblem in II Ludwig von Anhalt-Köthen) und danach auch ›Palmorden‹ nannte, gab sich ein Statut, dessen Eingangsparagraphen den Zusammenhang von Ethik und Bemühung um Sprachreinheit akzentuiert:

»Nemlichen / daß ein jedweder Gesellschafter I, erbar / weiß / tugendhaft / höflich / nutzlich / und ergetzlich / gesell- und mässig sich überall bezeigen / rühm und ehrlich handeln / bey Zusammenkunften sich gütig / frölich und vertreulich / in Worten / Geberden und Werken treulichst erweisen / und gleichwie bey angestellten Zusammenkunften keiner dem andern ein widriges Wort vor übel aufzunemen höchlich verboten; Also solle man auch dagegen aller ungeziemenden Reden und groben Schertzens sich zu enthalten / festiglich verbunden seyn.«

        »So soll auch den Gesellschaftern vor das II. und vor allen Dingen obliegen / unsere hochgeehrte Muttersprache / in ihrem gründlichen Wesen / und rechten Verstande / ohn Einmischung fremder ausländischer Flikkwörter / sowol in Reden / Schreiben als Gedichten / aufs allerzier- und deutlichste zu erhalten und auszuüben.« (Zit. in III Grimm, S. 139)

Angesichts der Vorherrschaft des Latein in Erziehungswesen und Wissenschaft sowie des Französischen, Italienischen und Spanischen im diplomatischen Verkehr mit den daraus resultierenden Sprachvermengungen in der Alltagskommunikation war es ein hinreichend anspruchsvolles Ziel und ein bedeutendes reformerisches Signal, sich der Pflege und Reinheit der deutschen Sprache zu widmen. Allerdings gingen von der akademieähnlichen Gründung Ludwigs auch politische Signale aus. So dies, daß die Sozietät in den Worten ihres Historiographen Carl Gustav von Hille (›Der Teutsche Palmbaum‹, 1657) »ihren Anfang genommen / als eben vor hundert Jahren / das seligmachende Liecht des Heiligen Evangelii hervorgeleuchtet / und die H. Schrift unter der Banck hervorgezogen / in unsere Teutsche Sprache wolvernemlich… kunstgründig gedolmetschet worden« (II Hille, S. 9). Die Bemühung um die deutsche Sprache knüpfte so signalhaft an Luthers Bibelübersetzung und Reformation an und wandte sich damit zugleich gegen die katholische Kultur, die im wesentlichen dem Latein als Universalsprache verhaftet blieb.

Die Statuten gaben sich zwar konfessionsneutral, doch faktisch wurden nur Protestanten als Mitglieder aufgenommen. Da das Fürstentum Anhalt 1596 die reformierte Lehre angenommen hatte und diese nach der Erbteilung 1603 in Anhalt-Bernburg, -Dessau und -Köthen beibehalten wurde, erwuchs auch diese Sprach- (und Dichtungs-)Reform wie die Opitzsche auf dem Boden des Calvinismus, und eben dessen Geist atmet auch Paragraph 1, der die persönliche »Heiligkeit« der Mitglieder als Wichtigstes an den Anfang stellt. Es ist nicht überraschend, daß sich unter den ersten Mitgliedern der ›Fruchtbringenden Gesellschaft‹ glühende Anhänger der kurpfälzischen Politik und Mitstreiter Friedrichs V. von der Pfalz befanden, darunter Ludwigs zum Calvinismus übergetretener Bruder Christian I. von Anhalt-Bernburg (1568–1630), der Initiator der ›protestantischen Union‹ (seit 1608), der die pfälzische Politik vor dem und im Dreißigjährigen Krieg leitete (und der als Heerführer das Desaster des ›Winterkönigs‹ bei der Schlacht am Weißen Berg nicht verhindern konnte; vgl. dazu auch Kap. 3), ferner die lutherischen Herzöge Johann Ernst d. J. (1594–1626) sowie Friedrich (1596–1622) von Sachsen Weimar (I FG II, S. 8f., 29f.). Die konfessionellen Unterschiede haben die Zusammenarbeit der Mitglieder aber auch belastet. Ludwigs Schwester Anna Sophia von Schwarzburg-Rudolstadt z. B., welche eine nur adligen Damen vorbehaltene Parallelorganisation (›Tugendliche Gesellschaft‹) gründete (vgl. III Conermann II, S. 8ff.), entwickelte einen starken lutherischen Missionierungsdrang, dem gegenüber Fürst Ludwig

Mühe hatte, das Streben nach Ausgleich zwischen den protestantischen Konfessionen aufrecht zu erhalten (vgl. III Conermann III, S. 16ff.). Stark belastet wurde die Wirksamkeit der Gesellschaft natürlich auch durch den ›Teutschen Krieg‹, der die Kräfte der hohen Standes-Personen in starkem Maße band (vgl. III Conermann II, S. 10ff.) und der im Zusammenhang mit dem Separatfrieden von Prag (1635), dem sich in letzter Minute auch Ludwig von Anhalt-Köthen anschloß, zu weiteren Spannungen zwischen den Mitgliedern führte, weil dieser Frieden, in den auch Schweden involviert war, von manchen als Verrat am ganzen Deutschland (auch an Schlesien, das nicht einbezogen war) empfunden wurde (vgl. III Conermann III, S. 7ff.). Die veröffentlichten und sehr gut kommentierten Briefe der Mitglieder der ›Fruchtbringenden Gesellschaft‹ geben ein lebhaftes Zeugnis von den Schwierigkeiten, in welche diese Organisation geriet, die ja als eine ›protestantische‹ lange Jahre auf die ›Verliererseite‹ des politischen Geschehens geraten war (vgl. FG III–V).

Außer Adligen, die lange in der Mehrheit blieben und deren Einsatz für die deutsche Sprache nachsichtig bemessen wurde, durften auch Bürgerliche Mitglied werden, deren Leistungen allerdings einer strengen Kontrolle unterzogen wurden. Von daher bedeutete die Aufnahme in die ›Fruchtbringende Gesellschaft‹ für die deutschen Dichter-Gelehrten nach der Abwertung des ›poeta laureatus‹-Titels durchaus eine gesellschaftliche Privilegierung (vgl. IV Adam, S. 180). Interessanterweise waren Geistliche von der Aufnahme ausgeschlossen – mit zwei bezeichnenden Ausnahmen: Johann Rist (vgl. Bd. IV/2, Kap. 5 f) und Johann Valentin Andreae (vgl. Bd. III, S. 127ff.)!

2) *Bezüge zur Hermetik*: Deren ausgeprägtes Interesse für die *Hermetik* scheint eine gewichtigere weltanschauliche Verbindung zu anderen Mitgliedern der ›Gesellschaft‹ hergestellt zu haben als ihre lutherische Konfession. Jedenfalls berief sich auch die Gesellschaftssatzung auf die »alte hochrühmliche Gesetzgeber / nemlich / der erste Gesetzgeber der Hebråer: Mercurius Trismegistus der Egypter« (II Hille, S. 18; Neumark, S. 27), ferner auf Adam und Jesus, die der ›Fruchtbringenden Gesellschaft‹ zum Vorbild dienen sollen. Hier findet auch das Interesse an der deutschen Sprache zur Verbindung mit ihrem Ursprungsmythos, weil sie »unter andern Hauptsprachen nicht die geringste; sondern die prächtigste, ja die nächste der hebräischen« sei (II Hille, S. 48; ebenso in II Neumark, S. 27, 104); damit eröffnet sich das Feld der Spekulationen über eine »lingua adamica«, welcher die deutsche Sprache angeblich sehr nahekommt, wie dies auch Justus Georg SCHOTTELIUS (1612–1676), als »der Suchende« Mitglied der Gesellschaft, gebündelt in seiner ›Ausführlichen Arbeit von der Teutschen HaubtSprache‹ (1663) zu erweisen trachtet (vgl. dazu II.118 Berns, S. 416f.). So konnte sich die Arbeit an der deutschen Sprache mit der Suche nach ›Weisheit‹ verbinden – und jedes Mitglied hatte die Pflicht, ›weise‹ zu sein.

Was es an Spekulationen und gesicherten Erkenntnissen über die Beziehungen der Mitglieder der Gesellschaft zu den ›Rosenkreuzern‹ und zur Hermetik gibt, hat Quade zusammengefaßt (vgl. III, S. 107ff., 139ff.). Der Hermetik-Forschung bleibt hier noch viel zu tun. Manche Symbole scheinen jedenfalls auf einen tieferen Sinn zu weisen, der auch die etwas biederen Selbst-Deutungen übersteigt. So begründet ein Programm-Gedicht im Wappenbuch der Gesellschaft die Wahl des Palmenbaums mit der Nützlichkeit aller seiner Bestandteile (›Alles zu Nutzen‹; 1. Emblem in II

Ludwig von Anhalt-Köthen). Der Wahlspruch entspricht insbesondere calvinistischem Denken (daher verstand sich die Sozietät auch nicht in erster Linie als ›Dich-
tungs‹-Gesellschaft, sondern verschrieb sich der ›nützlichen‹ Aufgabe der Sprach-
Arbeit). Gerade die in vielen Einzelheiten aufgeführte, schier unerschöpfliche
Fruchtbarkeit des Palmbaums (»In iedem Monat Er vor neue Früchte bringt«; ebda.) qualifizierten ihn aber auch zum Symbol in der hermetischen Tradition. In der
kabbalistischen ›Lehrtafel der Prinzessin Antonia‹ z. B. ist er Joseph, dem Lieblings-
sohn Jakobs, zugleich dem traumdeutenden, vom Pharao eingesetzten Herrscher
Ägyptens, zugeordnet, weil Jakob ihn in seinem Segen mit einem (diesem) Baum
vergleicht:»Joseph wird wachsen, er wird wachsen wie ein Baum an der Quelle, daß
die Zweige emporsteigen über die Mauer‹ (Gen. 49, 22; vgl. III Betz, S. 48): So deckt
der Palmbaum als ägyptisch-israelischer Weisheitsbaum unausgesprochen auch diesen Teil der Weisheitssuche zumindest einiger Mitglieder der ›Fruchtbringenden Gesellschaft‹ ab.

Nach dem Tode Fürst Ludwigs (1650) ging die Leitung der Gesellschaft bis zu
ihrem Ende (1680) in lutherische Hände über: bis 1662 in die von Herzog Wilhelm
IV. von Sachsen-Weimar (1598–1662) und seinem Sekretär Georg NEUMARK, ab
1667 in die von Herzog August von Sachsen-Weißenfels (1614–1680). Der erkennbare Konservatismus zeigt sich in der Verweigerung der Aufnahme von Czepko oder
Kuhlmann und im Desinteresse an einer Mitgliedschaft bei Hoffmannswaldau, Lohenstein oder Christian Weise (vgl. III Quade, S. 147f.).

3)  *Weitere Sozietäten*: 1633 gründete Esaias ROMPLER VON LÖWENHALT (um 1610 –
nach 1672) in Straßburg die kleine ›Aufrichtige Gesellschaft von der Tannen‹, der
auch der Gelegenheitsdichter Johannes Matthias SCHNEUBER (1614–1665) und der
Prosa-Satiriker Johann Michael MOSCHEROSCH (1601–1669; ›Gesichte Philanders
von Sittewald‹) angehörten. Die Gesellschaft war nur lose organisiert, Schneuber
und Moscherosch bemühten sich mit Erfolg um Aufnahme in die ›Fruchtbringende
Gesellschaft‹, welcher Rompler kritisch gegenüberstand. Die ›Tannengesellschaft‹
blieb relativ bodenständig und pflegte auch die Tradition des Meistersangs weiter
(vgl. II.104 Kühlmann/Schäfer, S. 67*ff.). Zudem gingen Gottesfurcht und mora-
lisch-politisches Kulturbewußtsein einher mit der Ablehnung des ›Prudentismus‹ und
der »machiavellistischen Künste des ›politicus‹« (ebda., S. 71*). Romplers Lyrik besteht überwiegend aus Gelegenheitsdichtung.

In den vierziger Jahren gründeten andere Mitglieder der ›Fruchtbringenden Gesellschaft‹ eigene ›Sprachgesellschaften‹, gleichsam ›Früchte‹ des ›Palmenordens‹: so
Philipp von ZESEN 1643 in Hamburg die ›Deutschgesinnete Genossenschaft‹ oder
den ›Rosen-Orden‹ (vgl. Bd. IV/2, Kap. 5 a–3), Georg Philipp HARSDÖRFFER
(1607–1658) und Johann KLAJ (1616–1656) ein Jahr später den Nürnberger Dichterbund ›Pegnesischer Blumen-Orden‹ mit der Pansflöte und später der Passions-
Blume als Symbol (vgl. Kap. 7 a–5), schließlich Johann RIST (1607–1667) 1657 den
›Elbschwanenorden‹ (vgl. Bd. IV/2, Kap. 5 f–2; vgl. dazu auch III Otto, S. 14ff.).
Auch hierbei ist auffällig, daß vor allem Zesen und der praktizierende Alchimist
Rist, wie dessen ›Unterredungen‹ zeigen, die Ziele ihrer Gesellschaften eng mit der
hermetischen Weisheitssuche zu verbinden wußten, aber auch Harsdörffer ermög-
lichte mit seiner Überblendung des christlichen Gottes mit dem heidnischen Pan (im

›pan-theistischen‹ Sinne) sowie der Pansflöte als »Sinnbild« seines betont christlichen Poetenzirkels den an vielen Stellen der Dichtungen des Bundes tatsächlich auch eingelösten Rückgriff auf hermetisches Gedankengut: »Ihr Hirten / freuet euch / der alles hålt in allen / Der große Pan erfreut euch mit dem Gnadenschutz /...« (Zit. in II Birken FPS, S. 67; vgl. dazu Kap. 7 c).

## e)   Rhetorik, Poetik und das Problem literarischer Innovation

1) *Rhetorische Norm vs. moderne Form*: Seit den 60er Jahren wurde die rhetorische Theorie – ahistorisch verstanden als ein normatives, metasprachlich strukturierendes System – als Leitdisziplin der Barock-Poetik und damit der humanistischen Poesie wiederentdeckt (vgl. III Dyck 1966; Fischer; Barner 1970; Herrmann; Grimm). Poesie galt danach als »gebundene Rede« (»oratio ligata«), die sich eben nur durch die Ligation von der Prosa als »oratio soluta« unterschied (vgl. dazu III Till 2000, S. 181). Dies war ein sachgemäßer und befreiender Schritt gegenüber der zuvor dominanten Einvernahme der Barock-Poesie von goethezeitlichen Kategorien her, aber fortan stellte sich die Frage nach den »Spielräumen« (vgl. III Barner 2000, S. 66) und Innovations- und Individualisierungsmöglichkeiten (III van Ingen 1991, S. 207) dieser Gelehrtenpoesie um so dringlicher (vgl. III Wiedemann 1973a, S. 22ff.). An dieser bis heute nicht abschließend geklärten Frage entscheidet sich mit der historische Stellenwert der Barock-Poesie im Blick auf ihre Zuordnung zur Moderne.

»Die Anschauung vom außerordentlichen Rang der Dichtkunst hat sich erst im 18. Jahrhundert herausgebildet.« (III Schmidt I, S. 1) In der Epoche des Barock, so begründet Schmidt diesen historischen Beginn, war eine solche Aufwertung der Poesie noch behindert: Der Barockpoet war Hof- und Gelegenheitsdichter oder Gelehrter: »Poesie stand weitgehend im Dienste der Gelehrsamkeit und ging im gelehrt-technischen Wissen von den Verfahrensweisen: in der Rhetorik, oder aber in der übergeordneten Wissenschaftssystematik auf.« (Ebda., S. 2) Die Forschung hat diese Auffassung bis heute immer wieder bekräftigt. Erst jüngst hat Dieter Burdorf in seiner materialreichen problemgeschichtlichen Rekonstruktion der ›Poetik der Form‹ konstatiert, der Begriff ›Form‹ trete als eigenständige ästhetische Kategorie, mittels derer über Eigenart und Exklusivität der Poesie reflektiert werde, erst in den literaturtheoretischen Beiträgen zu Beginn des 18. Jahrhunderts auf, während er zuvor »in einer Zeit enger Verknüpfung zwischen Poetik und Rhetorik, wie sie von der Spätantike bis zum frühen 18. Jahrhundert vorherrschend war, keinen Platz hatte« (III Burdorf, S. 12; daß dies so nicht stimmt, zeigt die Position Harsdörffers, vgl. I PS, S. 199ff.). Deshalb statuiert Burdorf »hier wie auf vielen anderen Gebieten der kulturellen Entwicklung« einen »*Paradigmenwechsel*«, den er »als Ablösung des Konzepts *rhetorischer Virtuosität* durch das *ästhetisch-poetologischer Reflexivität*« definiert (ebda., S. 12). Die »Denkmuster« für diesen Paradigmenwechsel stelle »der Neuplatonismus« bereit, der dann aber fortlaufend seiner metaphysischen Rückbindungen entkleidet und in Richtung auf eine Autonomieästhetik weiterentwickelt werde. Zu einem analogen Ergebnis gelangt die systemtheoretische Rekonstruktion von Ingo Stöckmann. Das Spektrum der poetologischen Reflexion ändere sich »zwi-

schen 1600 und 1750« nicht, weil sich das in den Poetiken gespeicherte Wissen –
auch wenn sich die Formen des Speicherns ändern (vgl. dazu auch III Kilcher) –
doch immer das alte Wissen bleibe (vgl. III Stöckmann 2001, S. 3, 16 u. ö.). Die
poetologische Semantik selbst durchmustere – so zitiert Stöckmann Schwanitz – in
einer »Ästhetik der Repräsentation« »das gesamte poetologische Feld, also Ent-
scheidungen über Stilhöhe, Anlässe, Gattungen und Personal, mit der stratifikato-
rischen Leitunterscheidung ›oben/unten‹« und arrangiere sie »nach Kompatibilitäts-
gesichtspunkten« (ebda., S. 16). Die Kategorie der Originalität setze sich erst zusammen mit der Ausdifferenzierung auch von Kunst und Literatur zu eigenständigen
Systemen in der zweiten Hälfte des 18. Jahrhunderts durch. Damit gehe zugleich der
alteuropäische poetologische Wissensbestand weitgehend verloren.

Dieser ›communis opinio‹ der Forschung über die auch mittels Form-Debatte erst
im 18. Jahrhundert einsetzende Hochschätzung der Poesie steht die Beobachtung
Wiedemanns über eine bemerkenswerte Form-Bewußtheit und »formale Ordnungs-
Demonstration« der Gelehrtendichtung des 17. Jahrhunderts mit hohem kompositorischen Anspruch gegenüber. Es gebe »wenige Epochen«, »die so eigenwillig und
innovationsbereit im Umgang mit Gattungen waren wie das Barock. Im Grunde
wird in der Zeit nach 1600 der gesamte Gattungsfundus neu geprägt, und zwar in
allen drei Künsten, so daß sich von daher ein wichtiges Indiz der Epochenschwelle
zur Renaissance ergibt.« (III Wiedemann 1993, S. 245) Paradoxerweise scheint nun
aber der sich in der poetischen Praxis äußernde hohe Selbstanspruch – folgt man der
Forschung – keinen Widerhall in der Poetik zu finden.

2) *Opitz' Poetik als Teil der Rhetorik*: Gleich die erste, prominenteste und wir-
kungsmächtigste deutschsprachige Poetik des Barock, nämlich Opitz' ›Buch von der
Deutschen Poeterey‹ (1624) begründet nach allgemeiner Überzeugung auf sehr un-
originelle Weise die Abhängigkeit der Poesie von der Rhetorik, und die Dichtkunst
»erscheint nicht als Gabe, sondern als erworbenes Wissen« (III Niefanger, S. 67)
Opitz' Poetik tritt auf als Anweisungspoetik im Dienst der Rhetorik (so auch bei
II.89 Drux; III Grimm, S. 145ff.; Dyck 1966, S. 67f.). Und natürlich steht die Beredsamkeit schon bei der äußerlichen Gliederung des Werkes Pate. Allen Sonderent-
wicklungen (vgl. III Braungart), Weiterentwicklungen hin zu logisch-argumentativer
Strukturierung (vgl. III Beetz) und Transformationsprozessen (vgl. III Till 2004)
zum Trotz ist die Rhetorik im 17. Jahrhundert als Schuldisziplin und damit doch
immer auch als System präsent, das sich schon in der Antike – vor allem bei Cicero –
in allen Teildisziplinen eine überschaubare allgemeine Ordnung gegeben hat (zum
neuesten Forschungsstand vgl. den Sonderband ›Rhetorik‹ des ›Historischen Wörterbuchs des Rhetorik‹; III Ueding 2005). So soll die Anfertigung einer Rede eine
feste Abfolge von Schritten haben, nämlich »inventio« (= Finden von Thesen und
Argumenten), »dispositio« (wirkungsvolle Gliederung), »elocutio« (stilistisch angemessene sprachliche Umsetzung), »memoria« (Ein-Übung der Rede) und »ac-
tio/pronunciatio« (Vortrag vor dem Publikum), an denen sich – wie Niefanger mit
Recht festhält (III, S. 84) – auch die Kapiteleinteilung in Opitz' Poetik orientiert
(Kapitel V »inventio« und dispositio« [›Von der zuegehőr der Deutschen Poesie / vnd
erstlich von der invention oder erfindung / vnd Disposition oder abtheilung der
dinge von denen wir schreiben wollen‹; II BDP, S. 26], Kapitel VI »elocutio« [›Von

der zuebereitung vnd zier der worte‹; ebda., S. 35] mit einem gesonderten Kapitel VII
zu Metrik und Versreform [›Von den reimen / jhren wörtern vnd arten der getichte‹];
ebda., S. 46). So vermittelt Opitz also angesichts der Abhängigkeit auch seiner Poetik von der Rhetorik »Regeln für die Poesie« (III Niefanger, S. 84; vgl. dazu
Kap. 4 c).

3) *Suche nach Freiheiten im System*: Der systematische Ort für eine Reflexion der
literarischen Form als ›conditio sine qua non‹ eines hohen und originellen Selbst-
wertes der Poesie wäre in den der Rhetorik verpflichteten Poetiken eigentlich der
Bereich der »dispositio«, denn dabei geht es, wie August Buchner (1591–1661) formuliert, um das »Einrichten« und »Ordnen« der »erfundenen« »Sachen« zum wir-
kungsvollen Ganzen einer dichterischen Rede (II Buchner, zit. in III Wiedemann
1993, S. 239). Indessen hat Wiedemann festgestellt, daß gerade dieses Kapitel in den
Barock-Poetiken im Unterschied zu den »inventio«- und »elocutio«-Abschnitten geradezu »zu stagnieren, ja zu verkümmern und sich in den beiden anderen Arbeits-
schritten zu verflüchtigen« scheint (ebda., S. 242). »Ebenso vergeblich wird man in
den Poetiken etwas über die Dialektik von Handlung und Reyhen oder den dispositionellen Stellenwert der Zeilenrede im Drama suchen oder über Wechselprinzip
und Proportionalität von narratio und argumentatio, Ethos und Pathos in den unterschiedlichen Gattungen.« (Ebda., S. 244) Opitz ist da keine Ausnahme. Er faßt
»inventio« und »dispositio« zusammen, weil letztere »stracks« an ersterer hänge (II
Opitz BDP, S. 26), und damit meint er nicht etwa im modernen Sinne, daß sich mit
und im Erfindungsprozeß bereits das Werk selbst in seiner »inneren Form« entwick-
le, sondern daß der Dichter sich mit Beginn seiner Erfindung immer schon für die
jeweilige literarische Gattung entschieden haben müsse. Folgerichtig enthält dies
Kapitel seiner Poetik auch nur eine Gattungsliste vom »Heroisch getichte« bis hin zu
verschiedenen lyrischen Teilgattungen (ebda., S. 26–34), die sich insgesamt mit einer
»vagen Übersicht der Stoffelemente« begnügt (III Wiedemann 1993, S. 243).
    In den Poetiken findet Wiedemann Ermutigungen zu freien Gestaltungen para-
doxerweise nur in dem Bereich, der nach traditioneller Ansicht durch die Barock-
poetik am stärksten reglementiert wird, nämlich in den Metrik-Kapiteln. Dort ge-
stehen einige Theoretiker wie Buchner und Zesen den Dichtern Freiheiten in der
Variation eines Kanons quantifizierter Formen – insbesondere bei der »Zusammen-
ordnung der Verse« und Strophen – zu (ebda., S. 247; vgl. dazu Kap. 2 b). Deshalb
greift Wiedemann zu einem kühnen Umweg über die anderen Künste – insbesondere
die »Schloß-, Garten- und Kirchenarchitektur« sowie die Musik –, um darin das
Analogon des »mathematischen« und »geometrisierenden« Geistes am Werke zu
sehen. So stoßen für ihn in diesen Künsten Ansätze zu subjektiver, individueller
geometrisierender Kompetenz und Einbildungskraft im Plan des Künstlers mit der
disziplinierenden objektiven Lage und dem Zweck der Objekte zusammen. Daraus
resultiert die »Lust, der organischen inneren Form einer durchaus noch mimetisch
definierten Kunst eine symmetrische und quantifizierende äußere Form überzuord-
nen« (ebda., S. 249f.). – Die Regeln für die Anfertigung der äußeren Form ermöglichen nun – so Burdorf – »Virtuosität«, »also eine Geschicklichkeit in der Anwendung der Regeln auf immer neue Fälle, nicht jedoch Kreativität, also die Schöpfung
bisher ungeahnter sprachlicher Ausdrucksformen.« (III Burdorf, S. 30) Deshalb

komme dies System auch ohne den Begriff der ›Form‹ aus, dessen Erörterung als
Reflexion auf die Poetizität und Ästhetizität der literarischen Werke im Blick auf ein
solches Anwendungssystem geradezu kontraproduktiv wäre (ebda., S. 49ff.).

Eine Folge der weithin fehlenden Möglichkeiten, den Innovationen oder auch
ästhetischen Glanzleistungen der Poesie mit dem rhetorisch-poetologischen Begriffs-
instrumentarium gerecht zu werden, zeigt sich immer wieder an den Texten der
›Großen‹ der Epoche. Am Beispiel von Gryphius' bedeutendem und viel interpretier-
tem Sonett ›Thränen des Vaterlandes / Anno 1636‹ (II G, S. 7) wurde dies kürzlich
wieder ›schulmeisterlich‹ demonstriert. Während Verweyen versuchte, die strukturelle Folge des Gedichts von der topischen Befragung der Argumente her zu erschließen und dabei einen mehrfachen Wechsel von ›locus ex effectis‹ und ›locus a
causis‹ diagnostizierte (II.44 Verweyen 1997), griff von Zimmermann statt des *inventorischen* Rasters auf die *Chrie* – eine vorrhetorische Übung zur argumentativen
Entfaltung einer vorgegebenen, häufig an den Anfang eines Textes gestellten ›Thesis‹
(vgl. u. a. II Uhse, S. 181ff.) – als *dispositionelle* Aufbaustruktur zurück. Doch auch
damit erfaßt er nur eine Grundstruktur (»protasis – paraphrasis sive explicatio –
amplificatio – epilogus«; II.44 von Zimmermann, S. 241) und räumt ein: »Die Artifizialität des Gryph'schen Sonetts zeigt sich in der Überlagerung verschiedener
Strukturebenen, im virtuosen Gebrauch der rhetorischen Mittel« (ebda.), hier u. a.
durch Orientierung an der »threnetischen Klage«. Und versteckt in einer Anmerkung artikuliert von Zimmermann das Dilemma solcher Interpretationen, die an
komplexen poetischen Texten von Rhetorik und Poetik her immer nur das »Schul-
Mäßige«, aber kaum das Ingeniöse aufzeigen können:

> »Daß Literarizität in der Frühen Neuzeit als rhetorische Perfektion zu verstehen ist,
> erscheint mir ebenso wesentlich für die frühneuzeitliche Dichtung wie die Erkenntnis, daß
> die bereits durch die rhetorische variatio-Forderung bzw. das Ziel der aemulatio legiti-
> mierte Virtuosität bedeutende Freiheiten für eine weit über das Schulmäßige hinausge-
> hende Textgestaltung läßt.« (Ebda.)

Doch solchen Freiheiten auf Seiten des Autors, der im Fall von Gryphius auch
nicht-rhetorische – z. B. emblematische, bibel-allegoretische – Gliederungsmöglichkeiten nutzt (vgl. Kap. 6 d-h), korrespondieren Freiheiten auf Seiten des Interpreten,
der die Komplexität eines ›Barock-Gedichts‹ auch aus außerrhetorischer Perspektive
und von solchen Kontexten her zu analysieren hat, deren Wissen auf manchmal nur
verdeckte Weise in die poetischen Texte der Zeit eingeschrieben ist.

4) *Synkretistische Poetik*: Man wird dem Zirkelschluß, innerhalb des Systems von
Rhetorik und Poetik nach systemsprengenden Indizien oder Merkmalen zu suchen,
erst dann entgehen, wenn man im Anschluß an die anglistische und romanistische
Forschung »den geradezu ›synkretistischen‹ Charakter der frühneuzeitlichen Poetiken« erkennt, der durch »die Integration verschiedener heterogener antiker Theo-
rieströmungen« geprägt ist (vgl. III Till 2000, S. 182). Dabei standen sich auch in
den deutschen Poetiken die Auffassung vom Dichter als ›Techniker‹, also als »poeta
faber«, und als »Dichter-Priester« (»poeta vates«) spannungsvoll gegenüber (vgl.
Bd. I, S. 46ff., 61ff.; III Till 2000, S. 182, 190ff.), und dies auch bei Opitz selbst, wie
sich noch zeigen wird (vgl. Kap. 4 c, d; vgl. III Till 2000, S. 199f.). Diese tendenziell
systemsprengende, jedenfalls nicht leicht harmonisierbare Gegenüberstellung von

göttlich inspiriertem »poeta« und sein Handwerk ausübendem »versifikator« entwickelte sich in der Renaissance, und während sich die letztere, am ›poeta rhetor‹
orientierte Gruppe auf Horaz' ›Ars poetica‹ sowie auf Cicero, Quintilian und Seneca
berief, orientierten sich die Verfechter der Inspiration an der platonischen Tradition,
allen voran wieder Marsilio Ficino in seinen Übersetzungen von Platons ›Ion‹ und
›Phaidros‹, und aus Ficinos Übersetzung des ›Ion‹ stammt auch der Terminus tech-
nicus ›furor poeticus‹ (vgl. ebda., S. 195).

5) *Zum innovativen Potential der ›rhetorica sacra‹*: Doch nicht nur von einem prinzipiell unberechenbaren platonischen Dichterverständnis her wurde das rhetorisch
dominierte poetologische Regelsystem in Frage gestellt, sondern auch von einer sich
zunächst im italienischen ›quinquecento‹ herausbildenden »rhetorica sacra«, welche
die Bibel (»Jerusalem«) zur poetischen Norm erhob und von ihr her das rhetorische
System des heidnischen ›Athen‹ vielfach außer Kraft setzte bzw. überbot. Das betraf
z. B. die Infragestellung der klassischen Dreistil-Theorie. Ficino, der auch einen Teil
des Werks von Pseudo-Dionysius Areopagita ins Lateinische übersetzte, erklärte im
Rückgriff auf die apophatische Theologie, die Größe Gottes sei prinzipiell, also auch
im ›hohen Stil‹, gar nicht darstellbar; von daher fänden sich in der Bibel auch bewußt unangemessene Bilder, damit die Seele sich selbst zu den göttlichen Wahrheiten
aufschwingen solle (vgl. IV Föcking, S. 49ff.). Von daher ließen sich auch Stilfiguren,
die gegen die Vorschriften der antiken Rhetorik verstießen, rechtfertigen, und sie
wurden als Abbildungen widersprüchlicher Strukturen der Welt oder eines uner-
kennbaren Gottes gedeutet; sie erschienen nicht als »Schmuck«, als Figuren der
»elocutio«, sondern galten selbst als Oxymora und Paradoxa noch als vom ›decorum‹ unabhängige Darstellungen eines komplexen Zusammenhangs von Gott und
Welt, der nicht mehr einfach nach dem Prinzip der Analogie und der Äquation von
›res‹ und ›verba‹ darstellbar war (ebda., S. 50f.). Von daher konnten solche Stilfiguren nun in jeden Stil eindringen und damit die Drei-Stil-Theorie aushöhlen. Eine
weitere Annäherung von ›hohem‹ und ›mittlerem‹ Stil ereignete sich durch das Eindringen der Vorstellung von Gottes Liebe, die im Opfer Christi angeschaut und
meditativ mitempfunden wurde; von daher sprachen die Theoretiker dem Stil des
geistlichen Dichters sowohl ›gravitas‹ und ›maiestas‹ als auch ›suavitas‹ zu, und das
›dolce‹ entsprach auch in der Affektlage dem mittleren Stil (vgl. ebda., S. 200ff.).
Von ihm und der spirituellen Liebesvorstellung her ließen sich die Bildwelt und
Liebessprache des Hohenliedes mit der Tradiiton der Bukolik verbinden – ein Verfahren, das Opitz in seiner poetischen Hohelied-Übersetzung in die deutsche Dichtung überführt (vgl. Bd. IV/2, Kap. 2 b).
Tatsächlich entwickelte sich die geistliche Dichtung – auch der deutschen Barock-
Humanisten – hin zu einem einheitlichen »mittleren Stil«, der auch nach dem Vorbild der Bibel scheinbar einfache Bilder verwendete und damit zugleich die rhetorische ›ornatus‹-Theorie unterlief. Von solchen Lizenzen der ›rhetorica sacra‹ her war
die geistliche Dichtung nicht nur dazu gerüstet, den weltlichen Gattungen Paroli zu
bieten, sondern diese auch auf vielfältige Weise spielerisch zu integrieren. Gerade
weil geistliche und weltliche Dichtungen unterschiedlich organisiert waren, kam es
bei den Austauschprozessen zu Innovationen, die sich auch in der deutschsprachigen
Poesie als Gattungshybridisierungen beschreiben lassen (vgl. Bd. IV/2).

f)    Hermetik: Humanistisches Lust-Revier – Irrgarten der Forschung

1)   *Hermetik als frühneuzeitlicher Proteus*: Im 15. Jahrhundert wurde das sog. ›Corpus hermeticum‹ (vgl. I CHD), eine Sammlung von 17 griechischen Traktaten, wiederentdeckt, deren Originalschriften heute ins dritte nachchristliche Jahrhundert datiert werden und die »von byzantinischen Gelehrten im zehnten Jahrhundert zusammengestellt wurden.« (III von Stuckrad 2004, S. 37) Als Verfasser galt der sagenhafte griechische Gott Hermes Trismegistos (= Hermes der dreimal Größte, und zwar in den okkulten ›Künsten‹ der Astrologie, Magie und Alchimie), der mit dem ägyptischen Gott Thot (oder Theut) gleichgesetzt wurde (vgl. Bd. III, S. 71ff., 74ff.). Mit dem ›Corpus hermeticum‹ glaubten die Renaissance-Gelehrten eine *Wahrheit* und *Weisheit* wiederentdeckt zu haben, die älter war als die Offenbarung, die Moses in der Genesis zuteil geworden war und die daher der göttlichen Urweisheit sehr viel näher kam als die biblische Offenbarung (vgl. dazu Bd. II, S. 74ff.). Von daher erklärt sich die Faszination dieser Textsammlung, die von Marsilio FICINO (1433–1499) ins Lateinische übersetzt wurde und von da aus eine außerordentliche Verbreitung unter den Gelehrten Europas erlebte, so daß sie das frühneuzeitliche Denken, ja das kulturelle Verhalten der Intelligenz nachhaltig bestimmte. Als vorchristliche Weltanschauung und als bis auf die Religiosität Adams und Evas vor dem Sündenfall zurückreichende Form einer ältesten, zugleich natürlichen göttlichen Offenbarung erhielt die hermetische Tradition die Bezeichnung ›prisca theologia‹ (= »frühe/alte Theologie«; vgl. IV Kemper I, S. 51ff.), als älteste Form der Philosophie die Bezeichnung ›philosophia perennis‹ (= »ewige Philosophie«; vgl. III Schmidt-Biggemann).

Diese Weltanschauung, die selbst schon synkretistisch war und pythagoreische, orphische, stoische, jüdische, vor allem platonische, neuplatonische und gnostische Elemente in sich aufgenommen hatte, drang – unter dem Anspruch weltanschaulicher Synthetisierung – schon durch Ficino selbst in das *Christentum*, aber auch in die jüdische und christliche *Kabbala* (vgl. Bd. III, S. 71ff.), ferner in verschiedene neu entstehende Naturwissenschaften – vor allem in die *Naturphilosophie* und *hermetische Medizin* des Theophrastus Bombastus von Hohenheim, gen. PARACELSUS (1493–1541; vgl. Bd. III, S. 120ff., 194ff. u. ö.), in die *Theo-* und *Pansophie* von Jacob BÖHME (1575–1624; vgl. Bd. III, S. 136ff.) sowie in das christliche *Rosenkreuzertum* ein (vgl. ebda., S. 127ff.), und das Corpus war, obgleich die Trias von Astrologie, Alchimie und Magie in diesen Texten eine eher untergeordnete Rolle spielt, zugleich Ferment bei der Ausbildung des Systems der *Magie* durch Heinrich Cornelius AGRIPPA VON NETTESHEIM (1486–1535; ›De occulta Philosophia‹, 1531; vgl. dazu Bd. II, S. 66ff.; III, S. 79ff.) sowie bei der Weiterentwicklung der *Alchimie* und bei der Plausibilisierung der *Astrologie* im 16. und 17. Jahrhundert. Die beiden letzteren Arkandisziplinen erfreuten sich großer Beliebtheit auch bei den Herrschenden, die sich Horoskope stellen ließen und nicht selten Alchimisten an ihren Höfen beschäftigten, denn in ihrem handwerklichen Teil versuchte die Alchimie als Vor-Stadium der Chemie in komplizierten Brenn-Verfahren, unedlere Metalle in vollkommenere Stoffe und Substanzen zu verwandeln, bis hin zur höchsten Stufe, dem Gold. Von Kaiser Rudolf II. (1552–1612) und Herzog Wilhelm V. von Bayern (1548–1626) über den lutherischen Herzog Friedrich I. von Württemberg (1557–1608), ferner den reformierten Landgrafen Moritz von Hessen-Kassel (1572–1632), der in Marburg den ersten Lehrstuhl für Chemiatrie einrichtete, bis hin zu kleineren Höfen und Regenten – so etwa zum offiziell lutherischen, heimlich aber calvinistischen Grafen Wolfgang II. von Hohenlohe (1546–1610), der selbst ein gelehrter Alchimist war und dessen Laboratorium auf Schloß Weikersheim seit kurzem als restaurierte Dauerausstellung zu besichtigen ist, reichten die Liebhaber der okkulten Künste quer durch die Landstriche und *Konfessionen*.

Das ›Corpus hermeticum‹ und die von ihm ausgehenden ›artes‹ und Weltanschauungen werden in der vorliegenden Lyrik-Geschichte unter dem Begriff der *Hermetik* subsumiert. Die – von der Forschung lange ignorierte oder marginalisierte – enorme Ausstrahlung dieser Tradition auch auf die deutsche Ideen- und Literaturgeschichte (vgl. dazu die Forschungsberichte in III Neugebauer-Wölk 1999, 2003; Trepp 2001a; von Stuckrad 2004, S. 10ff.) ist in allen Bänden der vorliegenden Lyrikgeschichte aufgewiesen worden, in der Barock-Mystik ebenso wie in den Gruppierungen des (radikalen) Pietismus, in der Frühaufklärung – besonders bei Brockes – wie in Positionen der Empfindsamkeit sowie bei nahezu allen wichtigen Autoren des Sturm und Drang. Ebenso begegnet die Hermetik in verschiedenen Spielarten nun auch in der Lyrik des Barock-Humanismus, vor allem bei seinem bedeutendsten Dreigestirn Opitz, Gryphius und – hier erstmals genauer aufgezeigt – bei Lohenstein, aber auch bei den Pegnitz-Schäfern (Kap. 7), bei Fleming, Zesen, Rist und dem »großen Pan« Hoffmannswaldau (in Bd. IV/2).

2) *Definitionsprobleme*: Es ist allerdings nicht leicht, die Hermetik zu definieren (vgl. dazu auch III Kühlmann 1999; Trepp 2001a). Erstens ist sie selbst – wie angedeutet – ein Konstrukt aus heterogenen Strömungen. Zweitens galt sie in zentralen Aspekten ihrer ›Weisheit‹ als von den Konfessionen gefürchtete Konkurrenz und wurde daher entweder als Häresie unterdrückt oder konnte sich häufig nur in verdeckter Form und in einer an christliches Gedankengut angepaßten Gestalt artikulieren, wie sich noch am besonders prominenten Beispiel Johann Arndts zeigen wird (vgl. Kap. 6 e, f). Drittens scheint sie eben wegen ihrer synchronen Einwanderung in verschiedene religiöse Weltanschauungen und Naturphilosophien sowie wegen ihrer diachronen Veränderungen durch die modifizierten Anverwandlungen nachfolgender Strömungen und Epochen kein identisches und deshalb identifizierbares gedankliches Profil aufzuweisen. Ein solches wäre aber wichtig, um die Geister scheiden zu können.

Diese relativ ungesicherte Forschungslage versucht neuerdings eine Amsterdamer Forschergruppe produktiv aufzugreifen und zu einer ungeahnten Aufwertung der Hermetik bzw. Esoterik zu nutzen. Schon mit der Wahl des Begriffs Esoterik ist intendiert, das Phänomen aus dem ›einseitigen‹ Bezug zum ›Corpus hermeticum‹ und seinen europäischen ›Ableitungen‹ zu lösen. Esoterik wird aus religionswissenschaftlicher Perspektive als ein Phänomen aufgefaßt, das in allen großen Weltreligionen beheimatet ist (III von Stuckrad 2004, S. 8) und eben auch ganz selbstverständlich in nahezu allen Phasen der unübersichtlichen Geschichte des Christentums. Dabei werden, um die Einseitigkeit der kirchengeschichtlichen ›Sieger‹-Geschichte zu verlassen, kurzerhand »alle Quellen und Gruppen, die sich direkt auf Jesus oder auf ›Christus‹ beziehen, als christliche Zeugnisse« bewertet, »unabhängig davon, ob sie nun das

›wahre Christentum‹ repräsentieren oder nicht.« (III von Stuckrad 2003, S. 140).
Zugleich wird die bis heute der christlichen Suprematie und einer europäischen Identität (zur Abgrenzung gegenüber dem »islamischen Orient«) dienende These vom
dem einheitlichen »christlichen Abendland« radikal als »Fehlurteil« entlarvt, das die
Sicht auf Europa als eine »religiöse und plurale Region« verhindert habe (ebda.,
S. 160). Der Plausibilität dieser These dient der Nachweis einer allen Verboten zum
Trotz geradezu ubiquitär anwesenden Esoterik. Und diese wird durch Abwertung
anderer wissenschaftsgeschichtlicher Paradigmata weiter aufgewertet: Der »Einfluß
der so genannten wissenschaftlichen Revolution des 17. Jahrhunderts«, der zu einer
»Krise der Astrologie« geführt habe, werde ebenso »deutlich überschätzt« (ebda.,
S. 207) wie die der Aufklärung verpflichteten Konstrukte von »Rationalität«,
»Wahrheit«, »Objektivität« und »Wissenschaft«, »die für die Zeit vor etwa 1850 gar
nicht sinnvoll anzuwenden sind« (ebda., S. 243). Von daher wundert es nicht, daß
nun das esoterische ›Diskursfeld‹ selbst ins Zentrum neuzeitlicher Selbstbestimmung
des Menschen rückt: »Magia naturalis, Neuplatonismus, Hermetismus, Medizin und
Esoterik waren Diskurse, in denen sich die neuzeitliche Stellung des Menschen zur
Welt entschied.« (Ebda., S. 226; vgl. III von Stuckrad 2004, S. 14f.) Wenn von Stuckrad sodann die »Rede vom revolutionären Durchbruch zur Moderne« als »eine
mythische Stilisierung der eigenen Ursprünge« attackiert, »welche die Vielschichtigkeit und Widersprüchlichkeit der Prozesse ebenso nivelliert wie die Kontinuitäten
und Vorläufer in der mittelalterlichen und frühneuzeitlichen Wissenschaft« (III 2003,
S. 252), dann wird er, fürchte ich, diesen Vorwurf selbst gewärtigen müssen. Denn
auch er leistet nun aus einer ›antiideologischen Ideologie‹ einem ›Mythos‹ von Esoterik als dem ›Anderen‹ der Religionen Vorschub, auch er nivelliert das historische
Terrain und vernachlässigt die Grenzziehungen, welche die frühneuzeitlichen Gegner
der ›Esoterik‹ – und nicht erst deren spätere Geschichtsschreiber – selbst schon
gezogen haben. Für seine Behauptung, es sei »für christliche Identitäten der Frühen
Neuzeit keineswegs problematisch« gewesen, »pantheistische Gedanken aufzugreifen
oder esoterische Disziplinen wie die Astrologie und die Alchimie zu betreiben«, wird
lediglich durch Verweis auf den unter Amtskollegen umstrittenen Wedeler Pfarrer
Johann RIST (1607–1667) gestützt (III von Stuckrad 2004, S. 18; vgl. zu Rist
Bd. IV/2, Kap. 5 f).
    In der Krisen-Zeit – also in der ersten Jahrhunderthälfte – sieht die Sachlage
anders aus, wie etwa das Schicksal der Spiritualisten und Mystiker, Böhmes und
seiner Anhänger, der heimlichen ›Rosenkreuzer‹ und der spektakuläre Streit um den
Pfarrer und Alchimisten Johann Arndt bezeugen können. Die starke Stellung der
lutherischen Orthodoxie hat auch noch im 18. Jahrhundert Bekenntnisse zum Pantheismus verhindert – bei Lessing ebenso wie beim jungen Goethe (vgl. Bd. VI/2,
S. 50f., 396f.). Und Brockes und sein Werk sind ein Lehrstück für die Mühen und
Kämpfe, unter der Tarnkappe der Physikotheologie und des Eklektizismus panthe-
istisch-alchimistisches Gedankengut zu verbreiten. Sein Zeitgenosse Johann Christian Edelmann, den Stockinger soeben als Hermetiker neu plausibilisiert hat (vgl.
II.25 Stockinger), war zeitlebens vor der Orthodoxie auf der Flucht. Und auf der
anderen Seite der neuzeitlichen Wissenschaftsparadigmata mußte Christian Wolff
(1679–1754), das ›Haupt‹ der deutschen Frühaufklärung, vor den Denunziationen
der – ihrerseits von der Orthodoxie bekämpften – Pietisten in Halle schmählich die

Flucht ergreifen (vgl. Bd. V/1, S. 103ff.; III Kemper 2005, S. 17ff.). Das sind nur wenige Beispiele aus einer Vielzahl historischer Fälle, die auch in dieser Lyrikgeschichte verhandelt werden. Ohne Berücksichtigung der von den Konfessionen dogmatisch fixierten und überwachten Grenzen ihrer Weltanschauung gelangt die Leistung derer, die sich für die Hermetik interessieren oder sich sogar öffentlich zu ihr bekennen, nicht angemessen in den Blick. Und angesichts der gravierenden Unterschiede in den Konfessionen und Territorien läßt sich die Esoterik schwerlich als ›grenzenloses‹ europäisches ›Diskursfeld‹ behandeln.

Wie aber wäre dann die Hermetik als konfessionsüberschreitende Naturphilosophie, ›Kunst‹ und Religion zu definieren? Eine Weile hat sich die Forschung am Kriterienkatalog von Antoine Faivre orientiert. Dieser definierte die Hermetik oder – wie auch er sie nennt – die *Esoterik* als *Denkform*, die durch das *Denken in Entsprechungen*, die Auffassung der *lebenden Natur*, durch *Imagination* und *Mediationen* (im Sinne spiritueller Vermittlungen) sowie durch die – in Analogie zum Reinigungsprozeß in der Alchimie benannte – Erfahrung der *Transmutation* oder *Wiedergeburt* charakterisiert sei (vgl. III Faivre, S. 22ff.; von Stuckradt 2004, S. 12ff.). Als weitere Kriterien benannte Faivre noch die »Praxis der Konkordanz« als ein besonders in der Renaissance geübtes Verfahren, »gemeinsame Nenner zwischen zwei, drei, sogar allen verschiedenen Traditionen aufzeigen zu wollen in der Hoffnung, dabei auf eine Gnosis oder Erkenntnisquelle von höherer Qualität zu stoßen« (ebda., S. 29f.), sowie das Verfahren der *Transmission oder Initiation durch Meister* (ebda., S. 30f.; z. T. andere Signifikatoren schlagen III Liedtke, S. 21ff., und III Neugebauer-Wölk 2002 vor; vgl. dazu Kap. 6 e, f). Von Stuckrad wirft diesem »Faivre-Paradigma« einen »Zirkelschluß« vor, weil es sich nur auf die frühneuzeitliche Hermetik zwischen Renaissance und protestantischer Theosophie beziehe und damit Erscheinungen der Esoterik von der Antike bis zur Moderne und von der »muslimischen Esoterik« bis zum Buddhismus ausklammere (III 2004, S. 14). Als Profilierung der frühneuzeitlichen Hermetik scheint mir diese Begrenzung aber eher ein Vorteil zu sein. Das Problem dieser Taxonomie besteht eher darin, daß die Kriterien bei aller Richtigkeit und Praktikabilität im einzelnen nicht wirklich trennscharf im Blick auf die offiziellen Varianten der christlichen Konfessionen und Weltanschauungen sind.

Das wird schon daran deutlich, daß Foucault in der ›Ordnung der Dinge‹ das »Denken in Entsprechungen« – aufgefächert in »vier Ähnlichkeiten« (*Konvenienz* [als Ähnlichkeit der Eigenschaften benachbarter Dinge], *aemulatio* [als »Zwillingshaftigkeit der Dinge« in der als ›Mikro‹- und ›Makrokosmos‹ vorgestellten und aufeinander bezogenen Seinsordnung mit Bezug auf Paracelsus], *Analogie* [die scheinbar universale Herstellung von Ähnlichkeiten durch den sich als Magier fühlenden Menschen] und *Sympathie* [als wiederum magische Kraft zur Assimilation und entindividualisierenden Transformation der Dinge] – als *allgemeine* Grundform jenes Denkens in der Form der Repräsentation charakterisiert, das dann angeblich mit Beginn der Aufklärung überholt wird (vgl. III Foucault 1974, S. 46ff.). Foucault beschreibt und verabsolutiert damit sowohl das damals im Katholizismus vor dem Tridentinum beheimatete als auch das – dadurch in einer Art ›christlicher Hermetik‹ adaptierbare – *hermetische* Denken, übergeht aber alle jene Tendenzen, die durchaus auch im Interesse der Diskurskontrolle und Abwehr solchen Denkens von allen Konfessionen ergriffen wurden. Das Bild von Gott, der handelt, wo und wann es *ihm* gefällt

(»ubi et quando visum est Deo«) sowie die Tiefe des Sündenfalls mit dem Verlust der Gottebenbildlichkeit, der ontologischen Schwächung der Natur sowie der Inkriminierung der neuzeitlichen ›curiositas‹ als Hauptsünde des vom Teufel inspirierten ›eritis sicut Deus‹ entzogen dem neugierig-erfinderischen Analogien-Denken weithin die theologischen Grundlagen! Hinzu kamen die Verbote im Umgang mit den ›hermetischen Künsten‹ in allen Konfessionen und die von ihnen intensivierte massive Verteufelung der divinatorischen Praktiken.

3) *Hermetik als Alternative zur christlichen Religion*: Offenkundig war also bei Anhängern wie Gegnern der Hermetik das Bewußtsein dafür wach, daß es sich hier um eine ernstzunehmende Alternative zur christlichen Religion handelte. Deshalb scheint es mir – wie in dieser Lyrikgeschichte schon mehrfach (zuletzt in Bd. VI/2, S. 51 ff.) geschehen – vielversprechender zu sein, anstelle einer Taxonomie von Begriffen den inneren gedanklichen Zusammenhang der hermetischen Leitbegriffe zu verdeutlichen. Ursprünglich heidnisch, kam das ›Corpus hermeticum‹ ohne ›Mittler‹ und damit ohne das umstrittene Zentrum des christlichen Glaubens sowie ohne den Trinitätsbegriff aus. Gott, so lehrt Hermes in seinen dialogisch konzipierten ›Offenbarungen‹ an die Söhne Asklepios und Tat, ist reiner Geist, anfangs- und formlos sowie ewig. Zugleich ist Gott »der Anfang alles Seienden, er ist Geist, Natur und Materie, weil er die Weisheit ist, alles ans Licht zu bringen. Das Göttliche ist Anfang, Natur, Wirkkraft, Notwendigkeit (ananke), Ende und Erneuerung.« (I CHD, S. 39) Da auch die Natur im Göttlichen ihren ›Ort‹ hat, ergab sich eine alternative Kosmogonie und Naturauffassung. Statt der »creatio ex nihilo« lehrte die Hermetik die *Emanation* der Welt aus dem Göttlichen (ebda., S. 255). Statt der strengen Distanz zwischen freiem Gott und abhängiger Schöpfung explizierte das ›Corpus hermeticum‹ eine pan(en)theistische Gott-Natur-Auffassung, die sich im ›Corpus‹ selbst bereits mit der später berühmt gewordenen Formel *hen kai pan* ankündigte (vgl. Bd. VI/2, S. 52f.). Gott hat den Kosmos als »zweiten Sohn erzeugt« (und dieser den Menschen als Gottes »Enkelsohn«; ebda., S. 107). Deshalb ist der Kosmos Gottes *lebendiges* »Abbild« und der Mensch wiederum »Abbild« des Kosmos. Hieraus entwickelte sich die *Mikrokosmos-Makrokosmos-Vorstellung* und das *Analogien*-Denken. Gott wird als ständig tätig und wirkend gedacht (ebda., S. 131, 157). Er ist in seiner Schöpfung sichtbar und unsichtbar anwesend, das »Sichtbare« ist seine »Physiognomie«, die auf sein unsichtbares Inneres verweist (ebda., S. 69). Der ganze Kosmos ist deshalb beseelt bzw. lebendig. Da Gott alles (er)zeugt, wird er auch als *zweigeschlechtlich* gedacht (ebda., S. 61, 280). Dem entspricht ein Widerspiel von Zentrifugal- und -petalkräften, wie es an den Gestirnen zu beobachten ist (ebda., S. 30f.). Zugleich teilt Gott allen Lebewesen dieses Geheimnis der ewigen Fortpflanzung mit, dem zugleich »größte Zuneigung, Freude, Heiterkeit und göttliche Liebe innewohnen« (ebda., S. 281f.).

Von daher ist das hermetische Weltbild nachgerade *panerotisch grundiert*, allerdings weist der hermetische *Sympathie-Begriff neuplatonische Züge* auf. Gott selbst ist nämlich vollkommen gut und schön, also Inbegriff der *Kalokagathie* (ebda., S. 69), und der Mensch ist »den Göttern« »durch wesensverwandte Göttlichkeit verbunden«; eben deshalb »verachtet er« »den Teil seiner Natur, in dem er erdenhaft ist« (ebda., S. 260). Statt Erbsündenlehre und Verlust der Gottebenbildlichkeit lehrt die Hermetik die *Inkarnation* der am Göttlichen partizipierenden Seele in den Leib, wobei die Seele ihren göttlichen Anteil nicht verliert und sich durch *Betrachtung* (teils als Meditation oder Imagination, teils auch durch konkrete Beobachtung und Erforschung der als *lebendig* gedachten Natur und ihrer Stufen) schon im Diesseits dem Göttlichen annähern und nach der (neuplatonisch gedachten) Trennung vom Leib – da der Kosmos lebendig ist, gibt es *keinen Tod* (vgl. ebda., S. 154f.) – ins Göttliche zurückkehren werde. Nach der Trennung vom Leib zieht »der Geist sich sofort sein eigenes Gewand an, das feurige, mit dem er sich nicht im irdischen Körper niederlassen konnte« (ebda., S. 109). Christliche Vorstellungen von Tod, Fegefeuer und Jüngstem Gericht waren der Hermetik also fremd. Damit lag eine von der Schöpfung bis zur Erlösung eigenständige religiöse Weltanschauung vor, welche die Soteriologie ganz der Eigenaktivität des Einzelnen im meditativen oder denkenden Vollzug der inneren Transformation und im Aufstieg durch das ›Buch der Natur‹ überantwortete. Da das Göttliche aus dem Licht emanierte und die Welt lebendig war, war die Hermetik disponiert für die Zentralstellung der Sonne (»Denn sie ruht in der Mitte und trägt den Kosmos wie einen Kranz, und wie ein guter Wagenlenker bringt sie den Wagen des Kosmos sicher durch alle Gefahren und hat ihn an sich gebunden, damit seine Bewegung in geordneter Bahn verläuft.« Ebda., S. 209), die denn auch Kopernikus als Hermetiker entdeckte, und die Hermetik vermied zugleich das durch den Cartesianismus auftauchende Problem des Leib-Seele-Dualismus. Ferner verschaffte ihr der Glaube an dualistische oder polare Kräfte in der Natur die Genugtuung, daß die Entdeckung der Gravitation durch den Hermetiker Newton einen wichtigen Teil ihrer Weltanschauung wissenschaftlich bestätigte, und auch die Entdeckung der Zusammengesetztheit der aristotelischen Elemente war in der alchimistischen Arbeit seit der Drei-Prinzipien-Lehre des Paracelsus schon ›angedacht‹ (vgl. dazu II.14 Kemper).

Von daher bezog die Hermetik ihre naturwissenschaftliche Attraktivität aus der Übereinstimmung mit wesentlichen Einsichten der ›new science‹, die zugleich dem christlich-biblischen Weltbild widersprachen! Die Hermetiker konnten sich deshalb bis Mitte des 18. Jahrhunderts durchaus auf der Höhe des wissenschaftlichen Fortschritts fühlen, und in diesem Sinne müßte man die natur- und kulturwissenschaftliche ›Sieger-Geschichte‹ korrigieren. Zugleich gab das hermetische Weltbild Bausteine für eine (Selbst-)Erlösungsreligion über das ›Buch der Natur‹, die dem wachsenden Individualismus entgegenkam und Anschluß an Vorstellungen einer ›natürlichen‹ Gotteserkenntnis und Religion gewann.

Im Zusammenhang damit entzündete sie die Phantasie und empirische Neugier ihrer Anhänger durch die aus der Kosmogonie gewonnene Überzeugung, daß Gott seiner Schöpfung die geheimnisvollen Zeugungs- und Erhaltungskräfte mitgegeben habe. Daher konzentrierte sich ihr Interesse auf die Suche nach dem ›Stein der Weisen‹, der universalen Lebens-Kraft, einer als ›mercurialisch-wässerig‹ gedachten Tinctur, die man in ihrer Reinheit aus den Elementen – vor allem aus der Luft – zu kondensieren suchte, um mit ihrer Hilfe nicht nur die Metalle, sondern auch die vitalen Prozesse durch medizinisch-pharmazeutische Kuren zu verbessern und nach Möglichkeit in ihre vollendete Form zu bringen. Diesem Interesse diente zum Beispiel auch der 1638 anonym erschienene ›Philosophische Phoenix Das ist: Kurtze / jedoch Gründliche vnnd Sonnenklare Entdeckung der waren und eigentlichen Ma-

tery deß Aller=Edelsten Steines der Weisen‹ aus der Feder des Theologen und al-
chymisch-pharmazeutisch tätigen Mediziners Johann RIST (1607–1667). Im uran-
fänglichen Schöpfungs-Chaos hat Gott die Lebenskraft bzw. den Lebens-›Samen‹
für alle Lebewesen »hervorgebracht vnnd gewirket«, und von daher sucht Rist zu
erweisen, wie Gott

> »ferner allen vnnd jeden Dingen jhren natûrlichen Saamen (der doch gleichwol in allen
> Creatis nur einerley ist) in solcher Schôpffunge habe eingepflantzet / vnnd wie nun weiter
> solcher allgemeiner Saame / solche allgemeine Lufft / solcher allgemeiner Geist / oder wie
> wir dieses UNIVERSALE sonsten nennen wollen / von Menschen Hånden durch die wahre
> Philosophey vnnd Kunst kônne herauß gezogen / sichtbar gemachet / in seine Vollen-
> kommenheit gebracht vnd endlich zu GOTtes Ehren vnnd des gantzen Menschlichen
> Geschlechtes hôchstersprießlichen Nutzen gebrauchet vnnd angewendet werden«. (II Rist
> PP, S. 10; vgl. RP, S. 58)

4)  *Christliche Hermetik*: Mit der Uroffenbarung durch Hermes oder Thot glaubte
man der göttlichen Urweisheit im ägyptischen Gewande näher zu sein als mit den
Schriften von Moses (vgl. dazu auch Bd. II, S. 71ff.). Moses aber war seinerseits in
der Weisheit Ägyptens erzogen worden, galt also als in die ägyptischen Mysterien
Eingeweihter, der sie durch seine eigenen Schriften an ›Jerusalem‹ vermittelte. Von
daher lag es nahe, eben diese »Vermittlung« der Urweisheit in Moses Lehren aufzufinden und damit auch die hermetische mit der christlichen ›Weisheit‹ zu verbinden.
Diese Versuche reichten von Ficino über Oswald Crollius (vgl. II.19 Kühlmann,
S. 107) bis zu Herders ›Ältester Urkunde des Menschengeschlechts‹ (vgl. Bd. VI/2,
S. 252ff.). Es liegt aber natürlich nahe, daß sich entweder die hermetischen oder die
christlichen Vorstellungen stark verändern mußten, denn ein ›Kompromiß‹ zwischen
beiden war angesichts vielfach konträrer Vorstellungen kaum möglich. Wo sich die
hermetischen Vorstellungen behaupten, läßt sich von ›christlicher Hermetik‹ spre-
chen. Dafür sind in dieser Lyrik schon verschiedene Positionen (vor allem in den
Bänden III, V/1, VI/2) vorgestellt worden. Im Band IV/2 bietet Lohenstein eine
interessante Variante, die aber für Grundinteressen der Hermetik exemplarisch ist:
Die Trinität entsteht durch Zeugung, an Christus ist vor allem seine Inkarnation als
Symbol für das Eingehen des Göttlichen ins Irdische und Menschliche (und dies als
Bedingung einer Rückkehr ins Göttliche) wichtig. Auch auf Erden sind göttliche und
menschliche Natur Christi vermischt, weshalb er auch nicht wirklich ›sterben‹ kann
und als Pantokrator und Schöpfungskraft zu Gott zurückkehrt, wobei er nun dem
Menschen bei der Betrachtung des Schöpfungs-›Spiegels‹ (»wie oben, so unten«)
auch als erhaltende Schöpfungskraft begegnet (vgl. Bd. IV/2, Kap. 7). Eine ähnliche
Position findet sich auch bei Johann Arndt. Solche Vorstellungen sprengen den
christlichen Dogmenbestand, so daß das ›Christliche‹ eigentlich in Anführungszei-
chen zu setzen ist.

5)  *Zur Verwandtschaft von Hermes/Theut und Teutsch*: Eine ebenso spektakuläre
wie einprägsame Rechtfertigung des Interesses für die Hermetik lieferte – ohne davon allerdings selbst Gebrauch zu machen – der vorsichtige Wolfenbütteler Hof-Rat
Justus Georg SCHOTTELIUS (1612–1676), der angesehene ›Suchende‹ der ›Fruchtbringenden Gesellschaft‹, in seiner ›Ausführlichen Arbeit von der Teutschen Haubt-

Sprache‹ (1663, zuvor als ›Teutsche Sprachkunst‹, 1641 u. 1651; vgl. III Kaminski, S. 492f.). Schottel versuchte – wie vor ihm u. a. auch schon Jacob Böhme – die deutsche Sprache als eine der ältesten Sprachen der Welt nachzuweisen und identifizierte sie mit der »Celtischen Sprache«. Ascenas, ein Abkömmling Noahs, »hat mit sich die alte Celtische oder Teutsche Sprache von Babel gebracht« (II Schottel AATH, I, S. 3). Die bis zum Turmbau zu Babel einzige, sich von Adam herleitende Welt-Sprache sei durch die Babylonische Sprachverwirrung eben nur ›verwirrt‹ worden, neue Sprachen seien dagegen nicht entstanden. Insofern könne man an den Wurzeln der Stammwörter als den ältesten Sprachstufen das Alter einer Sprache erkennen. In diesem Zusammenhang ist nun die Herkunft des Namens ›Teutsch‹ für Schottel besonders aussagekräftig: Es ist die uralte Bezeichnung für Gott, die sich auch bei den anderen Völkern erhalten habe. So führt er Plato, Cicero und Lactantius als Zeugen dafür an, daß die »alten Egyptier« »diesen jhren Gott auch Teut geheißen« (ebda., S. 35), und Schottel beeilt sich, weitere sprachverwandte Bezeichnungen für Gott aufzuführen (so Teutanem bei den Spaniern, Deus [das eu als Umlaut gesprochen] bei den Lateinern und ›Zeus‹ bei den Griechen). Schottel zitiert ferner noch Tacitus, »daß die Teutschen in ihren alten Gesängen den GOtt Tuit oder Teut / und dessen Sohn Mann noch rühmeten.« (Ebda., S. 36)

Aus dieser bloßen Namens*analogie* lasen nun insbesondere die Nürnberger Pegnitz-Schäfer eine *Identität* des ägyptischen und deutschen Gottes heraus. Harsdörffer erläuterte im Abschnitt ›Teut oder Deut‹ seiner ›Frauenzimmer-Gesprächsspiele‹, daß die Ägypter den Gott Mercurius als »Thoot« bezeichnet hätten und dieser als »Theurates bey den Galliern und Teutschen so viel als Mercurius heißet« (II Harsdörffer FG IV [1644], S. 342ff., bes. S. 347). Und Johann Klaj berichtet in der Dedikation seines ›Redeoratoriums‹ ›Der leidende Christus‹ (1645) an acht Nürnberger Ratsherren, Mercurius sei der Gott, »den die Teutschen Teut gennenet« (II Klaj LC, S. [203]).

6) *Hermetik als Vorläufer (Typos) des Christentums*: Die Deutschen hätten, so erzählt Klaj (ebenfalls in Anlehnung an Harsdörffer) weiter, Teut als »Weggott« Steinaltäre an den Straßen errichtet, die zugleich auch den Fremden als Wegmarken dienten. Karl der Große habe dann im Zuge der Christianisierung diese »Götzenaltäre« durch »Zeichen des heiligen Creutzes« ersetzen lassen, die also nun auf den »Eckstein« Christus anstelle des Merkurs verweisen. Doch seien, berichtet Klaj, diese nützlichen mercurialischen »Grentzseulen« auch in der Umgebung Nürnbergs immer noch »in Gebrauch«, damit die Reisenden wüßten, »sie weren auf der rechten Landstrasse« (II Klaj LC, S. [203]f.). – Das Beispiel zeigt den Rückgriff auf ein für Theologen wie Humanisten in diesem Fall gleichermaßen nützliches Denkmodell, nämlich die hermetische Weisheit in ihrem Verhältnis zum Christentum nach Analogie des Verhältnisses von Altem zu Neuem Testament zu denken. Als vorchristliches Bildungsgut, als überholte, aber immerhin ehemals deutsche und in ihren nützlichen Elementen noch lebendige Form ließ sich Hermetisches in Partialaspekten also (wie das Alte Testament) gefahrlos sogar im Vor-Hof eines Trauerspiels über den leidenden Erlöser noch »in Gebrauch« nehmen.

Derselbe Ansatz liegt einem Dedikationsgedicht Klajs zur zweiten Auflage von Schottels ›Teutscher Sprachkunst‹ (1651) zugrunde. Hier lobt er zunächst Opitz, der

als erster »die Wünsch-Ruht ausgebracht« und im »Schacht« der deutschen Sprache
(und Poesie) nach Gold gegraben habe. Deshalb nennt er ihn einen »Hutman«, und
dies ist eine alte Bezeichnung für Mercurius: »Es ist auch hierbei zu gedenken / was
Becan hier von schreibet / daß nemlich die alten Egypter den Gott Mercurium
Thoot / den Hut / das hoche oder das Haubt genennet / welchem die Träume zugeschrieben werden / der auch mit dem Flughut gemahlet wird« (II Harsdörffer FG
IV, S. 37). Nach Opitz' Tod aber (»Da dieser Hutman must des Todes Strasse wal-
len«) sei die Arbeit in Gefahr geraten, doch nun fahre »Herr Schottel« vor, »der
ObersteigerMann«, der den »Hutman« in der sprachlichen Gold-Suche übertrump-
fen und ersetzen wird (zit. in III Kaminski, S. 484).

7)  *Hermetik im kulturellen ›Gesprächs‹- und Rollen-›Spiel‹*: Neben dem Typos-
Antitypos-Modell gibt es zur möglichen Integration der Hermetik auch – wie angedeutet – das Modell der beiden Offenbarungs-Bücher. Das erstere bleibt für die
Theologen reserviert, das zweite – mit dem man sich aber wie zum Beispiel Brockes
auf den vorangestellten ersten Glaubensartikel berufen konnte – war dann als Einheit meßbarer und okkulter Kräfte unter Einbezug auch der geheimen Wissenschaften zu erschließen sowie poetisch darzustellen und zu feiern. Daß dabei mitunter
auch das biblische Wort Gottes als hermetische Weisheit verstanden werden konnte,
erhellt aus folgendem, geradezu abenteuerlichen, weil mit drei Häresien befrachteten
Satz aus dem ›Pan‹-Kapitel in Harsdörffers ›Frauenzimmer-Gesprächspielen‹, den
er Francis Bacons ›De sapientia veterum liber‹ (1609) in zugespitzter Form entnommen hat (vgl. II.48 Berns 1991, S. 59):

> »Pan ist dieser gantze Weltbau / welcher entstanden entweder von Mercurio / das ist dem
> göttlichen Wort / oder wie etliche aus jhrer Vernunft geschlossen / aus den kleinen Stäub-
> lein / welche als die erste Materie oder Gezeug mit vielerley Form vermischet gewesen.«
> (II Harsdörffer FG IV, S. 61)

Da wird das göttliche Wort nicht als ›Logos-Christus‹, sondern als ›Weisheit-Mer-
curius‹ verstanden, mit dem Pantheismus verknüpft und zugleich mit der Alternative
des materialistischen Atomismus konfrontiert (vgl. dazu Kap. 4 i). Das ist eine auf
die Spitze getriebene Demonstration des Spielerischen – auch hier bewahrheitet sich
Harsdörffers Gesellschaftsname ›Der Spielende‹ –, und gerade dieser ›leicht-fertige‹,
aber durchaus nicht unverbindliche, sondern der Belehrung dienende Umgang mit
solchen Häresien hat sie vielleicht vor dem Vorwurf ernsthafter Ketzerei geschützt.
Mit der Pans-Flöte als »Sinnbild« ›spielen‹ die Nürnberger in der Verkleidung als
›Schäfer‹ die Rolle der Jünger des ›Pan‹, den sie zugleich als Sohn des Mercurius
verstehen (vgl. Kap. 7). In ihrer geistlichen Dichtung feiern sie die Hauptereignisse
der christlichen Frömmigkeit, halten sich aber die Option für deren hermetische
Deutung offen. Solche Rollen-Spiele verhalfen möglicherweise dazu, Rollen-Kon-
flikte zu entschärfen oder zu vermeiden. Dies auch dadurch, daß die theoretische
Unvereinbarkeit christlicher und hermetischer Weltsicht und Frömmigkeit auf diese
Weise durch ihre funktionale Zuschreibung zu verschiedenen Lebens- und Glaubens-
Welten relativiert oder gar aufgelöst wurde.

Dies dürfte auch für Johann RIST gelten, der sich mehrfach auf die Erkenntnis
Gottes aus beiden Offenbarungs-Büchern beruft (vgl. PP, S. 8f.; Bd. IV/2, Kap. 5 f)

und aus ihnen verschiedene Berufs-Rollen und -Funktionen ableitet, ohne sie in seiner dritten Rolle, nämlich als gekrönter Poet, in einer weitverzweigten geistlichen und weltlichen Dichtung als Spannung auszutragen oder zu vermitteln. Statt dessen propagiert er in seiner Dichtung eine offene und eine kryptische *Christianisierungs-strategie*: erstere, indem er den alten deutschen Gott Mercurius im ›Friedewünschenden Teutschland‹ unter der Bedingung zum Psychopompos der alten deutschen Fürsten macht, daß dieser sich vorbehaltlos zum dreieinigen Gott bekennt (II Rist FWT, S. 45ff.), und zweitens, indem er dem Poeten empfiehlt, er solle aus den antiken heidnischen Autoren die »Perlen der Weisheit samlen« und sie in den eigenen Werken so verwenden, »daß ein Verständiger nicht einmahl merken könne / daß er die heidnischen Poeten so fleißig gelesen« (II Rist NTP, Vorbericht, o. S.).

Das spricht alles nicht für einen entspannten und offenen Umgang mit dieser heidnischen Tradition. Immerhin ließe sich an solchen Fällen diskutieren, ob die Hermetik gerade wegen ihrer Konkurrenz zum christlichen Glauben zur Ausbildung ›pluraler Identitäten‹ beigetragen hat. Generalisierbar ist eine solche These nicht. Daneben gibt es auch noch einen eklektischen Umgang mit der hermetischen Tradition und einzelnen ihrer Lehren. Zur Lösung dieser Fragen verhilft – abgesehen von notwendiger begrifflicher Klärung – statt einer voreiligen Metatheorie der Esoterik »mit dem Flughut« eher die geduldige Entdeckung und konkrete historische Feldvermessung der einzelnen Positionen und Texte. Und dazu möchten die vorliegenden Bände zum ›Barock-Humanismus‹ einen weiteren Beitrag leisten.

## 2)  Poetologische und gattungsgeschichtliche Aspekte

### a)  Lyrik – Gattungsvielfalt ohne Begriff

1) *Epos, Drama und ungeklärte Vielfalt*: Der Begriff Lyrik kommt aus dem Grie-chischen. Die ›Lyra‹ war neben der für den öffentlich-kultischen Gebrauch bestimm-ten Kithara das bedeutendste Saiteninstrument (für den Hausgebrauch), hatte dort also keine gattungskonstitutive Bedeutung. Platon benennt in der ›Politeia‹ Tragödie und Komödie als Gegenstände der Darstellung, den Dithyrambos als Beispiel für den »Bericht des Dichters« und die Verbindung beider Darstellungsweisen in der epischen Dichtkunst; die kleinen lyrischen Gattungen erwähnt er nicht (II Platon P, S. 127, Nr. 394 b c) Aristoteles versucht die Künste in seiner Poetik zweimal zu differenzieren. Gleich eingangs zählt er sie auf: »Epos, Tragödie, Komödie, Dithy-rambendichtung, ferner der größere Teil der Flötenkunst und Kitharakunst sind alle insgesamt Nachahmungen.« (II Aristoteles P, S. 25) Die Kithara (Zither) statt der Lyra steht dabei für die Instrumentalkunst. Dem, was wir Lyrik nennen, kommt dagegen die »Dithyrambendichtung« am nächsten, eine dem Gott Dionysos gewid-mete kultische Inszenierung, aus der sich später die griechische Tragödie entwickelt hat. Doch blieb der Dithyrambos als öffentliches Kult-Spektakel neben der Tragödie weiter bestehen und hat mit unserem Lyrik-Verständnis wenig gemein – außer der Verbindung von Musik und Wort im Gesang. Daß Aristoteles keine Gattung ›Lyrik‹ kennt, zeigt auch zweitens seine Dreiteilung des Redekriteriums: Man ahmt die Ge-genstände entweder in der dritten Person (damit als Epiker) oder in handelnd tätigen Figuren (damit als Dramatiker) nach »oder so, daß man unwandelbar als derselbe spricht« bzw. – nach anderer Übersetzung – »selber der Berichterstatter bleibt« (eb-da., S. 27f.). Während man unter dieser Darstellungsform später das lyrische Ich subsumiert und also die Lyrik verankert hat, verstand Aristoteles unter dem »un-wandelbaren Berichterstatter« auch den Historiker. In der griechischen Kultur hatte der Gesang eine solch herausgehobene Stellung, daß er die Konzeption einer ein-heitlichen lyrischen Gattung verhinderte, denn man unterschied von ihm die gesang-lose Versdichtung wie die Jambik, das Epigramm oder die Elegie. Erst als sich die Dominanz des Gesanghaften verlor (schon bei Horaz), als also der Sangvers zum Sprechvers wurde, hat sich für die Theoretiker offenbar die Möglichkeit zur Inte-gration der verschiedenen Versgattungen zunächst zu einem ›genus mixtum‹ und Formen seiner Untergliederung angeboten (vgl. IV Adam, S. 46ff.; Knörrich 1992, S. XVff.). Proklos, dessen ›Chrestomathie‹ noch durch den Einfluß der Poetik von Gerhard Johann Vossius (›Poeticarum institutionum libri tres‹, Amsterdam 1647) im 17. Jahrhundert nachwirkt, unterscheidet etwa adressatenorientiert Gedichte ›an Götter‹, ›an Menschen‹, an beide sowie Gedichte zu besonderen Anlässen (vgl. IV Adam, S. 47f.)

2) ›*Genus mixtum*‹ *kleiner Gattungen im Humanismus*: Ansätze, die kleineren Gattungen zusammenzustellen, zeigen sich auch in der Renaissance-Poetik (IV Knörrich 1992, S. XXff.). Doch hier wie im ›quinquecento‹ gab es keine einheitliche Gattung ›Lyrik‹. Man mühte sich vergebens ab, Lyrik als ›mimesis‹ zu definieren und behalf sich mit ihrer »rhetorischen Fundierung« in der »klassischen ›decorum‹-Lehre der Entsprechung von ›res‹ und ›verba‹, also von der Korrelierung von Redeabsicht, Gegenstandsbereich und einer angemessenen Stilhöhe« (IV Föcking, S. 106.), wie sie u. a. Quintilian begründet und Horaz in die Poetik übernommen hatte. Im Unterschied zu Epos und Tragödie erhielt die Lyrik damit keinen festgelegten Gegenstandsbereich, sondern durfte sich allen ›Sachen‹ im je angemessenen Stil zuwenden (was die Einheit eines Lyrik-Begriffs und die Folgen für eine allgemeine Gattungstheorie bis heute erschwert; vgl. IV Zymner, S. 82ff., 105ff.). Martin Opitz spiegelt in seiner Poetik diesen diffusen Stand der poetologischen Diskussion wider. Auch er hat noch keinen einheitlichen Begriff von der Gattung Lyrik. Er faßt das ›Heroisch getichte‹, also das Helden-Epos, als Gedicht, darunter sein eigenes langes, in vier Bücher eingeteiltes ›Trostgetichte in Widerwärtigkeit des Krieges‹. Ferner zählt er nebeneinander auf: die ›Satyra‹, das ›Epigramma‹, die ›Eclogen oder Hirtenlieder‹, die ›Elegien‹, ›Hymni oder Lobgesänge‹, die ›Sylven oder Wälder‹ genannten Gelegenheitsgedichte und schließlich die ›Lyrica‹ als »getichte die man zur Music sonderlich gebrauchen kann« (II BDP, S. 30ff.). Nur nebenbei – in Gestalt von Beispielen – erwähnt er zwei im 17. Jahrhundert besonders beliebte und verbreitete Gedichtarten: die ›Ode‹ und das ›Sonnet‹ (ebda., S. 33f., 56ff.).

3) *Bedeutung der exempla und imitatio veterum*: Gerade wegen der unergiebigen poetologischen Bestimmung der lyrischen Gattungen im 17. Jahrhundert (vgl. dazu auch IV Viëtor, S. 47) kam der *Nachahmung* vor allem der *antiken Muster* sowohl in der neulateinischen als auch der barock-humanistischen Lyrik eine überragende Bedeutung zu. Die *Oden* galten als anspruchsvollste und schwierigste Gattung und als übermächtiges, schier uneinholbares Vorbild die ›Carminum libri quattuor‹ des Horaz (d. i. Quintus Horatius Flaccus 65–8 v. Chr.) mitsamt dem ›Epodon liber‹ (II Horaz SG); die neulateinischen Nachahmer, darunter zunächst Konrad Celtis (›Libri odarum quattuor‹, 1513) und vor allem der »deutsche Horaz« Jacob Balde, übernahmen die schwierigen Versmaße und Strophenformen sowie die Aufteilung in vier Bücher (›Lyricorum libri IV‹ und ›Epodon Liber I‹), und letzteres gilt auch noch für Andreas Gryphius, obgleich dessen Oden-Bücher sich als geistliche Gedichtsammlung verstehen und daher völlig andere thematische Schwerpunkte setzen (vgl. Kap. 6 l; vgl. im übrigen Kap. 2 f).

In der (Liebes-)*Elegie* galten Catull (Gaius Valerius Catullus um 84–um 54 v. Chr.) mit seinen 116 ›Carmina‹ als Mitbegründer der Gattung, ferner deren klassische römische Vertreter Properz (Sextus Propertius um 50 v. Chr.–16 n. Chr.) mit seinen ›Elegiarum Libri IV‹ sowie Tibull (Albius Tibullus um 54 v. Chr.–8 n. Chr.) mit seinen ›Carmina‹ und Ovid (Publius Ovidius Naso 43 v. Chr.–17/18 n. Chr.) mit seinem aus 50 Elegien in drei Büchern bestehenden Jugendwerk ›Amores‹, aber auch mit den Elegien aus dem Exil (›Epistolae ex Ponto‹) als herausragende poetische Vorbilder. Nachdem Opitz noch neben den Klagen mit Verweis auf die antiken Vorbilder »auch buhlergeschäffte / klagen der verliebten« und anderes als Thema

dieser Gattung zugelassen hatte (II BDP, S. 31), erfolgte vor allem durch Philipp von
ZESEN eine bis heute nachwirkende Begriffs- und Bedeutungsverengung, und dies
nicht aus inhaltlichen, sondern formalen Gründen: Bei der Übernahme des Di-
stichons wurde der antike Hexameter schon bei Opitz durch den Alexandriner mit
Kreuzreim und alternierend männlicher und weiblicher Kadenz ersetzt, und wegen
dieses Kreuzreims konzentriert Zesen die Elegie auf die *Klage* (vgl. II.143 Maché,
S. 207). Diese Teilgattung erlebt in der deutschsprachigen Lyrik des 17. Jahrhunderts
keine profilierte Entwicklung, ihren Höhepunkt erreicht sie in Empfindsamkeit,
Sturm und Drang und im Göttinger Hain sowie bei Hölty (vgl. Bde. VI/1, VI/3; vgl.
IV Beißner).

Mit Ovids ›Heroides‹ wetteiferten die Autoren – darunter Hoffmannswaldau und
Lohenstein (vgl. Bd. IV/2, Kap. 6 d, 7 e) – auf dem Gebiet des *Heroischen Briefes*,
mit VERGIL (Publius Vergilius Maro 70–19 v. Chr.) auf dem Felde der Schäfer- und
Landlebendichtung (›Bucolica‹, Hirtengedichte; ›Georgica‹, Landleben). Schon in
der neulateinischen Lyrik des 16. Jahrhunderts hat Conradi neben dem Beibehalten
des klassischen ›mittleren‹ horazischen Stils in den überbietenden ›rhetorisierenden‹
(häufenden, verkomplizierenden) Anknüpfungen an die ›klassische römische Lyrik‹
›barocke‹ Stilzüge ausgemacht, und diese Tendenzen findet er auch in der deutschsprachigen humanistischen Poesie, wobei Opitz mehr den klassizistischen, Gryphius
mit seiner »Intensivierung rhetorischer Formungen« dagegen den »barocken Pol«
fortsetzen (vgl. IV Conradi, S. 103ff., 193ff., 222ff.; vgl. dazu auch III Barner 1970,
S. 66f.). Doch solche Herleitungen verkomplizieren sich sofort und verunklaren die
Sachlage, wenn man berücksichtigt, daß viele andere Vorbilder auf die deutschen
Humanisten eingewirkt haben: Petrarca, dann die vorausgehenden nationalsprachlichen Anfänge in Frankreich (die Pléiade-Dichtung) und Holland (II Heinsius),
Marino in Italien und wiederum im Bereich der geistlichen Dichtung das ganz andere Sprach- und Stilvorbild der Bibel! Gerade weil das Literaturverständnis der
Gelehrtenpoesie im 17. Jahrhundert »auf dem Prinzip der ›imitatio‹ aufbaut, bedeutet eine Verschiebung im Grundbestand der exempla Entscheidendes.« (III Barner
1970, S. 64) Im übrigen aber werden die Vorbilder nicht nur wegen ihres Stils, sondern auch wegen thematischer (geschichtlicher und weltanschaulicher) Affinitäten
nachgeahmt (vgl. ebda., S. 69f.).

4) *Gattungstrias im 18. Jahrhundert*: Im Zusammenhang mit der Entstehung der
Ästhetik (der Wissenschaft vom Schönen in Natur und Kunst) im 18. Jahrhundert
entwickelt sich dann in Deutschland die uns heute noch geläufige Gattungs-Trias
Lyrik, Epik und Dramatik. Als Voraussetzung dafür ist innerhalb der Lyrikgeschichte ein Vorgang besonders wichtig: die Auseinandersetzung um Nachahmungsbegriff
und Lyrikverständnis des Abts BATTEUX. Dieser hatte unter Berufung auf Aristoteles
nochmals radikal versucht, alle Künste aus dem einen Grundsatz der Nachahmung
abzuleiten. Und hier widersprach nun sein Übersetzer, der Theologe, Bremer Beiträger und Dichter von geistlichen Liedern Johann Adolf SCHLEGEL mit der Behauptung, wenn er in frommer Andacht Psalmen oder geistliche Lieder dichte, dann seien
die darin ausgesprochenen Empfindungen keine Nachahmungen von Empfindungen, d. h. keine konstruierten, fingierten Empfindungen, sondern durchaus authen-
tische, wahrhafte, und das gelte auch für andere lyrische Empfindungen. Das war

der historische Moment, in dem für Lyrik in der deutschen Literaturgeschichte ein eigener nichtfiktionaler und emotiver (Jakobson) Aussagemodus beansprucht wurde: Lyrik als authentischer Ausdruck von Empfindungen (vgl. dazu Bd. VI/1, S. 262ff.; vgl. dazu und zu Hegels Bestimmung der Lyrik auch Bd. I, S. 36ff.)!

5) *Vorschlag einer Lyrik-Definition*: Fehlendes Gattungsbewußtsein und ungemein vielfältiger Gebrauch gebundener Rede in den verschiedensten sozialen und kulturellen Zusammenhängen der frühen Neuzeit (bis hin zur Vermittlung von Nachrichten in Flugblättern und Propaganda durch sog. ›Reimsprecher‹; vgl. dazu Bd. I, S. 159ff.) erschweren auch heute eine Definition der frühneuzeitlichen Lyrik, die noch keine ›autonome‹, sondern eine funktionsgeschichtlich gebundene Vielfalt von Gattungen war. Mit an moderner Lyrik entwickelten Kriterien wird man diesem Sachverhalt nicht gerecht, sondern läuft Gefahr, sie erst gar nicht angemessen in den Blick zu bekommen. Die Poesie des *Barock-Humanismus* dagegen als eine bestimmten rhetorischen und poetologischen Standards genügende und an feste Gattungstraditionen anknüpfende Lyrik ließe sich als *formdominant ›verdichtete‹ Vers-Rede* definieren (vgl. dazu auch Bd. VI/3, S. 503).

Diese Lyrik-Definition ist nicht weit von derjenigen entfernt, die Gottlieb Alexander Baumgarten, der Begründer der Ästhetik, 1735 gegeben hat: »Das Gedicht ist eine vollkommen sinnliche Rede.« (II Baumgarten, S. 11f.) Unsere Definition soll die Vielfalt der Gattung nicht beschneiden. Sie orientiert sich also weder an einer ›Wesensaussage‹ noch an einer bevorzugten Teilgattung oder an einem einzelnen Formmerkmal, obwohl der Vers als wichtigstes Kriterium zumal im Blick auf die Lyrik der Vormoderne, die noch kein Prosagedicht kennt, Erwähnung verdient (vgl. Kap. 2 c). Die Definition verzichtet auf Vollständigkeit, aber nicht auf die Möglichkeit zur Selektion und Wertung. Unter ›Rede‹ verstehe ich wie Barbara Wiedemann »die sprachlich-materielle Basis eines literarischen Kunstwerks« (vgl. IV B. Wiedemann, S. 401; eingeschränkter IV Lamping, S. 23). Zugleich nimmt ›Vers-Rede‹ aber auch die im 17. Jahrhundert geltende Definition von Poesie als »oratio ligata« auf und erinnert überdies daran, daß ein Gedicht zur vollen Verwirklichung seiner ästhetischen (musikalischen) Struktur – mehr als etwa ein Prosatext – auf die *akustische Realisierung* angewiesen sein kann. Die Definition besagt ferner, daß die *Form* konstitutiv ist für das Gedicht und seinen Sinn. Dieser bildet sich auch wesentlich über die *Semantik der Form*. Natürlich ist *jeder* literarische Text – auch Drama und Roman – ästhetisch strukturiert, aber »Gedichte« – so erklärt auch Gerhard Kaiser (IV Kaiser, S. 19) – »zeigen unter allen Gattungen die höchste Konzentration der dichterischen Sprache auf Variationen in Gleichbleibendem... Gedichte sind die am stärksten ›verdichteten‹ Dichtungen.« Für sie ist die Semantik der Form nicht nur wichtig, sondern *konstitutiv* (vgl. auch IV B. Wiedemann, S. 431). Reim, Vers, Musikalität und gegebenenfalls auch Kürze (wie in Ode, Epigramm oder Sonett) sind im Begriff formdominanter ›Verdichtung‹ qualitativ integriert, ohne als einzelne im Gedicht vorhanden sein zu müssen.

Diese Definition ermöglicht es zugleich, den humanistischen Teil der vormodernen Lyrik-Formen in Kontinuität mit der modernen Lyrik zu sehen, wobei die Form-Verdichtungen vor allem im Zeitraum zwischen Symbolismus und Dadaismus eine sehr viel artistischere Dimension erreichen. Das gilt für die Verselbständigung

der Ausdruckselemente der Sprache – und hier hat das Musikalische als Bestim-
mungsmerkmal der Lyrik seinen gewichtigen Platz –, für den Aufbau ›sekundärer‹
Textstrukturen zu Lasten der referentiellen, d. h. auf die außersprachliche Wirklichkeit verweisenden Bezüge, insgesamt für die nach den Prinzipien der *Abweichung,
Überstrukturierung,* und *Aussparung* erfolgenden Textbildungsverfahren. »Abwei-
chung« meint dabei die Entfernung von der jeweiligen Alltags- und Umgangssprache
mit der Folge einer das Textverständnis bisweilen erschwerenden »Entautomatisie-
rung von Sprache und Wahrnehmung im poetischen Text« (IV Knörrich 1992,
S. XLVII); *Überstrukturierung* meint »die Überlagerung der normalen sprachlichen
Strukturen durch ›sekundäre‹ ästhetische Zusatzstrukturen« (ebda., S. XXXVI),
Aussparung meint schließlich das Verschweigen von Dingen und Sachverhalten, das
Raumschaffen für das Schweigen, das Apokopieren (= Abkürzen) von linearen Zeit-
verläufen, die es so in narrativen oder dramatischen Texten nicht geben könnte.

Indessen kennt doch auch die *humanistische Poetik* form- und sinnverdichtende
Stilprinzipien, die, wie die Analysen zeigen werden, vielfach angewendet werden und
– etwa in der Übernahme antiker Versmaße und Strophenformen – das Merkmal
besonderer lyrischer Verdichtung erfüllen. Dazu gehört insbesondere der *Reim,* der
eigentlich nur in der tonhöhenregulierten Metrik der Romania zur Heraushebung
des Versendes nötig ist (vgl. IV Breuer, S. 41ff.), gleichwohl in die deutsche Vers-
Kunst übernommen wird und als auffälligstes Signal platonisch-›physischer‹ Sprach-
auffassungen gilt. Der Reim erfährt in den Vorstellungen von den in ›Klängen‹ zum
Ausdruck gelangenden magischen Entsprechungen zwischen »Himmels-Kunst« und
»irdischer Kunst« – etwa bei Zesen und den ›Pegnitz-Schäfern‹, welche den gesamten
Vers zu onomatopoetischen Spielereien nutzten – oder in der Suche nach der ›physischen‹ Verwandtschaft zwischen der deutschen ›Hauptsprache‹ und der »Lingua
adamica« (angeregt durch Jacob Böhme [vgl. Bd. III, S. 150f.] bei Zesen [vgl.
Bd. IV/2, Kap. 5 c] und bei Schottel) eine sprachtheoretische Fundierung. Opitz hebt
den Reim eigens in der Überschrift zum ›VII. Capitel‹ hervor: »Von den reimen /
jhren wörtern vnd arten der getichte« (II BDP, S. 46). Auf immerhin sechs Seiten
seiner schmalen Poetik stellt er an Beispielen Regeln für Klangreinheit auf, die nicht
immer überzeugen, weil offenbar die schlesische Mundart als phonetische Richt-
schnur diente, die aber auf die überragende Bedeutung des Klangs verweisen. Die
Humanisten übersetzten sogar die in der Regel reimlose antike Poesie in gereimte
deutsche Verse. Erst mit der Empfindsamkeit begann sich reimlose Lyrik in der
deutschen Literaturgeschichte durchzusetzen, und zwar am auffälligsten und poetologisch reflektiertesten bei den Hallenser Lyrikern Samuel Gotthold Lange und
Immanuel Jakob Pyra (vgl. Bd. VI/1, S. 103ff.) und dann am wirkungsmächtigsten
bei Klopstock (vgl. Bd. VI/1, S. 457ff.) und nach ihm bei Hölderlin.

## b)   Vers-Kunst (Opitzsche Reform)

1)   *Der unregulierte Vers*: Für Pyra und Lange war – auch unter Berufung auf das
Vorbild der antiken Tradition – der *Vers* das entscheidende Kriterium des Gedichts.
Für sie wie für alle humanistisch gebildeten Dichter seit Opitz’ Begründung einer
gelehrten deutschsprachigen Dichtung in der frühen Neuzeit war der Vers im Un-

terschied zur ungebundenen Prosarede ein durch ein *Metrum* (ein Versmaß) geregelter Vers. »Ein Vers«, erklärt indes Lamping mit Recht, »kann metrisch reguliert sein, er muß es jedoch nicht sein. Im einfachsten Fall ist er nicht reguliert, und diesen Fall stellt der freie Vers dar, der somit, im Gegensatz zur Schulmeinung der Metriker, unter typologischem Aspekt nicht als die Grenz-, sondern als die Grundform des Verses angesehen werden kann.« (IV Lamping, S. 26f.)

Auch ein ungeregelter Vers erzwingt nur durch die optisch erkennbare Segmentierung, den Zeilenbruch als künstliches Ende, eine Pause bis zum Beginn der nächsten Verszeile. Während in der Prosa die sprachlichen – syntaktischen – Gliederungsprinzipien bei der Textgestaltung dominieren, werden durch die Verssegmentierung – wie Barbara Wiedemann mit Recht bemerkt – »wesentliche Elemente der Rede, nämlich die syntaktisch-semantischen Verhältnisse in der Tat moduliert« (IV B. Wiedemann, S. 422). Im Blick auf die Aussage des Textes wird die Bedeutung der Syntax zurückgenommen, und zugleich verlangsamt und ändert sich der natürliche Sprechrhythmus, der sich nun den Gegebenheiten des Verses anpassen muß (ebda., S. 421). Der Vers schafft also zusätzliche Strukturierungsmöglichkeiten, trägt so zur sog. ›Überstrukturierung‹ poetischer Texte bei. Die vom Vers geforderte Pause bis zum Beginn der nächsten Verszeile bleibt selbst bei einem *Enjambement* bestehen, welches vorliegt, wenn die Satzbewegung über das Versende hinaus in die folgende Zeile führt.

Der Vers ist somit »eine zu einer rhythmischen Einheit zusammengefaßte Wortreihe«, welche »die natürlichen alltagssprachlichen Phrasierungs- und Betonungsverhältnisse« stilisierend verfremdet: Durch die grapische Phrasierung bewirkt der Vers eine Verlangsamung des Sprechtempos, eine »größere Häufigkeit von Betonungen« sowie eine Erhöhung des Tondrucks (IV Knörrich 1992, S. 247) und unterstreicht damit die ästhetisch-semantische Wirkung des Gedichts. – Zudem ist der Vers eines der ältesten Merkmale der Lyrik – zusammen mit dem Gesang. Die Versgeschichte neigt daher zum Teil dazu, die Herkunft der Verssprache aus dem Sangvers abzuleiten, der auch den gesungenen Dithyrambus bestimmte (vgl. ebda., S. 249).

2) *Quantifizierende vs. qualifizierende Metrik*: Die Opitzsche Versreform erscheint uns als so selbstverständlich, daß wir Schwierigkeiten haben, ihre Begründung zu verstehen. Deshalb vorab noch einige Hinweise: Der ungeregelte Vers ist gleichsam der liberalste. Wenn man versucht, ihn zu artifizialisieren, kann man eine bestimmte Anzahl von Silben vorschreiben – ein Vers besteht dann z. B. aus elf Silben wie im sog. *Endecasillabo*, der wichtigsten Versform der italienischen Dichtung. Dort ist er metrisch frei, hat aber zwei Hauptakzente, von denen einer meist auf der zehnten Silbe liegt, also auf dem durch Reim betonten Schluß (»Der ist nicht einsam, der noch Schmerzen fühlet, // Verlassen von den Freunden und der Welt«; IV Knörrich 1992, S. 55; im Deutschen wird er – wie das Beispiel zeigt – meist jambisch gestaltet und kann auch – im Unterschied zum Italienischen – männlich enden). Dann lassen sich die Betonungen oder Hebungen eines Verses der Zahl nach festsetzen bei gleichzeitiger Freiheit der Senkungen wie beim alliterierenden Stabreimvers oder dem Knittelvers, der vier Hebungen, aber eine unterschiedliche Zahl von Senkungssilben hat. Und schließlich kann man die Verhältnisse im Vers durch ein *Metrum* (ein

Versmaß) genau regeln, also die Abfolge nicht nur der langen bzw. betonten, sondern auch der kurzen bzw. unbetonten Silben im Vers genau festlegen.

Und hier liegt das Problem: Man kann Silben nach Länge und Kürze (also quantifizierend, messend) oder nach Hebung und Senkung (Stärke und Schwäche, nach betont und unbetont; also wägend) qualifizieren. Beim System der Längen und Kürzen müßte man sich bei der Beurteilung der Silben hauptsächlich daran orientieren, ob die Vokale lang oder kurz ausgesprochen werden, ob als langes oder kurzes e (wie in »gehen« oder »Mette«), ob als langes oder kurzes o (wie in »Obst« oder »von«); Diphthonge wären danach lang, Silben aus Kurzvokalen in Verbindung mit mehreren Konsonanten können als lang gelten. Nach diesem System ist die antike Metrik verfahren. Die Griechen haben in ihrem Alphabet auch zum Teil unterschiedliche Schriftzeichen zur Kennzeichnung langer und kurzer Vokale, z. B. ›η‹ (äta) für langes ›e‹, ›ε‹ (epsilon) für kurzes ›e‹, ›Ω‹ (omega) für langes ›o‹, ›O‹ (omikron) für kurzes ›o‹. Und wo nur ein Schriftzeichen für einen Vokal zur Verfügung steht, geben die Lexika bis heute die lange oder kurze Aussprache (durch Strich – für Länge und Bogen v für Kürze) an. Kleinste Einheit eines metrisch regulierten Verses ist der *Versfuß*, z. B. jambisch (v-) oder trochäisch (-v). Nun muß der Dichter also die Wörter und Silben auf ihre jambische oder trochäische Qualität hin ›messen‹. Das Wort ›Juno‹ z. B. hat im Griechischen eine jambische Qualität: ›u‹ ist kurz (Juno hängt mit ›iuvenis‹ zusammen) das ›o‹ ist ein ›Omega‹.

Da aber beginnen die Probleme im Deutschen. Hier ist ›Juno‹ trotz der langen zweiten Silbe ›trochäisch‹, weil wir ›Júno‹ sagen. Im Unterschied zu den Griechen orientieren wir uns bei der Prosodie an den Hebungen und Senkungen, die wir den Wörtern aus der bei uns natürlichen Betonung (meist die sog. Stammsilbenbetonung) zuerteilen. Wir nehmen bei der Betonung keine Rücksicht auf die Länge oder Kürze eines Vokals, sondern auf die Hebung und Senkung. In dem Dreiheber »Sie gehen in die Mette / und beten um die Wette« erhalten deshalb »gehen« und »Mette« sowie »beten« und »Wette« eine Hebung ohne Rücksicht auf Länge oder Kürze des »e‹ in den Wörtern.

3) *Die Opitzsche Versreform:* Dies sind nun die drei Aspekte der Opitzschen Reform (vgl. dazu auch IV Breuer, S. 168ff.): Erstens schlägt er vor, vom griechisch-lateinischen und romanischen System quantifizierender Metrik nach niederländischem Vorbild, das er vor allem bei dem berühmten Leidener Altphilologen und Poeten Daniel HEINSIUS (1580–1655) kennen gelernt hat, auf das für die deutsche Sprache passendere akzentuierende Verfahren überzugehen (vgl. dazu auch III Kaminski, S. 38ff.). Zweitens empfiehlt er im Zusammenhang damit, im Deutschen den natürlichen Wortakzent mit den vom Metrum geforderten Hebungen übereinstimmen zu lassen. Und drittens läßt er nur den jambisch oder trochäisch geregelten Vers zu, was zu einem eingeschränkten alternierenden Rhythmus führt. Durch den Wittenberger Poetologen August Buchner sowie durch Philipp von Zesen bürgerte sich dann aber rasch auch noch der Daktylus (-vv) und dessen Umkehrung, der Anapäst (vv-), in der Verskunst ein (vgl. Kap. 2 f). Die entsprechende Passage lautet im ›Buch von der Deutschen Poeterey‹:

»Nachmals ist auch ein jeder vers entweder ein iambicus oder trochaicus; nicht zwar das
wir auff art der griechen vnnd lateiner eine gewisse grôsse der sylben können inn acht
nemen; sondern das wir aus den accenten vnnd dem thone erkennen / welche sylbe hoch
vnnd welche niedrig gesetzt soll werden. Ein Jambus ist dieser:

Erhalt vns Herr bey deinem wort.
Der folgende ein Trochäus:
Mitten wir im leben sind.

Dann in dem ersten verse die erste sylbe niedrig / die andere hoch / die dritte niedrig / die
vierdte hoch / vnd so fortan / in dem anderen verse die erste sylbe hoch / die andere
niedrig / die dritte hoch &c. ausgesprochen werden. Wiewol nun meines wissens noch
niemand / ich auch vor der zeit selber nicht / dieses genawe in acht genommen / scheinet
es doch so hoch von nôthen zue sein / als hoch von nôthen ist / das die Lateiner nach den
quantitatibus oder grôssen der sylben jhre verse richten vnd reguliren. Denn es gar einen
ûbelen klang hat:

Venus die hat Juno nicht vermocht zue obsiegen;

weil Venus vnd Juno Jambische / vermocht ein Trocheisch wort sein soll: obsiegen aber /
weil die erste sylbe hoch / die andern zwo niedrig sein / hat eben den thon welchen bey
den lateinern der daktylus hat / ...« (II BDP, S. 52)

Je nach der Anzahl der Hebungen ist ein Vers dann ein Zwei- bis Achtheber. Opitz
selbst empfiehlt nach dem Vorbild Ronsards unter den jambischen Versen besonders
den *Alexandriner* (ebda., S. 53), einen alternierenden Sechsheber mit einer Zäsur
nach der dritten Hebung, der den griechisch-römischen Hexameter ablöst. Der Alexandriner wird zu einem der beliebtesten Verse im 17. Jahrhundert und in der ersten
Hälfte des 18. Jahrhunderts. Als »heroischer Vers« liegt er der Tragödie ebenso wie
dem Sonett, aber auch dem Gelegenheits- und Lehrgedicht zugrunde. Als Beispiel
der Anfang aus Gryphius' Sonett ›Thränen in schwerer Kranckheit‹:

»MIr ist ich weiß nicht wie / ich seuffze fûr und fûr.
Ich weyne Tag und Nacht / ich sitz in tausend Schmertzen;
Vnd tausend fûrcht ich noch / die Krafft in meinem Hertzen
Verschwindt / der Geist verschmacht / die Hånde sincken mir.«
(II Gryphius G, S. 8)

Mit dieser Vereinfachung der Prosodie hatte Opitz durchschlagenden Erfolg. Auch
in der geistlichen Dichtung, selbst im volksnahen Kirchenlied, setzte sich seine Versreform in kurzer Zeit durch. Allerdings galt dies nur für die protestantischen Territorien. Die katholisch-oberdeutschen Autoren verblieben in der Regel »bei der
freieren romanischen Tradition des Versbaus des 16. Jahrhunderts« (IV Breuer,
S. 173). Der Jesuitenpater Friedrich von Spee allerdings präsentierte in den seiner
›Trvtz-Nachtigal‹ vorangestellten ›Merckpûnctlein für den Leser‹ eine Versregulie-
rung, die der Opitzschen Reform genau entsprach (ob er durch den Umgang mit der
lateinischen Hymnendichtung auf diese Lösung gekommen ist [so Breuer, ebda.,
S. 174] oder im Zusammenhang mit seinem Einsatz bei der Rekatholisierung der
protestantischen Bevölkerung nicht doch die Opitzsche Reform kennen gelernt hat,
muß offen bleiben; vgl. Bd. III, S. 165f.):

»Was aber die Art deren Reym Verß betrifft, seind es theils Jambische, theils Trochaische
Verß, wie es die gelehrten nennen: Dan sonst keine andere art sich im Teutschen recht
arten noch klingen wil. Die Quantitet aber, das ist, die Länge vnd Kürtze der Syllaben, ist

Gemeinlich vom accent genommen, also daß dieienige Syllaben auff welche in gemeiner außspraach der accent fellt, für Lang gerechnet seind, vnd die andere für Kurtz.« (II TN, S. 6)

Die deutschsprachigen protestantischen Barock-Humanisten übernahmen von Fleming bis Günther die Opitzsche Versreform, deren rhythmischer Gleichförmigkeit sie allerdings durch geschickte sprachliche (syntaktische und gegenrhythmische) Variationen sowie durch Einführung des »Wechselverses« bei der Ode (Wechsel verschiedener Versfüße in einem Vers; vgl. Abschnitt f) zu entgehen vermochten (vgl. dazu auch die Beispiele in IV Breuer, S. 177ff.). Kühnere prosodische Experimente indessen erlaubten sich eigentlich nur Zesen und die ›Pegnitz-Schäfer‹ im Vertrauen auf das dem Poeten eignende ›Ingenium‹ (ebda., S. 180ff.; Kap. 2 f; 7).


## c)　Formen und Funktionen geistlicher Dichtung

Die folgenden Hinweise charakterisieren zur einführenden Orientierung die wichtigsten Bereiche und Gattungsformen der deutschsprachigen humanistischen Lyrik, und zwar zunächst im Bereich der geistlichen Poesie (wobei bestimmte Gattungstypen wie Lied, Ode oder Sonett in beiden Bereichen Verwendung fanden).

1)　*Kirchenlied/Geistliches Lied*: Innerhalb des großen Komplexes frühneuzeitlicher geistlicher Dichtung, zu der natürlich auch das vor allem im Luthertum gepflegte *Kirchenlied* (vgl. dazu jetzt auch I GW) und andere kirchenorientierten Gattungsformen gehören (vgl. Bd. II), sind im vorliegenden Zusammenhang besondere Formen *poesiebestimmter* geistlicher Lyrik von hohem Interesse, die von den Barock-Autoren nach den Vorschriften der humanistischen Poetik im mittleren oder sogar hohen Stil für ein kunstsinniges Publikum als Leselyrik verfaßt wurden und in denen sie – von Opitz über Gryphius bis zu Lohenstein und Günther – der privaten Frömmigkeit dienten und zugleich von ihrer eigenen Religiosität Zeugnis ablegten (zur schwierigen Abgrenzung zwischen kirchenorientierter und poesiebestimmter geistlicher Lyrik vgl. Bd. I, S. 50ff.; vgl. dazu insbesondere IV Scheitler 1982, S. 29ff.; 1984; 1999).

2)　*Geistlicher Petrarkismus*: Die geistliche Lyrik hat schon im *italienischen ›quinquecento‹* eine herausragende und lyrikgeschichtlich innovative Rolle gespielt (vgl. dazu IV Föcking). Geistliche Vorbehalte gegen die Dominanz der Rezeption von Petrarkas zur ›concupiscenza‹ verleitendem ›Canzoniere‹ führten – unterstützt vom Reformkonzil des Tridentinums – zur Etablierung eines »geistlichen Petrarkismus als tridentinische Petrarca-Korrektur« (IV Föcking, S. 69ff.), in dessen Verlauf Petrarcas Liebesdiskurs zum anthropologischen Modell weltlicher Liebe und zur »Manifestationsform der psychomachischen ›conditione humaine‹« schlechthin verallgemeinert wurde, von welcher eben die geistliche Liebe zu Gott zu erlösen vermochte. Laura konnte dabei vielfach ersetzt werden: durch die Jungfrau Maria, durch die Braut des Hohen Liedes, aber auch durch Maria Magdalena, welche sündige Erotik mit reuiger Bekehrung zu Christus und Askese verband, ja vor dem Hintergrund der Androgynität durch Christus selbst (vgl. ebda., S. 61f., 86ff., 90ff.). In solchen polaren Übernahmen und Assimilationen weltlicher in geistliche Liebesdichtung zersetzte sich das weltliche Modell und reicherte sich das geistliche mit weltlichen Motiven an. Solche kreativen Austauschprozesse finden sich auch im ›geistlichen Petrarkismus‹ der deutschen Barock-Lyrik, insbesondere in der ›Trvtz-Nachtigal‹ Spees (vgl. dazu II.121 Eicheldinger, S. 229ff.) sowie bei Scheffler (vgl. Bd. III, S. 230ff.) und der Greiffenberg (ebda., S. 259ff.), aber auch in der geistlichen Dichtung von Opitz (vgl. Bd. IV/2, Kap. 2 b) und in den erotisch kühnen Maria Magdalena-Gedichten von Hoffmannswaldau und Lohenstein (vgl. ebda., Kap. 6 b, 7 e). Im Kontext hermetischen Gedankenguts vollzieht sich eine interessante »Vermählung« von geistlicher und weltlicher Liebespoesie in der Lyrik Zesens (vgl. Bd. IV/2, Kap. 5 e), wobei der Petrarkismus zugleich dem Lob erfüllter diesseitiger Liebe weichen muß, wie sich dies auch in der protestantischen Ehelyrik abzeichnet. – In solchen lyrischen Aneignungen und Fortschreibungen bildeten sich innerhalb der geistlichen Lyrik zugleich konfessions-spezifische und -übergreifende poetische Traditionsfelder heraus.

3) *Bibel-Dichtung:* Während der Impuls zum ›geistlichen Petrarkismus‹ vom Katholizismus ausging, erhielt die große Gruppe der an der *Bibel* orientierten Poesie einen entscheidenden Anstoß durch die zentrale Bedeutung der Heiligen Schrift in Luthertum und Calvinismus. In Reaktion auf Luthers Verurteilung der mittelalterlichen Bibelallegorese nach dem vierfachen Schriftsinn hatte auch das Tridentinum nur den ›sensus litteralis‹ der Bibel als verbindlichen Schriftsinn deklariert (vgl. IV Föcking, S. 123). Von da aus wurde die auf analogischem Denken beruhende Allegorese-Tradition des Mittelalters überwunden und deren reiches Bildergut nun dem metaphorischen Nach-Sprechen der Bibel als eines durch David und Salomo geadelten *poetischen Buches* verfügbar gemacht (ebda., S. 123ff.). Die Bibel wurde damit auch für die geistlichen Autoren und Theoretiker des ›quinquecento‹ zum Vor-Bild, seine Stoffe zum Gegenstand der poetischen ›imitatio‹, und dabei deuteten einige Theoretiker von platonischen Prämissen her die Nachahmung der biblischen Stoffe als eigentlich wahre christliche Dichtung, weil hinter der Bibel die unverrückbare Wahrheit des biblischen Sprechers, nämlich des Heiligen Geistes stand, während die ›Mimesis‹ der weltlichen Dichtung in die Nähe des Platonischen Vorwurfs von den Dichtern als Lügnern gerückt wurde (vgl. ebda., S. 113ff.). Bezeichnenderweise eröffnet auch Gryphius seine Sammlung von Sonett-Büchern mit zwei Gedichten ›An Gott den Heiligen Geist‹: Dieser war schon in der italienischen geistlichen Lyrik anstelle der heidnischen Musen zur entscheidenden Inspirationsquelle für die Dichter geworden (vgl. IV Föcking, S. 120ff.).

Diese Diskussion um den Vorrang von ›Athen‹ oder ›Jerusalem‹ fand in den theologischen und poetologischen Diskursen Deutschlands im 17. Jahrhundert ihre konfessionsübergreifende, aber auch konträr geführte Fortsetzung. Zugleich aber nahm die *Bibelpoesie* vor allem im Luthertum eine überragende und sich in viele Gattungen verzweigende Rolle ein. Sie reichte von poetischen Übersetzungen ganzer Bücher bis zur Translation oder Ausdeutung einzelner Bibelverse und wurde kontinuierlich bis hin zu den frommen Autoren der Empfindsamkeit (Gellert, Klopstock, die Bremer Beiträger) und des Sturm und Drang (Lavater, Herder, Lenz, Claudius und Schubart) gepflegt (vgl. Bde. VI/2 und VI/3). In der Bibel galten vor allem das

*Hohelied* und der *Psalter* als Poesie. Deshalb gab es – schon aus dem Mittelalter ererbt – die *Hohelied*-Dichtung, die sich in der Barock-Mystik großer Beliebtheit erfreute (vgl. Bd. III), die aber auch von Opitz und Zesen gepflegt wurde (vgl. Bd. IV/2, Kap. 2 b, 5 d, e) und an die noch Herder mit seiner Hohelied-Übertragung anknüpfte (II Herder LL; vgl. Bd. VI/2, S. 268ff.), ferner die *Psalmendichtungen*, letztere besonders wichtig im Calvinismus (Hugenottenpsalter; vgl. Bd. II, S. 198ff), und wiederum Opitz hat auch die ›Psalmen Davids‹ nach den Melodien des Hugenottenpsalters in Verse übertragen (vgl. II Opitz PD; vgl. Kap. 5 g).

Zur Bibeldichtung zählt insbesondere die reichhaltige Gattung der sog. *Perikopendichtung* als Teil der vor allem bei den Katholiken und Lutheranern im 16. und 17. Jahrhundert in verschiedenen Gattungen zu pädagogischen und erbaulichen Zwecken weit verbreiteten Perikopenliteratur (vgl. dazu II.44 Krummacher 1976, S. 48ff.). Diese diente der Auslegung jener vor allem aus den Evangelien und den neutestamentlichen Episteln ausgewählten und festgelegten Abschnitte aus der Bibel (der Perikopen), die sonntags und feiertags das Kirchenjahr hindurch im Gottesdienst vorgelesen wurden und die auch der Predigt zugrundelagen. Sie gliederten thematisch das Kirchenjahr, und ihre Auswahl sollte zusammen mit der an sie gebundenen Verkündigung die Hauptwahrheiten des christlichen Glaubens und Lebens Jahr für Jahr einprägsam vergegenwärtigen. Wegen der zentralen Bedeutung der Schriftauslegung im lutherischen ›Wort‹-Gottesdienst bildete sich vor allem in dieser Konfession ein reiches Schrifttum zur besseren Kenntnis und Auslegung der Perikopen aus. Dazu gehörten insbesondere die aus der Katholischen Kirche übernommene Form der – sich ausdifferenzierenden – Postillen, die in der Regel Predigtsammlungen über die Perikopen darstellten und der Predigtpraxis, aber auch der häuslichen Andacht zur Verfügung standen (vgl. II.44 Krummacher 1976, S. 69ff.), ferner »lateinische Perikopenparaphrasen und deutsche Perikopenlieder« (ebda., S. 91ff); sie dienten in knapperer Form (in Epigrammen, Sprüchen, Gebeten, Gedichten) oder in ausführlicheren – zunehmend auch ausschmückenden – ›erzählenden‹ Gattungen wie dem Evangelien- oder Epistellied in der Regel dem Schulunterricht. Für letzteren waren insbesondere auch die Perikopenepigramme und -sprüche bestimmt, die auch das Auswendiglernen erleichtern sollten. Schließlich entwickelte sich zur meditativen Aneignung in Gottesdienst (nach der Predigt) oder in der Privatandacht auch noch die Gattung der Perikopengebete in Vers oder Prosa (ebda., S. 151ff.). Auch Logaus Perikopenepigramme und Andreas Gryphius' ›Sonn- und Feiertagssonette‹ gehören zur Gattung der Perikopendichtung (vgl. Kap. 5 c–2; 6 k).

4) *Meditationsdichtung*: In der italienischen Lyrik des ›quinquecento‹ entwickelte sich – insbsondere in den wegweisenden ›Pietosi affetti‹ (1594) des Benediktiners Angelo GRILLO (1557–1629) – ein auch für die deutsche geistliche Dichtung prägender Typ des Meditationsgedichtes aus. Er erwuchs aus der aszetischen Gebetspraxis, in deren Mittelpunkt die Betrachtung von Geburt, Leben und Tod des Erlösers stand (vgl. IV Föcking, S. 155ff., 167ff.). Dabei wurde die Kontemplation in die Meditation integriert und diese vor allem durch Ignatius von Loyolas vielfach nachgeahmte ›Geistliche Übungen‹ zu einer dreistufigen Meditationsform hin systematisiert, wie sie auch in Friedrich von SPEES ›Güldenem Tugend-Buch‹ und seiner ›Trvtz-Nachtigal‹ begegnen (vgl. Bd. III, S. 164ff.). Am Anfang steht jeweils die ›memoria‹, die

sinnliche Vorstellung einer Station oder eines Ereignisses aus dem Leben Jesu, das durch eine komplexe ›applicatio sensuum‹ zu erfassen ist (bei Spee häufig eingeleitet mit der Aufforderung »bilde dir für«; vgl. II GTB, S. 517ff. u. ö.; vgl. TN, S. 104ff. u. ö.). Dann erfolgt in der Hinwendung zum ›intellectus‹ (»bedencke wol«) die theologische Ausdeutung des Vergegenwärtigten, schließlich im Appell an ›voluntas/affectus‹ der Impuls zur direkten Hinwendung zu Gott (bei Spee häufig in Bekenntnisform oder als Gebet gestaltet). Die Konzentration auf Details aus dem Leben Jesu, auch der Betrachtung einzelner Teile seines Körpers, ferner seiner Wunden und seines Sterbens führten bereits bei Grillo zur Serialisierung solcher geistlichen Meditationen.

Dasselbe läßt sich nicht nur in der deutschen Barock-Mystik beobachten – bei dem Jesuitenpater Spee, bei Angelus Silesius (vgl. Bd. III, S. 230ff., 238ff.) und der lutherischen Barock-Mystikerin Catharina Regina von Greiffenberg (1633–1694), deren Hauptwerk unter dem bezeichnenden Serien-Titel ›Betrachtungen‹ firmiert (vgl. ebda., S. 245ff., 264f.) –, sondern auch bei Gryphius, der seine Sonett-Bücher nach der zweimaligen Anrufung an den Heiligen Geist mit einem kleinen Zyklus ›Vber die geburt Jesu‹, ›Vber des Herrn gefångnus‹, ›Vber des Herrn leiche‹ und ›An den gecreutzigten Jesum‹ eröffnet (II SeB, S. 30ff.; vgl. dazu Bd. II, S. 112ff.; Kap. 6 j). Aber auch spätere Sonette aus seinen beiden ersten Büchern sind Meditationsgedichte (so auch ›An die Sternen‹ und ›Gedencket an Loths Weib‹; vgl. Kap. 6 d-h), ebenso seine ›Sonn- und Feiertagssonette‹ (Kap. 6 k) sowie die zur Meditationspoesie zählende Sondergattung der »threni«, die sowohl von Gryphius (›Thränen über das Leiden JEsu Christi‹ (vgl. Kap. 6 l) als auch von Hoffmannswaldau und Lohenstein mit Beispielen bereichert wird (vgl. Bd. IV/2, Kap. 6 b, 7 d). Und wie schon Grillo nutzt auch insbesondere Gryphius die strukturelle Nähe der dreistufigen Meditation zum Emblem (mit der ›memoria‹ als Korrelat der ›pictura‹ sowie der Wendung an den Intellekt als Entsprechung zur ›subscriptio‹), und ferner verwendet er bei der Deutung zugleich die Allegoreseverfahren nach dem mehrfachen Schriftsinn: Die geistliche Lyrik übernimmt damit auch eigene genuin biblisch gebundene Strukturierungsverfahren, die neben rhetorische oder auch an deren Stelle treten können. –

Über die speziell in geistlichen Traditionen entwickelten lyrischen Formen hinaus greift die geistliche Dichtung natürlich auch auf die im folgenden skizzierten lyrischen Gattungen zurück, die ihren angestammten Platz im Bereich der ›weltlichen Poemata‹ haben.

## d) Gelegenheitsdichtung und ›poetische Wälder‹

1) *Die Casuallyrik*: »Alle meine Gedichte sind Gelegenheitsgedichte«, bekannte der ältere Goethe (II GmG, S. 38; vgl. Bd. VI/2, S. 343), und Wulf Segebrecht nahm dies zum Anlaß, um das am Typ der Goetheschen Erlebnislyrik gemessene und als »Machwerk« abgewertete Casualcarmen der frühen Neuzeit in seiner bahnbrechenden Studie zu diesem Gattungstyp (1977) historisch neu zu vermessen und aufzuwerten. Er definiert ihn wie folgt:

»Als Casuallyrik würden ...alle in Gedichtform erscheinende und auf tatsächliche, herausgehobene Fälle des menschlichen Lebens bezogene, von einem Absender verantwor-
tete, publizierte, adressierte und öffentliche Glückwünsche (Huldigungen, Beileidsbezeu-
gungen usw.) von den Anfängen bis zur Gegenwart und unabhängig von ihrem poetischen ›Wert‹ gelten.« (IV Segebrecht, S. 68; vgl. dazu auch IV Stockinger)

Es handelt sich also um Gedichte, die für bestimmte herausgehobene Fälle (»casus«)
des menschlichen Lebens zu Ehren der Adressaten vor einer kleineren Runde (Trau-
ernder oder Feiernder) vorgetragen und zugleich als Privatdruck an sie verteilt wurden. Bei späterer Gelegenheit konnten solche Gedichte dann auch – mit Tendenzen
zur Anonymisierung des ursprünglichen Anlasses und Adressaten – in die Sammlungen der Autoren aufgenommen werden (IV Segebrecht, S. 72f.). Am verbreitet-
sten waren die *Leichen-* oder *Grabgedichte* (›Epicedien‹), die ein ehrendes Porträt,
eine Art Lebenssumme, des oder der jeweiligen Verstorbenen entwarfen; am zweit-
häufigsten die Gruppe der *Hochzeitsgedichte* (›Epithalamia‹). Darüber hinaus rech-
net etwa Männling in seiner Poetik (›Europäischer Helicon‹, 1704) zu den ›Sylvae‹
noch Gedichte auf »*Genethliaca* Geburthen / *Onomastica* Nahmens-Wünsche / *Pro-
pemptica* Glückwünschungen zur Reise / *Epibateria* Bewillkommnungen als Sieger
aus dem Kriege / *Gratulatoria* nach überstandener Kranckheit etc.« (zit. ebda., S. 97)
– und in das »etc.« lassen sich auch Glückwünsche zur Rückkehr von der Reise
(›Apropemptica‹) und in einer anderen Poetik »nicht weniger als 25 verschiedene
Anlässe, auf die sich *Carmina gratulatoria* verfassen lassen« (ebda., S. 101), einbeziehen.

Das Anfertigen dieser Gedichte wurde in den Poetiken systematisch durch *prae-
cepta* und eine Vielzahl von Musterbeispielen (*exempla*) gelehrt, und den Autoren
standen mit Reimregistern (das erste muttersprachliche in Zesens ›Deutschem Helikon‹, 1640/41), Spruchsammlungen, Florilegien und Anthologien noch probate
Hilfsmittel zur schnellen und bisweilen auch seriellen Anfertigung solcher Gedichte
zur Verfügung. Natürlich mußte der Stoff des Gedichts sich auf den jeweiligen konkreten Anlaß und die Person des Adressaten beziehen, aber die Poetiken hielten
auch hier Hilfsmittel bereit, um durch Systematisierung der *inventio* zu jeweils pas-
senden Einfällen zu gelangen. Im Anschluß an einen Hexameter-Vers Quintilians
(»Quis? Quid? Ubi? Quibus auxiliis? Cur? Quomodo? Quando?«) teilte man die
Stoffsuche in »loci« ein, die man systematisch abfragen konnte, und zwar im Blick
auf die »Umstände der Person« (Name, Alter, Geschlecht, Herkunft, Entwicklung,
Beruf, Reputation, Qualitäten, Charaktereigenschaften usw.), die »Umstände des
Ortes« (Stadt oder Land, Wahrzeichen usw.), der »Zeit« (Jahreszeit, Monat, Fest-
oder Wochentag, Kriegs-, Friedenszeit usw.), der besonderen Umstände des Ereignisses, seiner Ursache und seines Zweckes (vgl. ebda., S. 113f.; vgl. dazu auch die
nützliche Übersicht ebda., S. 137). Diese Findearbeit macht verständlich, warum der
Autor ein ›poeta doctus‹ sein sollte, denn er hatte mit den unterschiedlichsten Personen und Berufen zu tun, deren Charakteristica er in einen sachgemäßen Zusammenhang bringen mußte. Dies geschah nach den Regeln der *dispositio* (ebda.,
S. 138ff.) in der Form von *Reihungen, Syllogismen* oder der differenzierteren *Chrien,*
die Vorschläge zur argumentativen und amplifizierenden Durchführung einer vorangestellten und zu erläuternden »Thesis« bereitstellten (vgl. II Uhse, S. 181ff.) und die
sich neben den geltenden Gliederungsschemata für eine Rede (exordium, propositio,

narratio, argumentatio, refutatio, amplificatio und peroratio; vgl. Kap. 1 e–2) im Gedicht behaupteten (vgl. IV Segebrecht, S. 141). Mit Hilfe der Vorschläge für die *elocutio* galt es abschließend, den einsichtig gegliederten Gedankengang des Gedichts poetisch auszuschmücken (ebda., S. 142).

Indem Segebrecht so (im Anschluß an II.21 Schöne; IV Forster; Krummacher) einen dankenswerten Einblick in die Werkstatt und »Machart« des Casualgedichts und seiner einzelnen Typen (ebda., S. 152ff.) eröffnete, aber darauf verzichtete, Glanzleistungen dieses Gattungstyps aus der Feder bedeutender Autoren vorzustellen und damit die Leistungsfähigkeit und ästhetische Potenz des Gelegenheitsgedichts unter Beweis zu stellen, regte er zwar zu weiteren Untersuchungen des Gegenstandes an (vgl. IV Adam, S. 22f.), aber die Vorbehalte gegenüber der Massenhaftigkeit und Minderwertigkeit der Casuallyrik scheinen auch durch sie nicht beseitigt zu sein. Leider wurde auch das vielversprechende Projekt einer Sozialgeschichte der Literatur viel zu schnell zu Grabe getragen als daß es den kaum abzuschätzenden kulturgeschichtlichen Reichtum dieses Gedichttyps hätte erschließen können, der mit hunderttausenden von einzelnen Privatdrucken – nur unsystematisch erfaßt – und zum Teil noch unerkannt in den Bibliotheken schlummert (vgl. IV Segebrecht, S. 85, 448ff.). Kein anderer Gedichttyp war wegen seiner Adressaten- und Autor-Bezogenheit so geeignet, sowohl die großen historischen Ereignisse der Zeit (in der Adresse an die vielen Regenten im Reich) als auch die alltäglichen Rituale, die den sozialen Zusammenhalt des Bürgertums organisieren und seinen Wertekodex und dessen Wandel spiegeln, sowie Ereignisse aus der Privatsphäre zu thematisieren, wie die z. T. chronik- und fast tagebuchartige Casuallyrik in Christian Gryphius' ›Poetischen Wäldern‹ (1698, 1707) demonstriert (vgl. IV Adam, S. 208; vgl. dazu das Beispiel in Kap. 6 b). Aus sozialgeschichtlicher Sicht wären dann auch am ehesten die Schätze zu heben, die u. a. in den neu zugänglichen umfangreichen Gelegenheitsdichtungen von ROMPLER VON LÖWENHALT und Heinrich MÜHLPFORDT (II P, TG) bereit stehen.

Obwohl schon Opitz sich in der ›refutatio‹ seiner Poetik über die Massenhaftigkeit der Aufträge zur Gelegenheitsdichtung beklagte, die dazu angetan schien, das Ansehen des Dichters zu schädigen und ihn als ›Versifikateur‹ zu mißbrauchen (II BDP, S. 18f.), schrieb er selbst eifrig solche Poeme, die auch – wie das Beispiel Simon Dachs zeigt (vgl. Bd. IV/2, Kap. 3) – ihre lukrative Seite (als Arbeiten im Namen von Auftraggebern) hatten. Mancher Autor eroberte sich als begehrter Gelegenheitspoet auch öffentliches Ansehen. So analog zu Dach z. B. der Brieger Prinzenerzieher und Hoforganist Wencel SCHERFFER VON SCHERFFENSTEIN (1598–1674; vgl. dazu auch II.114 Pietrzak, S. 25*ff.). Die Gattung selbst erlebte den Höhepunkt ihrer Karriere erst in den Jahrzehnten um 1700 (vgl. IV Segebrecht, S. 78) und geriet zu Beginn der Aufklärung in eine heftige Geschmacks-Diskussion (vgl. ebda., S. 225f.; IV Adam, S. 212ff.). In deren Verlauf engagierte sich vor allem GOTTSCHED für ihren Erhalt und extensiven Gebrauch, weil er in ihr mit Recht angesichts ihrer festen Verankerung im System bürgerlicher Feier-Kultur eine unschätzbare Möglichkeit zur didaktischen Verbreitung des ›guten Geschmacks‹ erblickte (vgl. Bd. V/2, S. 24ff.). Allerdings empfahl er eine Reform des Gelegenheitsgedichts durch stärkere Einbeziehung lehrhafter Elemente, die es zu dem Gattungshybriden des *Gelegenheits-Lehrgedichts* machten (vgl. ebda., S. 30). Diese Entwicklung vollzog sich indes bereits in der zweiten Hälfte des 17. Jahrhunderts, insbesondere bei Lohenstein, Günther und den ›Galanten‹ (vgl. Bd. IV/2).

2) *Silvae/Wälder als Organisationsform der Casuallyrik*: Während des Konstanzer Konzils (1415/16) entdeckte der italienische Gelehrte Poggio Bracciolini auf der Reichenau ein Exemplar der lange vermißten ›Silvae‹ des Publius Papinius STATIUS (um 40–um 96 n. Chr.), und rasch avancierte diese in fünf Bücher eingeteilte Sammlung von 32 in kunstvoller Variation komponierten Gelegenheitsgedichten aus verschiedenen Teilgattungen zu einem – u. a. durch Angelo POLIZIANOS kongeniale Nachahmung – berühmten Muster für die Ordnung von Sammlungen, deren Gedichte »mit schneller Feder« »bei Gelegenheit« geschrieben wurden (vgl. dazu IV Adam, S. 11 ff., 31 ff.). Die Sammlung des Statius bot den Dichtern damit eine beweglichere Alternative zu dem anspruchsvollen ›Modell‹ des Horaz (mit der Einteilung gattungsgleicher Gedichte in vier Bücher). Der Begriff ›Sylva‹ hat im Lateinischen ein von natürlichem ›Mischwald‹ bis geordnetem ›Park‹ und ›Lustwald‹ reichendes Bedeutungsspektrum, das Wort ist bei Vergil zugleich Bestandteil der Hirtenszene, und es grenzt überdies an das griechische Wort ›Hyle‹ (Rohstoff, Materie), das Scaliger in der Überschrift des zweiten Buchs seiner Poetik benutzt, in dem er die »Materia poeseos« – vor allem prosodische Verhältnisse – abhandelt (II Scaliger, S. 55; vgl. IV Adam, S. 66f.).

OPITZ greift in seiner Poetik sogleich auf das Gliederungs-›exemplum‹ von Statius zurück, das er, wie das folgende Zitat zeigt, im Unterschied zu Scaliger, der den Autor der Silbernen Latinität in seiner Poetik nicht erwähnt und sich an anderen Stellen kritisch zu ihm äußert (vgl. ebda., S. 130f.), entschieden positiv beurteilt:

> »Sylven oder wålder sind nicht allein nur solche carmina / die auß geschwinder anregung vnnd hitze ohne arbeit von der hand weg gemacht werden [...] wie an den schônen syluis die Statius geschrieben zue sehen ist / welche er in der Epistel fûr dem ersten buche nennet libellos qui subito calore & quadam festinandi voluptate ipsi fluxerant: sondern wie jhr name selber anzeigt / der vom gleichniß eines Waldes / in dem vieler art vnd sorten Bâwme zue finden sindt / genommen ist / sie begreiffen auch allerley geistliche vnnd weltliche getichte / als da sind Hochzeit- vnd Geburtlieder / Glûckwûndtschungen nach außgestandener kranckheit / item auff reisen / oder auff die zuerûckkunft von denselben / vnd dergleichen.« (II BDP, S. 32f.)

Opitz erweitert die ›Sylven‹ als Gliederungsprinzip über Statius hinaus und bezieht hier sogar die Gruppe der geistlichen Gedichte mit ein. Nach diesem Schema gibt er denn auch 1625 seine ›Acht Bücher, Deutscher Poematum‹ heraus (der Titel in Analogie zum Vorbild von Heinsius' ›Nederduytsche Poemata‹ [1616]; vgl. II Heinsius), womit er die Ausgabe seiner Werke durch Zincgref (1724) korrigiert. Dabei sollte jedes der acht Bücher – beginnend mit den ›geistlichen Poemata‹ (»Erstes Buch der Poetischen Wälder: Worinnen geistliche Sachen begriffen sind«; GW II.2, S. 549ff.) – die Überschrift ›Poetische Wälder‹ tragen. In der zweiten Abteilung folgen Lehrdichtungen, in der dritten die ›kleinen‹ Gattungen der Casuallyrik wie Epicedien oder verschiedene Glückwünsche, in der vierten Hochzeitsgedichte, in der fünften Liebesgedichte, in der sechsten ›Oden oder Gesänge‹. Den Schluß bilden zwei gattungsgleiche Gedichttypen: Sonette und Epigramme (vgl. IV Adam, S. 133ff.). Darin zeigt sich eine ordnende Struktur (im einzelnen kein »Mischwald«), und die Reihenfolge der Gedichte innerhalb der ›Gelegenheiten‹ orientiert sich im übrigen an der hierarchischen Struktur der Gesellschaft (vgl. ebda., S. 136). – In der ›Ausgabe letzter Hand‹ hat Opitz dann wegen des gewachsenen Umfangs seiner Gedichte die ›Geistlichen Poemata‹ als eigenen Band ediert (GP 1638), von den zwei Bänden der posthum 1644 erschienenen ›Weltlichen Poemata‹ enthält der erstere die Übersetzungen und umfangreichere Dichtungen, der ›Ander Theil‹ dann den Bestand an ›Poetischen Wäldern‹ in einer im ganzen noch der Ausgabe von 1625 verpflichteten Folge (vgl. dazu IV Adam, S. 140ff.; Kap. 4 g, h).

Opitz' Gliederung hat bei den gelehrten deutschsprachigen Poeten ›Schule‹ gemacht. Bereits Paul FLEMING (1609–1640), einer seiner ersten Verehrer und Schüler, folgte beim Publikationsplan für seine (nicht mehr erschienene) umfangreiche lateinische Lyrik dem Opitzschen Vorbild und teilte seine Gelegenheitsgedichte in etwa 10 ›Libri silvarum‹ ein (vgl. IV Adam, S. 148ff.). An den Anfang seiner Ausgabe ›Teütscher Poemata‹ stellte Fleming ebenfalls fünf Bücher ›Poetischer Wälder‹ (das erste wie in Opitz' Ausgabe von 1625 mit ›Poetischen Wåldern / Jn welchen geistliche Sachen begriffen sind‹; II Fleming TP, S. 1ff.), dann ›Glückwünschungen‹, ›Leichengedichte‹, ›Hochzeit-gedichte‹ sowie ›Liebes-sachen und Schertz=Gedichte‹. Es folgt ein ›Neues Buch Der Poetischen Wålder‹, das einen wirklichen »Mischwald« aller Arten von Gelegenheitsgedichten enthält. Es wird mit einigen Epicedien auf Opitz' Tod eröffnet (ebda., S. 188ff.) und dokumentiert damit, daß diese ›bewegliche‹ Gliederungsform den Autoren erlaubte, auch noch sowohl jüngst entstandene als auch in traditionellen Gattungen nicht recht unterzubringende Gedichte (wie z. B. einige Sonette auf Reisestationen, die im ›klassischen‹ Protemptikon keinen Platz haben [z. B.: ›Auff den lustigen Flecken Rubar in Gilan...‹ oder › ›Zu Terki in Zirkassen / im Rückzuge aus Persien...;‹] ebda., S. 191ff.) in die ›Poetischen Wälder‹ einzupflanzen. Die bewegliche ›Sylven‹-Gliederung erweist sich von daher als besonders geeignet für die klassizistisch (als Statius-›imitatio‹) abgesegnete *Aufnahme lyrischer Innovation*!

3) *Lustwäldlein – Casualpoesie als Gärtnerei*: Opitz hatte den Wald als Metapher für eine Organisationsform der Poesie nicht weiter ausdifferenziert. Dies geschah aber im Gefolge der Sprachgesellschaften, allen voran auch hier der ›Fruchtbringenden Gesellschaft‹. In den Ritualen des ›Palmenordens‹ – seinen Statuten, Namensgebungen und vor allem in den lyrischen Publikationen seiner Mitglieder – begann die vegetative Symbolik zu wuchern. So publizierte etwa Georg NEUMARK, der ›Erzschreinhalter‹ (Sekretär) der ›Sprachgesellschaft‹ und »ein durch und durch konventionell arbeitender Poet« (IV Adam, S. 163), zwei Lyrik-Bände mit dem Titel ›Poetisch- und Musikalisches Lustwäldlein‹ (1652) und ›Fortgepflantzter Musikalisch-Poetischer Lust-Wald‹ (1657; vgl. dazu ebda., S. 158ff.; in letzterem findet sich Neumarks bekanntestes [Kirchen-]Lied ›Wer nur den lieben Gott läßt walten‹; vgl. I EGB, S. 714). In einem ›Lustwald‹ als Ort einer dem ›Nutzwald‹ entgegengesetzten domestizierten Natur und als ›locus amoenus‹ »lustwandelte« man (eine Worterfindung Zesens; vgl. IV Adam, S. 159) zum »Delektieren« und zur Recreation. Die Abschnitte in den Lyrik-Sammlungen mit den verschiedenen Teil-Gattungen der Casualpoesie erhielten nun »sprechende« »Baum«-Namen, die aus der weltlichen und geistlichen allegoretischen Tradition noch vertraut waren (z. B. aus Hieronymus

Lauretus' ›Silva Allegoriarum totius Sacrae Scripturae‹, 1570). So wurde die geistliche Dichtung der ›Zeder‹ zugeordnet, die Klagelieder unter der ›Zypresse‹ als seit
der Antike bekanntem »funesta arbor« oder unter der (Trauer-)Pappel versammelt,
Tannen- und Lorbeerbäume figurierten wieder als Sinnbilder für laudative Poesie
(ebda., S. 160ff.).

Die Sprache erscheint im Selbstverständnis der Sprachgesellschaften als »pflanz-
liches Gebilde«, der Poet entsprechend als »Gärtner«, der die »Bäume«, »Pflanzen«
und »Blumen« der deutschen Sprache kultiviert und »veredelt«. Deshalb wurde auch
das Bildfeld von »Lustwald« und »Lustgarten« synonym verwendet, und auch die
florale Topik zog in extensivem Maße zur Bezeichnung von Gedichtarten und -gat-
tungen in die Lyrik-Sammlungen ein. Zwar kannte die neulateinische Poesie bereits
diesen Brauch und auch Theobald HÖCK hatte seinen frühen Vor-Opitzschen Versuch deutschsprachig-gelehrter Poesie ›Schönes Blumenfeld‹ (1601) betitelt, doch vor
allem in der zweiten Jahrhunderthälfte wurde die poetische Pflanzen- und Blumen-
gärtnerei zur Modeerscheinung: In den hier »erschienenen ›Lustgärten‹, ›Lustwäl-
dern‹, ›Lorbeer‹-, ›Cedern‹- sowie ›Cypressenhainen‹ und auch in den ›Rosen-Ge-
büschen‹ oder ›Blumen‹ herrscht unter Ausnutzung der Titelmetaphorik das Prinzip
der thematischen Zuordnung: bestimmte Gelegenheitsgedichte werden auf die pas-
senden Blumen- oder Baumarten verteilt.« (IV Adam, S. 198f.; dort die Auflistung
der genannten Titel und weitere einschlägige Beispiele). Repräsentativ hierfür und
für die Zielvorstellungen der ›Fruchtbringenden Gesellschaft‹ ist ein Gedichtband
von dessen Mitglied Justus Georg Schottelius (»Der Suchende«); das Titelkupfer von
dessen ›Fruchtbringendem Lustgarte‹ (1647) stellt mit einer Huldigung an die
Fruchtbarkeits- und Pflanzengöttin Ceres in fünf Töpfen jene Blumen vor, welche
den fünf Gedichtabteilungen vorstehen (und jeweils an deren Ende bedichtet werden): Vergißmeinnicht, Rose, Rosmarin, Ehrenpreis und Augentrost (vgl. ebda., S.
193f.). Einige dieser Blumen begegnen dann im Titelkupfer von Gerhard Tersteegens
Lyrik-Sammlung ›Geistliches Blumengärtlein inniger Seelen‹ (1729ff.) wieder (vgl.
Bd. VI/1, S. 58ff.).

Die vegetative Semantik und Symbolik erwies sich als so topisch, daß auch andere
Sprachgesellschaften, deren Konkurrenz zur ›Fruchtbringenden Gesellschaft‹ von
dieser im Bildfeld der verpflanzbaren »Setzlinge« heruntergespielt wurde, auf analoge Symbole zurückgriffen; so der ›Pegnesische Blumen-Orden‹ auf das Symbol der
Passions-Blume oder die ›Deutschgesinnete Genossenschaft‹ Philipp von Zesens auf
Rose, Lilie, Nelke und Raute für ihre vier Zünfte. – Sogar programmatische poetologische Oppositionen ließen sich mit der Wahl des Gesellschaftsnamens annon-
cieren. So opponierte die von Jesajas ROMPLER VON LÖWENHALT gegründete Straßburger ›Tannengesellschaft‹ mit ihrem Symbol, der alt- und süddeutschen Tanne,
gegen das exotische Symbol des ›Palmenordens‹ und propagierte statt der Orientierung an ausländischen Vorbildern die Besinnung auf die eigene Sprach- und Literaturgeschichte. Mit süddeutschem Patriotismus berief sich Rompler von Löwenhalt
auf Weckherlin als eigentlichen Begründer der neuen deutschen Poesie (vgl. Kap. 3
a), und mit dem Titel »Erstes gebüsch seiner Reim-getichte‹ (1647; vgl. II Rompler)
stellte er den poetik-dominierten und deshalb wohl angelegten ›Lustgärten‹ eben
einen wild wachsenden Strauch entgegen (vgl. IV Adam, S. 188ff.).

Das *Jahrhundertende* kehrt – sichtbar auch an den *Galanten* (vgl. Bd. IV/2, Kap. 8) – mit dem neuen Stilideal der »Schlichtheit« und »Natürlichkeit« (vgl. Bd. V/2, S. 11ff.) zur ›Klassizität‹ von Statius und Opitz zurück. Auf beide beruft sich z. B. Christian GRYPHIUS, der Rektor des Breslauer Magdalenen-Gymnasiums, in seinen ›Poetischen Wäldern‹ (1698/1707; vgl. IV Adam, S. 200ff.). Dabei polemisiert er auch gegen die ›Blumen‹ seines Freundes Lohenstein. Gerade diese freilich sind ein Beleg dafür, daß zumindest einige der lyrischen Floristen mit ihrer poetischen Gärtnerei nicht nur schlichte Metaphorik betreiben, sondern in den Analogien eines Weltbildes denken, in dem irdische Blumen Spiegel von »Himmels-Blumen« sind (vgl. Bd. IV/2, Kap. 7 c).

## e)  Epigramm und Sonett

1) *Das Epigramm oder ›Sinn-Gedicht‹*: Das schon in der griechischen und lateinischen Antike reich gepflegte Epigramm war auch im deutschen Barock-Humanismus eine der beliebtesten kleineren Gattungsformen. Ursprünglich diente es (gr. ›epigramma‹ Inschrift, Aufschrift) als Grab-Schrift zum knappen, geistreichen Ehren-Gedächtnis von Verstorbenen auf den Grabmälern selbst. Diese Tradition wurde im Barock – allerdings in satirischer Form und Funktion – wieder aufgegriffen, z. B. durch Hoffmannswaldau (vgl. Bd. IV/2, Kap. 6 c). Als wichtiger denn die relativ spärliche Epigrammtheorie erwiesen sich auch in dieser Gattung die nachzuahmenden Muster bei der »imitatio veterum«, und hier nahm Marcus Valerius MARTIAL (um 40– um 104 n. Chr.) eine unerschütterliche Vorrangstellung ein. Er hatte dem Epigramm eine *satirische* Ausrichtung und eine pointierte Zuspitzung in der letzten Zeile gegeben (vgl. dazu II.79 Schnur, S. 6; IV Verweyen/Witting, S. 169f.; Weisz): ›brevitas‹ und ›argutia‹, also Kürze und Pointiertheit, blieben seitdem das dominante Markenzeichen des ›Sinngedichts‹. Dabei meint die Kürze nicht nur die Mindestlänge von zwei (u. a. als Distichon), vier (in ›Quatrains‹) oder höchstens acht Zeilen, sondern zugleich eine bestimmte ›Verdichtung‹ als Qualitätsmerkmal (vgl. IV Hess, S. 11). Im Unterschied zum verwandten Prosa-Aphorismus ist das ›Sinngedicht‹ in Versen – am gebräuchlichsten im Alexandriner – verfaßt und gegliedert und bildet mit signifikantem Titel, einem zumeist nichtfiktionalen Objektbezug (»Epigramma … est poema breue cum simplici cuiuspiam rei, vel personae, vel facti indicatione«; II Scaliger, S. 170, Sp. 1) und mit der oft dem Kriterium des Unvermuteten (»inopinatum«) genügenden Schlußpointe in der Regel auch gedanklich ein in sich geschlossenes Ganzes (vgl. IV Hess, S. 12f.; vgl. auch IV Verweyen/Witting, S. 165).

OPITZ definierte das Epigramm als »eine kurtze Satyra«, »denn die kůrtze ist seine eigenschafft / vnd die spitzfindigkeit gleichsam seine seele vnd gestallt« (II BDP, S. 30f.), »die sonderlich an dem ende erscheinet« (BDP, S. 30f.). Dies ist eine wörtliche Übersetzung der Epigramm-Definition aus SCALIGERS einflußreicher Poetik (»Breuitas proprium quiddam est. Argutia, anima, ac quasi forma.« II Scaliger, S. 170, 1. Sp.; vgl. IV Hess, S. 33) Inhaltlich solle das Epigramm, obwohl es »aller sachen vnd wŏrter fåhig ist«, »doch lieber in Venerischem wesen / vberschrifften der begråbniße vnd gebåwe / Lobe vornemer Månner vnd Frawen / kurtzweiligen schertzreden vnnd anderem/ es sey was es wolle / bestehen / als in spŏttlicher hŏnerey

vnd auffruck (= Vorwurf) anderer leute laster vnd gebrechen.« (BDP, S. 31) Damit
zielt Opitz auf eine abgemilderte, eher humorvolle Verwendungsform des Sinngedichts, wie sie dem Charakter von Martials Epigrammen denn auch tatsächlich nahe
kommt (der damit allerdings auch Zensurprobleme umgehen bzw. unterlaufen mußte). Zugleich dient es aber auch der thematischen Abgrenzung gegenüber der in der
›Poeterey‹ dem Sinngedicht vorangestellten »Satyra«, die Opitz als »ein lang Epigramma« definiert (ebda., S. 30), und ihr vor allem behält er »die harte verweisung
der laster vnd anmahnung zue der tugend« vor (ebda.). Opitz hat seine eigene
Sammlung von 48 ›Epigrammata‹ – zumeist Übersetzungen (»Auß dem Griechischen«, vermittelt durch Heinsius u. a.; II WP II, S. 384ff.; vgl. dazu auch IV Althaus, S. 51ff.) mit literarischen und mythologischen Themen – in der von ihm selbst
verantworteten Ausgabe der ›Weltlichen Poemata‹ nach dem Vorbild Ronsards an
den Schluß gesetzt (direkt vor die ›prosaische‹ ›Schäfferey Von der Nimfen Hercinie‹;
WP II, S. 384–395; vgl. auch seine Übersetzungs-Sammlung ›Florilegivm variorvm
epigrammatvm‹, ebda., angeh., S. 1–46; vgl. dazu IV Althaus, S. 51ff.). Eine solche
›Hintanstellung‹ in der Gattungshierarchie steht in eigentümlichem Kontrast zu dem
vitalen Gebrauch dieser kleinen Form im 17. Jahrhundert.

Das Epigramm eignete sich zur aspektreichen Moral- und Zeitsatire; so schon vor
Opitz bei Georg Rodolf WECKHERLIN (vgl. II GWG II, S. 404ff.; vgl. dazu IV Althaus, S. 83ff.), vor allem aber bei Friedrich von LOGAU (1604–1655). Dieser verschrieb sich ebenso allein dieser Gattung (vgl. Kap. 5) wie der Schweizer Epigram-
matiker Johannes GROB (1643–1697; ›Dichterische Versuchgabe‹, 1678; ›Poetisches
Spazierwäldlein‹, 1700; vgl. zu ihm mit weiterer Literatur IV Hess, S. 92ff.) und der
bereits dem Umkreis der Galanten zugehörige Diplomat Christian WERNICKE
(1661–1725; ›Poetischer Versuch / In einem Helden-Gedicht Und etlichen Schäffer-
Gedichten / mehrenteils aber in Uberschrifften bestehend‹, 1704; Wernicke stand
dabei unter dem Einfluß der Epigrammtheorie von Johann Gottlieb MEISTER: ›Un-
vorgreiffliche Gedancken von Teutschen Epigrammatibus‹, 1698; vgl. zu Wernicke
III Grimm, S. 524ff.; IV Hess, S. 94ff.; II.141 Verweyen; IV Althaus, S. 315ff.). – Zu
wenig beachtet wird die im Reprint neu zugängliche, mit 600 Seiten stattliche drei-
teilige Epigramm-Sammlung des religiös friedfertigen, satirisch begabten und wort-
mächtigen Klever lutherischen Geistlichen Johann KAYSER (1654–1721; ›Parnassus
Clivensis‹, 1698–1704). Der Band enthält zahllose zeitgeschichtlich aufschlußreiche
Epigramme, die Kayser selbst durch umfangreiche gelehrte Anmerkungen zur Erklärung seiner arguten Einfälle kulturhistorisch noch wertvoller macht (vgl. II Kaiser; dazu II.61 Bornemann; Gies).

In seiner Kürze und Vielseitigkeit neigt das Epigramm zugleich zur Serialisierung,
dabei werden nicht nur verschiedene – analoge oder einander entgegengesetzte –
Sachen, sondern dieselbe »res« aus immer anderen und überraschenden Perspektiven
beleuchtet. Diese Darstellungsmöglichkeiten im Rahmen von überraschenden Ket-
ten-Bildungen verschafften dem Epigramm auch zu einer originellen Karriere in der
*Barock-Mystik*, und hier vor allem in den scharfsinnigen ›Sexcenta Monodisticha
Sapientum‹ (1655) von Daniel CZEPKO (1605–1660; vgl. dazu Bd. III, S. 188ff.) und
dem ›Cherubinischen Wandersmann‹ (1657/1675) von ANGELUS SILESIUS (d. i. Johannes Scheffler 1624–1677). Hier dient die ›argutia‹ des Epigramms einer virtuos
inszenierten, der ›negativen Theologie‹ der apophatischen Mystik folgenden Denk-

bewegung, welche das mystische Anliegen der Vereinigung mit Gott immer nur
punktuell – dafür erweist sich die ›kleine Form‹ als ideal – und in paradoxalen
Umkehrschlüssen aussagen kann (vgl. dazu Bd. III, S. 216ff.; vgl. ferner IV Hess,
S. 104ff.; Althaus, S. 245ff.). Die paradoxe Botschaft der epigrammatischen Barock-
Mystik lautet gleichwohl, daß sich das (epigrammatisch) Kleine im Großen des
Göttlichen und Makrokosmischen spiegelt (und spiegeln kann), weil sich das Große
ins Kleine inkarniert hat. Von daher vermag gerade die kleinste lyrische Form das
Größte in der arguten Pointe zu erfassen und (als paradoxes Geheimnis) auszusagen:

> »10. Jch bin wie Gott / und Gott wie ich.
> Jch bin so groß als GOtt / Er ist als ich so klein:
> Er kann nicht ûber mich / ich unter Jhm nicht seyn.«
> (II Angelus Silesius CW, S. 28)

Von diesem Anspruch und dieser Leistung her halte ich den – gewiß anregenden und
scharfsinnigen – Ansatz von Althaus für einseitig, unter Verzicht auf eine »zweifel-
hafte Stringenz« der Darstellung (IV, S. 48) angesichts eines von ihm konstatierten
krisenhaften Zusammenbruchs der tradierten großen Ordnungs- und Denksysteme
mit der Folge einer »epigrammähnlichen Formation der Wahrnehmung« das punktuell und digressiv erscheinende Epigramm zur Schlüsselgattung ›barocker‹
Welt(des-)orientierung aufzuwerten: »Nur im kleinen findet sich der Mensch zu-
recht« (IV Althaus, S. 9; vgl. ebda., S. 24ff.), und deshalb lasse sich »alles« »epigrammatisieren.« (Ebda., S. 28) Das trifft die Sache nur zum Teil. Das Epigramm im
17. Jahrhundert zielt – das ist dessen Pointe – auch in der negativen Dialektik oder
in der satirischen Kritik am Einzel-Fall immer (noch) auf die Ordnung des Allgemeinen, wie sich auch bei LOGAU zeigt (vgl. Kap. 5).

   Im 18. Jahrhundert profiliert sich neben der bis zu Lessing wirksamen satirischen
Tradition des Epigramms stärker eine didaktisch-emotionale Gattungs-Tendenz, wie
sie von Gerhard Tersteegen meisterhaft gehandhabt wird (vgl. Bd. VI/1, S. 74ff.) und
wie sie dann von Herder gegen Lessing mit seinen ›Blumen aus der griechischen
Anthologie gesammlet‹ (1785/1791) als ›einfältiger‹ strukturiertes, empfindsames,
›deiktisches‹ Epigramm dokumentiert wird (vgl. Bd. VI/2, S. 274; vgl. dazu II.54
Brummack; IV Verweyen/Witting, S. 164f.).

2)  *Zur Poetologie und ›barocken‹ Struktur des ›Klinggedichts‹*: Das Sonett ist als
›verdichtete‹ Form eng mit dem Epigramm verbunden und wurde bisweilen auch als
solches verstanden. »Ein Kling-gedichte (welches die Niederländer Klink-dight und
die Franzosen Sonnet nennen) ist ein gedicht von vierzehn reimbanden oder zeilen /
darunter sich allewege die ehrsten vier weibliche und vier mänliche / gleich reimen.«
(Zit. in: IV Fechner 1969, S. 287) So definierte Philipp von ZESEN in seinem ›Hochdeutschen Helicon‹ (1656) das ›Sonett‹ (von lat. Sonus = Klang, Schall), dessen
französische Schreibweise die Autoren des 17. Jahrhunderts – auch Gryphius – bevorzugten, während sich die Eindeutschung ›Klinggedicht‹ nicht lange halten konnte. Als nicht sangbare Kunstform erfunden wurde das Sonett vermutlich zu Beginn
des 13. Jahrhunderts am Hofe Kaiser Friedrichs II. in Sizilien (vgl. ebda., S. 19; IV
Schlütter, S. 1). Die Kombination von Oktave und Sextett mit zusammen 14 Versen
gilt als Grundform. Während die gestalterischen Möglichkeiten des neuen Kunst-

gebildes schon in der Renaissance – vor allem in den 317 Sonetten von Petrarcas
›Canzoniere‹ – differenziert und subtil erprobt wurden, blieben die poetologischen
Bestimmungen dieser beliebten Form bis hin zu den deutschen Dichtungslehren des
17. Jahrhunderts auf eine äußere Beschreibung der Form beschränkt. Opitz gab nur
durch Angabe der Reimfolge mit zwei gleichlautenden umarmenden Reimen (abba
abba) eine Aufteilung des Oktetts in zwei Quartette zu erkennen (den Begriff
›Quatrains‹ reservierte er für die Form des Epigramms; vgl. II Opitz BDP, S. 56, 59).
Auch beim Sextett benannte er keine Untergliederung in zwei Terzette. Er gab hier
die Reimfolge im Prinzip frei: »Die letzten sechs verse aber mögen sich zwar
schrencken wie sie wollen; doch ist am bräuchlichsten / das der neunde vnd zehende
einen reim machen / der eilffte vnd viertzehende auch einen / vnd der zwölffte vnd
dreyzehende wieder einen.« (Also ccd eed; ebda.) Nur selten griffen die deutschen
Autoren auf die englische Sonett-Form zurück (mit drei kreuzgereimten Quartetten
und einem Reimpaar zum Abschluß (abab cdcd efef gg; vgl. II Shakespeare). Wie im
Französischen galt im Deutschen der Alexandriner als »der eigentliche Sonettvers«
(IV Schlütter, S. 6).

  Zesen experimentierte am nachdrücklichsten mit anderen Versformen und bot
Beispiele für jeweils vierhebige trochäische und daktylische Sonette sowie für ein
Echosonett (II DH, S. 66ff.). In einer späteren Auflage seiner Poetik übersetzte er
das Sonett aber auch als »zwei=siebender« (II HDH, S. 13) und bot ferner ein Beispiel für die Aufteilung eines Sonetts als pindarische (und damit sangbare) Ode (die
beiden Quartette als Satz und Gegensatz, das Sextett als Epode (II DH, S. 24). Die
Vertonung von Sonetten, die in der Romania nicht unüblich war (vgl. IV Mönch),
konnte sich in Deutschland aber nicht durchsetzen.

  Die theoretische Unterbestimmtheit ließ den Autoren Möglichkeiten zum Expe-
rimentieren mit der Form. Dabei waren es insbesondere die Reimformen, welche
vielfach auch zur syntaktisch-semantischen Untergliederung führten (also zu zwei
›Quartetten‹ in der Oktave und zu zwei Terzetten im Sextett), und auch die Zäsur
zwischen Oktett und Sextett, die häufig durch graphische Einrückung markiert wurde, bot Anlaß zum Wechsel des Inhalts oder zur Gradation der Gedanken (vgl. IV
Mönch, S. 33). Zesen erörterte 1641 die Frage, ob es zwischen Oktett und Sextett ein
Enjambement geben dürfe und bejahte dies (mit Verweisen auf Beispiele von Opitz),
weil das Sonett keine sangbare Form sei und nicht auf strophischen Formen aufbaut
(II DH, S. 243ff.; IV Fechner 1969, S. 290ff.). Von daher galt es nicht als Regelver-
stoß, sondern als »zierlich«, wenn Satz und Sinn des Oktetts per Enjambement bis
zur Mittelzäsur des neunten Verses fortgeführt wurden.

  Vor Opitz hatten sich u. a. schon Jan van der Noot, Johann Fischart, Paulus
Melissus Schede und Georg Rodolf Weckherlin (1584–1653) im deutschsprachigen
Sonett geübt (Beispiele in IV Fechner 1969, S. 39ff.; vgl. auch Kap. 3), aber erst
Opitz gab mit seinen bereits beachtlich formvollendeten Übersetzungen und eigenen
Beispielen auch in dieser Gattung den Anstoß zur Beliebtheit und Verbreitung des
Sonetts in der gelehrten Poesie des 17. Jahrhunderts (zu Opitz' Sonetten vgl. II.89
Borgstedt; Kap. 4 k, l). Die Sonette von Fleming (vgl. Bd. IV/2, Kap. 4 f-j) und
Gryphius (Kap. 6 c-k) schätzten schon die Zeitgenossen als Höhepunkte der Gat-
tung (vgl. IV Schlütter, S. 74ff., 81ff.). Daneben und danach gelten insbesondere
noch die 250 ›Geistlichen Sonnette‹ (1662) der Catharina Regina von Greiffenberg

(1637–1694; II GS; vgl. Bd. III, S. 264ff., 273ff.), die ›Himlischen Libes-Küsse‹ (1671) Quirinus KUHLMANNs (1651–1689; vgl. ebda., S. 287ff.) sowie die erotischen Sonette Christian Hoffmann von HOFFMANNSWALDAUS (1616–1679; vgl. Bd. IV/2, Kap. 6 e-h) als Spitzenleistungen der im 17. Jahrhundert besonders reichen Gattungsgeschichte (zum Forschungsstand und zur ›Topik des Sonetts‹ im europäischen Kontext vgl. IV Borgstedt 2001, 2003).

Im Vergleich mit Italien, Frankreich, Spanien, Portugal, England und den Niederlanden war die deutsche Blüte der Sonettkunst im 17. Jahrhundert eine Spätentwicklung. Interessanterweise bot das Sonett auch allen großen Konfessionen die ideale Plattform zur Explikation ihrer spezifischen Frömmigkeit (vgl. IV Mönch, S. 44, 155f.). Gryphius' ›Sonn- und Feiertagssonette‹ und die Sonette der Greiffenberg sind die prominentesten Beispiele für lutherische Formen der Heilsvergewisserung. Zugleich erblickt Mönch im Sonett »so etwas wie die platonische Idee einer reinen Form«, »einer reinen, absoluten, von den Zufälligkeiten jedweden Inhalts gelösten Form, die ›an sich‹ da ist« und dem »mundus intelligibilis« angehört, während »jedes einzelne, mit konkretem Inhalt gefüllte Sonett« am ›mundus sensibilis‹ teilhat (IV Mönch, S. 50). Gibt es eine bessere ›Idee‹ für die ›Topik des Sonetts‹?

## f)   Ode und Lied

1) *Abgrenzungsprobleme zwischen Ode und Lied*: ›Ode‹ war im Griechischen zunächst eine allgemeine Bezeichnung für musikalisch begleitete Gesänge (einschließlich der Chorlyrik). Erst später verstand man darunter das monodische Lied, vor allem in der von Alkaios und Sappho geprägten ›aiolischen‹ Form. Horaz transponierte diese Vers- und Strophenformen in seine ›Carmina‹ (also ›Lieder‹ in der ursprünglichen Bedeutung) und wurde damit stilbildend für die »Neulateiner‹ (vgl. Abschnitt a–3) und die nationalsprachlichen humanistischen Autoren. Unter letzteren gilt Pierre de RONSARD mit seinen ›Les quatres premiers livres des odes‹ (1550ff.) als Begründer einer an Horaz anknüpfenden, thematisch variantenreichen, eleganten, der höfischen Geselligkeit verpflichteten Form einer im Stil gehobenen Ode, der er einen festen Platz im Gattungsgefüge der französischen Lyrik erobern konnte und die zum Teil auch vertont wurde (u. a. von Goudimel; vgl. dazu auch IV Viëtor, S. 49ff.). In Deutschland versuchte vor allem WECKHERLIN diese Oden nachzubilden. Seine Sammlung ›Oden und Gesänge‹ (1618/19), in denen er zugleich die romanische Metrik ins Deutsche zu übertragen sucht (vgl. Kap. 3 a–3), gibt mit dem Titel gattungstheoretische Probleme auf: Es ist, da er selbst beide Begriffe auch synonym verwendet, unklar, worin sie sich unterscheiden sollen (vgl. dazu auch IV Viëtor, S. 51f.; Kap. 3 c–1). Dabei sind Doppelung und offensichtlich synonymer Gebrauch dieser Bezeichnungen im 17. Jahrhundert weit verbreitet. Sogar eine Übersetzung von Horaz' Oden durch Martin Bohemus lautete ›4 Bücher Odarum oder Gesänge‹ (1656; vgl. IV Viëtor, S. 66).

Wie Weckherlins Beispiel zeigt, waren die komplizierten Versmaße und Strophenformen der ›horazischen Ode‹ zunächst in der deutschen Sprache nicht adäquat wiederzugeben. OPITZ hatte mit seiner Alternationsregel dazu auch den Weg erschwert. Er wollte den Dactylus nur in Ausnahmefällen »dulden« (»wenn er mit

vnterscheide gesatzt wird«; II BDP, S. 52), vor allem weil im Deutschen keine adäquaten dreisilbigen Reimworte zur Verfügung stehen. Zwar gestand er zu, daß sich
in den Strophen die Versarten Zeile für Zeile abwechseln, also trochäische auf jambische Verse oder ein ›vers commun‹ auf einen Alexandriner bzw. umgekehrt folgen
könne (vgl. sein Beispiel ebda., S. 61), aber einen Wechsel der Versfüße innerhalb
eines Verses (einen sog. »Wechselvers«), wie ihn die klassisch-antiken Odenmaße
erfordern, hielt er im deutschen *Sprech*vers für unpassend und allenfalls in Verbindung mit Musik für akzeptabel (ebda.).

In solcher theoretischen Unbestimmtheit und im dichtungspraktischen Verzicht
auf die Nachbildung der antiken Odenstrophen deutet sich schon die Durchlässig-
keit der Ode zum Lied im Gattungsverständnis des 17. Jahrhunderts an. Auch in
diesem Punkt hatte Opitz in Theorie und poetischer Praxis die Weichen gestellt.
Unter den lyrischen Gattungen führt er die Ode nicht eigens auf (II BDP, S. 30ff.),
sondern erwähnt später nur »ein Exempel einer Trochäischen Ode oder Liedes«
(ebda., S. 60) und annonciert damit selbst sein ›lied‹-haftes Verständnis der Ode. Für
die »Lyrica oder getichte die man zur Music sonderlich gebrauchen kann«, verwendet er denn auch den Horazischen Begriff für Oden: »Carmina« (ebda., S. 33). Insofern trifft Viëtors Analyse zu, daß die Ronsardsche Ode bei Opitz keine Fortsetzung findet: »Ode ist immer nur eine andere, klassische Bezeichnung für das gesellige
Lied, aber keineswegs eine besondere Gattung.« (IV, S. 60f.). Das galt auch, wie sein
Überblick zeigt, für die nachfolgenden Poetiken (ebda., S. 61f.), aber nicht minder
auch für die poetische Praxis des 17. Jahrhunderts (ebda., S. 63f.): »nicht jedes Lied
der Zeit wurde Ode genannt, aber fast jedes, ›Ode‹ betitelte Gedicht war ein *Lied*.«
(Ebda., S. 63) – Dies trifft allerdings nicht für die pindarische Ode zu (vgl. Abschnitt
3).

2)    *Oden als sangbare strophische Gedichte*: Oden sind um der prinzipiellen Sangbarkeit willen in gleiche Strophen eingeteilte Gedichte, wobei in jede Strophe »eine
vollkommene meinung gebracht werden« muß, so daß sie am Ende einen deutlichen
syntaktisch-semantischen Abschluß aufweist (II Zesen DH, S. 59). Die Strophen
selbst können dabei in Versmaß sowie in Vers- und Zeilenlänge nahezu beliebige
Kombinationen bilden, dennoch wurde die Länge um der Sangbarkeit willen in der
Regel auf höchstens 9 Strophen begrenzt (vgl. II.143 Maché, S. 208). Während Opitz
seine Oden noch ohne Melodien publizierte und den Zusammenhang von Dichtung
und Musik nicht weiter erörterte, ergriffen Zesen, Rist und Harsdörffer von sich aus
die Initiative, um ihre Oden mit Melodien zu versehen und sie auch den Bedürfnissen
des Gesanges anzupassen (vgl. ebda.; zu Simon Dach und den ›Königsbergern‹ vgl.
Bd. IV/2, Kap. 3). Schon Zesen behauptete stolz, die deutsche Muttersprache sei
bereits so hoch gestiegen, daß man »über die tausend Oden auf allerley Art vorstellen kann / also daß immer eine anders alß die ander in schrenck= und Abwechse-
lungen der Verse geschrieben und gelesen(!) wird.« (DH, S. 265). Die Fülle der im
17. Jahrhundert übernommenen, abgewandelten, neu kombinierten und erfundenen
Oden-Strophen ist in der Tat erstaunlich. Horst J. Franks verdienstvolles ›Handbuch
der Strophenformen‹ beschreibt insgesamt für die deutsche Lyrik rund 300 Strophenformen von zwei bis vierzehn Zeilen und damit nur die bekanntesten, die, wie
sich immer wieder zeigt, keineswegs alle von den Barock-Humanisten verwendeten
Formen erfaßt (IV Frank).

Dabei stellt die Verbindung der Oden mit dem Gesang ein lyrikgeschichtlich schwer lösbares Analyse-Problem dar, weil die Gedichte meist nur als Texte zur Verfügung stehen und auch bei Vorlage einer Melodie oder Melodienangabe meist nur im Lesen oder Sprechen ›vollzogen‹ werden können. Die Verbindung von Text und Melodie – also z. B. die von Zesen geforderte Übereinstimmung von »Singe=toon (Accentus melicus)« und »verß=akccent (Accentus metricus)« (II DH, S. 26) sowie ihre ›Stimmigkeit‹ kann nur selten einbezogen werden. In den meisten Fällen wird man sich daher mit einer Form-Beschreibung begnügen müssen. Dabei gibt es vielfältige Austauschprozesse: Viele poesiebestimmte geistliche Oden der humanistischen Autoren orientieren sich an bekannten Kirchenlied-Melodien (einschließlich des Hugenottenpsalters), aber auch ›weltliche‹ Oden wie ein Epithalamium kann als umgekehrte *Kontrafaktur* (vgl. Bd. I, S. 44) auf eine Kirchenlied-Melodie verfaßt sein (wie etwa Zesens Hochzeits-Oden nach der Melodie ›Wie schön leucht uns der Morgenstern‹; vgl. II DH, S. 394ff.). Viele Oden sind allerdings auch trotz strophischer Gliederung, aber wegen besonders komplizierter und langer Strophenform nicht auf Sangbarkeit hin verfaßt. – Einen neuen – durch Pyra und Lange angestoßenen (vgl. Bd. VI/1, S. 103ff., 114ff.) – Aufschwung erlebt die Ode im 18. Jahrhundert. Erst Klopstock gelingt dann eine wirklich überzeugende Nachbildung der antiken Oden-Strophen und -Versmaße im deutschen Sprechvers (vgl. Bd. VI/1, S. 457ff.; zur Ode im ›Göttinger Hain‹, bei der Karschin, Voß, Schubart und Schiller vgl. Bd. VI/3).

3) *Pindarische Ode*: PINDARS (um 520 – nach 446 v. Chr.) der *Hymne* verwandte, sprachmächtige, dunkle, auf spezielle griechische Verhältnisse bezogene und zugleich auch schon poetologische ›Epinikien‹ (gr. Siegesgesänge), die der Tradition des *Chorlieds* zugehören, haben die deutschen Humanisten meist nur aus zweiter Hand und im Blick auf die charakteristische triadische Strophenform kennengelernt. Vorbild war hier erneut RONSARD, der seine Odensammlung mit 14 ›pindarischen Oden‹ in Gestalt von heroischen Lobgesängen an hohe Persönlichkeiten des Hofes eröffnet. Auch hier ist WECKHERLIN der erste, der diese Form im Deutschen in sechs Gedichten zu encomiastischen Zwecken für seine höfischen Adressaten nachzubilden versucht, ohne den Begriff ›pindarische Ode‹ dafür zu verwenden (vgl. dazu IV Viëtor, S. 73f.; Kap. 3 c). – OPITZ beschreibt die Dreiteiligkeit der Form nach der frei zu wählenden, aber dann einzuhaltenden ›Strophe‹, ›Antistrophe‹ und der ›Epode‹ (als eigener Strophenfom) und der beliebigen Wiederholbarkeit der Trias (II BDP, S. 62), bietet aber dann immerhin auf sieben Seiten seiner schmalen Poetik je ein Beispiel für ein ›pindarisches‹ Epithalamium und Epicedium (ebda., S. 63–69; zur Interpretation des kulturgeschichtlich interessanten Hochzeitsgedichts vgl. Bd. IV/2, Kap. 2 a). Er stimmt also damit den ›höfischen Ton‹ bereits auf ›bürgerliche‹ Gelegenheiten herab und mißt dieser Oden-Form, die er als letzte Gattung erwähnt, keine besondere Bedeutung zu. Sie hat unter den deutschen Barock-Humanisten nicht zuletzt deshalb auch nicht viele Nachahmer gefunden. Bedeutende Ausnahme ist hier aber – neben den Gelegenheitsgedichten des Straßburger ›poeta laureatus‹ und Mathematikprofessors Johannes Matthias SCHNEUBER (1614–1665; zugleich Mitglied der ›Tannengesellschaft‹ und der ›Fruchtbringenden Gesellschaft‹; ›Gedichte‹, 1644; ›Teutscher Gedichten Anderer Theil‹; 1656) – vor allem Andreas GRYPHIUS,

dessen vier ›Oden‹-Bücher 13 pindarische Oden an exponierter Stelle aufweisen. Viёtor, der eine Aufstellung und Kurzcharakteristik dieser Oden bietet (IV, S. 78ff.),
hebt mit Recht die hohe Artifizialität der Strophenformen hervor, die sich durch die
ganz ins Religiöse transponierte Thematik bis zu mehrsätzigen Formen steigert. Zugleich eignet diesen Oden im Kontext der Sammlung ein einheitlich-pathetischer
Charakter und verleiht ihnen eine exponierte Rolle im zyklischen Aufbau der Sammlung (vgl. dazu im einzelnen Kap. 6 l). – Die Galanten haben – auch in diesem Fall
als Vorboten der Aufklärung und Gottscheds – nur noch Spott für diese Oden-Form
übrig (IV Viёtor., S. 83f.). – Das ›Pindarisieren‹ gewinnt dann erst in KLOPSTOCKS
enthusiastischen und freirhythmischen Hymnen, die er gleichwohl ›Oden‹ nennt (vgl.
Bd. VI/1, S. 468ff.), sowie in den Sturm und Drang-Hymnen HERDERS und GOETHES
neue Formen und eine neue ästhetische Qualität (vgl. Bd. VI/2, S. 172ff., 198ff.,
277ff., 353ff.).

4)  *Sapphische Ode*: Von dem in neun Bücher eingeteilten lyrischen Werk der SAPP-
HO (zwischen 617 und 612 bis zwischen 570 und 560 v. Chr.) aus Lesbos, der als
»zehnte Muse« verehrten Dichterin, sind nur wenige Gedichte überliefert. Die Humanisten kannten zwei ihrer Gesänge aus Henri Etiennes Anakreon- und Pindar-
Ausgaben (1554 und 1556), und diese Gesänge wurden sogleich ins Französische
übersetzt und die Form der ›sapphischen Ode‹ dort vornehmlich auch von Ronsard
nachgeahmt (vgl. IV Derks, S. 18ff., 74). Opitz zitiert zwei Beispiele aus dessen
Feder (BDP, S. 62), da er sich selbst noch nicht in der Form der Sapphischen Ode
versucht habe. Dabei handelt es sich aber hier und im folgenden nur um die *erste*
Strophenform der Sappho. Allerdings könnten, so stimmt Opitz Ronsard bei, die
»Saphischen gesånge« »nimmermehr« »angenehme sein / wann sie nicht mit lebendigen stimmen und in musicalische instrumente eingesungen werden / welche das
leben vnd die Seele der Poeterey sind.« Sappho habe ihre Verse vermutlich »gantz
verzucket / mit vneingeflochtenen fliegenden haaren vnnd lieblichem anblikke der
verbuhleten augen / in jhre Cither / oder was es gewesen ist / gesungen« (ebda.,
S. 61f.). Aus dieser Beschreibung entwickelte sich geradezu die »Allegorie der
Kunst« (IV Derks, S. 29), und aus ihr läßt sich keineswegs, wie Viёtor behauptet (IV,
S. 60, 65), eine »Verwerfung« der sapphischen Strophe herauslesen, zumal Opitz
diese später selbst nachgebildet hat, und zwar in seiner Psalmenübersetzung (zum 22.
und 101. Psalm) nach den Melodien des ›Genfer Psalters‹ sowie in seiner Übersetzung von Sidneys ›Arcadia‹ (1638; vgl. dazu IV Derks, S. 23ff.).
        Die verstechnischen Probleme dieser Strophe waren denn auch im Deutschen
leichter zu lösen als diejenigen der alkaiischen und asklepiadeischen Strophen, denn
das ›Sapphicum‹ ließ sich ohne größere Probleme jambisch umformen, während die
unterschiedliche Verslänge beim Alcaicum (3. Vers als Neunsilber, 4. Vers als Zehn-
silber) nicht durch den im Deutschen so wichtigen Reim verbunden werden konnte
(Ähnliches gilt für die asklepiadeische Strophe; vgl. IV Derks, S. 11f.). Opitz verwendete die Strophe denn auch durchgängig alternierend (also mit den drei fünf-
hebigen Langversen und dem Adoneus als zweihebigem Schlußvers; im folgenden
die erste Strophe von Ps. 101):

>»Ich will ein lied von gůtigkeit erzwingen /
Wie gantz gerecht dein recht ist frôlich singen /
Mein seiten spiel sol lauten fůr vnd fůr
O HERR / von dir.«
(II Opitz PD, S. 281)

ZESEN erprobte über Opitz hinaus und angeregt von Augustus Buchner daktylische und anapästische Verse und bildete Strophen aus »Wechselversen« mit unterschiedlicher Zeilenlänge, die auch eine Nachbildung der ›sapphischen Ode‹ ermöglichten (vgl. II DH, S. 335ff.). Doch gerade bei diesen rhythmisch ungewohnten Versen erklärte er in Übereinstimmung mit Opitz, sie hätten »außerhalb des Gesanges« »keine liebligkeit« und könnten deshalb nur dort verwendet werden (HDH I, S. 132). Zugleich verschob er – zeitgleich mit Johann Peter TITZ (1642) – den durch Zäsur unterbrochenen ›Daktylus‹ der korrekten sapphischen Ode aus der Mitte der Langverse an den Anfang, also

statt: – v – – – / v v – v – v
nun: – v v – v // – v – v – v

Daraus entstand eine in sich gerundete Strophe, die den Adoneus als akatalektische Dipodie in der Kombination von Daktylus und Trochäus wie in der sapphischen Strophe (– v v – v) und zugleich (im Unterschied zur ›eigentlichen‹ sapphischen Ode) als ersten Teil der Langverse aufgriff – hier ein Beispiel aus der ›FrühlingsLust‹, in dem er die Strophe insgesamt viermal verwendet:

>»Weicht ihr Lateiner / weichet auch ihr Griechen /
Ihr můsst Euch itzund insgesammt verkriechen /
Eure Gelehrten / Weisen und Poeten
										můssen errôthen.«
(II Zesen FL, S. 167)

Derks konnte plausibilisieren, daß Zesen und Titz möglicherweise unabhängig voneinander auf diese Variation der sapphischen Ode durch die Kirchenlied-Tradition gekommen sind: Im mittelalterlichen Hymnus hatte sich die sapphische Ode erhalten, z. B. in ›Vita sanctorum, decus angelorum‹, den Gryphius als »Ehre der Engel! Lust der reinen Seelen!« übersetzte (II Gryphius ÜLG, S. 74). Diesen Rhythmus hatte auch der ›Genfer Psalter‹ (im 23. Psalm) übernommen, und als eine Verknappung dieser Melodie stellt sich Johann Crügers 1640 erschienene Melodie zu dem berühmten Kirchenlied ›Hertzliebster Jesu, was hast du verbrochen?‹ von Johannes Heermann heraus, das die sapphische Strophe in alternierend-jambischer Form adaptiert, aber auch daktylisch gelesen werden kann. Von dieser geistlichen Tradition her wird begreiflich, daß die »sapphische Ode alternierender Spielart« »zur völlig eingedeutschten Kirchenliedstrophe geworden ist.« (IV Derks, S. 55f.) Das zeigt sich auch bei Andreas GRYPHIUS, der die Strophe in daktylischer Form nur einmal als selbständige Dichtung verwendet, aber immerhin im Schlußgedicht seiner ›Oden‹ (IV, 19: ›Deß HErren Begråbnůß‹; vgl. O IV, S. 145ff.), während er sie ansonsten nur in Übersetzungen lateinischer Dichtung in jambischer Gestalt heranzieht (in der ›Felicitas‹ und den ›Uebersetzten Lob-Gesängen‹; vgl. IV Derks, S. 141ff.). Auch die Pegnitz-Schäfer – vor allem Harsdörffer und Klaj – experimentierten mit dieser Strophe (vgl. IV Derks, S. 154ff.), aber sie ist insgesamt in der humanistischen Dichtung relativ selten verwendet worden (Derks verzeichnet für den gesamten Zeitraum zwischen 1624 und 1704 90 Belege, die sich auf viele, heute oft vergessene Autoren verteilen; vgl. IV, S. 15).

5) *Das Bildungs-Lied*: Neben Volkslied und Kirchenlied (vgl. dazu Bde. I und II) gab es seit der zweiten Hälfte des 16. Jahrhunderts im Bereich des komponierten Liedes bereits Versuche, Liedformen aus dem Italienischen ins Deutsche zu transformieren. Sie gingen auf der einen Seite von *Musikern* aus – vor allem von dem kaiserlichen Vize-Kapellmeister Jacob REGNART (um 1540–1599) mit der musikalischen Form der italienischen Villanelle (›Kurtzweilige Teutsche Lieder‹, 1576), von dem Komponisten Hans Leo HASSLER (1564–1612) mit Madrigaltexten (1596) und vor allem von dem Leipziger Thomaskantor Johann Hermann SCHEIN (1586–1630) mit verschiedenen Sammlungen von Liebesliedern (›Venus Kräntzlein‹, 1609; ›Musica boscareccia oder Waldliederlein‹, 1621, 1626, 1628), wobei Schein versuchte, in den selbst verfaßten deutschen Texten italienische Motive und deutsche Volkslied-Traditionen zu verbinden und den Wortsinn und Textgehalt musikalisch zu unterstreichen (vgl. dazu IV G. Müller, S. 18ff.). Auf der anderen Seite gab es auch einige vor-opitzische *Dichter* wie Christoph Dietrich von SCHALLENBERG (1561–1597) oder Theobald HÖCK (1573–1618; ›Schönes Blumenfeldt‹, 1601), die ebenfalls italienische Lied-Einflüsse mit deutscher Volkslied-Tradition vereinigten. Hinzu kommt vor allem Georg Rodolf WECKHERLIN, der sich an französischen Mustern orientierte (vgl. Kap. 3).

Aber auch in der Geschichte des deutschen Liedes schafft erst OPITZ einen profilierten Neubeginn (freilich auf Kosten vor allem des Volksliedes). Während er dazu neigt, die Ode zum Lied herabzustimmen, verfolgt er bei diesem die umgekehrte Tendenz: Er beläßt dem Lied die Nähe zur Musik, wertet aber das Gewicht des Textes auf, wie schon seine Definition verrät: »Die Lyrica oder getichte die man zur Music sonderlich gebrauchen kann / erfodern zuefóderst ein freyes lustiges gemûte / und wollen mit schônen sprûchen vnnd lehren hâuffig geziehret sein« (BDP, S. 33). Daraus entwickelt sich auch in seiner eigenen Praxis der Typ des *Bildungs-Liedes*, das im Unterschied zum Volkslied stets mit seiner korrekt durchgearbeiteten Form, seinem rhetorisch und poetologisch genormten Aufbau und Gedankengang sowie seinem sogar im Scherzen noch gepflegten, anspielungsreichen Stil und seiner distanzierten Haltung die paradigmatische Zugehörigkeit zur Gelehrten-Dichtung des Humanismus bezeugt; »überall gibt man zu verstehen, daß man viel Bedeutenderes, Gelehrteres, Ernsteres sagen könnte.« (IV G. Müller, S. 57) Es ist ein Liedtyp, der auch ohne Musik als Vers-Kunst und Lese-Text Bestand hat (und vielleicht auch deshalb von Opitz selbst nicht mit Melodien ausgestattet wurde). Die von ihm verwendeten, meist aus dem Niederländischen und Französischen übernommenen Strophenformen sind in der Regel einfach (vierhebige Vier- oder Sechszeiler; zu einzelnen Beispielen des Opitzschen weltlichen und geistlichen Liedes vgl. Kap. 4 g, h; Bd. IV/2, Kap. 2 b; Überblick in IV G. Müller, S. 52ff.).

Dieser Liedtyp wurde von einigen ›Opitzianern‹ im Blick auf Variabilität von Form und Inhalt ausgebaut. Dazu gehört der von seinen Zeitgenossen und bis zu Gottsched und Lessing hoch geachtete, als schlesischer Kriegsflüchtling nach Rostock gelangte und dort zum Professor der Dichtkunst ernannte Andreas TSCHER-

NING (1611–1659); ›Deutscher Gedichte Frühling‹, 1642; ›Vortrab Des Sommers Deutscher Gedichte‹, 1655; vgl. zu ihm II.133 Borcherdt, S. 41 ff., 172 ff., 213 ff.). Als »disziplinierter Arbeiter an der Metrik und Sprache der Opitz-Schule« (II.133 Prätorius, S. 432) erreicht er in seinen Gelegenheits-Liedern formale Glätte und Geschmeidigkeit sowie einen maßvollen Umgang mit der gelehrten Tradition, worüber der Inhalt seiner Lieder allerdings auch minderes Gewicht erhält (schon G. Müller beurteilte ihn deshalb als »Humanistendichter aus zweiter Hand«; IV, S. 63).

Zu seiner Zeit erfolgreich hat auch der Wedeler Pfarrer Johann RIST (1607–1667), der sich »als Opitz' Statthalter im Norden« verstand (II. Mannack, S. 482), zunächst das weltliche Lied in mehreren Sammlungen gepflegt, doch führte sein Lied-Stil in eine zum Teil weitschweifige Breite, die »Verdünnung« (IV G. Müller, S. 68) und Qualitätsverlust zur Folge hatte (II.102 Mannack, S. 483). Rist legte großes Gewicht auf die Melodien und versammelte eine Reihe guter Komponisten – die sog. ›Hamburger Liedschule‹ – um sich. Besonders profiliert hat er sich als geistlicher Dichter. Seine mehr als 650 geistlichen Lieder wurden in 10 Sammlungen veröffentlicht und fanden Eingang in die lutherischen Gesangbücher (vgl. zu Rist als Kirchenlieddichter Bd. II, S. 227 u. ö.; ferner Bd. IV/2, Kap. 5 f). – In diesem Zusammenhang gebührt allerdings dem von Gryphius insonderheit verehrten und vor allem in den Passionsliedern der Mystik nahe stehenden Köbener Pfarrer Johannes HEERMANN (1585–1647) das Verdienst, noch vor Rist und Zesen das Kirchenlied der Opitzschen Reform geöffnet zu haben (vgl. zu ihm Bd. II, S. 227 ff., 240 f. u. ö.). – Durch Gottfried FINCKELTHAUS (1614–1648; ›Deutsche Oden oder Gesänge‹, 1638; ›Lustige Lieder‹, 1645/48) und den Hamburger Journalisten und Verleger Georg GREFLINGER (um 1620–1677; ›Seladons Beständige Liebe‹, 1644; ›Seladons Weltliche Lieder‹, 1651) erhielt der Opitzsche Lied-Typ noch seine scherzhaft-verspielte und auch derbkomische Erweiterung.

6) *Das klang-dominante Lied*: Über den von Opitz inaugurierten und durch seine Nachahmer zusehends verflachten Typ des akademischen Bildungs-Liedes hinaus entwickelte sich vor allem durch Zesen und die Pegnitz-Schäfer der neue Typ des stärker formbezogenen, den Erfordernissen der Melodie sich öffnenden und selbst als ›Klang-Körper‹ »instrumentierten« Liedes. Das Interesse an den sprachlichen Klängen entwickelte sich auch im Kontext pansophischer sowie sprachhistorischer Überlegungen zur sog. ›Ursprache‹. Gott hatte nach Jacob Böhme die Welt mit dem ›Hall‹ seiner Schöpfungssprache hervorgerufen. Etwas von der Kraft dieses sprachlichen ›Halls‹ hatte er auch Adam und dessen paradiesischer Ursprache verliehen, von der wiederum Reste in die hebräische und deutsche als die nächstälteste Sprache hinübergelangt seien. Diese Reste steckten vor allem in den Vokalen der sog. Stammwörter, die es neu freizulegen gelte. Diese Theorie hat sich ZESEN zu eigen gemacht (vgl. Bd. IV/2, Kap. 5 c). Von daher versteht sich sein Sprachpurismus und sein Interesse, die Klanglichkeit der Lieder durch enge Verbindung mit musikalischen Elementen zu intensivieren. Hinzu kam ferner bei ihm, aber auch bei den Pegnitz-Schäfern, eine patriotische (Entdecker-)Freude über den onomatopoetischen Reichtum der zuvor verachteten deutschen Sprache, welche mit ihren Wörtern die entsprechenden Sachen nicht arbiträr, sondern ›laut‹-symbolisch und mit ›physischem‹ Bezug auszusagen vermochte. So heißt es in HARSDÖRFFERS ›Schutzschrifft für die Teutsche Spracharbeit‹:

»Sie redet mit der Zungen der Natur, in der sie alles Getön und was nur einen Laut, Hall und Schall von sich giebet, wol vernemlich ausdrucket; sie donnert mit dem Himmel, sie blitzet mit den schnellen Wolken, strahlet mit dem Hagel, sausset mit den Winden, brauset mit den Wellen, rasselt mit den Schlossen, schallet mit der Luft, [...] summet wie die Hummel, kacket wie das Huhn, klappert wie der Storch, kracket wie der Rab, schwieret wie die Schwalbe, silket wie der Sperling, und wer wollte doch das wunderschickliche Vermögen alles ausreden.« (Zit. in: IV G. Müller, S. 96f.)

Neben Harsdörffer pflegten unter den ›Pegnitz-Schäfern‹ insbesondere Sigmund von BIRKEN (1626–1681; vgl. zu ihm auch Bd. III, S. 249ff.) in seiner weltlichen und geistlichen Gelegenheitsdichtung und pastoralen Poesie (›Fortsetzung der Pegnitz= Schäferey‹, 1645; vgl. Kap. 7 d) und am virtuosesten Johann KLAJ (1616–1656; zusammen mit Harsdörffer 1644 Begründer des ›Pegnesischen Blumenordens‹; vgl. Kap. 7) die Gattung des klang-dominanten Liedes (hier nur die Eingangsstrophe aus ›Vorzug deß Frülings‹):

> »Im Lentzen da gläntzen die blümigen Auen /
> die Auen / die bauen die perlenen Tauen /
> die Nympfen in Sümpfen ihr Antlitz beschauen /
>     es schmiltzet der Schnee /
>     man segelt zur See
>     bricht güldenen Klee.«
>     (I PS, S. 165f.)

Ein beachtlicher Klang-Künstler war ferner der Dresdener Hof-Dichter, Ballett- und Singspiel-Autor David SCHIRMER (1623–1687). In seinem ›Poetischen Rosen-Gepüsche‹ (1650, erw. 1657; vgl. II Schirmer PRG), einer Sammlung von Liebes-Liedern und -Sonetten, läßt er ohne den sonaren Überschwang von Zesen und Klaj doch vor allem in den daktylischen Virtuosenstücken »fast hymnische Töne erklingen« (II.116 Prätorius, S. 250). Mitbedingt durch die musikalische Orientierung der Dresdener Hof-Kultur gab er 1654 in Zusammenarbeit mit dem Komponisten Philipp Stolle 68 – auf die Verbindung von Liebe und Tugend konzentrierte – Lieder in der Sammlung ›Singende Rosen‹ heraus (vgl. II Schirmer SR). Von Zeitgenossen und auch noch von Müller als »Klangvirtuose« hoch gelobt (IV G. Müller, S. 88ff.), gilt er heute doch eher als »solider Durchschnittsautor in der Mitte des 17. Jahrhunderts« (II.116 Prätorius, S. 250; vgl. zu Werk und wissenschaftlicher Rezeption Schirmers insbesondere II.116 Harper, S. 16*ff.).

7)  *Das galante Lied*: Ein dritter Liedtyp entwickelte sich durch die intensivierte Rezeption der Lyrik von Giovan Battista MARINO (1569–1625; ›Rime‹, 1602; ›La lira‹ 1608/14) als virtuoses Spiel mit Form (Klangbewußtheit) *und* Inhalt, der neu ernst genommen wird und im überraschenden Spiel mit den unterschiedlichen Stilen und Traditionen der Lyrik für häufig elegante, aber auch erotisch-obszöne Pointen sorgt. Häufung von Ausdruck, Aufzählungen, Oxymora, Hyperbeln u. a. führen zu den ›concetti‹ (ital. Einfällen), die den Stil zwar ›verdunkeln‹ können und sich daher auch für die Pointierung in Sonett und Epigramm eignen, die aber auch zu einer geistreichen Formung von Madrigalen, Kanzonen und schäferlichen Liebesliedern sowie zu Liedern mit komplexeren Strophenformen verwendbar sind. Prominentester Vertreter des galanten erotischen Lieds ist Christian HOFFMANN VON HOFFMANNS-

WALDAU (1616–1679), dessen Liebeslyrik größtenteils erst posthum in der sog. ›Neukirchschen Sammlung‹ publiziert wurde (vgl. Bd. IV/2, Kap. 6); hier nur eine Strophe, ein beliebter sechszeiliger Vierheber, mit Kreuzreim und Paarreim als Abschluß):

> »Flavie schaut meine Tränen
> Nur als Wasser-Perlen an;
> Und mein seufzerreiches Sehnen,
> So ich doch nicht lassen kann,
> Zeigt mir, daß Betrügerei
> Meiner Treu Belohnung sei.«
>     (I Hoffm. I, S. 343)

In der Nachfolge Hoffmannswaldaus steht der (u. a. mit Lohenstein befreundete) schlesische Adlige und Gutsherr Hans Aßmann von ABSCHATZ (1646–1699). Seine lyrischen Werke wurden erst posthum (1704) gesammelt publiziert (vgl. II Abschatz), nachdem einige Gedichte in die ›Neukirchsche Sammlung‹ aufgenommen worden waren. Seine weltliche erotische Lyrik (›Anemons und Adonis Blumen‹) setzt die galanten Motive zwar ebenfalls effektvoll und pointiert in Szene, doch distanziert sich der Autor bereits vom marinistischen Stilprunk (vgl. II.1 Metzger 1970, 1988). Damit paßt er zur Tendenz der in der ›Neukirchschen Sammlung‹ vereinigten Autoren (vgl. Bd. IV/2, Kap. 8), die zwar unter Hoffmannswaldaus berühmtem Namen firmierten, sich aber zugleich von dem als ›Schwulst‹ empfundenen ›Marinismus‹ distanzierten und das galante Lied – ebenso wie Johann Christian GÜNTHER (1695–1723; vgl. zu ihm Bd. IV/2, Kap. 9) – auf einen eher »scherzenden« Stil und Ton einstimmten, der sich mit der lyrischen Moderichtung der Aufklärung, der *Anakreontik*, verbinden ließ (vgl. Bd. V/2, S. 173ff.).

## g)  Individualität und Konventionalität der Sprechinstanz

1) *Priorität des Allgemeinen vor dem Besonderen*: Verständlicherweise hat die Forschung angesichts früherer Gepflogenheit, Werke der Barock-Zeit mit goethezeitlichen Kategorien als Ausdruck eines individuellen dichterischen Erlebens auszulegen, vor »übertriebenem Biographismus und manchen fatalen Nachwirkungen existenzialistischer Daseinsdeutungen« (II.44 Mauser, S. 133) gewarnt und auf die prinzipielle Priorität des Allgemeinen – der Normen, Traditionen, Ordnungen, Systeme und Hierarchien – vor dem Einzelnen und Besonderen auch in der Dichtung verwiesen. Nicht der Einzelmensch, so lautete das Argument, war wichtig, sondern die Normen und die Rolle, die er zu erfüllen hatte, die Normen der Poetik etwa und die Rolle des Gelehrten. Daran wurden die Werke gemessen, daraufhin die Lebensläufe ihrer Autoren stilisiert, wie dies z. B. auch bei den Gryphius-Biographen erkennbar ist (vgl. II von Stosch; Leubscher; Stieff; vgl. dazu II.44 Laurien, S. 33). So hat man bei Gryphius für die individuell erscheinenden und im Blick auf die Epoche singulären Motive und Affekte wie etwa den Gestus der Vergänglichkeits-Klage und der ›Tränen‹ auf eine verbreitete Tradition des ›Vanitas‹-Schrifttums verwiesen, die auch in Ländern »eine außerordentliche Rolle« spielte, in denen der Dreißigjährige Krieg »nicht wütete« (II.44 Mauser, S. 133ff.). Und gegenüber jeder persönlichen Ausdeu-

tung des ›vanitas-‹ und Klagemotivs in Gryphius' Gedichten – selbst in solchen, in
denen sich der empirische Autor im Titel als Sprechinstanz ankündigt (z. B.
›Thrawrklage des Autoris / in sehr schwerer Krankheit. A. MDC XXXVI. [1636]
Mense Febr.‹ [›Ich bin nicht / der ich war«, LS, S. 8; später überarbeitet zu ›Thränen
in schwerer Kranckheit. A. MDCXL [1640]«, G, S. 8f.) – stellt Mauser klar: »In dem
Maße, in dem die Elemente des Gedichts in den Dienst einer umfassenden Argumentation gestellt werden, verliert die persönliche Erfahrung, die dahinersteht und
Anstoß zur Behandlung des Themas gewesen sein mag, an individuellem Charakter
und an persönlichem Zuschnitt.« Ebda., S. 134) Diese Einsicht kann sich natürlich
auch auf die Form der Gedichte berufen, die bei Gryphius mit der Bevorzugung von
Sonett und Epigramm einen kunstvoll begrenzten Sprachraum vorgibt, der konzentrierte Bildhaftigkeit mit der Neigung zum sentenzhaften Sprechen verbindet. Ferner
lassen sich die unterschiedlichen Gattungen und deren Funktionen ins Feld führen,
die eine nach Anlaß und Zweck differenzierte Sprechhaltung erfordern.

2)  *Die Sprechinstanz als Rollen-Ich*: Eben weil das »Ich« im Barock-Gedicht verschiedene Rollen einnehmen und diese in sich als ›Rollen-Ich‹ repräsentieren kann
(vgl. II.44 Mauser, S. 139f.), ist es sinnvoll, diese Sprechinstanz zunächst prinzipiell
als ein ›lyrisches Ich‹ zu bezeichnen und als Subjekt im lyrischen Text vom empirischen Autor-Subjekt zu unterscheiden, auch wenn die Theorie des ›lyrischen Ich‹ den
Autoren des 17. Jahrhunderts noch unbekannt war (zur Entstehung, Entwicklung
und Problematisierung dieser Theorie vgl. IV Burdorf, S. 181ff.; Jaegle, S. 43ff.,
80ff.). Denn das Sprecher-Ich im Gedicht kann – durchaus im poetologischen Horizont des 17. Jahrhunderts – *gnomisch* sein, d. h. eine allgemeine Sentenz oder Lehre
ausdrücken, es kann eine weltanschauliche Position oder eine *Gemeinschaft* repräsentieren (wie das ›Ich‹ im Kirchenlied), es kann für eine bestimmte oder allgemeine
*Rolle* einstehen, es kann wechselnde Rollen mit situativ auswechselbaren Affekthal-
tungen einnehmen (vgl. dazu auch II.44 Wiedemann, S. 446) und insofern auch
zunächst als »eine Art *Mantel-Ich*« verstanden werden, »das verschiedene Ich-Teile
einhüllt, wie auch solche Teile selber« zu bezeichnen vermag (so Renate Böschenstein
in IV Jaegle, S. 66; zur germanistischen und anglistischen Diskussion des Problems
im Blick auf das 17. Jahrhundert vgl. ebda., S. 35ff., 39ff.).
   Diese Einsichten sind gewichtig und wertvoll. Sie ermöglichen auch im Blick auf
das 17. Jahrhundert eine Deutungsperspektive, in der das Gedicht als eigenes Text-
Subjekt und im Medium seiner besonderen Sprechinstanz eine eigene und damit
auch ›andere Stimme‹ gegenüber dem Autor zu exponieren vermag. Aber sie erklären z. B. nicht die »manische Fixierung« gerade dieses Autors Gryphius auf die
›vanitas‹-Thematik, und sie verhinderten bisher die Beobachtung, daß die Sprechinstanz in Gryphschen Sonetten – vor allem in den ›Sonn- und Feiertagssonetten‹
ständig zwischen gnomischer und individueller Sprechhaltung wechselt (vgl.
Kap. 6k). Einer Lösung des Problems kommen wir vermutlich nur dann näher,
wenn wir die von einem Teil der Forschung errichtete Barriere zwischen dem Allgemeinen und Besonderen, zwischen der Normgebundenheit und der möglichen Individualität des ›lyrischen Ich‹ auflockern und die heuristische Möglichkeit zuge-
stehen, daß das Subjekt im Gedicht auch die Stimme des individuellen empirischen
Autors repräsentieren kann.

Daß sich die empirischen Autoren mit ihren Namen in ihre Texte einbringen, zeigt sich auffallend an der von Opitz eingeführten originellen Misch-Gattung der Schäfer- und Landlebendichtung, wobei die Schäferdichtung seit der Antike Medium autobiographischer Partien ist (vgl. II Opitz SNH; vgl. auch II Fleming DG, S. 10–38; vgl. ferner Kap. 7 c, d; vgl. dazu IV Garber 1974, S. 8ff. u. ö.). Gegen Ende des Jahrhunderts können auch die Gelegenheitsgedichte Anlaß zur Darstellung privater Ereignisse geben (so bei Christian Gryphius; vgl. dazu IV Adam, S. 204ff.). Und im 17. Jahrhundert steigt das Interesse an fiktionalen Formen autobiographischen Erzählens (wie dem ›Schelmenroman‹) und an Autobiographien selbst, orientiert am mächtigen Vorbild Augustins (vgl. dazu III Kormann).

3) *Bewußtsein von Autor-Individualität:* Mehrere historische Gründe berechtigen uns zur Annahme eines ausgeprägten individuellen Autor-Bewußtseins. Da ist zunächst die Unsitte des *Raub-* und *Nachdruckens* von »geistigem Eigentum«, das bis ins 18. Jahrhundert noch kein rechtlich anerkannter und geschützter Begriff war (vgl. dazu Bd. V/3, S. 5f., 9f.). Oft wurden von den Raub-Druckern und Buchhändlern aus den verschiedenen Territorien sogar die ursprünglichen Verfasser-Namen verschwiegen, oft auch größere Passagen ungehemmt und ohne Kennzeichnung übernommen. Von daher wundert es nicht, daß gerade ein Autor wie Zesen, der genötigt war, von seinen Publikationen zu leben, solche Praktiken heftig anprangerte und die Neuheit seiner Werke betonte:

> »Diese Lieder seind gantz Neue / das ist / meine eigene. Ich will sagen / nicht ausgestohlen. Ich rede deutsch / daß du es verstehen solst. Solche gewohnheit haben etliche aus deinem hauffen. [...] Diese Gesellen bringen viel dinges / das mein / oder eines andern ist / unter ihrem nahmen zum drukke. Heisset das nicht gestohlen? Oder wilstu haben / daß ich's entlehnet heißen sol. Aber dem entlehneten lesset man ja seines Eigners Nahmen. [...] Pfui! Pfui! Schande ist es. Wer schreiben will / sollte was eignes schreiben. Dis eigene heiße ich Neu: das fremde geborgete Alt.« (II Zesen SH/RH, S. 232)

Von daher versteht sich auch das ausgedehnte *Widmungswesen.* Der Autor, der von den erteilten Privilegien (im Unterschied zum Drucker und Verleger) nicht profitierte, sollte, so riet Harsdörffer, »nichts in truk kommen laßen / man habe dan eine fürstliche persohn zum Schutzherren bekommen«, um Nachdrucker (oder auch Tadler) abzuschrecken (zit. in IV Schramm, S. 146). Im übrigen bezeugen die gelehrten Autoren in der Regel Fairness und Autor-Bewußtsein im wechselseitigen Umgang miteinander. Vor allem in den Poetiken werden die in die deutsche Sprache eingeführten Neuerungen stets mit Bezug auf die Urheber und oft mit Respekt vor deren Ansehen und Leistung (wie vor allem bei Opitz und Buchner) übernommen oder diskutiert. Gryphius dagegen polemisiert am Schluß seiner Vorrede zum ›Leo Armenius‹ ohne Namensnennung gegen Opitz' Dramen-Eindeutschungen. Sein dramatischer Erstling sei »nicht von dem Sophocles oder dem Seneca auffgesetzt / doch unser«:

> »Ein anderer mag von der Außländer Erfindungen den Nahmen wegreißen und den seinen davor setzen! Wir schließen mit denen Worten / die jener weitberühmbte und lobwürdigste Welsche Poet (= Ariost) über seinen Vôrdergiebel geschrieben:

> Das Hauß ist zwar nicht groß: doch kenn't es mich allein:
> Es kostet Fremde nichts: es ist nur rein und mein.«
> (II Gryphius Dr, S. 13; vgl. II.44 Mannack, S. 275)

Ferner stärkt die als normatives System verstandene *Rhetorik* seit alters die enge Korrelation von empirischem (nicht implizitem!) Autor und dem von ihm geschaffenen Text. Der Rhetor oder Autor bringt auf Grund eines vorgängigen (rhetorisch geregelten) Bewußtseinsprozesses einen Text hervor, dem er seine auf *Persuasion* zielende *Autorintention* einschreibt: »Der Orator muß sich im Sinne der rhetorischen Gedankenführung als lenkende oder intervenierende Größe mit seinem Telos gewissermaßen im Text plazieren.« (III Knape, S. 110) Und dabei ist »eine auktoriale Intention« »immer vorhanden. [...] Am offensichtlichsten wird die Oratorfunktion, wenn sie im Text explizit ist, wenn der Orator hervortritt und dann mit klar erkennbaren direktiven Äußerungen und offenliegenden strategischen Textverfahren arbeitet.« (Ebda., S. 114) Dies wäre u. a. der Fall, wenn sich der Autor wie im zitierten Beispiel im Titel seines Gedichts als Sprechinstanz selbst einführt und wenn er durch seine Person das im Text Explizierte beglaubigen, ja vielleicht sogar authentifizieren will. Das versucht Gryphius z. B. auch in den Epitexten seiner Dramen (etwa zur Beglaubigung der Existenz von Gespenstern und schwarzer Magie im Vorwort zu ›Cardenio und Celinde‹). Gerade eine auktoriale Sprechhaltung im Gedicht verbürgt auch am ehesten eine identifikatorische Lektüre auf Seiten des Rezipienten und unterstützt die ›magische‹ Wirkung, um die es der Poesie etwa im Kontext der neuplatonischen Tradition geht (vgl. IV Jaegle, S. 89f.). Umgekehrt indiziert der Wechsel der Sprecherrollen in Gedichtzyklen möglicherweise weltanschauliche Spannungen oder Brüche und fordert den Leser seinerseits zur individuellen Wahrheitssuche auf.

Damit gelangen bei der Frage nach der Individualität eines Barock-Autors Aspekte der *philosophischen* sowie *literarischen Tradition und Poetik* selbst in den Blick, seit sich in der Renaissance das Bewußtsein des Neuen, und zwar in der Dialektik von höchster poetischer Vollkommenheit und ihrer intensiven, zum Bewußtsein vieldeutiger Fragmentarik gesteigerten Reflexion, und die sich darin herausbildende Individualität entfalteten (erinnert sei nur an Giotto, Dante und Petrarca; vgl. dazu II.94 Stierle 1998, S. 5ff.; 2003, S. 11ff., 347ff.) und seit der Wettbewerb mit den ›Alten‹ in der »aemulatio« auch zur Möglichkeit individueller Überbietung anspornte.

Insbesondere PICO DELLA MIRANDOLA verankerte die Würde der Individualität als Leistung und als Aufgabe des Menschen im Weltbild der Renaissance. Gott selbst bestimmt in der Oratio ›De dignitate hominis‹ den Menschen durch seine kosmische Mittel-Stellung zur Selbst- und Welterkenntnis: »Ich habe dich in die Weltmitte gestellt, damit du umso leichter alles erkennen kannst, was ringsum in der Welt ist. Ich habe dich nicht himmlisch noch irdisch, nicht sterblich noch unsterblich geschaffen, damit du dich frei, aus eigener Macht, selbst modellierend und bearbeitend zu der von dir gewollten Form ausbilden kannst.« (II Pico, S. 29) Pico selbst faßt dies als Auftrag zum »Selberdenken« auf und präsentiert stolz seinen synkretistischen Versuch, den »Funken der Wahrheit« aus den miteinander konkurrierenden Weltanschauungen herauszuschlagen (ebda., S. 63): »Es ist ja, wie Seneca sagt, in der Tat ärmlich, seine Weisheit bloß aus Kommentaren zu beziehen und selber nichts zur

Welt zu bringen, was die Wahrheit, wenn schon nicht deutlich zeigt, so doch wenigstens von ferne ahnen läßt, grade als ob die Leistungen früherer Zeiten unserer Tatkraft im Wege stünden, als wäre gerade bei uns die Kraft der Natur erlahmt.« (Ebda., S. 65) Und er beruft sich für sein eigenes Unternehmen auf einen Vers von Properz (Eleg. II, 10, 5f.):

> »si deficiant vires, audacia certe
> Laus erit: in magnis et evoluisse sat est.«
> [» ... versagen die Kräfte, so bleibt doch, daß ich's gewagt hab',
> löblich: Der Wille genügt, wenn man nur Großes gewollt.«]
> (Ebda., S. 58f.)

Mit dem Bewußtsein eigener Leistungskraft verbindet sich das von SCALIGER ins Bewußtsein gerufene Selbstverständnis des Dichters als gottähnlichen »Schöpfers«, der nicht wie der Historiker existierende Sachen »erzählt«, sondern seine Werke »schafft« (»videtur ... res ipsas ... velut alter deus condere«; II Scaliger S. 3, Sp. 1; vgl. dazu auch III Herrmann, S. 75ff.). Im Blick auf Scaliger rief auch OPITZ das Bewußtsein von der Dignität der Dichtung in Erinnerung, die nur von einem ingeniösen und inspirierten Poeten ausgeübt werden sollte (vgl. Kap. 4 b, c). – Individualisierungstendenzen in der *Malerei* des 17. Jahrhunderts lassen sich in der Porträtkunst und in der »Entstehung des Realismus« »aus der allegorischen Sphäre des 16. Jahrhunderts« – insbesondere in der niederländischen Malerei – konstatieren (vgl. III de Jongh, S. 12; Dittrich).

4) *Individualisierungstendenzen in der Barock-Mystik und Religion*: Die Barock-Mystiker sind Zeugen für eine auf Inspiration sich berufende Indvdualisierung der poetischen Sprache und für eine individualisierende Adaptation der Tradition. Paradebeispiel ist die Rückeroberung des ›sensus litteralis‹ des Hohenliedes, und zwar unter dem Anschein der Übernahme des mehrfachen Schriftsinns (so u. a. bei Spee, Angelus Silesius, der Greiffenberg und Kuhlmann; vgl. Bd. III, S. 164ff., 230ff., 259ff., 287ff.). Diese Autoren und ihre poetischen Hohelied- und Bibel-Adaptationen sind zugleich eindrucksvolle Belege nicht nur für die Öffnung der Grenze zwischen dem Allgemeinen und Besonderen, sondern für die Indienstnahme des Allgemeinen für das besondere Individuelle, das seine Anliegen zunächst nur im Schutz des Stilistisch-Allgemeinen – und zugleich im vieldeutigen Medium der Poesie – aussagen konnte.

Sie sind damit zugleich ein Beleg für die These, daß sich *Individualität* angesichts der besonderen Verhältnisse im Deutschland der frühen Neuzeit zuerst und hauptsächlich im Bereich der *Religion* und einer selbst verantworteten Frömmigkeit entwickelt hat. Das resultierte zunächst aus dem Lutherschen Reformimpuls, später verstärkt aus der Rivalität der Konfessionen. Luther selbst hatte hierzu ungewollt mit seinem mutigen Aufbegehren gegen die Weltmacht Rom und seinem spektakulären Auftritt vor dem Wormser Reichstag (vgl. Bd. I, S. 157f.) ein nachhaltig wirksames Zeugnis für eine sich auf göttliche Autorität berufende, aber nur dem eigenen Gewissen verpflichtete Wahrheit geboten, und er hatte mit der Lehre vom »allgemeinen Priestertum aller Gläubigen« eben nicht nur den sakralen Würdenträgern, sondern jedem Gläubigen das Recht auf eigene Glaubens-Prüfung und -Verantwortung zugestanden. Und in der frühen Neuzeit haben zahlreiche Einzelne, aber auch religiöse Gruppierungen dieses Recht für sich in Anspruch genommen und angesichts der widersprüchlichen Glaubens-Bekenntnisse der Kirchen auch als individuelle Aufgabe leisten müssen.

Das gilt natürlich auch für andere Literaturen, in der Lyrik etwa für die ›Metaphysical Poetry‹ in Großbritannien, in der das Ich auf komplexe Weise selbstthematisch wird (vgl. dazu IV Hühn, S. 101ff., 137ff.), insbesondere für George HERBERTS (1593–1633) Gedicht-Sammlung ›The Temple‹ (1633); seinen erdichteten Tempel konzipierte der Dichter-Priester Herbert angesichts der drohenden Spaltung der Staats-Kirche als ideale und individuelle Kirche des Dialogs, die allen offen steht (vgl. II.53 Kuhfuß, S. 72ff., 195ff.). Dabei wechselten die Sprecherhaltungen in seiner Sammlung oft von Text zu Text und widersprachen sich zum Teil sogar innerhalb eines Gedichts, so daß der Leser zur eigenen Wahrheitssuche aufgefordert wurde.

Aus der von allen Kirchen als entscheidende Aufgabe gepredigten Heilsgewinnung im Diesseits entwickelte sich der stärkste Antrieb zu individueller Selbstprüfung und Heils-Versicherung. Das gilt insonderheit für die beiden protestantischen Konfessionen. Das Problem entstand für das *Luthertum* durch die andauernden Katastrophen des 17. Jahrhunderts, die von den Kirche als Ausdruck des göttlichen Zorns interpretiert wurden. Wenn Gott immer noch oder erst recht zürnte, dann war dies entweder ein Kennzeichen des bevorstehenden Jüngsten Gerichts oder ein Zeichen dafür, daß der Glaube an ihn und an den Erlöser unzulänglich war. Dies führte – wie die Erbauungsliteratur und zahlreiche Kirchenlieder der Zeit zeigen – zu tiefer Verunsicherung und Selbstzweifel gerade in dieser Konfession (vgl. Bd. II, S. 17ff., 171ff., 227ff.). Und hier liegt auch das individualisierende Moment betroffener Selbstbeobachtung und Selbstreflexion, wie wir es auch bei Gryphius finden. Vor allem die Perikopengedichte, also die ›Sonn- und Feiertagssonette‹, boten ihm ein traditionsgesättigtes Forum, um in der Aneignung und Auseinandersetzung mit der volkstümlich-erbaulichen und gelehrten Bibelauslegung die eigenen Glaubenszweifel zu artikulieren. – Analoges gilt auch für den strengen *Calvinismus*. Das Dogma von der Prädestination besagte, daß Gott vor Erschaffung der Welt bereits eine kleine Schar Auserwählter für die Ewigkeit vorherbestimmt, den größten Teil aber verworfen habe. Dieser kleinen Gruppe gewähre er aber schon im Diesseits Zeichen seiner Gunst. Das führte in dieser Konfession zur – diarisch unterstützten – Prüfung des jeweiligen Lebenslaufes, um darin bereits die gnädigen Zeichen Gottes zu erkennen und um in der eigenen Heiligung voranzuschreiten (vgl. dazu auch Kap. 1 b u. die ›Kleine Konfessionskunde‹ im Anhang).

5) *Methodische Probleme der Bestimmung von Individualität*: Diese Hinweise verdeutlichen aber bereits, daß das ›lyrische Ich‹ oder das lyrische Text-Subjekt auf seine Besonderheit oder Allgemeinheit hin erst zu ermitteln ist. Das Modell von Jaegle, der das Ich im Text in einer Skala von »überbestimmt« (= persönlich) bis »unterbestimmt« (= unpersönlich) erfassen will, indem er die Ich- und Wir-Aussagen in den Gedichten einem persönlichen, die anderen, einem »Subjekt als Text« zugeschriebenen Aussagen einem unpersönlichen Paradigma zurechnet und dann nach der jeweiligen Dominanz und formalen sowie semantischen Beziehung dieser Paradigmata fragt (vgl. IV Jaegle, S. 85ff., 93ff.), mag als erste Bestandsaufnahme hilfreich sein, erfaßt aber nicht die potentielle Komplexität und Vielschichtigkeit des

Ichs im Text und des Textes als Struktur. Jaegle beschränkt sich auch auf eine Einzeltext-Analyse. Dagegen muß bei Vorliegen einer zyklischen oder zyklus-analogen Anordnung der Gedichte nach textübergreifenden Homogenitäten oder Heteronomien des lyrischen Ich gefragt werden, um relative Sicherheit über den Grad des Individuellen zu gewinnen. Richtig ist dabei – dies zeigt schon der Verweis auf die Barock-Mystiker – die Einsicht, daß sich Individualität »nicht *gegen* (literarisches) Rollenverhalten«, »sondern gerade *im* (literarischen) Rollenverhalten entfaltet« (ebda., S. 38).

Dabei ist klar, daß das Ich nicht nur in Gedichten mit autobiographischen Signalen oder in geistlichen Liedern, sondern auch in dezidiert autobiographischen Texten ein »Ich im Text« bleibt und daß es sich vor allem im 17. Jahrhundert wiederum im ›Spiegel‹ des sozialen und kulturellen Umfelds erblickt, also weder ›autonom‹ noch ›heteronom‹, sondern ›heterolog‹ (vgl. dazu III Olejniczak). Das frühneuzeitliche Selbstverständnis »kann sich also bilden und darstellen, indem ›anderes‹ gesagt wird. [...] Ein Ich sagt, spricht, schreibt sich über das andere, über Gott und Welt.« (III Kormann, S. 6) Aber es setzt damit auch seine Sozialisation, seine Rollen, Positionen, seine Frömmigkeit im Kontext weltanschaulicher Vielfalt, seine Ängste zu sich in ein *beziehungsorientiertes* Verhältnis (ebda., S. 9). Damit werden die Grenzen zwischen dem Allgemeinen, den Normen der Umwelt und dem schreibenden Ich durchlässig und perspektivisch vermittelt.

## 3)  Konfessioneller Patriotismus (Weckherlin)

a)  Der Verdrängte – Zu Weckherlins Biographie und historischer
Sonderstellung

1)  *Zur Rezeption und historischen Wertung*:

>»Georg Rudolf Weckherlin hat ein groses stuck amm eiß gebrochen / alß er imm 1618.^[ten]
jar die 2 bücher seiner Oden und gesänge zu Stutgarten ausgehen lassen; derer lesung
nachmals dem Martin Opitzen / zur nachfolge / gar wol bekommen.« (II Rompler von
Löwenhalt, S. ***ij v/***iij r)

Dieser süddeutsch-patriotische Versuch von Jesajas Rompler von Löwenhalt, dem
aufrechten Vorstand der Straßburger ›Tannengesellschaft‹, die Gründungsgeschichte
der deutschsprachigen Gelehrtendichtung 1647 zugunsten Georg Rodolf WECKHER-
LINS (1584–1653; vgl. Abb. 2, »ein Stich von William Faithorne nach einem verschollenen Ölbild von Daniel My-
tens«; II.140 Forster 1979) umzu-
schreiben und den Stuttgarter Hof-
Dichter aus dem Schatten von Opitz
hervorzuholen (im Vorwort zum ›ersten gebüsch seiner Reim-getichte‹),
hat sich schon bei den Zeitgenossen
nicht durchsetzen können. Nachdem
in Johann Heinrich Voß’ ›Musenal-
manach‹ von 1778 zwei Epigramme
Weckherlins zum Vorschein kamen
(vgl. G III, S. 178; vgl. dazu auch
Bd. VI/3, S. 342ff.), erinnerte Herder
ein Jahr später in seinem ›Andenken
an einige ältere deutsche Dichter‹ wieder mit Nachdruck an ihn (vgl. G III,
S. 178f.) und lobte gegenüber dem
»Trapp oder Galopp« des alternierend
skandierenden »Mühlengeklappers«
der Opitzianer den an der Romania
geschulten quantifizierenden und als
»natürlicher« empfundenen Vers-
rhythmus des schwäbischen Hofpoeten (vgl. dazu II.140 Breuer, S. 119f.).
August Wilhelm Schlegel hielt Weckherlin und  Fleming für die bedeu-

Abb. 2

tendsten deutschsprachigen Dichter des 17. Jahrhunderts, und auch in der Forschung fand der schwäbische Diplomat immer wieder treue Sachwalter seiner Lebensspuren und seines Werkes, wobei Hermann Fischers kritische Ausgabe seiner ›Gedichte‹ (II Weckherlin G I–III, 1894–1907) der Forschung neue Impulse gab (vgl. zur Rezeption auch G-III, S. 179ff.; II.140 Ribbat, S. 74f.). Noch in der verdienstvollen, alle Stadien und Formen des Weckherlinschen Werkes »in proportionaler Raffung« abbildenden Ausgabe von Wagenknecht (II G-W) findet sich der Nach-Hall des Romplerschen Einspruchs gegen den Verlauf der Lyrik-Geschichte: Weckherlins »geschichtliche Bedeutung« liege in seiner »Einheit begründet – darin, daß er als erster deutscher Poet in Ode und Lied, Sonett und Epigramm, Elegie und Ekloge die Muster- und Meisterstücke der romanischen Dichtung einzuholen unternommen und nach Maßgabe dessen, was dem ersten Versuch gelingen konnte, auch wirklich eingeholt hat.« (II.140 Wagenknecht 1972, S. 264; ebenso II.140 Forster 1979)

Das ist mit Nachdruck zu unterstreichen. Doch ein solches, rein formgeschichtlich begründetes Urteil bedarf der funktionsgeschichtlichen Ergänzung, um zu begreifen, warum dieser Autor so rasch als historisch überholt gelten konnte: Wie kein anderer zeitgenössischer Poet stellte Weckherlin seine neue deutsche Vers-Kunst – fast zur Hälfte ohnehin Hof-Panegyrik (vgl. II.140 Ribbat, S. 81) – in den Dienst eines parteilichen Konfessionalismus auf Seiten der Mächte der 1608 gegründeten protestantischen Union (vgl. dazu Abschnitte b, c). Das Erscheinen seiner ersten (1618) und letzten Lyrik-Sammlung (1648) fällt mit den Eckdaten des ›Teutschen Krieges‹ zusammen und enthüllt die Zeitbedingtheit und -überholtheit seines poetischen Werkes gerade dadurch, daß die Ausgabe letzter Hand im Jahr des großen Friedens nochmals alle früheren poetischen Trompetenstöße zugunsten der protestantischen Herrscher und Heerführer wiederholte und sich damit selbst politisch, aber auch aus der Perspektive des angesichts der Kriegsgreuel längst auf Irenik eingeschwenkten Humanismus diskreditierte (vgl. auch II.140 Breuer, S. 125f.).

Dabei hatte schon Julius Wilhelm ZINCGREF (1591–1635) im Anhang seiner Ausgabe der Opitzschen ›Teutschen Poemata‹ (1624) unter die 50 Stücke seiner ›Außerlesenen getichte anderer Teutscher Poeten‹ acht – von ihm sprachlich überarbeitete – Oden von Weckherlin aufgenommen, die – nach der Katastrophe des ›Winterkönigs‹ und damit der hochfliegenden Pläne der protestantischen Union – klugerweise die politische Parteinahme Weckherlins aussparten und nur aus unverfänglichen Gelegenheitsgedichten (auf die württembergische Landesfürstin und ihren neu angelegten Garten, auf den frühen Tod einer Tochter des Hauses Baden) und zwei erotischen Oden, darunter einem deftigen, ans Pornographische streifenden (für Weckherlin ganz uncharakteristischen) Gedicht bestanden (lediglich den großen ›Lobgesang‹ auf Prinz Moritz von Nassau nahm Zincgref mit auf, aber dieser galt in der Öffentlichkeit vor allem als Freiheitskämpfer der Niederlande; vgl. zur Auswahl G II, S. 484f.). In dieser ›unpolitischen‹ – zugleich der Opitzschen Versreform am stärksten widersprechenden (vgl. II.140 Lentz, S. 47) – Auswahl lernten also auch die Opitzianer Weckherlin kennen. Aber dieser hat sich mit seinem langen poetischen Schweigen, seinem Insistieren auf den durch die politische Situation und durch die Opitzsche metrische Reform überholten Positionen und mit seiner Polemik gegen die an Opitz orientierten Poetologen (1641 und 1648; vgl. Nr. a–3) selbst isoliert. Indem er seine Gedichte in der Ausgabe letzter Hand schließlich doch noch halbherzig an die

Versreform und andere poetologische Vorgaben des schlesischen ›Vaters der deutschen Dichtkunst‹ anzugleichen suchte, bestätigte er letztlich dessen Erfolg. Die eigene Kurs-Korrektur blieb für die zeitgenössische Rezeption ohne Folgen.

Die Weckherlin-Forschung – soweit es sie gibt und soweit ihr die historische Bedeutung dieses Autors am Herzen liegt – sucht seine politische Dichtung zu marginalisieren (mit Ausnahme von III Kaminski, S. 113ff., 167ff., 184ff.). Hermann Fischer, der sonst keine Mühen scheute, den biobibliographischen Kontext der Dichtung zu rekonstruieren, erklärte (mit unübersehbaren Konsequenzen für die weitere Forschung) offen, »die ganze oft abgelegene litteratur wegen ein paar objectiv doch weniger wichtiger personalien durchzustöbern«, sei ihm »nicht möglich gewesen« (II.140 Fischer, S. V). Aber weil sich Menge und Stoßrichtung der Weckherlinschen Fürsten-Panegyrik erst aus den Biographien und den Verwicklungen der Adressaten in das politische Zeitgeschehen angemessen erschließen lassen, muß im folgenden dazu einiges nachgetragen werden. Über Weckherlins historische Bedeutung können auch nicht nur seine ›parerga‹ (Liebesgedichte und Eclogen), sondern müssen seine ›erga‹ entscheiden. Gerade aus der Perspektive der Konfessionalisierung als des entscheidenden historischen Ereignisses zu Weckherlins Lebzeiten wird man seiner Stellung als parteilichem ›poeta politicus‹ historisch noch am ehesten gerecht werden können.

2) *Zu Biographie und Werkchronologie*: Als fünftes Kind eines 1588 geadelten Württembergischen Hofbeamten genoß Weckherlin eine vorzügliche Ausbildung. Nach dem Besuch des Pädagogiums in Stuttgart (1593–1599) immatrikulierte er sich 1599 in Tübingen (G-III, S. 31) und nahm dort 1601 offiziell sein Jura-Studium auf. Daneben besuchte er auch die in Tübingen 1592 gegründete Ritterakademie ›Collegium illustre‹, deren Lehrplan sich stärker an Hof-Interessen orientierte und »das wichtigste Beispiel aus der Frühzeit der neuen Adelserziehung« darstellt (III Barner 1970, S. 378). Weckherlin nutzte die folgenden Jahre – vielleicht schon im Auftrag des Stuttgarter Hofes – zu weitgedehnten Reisen. Stammbucheinträge zeigen ihn 1604 in Sachsen (Leipzig, Halle, Wittenberg), 1606 in Frankreich (Lyon, Orleans, Paris, auch in der württembergischen Dependance Mömpelgard [Montbéliard]), 1607 in Paris (G-III, S. 32ff.). Auch zwischen 1607 und 1615 scheint er sich wiederholt im Ausland aufgehalten zu haben, darunter drei Jahre in England; hier lernte er seine Frau Elisabeth Raworth, die Tochter des Bürgermeisters von Dover, kennen, mit der er 1615 nach Stuttgart zog (Heirat 1616, zwei Kinder 1617/18). Obwohl inzwischen zum polyglotten Diplomaten gebildet, erlangte er zunächst keine feste Anstellung bei Hofe. Erst nachdem er sich mit Entwürfen und mit der Organisation aufwendiger Hof-Feste sowie deren nachträglicher exakter Beschreibung in ungewöhnlich elaborierter und differenzierter deutscher Sprache zu profilieren vermochte, erhielt er die Stelle eines Sekretärs mit der faktischen Funktion eines Hof-Poeten und -Historiographen (vgl. II.140 Meid 1992, S. 170). Zu diesen Festen gehörte eine Prinzentaufe (›Triumf NEwlich bey der F. kindtauf zu Stutgart gehalten‹. 1616; in gekürzter englischer Übersetzung 1616; T, S. 6ff.; G I, S, 7ff., 37ff.; G-W, S. 5ff.), eine weitere Taufe und die Hochzeit des Herzogs-Bruders (›Kurtze Beschreibung / Deß zu Stutgarten […] gehaltenen Frewden-Fests‹, Tübingen 1618; I SH, S. 187–296) sowie die ›Beschreibung Und Abrisz Deß jüngst zu Stuttgart gehaltnen F. Balleths‹, Stuttgart 1618; ebda., S. 297–308).

1618/1619, also in der politisch hoffnungsvollsten Phase für die protestantische Union, publizierte Weckherlin die beiden Bände ›Oden und Gesänge‹ und mit ihnen den verheißungsvollen ersten Versuch, die nationalsprachlichen Ideale des europäischen Humanismus zugleich mit dem propagierten Ideal eines protestantischen Deutschlands auch in die deutsche Sprache zu transformieren (vgl. Abschnitte b, c). 1619 reiste Weckherlin – vielleicht im Auftrag des württembergischen Herzogs – als ›Agent‹ nach England, um für die protestantische Union über die Haltung des unentschlossenen, der Rekatholisierung seines Landes verdächtigten britischen Königs Jakob I. (1566/1603–1625) zu informieren (II.140 Meid 1992, S. 170). Das Desaster des ›Winterkönigs‹ (1621) und die anschließende Neutralitätserklärung Württembergs führten 1622 offenbar zum Ausscheiden Weckherlins aus Württembergischen Diensten. Er scheint sich in den folgenden Jahren als Agent böhmisch-pfälzischer Interessen betätigt zu haben (ebda.), auch nachdem er 1626 als Sekretär des Staatssekretärs für auswärtige Angelegenheiten in den englischen Staatsdienst eintrat. Hier war er für Nachrichtendienst und Bücherzensur zuständig. 1630 ließ er sich mit seinen Kindern in England einbürgern.

Nach mehr als 20jährigem Schweigen veröffentliche Weckherlin 1641 in Amsterdam einen Band ›Gaistlicher und Weltlicher Gedichte‹. Dessen erster Teil enthielt 30 poetische Psalmenübertragungen (mit antikatholischer Tendenz) sowie vier weitere geistliche Gedichte, und dessen zweiter Teil (›Weltliche Poesyen‹) wartete mit zahlreichen Huldigungen an die protestantischen Fürsten und Heerführer auf, von denen einige bereits im Krieg ihr Leben verloren hatten. In den ›Epigrammaten‹ machen sich hof- und »pfaffen«-kritische Tendenzen bemerkbar (vgl. G I, S. 449, 451). Unpolitisch ist hier eigentlich nur die Rubrik ›Buhlereyen. Oder Lieb-Gedichte‹ mit einer Ecloge und einem von petrarkistischen Motiven durchzogenen Sonett-Zyklus (ebda., S. 457ff.; vgl. Abschnitt d–2). Aber selbst aus einer anacreontischen Ode wie ›Drunckenheit‹ schlägt Weckherlin noch aus der Politik inventorisches Kapital (Liebes-Oden als Kompensation für das mühsame politisch-diplomatische Geschäft, das er zugleich darstellt; ebda., S. 504). Und in der heroisch-martialischen Ode ›Wie die Soldaten man vorzeiten Laut mit dem mund: So Sie ietzund Ermahnet der Poet zu streitten‹ fordert Weckherlin die unzuverlässigen protestantischen Söldnerheere auf, im Kampf für die evangelische Freiheit tapfer dreinzuschlagen und den Heldentod zu sterben (G I, S. 496ff.).

Bei Ausbruch des englischen Bürgerkriegs zwischen Karl I. (1600/1625–1649), der den Episkopalismus in der presbyterianisch (calvinistisch) verfaßten Kirche Schottlands durchzusetzen suchte und der Rekatholisierung Englands verdächtigt wurde, und dem presbyterianisch-calvinistisch dominierten Parlament suchte Weckherlin zunächst nach Deutschland auszuweichen, fand aber keine Anstellung bei den in seinem Gedicht-Band so heftig umworbenen protestantischen Mächten. So trat er 1643 – auch aus wachsender Abneigung gegen Pfaffentum und »Papismus« bei Hofe – auf die Seite des Parlaments und wurde 1644 zum Latin secretary und Sekretär des neuen Regierungsorgans Committee of Both Kingdoms ernannt (vgl. II.140 Forster 1979). Auch unter dem independentisch-calvinistischen Oliver Cromwell (1599–1658) behielt er seine Stellung bei.

Bedenkt man, daß während der Herrschaft Cromwells eine relative Religionsfreiheit herrschte und sich auch enthusiastische sowie mystisch-hermetische Denominationen freier bewegen konnten, so verwundert es nicht, daß auch Weckherlin Kontakte zu pansophischen Gruppierungen suchte (vgl. II.140 Forster 1944, S. 79ff.), doch gingen solche Interessen kaum in sein poetisches Werk ein. Die dem Calvinismus zu verdankende öffentliche Hochschätzung des Psalters – sogar Cromwells Soldaten sangen Psalmen (vgl. III Heussi, S. 372) – dürfte Weckherlins Interesse an Davids Gesängen ebenfalls nachhaltig gefördert haben. Als Weckherlin 1648 mit den ›Gaistlichen und Weltlichen Gedichten‹ eine Art ›Ausgabe letzter Hand‹ veranstaltete (in der ›Vorrede‹ auf den »Hew-Monat«, also den Juli, 1647 datiert; G II, S. 8) und darin – zum Teil leicht überarbeitet – auch den Bestand der früheren Ausgaben (mit allen Huldigungen an das protestantische Lager) aufnahm, fügte er den 30 Psalmenübersetzungen von 1641 nochmals dieselbe Anzahl hinzu (ebda., S. 11ff.), deren aktualisierende antikatholische Stoßrichtung erneut unverkennbar ist (vgl. Abschnitt c).

Als wenige Monate nach Unterzeichnung des Westfälischen Friedens Karl Stuart am 30. Januar 1649 zum Entsetzen auch der dem protestantischen Lager zugehörigen Humanisten auf dem Schafott starb (vgl. die beiden Versionen von Gryphius' Trauerspiel ›Carolus Stuardus‹) und England zur Republik erklärt wurde, trat Weckherlin zwei Monate danach von seinem Amt zurück. Doch 1652 mußte er seinem Nachfolger, dem Independenten John Milton (1608–1674; ›Paradise lost‹, 1667), wegen dessen Erblindung für neun Monate assistieren. Nur drei Monate später (im Februar 1653) starb Weckherlin in London und wurde in Westminster bestattet.

3)  *Zu Weckherlins romanischer Metrik*: Weckherlin orientiert sich in seiner Eindeutschung der humanistischen Poesie am Vorbild Pierre RONSARDS (1525–1585), dem Haupt des französischen Dichterkreises ›pléiade‹ und dessen Mitgliedern. 1606 hat Weckherlin diese Dichtung insbesondere durch den französischen Hugenotten Essayé du Mars de Montmartin kennengelernt (vgl. die pindarische Huldigungsode an ihn: O I, S. 130ff., bes. S. 135: »Und du machst das ich underfang / der Erst mit ungezwungnem klang / Die götter auf Dorischen saiten / Teutsch-lieblich spilend außzubraiten.«) Fischer hat die Vielzahl von Weckherlins Übernahmen aus den Werken Ronsards, Belleaus, Du Bellays, Desportes' und auch Malherbes' nachgewiesen (vgl. G II, S. 462ff.). Auch die antiken Autoren hat Weckherlin über die französische Poesie rezipiert; demgegenüber spielen englische Autoren eine geringere Rolle (vgl. II.140 Weimar-Kluser, S. 42ff.). Ronsard hatte insbesondere den Alexandriner als Vers der Gattungen hohen Stils eingeführt, ihn zugleich auf die aus dem Italienischen adaptierte Form des Sonetts übertragen und auch französische Musterbeispiele für die pindarische Ode und andere Oden-Formen geboten, die Weckherlin in seinen Huldigungsoden nachahmte.

Deshalb versuchte er auch, die Metrik der französischen Humanisten in seinen deutschen Versen nachzubilden. Diese hatten das antike quantifizierende Prinzip der Messung der Versfüße nach Länge und Kürze der Silben auf das musikalische *Tonhöhenprinzip* übertragen: »Den Akzent einer Silbenfolge erhält die tonhöchste Silbe, und diese befindet sich gewöhnlich am Ende der Silbenfolge.« (IV Breuer, S. 41) Im Französischen gehört dem Versschluß der höchste Ton, deshalb werden diese Schlüsse auch durch Reime oder Assonanzen euphonisch in Beziehung gesetzt. Im übrigen werden die Silben gezählt, eine Zäsur (etwa nach der sechsten Silbe beim Zwölfsilbler des Alexandriners) ist streng einzuhalten, aber die sonstige Tonhöhenverteilung ermöglicht eine relativ ›freie‹ Rhythmisierung des Verses (als Beispiel vgl. Abschnitt b–2). »Obwohl also dieser Dichter durch sein romanisches Versifikationsprinzip nur zur Beachtung der Silbenzahl und zur prosodisch richtigen Besetzung der Zäsur- und Reimstellen gehalten war, hat er doch die Chance nicht ungenutzt gelassen, seine Worte innerhalb der metrischen Freiräume, wo immer es nahe lag und ohne sprachliche Gewaltsamkeit erreichbar schien, dem Duktus und Gestus des Sprechens gemäß zu verteilen. Auch das hat er bei seinen französischen Meistern gelernt.« (II.140 Wagenknecht 1971, S. 37) Weckherlin hat noch in seiner Ausgabe letzter Hand, wo er seine Gedichte an die Opitzsche Versreform mit der Alternation, Stammsilben-betonung und Zusammenfall von Wort- und Versakzent angenähert hat (vgl. II.140 Lentz, S. 54ff.), die eigene Orientierung an der romanischen Metrik nicht ganz preis-gegeben und seinen ›Ungehorsam‹ gegenüber den Opitzianischen »Oberhäuptern / Befelchs-habern und Richtern« (G-W, S. 119) mit bemerkenswerten Argumenten verteidigt (und charakterisiert im folgenden die Alternation aus romanisch-silben-zählender Perspektive):

> »Die zweite / vierte / sechste / achte Sylaben allzeit lang / vnd also die verse auß lauter Spondaeen oder Jamben (wie sie zu nennen) zu machen / erachte ich (erwegend einer jeden Sprach eigenschafft) nicht so bequem in anderen / als in der Engelländischen vnd Niderländischen Sprachen. Jedoch wer es auch in vnserer Teutschen halten will / vnd zierlich fort-bringen kann (dan andre vorberührte Sprachen lassen es jhnen nicht ein-zwingen) der mag es thun. Doch wünsche ich / daß er nicht zugleich die Sprach den Frembden schwer vnd vnangenehm mache: vil weniger vil schöne / sonderlich die vil-syllabige vnd zusammen gesetzte vnd vereinigte Wort / von einander abschneide / oder jämmerlich zusammen quetsche / oder gar verbanne / vnd in das Ellend vnd die ewige vergessenheit verstoße / vnd also dem so lieblich-fallenden / vnd (meinem erachten nach) gantz künstlichen Ab-bruch in der Mitte der langen Versen / sein merckliches wehrt villeicht gar benehme.« (Ebda., S. 117f.)

Der patriotische Autor argumentiert hier zugleich als Sprach-Diplomat: Die Ori-entierung an der romanischen Metrik erleichtert den Ausländern den Zugang zur deutschsprachigen Poesie; zugleich bleiben bei den freieren Betonungsverhältnissen dem Dichter mehr Möglichkeiten, den reichen deutschen Wortschatz mit mehrsil-bigen Wörtern zur Geltung zu bringen und bei freieren Betonungsverhältnissen der Zäsur mehr Geltung zu verschaffen als bei einer den Vers-Duktus nivellierenden Alternation. Gerade weil Weckherlins Prosodie ohne Nachfolge blieb und sich in der deutschen Lyrik seit Klopstocks Erfindung der freien Rhythmen andere Möglich-keiten einer freieren und metrisch unregulierten Versbehandlung durchsetzten (vgl. Bd. VI/1, S. 457ff.), bleibt sein gekonntes Experiment eine kostbare Bereicherung der ansonsten überwiegend opitzisch uniformierten Poesie des Barock-Humanismus.


## b)   Hof-Dichtung: ›Triumf‹ der »concordia invicta«


1)   *Inszenierung eines Festes*: Die barocke Hof-Kultur ist berühmt wegen ihrer prächtigen und aufwendigen Feste. Italien, vor allem Venedig, hatte hier Maßstäbe gesetzt (und Weckherlins Titel ›Triumf‹ für seine erste Festbeschreibung spielt auf die

Tradition der ›Trionfi‹ an, die sich in Italien bis zur Zelebration von Begräbnisfei-
erlichkeiten ausgeweitet hatten; vgl. die Embleme eines ›Trionfo della Morte‹ in der
Beschreibung der Bestattungsfeierlichkeiten des Herzogs Francesco I. d'Este in: III
Kirchner, S. 94ff.), und auch die Höfe in Frankreich und England boten bedeutendes Anschauungsmaterial für diese Selbstinszenierung des adligen Standes. Es ist
wahrscheinlich, daß Weckherlin auf seinen zahlreichen Reisen einige solcher Feierlichkeiten miterlebt hat. So möglicherweise das große Fest von 1613 auf der Themse
zu Ehren der Vermählung des jugendlichen Kurfürsten Friedrich V. von der Pfalz
(1596/1614–1632) mit Elisabeth von England (1596–1662), der Tochter König Jakobs I., und wahrscheinlich das im ›Triumf‹ erwähnte Fest, das Friedrich, des deutschen Reiches »erster Churfürst, zu ehren seiner damahl ankommenden königlichen
gemahlin, in seiner weitbekanten stat Haydelberg gehalten« (G I, S. 6; vgl. dazu III
Forster 1938; für Weckherlins Teilnahme spricht seine große pindarische Ode ›Zur
glückseeligen Heimführung Der Durchleuchtigsten Churfürstin...‹, O I, S. 99ff.).
Dann hätte Weckherlin hier aber auch die große Festinszenierung des damaligen
Dessauer Hofmeisters und frühen Mitglieds der ›Fruchtbringenden Gesellschaft‹
Tobias HÜBNER (1578–1636) miterlebt (›Beschreibung Der Reiß: Empfahung deß
Ritterlichen Ordens: Volbringung des Heyraths: und glücklicher Heimführung...‹,
1613; vgl. I FG III, S. 335–375), wobei dieser als erster versucht hat, romanische
Versmaße in seinen Turnierdichtungen in der deutschen Sprache nachzubilden und
diese ›Erstgeburt‹ auch nachdrücklich, aber letztlich (ebenso wie Weckherlin) ohne
Erfolg gegenüber Opitz behauptet hat (vgl. III Conermann I, S. 13f.). Weckherlins
Anteil an den Erfindungen des Hoffests ist ohnehin unklar. Der einladende regierende Herzog Johann Friedrich (1582/1606–1628) von Württemberg notierte in seinem Tagebuch, er habe sich durch seinen Agenten als Anregung die Beschreibung
der Ritterspiele anläßlich der »Bôhmischen Crônung« »zu praag« besorgt (SH,
S. 449) und erwähnt Weckherlin in diesem Zusammenhang mit keinem Wort. Dieser
selbst weist zweimal darauf hin, daß einige Festteilnehmer ihren Aufzug »selbs erfunden« hätten (T, S. 65). Auf jeden Fall stammen die Beschreibung und die darin
enthaltenen Liedeinlagen von ihm, weil er sie auch in seine späteren Gedichtsamm-
lungen aufgenommen hat.

Das Stuttgarter Fest fand statt vom 10. bis 15. März 1616 anläßlich der Taufe
eines Sohns des Herzogs und seiner Gemahlin Barbara Sophia, der Tochter des
Kurfürsten Joachim Friedrich von Brandenburg (1546–1608), deren Bruder Johann
Sigismund (1572/1608–1620) als Nachfolger des Vaters 1611 zum reformierten Bekenntnis übergetreten war. Als Ehrengäste nahmen am Tauffest teil die südwestdeut-
schen Mitglieder der ›protestantischen Union‹, die durch das tatkräftige Wirken des
1592 zum Calvinismus übergetretenen Christian I., Fürsten von Anhalt-Bernburg
(1568–1630), in Diensten der Kurpfalz seit 1606 angestrebt wurde und die 1608
zustande kam. Der alchimiegläubige (und deshalb den Bergbau seines Landes för-
dernde), zugleich frühabsolutistisch regierende lutherische Herzog Friedrich I.
(1593–1608) von Württemberg hatte die Teilnahme an dieser Union schon vorbereitet, die sein Sohn und Nachfolger Johann Friedrich, der Gastgeber des Tauffestes,
dann umgehend noch im Gründungsjahr des Bündnisses vollzog (vgl. III Sante,
S. 307). Zugegen waren deshalb keineswegs zufällig das – damals zwanzigjährige –
kurpfälzische Fürstenpaar – der reformierte kurpfälzische Hof galt als Motor der

protestantischen Union – sowie der Lutheraner Georg Friedrich, Markgraf von Baden-Durlach (1573/1595–1622/1638), der die Markgrafschaft Baden-Baden okku-
piert hatte und aus religiöser Überzeugung sowie aus Furcht, vom Kaiser zur Rückgabe Baden-Badens gezwungen zu werden, ebenfalls 1608 der protestantischen
Union beigetreten war (ebda., S. 288; er erwies sich auch nach Ausbruch des Dreißigjährigen Krieges als getreuer Anhänger des protestantischen Lagers, dankte, um
sein Land vor der Rache des Kaisers zu bewahren, 1622 zugunsten seines Sohnes
Friedrich ab und zog anschließend in den Krieg gegen die katholische Liga und
Tilly, den er zunächst besiegte und von dem er kurz darauf in der Schlacht bei
Wimpfen 1622 geschlagen wurde, was die Verwüstung seiner Markgrafschaft zur
Folge hatte; vgl. I Taddey, S. 438f.).

Weckherlin beschrieb dieses nur scheinbar unpolitische Fest, mit dessen Organisation er offenbar beauftragt war, in einer umfassenden Prosaschrift detailliert in 26
Kapiteln und nahm darin auch die lyrischen Einlagen auf: Nicht zum ersten Mal,
aber erstmals in solcher Variabilität erscheinen hier poetische Kunst-Formen in
deutscher Sprache wie ein Sonett und mehrere Alexandrinergedichte (vgl. Abschnitt
b–2,3), große Preisoden (G I, S. 12ff., 26ff.), eine ›Elegy‹ auf den Tod der zwölfjährigen Tochter von Markgraf Georg Friedrich (G I, S. 28ff.; vgl. zur selben Gelegenheit O II, S. 229ff.; G-W, S. 49f.), Epigramme und mehrere kleine Lieder mit je
unterschiedlichem Strophenbau (vgl. G I, S. 9ff.; II.140 Weimar-Kluser, S. 48)! In
der Widmung der Auftrags-Schrift an die Mutter des Täuflings gibt Weckherlin seine
Absichten deutlich zu verstehen. Falls seine Arbeit gefalle,

> »So werd ich verursachet / mit andern wercken gleicherweiß fort-zufahren / vnd darinnen
> vnserer sprach (deren die außländer jhre nohturft vnd rawheit / zwar ohn vrsach / für-
> werfen) reichtumb vnd schönheit kühnlich zu vermehren: insonderheit aber meines gnä-
> digen Landsfürsten dapferkeit / vnd E. F. Gn. volkommenheit ewiglich zuerklingen: vnd
> dan mich mehr vnd mehr zubeweisen.« (T, S. 7; G-W, S. 7)

Mehrerlei Ruhm wird hier angestrebt und miteinander verbunden: Die Aufwertung
der deutschen Sprache zur Ebenbürtigkeit mit den anderen europäischen Sprachen,
die im Bemühen um diesen Nachweis erfolgende Vervollkommnung des Dichters,
der seine Fähigkeiten vor allem zum Ruhm des fürstlichen Paars einsetzen will und
der sich (damals immerhin schon 32jährig) mit der vorgelegten Probe seines Kön-
nens zugleich die gnädige Eröffnung einer Karriere als Hofpoet erhofft.

Weckherlin gibt – unter Rückgriff auf zahlreiche topische Fest-Requisiten wie
Ballette, Maskeraden, fingierte Ritterspiele (»ring-rennen«, d. h. Aufspießen von
Ringen im Galopp oder »fußturnier«; beides als Ersatz für die ritterlichen Duelle des
Mittelalters; T, S. 87ff., 129ff., 161ff.), prächtige Festzüge mit allegorischen Prunkwagen, Jagd, »Fechtschul« und »Fewrwerk« (vgl. SH II, S. 158f.) – alles, was die
finanziellen Mittel und die Choreographie des kleinen, wegen aufwendiger Hofhaltung ohnehin verschuldeten Hofes, dessen Mitglieder allesamt mehrfach in verschiedenen Rollen zum Einsatz kamen, herzugeben vermochte. Und dies alles diente in
zahlreichen Variationen der unentwegten Selbstinszenierung und Selbstbestätigung
des Hofes und seiner illustren Gäste: »Alle Menschen treten auf in schöner Gestalt,
in schönen Gewändern und schön geschmückt, in schöner Umgebung.« (II. Weimar-
Kluser, S. 13) Darüber hinaus bot das Tauffest, wie sich zeigen wird, die Gelegenheit
zur politischen Demonstration des Willens der teilnehmenden Fürsten zum einträch-
tigen Einsatz für den protestantischen Glauben und ein protestantisches Vaterland.

Im Anschluß an eine kurze Beschreibung »Der frembden Fůrsten Ankunft« (T, S. 15ff.) stand die schon als säkulare Festlichkeit beschriebene Taufzeremonie am Anfang (T, S. 19ff.), dann folgten am ersten Tage noch ein als Kunstwerk inszeniertes »Banckett« und abends ein pompöses, einfallsreich choreographiertes »ballett« (T, S. 23ff.; vgl. G-W, S. 9ff.). Jeder der nachfolgenden fünf Tage war dann von mehreren prunkvoll arrangierten öffentlichen Aufzügen bestimmt, wobei sich mit dem allegorischen Auftreten der antiken Götter- und Heroen-Welt, biblischer und bedeutender säkularer Figuren der Weltgeschichte das »Erbe europäischer Festkultur« aneinander reihte (II.140 Weimar-Kluser, S. 23). Eingeleitet wurde der Reigen der Aufzüge mit der Allegorie der Tugend und den neun Musen in ihrem Gefolge, welche die auf dem Fest sich realisierende Einheit der Künste zum ›Gesamtkunstwerk‹ veranschaulichen sollten. Jeder dieser Prunkwagen hatte einen – von den hohen Gästen oder den Mitgliedern des Hauses Württemberg dargestellten – Anführer, der in einem sog. ›Cartel‹ die jeweilige allegorische Inszenierung erklärte und überdies Maximen (z. T. in Versen) verlas, für deren Wahrheit und Geltung er sich in dem »ritterspiel« einsetzen wollte. Im Grunde aber vertraten alle Anführer dieselben Werte: neben der Ehre des höfischen Standes insbesondere die des (protestantischen) Vaterlandes und – einem Tauffest angemessen – die Ehre der Frauen, der Tugend und der Liebe. Diese zentralen Motiv-Komplexe seien an wenigen Beispielen verdeutlicht.

2)  *Frauen als Spiegel höfischer Schönheit, Tugend und Liebe*: Das Ballett des ersten Abends war als erfindungsreiches Kompliment an Kurfürstin Elisabeth inszeniert. Nach der Instruktion für den weiteren Ablauf des Festes im ›Cartel‹ eines Sprechers erschienen vier überlebensgroße Köpfe (vgl. dazu auch SH II, S. 7; G-W, S. 11), welche die Himmelsrichtungen symbolisierten, und ihnen entstiegen zunächst ein englischer Lautenist, ein schottischer Trommelschläger und ein irischer Harfenist, ferner ein französischer Geiger sowie Vertreter anderer Nationalitäten (Spanier, Italiener, Polen, Türken, amerikanische Indianer), die zunächst ihre jeweilige Landestracht und -musik vorführten, um sich dann in den jeweils ›ausländischen‹ Tanz einzuschwingen und damit eine Harmonie der Völker-Gemeinschaft ›vorzuspielen‹ (vgl. T, S. 27ff.; G-W, S. 11ff.). Nach diesem Auftakt wurde ein »häußlin / so einem spiegel-laden gleich« auf die Bühne des »newen lusthaußes« getragen (vgl. SH II; S. 9); ihm entstieg ein weißgewandetes, ganz mit Spiegeln übersätes »weib«, das, nachdem es den anwesenden fürstlichen Herrschaften, insbesondere Elisabeth, die Ehre erwiesen hatte, ein »sonnet / in Teutscher / Engelländischer / oder Frantzösischer sprach / nach jhrem willen / überraichte« (G-W, S. 14) – das erste Sonett in deutscher Sprache muß hier also sogleich den Tribut an die versammelte polyglotte Hof-Kultur entrichten, sich (und den Dichter) mit Hilfe von Translationen in Szene setzen und in der Struktur mit den Quartetten dem romanischen Geschmack (abba abba) und mit den Terzetten (durch das Reimpaar am Ende: cdc dee) dem englischen Geschmack huldigen (vgl. dazu auch III Kaminski, S. 118f., 136ff.):

> »Die spiegelmacher an das Frawenzimmer.
>
> Nymfen / deren anblick mit wunderbarem schein
> Kann vnser hertz zugleich hailen oder versehren;

> Vnd deren angesicht / ein spiegel aller ehren /
> Vns erfüllet mit forcht / mit hofnung / lust / vnd pein:
>
> Wir bringen vnsern kram von spiegeln klar vnd rein /
> Mit bit / jhr wollet euch zuspieglen nicht beschweren:
> Die spiegel / welche vns ewere schönheit lehren /
> Lehren euch auch zumahl barmhertziger zusein.
>
> So gelieb es euch nun / mit lieblichen anblicken
> Erleuchtend gnädiglich vnsern leuchtenden dantz /
> Vnd spieglend euch in vns / vns spiegler zuerquicken:
>
> Was aber vngefehr ewerer augen glantz
> Vns gar entfreyhen solt / so wollet vns zugeben /
> Das wir in ewerm dienst fürhin stehts mögen leben.«
>     (T, S. 29; G-W, S. 14f.)

Das Alexandriner-Sonett ist nach romanischer Prosodie verfaßt (vgl. Abschnitt a–3).
Die Verse mit männlichem Ausgang haben durchgängig zwölf, die mit weiblichem
Ausgang dreizehn Silben, die Zäsur nach der sechsten Silbe ist strikt eingehalten.
Innerhalb der beiden Vershälften herrscht rhythmische Variabilität, die sich schon im
Wechsel von trochäischem (z. B. V. 1 und 4) und jambischem Verseingang (V. 2 u. 3)
und nach der Zäsur (V. 1 »háilen óder verséhren«) (V. 2: »zuspíeglen nícht be-
schwéren«) zeigt oder auch in der Möglichkeit zu unterschiedlicher Rhythmisierung
eines Verses bemerkbar macht (z. B. zweiter Halbvers von V. 10: »v́nsern léuchten-
den dántz« oder »vnsern léuchténden Dántz«; vgl. dazu auch IV Breuer, S. 165). – In
der Opitz angenäherten, überarbeiteten Version von 1648 (GWG II, S. 450) lautet
das am stärksten überarbeitete Schlußterzett:

> »Solt aber ungefehr Uns ewrer Schönheit glantz
> Und ewrer haaren schein verblinden unnd verstricken,
> So tröste beederseits Euch der Krantz, Uns die Schantz.«
>     (G I, S. 8)

Die beiden ersten Verse und der erste Halbvers der Schlußzeile sind als regelrechte
jambisch alternierende Alexandriner nach der Opitzschen Reform gestaltet, der
Halbvers am Schluß durchbricht dagegen (noch stärker als der Schluß der ersten
Version) ostentativ dieses Muster durch die Aufeinanderfolge von zweimaligem Kre-
tikus (»éuch der Kránz, ùns die Schánz«; vgl. dazu IV Breuer, S. 167). Wie hier hat
Weckherlin auch in seinen anderen Überarbeitungen versucht, aus der spannungs-
vollen Begegnung der romanischen und Opitzschen Prosodie reizvolles rhythmisches
Kapital zu schlagen und dem siegreichen Alternationsgesetz Frei-Räume abzuge-
winnen, wie dies auch die Pegnitz-Schäfer sowie Buchner und Zesen mit ihren wei-
terführenden Versexperimenten versuchten (vgl. dazu auch III Kaminski, S. 140ff.).
   »Nymfen« sind ein Lieblings-Motiv von Weckherlin, das er unablässig auf die
Hof-Damen appliziert. Es ermöglicht, wie das erste Quartett zeigt, sowohl die den
Nymphen in der Mythologie zugesprochene erotische Attraktivität und Schönheit
sowie ihre Ehrbarkeit als auch die durch die Kalokagathie und höfische ›Unerreichbarkeit‹ vermittelte petrarkistische Motivik von »lust vnd pein« auf sie zu appli-
ren (zur analogen Verwendung des Motivs in Opitz ›Schäfferey von der Nymfen
Hercinie‹ vgl. Bd. IV/2, Kap. 2 c). Das Sonett kondensiert gleichsam die ›Spiege-

lungs‹-Funktion der ganzen Fest-Deskription, es will im Medium der dargestellten
›Spiegelei‹ den Damen einen Schönheits- und Ehren-Spiegel vorhalten, der gleichsam
nur deren Abbild ist und sie, indem sie sich darin erblicken, zugleich gnädig gegenüber den »Spieglern« stimmen soll. Die Terzette ziehen daraus die erwartbare Pointe:
Die Augen der Damen, die sich am Spiegel-Glanz ihrer selbst erfreut haben, sollen
nun auch die spiegelnden Tänzer selbst mit »lieblichen anblicken« »erquicken« –
auch dies ein wichtiges, bei Weckherlin häufiger verwendetes petrarkistisches Motiv,
das auch in der Magie der Zeit als Blick-Zauber eine gewichtige Rolle spielte und
zum Motiv der ›Nymfe‹ paßte. Und wenn der Blick-Zauber wirkt und zur »Entfrey-
ung«, also gleichsam zur Freiheitsberaubung, zum Bezaubert- und Gefangensein
führt, dann erfüllt sich das Ziel des hoffnungsvollen Spiegler-Spiels im steten Dienst-
Verhältnis für die Damen. Zum Abschluß stellten deshalb die Spiegelmacher in ihren
Tanz-Figuren die Namen von Friedrich und Elisabeth dar (T, S. 31; G-W, S. 15f.).

Eine Reihe weiterer Huldigungen an die fürstlichen Damen waren in den Fest-
verlauf integriert. Höhepunkt war zweifellos der Aufzug des Herzog-Bruders Ludwig Friedrich (1586–1631), Herzog von Württemberg und Teck, der als Lucidor
einem aus der europäischen Festkultur nicht wegzudenkenden Venuswagen vorstand, auf dem allegorische sowie biblische (u. a. Loth, Simson, Salomon), und historische Figuren (Alexander der Große) die positiven und negativen Seiten der
(sinnlichen) Liebe repräsentieren (T, S. 69ff., 73ff.). Lucidor selbst erscheint als »der
götin Cypris und ihres sohns Amors Ritter und Beschirmer« (G II, S. 466) und setzt
sich in seinem ›Cartel‹ für eine Rehabilitierung der Göttin der Liebe ein, die zu
Unrecht als »sündliche Creatur« mißachtet worden sei: »Das die pure Liebe / aller
tugenden gebährerin und ernährerin / ihre diener nicht mit flaischlichem lust / sondern mit der Tugendt-cron belohnet / und das (in einem wort) recht Lieben und recht
Leben nur ein ding ist. So treflich seind der keuschen Liebe wercke.« (T, S. 75) Das
ist ein beachtenswerter früher Versuch, im Schutze der weltlichen Festkultur die
Liebe auch in ihrer sinnlichen Dimension zu entsündigen, zugleich aber jeglicher
sexuellen Freizügigkeit den Riegel von »Keuschheit«, Zucht und Anstand vorzu-
schieben. Liebe ist Lebens-Kraft und hat in der Korrelation ihrer Komponenten von
Schönheit und Tugend (Kalokagathie; vgl. dazu Kap. 4 e, l) veredelnde und versitt-
lichende Kraft. Nur unter dieser Voraussetzung kann Lucidor in seiner Oden-Hul-
digung ›an das Frawenzimmer‹ das Erscheinen der Venus in ein Kompliment an die
anwesenden Hof-Damen ummünzen: »Venus ist fro vor euch (die ihr ihres reichs
ehr) / Ihre gotheit zunaigen.« (T, S. 77; G I, S. 18) In einem anderen Aufzug vom
»fürnehmen tapfferen Ungerischen Rittersmann« Laßla Janusch (T, S. 103ff.; vgl.
dazu die Gedichte G I, S. 18–23) wird von einem dramatischen, von schwarzer »Zauberey und teuffelischen Kunstbanden« (T, S. 109) begleiteten Geschehen berichtet,
in dem die heidnische Liebesgöttin zu »einer frommen und Tugentsamen Dama« und
»nunmehr Christlichen unnd züchtigen Venus« bekehrt wird (T, S. 109; zur analogen
Behandlung von Venus und Amor in Hochzeitsgedichten von Simon Dach vgl.
Bd. IV/2, Kap. 3 c). In ihr dürfen sich die Damen bei Hofe ›spiegeln‹.

3)  *Beschwörung eines protestantischen Deutschlands*: Die Bekräftigung der politischen Einigkeit der protestantischen Union ist ein weiteres wichtiges Motiv der Festinszenierung. Gleich der erste – vom Gott Mercurius kutschierte – Festwagen grup-

pierte sich z. B. um den trojanischen Helden Priamus (al. Herzog Johann Friedrich;
vgl. SH II, S. 27), der als Repräsentant der klassischen Antike für Alter und Würde
des Adels einstand und als Heide unbekümmert christlich vom »Herrn aller Herren«
sprach und in seinem ›Cartel‹ die Maxime vertrat, Sinn des Lebens sei es, Gott zu
loben und dem Vaterland zu dienen (T, S. 39ff.). Im nachfolgenden Kapitel erscheint
unter der Anführung von Markgraf Georg-Friedrich von Baden-Durlach die »kai-
serin Germania«, begleitet von 10 Nymfen, welche die Regionen Deutschlands repräsentieren, sowie der »Einträchtigkeit«, welche wiederum »das wunderthier der
Zwiträchtigkeit / aller Reich ertzfeind«, gebunden hinter sich herführt (vgl. dazu die
Kupferstiche SH II, S. 81, 85). Auf dem Schild der ›Einträchtigkeit‹ prangen die
beiden Worte »Concordia invicta« (T, S. 57/59). Die Versuche der Zwietracht, sich
bei den Anwesenden einzuschleichen, werden von diesen heftig zurückgewiesen. Im
›Cartel‹ berichtet Germania, nach einer langen verzweifelten Zeit der Reichs-
zwietracht sei ihr endlich die ›Concordia‹ als »beste Freundin« zu Hilfe geeilt, und da
die »Fama« ihr »berichtet / was für ein ansehenlicher Convent / sonderlich meiner
trewen Favoriten / sich allhie befinde«, sei sie zu diesem Fest geeilt, damit die Teilnehmer ihren Todfeind, die Zwietracht, »abstraffen« und die »Concordiam sich jederzeit beharrlich / vnd im besten lassen befohlen sein.« (Ebda., S. 61) Das ist in
unzweideutiger allegorischer Einkleidung die politische Botschaft dieses Hoffestes,
wie sie auch durch die Festbeschreibung nach außen vermittelt werden sollte! Diese
Botschaft wird in einem Lied der Germania bekräftigt (T, S. 63) und in nachfolgenden Aufzügen weiter durchgespielt. Neun ›Fürstliche Wirtembergische Hauptleut /
Cammerer / Trucksässen / vnd anderer auß demselben adel‹, die als »ritter von der
weißen und rohten vereinigten rosen« auftreten (T, S. 99ff.) – eine deutliche Anspielung auf die Bewegung der Rosenkreuzer, aus deren Symbolik die Kurpfalz ihre
Beziehung zum englischen Königshaus als prophetisch verheißene Kongruenz zu
legitimieren suchte (vgl. III Kaminski, S. 130ff.) –, behaupten im ›Cartel‹ ihres Auf-
zuges, hocherfahrene Weise der »himmelischen Sternkunst« hätten vorausgesagt,

> »es seye nunmehr der himmelischen influentzen Effect vor der Thür / daß namlichen
> etlicher großer Herrn Convent sich sub sagittario (= Schütze) begeben / vnd von einer
> newen Politischen reformation / zu widereinführung deß alten Teutschen vertrawens / vnd
> abschaffung / dero bißhero mit etlichen desselben geblüts übel informirten Mitgliedern
> eingerissener schädlicher diffidentz / wohlmeynend gehandelt werden sol.« (T, S. 101)

Seither habe man »mit großer begird / auff eine solche nothwendige reformation vnd
reunion gewartet« und mit Freude gehört, »daß ein hohe ansehenliche Versamb-
lung / etlicher Christlicher Potentaten / an jetzo bey der hochberühmbten Fürstlichen Würtembergischen Hauptstatt Stuttgardten vnd Hoflager anzutreffen« (ebda.).
Anschließend bieten sie für dieses Unternehmen ihre Dienste an, da »kein Cavallier
sich höher verdient machen kann / als welcher die Einigkeit deß Vatterlandes / nach
müglichkeit befürdert.« (Ebda.) Zum Schluß bekräftigen sie, daß »die Lieb deß Vat-
terlands / vnd der wehrten Teutschen Freyheit / alle andere Considerationes sie seyen
wie sie wollen / überwünden soll vnd muß.« (Ebda., S. 103) Daß diese Botschaft
politisch erwünscht war, konnte nicht deutlicher ausgedrückt werden als im Aufzug
›Der drey Maltesischen Ritter‹, unter deren Rüstung sich der Regierende Herzog
selbst, sein Bruder Ludwig-Friedrich und Craft Graf von Hohenlohe-Neuenstein,
der »Generallieutenant« am Stuttgarter Hof (»später schwedischer Generalstatthal-

ter im Fränkischen Kreis«; III Krapf/Wagenknecht, S. XLIII) verkleidet hatten (T, S. 133ff.). Im ›Cartel‹ beschwören sie die Einigkeit der Christen gegen die Türken, welche Malta überfallen wollen, denn es sei die höchste Ehre, das »redliche Blut fůr Gottes Ehr / vnd das allgemeine Vatterland vergießen« zu dürfen (ebda., S. 135). Im Fußturnier wollen sie bekräftigen,

> »1. Daß durch die lôbliche ůbung der Wehr vnd Waffen / bevorab wann sie wider Vnglaubige vnd Christenfeind gebraucht werden / die höchste gnad bey Gott / vnd der hôchst Preiß vnd Adel in der Welt fůr allen andern Professionen erworben wirdt.
>
> 2. Daß kein Mann / einiger hoher Ehr vilweniger trewer Lieb / oder der DAMES geringsten FAVORS wůrdig der zu rettung seines Glaubens vnd Vatterlands / nicht zu jeder Zeit sein Leib vnd Leben zu wagen / vnd sein Blut kůnlich zuvergiessen sich frewen wollte.« (T, S. 137)

So werden hier die Hauptmotive der Aufzüge – Frauen-Lob sowie Einsatz für den rechten Glauben und für das Vaterland – miteinander verschränkt. Eine dramaturgische Steigerung in der Inszenierung der politischen Fest-Idee eines vaterländischen Patriotismus lag nun noch in der Verdeutlichung der protestantisch verstandenen Reichsidee. Dies geschah im nachfolgenden Aufzug, in dem nun der höchste anwesende Gast Kurfürst Friedrich V. auftrat, und zwar zusammen mit dem Hauptinitiator der ›protestantischen Union‹, also Christian von Anhalt und dessen Sohn Christian (1599–1656) (T, S. 141ff.). Sie kehren als alte deutsche Helden ins Leben zurück, Friedrich V. charakteristischerweise als »Harminius«, der »Stammvater« des deutschen Patriotismus seit der Entdeckung von Tacitus' ›Germania‹, der dann in Lohensteins voluminösem ›Arminius‹-Roman seine ›barocke‹, zugleich politisch-europäische Apotheose erfuhr (vgl. Bd. IV/2, Kap. 7 b–2). Zu Beginn des Jahrhunderts dagegen ist Harminius bei Weckherlin der Ahnvater eines protestantischen Deutschland, und dies wird dadurch unterstrichen, daß Friedrich V. in seiner Person erscheint. In seinem ›Cartel‹ proklamiert »Harminius«-Friedrich, in Deutschland gebe es »eben so mannliche thewre Helden / als in andern Landen«, und er fordert: »Also auch wir Teutsche das fest vnd stäht sollen halten / daß vnsers Vatters glückseligkeit darinn bestehe / daß wir uns frembden Völckern und Sitten nicht unterwerffen«, sondern »unser eigne gute Verfassungen / Gebräuche und Gesätze / für unser beste macht und schatz halten sollen« (T, S. 147; vgl. dazu auch II.140 Ribbat, S. 79). Hier wird der Anspruch auf eine nur für das protestantische Deutschland geltende Autonomie erhoben und durch eine Ahnengalerie von gegenüber ›Rom‹ sich behauptenden Germanenfürsten legitimiert (ebda.). Im kurz darauf folgenden Aufzug des »Charitinischen Achilles« Prinz Friedrich Achilles von Württemberg, einem weiteren Bruder von Johann Friedrich, erfolgt die politische Antwort. Zuvor schon erklären französische Ritter, der beste Dienst bestehe darin, »dem Vatterland zu nutzen / den Unirten zupraesentiren« (T, S. 151). Und am Schluß tritt (ohne allegorische Einkleidung) der »junge Teutsche adel« auf, der in einem poetischen ›Cartel‹ Harminius-Friedrich seiner Loyalität versichert (in der Form des strophischen ›heroischen Alexandriners‹, zweier weiblich-männlich endenden Alexandrinerreimpaare, wie sie auch Opitz in seinem ›Trostgedicht in Widerwärtigkeit des Krieges‹ benutzen wird; vgl. IV Frank, S. 359):

>»[...]
Das bekannt Teutsche Reich ist unser vaterland
Wir seind Teutsch von geburt / von stamen / hertz vnd hand.

>Was dient es / frembden preiß vnd namen zu entlöhnen?
Teutschland bedarf sich nicht mit auß-ländern beschönen /
Wie dan die welt wol waist / das es zu aller zeit
Treffliche leut gnug hat zu dem friden vnd streit.«
>    (G-W, S. 18)

So wurde in Anwesenheit und zu Ehren des späteren ›Winterkönigs‹ die protestantische Einigkeit und die Bereitschaft zum »streit« in festlicher Mut-Probe bekräftigt. Der hier schon prognostizierte, ja fast erwünschte »Teutsche Krieg« ließ nicht mehr lange auf sich warten!

c)    Heldendichtung an den Adel der ›Union‹ (1618–1648)

1) ›Oden und Gesänge‹ – Gattungsprobleme: Auf Grund des Festerfolges erlebte Weckherlin den ›Triumf‹ der eigenen Ernennung zum herzoglichen Sekretär (mit den Aufgaben des Fest-Organisators, Hofpoeten und -Historiographen). So verwundert es nicht, daß neben den schon erwähnten weiteren Festbeschreibungen auch die beiden Bände seiner ›Oden und Gesänge‹ (1618/19) die Hof- und Fürstenpanegyrik nahezu bruchlos fortsetzen. Der Titel signalisiert eine gattungsmäßige Unterscheidung von Ode und Gesang, jedoch verwendet Weckherlin beide Begriffe auch synonym (›Ode oder Gesang‹: O II, S. 477ff., 479ff.; ›Ode. Oder Drincklied. Anacreontisch‹, ebda., S. 501; vgl. dazu auch II.140 Weimar-Kluser, S. 48ff.). Der Form nach sind alle 32 Gedichte des ersten Bandes strophisch gegliedert und damit Oden, nur die ersten 12 sind als ›Oden‹ überschrieben und durchnumeriert, darunter elf Lob-Oden an Adlige, die übrigen 20 kleineren Texte sind insgesamt dem Thema ›Liebe‹ – insbesondere der petrarkistischen Klage (mit 15 Titeln) – gewidmet; sie enthalten keine Gattungsbezeichnung, sind aber – im Unterschied zu den großangelegten, aufwendigen pindarischen und anderen Lob-Oden des ersten Teils (mit bis zu 14 Zeilen umfassenden Strophen) – in besonderer Weise sangbar. Möglich, daß Weckherlin mit dem Begriff ›Gesänge‹ auf diese Gruppe verweisen wollte (aber auch die anacreontischen ›Gesänge‹ sind eine Sonderform der Ode!). Der zweite Band enthält zunächst 15 im Titel durchnumerierte ›Oden‹ (darunter wiederum die ersten 11 an Adlige), dann 17 nicht als Oden klassifizierte kleinere Texte, bis die Zählung im Titel unvermittelt mit der »33. Ode. Klag« wieder einsetzt und mit der ›34. Ode. Von des Menschlichen Lebens...Ellend‹ endet (O II, S. 283ff.).

2) Huldigungen an den protestantischen Adel deutscher Nation: Die Bände sind sowohl in der Konzeption mit Widmungsgedicht und verschiedenen Oden-Formen bis hin zu motivischen Übernahmen und metrischen Anleihen Ronsards Oden-Sammlung (›Les quatre Premiers Livres des odes‹, 1550, erweitert 1552ff.) verpflichtet (die Einzelnachweise dazu in G II, S. 473ff.). Weckherlin bleibt also der Ruhm, komplizierte und verschiedene Vers- und Strophenformen erstmals im Deutschen erprobt zu haben. Im Blick auf Adressaten und Inhalt erwecken seine Oden allerdings einen

zwiespältigen Eindruck. Ronsard war mit der Umstilisierung der pindarischen Oden auf berühmte Zeitgenossen und auch mit seinem konfessionellen Engagement – allerdings für die katholische Partei – vorausgegangen, aber immerhin war er offizieller Hofdichter bei den Königen Heinrich II. und Karl IX., und viele seiner Oden richteten sich an die Regenten Frankreichs. Weckherlin, der diese Oden formal und inhaltlich mit ›Bienen‹-Eifer (ein Bienenkorb gehörte zum väterlichen Wappen; vgl. G II, S. 486) beerbte – und manchmal geradezu plünderte –, hofierte, ohne den Ton zu mindern, mit seinen Huldigungen entschieden kleinere Lichter des deutschen Fürstenhimmels.

Gleich im Widmungsgedicht des ersten Bandes darf die ›Teutsche Musa‹ als Siegerin im Wettstreit mit der lateinischen, englischen und französischen Muse der Heidelberger Kurfürstin Elisabeth nicht nur »aller Nymfen Roß«, sondern sogleich auch »Göttin nennen; / Auch auf unsers hertzens altar, / Nach unsrer gelübd pur und klar / Euch ein Lob und Lieb-opfer brennen« (O I, S. 97; analog in der »ersten Ode« auf Elisabeth im zweiten Band, wo sie alle antiken Gottheiten als »götin« übertrumpft; G-W, S. 43ff.): Solche Sakralisierungen durchziehen die nachfolgenden Oden ebenso wie die aus dem ›Triumf‹ bereits bekannten Vergleiche der Fürsten mit den antiken Göttern, deren beste Eigenschaften sie aber in der Summe selbst darstellen. So gleich in der zweiten und dritten Ode an Herzog Johann Friedrich von Württemberg. In der ersten, einer pindarischen Ode, verspricht der Autor ziemlich unverblümt das »Exegi monumentum aere perennius« (II Horaz SG, S. 202; III, 30; »errichtet habe ich ein Monument, das Erz überdauert«), falls der Adressat als Maecenas »gnädiglich / Mich von forcht vnd sorgen freihen / Vnd dann auch freygebiglich / Ehr vnd güter mir verleyhen« werde (G-W, S. 28f.); in der dritten Ode vergleicht er Mars, Hermes und Apoll mit seinem Landesherrn, um zu resümieren: »Dessen faust / mund / stirn zaiget vns an / Was Mars / Hermes vnd Phaebus kann.« (Ebda., S. 31) Solches Lob wäre selbst des (von Weckherlin nie lobend erwähnten) Kaisers nicht unwürdig gewesen. Hier aber ergießt es sich auf die schon bekannten Mitglieder und Anhänger der Fürstenhäuser Württembergs (9 Oden), der Kurpfalz (5 Oden) und Badens (5 Oden). Jeden der beiden Bände ziert auch noch eine große Huldigung an Prinz Moritz von Nassau und Oranien, den niederländischen Freiheitskämpfer, Oberbefehlshaber der Streitkräfte und Heeresreformer (O I, S. 118ff.; O II, S. 218ff.; G-W, S. 46ff.). Der als Refrain wiederholte Strophenschluß der zweiten Ode (»Vnd ist allein die geschicht seiner thaten / Ein wahrer Text für Fürsten vnd Soldaten«; G-W, S. 47) findet allerdings in diesem Text selbst keinerlei Konkretion. Das Personenlob bleibt hier wie in den anderen Oden zumeist abstrakt und austauschbar. Die politische Brisanz des ausgewählten Personenkreises ist für die Zeitgenossen eigentlich nur aus den Namen der Adressaten selbst erschließbar. In der ersteren Ode an Moritz von Oranien deutet Weckherlin diesen Zusammenhang in einer der bei ihm häufigen Klammer-Parenthesen an: »(Setzend deinen hochwehrten Namen, / Und deine thaten eng zusammen)« (O I, S. 120). In dieser Ode zeigen sich allerdings auch die besonderen Qualitäten Weckherlinscher Stil-Kunst: ausufernde Vergleiche (»Gleich wie ein sturm...« »Also...«; O I, S. 122f.) verteilen sich auf zwei zwölfzeilige Strophen (mit Strophenenjambement), Anaphern, unermüdliche Akkumulationen von ein- und zweisilbigen Nomina, Amplifikationen und Gradationen sowie Inversionen auf engstem Raum erzeugen – verbunden mit einer ausgefeilten

Lautsymbolik im Bereich von Assonanzen und Alliterationen (vgl. dazu auch II.140 Weimar-Kluser, S. 57f.) – eine kompakte gedrängte Atemlosigkeit, wie sie dem rhetorischen Pathos des hohen Stils gemäß und in der humanistischen Poesie des 17. Jahrhunderts beispiellos ist (hier nur eine in drei vierzeilige Teile mit im Mittelteil abweichend-umarmender Reimfolge gegliederte Strophe):

> »Vor Dir, und hinder Dir der Tod
> Mit toben, wühten, schröcken, schreyhen,
> Mit forcht, grauß, grim, grewel und noht
> Bracht den khünesten ein abschewen:
>     Gespaltne köpf, schenckel, händ, wöhr (= Wehr, Waffe)
> Helm, schilt, spieß, fahnen, pfeil und bogen
> Mit kuglen in dem rauch umbflogen,
> Das blut machte gleichsam ein Möhr (= Meer),
>     Alda freind und feind, herr und knecht,
> Pferd und man, all auf einem hauffen,
> Blutdurstig, böß, from, hoch und schlecht,
> Musten sich sat (zwar ungern) sauffen.«
>     (O I, S. 123f.)

Aber auch dieses eindrucksvolle poetische Schlachtfeld, in dem die Worte rhythmisch durcheinanderpurzeln wie die geschilderten Leichenteile, ließe sich jedem Feldherrn zuordnen, und die für Moritz charakteristische Heeresreform mit der Erfindung des soldatischen Gleichschritts scheint Weckherlin nicht bekannt oder unwichtig zu sein, sonst hätte er nicht reimen können: »Da sah man den luft schwartz und dick / Voll bech, pulver und kuglen brennen / Und dein geschwader siegreich rennen / Über die Feind mit stehtem glück…« (Ebda., S. 124)

Komplettiert wird der poetische Aufmarsch der protestantischen Union mit einer großen Huldigungsode auf deren Initiator Christian I., Fürst von Anhalt-Bernburg (vgl. O I, S. 214ff.). Er hatte als Vorsitzender des Kriegsrates die Union durch Bündnisse mit England (1612), den Niederlanden (1613) und Schweden gefestigt, übernahm kurz darauf – nach der Wahl Friedrichs V. zum böhmischen König – den Oberbefehl über die pfälzisch-böhmischen Truppen, verfiel nach der Niederlage am Weißen Berg wie der ›Winterkönig‹ selbst 1621 der Reichsacht, suchte in Schweden und Dänemark Zuflucht und konnte erst nach einer Aussöhnung mit dem Kaiser 1624 in seine Grafschaft Anhalt-Bernburg zurückkehren (vgl. I Taddey, S. 205f.). Das Bündnis selbst litt unter chronischem Geldmangel, dem Nichtbeitritt Sachsens und der norddeutschen Protestanten sowie unter dem Mißtrauen zwischen der lutherischen Minderheit und der calvinistischen Mehrheit seiner Mitglieder. Es löste sich bereits 1621 unter dem Eindruck der militärischen Überlegenheit der kaiserlichen und ligistischen Heere wieder auf (I Taddey, S. 1261). Vor diesem Hintergrund ist verständlich, daß Weckherlin Christian von Anhalt vor allem als Stifter der Eintracht unter den protestantischen Fürsten lobt: »So wird billich Ewre Weißheit, / Wan span (= Spannung), zwitracht und ungleichheit / under Fürsten ist, hochgehalten« (O II, S. 217). Mit dem Eintrachts-Spiegel seiner Huldigungsoden hat Weckherlin der Union offenbar – in direktem Anschluß an den ›Triumf‹ – einen analogen Dienst erweisen wollen.

3)  *Rückblick in Trauer und Zorn (1641/1648)*: Die Abteilung der ›Weltlichen Poesyen‹ aus der Ausgabe ›Gaistlicher und Weltlicher Gedichte‹ von 1641 eröffnet Weckherlin, inzwischen schon seit mehr als 20 Jahren ein »Patriot ohne Vaterland« (II.140 Meid, S. 171), mit einem aufrüttelnden ›Sonnet‹ ›An das Teutschland‹, das in seiner Gesinnung nahtlos an die Oden von 1618/19 anknüpft und sich – wie um die Einheit auch der inzwischen auf protestantischem Boden erwachsenen poetischen Lager sinnenfällig herzustellen – schon fast in jambisch alternierenden Alexandrinerversen Opitzscher Manier lesen läßt (vgl. zum Sonett II.140 Meid 1982, S. 152ff.):

> »Zerbrich das schwere Joch, darunter du gebunden,
>     O Teutschland, wach doch auff, faß wider einen muht,
>     Gebrauch dein altes hertz, und widersteh der wuht
>     Die dich, und die Freiheit durch dich selbs überwunden.
>
> Straff nu die Tyranney, die dich schier gar geschunden,
>     Und lösch doch endlich auß die (dich verzöhrend) glut,
>     Nicht mit deim aignem schwaiß, sondern dem bösen blut
>     Fließend auß deiner feind unnd falschen brüder wunden.«
>     (GWG I, S. 423)

Die Terzette setzen den Tenor fort. Vertrauen zu Gott und den Fürsten werde die Kriegswende bringen: »Und Got wird aller welt, daß nichts dan schand und schmach / Des feinds meynaid und stoltz gezeuget, offenbahren.« (Ebda.) Wieder ist »das Teutschland« nur das protestantische, die »feind unnd falschen brüder«, deren Blut noch nicht genug geflossen ist, ist das kaiserlich-katholische Lager, gegen das sich 1648 noch explizit das aggressive Sonett ›Von der Catholischen Lig‹ als »Lügen-Lig« richtet (GWG II, S. 339).

Der Blutzoll, den die protestantischen Fürsten und Heerführer inzwischen hatten bezahlen müssen, beklagt Weckherlin anschließend in mehreren ›heroischen Oden‹. So zunächst ›Über den Tod‹ von Herzog Johann Ernst von Sachsen-Weimar (1580–1626) und von Ernst II. Graf zu Mansfeld (1580–1626; GWG I, S. 424f.); ersterer hatte sich dem böhmischen Abenteuer Friedrichs V. angeschlossen, die Schlacht am Weißen Berg mitverloren, war Mansfeld an der Dessauer Brücke zu Hilfe geeilt, hatte Schlesien unterworfen und war nach Mansfelds Tod der Hauptgegner Wallensteins, bis er unvermutet bei einem Vorstoß gegen Ungarn starb (I Taddey, S. 609f.; zu ihm auch GWG II, S. 329); Mansfeld, der seit 1610 im Dienst der protestantischen Union, vorübergehend auch General Friedrichs V. und immer nur kurz in verschiedenen Diensten stand, aber auch auf eigene Faust plündernd durch die Lande zog und u. a. Ostfriesland und Böhmen verheerte, war ein brutaler Kriegsabenteurer, der nach seinem Grundsatz »Der Krieg ernährt den Krieg« »für die zunehmende Verrohung des Kriegswesens wohl am meisten verantwortlich« war (I Taddey, S. 790). Ausgerechnet ihm, der sich 1624 auch in England aufgehalten hatte, widmete Weckherlin in der Ausgabe von 1648 noch sechs weitere Gedichte, drei ›heroische Oden‹ (GWG II, S. 219–225) und drei ›heroische Sonette‹ (ebda., S. 331ff., das letzte auf die Zusammenkunft Mansfelds mit König Jakob I.) und wird nicht müde, die Tapferkeit und Tugendhaftigkeit dieses göttergleichen »wehrten Helden« zu rühmen, dessen Andenken er als Vermächtnis für die protestantische Sache zu nutzen sucht.

Das gilt ganz besonders auch für den in der Ausgabe von 1641 mit drei heroischen Sonetten geehrten schwedischen König Gustav II. Adolf (1594/1611–1632; vgl. GWG I, S. 425ff.). Dieser in der Schlacht bei Lützen gefallene »Retter« und »Vorkämpfer des Protestantismus« hatte im Grunde mit seinem Eingreifen in Deutschland schwedische Großmacht-Interessen im Blick und wollte ein mit Spanien verbündetes Habsburg an der Ostsee verhindern (vgl. I Taddey, S. 489f.). Für Weckherlin hat sich dieser um »Teutschlands freyheit, Recht und Gottesdienst« kämpfende Held durch seinen »aignen muth« »in den himmel« »versötzet« (GWG I, S. 425f.). 1648 eröffnet er die Rubrik ›Klag- Trawr- und Grab-Schrifften‹ mit einem auf 1633 datierten, 101 sechszeilige Alexandrinerstrophen umfassenden poetischen Ehren-Gedächtnis (›Des großen Gustav-Adolfen, etc. Ebenbild, Zu Glorwürdigster und unvergänglicher Gedechtnus Seines so schnellen als hellen Lebens-Laufs, Aufgerichtet‹, GWG II, S. 271–295; G-W, S. 156–181). In ihm erlangen neben dem Lob der Person (»Kurtz / Götlich war sein gang / stand / red / statur / gestalt.« G-W, S. 163) auch einige Taten, Feldzüge, Schlachten und Gegner des Königs wie Tilly historische Kontur. – In der Ausgabe von 1641 folgen auf Gustav Adolf gleich fünf Sonette auf dessen General Herzog Bernhard von Sachsen-Weimar (1604–1639) und seine Eroberungen von Breissach und Landskron (GWG I, S. 427–431; vgl. auch GWG II, S. 298) und zwei auf Gustav Adolfs umstrittenen, selbstherrlich agierenden Kanzler Axel Gustavsson Graf Oxenstierna (1583–1654), der Schweden im Westfälischen Frieden Gebiete in Norddeutschland sicherte, den protestantischen Glaubensbrüdern aber wenig nachdrücklich zur Seite stand. An ihn hat sich Weckherlin offenbar auch persönlich gewandt und ihm seine drei Huldigungs-Sonette (GWG I, S. 432ff.) zusammen mit dem ›Ebenbild‹ auf Gustav Adolf zugesandt – in der vergeblichen Hoffnung auf Anstellung als schwedischer Agent in England (vgl. G II, S. 489; vgl. dagegen Logaus Schweden-Kritik Kap. 5 b–3).

Weckherlins protestantische Parteilichkeit offenbart sich nochmals nachdrücklich in der Ausgabe letzter Hand. Hier verteilen sich die Huldigungen und poetischen Nekrologe im Teil der ›Weltlichen Gedichte‹ auf verschiedene Rubriken. Dieser Teil ist Carl Ludwig (1617/1650–1680), dem Sohn des ›Winterkönigs‹, gewidmet, der übrigens später einen Hofskandal heraufbeschwor und zum Gegenstand der erotisch brisanten ›Helden-Briefe‹ Lohensteins wurde (vgl. Bd. IV/2, Kap. 7 e–2). Ihm und seiner gelehrten Schwester Elisabeth (1618–1680), die in Leiden studierte, mit Anna Maria van Schurman korrespondierte und der Descartes seine ›Principia Philosophiae‹ dedizierte, widmete Weckherlin eine große Trost-Ode über den Verlust der Kurpfalz als ein vorenthaltenes Recht (GWG II, S. 232–239). Die nachfolgende pindarische Ode ehrt Amalie Elisabeth (1602/1637–1651), die »große Landgräfin« von Hessen-Kassel, die Stadt und Festung Marburg von Hessen-Darmstadt eroberte und am Zustandekommen des Westfälischen Friedens maßgeblich mitbeteiligt war (GWG II, S. 235ff.; der Landgräfin als »wahrer Göttin« widmete Weckherlin auch seine Ausgabe letzter Hand; vgl. GWG II, S. 5). Zum bereits genannten Personenkreis evangelischer Helden, deren Gedichte weitgehend unverändert (nur angenähert an das ›Opitzsche Gesetz‹) übernommen werden, gesellen sich Oden auf den bei Lutter gefallenen Landgrafen Philipp zu Hessen-Kassel (1604–1626; GWG II, S. 214f.), einen Sohn Moritz von Oraniens, auf Markgraf Karl von Baden (1598–1625; ebda., S. 215f.), auf Herzog Christian von Braunschweig-Wolfenbüttel (1598–1626),

den Parteigänger Moritz von Oraniens und Friedrichs von der Pfalz, von Tilly vernichtend geschlagen und als protestantischer Bischof von Halberstadt im Volksmund der »dolle Bischof« genannt (I Taddey, S. 208). Dessen Wahlspruch »Gottes
freind, der Pfaffen feind« dient als Untertitel und Motiv der Ode und gibt Anlaß zu
heftigen Ausfällen gegen »die wilde Schwein, / Die man Pfaffen heist« (GWG II,
S. 217). Noch weitere Beispiele aus den ›Klag- Trawr- und Grab-Schrifften‹ (vgl.
ebda., S. 296ff.) ließen sich anführen für den Befund uneingeschränkter, undifferen-
zierter und bis zum Schluß unbelehrbarer konfessioneller Parteilichkeit Weckherlins.
Damit fällt ein doppelter »Schatten« (vgl. II.140 Breuer, S. 126) auf ihn. Seine Position ist im Friedensjahr 1648 politisch eigentlich überholt und auch aus humanistischer Perspektive nicht mehr akzeptabel. Und überdies erscheint seine unentwegte
Verherrlichung protestantischer (Duodez-)Fürsten heute wie ein lyrikgeschichtlicher
Friedhof, dessen ›Monumente‹ kein Erz überdauert haben. – Gleichwohl gebietet die
Chronistenpflicht noch einen kurzen Blick auf seine Psalmen- und seine Liebes-
Dichtung. Und zumindest bei letzterer läßt sich die poetische Bilanz dieses Autors
nicht unerheblich erhellen.

### d)   Kunst-volle Aktualisierung der Psalmen (›Gaistliche Poesyen‹)

1)   *Lieder für die Privatandacht*: Opitz hatte Weckherlin, der bis 1641 noch nicht als
geistlicher Dichter hervorgetreten war, eine Ausgabe seiner vollständigen Übersetzung der ›Psalmen Davids‹ (1637) übersandt (vgl. II.140 Forster 1944, S. 84). Opitz'
Ausgabe war ›nach den Frantzösischen Weisen gesetzt‹, in der Übersetzung relativ
bibelnah und sollte die bei den deutschen Reformierten eingeführte Psalmendichtung
Lobwassers ersetzen (vgl. Kap. 4 g–1; zum ›Lobwasser‹ vgl. Bd. II, S. 203f.). Insofern zeigte Opitz' Übersetzung seine Verbundenheit mit dem Calvinismus, denn in
dieser Konfession galten die Psalmen Davids als die besten und würdigsten Lieder
zur Verherrlichung Gottes (vgl. Kap. 1 b–8). Weckherlin, der in den Ausgaben von
1641 und 1648 insgesamt 61 eigene Psalmen-Übersetzungen vorlegte, begründete
seine poetische Bemühung in der ›Vorrede‹ von 1648 in deutlicher Distanz zu Opitz
nicht mit kirchlichen Verwendungszwecken (also »die Psalmen allein in Newe Teutsche Rymen zuverfassen / vnd nach den gebräuchlichen weysen vberzusetzen«), sondern mit der Absicht zu ›privater‹ Erbauung (»vilmehr zu Gotsförchtiger Hertzen
vnd meinem eigenen Trost zuerwägen vnd zuergründen«; G-W, S. 82). Tatsächlich
sind seine Translationen ihrem Charakter nach durchgängig für den Haus- und Privatgebrauch bestimmt. Zunächst »übertrifft« Weckherlin »alle Psalmenparaphrasen
seiner Zeit« »an Ausführlichkeit« (IV Scheitler 1982, S. 165). Nicht nur übersetzt er
die einzelnen Psalmenverse in je eine – meist lange und komplex strukturierte –
Strophe, sondern er dichtet auch Strophen ohne Analogon im Wortlaut der Psalmen
hinzu. So benötigt er, wie Scheitler veranschaulicht, für die 10 kurzen Verse von
Psalm 146 21 sechszeilige Strophen; vgl. GW II, S. 182–186; IV Scheitler 1982,
S. 155ff.). Psalm 18 mit 51 Versen überträgt er in 87 Strophen (GWG II, S. 39–54).
Die Strophenformen sind meist kompliziert mit vielfachen Variationen der Silbenzahl und der Reime. Die Übersetzungen enthalten keine Melodienangabe, nur 15
von ihnen lassen sich auf Melodien aus dem Hugenottenpsalter und drei weitere auf

deutsche Liedmelodien singen (vgl. II.140 Eitle, S. 33ff.; IV Scheitler 1982, S. 154). Im Vorwort überläßt Weckherlin es ausdrücklich dem Leser, die Singbarkeit seiner Texte selbst ausfindig zu machen (G-W, S. 82). Vorrang haben für ihn offenbar angesichts des mittleren bis gehobenen Stils seiner Übertragungen der *deklamatorische Wert* und auch der stille private Mitvollzug seiner ›gaistlichen Poesyen‹ (GWG I, S. 299): Er habe seine Translationen nach sorgfältiger Konsultation verschiedener Ausleger »auf vnterschidliche / vnd (meinem wenigen erachten nach) der Poeterey vnd Versen bequemliche Arten außführen vnd fürtragen wollen.« (G-W, S. 82f.) Von daher wundert es auch nicht, daß kein einziger der Weckherlinschen Psalmen-Gedichte Eingang in ein Gesangbuch gefunden und auch keine nachweisbare Komposition erfahren hat (vgl. IV Scheitler 1982, S. 154f.).

2) *Calvinistische und antikatholische Tendenzen*: Durch Luther selbst hat die Beschäftigung mit dem Psalter auch in seiner Konfession einen angestammten, aber keinen exzeptionellen Platz wie bei den Calvinisten. Deshalb ist bemerkenswert, daß der Lutheraner Weckherlin im Vorwort nachdrücklich darauf verweist, »daß vnzählich viel Weyse / Gotseelige / vnd Heylige Vätter vnd Personen das Buch der Psalmen ihrer vnaußsprechlichen Lehr / Lieblichkeit vnd Zierlichkeit wegen [...] allen andern Biblischen Büchern vorzuziehen nicht gezweiflet.« (G-W, S. 83) Er selbst müsse, fügt er hinzu, »mit verwunderung bekennen«, »daß jemehr ich dieselbige betrachte / je herrlicher ich sie finde / vnd mehr vnd mehr zu erwegen genöthiget werde« (ebda., S. 83). Das durften Zeitgenossen durchaus als Annäherung an den Calvinismus lesen, und dieses diplomatisch-fromme Signal ist verständlich im Blick auf Weckherlins Stellung als Parlamentssekretär in London und auf seine Bemühungen um die Gunst der vielfach reformierten Fürsten des protestantischen Deutschlands. Seine weiträumigen Übertragungen geben ihm denn auch immer wieder Gelegenheit, weitere zentrale calvinistische Signale einzubauen. Schon Psalm 1 bot die Möglichkeit, das primäre calvinistische Dogma von dem unbedingten Gehorsam gegenüber Gott wirkungsvoll zur Geltung zu bringen. Psalm 1, 2 (»Wohl dem, der [...] hat Lust zum Gesetz des Herrn und redet von seinem Gesetz Tag und Nacht!«) lautet in Weckherlins Übersetzung:

> »Ja seelig ist der mensch / der (der Welt vngeachtet)
> Das göttliche gesatz
> Stets lobet / liebet vnd betrachtet /
> Als seinen höchsten lust / vnd seinen grösten schatz:
> Vnd es in frewd vnd laid so lernet / vnd so lehret /
> Daß es jn tag vnd nacht bewahret vnd bewehret.«
> (G-W, S. 84)

Der letzte Vers des Psalms (Ps. 1, 6: »Denn der Herr kennt den Weg der Gerechten; aber der Gottlosen Weg vergeht.«) erlaubte eine Deutung im Sinne des ebenfalls zentralen calvinistischen Erwählungsdogmas (vgl. Anhang Nr. 5). So versteht auch Weckherlin die »Gerechten« als die »Auserwählten«:

> »Dann ja der große Got / dem aller Menschen handel /
> Hertz vnd gedancken kund /
> Der außerwöhlten weeg vnd wandel

> Erkennend / nimmet sie zu sich in guter stund:
> Hingegen stürtzen sich in ewiges verderben
> Die bösen / da sie dann (vnsterblich) allzeit sterben.«
>     (G-W, S. 85)

An mehreren Stellen flicht Weckherlin auch später die Prädestination als Zusatz in seine Psalmenübertragung. Dazu gibt ihm gleich Psalm 4 (Vers 4: »Erkennet doch, daß der Herr seine Heiligen wunderbar führt; der Herr hört, wenn ich ihn anrufe.«) Gelegenheit, wobei die Strophen erneut den calvinistischen Glauben daran, daß Gott seinen Auserwählten schon auf Erden besonders gnädig ist, herausstellen:

> »Bedenket, daß der, der regieret
>     In dem gesternten Himmels sahl,
>     Mit reichen gaben mich gezieret,
>     Und in die herrschung eingeführet
>     Durch seiner lieb und gnaden wahl:
>
> Darum dann wird der Herr mein Klagen
>     In dieser meiner schweren noht,
>     Nicht in den wind (erzürnet) schlagen,
>     Noch seinen beystand mir versagen,
>     Weil Er allein mein Herr und Got.«
>     (GWG I, S. 309; vgl. auch GWG II, S. 60, Str. 8, zu Ps. 20, 7)

Weckherlins Annäherung an den Calvinismus wird auch daran deutlich, daß er die im Luthertum übliche christozentrische Auslegung der Psalmen von wenigen Ausnahmen abgesehen nicht aufgreift und damit der streng un-typologischen Psalmenauslegung des Calvinismus folgt (vgl. dazu IV Scheitler 1982, S. 161).

Mit dieser Annäherung an den Calvinismus verbindet sich – konsequent aus der Sicht der Zeit – die Deutung der ›Feinde‹ Davids mit den größten Feinden des Calvinismus, den ›papistischen‹ Habsburgern. In diesem aktualisierten Sinne lassen sich viele der von ihm ausgewählten Psalmen lesen. So bildet er z. B. aus den Versen 5–7 von Psalm 9 eine Konfrontation von dem auserwählten Häuflein der Gerechten, die Gott schützt, und den bösen »Feinden«, deren Namen Gott aber »in den Staub« fallen lassen wird (Ps. 9, 6: »Du schiltst die Heiden und bringst die Gottlosen um; ihren Namen vertilgst du immer und ewiglich«; die folgende Strophe gehört als verdoppelte Kreuzreimstrophe mit männlich schließendem Vierheber und weiblich endendem Dreiheber zu den sangbaren, auch im ›Lobwasser‹ vertretenen Strophen; vgl. IV Frank, S. 603f.; Weckherlin hat sich hier bereits stark der alternierenden Opitzschen Prosodie angenähert):

> »Du hast, das häufflein (dem dein bund
>     Lieb und wehrt) zu erlösen,
> Vertilgest von der erden grund
>     Der bösen lob und wesen:
> Dan wan ihr Nam auß ehrgeitz schon
>     In der geschicht platz suchet,
> Wird Er doch, wie Sie selbs, mit hohn
>     Von mönniglich verfluchet.

> So ist nunmehr der feinden heer,
>   Das außzog uns zu straffen,
> Mit allem rüstzeug und gewöhr,
>   Stät, vöstungen und wafen,
> Ja auch mit aller beut und raub
>   Die er von uns genommen,
> Mit seinem Namen in den Staub,
>   Und zu dem end gekommen.«
>   (GWG I, S. 320f.)

In Psalm 11 verwendet Weckherlin zu Vers 3 (»Denn sie reißen den Grund um; was sollte der Gerechte ausrichten?«) sogar den Begriff des (deutschen) »Reiches« und der Protestanten als »unsrer frainden bund«, und »er« ist wieder der allzu bekannte »Feind« (die sechszeilige Schweifreimstrophe besteht aus jambischen Fünfhebern, wobei auf ein männlich schließendes Reimpaar ein Vers mit weiblicher Kadenz folgt und damit der Strophenmitte eine leichte Zäsur gibt, die im Druck durch Einrükkung der nachfolgenden Zeile veranschaulicht wird. Durch den Reim der dritten und sechsten Zeile wird die im 17. Jahrhundert seltene Strophe abgerundet; vgl. IV Frank, S. 511):

> »Wan seine list nu unsrer freinden bund,
> Wan seine händ des Reichs pfeiler und grund
> Nach seinem wunsch zertrennen und verstören;
>   Wan dises böß Got-trutzendes geschlecht
>   Außrotten will, Herr, dein gesetz und recht,
> Wie kann zu letzt sich der gerecht erwöhren?«
>   (GWG I, S. 327)

Eine Reihe weiterer Psalmen zeigen eine unverkennbar antikatholische Zuspitzung, darunter besonders Psalm 74 (vgl. Str. 7: »...Die schnöd-verkehrte hertzen, / Nach ihrer Pfaffen raht und lehr, / Erfinden, deinem Wort (so unsre gröste ehr) / Noch zu unehren, newe schmerzen;...« (GWG I, S. 352) oder Psalm 137, wo den Feinden, »die vns so nah verwant«, der Befehl zur Ausrottung der als »Ketzer« verurteilten Protestanten (und vor allem der Calvinisten, wie der Verweis auf deren »bild-lose tempel« zeigt) in den Mund gelegt wird:

> »Verhörget (= Verheeret) / schryhen sie / vnd schlaiffet auff den grund
>   All die bild-lose tempel /
> Vnd machet nu dem vmbkraiß kund
> Ewrer gleichlosen macht ein gnadloses exempel:
> Daß keines ketzers leib / weib / säugling / kind / vih / hauß /
>   Bleib-über / rottet alles auß.«
>   (G-W, S. 108)

Doch dieser Vernichtungswunsch kehrt sich dank dem Wortlaut des Psalms um und richtet sich nun gegen ›Babylon‹, den »sitz vnd pfitz (= Pfütze) der hurerey«: »Ja seelig / dessen faust wirt schmättern an die stein / Deiner Säugling blut / hirn / gebein!« (Ebda.)

Aktualisierungen des Bibelwortes sind ein generelles Charakteristikum der geistlichen Poesie. Paul Gerhardt z. B. wird im Zusammenhang mit seinem Amtsenthebungsverfahren einige anticalvinistische, indirekt auch gegen seinen Landesherrn gerichtete Psalmen-Übertragungen dichten, die eine ökumenisch gestimmte Rezeptionsgeschichte freilich unterdrückt hat (vgl. Bd. II, S. 279ff.), und auch die Perikopendichtung setzt – allerdings sehr unterschiedliche, polemische (vgl. Kap. 5 c) oder irenische (vgl. Kap. 6 l) – Akzente. Bei Weckherlin entsteht indes bisweilen der Eindruck, als böten ihm die Psalmen in gezielter Auswahl den willkommenen, biblisch abgesicherten Anlaß zur unversöhnlichen Fortsetzung des Krieges mit frommer Feder. Dazu gehört auch die verstärkte Berücksichtigung der Klage-Psalmen. Zugleich nutzt Weckherlin den Schutz des Bibelwortes zu einer mitunter harten Abrechnung mit den Fürsten, den Potentaten und dem Hofleben (wie im 146. Psalm; G-W, S. 109ff.; vgl. dazu IV Scheitler 1982, S. 159f.). – Aber in den nachfolgenden ›Weltlichen Gedichten‹ errichtet er den weltlichen »Göttern« wieder ihr Denkmal.

3)  *Weitere geistliche Lieder*: Unter den vier weiteren geistlichen Dichtungen Weckherlins sind zwei von besonderem Interesse, weil sie exemplarisch die beiden Hauptrichtungen anzeigen, in welche die humanistische Beschäftigung mit Religion, Bibelwort und Dogma tendiert. Das erste ist ein ›Lobgesang. Über Unser(!) Erlösers, Jesu Christs Gebuhrt‹ (GWG I, S. 405–409). Es stellt in 17 sechszeiligen Strophen den Versuch dar, das Mysterium der Zwei-Naturen-Lehre rational zu durchdringen, und repräsentiert damit ansatzweise den Typ des geistlichen Lehrgedichts, wie wir es – zum selben Thema – etwa bei Lohenstein finden (vgl. Bd. IV/2, Kap. 7 d). Die Lehre von den zwei Naturen Christi ist eine höchst brisante und komplizierte Materie (vgl. dazu Anhang Nr. 3). Mit seiner Jungfrauengeburt hat Christus neben der göttlichen die menschliche Natur angenommen, um den Menschen erlösen zu können. Aber was wird aus den beiden Naturen, wenn Jesus stirbt? An diesem theologisch überaus heiklen Problem arbeitet sich der ›Lobgesang‹ ab, nämlich daß Christus »Sey beedes Got und Mensch zumahl: Der (unsterblich) willig zu sterben« (GWG I, S. 409). »Er kont nicht purer Got, für Uns sein leben enden«, deshalb mußte er Mensch werden, aber konnte er als Gott, der er auch als Mensch war (»Er ist noch Got, und ewig zwar«; ebda., S. 407), wirklich sterben? Das Gedicht wirft die Frage auf, beantwortet sie aber nicht, sondern ›kreuzigt‹ mit ihr nur die Vernunft und fällt am Schluß aus der Belehrung in den Duktus des anbetenden Glaubens.

Das zweite Lied ist eine ›Betrachtung des 23. 24. und 25. vers: des 10. Cap. Jerem.‹ (GWG I, S. 416–419) und gehört damit zu der in der geistlichen Poesie des Humanismus verbreiteten und gattungsreichen Bibel-Dichtung (vgl. Kap. 2 c), hier allerdings weniger in einer dem ›Wort‹ dienenden, sondern es für eigene Zwecke selektierenden und funktionalisierenden Form. Schon die Inhaltsangabe der Lutherbibel zu Jeremias 10 läßt ahnen, warum Weckherlin sich dieses Kapitel ausgesucht hat: »Die Götzen und Götzendiener wird der lebendige Gott verderben, aber sein Volk mit Maßen züchtigen.« Die ausgewählten Schlußverse des Kapitels enthalten die Bitte um mäßige Züchtigung des Sprechers und statt dessen um die Vernichtung der Heiden: »Denn sie haben Jakob aufgefressen und verschlungen; sie haben ihn weggeräumt und seine Wohnung verwüstet.« (Jer. 10, 25) In 23 vierzeiligen Strophen (einer interessanten Abwandlung des ›heroischen Alexandriners‹ mit dem kreuzgereimten Wechsel eines ›vollen‹ und eines halben Alexandrinerverses, also eines abgewandelten ›archilochischen‹, bei Horaz auf den Hexameter bezogenen Versmaßes, wodurch die Strophe einen langen und zugleich auch wieder gedrängten, nachdrücklichen

Duktus erhält) variiert das Lied diesen Wunsch um eigene Schonung und um Vernichtung der Heiden (hier nur die vorletzte Strophe):

>»Darumb du, starcker Got, dich selbs und uns zurechen,
  Erweiß nu deine macht,
Und laß sie ihre zähn und küferbein zubrechen,
  Vernichtend ihren pracht!«
     (GWG, S. 419)

Auge um Auge, Zahn um Zahn! Nach diesem Lied beginnen die ›Weltlichen Poesyen‹, aber das Thema bleibt, und das ›tertium comparationis‹ zwischen geistlicher
und weltlicher Lyrik Weckherlins ist eben der unversöhnliche konfessionelle Patriotismus.

## e)  (Un-)Keusche ›Buhlereyen‹

1)  *Frühe Liebesdichtung als Übersetzungsübung*: Wie am ›Triumf‹ bereits gesehen,
gehörte das Thema ›Liebe‹ im umfassenden Sinne zu den Aufgaben des Hof-Poeten
Weckherlin. Das Frauen-Lob implizierte den Schönheitspreis, doch die Schönheit
war kein Wert an sich, sondern wurde als Äquivalent der Tugendhaftigkeit zum Ideal
der Kalokagathie verknüpft, und die heidnische Göttin der Liebe wurde demon-
strativ christianisiert. – In seinen ›Oden und Gesängen‹ hat Weckherlin dem Thema
›Liebe‹ noch etwa 15 kleinere ›Gesänge‹ in unterschiedlichen Strophenformen gewidmet. Es sind Motive aus der petrarkistischen Tradition (›Klag über die Lieb‹,
›Über einen Krantz‹, ›Schönheit nicht wehrhaft‹, ›Amor betrogen‹, ›Bestähtigung der
Lieb‹ (O, S. 152ff.), die Fischer sämtlich als Übersetzungen oder Nachahmungen aus
den Werken von Desportes, Du Bellay, Ronsard, Marot und Malherbe nachgewiesen hat (G II, S. 478f.). Ein Gedicht gibt sich schon im Titel als Übersetzung aus:
›Horatianisch. Gesprächs weiß‹ (in Anlehnung an Horaz' Oden III, 9). Analoges gilt
für den zweiten Band der ›Oden und Gesänge‹ (›Amors Wohnung‹, ›Abwesenheit‹,
›Bestähtigung seiner Trew‹, ›Lust und vergnügen in der pein‹, ›Laids veränderung in
Fraid‹ (O II, S. 255ff.; vgl. G II, S. 481f.), auch ein erstes ›Kuß‹-Gedicht findet sich
in der Sammlung (als Übersetzung von Rémy Belleau; O II, S. 262ff.; G II, S. 482).
Die erstmalige Verwendung verschiedener Versmaße und Strophenformen ist hier die
eigentliche Leistung Weckherlins. Seine eigene Erfindung scheinen zwei schlüpfrig-
amüsante Oden über eine (augenscheinlich bei Hofe beschäftigte) »Jungfrau Rossa‹
(= Rosa) zu sein. Das erste handelt buchstäblich von dem unziemlichen Griff eines
noch unerfahrenen ›Junckerleins‹ ›unter die Gürtellinie‹ der jungen Dame. Das Lied
ist eine kleine Strafpredigt, die den verbotenen Griff erfindungsreich metaphorisch
auskostet; aber selbst hier noch – wie auch andernorts, wo er die Liebe als erotisch-
obszönen Krieg und »liebes streit« im Zweikampf der Hochzeitsnacht darstellt
(›Brautlied Zu Ehren der Hochzeit Filanders und seiner Chloris‹; ein wegen seiner
Obszönität fingiertes Epithalamium; G-R, S. 53–58) – schleicht sich die Kriegs- und
Kampf-Metaphorik mit ein, wenn hier auch – ein für Weckherlin geradezu befreiender Scherz – die ›Niederlande‹ einmal als ›tertium comparationis‹ für eine scherzhafte Pointe herhalten dürfen (hier die dritte und vierte von fünf Strophen im ge-
genstandsangemessenen einfachen Stil):

»Wie stölt (= stellt) Ihr Euch einmahl so keck,
Das Ihr ein so tieffes Verlangen!
Ach es gehört dazu mehr speck,
Wan man ein solche mauß will fangen.

Was wollet ihr so schwach und blaich
Nach ruhm in dem Niderland streben?
Ach Ihr seht auß, als wan ein straich
Euch sollte kosten ewer leben.«
    (O II, S. 266)

Singulär und kulturgeschichtlich sehr interessant ist Weckherlins Lied ›Meine meinung wie ein weib zu wöhlen‹ (O II, S. 276–279; vgl. dazu ausführlich Bd. IV/2,
Kap. 1 a–5).

2)   *Sonett-Zyklus auf die Ehefrau*: In den Ausgaben von 1641 und 1648 schuf Weck-
herlin eine eigene Rubrik ›Buhlereyen. Oder Lieb-Gedichte‹ (GWG I, S. 457ff.;
GWG II, S. 340ff.). Der erstere Band weist dabei nach dem Vorbild Petrarcas und
der von ihm inaugurierten Tradition einen (vergleichsweise kleinen) Zyklus von 19
Sonetten auf (›Etliche Sonet oder Kling geseng von seiner Liebsten‹; GWG I,
S. 462–476; 1648 ergänzt um drei weitere – eingeschobene – Sonette; GWG II,
S. 340–345), die Petrarca, Ronsard und anderen Autoren nachgebildet sind (vgl. G
II, S. 492f.). Borgstedt hat überzeugend nachgewiesen, daß Weckherlin hier insbe-
sondere Edmund SPENSERs (1552–1599) Zyklus ›Amoretti and Epithalamion‹ (1595)
nachgebildet hat (II.140 Borgstedt, S. 243ff.; vgl. dazu auch Bd. IV/2, Einleitung
c–2). Nachdem die höfisch inspirierte Unerreichbarkeit der Geliebten schon in der
›Pléiade‹ unterlaufen worden war, erwiesen sich im konfessionellen Zeitalter auch die
konzeptionellen Voraussetzungen des petrarkistischen Liebesmodells als obsolet.
Deshalb wurden zwar noch einzelne Motive petrarkistischer Lyrik in der (verspä-
teten) deutschsprachigen Liebesdichtung nachgebildet, aber einen petrarkistischen
(Klein-)Zyklus hat nur noch Weckherlin vorgelegt (vgl. ebda., S. 266), allerdings in
signifikanter Abkehr vom ursprünglichen petrarkistischen Modell der unerfüllten
Liebe (vgl. ›Lieb gegen lieb‹; GWG I; S. 472). Die hohe Wertschätzung der Ehe im
Protestantismus (vgl. Bd. IV/2) führte bei Spenser und Weckherlin zu einer Funkti-
onalisierung der petrarkistischen Motive für eine Art ›Ehelyrik‹ (vgl. dazu auch IV
Kemper 1999). Nur unter der Voraussetzung, daß die Liebe in die Ehe führt, werden
die petrarkistischen Motive bei beiden Autoren fruchtbar gemacht und auch unter
Rückgriff auf (neu-)platonische Vorstellungen antipetrarkistisch umgedeutet – der
Liebesschmerz wird zum (erfolgreichen) Appell an die Geliebte, die Liebe zu erwi-
dern, um nicht den Tod des Geliebten zu riskieren (vgl. auch das Schlußterzett des
Sonetts ›Schaiden und Lieb unsterblich‹: »Dan meine sehl in dich, in mich dein
sehlelein / (Verwechßlend) haben sich durch disen kuß vergangen, / Daß unser tod
und lieb nu muß unsterblich sein.« GWG I, S. 474), und die Liebeswerbung wird zur
Brautwerbung (II.140 Borgstedt, S. 253f.). Dadurch löst sich aber auch schon bei
Spenser der Konflikt zwischen Affekt und Norm auf, die sinnlichen Aspekte der
Liebe sind durch die (vor-)eheliche Verbundenheit bereits legitimiert (ebda., S.
254f.).

3) »*Gaile Stücke*« »*für grosse Herrn*«: 1648 fügt Weckherlin als ausführlichstes neues Werk ein 848 Verse umfassendes Alexandriner-›Gedichte Von dem Urtheil So der Troanische(!) Jüngling, Paris, Mit dem Apfel gegeben‹ hinzu, das sich auf Vergil und andere Quellen stützt (GWG II, S. 345–370). Der Mythos wird hübsch und lebendig gestaltet. Die Darstellung wechselt zwischen Deskription (der schönen nackten Körper der Göttinnen, die Paris einzeln in Augenschein nimmt) sowie den Reden der Schönen, die Paris außer ihrem Anblick noch mit allerlei irdischen und himmlischen Gütern, wie sie im Mythos überliefert sind (vgl. I Hederich, Sp. 1885f.), zur Apfelvergabe zu ermuntern suchen, und der jeweiligen Gegenrede des jugendlichen Richters, der schließlich über der Schönheit der Venus und ihrem Versprechen, ihm das schönste Frauenzimmer, des »Himmels Maisterstück«, zur Liebe zu überlassen, den Kopf verliert und ihr den Apfel zuteilt, woraufhin die Zornreden der anderen Göttinnen über ihn hereinbrechen, welche die schiere Sinnlichkeit seiner Urteilsgrundlage schelten und Zucht, Vernunft und Weisheit einklagen. Venus indessen beruhigt den selbst etwas beschämten Paris, und ein abschließendes Lied stellt sie als entscheidende Schöpfungs- und Lebenskraft heraus, welcher Paris mit Recht den Sieg zugesprochen habe (ebda., S. 369f.). Das ist ein beachtlich liberales Werk, das Weckherlin offenbar als Hof-Poet 1616 anfertigen und vortragen konnte – Pallas, Venus und Juno finden sich sowohl in seiner Festbeschreibung (vgl. T, S. 37, 89) als auch auf Merians Prachtwagen des Priamus (vgl. SH II, S. 27) und in seinem Gefolge Paris und Helena (ebda., S. 31) –, aber ein Gedicht, das er erst mehr als 30 Jahre später zu veröffentlichen wagte.

Dies gilt auch für einige weitere, auf andere Rubriken verteilte Stücke, so für die unter den ›Epigrammaten‹ aufgeführte ›Garten buhlschafft / oder Kraut Lieb‹, die – wiederum obszön – in einem scherzhaften Gespräch zweier Liebenden eine erotische Verständigung nur mittels einer Fülle ›sprechender‹ Blumennamen herbeiführt (»Ja Knabenwurtz vnd Ständelwurtz / Sprach sie / mir allzeit wol zu schlagen: / Liebstöckel mögen wir auch wagen / Dieweil sie gut für die / die blaich / So stöck es tief in das Glidweich.« Usw. G-W, S. 230f.) Pornographisch sind auch andere Epigramme (GWG II, S. 447; vgl. zu Weckherlins Epigrammen IV Althaus, S. 83ff.). Für solche »gaile Stücke / die leyder in diesem Büchlein hin vnd her auch mit lauffen«, entschuldigt sich der Verfasser mit dem Hinweis auf höfische Auftragsarbeit (sie seien »für große Herrn/ oder auf jhren Befelch gedichtet worden«; G-W, S. 119f.). Immerhin wagte Weckherlin deren Publikation, während Hoffmannswaldau und Lohenstein ihre »gailen stücke«, die um die Zeit der Weckherlinschen Publikation entstanden, zu Lebzeiten lieber unter Verschluß hielten.

4) ›*Schwäbische*‹ *Eklogen*: Innovativ war Weckherlin insbesondere im Bereich der von ihm eingerichteten Rubrik ›Eclogen, Oder Hirten Gedichte‹ (GWG II, S. 371ff.; die Ausgabe von 1641 enthielt erst eine Ekloge: GWG I, S. 457ff.), und zwar nicht im Blick auf eine Modifikation der Gattung (wie Opitz; vgl. dazu Bd. IV/2, 2 c), sondern in der die traditionelle Topik durchbrechenden Beschreibung heimatlichschwäbischer Landschaft, dargestellt in vier Eklogen, die je eine der Jahreszeiten gestalten. Die antiken Hirten und Nymphen sind nur Staffage, wenn etwa im ›Summer‹ die Heuernte in prallgefüllten Alexandrinerversen beschrieben wird:

>>Mit ihren Sänßen scharpf die Mäder förtig stehen,
Und biegend sich das Graß fein ordendlich abmehen;
Dan folgen andre nach, die es mit gablen krumb
Und mit der rechten Stihl zuströwen umb und umb,
Biß daß, alsbald es dir, sie manchen heyschock machen,
Darauf ein jüngling bald, nicht ohn gailhafftes lachen,
Erhaschet eine Nymf, da dan halb-nackend sie
Mit küssen trösten beed ihr große hitz, schweiß, müh:
Dan kompt der Meyer her, die zeit nicht zu verlieren
Und auf dem wagen bald das Hey nach hauß zuführen.<<
(GWG II, S. 376f.; vgl. dazu II.140 Ribbat, S. 85f.)

Hier scheint eine der Gattung zu verdankende Alternative zum Hof-Leben auf, dem Weckherlin trotz wachsender Kritik an seiner Scheinhaftigkeit, Eitelkeit und Vergänglichkeit doch nicht zu entfliehen vermochte. Die Zeitläufte erlaubten Eklogen nur als kompensatorisches Schäfer-Spiel. Weckherlin lebte zeitlebens zu nahe bei den politischen Entscheidungszentren, als daß er aus seinem Poeten-Amt eine eigenständige humanistische Lebensperspektive hätte gewinnen und leben können. Zwei Drittel seiner Poesie zollen deshalb dem kriegerischen Zeit-Geist ihren Tribut. Seine austauschbaren, abstrakten Huldigungs-Oden spiegeln eher die gnadenlose Realität der Zeit als die realistischen Beschreibungen der utopischen Eklogen. Gerade als Hofpoet illustriert Weckherlin stärker als jeder andere deutschsprachige Barock-Lyriker die Härte und Grausamkeit der Kriegs- und Krisenzeit des Konfessionalismus und ist eben deshalb auch so rasch historisch überholt und vergessen.

5) *Weckherlin und Opitz*: Weckherlin hat in einem Sonett ›An Herren Martin Opitzen Fürtrefflichen Teutschen Poeten‹ (GWG I, S. 435f.; überarbeitet ›An H. Martin Opitzen Teutschen Poeten‹, GWG II, S. 337; G-W, S. 194f.) den Unterschied zwischen seiner eigenen, ganz im Zeitgeschehen aufgehenden Haltung und der ganz anders gearteten, auf Frieden, >>Lieb vnd Freindschafft<< zielenden Position von Opitz hervorgehoben:

>>Indem mein ohr / hand / mund schier müd / die schwere plagen /
Die dieser Grosse Krieg mit Schwert / Pest / Hunger / Brand /
Vnd Vnerhörter wuht auff vnser Vaterland
Außgiesset / ohn ablaß zu hören / schreiben / klagen /

Da ward mit wunder mir /vnd mit wohn fürgetragen /
Mein Opitz / deiner Lieb vnd Freindschafft wehrtes pfand /
Pfand / welches mir alßbald die feder auß der hand /
Vnd auß dem mund vnd geist die klag vnd leyd geschlagen.<<
(G-W, S. 194f.)

Das darf man als grundsätzliche Standortbestimmung verstehen (auch wenn sich das erste Terzett nur auf die durchschlagende Wirkung der Opitzschen Versreform bezieht, welcher sich dieses Sonett ja ebenfalls einfügt): Weckherlin ist der agitatorische poetische Zeitzeuge, dessen politische Lyrik gerade in ihrer unverstellten Parteilichkeit >>in der deutschen Dichtung des 17. Jahrhunderts ihresgleichen sucht<< (II.140 Meid 1982, S. 157); Opitz indes versucht diesem Zeitgeist entgegenzuwirken und schlägt damit Weckherlin >>die feder auß der hand<<. Und wenn dieser zum Schluß

Opitz' Haupt »mit Lorbör-zweigen zieren« möchte (ebda., S. 195), dann erscheint dies – über ein artiges Kompliment hinaus – als eine sachgerechte Wertung. Bei Weckherlin begegnet der Geist des Konfessionalismus in Formen des Renaissance-Humanismus, Opitz nutzt das Erbe der Renaissance, um den Geist des Konfessionalismus zu überwinden. – Und mit ihm tritt *Schlesien* als bedeutendste und fruchtbarste deutsche Literatur-Landschaft des 17. Jahrhunderts auf den Plan.

## 4)  Kampf für Freiheit und Frieden (Opitz)

a)  Der Irritierende – Zur Rezeption und Biographie eines calvinistischen Humanisten

1)  *Probleme der Opitz-Forschung und -Rezeption*: Die Lebensleistung von Martin OPITZ (1597–1639; vgl. Abb. 3, ein Kupferstich nach Jacob van der Heyden [1631], Martin-Opitz-Bibliothek, Herne; vgl. dazu II.89 Trunz 1990) ist bis heute umstritten (vgl. dazu auch II.89 Trunz 1975b, S. 76*ff.; Garber 1976, S. 37ff.; Mannack) – und zugleich ist sie noch gar nicht zureichend erforscht (zum Stand der – von einigen Pilotstudien abgesehen – lückenhaften Opitz-Forschung vgl. II.89 Roloff 2002, S. 28ff.; Conermann/Herz/Ahrens, S. 3ff.; Paulus/Seidel)! »Überall webt er mit mittleren Kräften, die er nie bis zum Äußersten anstrengt, es sei denn zum persönlichen Erfolg, ein Stück deutschen Schicksals«, urteilte Cysarz und faßte damit ein bis heute nachwirkendes Unbehagen über die Unoriginalität von Opitz' Position und die Diskrepanz zwischen seiner Literaturreform und seiner Karriere zusammen (IV Cysarz 1964b, S. 50). Hart geht man insbesondere mit seiner Lyrik ins Gericht: »Die meisten Gedichte«, so behauptet Lubos noch 1995 in der Neubearbeitung seiner ›Geschichte der Literatur Schlesiens‹ unter Berufung auf Gellinek und Berent, »sind nach Vorbildern zurechtgebaut, mit mythologischen Anspielungen, rhetorischen Wendungen und Allegorien versehen, aufdringlich lehrhaft zugespitzt und daher sehr allgemein gehalten. Noch schwächer (!) sind die religiösen Poeme«, die er als »Pflichtleistung, die etwas einbrachte«, ohne »tieferes Anliegen« verfaßt habe (III Lubos, S. 140). Die Bewertung dieses ›Karrieristen‹ nach den Maßstäben goethezeitlichen ›Dichtertums‹, wonach sich der Autor in seinem Werk ›authentisch‹ ausspricht, sind offenkundig.

Wer Opitz' Wirken als »poeta doctus« für den Schwerpunkt seines Lebens hält, kann sich auf dessen Selbstzeugnis berufen. Im Jahr seiner

Abb. 3

Nobilitierung (1627) bekräftigte Opitz diese Selbsteinschätzung des Gelehrten in einem Lobgedicht auf den Grafen Karl Hannibal von Dohna – und darin liegt zugleich seine Distanz zur Position von Weckherlin (II WP II, S. 20–24):

> »Ich bin kein Hofemann / ich kan nicht Rauch verkauffen /
> Nicht kûssen frembde Knie / nicht vnderthânig lauffen
> Nach Gunst die glåsern ist; mein Wesen / Gut vnd Ziehr
> Ist Lust zur Wissenschaft / ist Feder vnd Papier.«
> (Ebda., S. 23; vgl. WP I, S. 156; vgl. III Grimm, S. 207)

Spezifisch für seine – allerdings durch keinen akademischen Grad untermauerte – Gelehrsamkeit war eine umfassende Kenntnis mehrerer antiker und moderner Sprachen, eine Vertrautheit mit antiken Autoren und den philologischen Kenntnissen über sie, zahlreiche Übersetzungen aus verschiedenen Literaturen sowie eigene wissenschaftliche (nicht nur poetische!) Tätigkeit wie z. B. seine Edition des frühmittelalterlichen ›Annoliedes‹ (1639). Doch glaubt man die Leistung und das Innovative seiner Literaturreform durch deren Translations- und Nachahmungscharakter relativieren zu müssen. Wer demgegenüber die These vertritt, daß Opitz »in erster Linie Diplomat und erst in zweiter Linie Gelehrter und Dichter« gewesen sei (II.89 Garber 1984, S. 133), ist irritiert über den Opportunismus seiner Frontwechsel zwischen den verfeindeten Lagern. Wer Gelehrtentum und Diplomatie als Strategie zusammendenkt, wobei Opitz in seiner Person das Anliegen seiner Poetik zu verwirklichen suchte, nämlich gerade als ›poeta doctus‹ bei Hofe Fuß zu fassen, sieht in der Literaturreform lediglich ein Instrument für Opitz' (nur mühsam und sporadisch verwirklichte) standespolitische Karriere und konstatiert, daß seine humanistische Poesie den hofspezifischen Erfordernissen weder sonderlich entgegen kam noch gerecht wurde (vgl. II.89 Braungart, S. 36f.).

Dem ambivalenten Opitz-Bild entspricht eine lückenhafte Forschung. So ist die in den sechziger Jahren begonnene historisch-kritische Ausgabe (GW) noch nicht abgeschlossen, der gesamte Briefwechsel ist zwar erfaßt, aber noch nicht ediert (vgl. II.89 Conermann/Herz/Ahrens), und das Netzwerk seiner Beziehungen wurde bislang nur punktuell ausgeleuchtet. So werden einerseits die fehlenden Grundlagen immer wieder durch Hypothesen oder Spekulationen ersetzt, andererseits plausibel eruierte Sachverhalte – wie etwa Garbers Nachweis seiner Affinität zum Calvinismus (vgl. II.89 Garber 1984) mit Blick auf Opitz' Dienste für Habsburg und die katholische polnische Krone relativiert oder verwässert. Und zum 400. Geburtstag warnt man davor, »die Person Opitz primär für zeitgenössische Ideologien zu beanspruchen.« (II.89 Roloff, S. 29) Statt dessen sei er »ein vielseitig verwendbarer Literat und Diplomat, beileibe kein Opportunist, sondern ein beschlagener Stratege der literarischen und sprachlichen Kommunikation« gewesen (ebda.).

Das kommt einem modernen Autor- und Kulturverständnis entgegen, trägt aber kaum zur historischen Profilierung von dessen Position im ideologisch verminten Zeitalter des Konfessionalismus bei. Nur wenn man nicht nur den formalen, sondern auch den inhaltlichen Spielraum auslotet, den Opitz mit dem Programm seiner Literaturreform der deutschsprachigen Gelehrten-Dichtung zu eröffnen suchte, wird man seine – wie mir scheint: beachtliche und kühne – historische Leistung angemessen beurteilen können. Wo die Rechtgläubigkeit so streng überwacht war wie in der Epoche des Konfessionalismus, da sind nachhaltige Tabubrüche wie etwa

die Begründung der Poesie auf magisch-heidnische Ursprünge und damit auch der
Rückgriff auf die Gedankenwelt der Renaissance mit der Hochschätzung von Poet
und Poesie nicht nur als unverbindliche Demonstration humanistischer Gelehrsamkeit zu werten (vgl. Kap. 4 c, d). Der »Vater der deutschen Poesie« begründete ein
Eigenrecht der Dichtkunst als Organ humanistischer Weisheit gegenüber dem Ab-
solutheitsanspruch der Konfessionen. Gerade dadurch machte er Dichter und
Dichtung interessant für die frühmodernen Höfe, die sich darum bemühten, gegenüber dem kirchlichen Machtanspruch weltliche Freiräume in der Kunst und Kultur
zu bewahren, eine weltliche Ordnung zu etablieren und die Kirchen darin zu integrieren. Von daher gehören Literaturprogramm und Diplomatie zusammen: Mit
beiden signalisierte Opitz, der sich nie in den Dienst einer der etablierten Kirchen
begeben hat, Distanz gegenüber dem engen, zensurierenden Konfessionalismus.
Wenn er sich im Umkreis des reichsrechtlich nicht anerkannten Calvinismus bewegte, dann macht auch dies Sinn, denn dieser gewährte neben seiner modernen
dogmatischen Ausrichtung den Gelehrten die größten Lizenzen in der Ausübung
der »curiositas«.

2)  *Ein calvinistischer Bildungsweg*: Es ist Klaus Garbers Verdienst, die calvinistische
Spur in Opitz' Lebenslauf entdeckt zu haben. Gegenüber der These von der Opitz-
schen »Unabhängigkeit gegenüber den Konfessionen und gegenüber dem Adelstitel«
(III Grimm, S. 145) oder seiner Zugehörigkeit zu den »revolutionären gesellschaftlichen Ansichten der Arianer« (II.89 Szyrocki, S. 35) erscheint Garber »als geheimes
Kraftzentrum« des Opitzschen Lebens »sein humanistisch-calvinistischer Irenismus«
(II.89 Garber 1984, S. 133). Tatsächlich vermag Garber diese – auch in der Begriffs-
Kombination überraschende – These durch den Nachweis der bedeutenden Rolle zu
untermauern, die sowohl der Calvinismus wie die Irenik im Leben von Martin Opitz
gespielt haben. Dazu seien im folgenden nur die wichtigsten biographischen Stationen und Aspekte kurz angedeutet.
   In Schlesien, wo Opitz 1597 als Sohn eines lutherischen Metzgermeisters in Bunzlau am Bober geboren wurde, herrschte neben dem lutherischen Bekenntnis durch
die reformierte Orientierung der wichtigsten Herzogtümer Liegnitz und Brieg auch
lebhafter Kontakt zu den reformierten Territorien Brandenburg, Anhalt und besonders zur Kurpfalz (ebda., S. 117). Sowohl auf dem Breslauer Magdaleäum (seit
1614) als erst recht auf dem von dem Calvinisten Georg von Schönaich gegründeten
Gymnasium zu Beuthen an der Oder, das sich in seiner Satzung zum Geist der
Toleranz und Irenik verpflichtete, kam Opitz mit der reformierten Ideenwelt in Be-
rührung (1617; vgl. dazu Kap. 4 e). Über die Schlesien am nächsten gelegene Universität Frankfurt/Oder, die seit dem Übertritt des Kurfürsten Johann Sigismund
von Brandenburg zum reformierten Bekenntnis (1613) als reformierte Hochschule
galt, gelangte Opitz 1619 sodann zur Fortsetzung seines Jura-Studiums in die damalige deutsche Hochburg des Calvinismus, nach Heidelberg (vgl. dazu Bd. I,
S. 27f.; Bd. II, S. 3f.). Der kurpfälzische Hof, erklärt Garber mit Recht, war danach
wegen seiner vielfältigen politischen Beziehungen vor allem zu Frankreich, England
und den Niederlanden und seiner daraus resultierenden »Führungsrolle in den Unie-
rungsbestrebungen des Protestantismus« »das geistige, das kulturelle und das politische Zentrum des Protestantismus in Deutschland« (II.89 1984, S. 120; vgl. dazu

auch Kap. 3). Opitz wurde Hauslehrer bei Georg Michael Lingelsheim (1566–1636), dem irenisch gesonnenen Erzieher und Berater Friedrichs V. von der Pfalz, und traf hier mit einer Reihe bedeutender calvinistischer Gelehrter und Dichter zusammen, die ihrerseits Kontakte zu reformierten Minoritäten – vor allem in Straßburg (zu Matthias Bernegger) – unterhielten und die das böhmische Abenteuer des Heidelberger Kurfürsten publizistisch unterstützten (vgl. II.89 Roloff, S. 18f.; zum ›Winterkönig‹ Friedrich von der Pfalz III Wolf/Henker u. a.). Auch Opitz stimmte mit einer geschliffenen ›Oratio ad serenissimum et potentissimum Fridericum Regem Bohemiae‹ (1620) in die protestantische Aufbruchsbegeisterung nach der Wahl Friedrichs zum böhmischen König ein. Nach dem obligatorischen Lob des Fürsten – auch als Mäzen der Wissenschaften – wendet er sich entschieden gegen die Tyrannei in religiösen Fragen. Unbeschadet der Verehrung für den Kaiser müsse man zur Verteidigung von Religions-Freiheit zu den Waffen greifen. Die Religion, die schon den Heiden das Heiligste gewesen sei, werde heute geschunden und geknechtet, und hier fehlt auch die Polemik gegen die Jesuiten nicht. Opitz ruft – hier Weckherlin verwandt – zum Kampf für die Freiheit der Religion, zugleich für Fürst und (protestantisches) Vaterland auf.

Das tragische Scheitern des ›Winterkönigs‹ und seiner antihabsburgischen »Unierungspolitik« mit der Folge einer Eroberung Heidelbergs durch Spinola und Tilly und die Besetzung der Kurpfalz sprengte den Heidelberger Gelehrtenzirkel. Opitz entzog sich schon zuvor dieser Katastrophe, reiste im Herbst 1620 zunächst in die Niederlande und (für einige Tage) an deren bedeutendste, 1575 gegründete Universität Leiden, wo er nochmals einen calvinistischen Gelehrten-Zirkel mit dem humanistischen Poeten und calvinistischen Theologieprofessor Daniel HEINSIUS (1580–1655) an der Spitze kennenlernte, dessen ›Lobgesang Jesu Christi‹ er übersetzte (zuerst erschienen 1621). Vom November 1620 bis zum Frühjahr 1621 lebte er »wie in einem Emigrationsversteck« auf dem Gut eines Freundes auf Jütland (II.89 Roloff, S. 19). Hier vollendete er sein großes ›Trost-Gedichte in Widerwertigkeit deß Krieges‹. Indessen wagte er diese »zweifellos bedeutendste politisch-moralische Versdichtung des Jahrhunderts« (II.89 Kühlmann 2001, S. 45), in der er neben Aufrufen zur Toleranz für den Calvinismus Partei ergriff (vgl. Kap. 4 b), nach dem Desaster des ›Winterkönigs‹ nicht sogleich, sondern erst 1633 zu veröffentlichen (Bücher I und II auch in II G, S. 32–72).

1621 kehrte Opitz in ein Schlesien zurück, in welchem durch die Niederlage Friedrichs V. der Protestantismus in schwere Bedrängnis geraten war. Zu dieser Zeit hatte Gabriel Bethlen, der politisch ehrgeizige calvinistisch-irenische Fürst des damals weitgehend unabhängigen Siebenbürgen, in seiner Hauptstadt Weißenburg ein Gymnasium zur Akademie (›Kollegium‹) erhoben und ersuchte den calvinistischen Herzog Johann Christian von Brieg um gleichgesinnte akademische Lehrer. Dieser empfahl auch Opitz, welcher für ein Jahr (vom Juni 1622 bis Juni 1623) nach Weißenburg ging, wo er auch dem Fürsten mit seinen Kenntnissen diente und sowohl sein Lob- und Lehrgedicht ›Zlatna Oder Getichte Von Ruhe deß Gemůthes‹ (II G, S. 75–109; vgl. Kap. 4 h–2) als auch seinen Heinsius nachempfundenen ›Lobgesang Vber den frewdenreichen Geburtstag vnsers HErren vnd Heylands Jesu Christi‹ verfaßte (vgl. Kap. 4 g–2).

Von den Arbeitsbedingungen in Weißenburg und vom – schließlich abwesenden – Fürsten enttäuscht, kehrte Opitz nach Schlesien zurück, fand dort aber auch an den reformierten Höfen von Liegnitz und Brieg keine besoldete Anstellung. In diesen von Reisen und intensiver Stellungssuche geprägten Jahren entstand das ›Buch von der Deutschen Poeterey‹ (1624), das Roloff für eine dem Rat der Stadt Bunzlau gewidmete (erfolglose) »Bewerbungsschrift« des mittlerweile 27jährigen Kandidaten hält (II.89 Roloff, S. 22). Opitz reagierte auch in dieser Schrift (vgl. BDP, S. 31f.) verärgert auf eine gut gemeinte, von seinem Heidelberger Freund Julius Wilhelm Zincgref ohne sein Wissen im selben Jahr in Straßburg edierte Kollektion seiner ›Teutschen Poemata‹, die auch den ›Aristarch‹ und Jugendgedichte enthielt, welche dem Anspruch seines Reformprogramms noch nicht genügten, deren erotische Freizügigkeiten ihm unpassend und deren antihabsburgische Invektiven ihm nun politisch unklug erschienen. So brachte er 1625 in Breslau eine eigene, gereinigte Ausgabe der ›Teutschen Poemata‹ heraus, die er Fürst Ludwig von Anhalt, dem Haupt der ›Fruchtbringenden Gesellschaft‹ widmete. Als 200. Mitglied wurde er dann 1628 in die Gesellschaft aufgenommen.

3) *Ein katholisches Intermezzo*: Inzwischen betrieb Kaiser Ferdinand II. (1578/1619–1637) vor allem in Böhmen, aber auch in Teilen Schlesiens eine Politik der katholischen Restauration. Er hatte den katholischen Burggrafen Karl Hannibal von Dohna, den Friedrich V. wegen versagter Huldigung aus Schlesien vertrieben hatte, in Breslau zum schlesischen Kammerpräsidenten mit weitreichenden Vollmachten berufen. Opitz lernte Dohna 1625 auf einer Kondolenzreise der schlesischen Stände nach Wien kennen, wo er nach Überreichung eines meisterhaften Kondolenzgedichtes an den Kaiser von diesem persönlich zum »poeta laureatus« gekrönt wurde. Das war der Höhepunkt einer zehnjährigen Laufbahn als Poet, die aber immer noch zu keiner befriedigenden Anstellung verholfen hatte (vgl. II.89 Roloff, S. 25). In dieser Situation und gerade in der Zeit der massivsten Rekatholisierungsversuche bot Dohna Opitz an, als Sekretär und Leiter der Geheimen Kanzlei in seine Dienste zu treten, und dieser nahm das Angebot nach kurzen Verhandlungen 1626 an. Er wurde zum erfolgreichen Diplomaten, nahm am katholischen Gottesdienst teil, mußte sich den Jesuiten beugen und wurde auf Antrag Dohnas im Herbst 1627 in den Adelsstand erhoben (Opitz von Boberfeld). Opitz widmete Dohna sein ›Lob des Krieges Gottes Martis‹ (1628; vgl. Kap. 4 h–2) und den zweiten Teil seiner ›Deutschen Poemata‹ (1629), er übersetzte in dessen Auftrag ein konfessionspolemisches Werk aus der Feder des Jesuiten Martin Becanus, ›Manuale controversiarum‹, »eine Sammlung verschiedenartiger Argumente, die das Bekehren zum Katholizismus zum Ziel hatten« (II.89 Szyrocki, S. 84) und das Dohna an den Kaiser sandte (vgl. II.89 Müller, S. 187).

Dieses Verhalten des bislang offenkundig dem Calvinismus nahestehenden Opitz ist schwer zu beurteilen. – Drei Erklärungsmöglichkeiten bieten sich zunächst an. Entweder war Opitz tatsächlich so sehr Karrierist und fühlte sich als politischer Diplomat, daß ihm die Einsicht, »nur auf der katholischen Seite« sei »für ein knappes Jahrzehnt Karriere zu machen«, zu diesem Schritt veranlaßte (II.89 Garber 1984, S. 128). Oder Opitz erwies durch diesen Schritt auch nach »außen« seine innere Unabhängigkeit gegenüber den Konfessionen, die aus seiner humanistischen Einstellung resultierte. Mit einer solchen Interpretation seines Verhaltens hat er zumindest schon im Blick auf seine Zeitgenossen rechnen müssen. Oder er gehörte zu dem im damaligen Reich häufiger anzutreffenden Typ jenes gesinnungstreuen Calvinisten, der sich bis zur Selbstverleugnung an gegebene Umstände anzupassen vermochte, um unter diesem Deckmantel für seine Sache tätig sein zu können und der die Ausübung einer solchen Aufgabe im Vertrauen auf seine Erwähltheit und den deshalb auf ihm ruhenden Segen Gottes übernahm. Dann wäre Opitz ein Repräsentant jenes Typs von »Sakramentierer«, der – in wesentlichen Strukturmerkmalen dem »Jesuwider« gleichend – den konfessionspolemischen Zorn der Lutheraner auf sich gezogen hatte (vgl. dazu Bd. II, S. 137ff.). Für diese Überlegung spräche immerhin die Vermutung seiner »gewissenhaftesten Biographen«, daß Opitz' Freunde ihn an Dohna weiterempfohlen haben könnten, um »einen der ihren an verantwortlicher Stelle auf der Breslauer Burg zu wissen« (II.89 Garber 1984, S. 128). Dafür spricht ferner, daß es Opitz nach Dohnas Flucht vor den Schweden (1632) und nach dessen Tod (1633) in einer für die Protestanten günstigen Situation (nach der Besetzung Schlesiens durch schwedische, sächsische und brandenburgische Truppen 1632) offenbar problemlos gelang, wieder in das reformierte Lager der politisch aufgewerteten Piastenherzöge von Liegnitz und Brieg zurückzukehren. Sein zu diesem Zeitpunkt publiziertes ›Trostgedicht‹ ist allerdings auch als calvinistische Bekenntnisschrift bestens geeignet.

Dem Herzog Georg Rudolph von Liegnitz widmete Opitz 1633 eine Neuausgabe seiner Übersetzung von Heinsius' ›Lobgesang.‹ In der später nicht in seine Schriften aufgenommenen Widmungsvorrede distanzierte er sich nach einer Klage über den »kläglichen zuestand mit der Kirchen Gottes« nachdrücklich von allem Glaubens-Zwang und -Streit:

> »Wie viel glückseliger weren wir doch, wann wir lieber der meisten Artickel wegen in denen wir stimmen die Christliche Liebe vntereinander in acht nehmen; als daß wir der wenigen halben in denen wir nicht stimmen solchen haß vndt todtfeindschafft in vns brennen lassen…! Aber es geht nicht anders her: wir müßen zue grunde verterben, vndt, damit ja gantz Europa im rauche auff fliege, so muß nur öle zur flammen gegoßen sein.« (Zit. in II.89 Max, S. 215)

Anschließend führt er eine Reihe von »Altvätern vndt Liechtern der Kirchen« an, welche den Religionszwang verurteilen. Und »zum hefftigsten« beklagt er, »daß die jenigen den religionszank am meisten regen, die am wenigsten wißenschaft vndt verstandt darzue bringen; vndt nichts anders als Kräen sindt, die dem gemeinen wesen vndt hause Gottes mitt jhrem vnartigen geschrey nichts als regen vndt gewitter ankündigen.« (Zit. ebda., S. 216) Solche Sätze wird man unschwer als Bekenntnis zur Überwindung des Konfessionalismus und als Plädoyer für ein christlich-friedliches Miteinander der Kirchen deuten können. Betont konfessionsneutral hatte er auch seine poetischen Bearbeitungen der ›Klagelieder Jeremias‹ (1626), des Hohenliedes (1627; vgl. Bd. IV/2, Kap. 2 b) und des Propheten ›Jonas‹ (1628; vgl. Kap. 4 g–1) gehalten, dieselbe Position beanspruchte er auch für seine – ebenfalls den Herzögen von Liegnitz und Brieg gewidmete – poetische Bearbeitung sämtlicher Psalmen (1637), obwohl dies auch wieder als calvinistisches Signal gedeutet werden konnte (vgl. Kap. 4 g–1). Manchen lutherischen Zeitgenossen blieb Opitz jedenfalls suspekt. So berichtet Rist von Vorwürfen des Indifferentismus: »Es sey der Opitz fast keiner Religion zugethan gewesen / GOtt möge wissen wo er gestorben und wohin er gefahren.« (II Rist BARTH, S. 121; vgl. dazu Bd. IV/2, Kap. 5 f)

4) *Grotius und der tolerante Arminianische Calvinismus*: Zu der auf Toleranz und Überwindung der konfessionellen Gräben bedachten Haltung paßt es, daß Opitz noch 1631, also in seiner »katholischen« Zeit, einen Beweis für seine irenische Gesinnung geliefert hat, indem er (zugleich im Auftrage Dohnas) das irenisch-humanistische, 5000 Alexandrinerverse umfassende Lehrgedicht ›Bewijs van den waren Godsdienst‹ (1622) von Hugo GROTIUS (1583–1645) übersetzte, den er während eines mehrmonatigen Gesandtschaftsaufenthaltes 1630 in Paris kennengelernt hatte (vgl. II.89 Garber 1984, S. 129; vgl. dazu auch II.89 Trunz 1975b, S. 17*f.; van Ingen, S. 171ff.). Grotius, der nach dem Sieg des orthodoxen, ganz und gar intoleranten Calvinismus in den Niederlanden, zu dem übrigens auch Heinsius zu zählen ist, seit der Dordrechter Synode (1618/19) als Arminianer oder Remonstrant inhaftiert war und nur durch eine List nach Paris fliehen konnte, ist in zweifacher Hinsicht ein Beispiel dafür, warum sich die Ideen konfessioneller Toleranz und Irenik gerade unter den Calvinisten und Reformierten verbreiteten: Zum einen waren diese in Deutschland wegen der reichsrechtlichen Nichtanerkennung ihres Bekenntnisses und in Holland wegen der orthodoxen Verhärtung des Calvinismus auf die Duldung durch die anderen Konfessionen besonders angewiesen. Toleranz oder Irenik waren also nicht immer gleichbedeutend mit Relativierung des Konfessionalismus, sondern eine Strategie zur Etablierung und Anerkennung der eigenen Konfession! Zum andern aber ergab sich das Toleranzpostulat doch auch aus dem Glauben der Arminianer: Sie milderten die orthodoxe calvinistische Prädestinationslehre dahingehend ab, daß Gott *alle* zu erwählen beschlossen hat, die an ihn und an die Versöhnung durch Christus *glaubten*, wobei der Glaube von Gott gewirkt wurde, aber auch wieder verloren werden konnte. Dies bedeutete eine Annäherung an die lutherische Position; die Betonung der universalen Liebe Gottes, aus der Grotius (wie Opitz im Hochzeitsgedicht auf Nüßler; vgl. Bd. IV/2, Kap. 2 a) auch die Prinzipien der naturrechtlichen Ordnung ableitete, ermöglichte den Arminianern eine undogmatische, in manchem indifferente, am praktischen Christentum stärker orientierte Frömmigkeitshaltung, welche Toleranz und Irenik nach außen aus Überzeugung (und nicht aus konfessioneller Strategie) zur Folge hatte. Grotius wurde denn auch als »frustrierter Calvinist« bzw. »Krypto-Katholik« betrachtet (II.89 van Ingen, S. 170; vgl. dazu II.42 Wolf, S. 49). Er versucht in seinem Lehrgedicht das aus dem christlichen Dogma herauszufiltern, was christliches Allgemeingut und nicht konfessionelles Eigentum ist, was also den Konfessionen eine eher undogmatische, von praktischer Nächstenliebe geleitete Basis für ein friedliches Miteinander eröffnen sollte (vgl. II Grotius VRC, S. 128ff.). Opitz hat sich in der ausführlichen Dedikation seiner Übersetzung an den Rat der Drei-Konfessionen-Stadt Breslau »selbst zu den Gedanken des Grotius mit einer Offenheit« bekannt, »die fast schon hätte gefährlich werden können« (II.89 Trunz 1975a, S. 18*; vgl. dazu II.89 van Ingen, S. 181ff.).

5) *Diplomat im Dienst der polnischen Krone*: Nach dem Tod Dohnas gehörte Opitz – so Garber – »zu den treibenden Kräften proevangelischer Politik in Schlesien« (II.89 1984, S. 130), doch als es »nach Bekanntwerden des Prager Separatfriedens zwischen

dem Kaiser und Sachsen im Jahr 1635« in Schlesien wieder brenzlig für die evangelische Seite zu werden drohte, kehrte Opitz »Schlesien den Rücken«, um den Rest seines Lebens in dem konfessionell gemischten und nicht zuletzt deshalb relativ toleranten Polen zu verbringen (ebda., S. 131). Er wohnte dort bis zu seinem Tode »beim reformierten Prediger der Peterskirche, Bartholomäus Nigrinus, der ... auch mit Comenius befreundet« und zugleich ein »Agent des polnischen Königs« war (II.58 Noack, S. 79f.). Auch Opitz trat in dessen Dienste. Er erhielt die gutdotierte und mußevolle Stelle eines Sekretärs und Historiographen des katholischen Königs Wladislaw IV. (1637). Zugleich war Opitz aber auch in Danzig für Schweden, den »polnischen Gegenspieler«, diplomatisch tätig: »Er verwendete seine Informationen über Polen und Schweden jeweils wechselseitig und befriedigte das Informationsbedürfnis seiner Auftraggeber auf beiden Seiten vorzüglich.« (Ebda., S. 132) Zugleich nutzte er die Zeit für »Übersetzungsarbeiten an den Psalmen – *der* calvinistischen Gattung par excellence, in der sich die Bindung an das reformierte Bekenntnis nun auch dichterisch nochmals manifestierte« (ebda.; ›Die Psalmen Davids‹, 1637).

Kurz vor seinem Tod (1639) durch die Pest in Danzig ließ Opitz seine gesamte politische Korrespondenz vernichten. Das läßt sich als Akt diplomatischer Treue und Verschwiegenheit deuten, aber hat nicht der auf seinen Ruhm bedachte Opitz mit diesem »letzten Willen« zugleich seine Wirkungsgeschichte maßgeblich beeinflussen wollen? Täuscht er damit über sein wahres Selbstverständnis hinweg oder stellt er am Ende seines Lebens die richtigen Relationen noch einmal heraus?

## b)  »Der Krieg ist Gottes Zeug«: ›Trostgedicht‹ im Wider-Stand des Krieges

1)  *Opitz als »Mars« des ›Helikon‹:* Neuerdings wirft Nicola Kaminski die Frage auf, warum das Programm des ›Aristarchus‹ von 1617 erfolglos, das in der Zielsetzung im wesentlichen identische des ›Buchs von der Deutschen Poeterey‹ von 1624 aber so erfolgreich geworden sei. Ihre Antwort – es herrschte 1624 schon sechs Jahre lang Krieg, und Movens der ›Poeterey‹ sei eben dieser Krieg, der, obwohl inhaltlich ausgespart, gerade deshalb »poetisch verwandelt, metaphorisch und in mythischem Vergleich, um so wirkungsvoller zur Geltung« gebracht werde (III Kaminski, S. 19ff., 31) – wird trotz überraschender Analogien zwischen der holländischen Heeresreform mit dem Gleichschritt, der sich nun im metrischen Alternationsgesetz wiederfinde, und weiteren erstaunlichen, anregenden Parallelen nicht jedermann überzeugen. Wenn Opitz z. B. die Fremdwörter – in Analogie zu den fremden Truppen auf dem Schlachtfeld – aus dem ›Feld‹ der deutschen Sprache und Literatur schlagen will: warum zitiert er dann so häufig überhaupt noch fremdsprachliche Texte (darunter mehrfach auch französische des von ihm verehrten Ronsard; vgl. BDP, S. 21f., 37, 39, 50 u. ö.)? Wenn aber vor allem kaum zeitgenössische Belege dafür beizubringen sind, daß man Opitz' Poetik so gelesen und verstanden hat wie Kaminski, kann man den zeitgenössischen *Erfolg* der Poetik auch nicht zureichend mit der Parallelität von Dreißigjährigem Krieg und Poetik als ›Krieg‹ erklären.

Allerdings haben manche Zeitgenossen Opitz als Krieger gesehen. Zesen z. B. dichtete in der ›Lustinne‹: »Schau ahn wie sich bewäget // der Deutsche Helikon; wie

unser Mars aufklimt // der Held von Boberfåld / die süße Laute stimt...«( II Zesen L,
S. 245; vgl. Bd. IV/2, Kap. 5 e). Aber das ist eben der entscheidende Gegensatz:
Opitz ist ein Krieger *gegen* den Krieg, indem er die deutschen Musen aufruft, gegen
die Kriegsposaunen die herzerweichenden Liebesgesänge anzustimmen (und an-
schließend folgt in Zesens Gedicht eine Aufzählung aller damals bereits in deutscher
Sprache dichtender Autoren).

2) ›*Aristarchus*‹ – *Propaganda für den Verteidigungskrieg*: Im folgenden möchte ich
eine dritte These zum ›Krieger‹ Opitz und seinem ›Kriegs‹-Buch vorstellen, welche an
die beiden vorherigen anknüpft, ohne sie zu harmonisieren. In der Tat wollte Opitz
einen (Verteidigungs-)Krieg führen. Schon der erste Satz der Schulrede von 1617
erinnert an die »tapferen und nie besiegten Germanen«: »Sie allein widerstanden in
offener Feldschlacht den Römern, den Eroberern der Welt« (A, S. 76). Das läßt sich
im Jahr des 100jährigen Jubiläums der Reformation durchaus auf Luthers Kampf
gegen ›Rom‹ und damit auf die Parallele zum zeitgenössischen Kampf gegen den
römischen Katholizismus beziehen. Denn Luther war zur deutschen Sprache zurückgekehrt, während die katholische Kultur und Religiosität beim Latein verblieb. In
der deutschen Sprache, so der Schüler Opitius (der diese Rede ja auf Latein hält),
drückten die Germanen »ihre erhabenen Gesinnungen frei und ohne Umschweif aus,
durch sie feuerten sie sich gegenseitig zum Kampfe an, durch sie allein machten sie,
wie durch einen Blitzstrahl, die Drohungen ihrer Feinde zunichte.« (Ebda., S. 78)
Und auch dies läßt sich ohne Pressung auf die wortgewaltigen Reformatoren übertragen. Primär geht es aber nicht um diese Parallele zur Reformation, sondern darum, daß Opitz – wenn auch ›nur‹ in einer Schul-Rede – einen Verteidigungs-Krieg
für die deutsche Sprache und Kultur gegen sprachliche und ideologische Überfremdung für gerechtfertigt hält. Und er darf dafür auf dem calvinistischen ›Schönaichianum‹ ganz offensichtlich mit der Zustimmung seiner Hörer und Lehrer rechnen. Man muß die anderen Länder im Gebrauch des eigenen Idioms nachahmen,
weil die deutsche Sprache und vor allem auch die Dichtung in der Muttersprache zu
den spezifischen deutschen Werten und Tugenden besonders authentisch und kraft-
voll zu motivieren (›movere‹) vermag. Der Schluß ruft nochmals zum Verteidigungs-
krieg auf: »Zeigt eine Gesinnung, würdig eures edlen Volkes, verteidigt eure Sprache
mit derselben Ausdauer, mit der jene einst ihre Grenzen schützten.« (A, S. 94) Solch
›martialischen‹ Töne sind ohne Zeitbezug nicht angemessen verstehbar. Zu dieser
Zeit standen sich – wie auch Weckherlins Dichtung und Hoffest-Inszenierungen bezeugen – protestantische Union und katholische Liga längst ›auf Kriegsfuß‹ gegenüber. Und von daher steckte *in dieser Zeit* politische Sprengkraft in dem scheinbar
so unpolitischen Programm einer ›Arbeit‹ an der deutschen Sprache und ›Reformie-
rung‹ der deutschen Tugenden, und man darf auch die Gründung der ›Fruchtbringenden Gesellschaft‹ im selben Jubiläumsjahr nicht aus diesem Kontext ausschließen. Von diesen patriotisch-humanistischen Ideen her begeisterte sich Opitz offensichtlich auch für das böhmische Abenteuer Friedrichs V. von der Pfalz. Das Desaster des ›Winterkönigs‹ erschütterte auch ihn. In dieser historischen Situation größter calvinistisch-protestantischer Depression schrieb Opitz nun 1622 im dänischen
Exil sein anspruchsvollstes poetisches Werk, das auch einen wichtigen Schlüssel zum
Erscheinen und Programm des ›Kriegs‹-Buchs der ›Poeterey‹ darstellt: das ›Trostgedicht Jn Widerwertigkeit Deß Kriegs‹.

3)  *Die Katastrophe als Gottes Prüfung*: Das erst 1633 publizierte, große vierteilige ›Trostgedicht‹ gehört sowohl zur rhetorischen »consolatio«-Tradition als auch zu dem von Opitz an die Spitze der Gattungen gestellten »Heroischen getichte (das gemeiniglich weitleufftig ist / vnd von hohem wesen redet)« (II BDP, S. 26). Es entspricht dem antiken heroischen Epos und Lehrgedicht, wie die hierfür zitierten Beispiele zeigen (Homer; Vergil, ›Georgica‹; Lukrez, ›De rerum natura‹; ebda., S. 26ff.; vgl. dazu auch II.89 Solbach, S. 225ff.). Entsprechend setzt Opitz statt des Hexameters erneut den heroischen Alexandriner ein und gibt im fünften Kapitel seiner Poetik Beispiele daraus für eine geglückte Proposition »medias in res«, für den Anruf an den Heiligen Geist (anstelle der antiken Musen-Anrufe; ebda., S. 26f.) und die anschließende »dedication«. In der ›narratio‹, erklärt Opitz, nimmt dies Gedicht (in Übereinstimmung mit Aristoteles) es »nicht so genawe wie die Historien«, sucht seine Sachen aber, ohne von der Wahrheit abzuweichen, in neuem Licht zu zeigen und »vntermenget allerley fabeln / historien / kriegeskůnste / schlachten / rathschlåge / sturm / wetter / vnd was sonsten zue erweckung der verwunderung in den gemůthern von nőthen ist« (ebda., S. 29). Solche Ingredienzien finden sich auch reichlich in dem 75 Seiten langen Gedicht, das innerhalb der vier Teile nicht nur auf die Dispositionsschemata einer ›oratio‹ zurückgreift (vgl. dazu im einzelnen II.89 Solbach, S. 227ff.), sondern auch die Gliederungsmöglichkeiten der Chrien bei der Reihung der Argumente und ihrer jeweiligen Exempla beachtet. Das Gedicht ist mehrfach genauer untersucht bzw. gewürdigt worden (u. a. von II.89 Max, S. 159ff.; Garber 1984, S. 146ff.; Becker-Cantarino 1990; Fechner; Kühlmann 2001, S. 45ff.; zuletzt von II.89 Solbach). Dabei wurden die rhetorischen Verfahrensweisen, der aktuelle politische Gehalt, die humanistische Gesinnung und das schon in der Dedikation mit dem Motiv des »Sein Meister seiner selbst« (TWK, S. 337) intonierte neustoizistische Gedankengut des Gedichts im Rückgriff auf Justus Lipsius mit Recht herausgearbeitet, dagegen der »theologische Gehalt« des Werkes ausgerechnet von Garber, der doch den ›Calvinisten‹ Opitz entdeckt hat, als »traditionelles Lehrgut« abgewertet, »das im einzelnen nicht der Rekapitulation bedarf« (II.89 Garber 1984, S. 147). Mir scheint umgekehrt, daß gerade die theologische Argumentation diesem Gedicht seine entscheidende consolatorische Überzeugungs- *und* politische Stoßkraft verleiht. Dazu im folgenden nur einige Hinweise.

Opitz erweist sich noch unter dem unmittelbaren Eindruck der Katastrophe wie in kaum einem anderen Werk gerade als engagierter Calvinist. Den Haupt-Trost des ersten Buches, das Emblem »Das Gute wåchst durch Noht« (TWK, S. 345), gewinnt er gegen allen konkreten Augenschein aus der Zuversicht, daß sich seine Kirche doch noch als die auserwählte erweisen wird – und dies nicht dadurch, daß sie passiv (wie das Luthertum) auf Gottes Hilfe baut, sondern daß sie sich diese Gewißheit in der Verteidigung der Religionsfreiheit gegen deren Unterdrücker mit den Waffen doch noch erstreitet! Das entspricht exakt der Propaganda des ›Aristarch‹ und der calvinistischen Krisen-Strategie, welcher diese Konfession auch ihre erstaunlichen Erfolge in Europa verdankt (vgl. das Kapitel »Trübsale‹ und ihre Überwindung als Zeichen der Erwähltheit‹ in Bd. II, S. 204ff.). Denn Gott »prüft« die Seinen und stürzt sie damit nicht wie die Lutheraner in Glaubens-Zweifel (vgl. Kap. 6), sondern verhilft ihnen gerade in solcher Bewährungs-Probe zur Gewißheit der eigenen Erwähltheit, wie der Leidener Rhetorik-Professor und Lehrer von Hugo Grotius Pierre du Moulin (1568–1658) erklärt:

»diese trûbsalen helffen auch den Glauben stårcken: dann wann der glåubige sihet / daß er in großen nôhten bestândig geblieben / hat er ein treffenlich zeugnuß seiner gnadenwahl vnnd der hulde Gottes deß Herrn / der ihne bey solcher schwåren versuchung erhalten hat.« (Zit. in: Bd. II, S. 207)

Genau diesen Trost will Opitz seinen Glaubensgenossen vermitteln und sie dazu ermuntern, sich ihrer Erwähltheit im Stand-Halten aktiv zu versichern. Diesem Ziel ist das neustoizistische Gedankengut subordiniert.

Dieser Zusammenhang beherrscht gleich das erste Buch. Nach einer erschütternden Beschreibung der Verwüstungen, die der gegenwärtige (also nicht irgendein fiktiver) Krieg hervorgerufen, der auch zum Umsturz der Naturordnung beigetragen hat und dessen von ›Christen‹ begangene Grausamkeiten selbst die der Heiden übertreffen (TWK, S. 338ff.), zieht das Gedicht die für den Calvinismus entscheidende Folgerung: »So ist die Gottesfurcht auch mehrentheils verschwunden / Vnd die Religion gefangen vnd gebunden« (TWK, S. 342). Opitz erinnert sodann daran, daß alles – also auch die jetzige Situation – von Gott kommt: »Glûck / Vnglûck / Leben / Tod // Krieg / Fried' vnd Einigkeit kômpt alles her von Gott.« (Ebda., S. 343) Dieser hat die Menschen auch durch Natur-Zeichen (Sterne, »Cometen«), ja durch ungewöhnliche Magie und durch die »kleine Eiszeit« gewarnt (ebda., S. 343f.). Und er zürne und strafe – das ist ein typisch calvinistisches Motiv – aus eigenem Recht, wie auch der Heidelberger Katechismus lehrt (I HK, S. 17f.), weil der Mensch durch die Erbsünde diese Strafe *verdient* hat:

> »GOtt / GOtt treibt dieses Werck / des großen Zornes Brunst
> Vnd Rache greifft vns an: vnd solches nicht vmbsunst.
> Wir alle sind befleckt mit Schanden vnd mit Sûnden
> Von Adams Zeiten her...
> [...]
> Vnd darumb läßt er sich an seiner Kirchen sehen /
> Schûtzt loß des Zornes Strom / verstopfft fûr ihrem Flehen
>     Die Ohren seiner Gunst;...«
>     (Ebda., S. 344)

Im Gedicht folgt das Eingeständnis: »Er straffe billich vns durch Fewer / Krieg vnd Schwert« und habe »vnser schônes Land / Deß Feindes Tyranney gegeben in die Hand.« (Ebda., S. 344f.) Doch gerade nach dieser Erkenntnis greift der entscheidende calvinistische Trost, daß eben dies eine Prüfung des Glaubens in der Trübsal sei:

> »Er wird sich widerumb gar gnâdig zu vns kehren /
> Der Vatter seine Schar: Nicht einen den Er liebt /
> Den läßt Er vngestrafft vnd allzeit vnbetrûbt.
> [...]
> Creutz / Vnglûck / Angst vnd Qual ist vnser Prûfestein.«
>     (Ebda., S. 345)

Gottes Strafe soll dazu dienen, »den Glauben zuvermehren / Zu werden new vnd rein.« (Ebda.) Die Kirche braucht folglich die Notzeit, um sich darin zu bewähren, während Perioden des äußerlichen Wohlstands, wie viele Beispiele aus der Geschichte zeigen, in das Verderben führen (ebda., S. 345ff.). Dann folgt – wegen der Ausführlichkeit leider nicht zitierbar – das Bekenntnis, daß die wahre Kirche diese Prüfung annehmen und der Welt die unzertrennliche Zugehörigkeit zu Gott zeigen muß

(»Der Zweck der Christenheit muß Gottes Name seyn / Nicht Eytelkeit der Welt...«)
Daraus resultiert ein flammendes Bekenntnis gegen die Glaubensunterdrückung, die
ihre theologische Wucht gerade aus der Überzeugung gewinnt, daß solche Pression
die wahre Kirche nur immer stärker im Glauben zu festigen vermag:

> »Wir müssen lassen sehn gantz richtig / klar vnd frey /
> Daß die Religion kein Råubermantel sey /
> Kein falscher Vmbhang nicht. Was macht doch jhr Tyrannen?
> Was hilfft / was nutzet euch dz Martern / das Verbannen
> Schwerd / Fewer / Galgen / Radt? Gezwungen Werck zerbricht:
> Gewalt macht keinen fromm / macht keinen Christen nicht.«
> (Ebda., S. 350)

Daran schließt sich eine weitere für den Calvinismus charakteristische Argumentation an: Die konkrete Beschreibung der Martern, die Jesus aus Liebe zu den »Seinen« auf sich genommen hat, ruft unabweislich (»Er muß der Spiegel seyn in den wir
schawen sollen«) die Pflicht zur »imitatio Christi« hervor (vgl. Kap. 2 b):

> »Wer Christus Ebenbild zu werden nicht begehrt /
> Wer jhm nicht folgen will / ist seiner auch nicht werth.«
> (TWK, S. 351)

Die Kirche Christi muß »bluten« wie ihr Haupt:

> »Vnd letztlich müssen wir durch dieses Mittel schawen
> Daß Gott sey vnser Schild / daß vnser Zuvertrauen
> Allein auff ihm beruht / daß er die seinen liebt.«
> (Ebda.)

4)  *Blut-Opfer für die Religions-Freiheit*: Aus diesem entscheidenden theologischen
Trost entwickeln die nachfolgenden drei Bücher in Variationen und affektiver Steigerung Leitlinien für ein angemessenes ethisches Verhalten in der Krisenzeit des
Krieges. Das *zweite* Buch erinnert eingangs an die göttliche Vorhersehung, die alles –
auch in der Natur – weise geordnet hat, so daß auch die »blinden Heiden« mittels
physikotheologischen Gottesbeweises den Herrn der Welt erkennen können (ebda.,
S. 356f.). Im Buch der Natur und der Geschichte ist freilich auch zu lesen, daß Gott
im sublunarischen Bereich den *Wechsel* will, und ein göttliches Mittel dazu ist auch
der Krieg, wie viele Beispiele zeigen (so das Emblem: »Der Krieg ist Gottes Zeug«;
ebda., S. 360). Mit diesem unaufhaltsamen Wechsel, in dem auch das Wirken der
Fortuna ihre Funktion hat, will Gott die *Tugend* fördern, insofern der Mensch sich
selbst als ein Sterblicher erfährt und seinen Sinn nicht auf irdische Dinge, sondern
auf das Ewige richtet. Hier kann nun auch neustoisches Gedankengut Einzug halten,
aber es ist deutlich, daß dieses Argument nur das abgeschwächte und philosophisch
verallgemeinerte des voraufgegangenen calvinistisch-theologischen Argumentierens
ist. Insofern zeigen diese beiden Bücher des Gedichts die Vereinbarkeit beider Weltanschauungen. Aber am Schluß forciert und funktionalisiert das theologische Tu-
gend-Verständnis das selbstbezügliche neustoizistische »Meister-seiner-selbst«-Ideal
zugunsten eines aktiven Verteidigungs-Kampfes für die (Religions-)Freiheit; deren
Schutz fordert den »Degen in der Hand«:

> »Sie trinckt nicht Muttermilch: Blut / Blut muß sie ernehren /
>     Nicht Heulen / nicht Geschrey / nicht weiche Kinderzåhren:
>         Die Faust gehört darzu: Gott steht demselben bey
>         Der erstlich jhn ersucht / vnd wehrt sich dann auch frey.«
>             (Ebda., S. 365)

Das *dritte* Buch verschärft dieses Argument, indem es die Tugend übersteigt (»O wol der Tugend Trost / … Doch ist diß nicht genug«; ebda., S. 375) und wieder zum theologischen Fundament zurückkehrt: Das »heilige Gewissen« beim Einsatz für die (Glaubens-)Freiheit bietet mehr Trost, und darin verwirklicht sich zugleich das Hauptgebot und »letzte Testament« Christi: »Einander lieben // Heist Fried vnd Einigkeit: Diß ist der letzte Zoll // Das Loß, durch welches man die Kirche kennen soll.« (Ebda., S. 377) Nun füllt Opitz diesen Liebesbegriff auch naturrechtlich aus und spielt dabei auf Grotius' Naturrechtslehre an: Das Recht auf Selbstverteidigung und auf nachbarliche Hilfe in höchster Gefahr habe die Natur selbst »die Bestien gelehrt«, und es könne nichts besser sein, »dann für die Freyheit streiten /Vnd die Religion«, wenn sie in Gefahr komme (ebda.; vgl. dazu II Grotius JBP, S. 58ff., 73f.). Hier schaltet Opitz eine ausführliche Darstellung der für die Hugenotten traumatischen »Pariser Bluthochzeit« mit dem Massenmord in der ›Bartholomäusnacht‹ (23./24. August 1572) ein, in der sogar »der Natur Gesetz« »versehrt« wurde, um wieder aus dieser höchsten »trübsal« für den Calvinismus die Zeichen seiner Erwähltheit herauszulesen:

> »Was halff der Meuchelmord? Die Kirch ist doch verblieben /
>     Grünt mehr jetzt da / als sonst / vnd sie sind auffgeschrieben
>         In Gottes rechte Hand…«
>             (Ebda., S. 379)

Im folgenden dienen vor allem die calvinistischen Niederlande als bedeutsames Gegenbeispiel, die sich gegen die Übermacht Spaniens ihre Glaubensfreiheit erstreiten konnten, nachdem sie ein äußerstes Maß an »Trübsal« als Probe durch-stehen mußten. Und Opitz ruft aus: »Ach Teutschland folge nach!« (Ebda., S. 384) Höchstes Lob verdient, so endet das Buch, wer seinem Nächsten in äußerster Gefahr hilft (ebda., S. 389): Hierin konvergieren naturrechtliche und christliche Argumentation.

Das *vierte* Buch spitzt diesen Liebes-Appell als Einsatz für die wahre Kirche nun auf wahrhaft kriegerische Weise zu. Nach dem Hinweis, der Mensch finde Trost auch in der Philosophie, aber mehr noch in der christlichen Hoffnung und im Tod, ruft das Gedicht die glaubensverwandten »Brüder« auf, die christliche Nächstenliebe mit dem Schwert in der Faust auszuüben; insbesondere sollen die »ehrlichen Soldaten« »mit Frewden« »dreinschlagen« (ebda., S. 399), auch wenn dies ihr Leben kostet: »Wer Kriegestod erkiest / der hat den schönsten Tod der auff der Erden ist.« (Ebda., S. 400) Denn der kann auch auf den »Krantz der Ewigkeit« hoffen (ebda., S. 402). Auch im abschließenden Gebet an Gott wiederholt das Gedicht die Bitte: »Gib gleichfals auch den Sinn den andern Potentaten / Die vnsers Glaubens sind / daß sie auch helffen rahten / Vnd treulich Beystand thun« (ebda., S. 408). – So erweist sich dieses große Gedicht unerachtet des eingelagerten humanistischen Bildungsgutes im Kern als ein calvinistisches ›exercitium‹, das den historischen Moment höchster Gefahr als Glaubensprobe meistert und – auch mit Blick auf die Niederlande – daraus gestärkt zu aktivem Kampf – und Krieg! – für die (eigene!) Glaubensfreiheit aufruft und die ›Liebe‹ zugleich als höchstes Ziel (nach) der errungenen Freiheit proklamiert! Das ist der Weckherlinschen Position durchaus nicht unverwandt, aber darin fast noch radikaler, daß es die Passivität des nur lamentierenden orthodoxen Luthertums zugleich attackiert und damit die Geschlossenheit der protestantischen Union der Humanisten nicht gerade fördert.

4) *Lutherische »threnen« vs. calvinistisches »Schwert«*: Wie recht Opitz damit hatte, dies Werk nicht sogleich zu publizieren, zeigt ein Blick auf Georg Philipp HARSDÖRF-FERS Prosa-Lehrgedicht ›Religionskrieg‹ (zuerst 1650/51 und damit nach Kriegsende). Dort werden beide Positionen (ohne konfessionelle Benennung) klar gegenübergestellt: Für die einen habe der Religionskrieg »ein gutes Absehen / nemlich die Ehre GOttes«. Trotz »böser Händel« und »Blutvergießen« bleibe »doch die Sache an sich selbst unverwerfflich« (II Harsdörffer NJ I, S. 131). Die Gegenpartei sei indes davon überzeugt, »daß die Waffen der Kirchen das Gebet und Threnen / nicht aber äusserliche Waffen seyn sollten« (ebda.). Der Lutheraner Harsdörffer bekennt sich unter Verweis auf die Urchristen und die Geschichte von Usa, der die Bundeslade Gottes in bestem Willen vor dem Umstürzen retten wollte und dafür von Gott wegen Gebotsübertretung getötet wurde (vgl. 2. Sam. 6, 6), zu dieser lutherischen Position, die Opitz mehrfach explizit im ›Trostgedicht‹ unter Verweis auf das kämpferisch-blutige Opfer Christi selbst attackiert hatte (vgl. TWK, S. 350, 365 u. ö.; vgl. zu Luthers ›Zwei-Reiche‹-Lehre und ihrer komplexen Rezeption im Luthertum hinsichtlich einer möglichen Gehorsamsverweigerung im ›Reich der Welt‹ Bd. I, S. 198ff.).

5) *Opitz' ›deutsche Reformation‹ des Humanismus*: Opitz hatte von daher also gute Gründe, sein ›Trostgedichte‹, auf das er doch – wie auch die Zitate daraus in seiner Poetik zeigen – besonders stolz war, nicht nur im Blick auf den politischen Gegner, sondern auch auf die verbündeten ›Evangelischen‹ vorerst unter Verschluß zu halten. Wenn er es dann doch 1633 veröffentlicht und einem seiner Verehrer, dem noch im selben Jahr von einem Söldner Piccolominis ermordeten Prinzen Ulrich von Holstein, dem Sohn König Christians IV. von Dänemark, widmet, dann zeigt dies nicht nur die fortdauernde Aktualität des Werkes, sondern auch den Gewissensdruck des Autors, der sich nach dem mehrjährigen katholischen ›Intermezzo‹ mit eindeutigen Bekenntnissen im Lager der Reformierten zurückmelden mußte. – Immerhin läßt sich auch seine Rückkehr aus dem Exil in das bedrängte und bedrohte Schlesien als Annahme der ›Prüfung‹ verstehen. Aber die konfessionelle Parteilichkeit des Gedichts verbot dessen sofortige Publikation und infolgedessen auch die Hinübernahme des ›Kriegs‹-Motivs in die ›Poeterey‹.

Zwei gewichtige Gedichte aus der Siebenbürger Zeit (1622/23) zeigen aber, wie für Opitz ein an ›heidnischen‹ Quellen orientierter Humanismus und der konfessionelle Einsatz für brüderliche Eintracht zum Zwecke der Überwindung der Glaubenspression zusammengehören. In ›Zlatna‹ bekennt er sich zur Existenzweise des humanistischen Gelehrten, der »Tausend Bücher von Athen« studieren möchte, »ja mehr / gantz Griechenland das were meine Lust« (Z, S. 216; vgl. Kap. h–2). Im ›Lobgesang‹ auf Christi Geburt ruft er den Erlöser als »großen Capitain« um Hilfe zur »Einigkeit« unter »wahren trewen Brüdern« an, um »deiner Feinde Macht recht vnter Augen gehn« zu können (LGC, S. 259).

Das Resultat zeigt sich in der nur wenig später entstandenen ›Poeterey‹: Sie spart das Kriegs-Motiv aus, um die »Einigkeit« nicht zu gefährden, und hat gerade damit Erfolg, dennoch führt sie Krieg, und zwar gegen die seit einem Jahrhundert eingetretene Unterdrückung humanistischer Denk- und Glaubensfreiheit und einer unverfälschten Rezeption der »heidnischen« Antike. Das ist Opitz' ›Verteidigungs‹-Kampf. Eben *daß* er von seiner eigenen geistlichen Dichtung her weniger radikal hätte sein und ›Jerusalem‹ neben ›Athen‹ in die Ahnengalerie der Poesie hätte aufnehmen können, dies aber dezidiert unterläßt, ist ein gewichtiges Indiz für die radikale Frontstellung dieser poetologischen ›Kriegs‹-Erklärung, die sich mit der Befreiung der deutschen Poesie von der Fremdbestimmung‹ indirekt zuvörderst gegen die ›römische Partei‹, aber im Grunde gegen die orthodoxen Kräfte in allen Konfessionen richtet. Ihnen gegenüber wird die Poesie als eine ›Konfession‹ mit eigener Tradition und Würde begründet. Wenn sie sich mit der Freiheit des in der Renaissance geübten Denkens (auch gesellschaftspolitisch) entfalten kann, ist letztlich auch der eigenen, am stärksten unterdrückten Konfession geholfen. Seine beiden entscheidenden Ziele hat Opitz dabei in Zitatform eingebracht – und Nicola Kaminski hat recht, wenn sie auf die Bedeutung der ›exempla‹ in der ›Poeterey‹ nicht nur für poetologische Aspekte, sondern für grundsätzliche Standortbestimmungen des Autors aufmerksam macht (vgl. III, S. 32) –: Am ausführlichsten zitiert er aus dem Beginn seines (damals noch unpublizierten) Trostgedichts, in dem er an den realen Krieg erinnert, *und* später im 7. Kapitel – als Beispiel für eine ›pindarische Ode‹ – sein hermetisch-neuplatonisches Glaubensbekenntnis einer aus *Liebe* in Eintracht lebenden Welt (vgl. dazu Bd. IV/2, Kap. 2 a). Aus dieser Sicht erweist sich auch der erste Teil der Poetik (Kapitel 1–4) als besonders wichtig. Die Zeitgenossen sahen es umgekehrt, ebenso wie die Forschung bis hin zu Kaminski. Man unterschätzt und mißversteht von daher Opitz' kämpferische Reformation des Humanismus zum Zwecke der Überwindung des die freie Betätigung der schöpferischen Kräfte einengenden Konfessionalismus als eilig verfaßte, lückenhafte und völlig unselbständige Nachahmung von Scaliger & Co. Aber eben die Tatsache, daß zu Beginn des 17. Jahrhunderts in jeder Hinsicht Krieg herrscht, verleiht der Semantik der in die ›Poetery‹ eingebrachten poetologischen Topoi auch neue Sprengkraft und gibt diesem schmalen Text von 1624 – wie sich zeigen wird – sein unverwechselbares, kühnes Profil.

6) *Humanistische und religiöse Positionsbestimmung*: Der Calvinismus war offenbar die Konfession, welcher Opitz zeitlebens die meiste Sympathie entgegenbrachte. Aber er hat ihn in seinem dichterischen Werk – vom ›Trostgedicht‹ abgesehen – weder prononciert zur Geltung gebracht noch durch seine humanistische Gesinnung konterkarieren müssen. Vielmehr erwies sich für ihn der *Neustoizismus* mit dem *Lipsiusschen* Postulat eines aktiven Einsatzes »pro patria« als besonders vereinbar mit den calvinistischen Folgerungen aus dem Prädestinationsglauben: sich nämlich im Vertrauen auf die persönliche Erwähltheit und deren Unverlierbarkeit zur höheren Ehre Gottes für »seine« Sache – die Gottes und die eigene – einzusetzen und dadurch das Gute nach Kräften zu mehren. So findet der politische Aktivismus von Opitz innerhalb des Protestantismus tatsächlich im neustoizistisch geprägten Calvinismus die nachhaltigste Legitimation. Zugleich könnte arminianisches Gedanken-

gut, das er in den Niederlanden und bei Grotius mit Sicherheit kennengelernt haben dürfte, seinen vom orthodoxen Calvinismus abweichenden Gottesbegriff (nicht der seine Gerechtigkeit an den Sündern vollstreckende, sondern der seine Liebe über seine Schöpfung und alle Menschen verbreitende Gott) beeinflußt und ihm damit wiederum die Rezeption des durch die Renaissance vermittelten diesseits-zugewandten Weltbildes ermöglicht haben. Ein bei den Arminianern ebenfalls erkennbarer dogmatischer Indifferentismus und der irenische Versuch zu einer konfessionellen Einigung auf der Basis des Glaubensbestandes des ersten bis dritten Jahrhunderts n. Chr. könnten – als Überzeugung bei Opitz vorausgesetzt – plausibel machen, warum dieser – auf der Basis einer »Spielart« des Calvinismus, die humanistischem Gedankengut in zentralen Punkten entspricht – zugleich politisch Handelnder und Gelehrter, vaterländischer Parteigänger und weltanschaulicher Fundamentalist zu sein vermochte, dessen Engagement Toleranz und Versöhnlichkeit nie ausschloß, wo die »Gegenseite« selbst sich zu denselben Grundanschauungen bekannte.

Damit eröffnete sich für Opitz die Möglichkeit zu einer Doppelstrategie durch den politischen Einsatz seiner Person und durch die geistige Einflußnahme seiner gelehrten Schriftstellerei. Beide zielten ab auf die (anfangs durchaus kämpferische) Herstellung einer »güldnen Freyheit« in der Ausübung der Religion (TWK, S. 381) und eines dadurch ermöglichten, aus Toleranz erwachsenden Friedens. Poetik und Poesie spiegelten diese »güldene Zeit« von Frieden und Einigkeit im Rückgriff auf einen pragmatisierten Platonismus, stellten sie als Postulat, Idee und Utopie jeweils anschaulich vor Augen. Inhaltlich ist diese poetische Welt aus humanistischem Geiste überkonfessionell, dennoch mit zentralen Glaubensaussagen aller drei großen Konfessionen, aber ebenso mit heidnisch-antikem Gedankengut vereinbar. Ein solches »diplomatisch« synthetisiertes religiöses Weltbild stellte Opitz aller konfessionellen Partialisierung gegenüber. Und als politischer Diplomat demonstrierte er, daß sich nur durch Kooperation zwischen den Vertretern verschiedener Konfessionen Ordnung und Frieden gewährleisten ließen. Insofern stand sein Handeln für ihn selbst möglicherweise nicht im Widerspruch zu seinem calvinistischen Glauben. Dessen humanistische Sublimierung verhalf ihm dazu, guten Gewissens sowohl mit der katholischen wie mit der lutherischen Seite zu kooperieren. Wenn er indessen zuletzt die diplomatischen Spuren seiner politischen Aktivitäten zu verwischen suchte und der Nachwelt nur die Zeugnisse seiner Gelehrsamkeit und Kunst überließ, dann wird man darin sowohl das Eingeständnis historischer Noch-Nichterfüllung des angestrebten Ziels als auch – eben deshalb – die fortdauernde Notwendigkeit von dessen poetischer Beschwörung erblicken dürfen.

Im folgenden steht Opitz' ungemein einflußreiche Literaturtheorie zur Debatte (Abschnitte c-f). Von ihr her erfolgen zunächst ein Überblick über die ›Geistlichen‹ und ›Weltlichen Poemata‹ (Abschnitte g, h), dann exemplarisch ein genauerer Blick auf ein geistliches Gedicht (Abschnitte i, j) und zwei weltliche Sonette (Abschnitte k, l). In Band IV/2 werden drei weitere Werke von Opitz analysiert, die jeweils eine gewichtige Tradition der Liebesdichtung in die deutschsprachige Literatur einführen: die hermetische Liebestheorie im Hochzeitsgedicht auf Nüßler, die biblische Liebessprache in der Hohelied-Dichtung und die magische Liebesauffassung in der ›Schäferey von der Nymfen Hercinie‹.

c)   Opitz' Rede auf die Dignität der Poesie im ›Buch von der Deutschen
     Poeterey‹ (Kapitel I–IV)

1)   *Konzeptionelle Zweiteilung der Poetik*: Bisher wurde nicht beachtet, daß Opitz
seiner Anweisungspoetik (Kapitel V–VII) eine regelrecht ausgearbeitete *Rede über
die Würde, Weisheit und Unlernbarkeit der Poesie* vorangestellt hat (im folgenden
greife ich auf II.89 Kemper [S. 41ff.] zurück). Diese ersten Kapitel werden in der
Forschung eher als »weitschweifige« und argumentativ überflüssige Zusätze betrachtet (vgl. II.89 Garber 1984, S. 138f.). Demgegenüber möchte ich im folgenden die
große Bedeutung dieser Rede *vor* der Anweisungspoetik hervorheben und zeigen,
daß Opitz in dieser Rede tatsächlich die entscheidenden Topoi der (neu-)platoni-
schen Tradition für den hohen Rang der Poesie ins Feld führt, wie sie ihm aus dem
Fundus des Renaissance- und Späthumanismus zur Verfügung standen.
     Opitz' Eingangs-Rede auf Würde und Weisheit der Poesie vertritt eine Hoch-
schätzung des ›ingeniums‹ anstelle der ›ars‹. Die Poesie kann – und mit diesem
Argument beginnt das »exordium« in Kapitel 1 – eben in der Hauptsache *nicht nach
den Regeln der Rhetorik erlernt* werden. Das »exordium«, so belehrt uns Cicero, soll
möglichst rasch zum Thema kommen, »aus dem eigentlichen Kern des Falles selbst«
entnommen werden und »die Bedeutung des gesamten Gegenstandes der Verhand-
lung in sich tragen«, ohne sie aber damit schon zu erschöpfen (II Cicero, S. 411
[Nr. 318], S. 413f. [Nr. 320, 324]). Opitz löst diese Aufgabe wie folgt:

> »WIwol ich mir von der Deutschen Poeterey / auff ersuchen vornemer Leute / vnd dann
> zue beßerer fortpflantzung vnserer sprachen / etwas auff zue setzen vorgenommen; bin
> ich doch solcher gedancken keines weges / das ich vermeine / man kőnne iemanden durch
> gewisse Regeln vnd gesetze zu einem Poeten machen. Es ist auch die Poeterey eher ge-
> trieben worden / als man je von derselben art / ampte vnd zuegehőr / geschrieben: vnd
> haben die Gelehrten / was sie in den Poeten (welcher schrifften auß einem Gőttlichen
> antriebe vnd von natur herkommen / wie Plato hin vnd wieder hiervon redet) auffge-
> mercket / nachmals durch richtige verfassungen zuesammen geschlossen / vnd aus vieler
> tugenden eine kunst gemacht. Bey den Griechen hat es Aristoteles vornehmlich gethan;
> bey den Lateinern Horatius; vnd zue vnserer Voreltern zeiten Vida vnnd Scaliger so
> außführlich / das weiter etwas darbey zue thun vergebens ist. Derentwegen ich nur et-
> was / so ich in gemeine von aller Poeterey zue erinnern hiervor setzen will / nachmals das
> was vnsere deutsche Sprache vornemlich angehet / etwas vmbstendtlicher für Augen
> stellen.« (BDP, S. 13)

Unter Berufung auf die gewichtigsten Gewährsleute mit Platon und Aristoteles an
der Spitze verkündet Opitz also seine Überzeugung, Poesie sei in ihrem Wesen nicht
lernbar, sondern im wesentlichen aus göttlichem Geist oder der Natur inspiriert, sie
habe historisch schon vor der Poetik existiert, letztere sei immer nur – was ja für
Aristoteles schon zutrifft – nachträgliche Reflexion auf die dichterische Praxis. Diese
Überzeugung wolle er zunächst kurz explizieren, dann die Regeln im Blick auf die
deutsche Sprache und Poesie ausführlicher darlegen.

2)   *Aufbau der Rede*: Damit verweist Opitz selbst auf die Zweiteilung der Konzeption seines ›Buchs von der Deutschen Poeterey‹. Der erste Teil entfaltet sich als
vollständige Rede von der Würde der Poesie. Denn Kapitel II enthält die ›narratio‹

(›Worzue die Poeterey / vnd wann sie erfunden worden‹; BDP, S. 14–16), Kapitel III
die Beweisführung in der von Cicero empfohlenen Verbindung von ›confirmatio‹ der
Beweise und Widerlegung (›refutatio‹) der Gegengründe (»Von etlichen sachen die
den Poeten vorgeworffen werden, vnd derselben entschuldigung«; ebda., S. 16–22),
wobei die ›confirmatio‹ mit der »Feststellung der Hauptfrage« beginnen soll. Entsprechend heißt es bei Opitz: »AVß oberzehlten sachen ist zue sehen / wie gar vnver-
stendig die jenigen handeln / welche aus der Poeterey nicht weiß ich was für ein
geringes wesen machen / vnd wo nicht gar verwerffen...«(Ebda., S. 16) Das vierte
Kapitel enthält sodann die ›peroratio‹ mit der zusammenfassenden Anwendung auf
den konkreten Fall (›Von der Deutschen Poeterey‹; ebda., S. 23). Mit der Rückerin-
nerung an das ›exordium‹ schließt die Rede formvollendet ab:

> »Vnd muß ich nur bey hiesiger gelegenheit ohne schew dieses erinnern / das ich es für eine
> verlorene arbeit halte / im fall sich jemand an vnsere deutsche Poeterey machen wollte /
> der / nebenst dem das er ein Poete von natur sein muß / in den griechischen vnd Latei-
> nischen büchern nicht wol durchtrieben ist / vnd von jhnen den rechten grieff erlernet hat;
> das auch alle die lehren / welche sonsten zue der Poesie erfordert werden / vnd ich jetzund
> kürtzlich berühren will / bey ihm nichts verfangen können.« (Ebda., S. 25)

Was die Forschung für Opitz' Hauptanliegen hält und was tatsächlich am stärksten
gewirkt hat, nämlich die Regel-Poetik des zweiten Teils, tut dieser hier nochmals – in
einen Nebensatz gekleidet – als Nebensache ab.

d)	Platonismus als »ästhetischer Überbau« der Regelpoetik und Poesie als
	Magie (Platon, Plotin, Ficino und Opitz)

1) *Dichtung als »verborgene Theologie«*: Wie ernst es ihm mit der Hochschätzung
der Poesie als Dienerin und Schwester der »Weisheit« ist, bezeugen ›narratio‹ und
›confirmatio‹. Im Blick auf erstere ermahnt Cicero dazu, sich nicht auf das zu kon-
zentrieren, »das zu Verdächtigungen und Vorwürfen führen könnte und gegen uns
spricht«, und doch zugleich auch nicht zu »dunkel« zu reden (II Cicero, S. 417–419
[Nr. 329f.]). Gemessen daran und im Blick auf die mannigfachen Einschränkungen
der Denkfreiheit durch die Zensur und die kirchlichen Vorbehalte gegenüber humanistischem Gedankengut und dem Erbe der Renaissance in der Zeit des Konfessionalismus verhält sich Opitz kühn. Das habe ich andernorts ausführlich gezeigt
(vgl. III Kemper 1995) und pointiere es hier im Blick auf den Rang der Poesie.
»Opitz«, so bestätigt auch Herbert Jaumann, »gibt immer wieder seiner Neigung zur
platonisierenden Auffassung der Dichtung nach« (II.89 Jaumann 2002a, S. 127).
Gleich mit dem ersten Satz bringt Opitz das stärkste Herkunfts-Argument für die
Würde der Dichtkunst: »DIe Poeterey ist anfanges nichts anders gewesen als eine
verborgene Theologie / vnd vnterricht von Göttlichen sachen.« (BDP, S. 14; vgl.
dazu auch V Schöne, S. 7) Jaumann kommentiert dies durch Verweis auf Petrarcas
im Humanismus verbreitete Überzeugung, »daß die Theologie eigentlich die von
Gott gedichtete Poesie ist« (»theologiam poeticam esse de Deo«; II.89 Jaumann
2002a, S. 128; vgl. dazu auch II.89 Béhar, S. 51). Diese These der *Poeterey* steht im
Zusammenhang mit der von Jochen Schmidt in seiner ›Wirkungsgeschichte‹ der ›Platonischen Liebe in der europäischen Philosophie und Literatur‹ mit Recht für die

Renaissance geltend gemachten Tendenz, die Philosophie der Antike zu »mystifizie-
ren« und zu »theologisieren« (II.97 Schmidt, S. 163), und eben diesen Anspruch
erhebt nun auch Opitz' Rede für die Poesie und verleiht ihr damit einen »außerordentlichen Rang«!

2)   ›Magische‹ Genealogie: Damit eröffnet sich zugleich ein Bedeutungs-Spielraum,
der die Poesie auch auf ›okkulte‹ – das meint ›verborgene‹ – Traditionen gründet.
Dazu hebe ich vier Aspekte hervor. Zunächst entspricht der ganze Gedankengang
des Kapitels mit den Argumenten für die Würde der Poesie als ›verborgener‹ Theologie und Philosophie genau – das habe ich im einzelnen gezeigt (vgl. III Kemper
1995, S. 66ff.) – der Argumentation von Agrippa von NETTESHEIM, mit der dieser die
Magie in seinem Hauptwerk ›De occulta philosophia‹ (1531) als »verborgene Theologie« und damit auch als Konkurrenz zur Theologie begründet (II Nettesheim).
Zugleich eröffnet Opitz zweitens eine vielsagende Genealogie der Namen bedeutender
Dichtertheologen, und dabei verschwistert er weiterhin Poesie und Magie. Kein einziger von den biblischen oder christlichen Autoren, die sonst im Streit um die Priorität der Herkunft der Poesie für die biblisch-christliche Sache ›Jerusalems‹ ein-
standen (Moses, David oder Salomon; vgl. dazu III Dyck 1977, S. 13ff.), wird dabei
in Opitz' Ahnengalerie erwähnt. Am Anfang steht vielmehr prononciert ausgerechnet »Zoroaster«, also Zarathustra (BDP, S. 14), der zu dieser Zeit von den christlichen Konfessionen als (Mit-)Begründer der Magie und daher als Erzzauberer und
Bösewicht verteufelt wurde (vgl. III Hankamer, S. 68; I Luck, S. 47f.). Er habe seine
Version der natürlichen Religion in Versen verkündet:

> »Solches inhalts werden vieleichte die Bůcher des Zoroasters / den man fůr einen der
> eltesten Lehrer der gŏttlichen vnd menschlichen wissenschaft helt / gewesen sein / wel-
> cher / wie Hermippus bey dem Plinius im ersten Capitel des 30. Buches bezeuget / zwant-
> zig mal hundert tausendt Verß von der Philosophie hinterlassen hat.« (BDP, S. 14)

Das 30. Buch von Plinius' ›Historia naturalis‹ setzt sich in der Tat mit der Magie
auseinander und nennt Zoroaster als ihren (Mit-)Begründer (vgl. III Cersowski,
S. 29). So auch Apuleius, den Opitz ebenfalls zitiert (vgl. BDP, S. 17), und wie dieser
beruft sich auch Pico della Mirandola, einer der führenden Denker der Renaissance,
für die Hochschätzung der ›magia naturalis‹ als »Vollendung und Gipfel der Wissenschaft« auf Platon, der bereits die Dignität ihrer Herkunft bezeuge:

> »Im ›Alkibiades‹: Die Magie Zoroasters sei nichts anderes als die Wissenschaft von den
> göttlichen Dingen, in der die Perserkönige ihre Söhne zu unterweisen pflegten, damit sie
> lernten, ihren eigenen Staat nach dem Muster der Weltenrepublik zu regieren.« (II Pico,
> S. 71/73)

Nicht zufällig erwähnt Opitz Zoroaster auch prononciert als letzten Namen im ›Beschluß dieses buches‹, in welchem die Poesie als eine »gŏttliche wissenschaft« gerühmt wird (BDP, S. 74). Die Dichtung bereite »vnvergleichliche ergetzung« sowie
»genůge vnd rhue / welche wir schŏpffen auß dem geheimen gespreche vnd gemeinschafft der grossen hohen Seelen / die von so viel hundert ja tausendt Jharen her mit
vns reden.« Und Opitz fährt fort:

> »Vber dieser vnglaublichen ergetzung haben jhrer viel hunger vnd durst erlitten / jhr
> gantze vermŏgen auffgesetzt / vnd fast jhrer selbst vergessen. Zoroaster / welcher / wie

oben erwehnet / alle seine gedancken Poetisch auffgesetzt / soll zwantzig Jahr in hŏchster einsamkeit zuegebracht haben / damit er in erforschung der dinge nicht geirret wŭrde.« (Ebda., S. 73f.)

Dann folgen in der Ahnengalerie der »narratio« weitere, z. T. ebenfalls als Magier verrufene und der platonisch-neuplatonischen Tradition zuzurechnende Weise. So die »Dichtertheologen« Orpheus, Linus, der Sohn von Hermes und Urania, Eumolpus, der Begründer der eleusinischen Mysterien, dessen Sohn Museus (Musaios), ferner Homer und Hesiod (ebda., S. 15). Jaumann wertet diese Ahnengalerie jetzt mit Recht wie folgt:

> »Diese Überlieferung ist im Späthumanismus um 1600 sehr lebendig, im Florentiner Neuplatonismus, weniger bei Scaliger, aber bei Heinsius, der Pléiade und Ronsard, bei Sir Philip Sidney (über John Dee) wie auch bei Newton und bei mehreren deutschen Autoren wie Sigmund von Birken. Es ist nicht zu übersehen, daß Opitz, vor allem in Anlehnung an Ronsard und Sidney, mit Zoroaster und Hermippos bei Plinius, mit Linos, Eumolp, Musaios, Apuleius u. a. für den Magie-Diskurs hochrepräsentative Namen zitiert. Er beschränkt sich also keineswegs auf die im engeren Sinn poesiologischen Bezugspunkte etwa bei Vida, Scaliger und Heinsius.« (II.89 Jaumann 2002a, S. 128f.)

Diese Weisen und andere, so fährt Opitz fort, bezeichne Platon, sein bedeutender Gewährsmann, »als die ersten Vâter der Weißheit« »vnd aller gutten ordnung«:

> »Dann inn dem sie so viel herrliche Sprüche erzehleten / vnd die worte in gewisse reimen vnd maß verbunden / so das sie weder zue weit außschritten / noch zue wenig in sich hatten / sondern wie eine gleiche Wage im reden hielten / vnd viel sachen vorbrachten / welche einen schein [= Anschein] sonderlicher prophezeiungen vnd geheimnisse von sich gaben / vermeineten [= glaubten fest] die einfältigen leute / es mûste etwas gŏttliches in jhnen stecken / vnd ließen sich durch die anmutigkeit der schŏnen getichte zue aller tugend vnnd guttem wandel anfûhren.« (BDP, S. 15)

3) *Neuplatonismus*: In diesen Sätzen begegnet uns nun *drittens das poetologische Vokabular der neuplatonisch inspirierten Autoren des 18. Jahrhunderts*, die nach Burdorf für den Paradigmenwechsel einstehen sollen (vgl. dazu auch Bd. VI/1, S. 174ff.). Daß diese Passage nicht pejorativ gemeint ist, bezeugen nicht nur die älteren Wortbedeutungen von »schein« als »Anschein« und »vermeinen« als »fest glauben«, sondern bekräftigt auch der Kontext, den diese Gedanken in den Darstellungen der Renaissance besitzen. Marsilio FICINO (1433–1499) etwa, das Haupt der Platonischen Akademie zu Florenz, der in seinem Hauptwerk ›Platonica Theologia‹ ebenfalls Zarathustra als inspirierten »Magorum princeps« an den Anfang der »theologischen Philosophen« gerückt hatte (II Ficino TP II, S. 221), betont in diesem Zusammenhang, einige der alten Dichter-Weisen seien gar nicht so gelehrt gewesen, daß man die in ihren Versen verkündeten Wahrheiten auf ihre eigene Intelligenz zurückführen könne. Unter Berufung auf Platon appliziert er deshalb den Inspirationstopos auf sie: Man müsse annehmen, aus ihnen habe Gott gesprochen (»Deus per eos ceu tubas clamaverit«; ebda., S. 203; auch Ronsard hatte Zarathustra in eine rühmende Ahnengalerie eingereiht; vgl. II Ronsard, S. 237; für diesen Hinweis danke ich Jörg-Ulrich Fechner).

Die alten Dichter-Theologen bzw. -Philosophen gaben ihren »sprûchen« vor allem eine regelmäßige poetische Form mit Reimen und Versmaßen, und aus der

»anmutigkeit« dieser »schönen getichte«, aus dem »maß« der Form erwuchs ein Zauber und bewirkte die Persuasion, beglaubigte den Inhalt, führte zur Tugend und löste damit das höchste Platonische Ziel der ›Kalokagathie‹ ein! – Daß Opitz hier in der gebotenen Kürze auf die platonisch-neuplatonische ›Ästhetik‹ anspielt, die ja im Grunde eine Ethik ist, weil sie das Schöne in metaphysischer Fundierung vom Guten her und auf dieses hin denkt (vgl. II.29 Beierwaltes, S. 10), läßt sich durch Rekurs auf die Quellen – auf Platons ›Symposion‹, auf Plotin und auf Marsilio Ficino belegen.

4) *Platonischer Eros und Kalokagathie*: In Platons ›Symposion‹ steht in verschiedenen Reden der Gott oder Dämon Eros im Mittelpunkt. Er ist der entscheidende Mittler zwischen der Welt der wesenlosen, sich ständig wandelnden Erscheinungen und der unsichtbaren Welt der Ideen, damit wie der Gott Hermes der Mittler zwischen den Menschen und Göttern (vgl. II Platon TE, S. 66 [202 e]). Durch sein »weises Wirken« entsteht »alles Lebendige«, wachsen auch Blumen und Pflanzen (ebda., S. 135 [186a]). Eros erfand ferner die Künste, und Apollon und die Musen sind ebenfalls seine Schüler. »Daher«, so erklärt Agathon in seiner Rede auf den Gott, »kam harmonische Ordnung in das Dasein der Götter, seit Eros unter ihnen erschien – als Liebe zur Schönheit natürlich, denn mit dem Häßlichen hat Eros keine Gemeinschaft.« (Ebda., S. 55 [197 b]) Eros erweckt die »Liebe zum Schönen« (ebda., S. 63 [201 a]) in Körper und Seele der Menschen, und im Anschauen des Schönen erwächst zugleich die Sehnsucht, in diesem Schönen selbst zu zeugen, und zwar als Ausdruck einer Sehnsucht nach Unsterblichkeit, die – auch daher der Begriff der ›platonischen Liebe‹ – stets und notwendig mit dem Guten verbunden ist (ebda, S. 73f. [206 b, e]). Dabei führt Eros über Stufen vom sinnlich Schönen bis hin zum »Schauen« des metaphysisch Schönen selbst und an sich, das sich mit der Tugend zur Kalokagathie verbindet. Das sinnlich Schöne, das in der Welt der Erscheinungen auch eine Gestalt hat, die als Maß und Symmetrie das in Erscheinung getretene Gute ist, ist nur die unterste Stufe, die durch »Anmut« zu den höheren Sphären reizen soll. In diesem Bereich, wo die Handwerke und Künste tätig sind, bewirkt Eros das Schöne durch sein Vermögen zum Ausgleich von Gegensätzen, zum Herstellen von Harmonie, »ist doch Harmonie Zusammenklang, Zusammenklang aber so etwas wie Übereinstimmung.« (Ebda., S. 37 [187 b]) So ruft etwa die Musik vermöge ihrer Harmonie »gegenseitige Liebe und Eintracht hervor« und ist »Wissen vom Wirken des Eros in Harmonie und Rhythmus. Und im Gefüge selbst von Harmonie und Rhythmus ist das Wirken des Eros gar nicht schwer zu erkennen«. (Ebda., S. 37 [187 c])

5) *Schöne Form als Analogon des Eros*: Aus diesen platonischen Anschauungen läßt sich die Hochschätzung von Metrik und Versgestaltung bei Opitz begreifen. In der durch sie erzeugten Regelmäßigkeit, die er auch den »Sprüchen« der alten Weisen attestiert, manifestiert sich das Schöne der Poesie zuerst und sinnlich, und durch sie erwacht die Liebe zum Schönen, welche wiederum Bedingung für die Weiterentwicklung zur Tugend und Weisheit ist. Und darin eben ist die Poesie nach Opitz' – hier deutlich neuplatonischer – Überzeugung (darauf komme ich zurück) den anderen Künsten überlegen, daß sie über die in ihrer äußeren Form erfaßbare Gestalt zu

geistigen Schönheiten führen und Liebe zu Tugend und Weisheit vermitteln kann. Deshalb legt Opitz solch großen Wert darauf, daß die Dichtkunst »alle andere kůnste vnd wissenschaften in sich helt« (BDP, S. 17). Als Beispiel für das hierzu erforderliche Ideal des ›poeta doctus‹ zählt er als besonders wichtigen Gewährsmann in der ›confirmatio‹ wiederum Platon auf. Und daß Opitz bei der hier umschriebenen formalen Ordnung der Poesie auch an die Korrespondenz zu der von Wiedemann in den Poetiken vermißten Mimesis universaler geometrischer Ordnung denkt, geht aus seiner Charakterisierung Platons hervor. Er, »welcher im Tragedien schreiben so weit kommen / das er auch andern kampff anbitten dörffen / hat vermischet / wie Proclus von ihm saget / [...] die Pythagorische vnnd Socratische eigenschafft / hat die Geometrie vom Theodorus Cyreneus / die wissenschaft des gestirnes von den Egyptischen Priestern erlernet / vnd ist aller dinge kůndig gewesen.« (Ebda.) – Die Berufung auf Proklos (um 419–485 n. Chr.), einen der bedeutendsten antichristlichen Neuplatoniker und »›Hegel des Altertums‹, dessen systematischer Neubau des Platonismus über das Mittelalter bis zu Nikolaus von Kues wirkte« (II.87 Schmidt, S. 161), stellt im Zeitkontext eine weitere Provokation dar und verweist auf den Neuplatonismus als starken Bezugspunkt von Opitzens ›Poeterey‹.

6) *Zur Rezeption von Plotins Schau des Schönen*: Zwar fällt der Namen PLOTINS (204–270 n. Chr.) nicht, doch hat gerade der Begründer des Neuplatonismus eine starke Wirkung auf die Intellektuellen der frühen Neuzeit ausgeübt, seit Marsilio Ficino nach seiner Übersetzung der Werke Platons (1484ff.) die Plotinschen ›Enneaden‹ 1492 in einer vollständigen lateinischen Übersetzung vorlegte und sich zuvor selbst in seinen eigenen verbreiteten Schriften zum Platonismus wesentlich auf Plotin stützte (vgl. ebda., S. 164, 168ff.). Vor allem in seinem Traktat ›Über das Schöne‹ hat Plotin sich Platons Eros-Lehre angeeignet (vgl. dazu auch II.29 Beierwaltes, S. 18ff.). Die Wahrnehmung oder Erkenntnis des Schönen in der Sinnenwelt ist auch für Plotin immer mit erotischer Attraktivität verbunden, ja deren Empfindung ist »das Kriterium des Schönen« (II.98 Tornau, S. 333), weil das Schöne infolge seiner symmetrischen, harmonischen Form die Seele als etwas ihr selbst Ähnliches erfreut und in (z. T. heftige) Affekte versetzt (II Plotin ÜS, S. 49). Aber darin zeigt sich auch bei Plotin, daß das Schöne nicht an sich ›schön‹ ist, sondern nur, insofern es durch Wirken des Logos ins Höhere, Innere und damit Gute führt. Hierbei erscheint der Begriff der Form im Sinne von Durchformung, Gestaltung als »innerer Stimmigkeit« und äußerlich symmetrischer Gestalt wahrnehmbarer Objekte (vgl. ebda., S. 50). Die Schönheit der Form wird vom geistigen Prinzip des ›logos‹ als einer »rationalen Struktur« mit und in ihr erzeugt: »So also entsteht der schöne Körper: durch Gemeinschaft mit einer rationalen Struktur, die vom Göttlichen her kommt.« (Ebda.) Die Seele erfreut sich nicht am Einzelschönen eines Gegenstandes, sondern an der in ihm verwirklichten Idee und sieht in dieser etwas mit sich Harmonisches, »so wie für einen vollendet guten Mann die Spur der Tugend, die an einem jungen Mann aufscheint, attraktiv ist, weil sie mit dem Wahren, das er in sich hat, harmoniert.« (Ebda., S. 51)

In dieser dem Neuplatonismus eigentümlichen Abwertung der sinnlich-gegenständlichen Einzelform zugunsten der durchscheinenden geistigen Idee liegt ein entscheidender Unterschied zum modernen Form-Verständnis und zugleich *eine* mög-

liche Erklärung für die Hochschätzung des Allgemeinen, Normativen und Gesetz-
mäßigen auch in der Barockpoetik und damit der Gattungen, Gesetze und Eintei-
lungen der Dichtkunst vor der Betrachtung einzelner Werke, die wiederum nur als
»exempla« für das allgemeine Schöne ihrer Gattung dienten. Das lag zwar auch von
Aristoteles' ›Poetik‹ her nahe, weil er darin die vom »Allgemeinen« redende Dichtkunst über die vom Besonderen berichtende Geschichtsschreibung stellt (vgl. II Aristoteles P, S. 39), doch hätte das aristotelische ›forma-materia‹-Schema, mit dem er
die Vielzahl der Platonischen Ideen ersetzte, die Möglichkeit zur realistischen Betrachtung der Einzelformen geboten. Andererseits hat Aristoteles mit der Funkti-
onsbestimmung der Poesie als Darstellung des Allgemeinen dem Neuplatonismus die
Brücke gebaut, um die Platonische Abwertung der Poesie in der ›politeia‹ als bloßer
›Mimesis‹ der Erscheinung (und damit als ›Schein des Scheins‹) zu überwinden (vgl.
dazu IV Kemper 1981 I, S. 27f.). Die Kunst führt durch das Schöne hinauf zur
Erkenntnis der allgemeinen Formen, aus denen die Natur selbst herkommt! ›Mimesis‹ heißt bei Plotin folglich, durch formende Anschauung das Wesentliche und
Wahre eines Naturphänomens sinnlich zu vergegenwärtigen (ebda., Bd. I, S. 28; vgl.
auch II.29 Beierwaltes, S. 46). Von daher kann Kunst auch das Göttliche spiegeln
und zu ihm hinziehen und neigt deshalb auch zur formenden Idealisierung des von
ihr Dargestellten! – Die Möglichkeit zu einer solchen ›Schau‹ impliziert freilich eine
analoge Selbst-Bildung des Menschen und beginnt deshalb mit der Formung seiner
Gestalt:

> »Und wie erreichst du es, daß du eine gute Seele mit all der in ihr enthaltenen Schönheit
> siehst? Führe dich auf dich selbst zurück und sieh hin; und wenn das, was du erblickst –
> du selbst –, noch nicht schön ist, dann verhalte dich wie ein Bildhauer, der von einer
> Statue, die schön werden soll, immer wieder etwas wegnimmt und abschabt; der hier
> etwas glättet und da etwas reinigt, bis er an seiner Statue ein schönes Gesicht dargestellt
> hat. Mach du es genauso und nimm alles weg, was zuviel ist, mach alles gerade, was
> krumm ist, und was dunkel ist, das reinige und bearbeite es, bis es hell ist. Höre nicht auf,
> an deiner eigenen Statue zu wirken, bis vor dir das gottgleiche Strahlen der Tugend
> aufleuchtet und bis du Selbstbeherrschung, stehend auf ihrem heiligen Sockel, erblickst.«
> (II Plotin ÜS, S. 59)

Die eigentliche wahre Schönheit sieht die Plotinsche Seele nur in der »Schau« mit
verbundenen Augen und strebt darin als glückliches Ziel des menschlichen Daseins
über sich hinaus zum höchsten Schönen als dem zugleich höchsten Guten und damit
zur vollendeten Kalokagathie. Diese Schau ist »identifikatorisch«: »In ihr wird der
Schauende mit dem Geschauten eins. Das ist mystisch.« (II.97 Schmidt, S. 162) Von
daher ist für Jochen Schmidt das allgemeine Kennzeichen des Neuplatonismus
»Mystifizierung und Theologisierung des ursprünglich philosophischen Ansatzes.«
(Ebda., S. 163)

7) *Ficinos (Neu-)Platonismus*: Diese Tendenz ist für Schmidt nun auch Haupt-
kennzeichen der Platon- und Plotin-Rezeption Marsilio Ficinos, der von besonderer
Wichtigkeit für Opitz ist. Ficino vereinigt Gedanken Platons und Plotins und vermittelt sie mit Grundanschauungen des Christentums. Das geschieht insbesondere
über den Begriff der göttlichen Liebe, durch die Gott, der absolut Schöne und Gute,
sich zu Welt und Mensch herabgelassen hat. Durch diese Liebe als Eros ist er auch in

allem lebendigen Seienden und sucht durch den diesem eingeprägten Eros Kosmos und Geschöpfe wieder zu sich hinaufzuziehen. Das ist auch ein Kerngedanke von Ficinos ›Symposion‹-Kommentar ›De amore‹. Auch hier steht Eros im Zusammenhang mit der Schönheit im Zentrum. Sogar das Chaos formte sich zur Schönheit der Schöpfung durch seine Kraft, und seine Eigenschaft ist es, »daß er zu der Schönheit hinreißt und das Ungestaltete dem Schönen zuführt« (II Ficino L, S. 23). Insofern ist der Kosmos auch ein Spiegel der göttlichen Schönheit. Von daher kann bei Ficino die innere Güte (»bonitas«) von der äußeren Schönheit (»pulchritudo«) hervorgerufen werden. Dabei erfährt die äußere Form des Schönen (eben als Spiegel der göttlichen Liebe) bereits eine Aufwertung. Anmut und Schönheit der Form stimulieren das Streben nach moralischer Äquivalenz. Denn das Wesen der Schönheit besteht, so erklärt auch Ficino wiederholt, darin, »die Dinge zu sich hinzuziehen«. (Ebda., S. 36) »Die göttliche Schönheit erzeugt die Liebe« lautet Kapitel II seines Werkes, und der Autor erklärt diesen Kreislauf, in dem sich der christliche Glaube an den »descensus« Gottes aus Liebe mit dem platonischen »ascensus« der Seele verbindet, wie folgt:

> »Die göttliche Schönheit hat in allen Dingen die Liebe, d. i. das Verlangen nach ihr selbst, erzeugt. Da eben Gott die Welt zu sich hinzieht und die Welt zu ihm hingezogen wird, so besteht eine dauernde Anziehung zwischen Gott und der Welt, welche von Gott ausgeht, auf die Welt sich überträgt und in Gott zum Abschluß kommt, demnach sozusagen im Kreislauf zu ihrem Ausgangspunkt zurückkehrt.« (Ebda., S. 39)

Eros erscheint so in den schönen, von ihm erzeugten Formen und erweckt durch sie die Liebe und Sehnsucht nach der geistigen Schönheit. Schöne Form ist Gestalt gewordener Eros und »bezaubert« deshalb, ist also zugleich Magie, »weil alle Macht der Zauberei auf der Liebe beruht.« (Ebda., S. 242; vgl. dazu auch III Ciulianu, S. 59ff.)

Genau diese Eros-Metaphysik und Moralphilosophie als Kernstück des neuplatonisch inspirierten Renaissance-Humanismus (vgl. dazu auch III Buck 1987, S. 169ff.) hat Opitz in seiner Poetik – wie inzwischen mehrfach betont (vgl. Bd. II, S. 66ff.; III Cersowski, S. 59ff.) breit dargestellt, und zwar in dem vierseitigen Beispiel für eine Pindarische Ode, dem Hochzeitsgedicht auf seinen Freund Bernhard Wilhelm Nüßler, als von Gott aus Liebe und durch Schönheit getriebener, den Kosmos, die Elemente, Pflanzen, Tiere und Menschen durchziehender Kreislauf (vgl. III Cersowski, S. 62f.; III Kemper 1991, S. 150ff.; vgl. Bd. IV/2, Kap. 2 a).

8) *Gelehrten-Interesse* an *der Magie*: Schmidt beurteilt die Lehren von Ficino unter Berufung auf Leibniz mit Distanz. »Ästhetische Faszination und mystische Religiosität gingen einen Bund ein. Dazu traten noch Astrologie, Magie und andere schon im früheren Neuplatonismus typische Kuriositäten.« (II.87 Schmidt, S. 164) Doch diese bezeugen frühneuzeitliche ›curiositas‹: »Drum hab' ich mich der Magie ergeben«! (II Goethe F, S. 20 [V. 375]) Gerade die Magie als »höchste Weisheit und Wissenschaft vom Allzusammenhang«, wie Francis Bacon sie definierte (zit. in II.87 Schmidt, S. 73–75), ließ sie unter den Gelehrten um 1600 besonders attraktiv erscheinen. Die in der Renaissance zu Ehren gelangte ›Magia naturalis‹ gewann, so der Historiker Evans, unter den Gelehrten des 16. Jahrhunderts ein solches Ansehen, daß es »keinen klaren Unterschied zwischen Humanisten und Okkultisten« mehr

gab. Eine »Flut okkulter Studien jeglicher Art« habe sich als Folge des platonischen Kultes auf den Büchermarkt ergossen (III Evans, S. 43). Die Gelehrten, so Christoph Daxelmüller, begriffen die Magie vor allem als »anthropologische Rechtfertigung des eigenen Standesbewußtseins« und als verlockenden Gegenstand der ›curiositas‹ (III Daxelmüller, S. 841f.). Die Poesie auf sie zu gründen, konnte also für Opitz bedeuten, ihr die entscheidenden Sympathisanten – auch und vor allem in Schlesien – zu gewinnen. Denn in diesem neuplatonischen Konzept funktioniert nun die Poesie selbst mit ihrer zunächst äußerlich wahrnehmbaren und dadurch zur inneren Schönheit und Tugend ziehenden Form wie schon in ihren Anfängen und Ursprüngen als ›attrahierende‹ Magie.

9)  *Verteufelung der ›Magia naturalis‹:* Indessen gerade diese magische Selbstbegründung der Poesie mußte sie in der Epoche des Konfessionalismus und des grassierenden Glaubens an den Hexenwahn zugleich der schlimmsten Verdächtigung aussetzen, nämlich im Bunde mit der *schwarzen Magie* zu sein. Die kirchlichen Konfessionen setzten jedenfalls alles daran, die emanzipatorischen ›curiositas‹-Tendenzen im Zeichen der »magia naturalis« zu diabolisieren. Paradebeispiel dafür ist bekanntlich das lutherische Warnbuch der ›Historia von D. Johann Fausten‹ (1587). Dieses berichtet im Vorwort an Beispielen, »daß doch der Teuffel selbst zum Henker an den Schwarzkünstlern worden. Zoroastres / den man für Misraim / deß Chams Sohn / helt / ist von dem Teuffel selbst verbrennet worden.« (I Historia, S. 10) Ebenso steht es bereits ein Jahrhundert zuvor im berüchtigten ›Hexenhammer‹ von Sprenger und Institoris: »Von der Zeit, wo die erste Art des Aberglaubens bekannt ward, [...] sagt Vincentius [...] mit Anführung mehrerer Gelehrten, daß der erste Erfinder der Magie und Astrologie Zoroaster war, der ein Sohn des Cham gewesen sein soll, des Sohnes des Noah. Dieser war nach Augustinus de civ. dei der einzige, der bei der Geburt lachte, was doch nur mit Hilfe des Teufels geschehen konnte.« (II Sprenger/Institoris I, S. 27; vgl. ebda., S. 28: »Aber da Zoroaster selbst eifrigst auf solche Taten aus war, und zwar nur vermittelst der Beobachtung der Sterne, wurde er vom Teufel verbrannt.«). – Doch mehr noch: Der humanistisch gesinnte, aber hexengläubige Hugenottenfreund Jean BODIN (1529–1596) setzt in seinem einflußreichen Werk ›De la démonomanie des sorciers‹ (1580) die gesamte, von Opitz für die Poesie reklamierte Tradition auf den dämonologischen Index. Auch bei ihm ist Zoroaster der »erste Teuffelsdiener«, der das »Gottlose geschäfft« der schwarzen Magie »vnterm schein der frömkeit / wie dan der Sathan zuthun gewonet ist«, »hat außthun dörffen« (II Bodin, S. 66). Orpheus, ein »Zaubermeister« und der »Ertzhexin Medeae« »Anweiser« (ebda., S. 3, 24), hat ebenso wie Homer das »Hexenwerck / Zauberen vnd beschweren / wie es heut auch breuchlich /beschriben vnd inn Schrifften hinderlassen« (ebda., S. iiij v). Der schlimmste Nährboden für die Teufelsbrut ist für Bodin – er kommt immer wieder auf diesen Punkt – die (von Opitz, wie wir sahen, vertretene) Lehre der »Newen Academici«, »man müßt den Himmel vnd die Erden / die Himlischen vnd Jrdischen kräfften /vnd eins mit dem anderen vereinigen / kuppelen vnd verbinden / auff daß man durch die Elementarischen vnd Himlischen mittel / die Göttliche krafft an sich bringe vnd ziehe« (ebda., S. 68f.). Und dazu erläutert er:

»Obgedachts von beschönung der falschen Magy / hab ich deßhalben eingeführt / etli-
chermassen dadurch mit Antwort zubegegnen dem Jambliche / Proclo / Porphyrio / vnnd
andern dergleichen Doctoren vnd Meistern in der Diabolischen kunst / welche viel hundert tausent Menschen zu jhrer Gottlosigkeit haben verführet: Fürgebend / man muß
alles in dieser Welt vereinigen / das oberst mit dem vntersten verknipffen / durch die
Elementarischen Creaturen die Sternen vnd Planeten herbei ziehen / vnd durch diese jhre
Geister / vnnd demnach die Engel vnd kleine Götterlein herzu bringen / vnnd entlich
durch diß Mittel Gott miteinander bekommen. Vnd wans diese schöne Mitteler lang
herumm ziehen vnd knipffen / so ziehen sie doch nichts anderst herbei dann den Sathan /
vnd mit diesem finsteren Engel verkuppeln sie sich mit Seel / haut vnd haar. Gleich wie
dem Agrippa geschehen.« (Ebda., S. 68f.)

Die ganze neuplatonische Tradition bis hin zur Akademie von Florenz (und hier
nennt Bodin besonders oft Pico della Mirandola) macht er für diese Irrlehre verantwortlich, am meisten aber den im Zitat bereits erwähnten Agrippa von Nettesheim,
denn »er ist der größt Zauberer / so zu seiner zeit gelebt / die tag seines lebens allzeit
geblieben« (ebda., S. 24).

Zur Begründung für die »Gottlosigkeit dieser schönen Weissen Magy« beruft Bodin sich u.a. auf ein Gutachten der Pariser Theologischen Fakultät sowie auf Gottes
Gebot selbst, der bei Leibesstrafe verboten habe, ihn mit den Kreaturen zu vermen-
gen oder »Staffeln zu seinem Altar zumachen« (ebda., S. 69; vgl. Exod. 20, V. 26).
Und selbstverständlich haben alle drei Konfessionen in ihrer Gottes- und Schöpfungslehre an dem wesensmäßigen Unterschied zwischen Gott und seiner Schöpfung
festgehalten (vgl. IV Kemper 1981 I, S. 188ff.; I Neuner/Roos, S. 181ff.; III Ratschow II, S. 163ff.; Kap. 1 b–7). – *In diesem Kontext* erscheint das ›Buch von der
Deutschen Poeterey‹ als kühnes, häretisches Unternehmen. Opitz hat nicht mehr
gesagt, als was in den Renaissance-Philosophien und -Poetiken *auch* zu lesen steht,
aber er hat die Poesie prononcierter und pointierter mit der Magie verknüpft, – und
das zu einem Zeitpunkt zunehmender Gefährdung und Diabolisierung der ›magia
naturalis‹ im aufgeregten und unduldsamen Klima des Konfessionalismus. Das ist
ein wichtiger Aspekt, mit dem sich der Begriff des ›Barock-Humanismus‹ rechtfertigen läßt. Opitz bricht aus der Scholastik und orthodoxen Gefangenschaft des Späthumanismus aus, und er selektiert aus dem Gedankengut der Renaissance solche
Argumente für die Hochschätzung der Poesie, die es ihr ermöglichen würden, sich in
einer gegenüber der Renaissance erheblich veränderten politischen und soziokultu-
rellen Lage als gewichtiges eigenständiges Organ der Wahrheitsvermittlung und
›Weisheit‹ zu behaupten.

10) *Hochschätzung des inspirierten Poeten*: Dies impliziert nun *viertens* auch eine
Aufwertung des Dichters, der eben im Status und in der Funktion eines ›poeta
doctus‹ nicht aufgeht. Im Sinne des Neuplatonismus, der besonders nachdrücklich
die Kongruenz von Tugendhaftigkeit und Schönheit fordert, wehrt Opitz sich in
›confirmatio‹ und ›refutatio‹ seiner Rede durch Verweis auf berühmte Alte gegen den
Vorwurf, die Dichter seien Lügner und »böse Menschen« (BDP, S. 16f.). Dem stellt
er ein Dichterideal ganz aus neuplatonischem Geiste entgegen und marginalisiert
dabei erneut die Lehr- und Lernbarkeit der Poesie:

»Die Worte vnd Syllaben in gewisse gesetze zue dringen / vnd verse zue schreiben / ist das allerwenigste was in einem Poeten zue suchen ist. Er muß εὐφαντασιωτός, von sinnreichen einfällen vnd erfindungen sein / muß ein groses vnverzagtes gemüte haben / muß hohe sachen bey sich erdencken können / soll anders seine rede eine art kriegen / vnd von der erden empor steigen.« (Ebda., S. 18)

Die Poesie also soll auch den »ascensus« bewirken, die erste Stufe des Aufstiegs aus der Sinnenwelt, den Ficino am Ende seines ›Symposion‹-Kommentars ausdrücklich der dichterischen Begeisterung als der untersten Stufe der göttlichen Begeisterung zuspricht (II Ficino L, S. 353ff.). Deshalb begehen die Dichter auch nachgerade eine Todsünde, wenn sie »epicurisch« von der Liebe schreiben (BDP, S. 21). Das Thema Liebe sei ein »wetzstein« des poetischen Verstandes, der aber im Dienst von »keuschen Musen« »züchtig« auch für »keusche Gemüther« schreiben solle (ebda.). Mit Nachdruck schließlich betont Opitz – in Auseinandersetzung mit den inflationären Gebilden der einträglichen Gelegenheitspoesie, die den Namen des Poeten herabzusetzen geeignet sind: »Denn ein Poete kann nicht schreiben wenn er will / sondern wenn er kann / vnd jhn die regung des Geistes welchen Ovidius vnnd andere vom Himmel her zue kommen vermeinen / treibet.« (Ebda., S. 19) Dieser in den Renaissance-Poetiken und auch – mit Verweis auf Platons ›Ion‹ – bei Ficino (II TP II, S. 201) obligatorische Verweis auf den Inspirationstopos ist gewiß der nachhaltigste Einspruch gegen die Vorstellung von einer durch das Handwerkszeug von Rhetorik und Poetik zu erlernende Begabung zum Poeten. Es ist die poetologische und dichtungspraktische Einbruchstelle für Innovation, die, wie bereits deutlich wurde, im 17. Jahrhundert auch vehement in Anspruch genommen wurde.

11)  *Magie als frühneuzeitliche Fundierung der Poesie*: Die Diskussion um das Verhältnis von Dichtung und Religion ist, wie auch diese Lyrik-Geschichte zeigt, ein Schwerpunktthema in allen Epochen der Frühen Neuzeit. An deren Ende – in der Frühromantik – brach die Debatte noch einmal in aller Schärfe aus. So bei Wilhelm Heinrich WACKENRODER (1773–1798), der im Rekurs auf die Renaissance für den wahren Künstler wiederum den göttlichen, ihm aber nur als Gnade zuteil werdenden und deshalb unverfügbaren Inspirationstopos reklamierte und doch zugleich an der Figur des Joseph Berglinger zeigte, daß der moderne Künstler eben an diesem hohen Anspruch der Kunst scheitert, weil er ihn auch unter Aufbietung aller seiner Kräfte und Fähigkeiten nicht zu erfüllen vermag (II Wackenroder/Tieck, S. 7ff., 20ff., 33ff., 115ff.; vgl. dazu II.138 Bollacher, S. 102ff.) – So bei NOVALIS (d. i. Friedrich von Hardenberg 1772–1801), der in der ›Christenheit oder Europa‹ die zwischen Reformation und Aufklärung verlaufende Geschichte als Auflösung der zuvor durch die Religion garantierten kulturellen Einheit Euroaps beschrieb – und aus den Emanzipationsbestrebungen der Wissenschaften und Künste das Feindbild zwischen Priester und Gelehrtem destillierte: »Aus Instinkt ist der Gelehrte Feind der Geistlichkeit nach alter Verfassung; der Gelehrte und der geistliche Stand müssen Vertilgungskriege führen, wenn sie getrennt sind; denn sie streiten um Eine Stelle.« (II Novalis CE, S. 515) Nun aber, auch nach der durch die Französische Revolution mit herbeigeführten Anarchie als einem »Zeugungselement der Religion« (ebda., S. 517), wollte er diese Verselbständigung der Künste, Wissenschaften und Lebensbereiche in einem gewaltigen, von neuplatonisch-hermetischem Gedankengut getragenen Ro-

mantisierungskonzept in einer neuen Spiritualität vereinen, die er auch als eine neue Form von Religion begriff und zu welcher die Poesie – ausgestattet mit den Kräften der Magie – durch die vorwegnehmende Evokation ihrer anziehenden Schönheit Liebe erwecken und damit den Romantisierungsprozeß in Gang setzen sollte. Zu diesem Konzept inspirierte ihn ein epochales Vermächtnis in Gestalt eines wohlbekannten Topos: »Dichter und Priester waren im Anfang Eins – und nur spätere Zeiten haben sie getrennt. Der ächte Dichter ist aber immer Priester, so wie der ächte Priester immer Dichter geblieben – und sollte die Zukunft nicht den alten Zustand der Dinge wieder herbeyführen?« (II Novalis VBB, S. 444–446). Dichtung als »verborgene Theologie«: Von Opitz bis Novalis bestimmt dies Problem die dichtungstheoretischen Reflexionen und begründet auch von daher die Einheit der literarischen Großepoche Frühe Neuzeit!

## e)   Das Schöne im Dienst der praktischen Verhaltenslehre (Dornau und Opitz)

1) *Neuplatonismus auf dem ›Schönaichianum‹*: Die (neu-)platonischen Anschauungen wurden Martin Opitz vermutlich zuerst durch Caspar DORNAU (1577–1631) vermittelt (vgl. II.24 Seidel, S. 307ff.). Dieser hatte in Basel, der Wirkungsstätte von Paracelsus, Medizin studiert (vgl. ebda., S. 87ff.), und das könnte »ein Fingerzeig für tieferliegende Interessen Dornaus sein: entschieden sich doch hierfür nicht wenige, die in latenter Opposition zur aristotelischen Philosophie, zu einer bloß philologischen Buchwissenschaft und zu jeglicher orthodoxer Dogmatik standen, statt dessen aber paracelsischen, pansophischen, magisch-hermetischen oder alchemistischen Neigungen nachgingen.« (III Kühlmann 1982, S. 149) Dornau hielt im Januar 1617 an dem von Georg von Schönaich (1557–1619) gestifteten Beuthener Gymnasium, dem sog. ›Schönaichianum‹ (vgl. dazu II.24 Seidel, S. 307ff.), eine Antrittsrede ›Charidemus, hoc est, De morum pulchritudine, necessitate, utilitate ad civilem conversationem‹ (vgl. dazu III Kühlmann 1982, S. 141ff.; II.24 Seidel, S. 271ff.), in der er das Programm für die neu begründete Einrichtung eines »Professor morum‹ entwickelte (vgl. dazu ebda., S. 265ff.). Opitz dürfte diese Rede als damaliger Beuthener Schüler gehört haben (vgl. dazu auch II.89 Kühlmann 2001, S. 22f.; II.24 Seidel, S. 311). Die »Grundthese« des ›Charidemus‹ lautet: »Diese Sittenlehre führt direkt auf die Schönheit des Menschen hin, die vom höchsten Gut nur dem Namen nach zu unterscheiden ist.« (Zit. ebda., S. 273, 275) »Die Schönheit (im umfassenden Sinne des Neuplatonismus)«, so erläutert Seidel diese Intention, »ist das höchste Gut. Daher gilt es zu beweisen, daß die Ausbildung feiner Sitten diese Schönheit bzw. deren Erkenntnis befördert.« (Ebda., S. 275) Zur Voraussetzung und Bedingung für diesen Beweis gehört natürlich ein »Exkurs über das Wesen der Schönheit« und später auch ein »Hymnus auf sie« (ebda., S. 275f.).

Die praktischen Regeln für das zwischenmenschliche Verhalten (»conversatio civilis«), in die auch – typisch für den humanistischen Eklektizismus – Grundsätze des Aristotelismus und Neustoizismus eingehen (die Schönheit des Geistes besteht vor allem in der »constantia«, also der Beständigkeit), werden von »elegantia« und »decorum« bestimmt und durch die neuplatonische Schönheitslehre metaphysisch abgesichert, weil die »mores-Lehre« die Menschen mit wahrer Schönheit schmücke (vgl. ebda., S. 279, 282):

»Worauf richtet sich nun also unser Sinn? Was ist unser Wunsch, worauf brennen wir? Wollen wir sie [die Schönheit] nicht als Lehrerin des besten Lebens verehren? Nicht sie umfassen? Nicht denken, daß wir ihr mit aller Kraft folgen sollen? Sie, die der barmherzige Gott uns in seiner eigenen Person gleichsam als in einem Urbild von allem Anfang an, dann auch in diesem weiten und glänzenden Weltkreis in so vielen strahlenden Bildern zum Anschauen und Nachahmen vorgestellt hat?« (Dornau, zit. ebda.)

Anschließend entfaltet Dornau den magischen Schönheits-Begriff des Neuplatonismus: Schönheit ist, wie er an vielen exempla zeigt, die »süße Harmonie«, die für die Ordnung in Natur, Moral und politischer Öffentlichkeit sorgt:

»Was, sage ich, ist nämlich diese ganze Welt? Sie ist Schönheit: wahrlich sie ist reiner Schmuck. [...] Was ist jenes Bewundernswerte an der Himmelsregion? Wo so viele Sterne, untereinander so an Größe, Ort und Bewegung unterschieden, dennoch ihren abgemessenen Lauf vollführen, daß daraus eine süßeste Sphärenharmonie entsteht – nach der Meinung der Platoniker nicht eine Harmonie der Töne, mit den Ohren des Körpers zu begreifen, sondern der Proportionen bei den Bewegungen der Sterne, die mit dem Ohr des Herzens aufgenommen wird: mit welchem Namen also wird sie von uns benannt werden? Es ist die Schönheit. Was will oder worauf ist jene ›concordia discors‹ der Elemente zu beziehen? [...] Es ist die Schönheit. Was ist jene so süße Harmonie, die unter der Erde den Metalladern, den Gängen von Gestein, Edelsteinen und Säften zu eigen ist, daß sie zu gemeinem Nutzen wie auch zur Zierde bemerkt werden? Es ist die Schönheit. Was ist die so annehmliche Übereinstimmung der Gräser, Sträucher und Bäume, daß sie Früchte jeweils nach ihrer Art und Natur tragen? Es ist die Schönheit.« [Usw.] Zit. in III Kühlmann 1982, S. 143f.)

2) *Sozialpolitische Funktionalisierung des Neuplatonismus*: In einer dieser Rede angehängten umfangreichen Lektüreliste empfiehlt Dornau nach der Bibel – und hier vor allem alttestamentlicher Bücher, wie dies für den Calvinismus charakteristisch ist – sogleich Platon und später auch Werke der Platon-Rezeption und des Neuplatonismus, darunter ›Il libro del Cortegiano‹ des Grafen Baldassare CASTIGLIONE (vgl. III Fechner, S. 332; III Kühlmann 1982, S. 147f.; II.24 Seidel, S. 278). Und dieser bis hin zu Spenser und Shakespeare überaus wirkungsmächtige Dialog in Platons Art, »in dem der Verfasser der vornehm-höfischen Gesellschaft den Weg zur edlen Lebensgestaltung wies,« widmete sich im gesamten vierten Teil »der platonisch-ficinianianischen Eroslehre« (II.87 Schmidt, S. 174f.) Das Programm Castigliones geht auch als »Evangelium der Schicklichkeit, des ›decorum‹«, in den Erziehungsauftrag des Schönaichianums ein, wie Dornau ihn entwickelte:

»die Lehre, wie der Mensch auch in seiner äußeren Erscheinung, in seinem Benehmen, seiner Gestik und in seiner Sprache einerseits das Bild vollendeter Harmonie zu bieten habe – für den neuplatonischen Einschlag dieses Gedankens spricht die Erwähnung M. Ficinos – und wie er andererseits in vollendeter Manier die sich aus der sozialen Ordnung ergebenden Rollenpostulate und Verhaltensnormen zu beherrschen und das jeweils Angemessene zu beurteilen und zu praktizieren habe.« (III Kühlmann 1882, S. 141f.)

»Diese äußere Erscheinung, die ›pulchritudo‹, erfüllt nach Dornau die ursprüngliche Absicht des Schöpfers, weil sie Erscheinungsform der Harmonie ist, in der sowohl die gesellschaftliche Ordnung wie die Ordnung des Kosmos und der Natur sinnlich nach außen treten und gegenseitig aufeinander verweisen« (Ebda., S. 143)

Der Neuplatonismus wird also sozialpolitisch funktionalisiert, aber dies so, daß ein aufgeweckter Schüler wie Opitz, der die »Glanzzeit des Schönaichianums fast vollständig miterlebt hat« (II.24 Seidel, S. 287) und dessen erstes Programm für eine deutschsprachige Poesie, der *Aristarchus sive De Contemptu Linguae Teutonicae*, in dieser Beuthener Zeit entstand, der Dichtkunst in diesem Konzept gerade die Funktion eines »ästhetischen Überbaus« zur Verhaltenslehre zuerkennen konnte (ebda., S. 312).

Möglich war dies vor allem im geistigen Umfeld des für Opitz bestimmenden *Calvinismus*:

> »Daß in Beuthen der Calvinismus dominierte, markiert deutlich einen geistigen Habitus, der sich von der katholischen Spiritualität wie auch vom lutherisch-altdeutschen Konservatismus abhebt. Dornau plädiert für die Anerkennung menschlicher Leistungsfähigkeit sowohl in der Ordnung der Gesellschaft wie in der Produktivität von Wissenschaft und Technik. In beiden Fällen ist eine Mentalität in Frage gestellt, die in der Synthese von religiöser Orthodoxie und humanistischer Scholastik, im Verdikt menschlicher ›curiositas‹ und in der Verketzerung des ›Neuen‹ die Selbstmächtigkeit des Menschen sowohl in politischer wie auch in wissenschaftlich-kultureller Hinsicht zu verneinen geneigt war.« (III Kühlmann 1982, S. 148)

In der Epoche des Konfessionalismus, in der Zeit des als Religionskrieg legitimierten, für alle Bekenntnisse so verhängnisvollen Dreißigjährigen Krieges suchte Opitz die Poesie als eine von dem engen konfessionellen Christentum und Humanismus Melanchthonscher Prägung unabhängige, ältere und deshalb würdigere humanistische Deutungs- und Bildungsinstanz zu begründen, die über den Kofessionen steht, die sich indes, weil sie sich aus einer älteren, aber mit christlichen Gedanken kompatiblen Philosophie herleitet, zur Herstellung von ›sympatheia‹ zwischen den zerstrittenen Gemütern, Konfessionen und Parteien berufen fühlt. Eben diese Intention hat Opitz ja auch in der Tat durch seine Biographie als Diplomat zwischen den Fronten sowie durch sein literarisches Werk bestätigt. – Kein Wunder von daher, daß die nachfolgenden Poetiker zwar Opitz und sein Werk, nur selten aber sein Lehrbuch – und von ihm stets nur die Versreform – rühmten (auch Gottsched, der dem Deismus nahestehende Feind alles Okkulten [vgl. II.36 Gawlick; Bd. V/2, S. 64f.], erwähnt es mit keinem Wort) und daß sie in ihrer theoretischen Bestimmung und Herleitung der Poesie nicht nur weniger gefährliche, sondern – wie sich noch zeigen wird – immer christlichere Wege einschlugen (vgl. Kap. 7–b). In der dichterischen Praxis indes standen sie den von Opitz benannten Traditionen vielfach aufgeschlossener gegenüber.

## f) Poetik als Dichtungs-Lehre: »Verba«, »res« und »decorum«

Humanistischer Auffassung entsprechend trennt Opitz im Anweisungsteil seiner Poetik »res« und »verba«, Zunächst handelt er die »Erfindung« (»inventio«) und »Gliederung« (»dispositio«) der »Sachen« ab (Kap. V), anschließend die »zuebereitung vnd ziehr« der »verba« (Kap. VI): »Denn es muß ein Mensch jhm erstlich etwas in seinem gemüte fassen / hernach das was er gefast hat außreden« (BDP, S. 35), und dabei muß sich die Sprache dem Inhalt und Niveau der »Sache« als würdig und angemessen erweisen, und zwar »inn der elegantz oder zierligkeit« (»elegantia«), in der »Composition oder zusammensetzung« (»compositio«) sowie »in der dignitet vnd ansehen« (»dignitas«), wobei im letzteren das »decorum« mit enthalten ist, das »Gesetz der Stillagen« das die angemessene Zuordnung von Sachen und Worten, von Personen und ihren Redeweisen regelt (vgl. III Herrmann, S. 27) und das somit als Regulativ ein rhetorisch-poetologisches *Wert*-Prinzip markiert. Das richtige Sprechen bemißt sich an der hohen oder niederen Rangordnung, an der Qualität, welche die darzustellende Sache im Seinsordo einnimmt. Von daher leitet sich auch die sog. *Dreistil-Theorie* her.

> »Denn wie ein anderer habit einem könige / ein anderer einer priuatperson gebühret / vnd ein Kriegsman so / ein Bawer anders / ein Kauffman wieder anders hergehen soll: so muß man auch nicht von allen dingen auff einerley weise reden; sondern zue niedrigen sachen schlechte (= schlichte) / zue hohen ansehnliche, zue mittelmässigen auch mässige vnd weder zue grosse noch zue gemeine worte brauchen.« (BDP., S. 43)

Deshalb ist die Komödie für »schlechte und gemeine leute« reserviert, und deshalb herrscht hier wie im Hirtengedicht der niedrige Stil (ebda.). In der Tragödie dagegen herrscht ebenso wie im heroischen Gedicht der dem adligen Personal entsprechende ›hohe Stil‹ (ebda., S. 30), in der Lyrik kann der Stil überhaupt je nach Gegenstand, Gelegenheit, Adressat und gewählter Gattung wechseln. Opitz' Verständnis der lyrischen Gattungen und seine Versreform wurden schon ausführlich behandelt (vgl. Kap. 2).

### g)   Weisheit im Zeichen ›Jerusalems‹: Zur geistlichen Dichtung

Mit seinen Dichtungen in nahezu allen Gattungen versucht Opitz, erste Beispiele und Muster für die deutsche Dicht-Kunst bereit zu stellen. Häufiger greift er dazu auch auf Übersetzungen zurück oder lehnt sich an ausländische – vor allem holländische und französische – Vorbilder an. Das gilt auch für die Vielfalt seiner – insgesamt wenig beachteten, aber gattungs-, wirkungsgeschichtlich und weltanschaulich gewichtigen – geistlichen Werke. In der Ausgabe der ›Geistlichen Poemata‹ von 1638, die Opitz der Gräfin Sibylle Margarethe von Dönhoff, einer Tochter des Herzogs Georg Christian von Liegnitz und Brieg, widmete, hat der Autor den Bestand aus der Ausgabe von 1629 übernommen und erweitert (vgl. dazu II.89 Trunz 1975a, S. 19*).

1)   *Bibel-Dichtungen*: Der umfangreiche Band enthält Beispiele für die im 17. Jahrhundert besonders beliebte und verbreitete *Bibeldichtung* (vgl. Kap. 2 c). So beginnt auch die Opitzsche Ausgabe mit einer Liedfassung des *Hohenliedes* (›Salomons Deß Hebreischen Königes hohes Liedt: Von Martin Opitzen in Teutsche Gesänge gebracht‹; GP., S. 7–34), wobei er als Sprecher des Dialogs die »Sulamithinn« und »Salomon« selbst einsetzt, also die traditionelle allegorische Applikation des Textes auf Christus und die Kirche vermeidet. Damit wiederum erobert er dem Lied seine ursprüngliche »Sinnlichkeit« zurück, welche die allegorische Auslegung der kirchlichen Tradition durch den »sensus allegoricus« dem Text hatte austreiben wollen. Und damit führt er eine Leseweise wieder ein, welche in der Barock-Mystik und im

Pietismus vielfach wiederaufgegriffen und auf das »sinnliche« Liebesspiel zwischen der Einzelseele und dem Bräutigam Christus bezogen wurde (vgl. Bd. III, S. 171f., 287 ff.; Bd. V/1, S. 125ff.; IV Dohm). Wichtig ist, daß er die Sammlung mit einem in der Bibel selbst als Poesie ›geadelten‹ Text beginnt, der deshalb nicht nur im ›stilus humilis‹, sondern auch ›zierlich‹ auftreten darf: Dem diesbezüglich kritischen Leser, gegen dessen Vorbehalte sich auch Gryphius noch wenden muß (vgl. Kap. 6 l–7), gibt Opitz zu bedenken, »daß die Poeterey so wenig ohn Farben / als wenig der Früling ohne Blumen seyn soll.« (SHL, S. 20; vgl. dazu Bd. IV/2, Kap. 2 b).

In Opitz' Sammlung folgt eine relativ textgetreue Versifizierung der ›Klag=Lieder Jeremia‹ aus der – u. a. auch von Gryphius im vierten Buch seiner ›Oden‹ verwendeten – Gattung der *threni* (GP, S. 41–55.). – Die anschließende ›Jonas‹-Übersetzung als anmerkungsreiches Gedicht (ebda., S. 59–85) erweist sich als eine in der Dedikation von Opitz angedeutete Übersetzung eines erbaulichen lateinischen Lehrgedichts von Hugo Grotius in paargereimten Alexandrinern (vgl. II.89 Max, S. 101ff.). Opitz' Übersetzung von Jona 4, 5–7 (vgl. GP, S. 83) hat möglicherweise die Königsberger zur Etikettierung ihres Albertschen Gartens auf der Dominsel als ›Kürbishütte‹ angeregt (vgl. Bd. IV/2, Kap. 3 e).

Es folgen eine Bearbeitung des ›Judith‹-Stoffes als Schauspiel (GP, S. 86–120; vgl. dazu III Kaminski, S. 243ff.) sowie eine Versifizierung aller Perikopen, nämlich ›Die Episteln Der Sontage / vnd für nembsten Fest deß gantzen Jahrs / Auff die gemeine Weisen der Psalmen gefasset‹ (ebda., S. 121–197). Diese 1628 erstmals publizierten *Epistellieder* widmet Opitz – während seiner Tätigkeit für Dohna! – dem reformierten Herzog Georg Rudolph zu Liegnitz und Brieg, den er zugleich als Auftraggeber der Sammlung anspricht (»Hier habt jhr / was jhr mir / O Hoffnung vnsrer Zeit / Zu thun befohlen habt«; GP, S. 122). Diese »ohn alle Redner=Pracht« verfaßten Lieder auf Melodien des Genfer Psalters sind offenkundig für den Gemeindegebrauch gedacht, deshalb auch nur relativ schlichte poetische Paraphrasen des jeweiligen Bibeltextes, die keinem Vergleich mit den eigenständigen Aneignungen in den Perikopendichtungen von Gryphius, Rist oder Harsdörffer standhalten. Offenbar haben sie aber weniger im Gemeindegesang als in den Hausandachten der Zeit eine gewisse Rolle gespielt (vgl. IV Scheitler 1982, S. 172ff.).

Die ›Geistlichen Poemata‹ enthalten weiterhin unter der Rubrik ›Geistliche Oden und Gesänge‹ (zum Problem dieser doppelten Gattungsbezeichnung vgl. Kap. 2 f–1) zwölf *Psalmen-Übersetzungen*, von denen Opitz zehn schon 1634 dem reformierten Dichter und Übersetzer Diederich von dem Werder (1584–1657; Dichter religiöser Lyrik, Übersetzer von Tasso und Ariost und einflußreiches Mitglied der ›Fruchtbringenden Gesellschaft‹) gewidmet hatte (GP, S. 197–232). 1637 veröffentlichte Opitz sodann seine poetische Übersetzung der ›Psalmen Davids Nach den Frantzösischen Weisen gesetzet‹, die seit kurzem als Faksimile-Ausgabe neu zugänglich sind (vgl. II PD). Sie sind ebenfalls den Herzögen von Liegnitz und Brieg gewidmet, welche »eine geraume zeit her mir hiesige arbeit anbefohlen« (PD, S. ij v). Opitz teilt die calvinistische Vorliebe für den Psalter als – so die ›Vorrede‹ – »ein buch das gleichsam vom himmel selbst gefallen ist« (ebda., S. iiij r) und positioniert die eigene Übersetzung im weitgespannten Kontext zahlreicher in den alten wie neuen Kirchen vorliegenden Übersetzungen als absolut »konfessionsneutral«: Er sei »von den worten des heiligen Königs nirgend abgewichen« und habe keiner konfessionellen Deu-

tung den Vorzug gegeben: »Wie es auch wider (= weder) meinem stande gemeß /
noch meinem gemüte jemals einkommen ist / mich in der Geistlichen bey jetzigem
mißlichen zustande sehr vnzeitige Streitigkeiten ein zu mengen.« (Ebda., S. vii r)
Dennoch verrät die durchgängige Orientierung an den Melodien des Genfer Psalters,
daß Opitz hier den Ehrgeiz entwickelte, den in den deutschsprachigen reformierten
Gemeinden eingebürgerten ›Psalter‹ des Lutheraners Lobwasser zu ersetzen (vgl.
dazu Bd. II, S. 198ff.). Seine poetischen Translationen sind daher in gemeindetaug-
lichem einfachem Stil gehalten, haben sich aber (trotz sieben Einzeldrucken bis 1685)
gegenüber dem fest eingebürgerten ›Lobwasser‹ nicht durchsetzen können (vgl. IV
Scheitler 1982, S. 179).

An die Psalmen-Übersetzungen in den ›Geistlichen Poemata‹, die durch die Gesamtausgabe der Psalmen nicht überholt war, weil ihnen andere Strophenformen
zugrunde liegen, schließen sich noch fünf Gedichte an: ein Morgen- und Neujahrs-
Lied, zwei Übersetzungen aus dem Lateinischen, darunter ein – zuerst als Epicedium
genutztes – ›Threnen‹-Lied sowie ein ›Gesang zur Andacht‹ (vgl. zu diesen Liedern
ausführlich IV Scheitler 1982, S. 191ff.).

2)  *Hymnen*: Die nächste Gedichtgruppe stellt Opitz unter den Hauptbegriff *Lobgesang*. In seiner Poetik hatte er diese Gattung mit Verweis auf die in seinen ›Geistlichen Poemata‹ versammelten Gedichte definiert:

> »Hymni oder Lobgesänge waren vorzeiten / die sie jhren Göttern vor dem altare zue
> singen pflagen / vnd wir vnserem GOtt singen sollen. Dergleichen ist der lobgesang den
> Heinsius vnserem Erlöser / vnd der den ich auff die Christnacht geschrieben habe. Wie-
> wol sie auch zuezeiten was anders loben…« (BDP, S. 32)

Opitz versteht unter Hymne also primär eine geistliche Gattung, wie Klopstock sie
dann als freirhythmische »Kulthymne« erst zu eigentlichem Glanz bringen sollte
(vgl. Bd. VI/1, S. 440ff., 468ff.), verzichtet auf nähere Bestimmungen, hält diese aber
faktisch mit der groben Dreiteilung (invocatio, narratio [der Wohltaten Gottes bzw.
der Götter] und abschließender Bitte und Lobpreis; vgl. IV Gabriel, S. 18f.) weitgehend ein. Vor allem die ›narratio‹ bietet sich als Einfallstor für gelehrtes humanistisches Wissen an, das diese Dichtungen auf eine Länge ausdehnt, die ihnen den
aus der Moderne gewohnten hymnischen Schwung nimmt und ihnen statt dessen
einen lehrhaften Zug verleiht. Die Übersetzung ›*Daniel Heinsii Lobgesang Jesu Christi Deß Einigen vnd Ewigen Sohnes Gottes*‹ (GP, S. 285–312) folgt dem niederländischen Original (›Lof-sanck van Jesus Christus‹, 1616) getreu bis hin zur Übernahme
von Reimen und der Form des strophischen ›heroischen Alexandriners‹ (zweier jeweils weiblich-männlich endender Alexandrinerreimpaare) und erweist sich als eindrucksvolle Kontamination theologischer Gedanken und humanistischen Wissens,
wobei letzteres eher für den Bereich positiver oder negativer ›exempla‹ aus der Kulturgeschichte herangezogen wird. Natürlich besiegt Christus die antike Götterwelt,
die bei dieser Gelegenheit ausgiebig (auch in ihrer Sittenlosigkeit) an den Pranger
gestellt wird (GP, S. 296f.). Das Gedicht ruft u. a. auf zum Frieden – auch unter den
Gottesgelehrten (GP, S. 302). Die Christologie wird korrekt in calvinistischem Sinne
abgehandelt. Nämlich »Daß du mit vnserm Fleisch hinauff bist eingefahren« und
»Von da schickstu den Geist / der außgeht von euch beyden.« (Ebda., S. 305) Chri-

stus sitzt also an einem ›locus‹ im Himmel zur Rechten Gottes. Lutherische Ubi-
quitätsvorstellungen, an die sich ja auch Hoffnungen auf ein direktes und erneutes
Eingreifen des ›Helffers‹ für seine Kirche knüpften, sind damit abgewiesen (vgl.
Bd. II, S. 227ff.; Kap. 2 b; 6 k; Anhang). Das hat, wie am ›Trostgedicht‹ gesehen,
tiefgreifende Folgen für die Einstellung zur Krisen- und Notzeit des Krieges.

Opitz' eigener ›Lobgesang: Vber den frewdenreichen Geburtstag vnsers HErren vnd
Heylands Jesu Christi‹ (GP, S. 244–259), den der Autor durch ausführliche Anmerkungen kommentiert (ebda., S. 259–272), ist mit einer Prosavorrede und einer
lateinischen Widmungselegie dem Freund Nüßler gewidmet. Die Einsamkeit der
Weißenburger Zeit führt zur Eingangsklage, der Autor könne das Christfest in »keinem Tempel« in der Muttersprache feiern (ebda., S. 251). Ansonsten zeigt sich formal (Übernahme des heroischen Alexandriners) und inhaltlich eine deutliche Abhängigkeit vom Heinsius' ›Lobgesang‹ (vgl. II.89 Max, S. 87f.). Das gilt für die –
eigentlich für die katholische Frömmigkeit typische (vgl. Bd. II, S. 166 u. ö.) – ausführliche Darstellung der ›heiligen Familie‹ (vgl. GP, S. 256f., 298f.), für den Auftritt
der heidnischen Götter (ebda., S. 257) ebenso wie für die korrekte calvinistische
Theologie (allgegenwärtig ist Christus nur nach seiner Gottheit: »Daß weder Ziel
noch Schrancken / Für deine Gottheit ist«; ebda., S. 251), für die Bitte um Frieden
und Einigkeit unter den Glaubens-»Brüdern« gegen »deiner Feinde Macht«. Und im
Zusammenhang mit dieser Position, die der Weckherlinschen nicht fern steht, kann
nun auch die abschließende Bitte an den »großen Capitain« nicht verwundern:
»Zeuch du mit vns zu Feld' / auff daß wir nicht erligen« (ebda., S. 258f.). Damit
intoniert Opitz bereits das zentrale Thema seines großen ›Trostgedichts‹, das die
›geistlichen Poemata‹ beschließt (vgl. Abschnitt b).

3) *Heidnische Weisheit im geistlichen Gedicht*: Der Überblick zeigt, daß Opitz hier
nachdrücklich auf jene Traditionen christlichen Dichtens zurückgreift, die er in seiner Poetik zur Begründung der Poesie so auffällig ausgespart hatte. Gleichwohl
bezieht er bei den biblischen Stoffen die heidnische poetische und die theologisch-
häretische Tradition als Kontext mit ein. In der ›Vorrede‹ zu seiner Hohelied-Dichtung beispielsweise vergleicht er diese unter dem Aspekt des Hirtenliedes mit Vergils
›Eclogen‹ (SHL, S. 10f). In der Dedikation der ›Judith‹ definiert er die Poesie in einer
mit seiner Poetik durchaus vergleichbaren Weise, nämlich »daß sie von den ältesten
Zeiten an eine Lehrerin der Frömmigkeit / eine Erforscherin der Natur / eine Mutter
der Tugenden / eine Geleitmannin der Weißheit / vnd ein Quäll der guten Künste vnd
Sitten gewesen sey.« (GP, S. 87) In seinem Lobgesang auf die Geburt Christi interpretiert er die eigenen Verse vom Gegensatz zwischen »Geist« und »Fleisch« unter
Verweis auf Platon, aber auch auf den Neuplatoniker (und Häretiker) Jamblichus
sowie Hermes Trismegistos in eindeutig heidnisch-hermetischem Sinne: »Wie hiervon
Jamblichus im Buch der Egyptier / Chaldeer vnnd Assyrier Heimlichkeiten / vnd
Mercurius Trismegistos in seinem Pimander schreiben.« (Ebda., S. 267) Der Humanist Opitz schreibt also problemlos auch in der christlichen Tradition, läßt sich
aber auf diese nicht eingrenzen, sondern erweitert und bereichert sie um andere –
auch heidnische – Weltanschauungen. Einige Passagen eines geistlichen Lehrgedichts
werden dies veranschaulichen (vgl. Kap. 4 i, j).

h)    »Krieg ist deß Friedens knecht«: ›Weltliche Poemata‹

1)    *Überblick über ›Weltliche Poemata I‹*: Opitz' weltliche Dichtung umfaßt bezeichnenderweise bereits zwei Bände gegenüber dem einen Band der ›Geistlichen Poemata‹, und hier bemüht sich der Autor erneut darum, Beispiele aus möglichst vielen
literarischen Gattungen zu schaffen, um die Fähigkeit des Deutschen als Dichter-
sprache unter Beweis zu stellen und um mit diesen Exempeln zur Nachahmung
anzuregen. So verfaßt er mehrere *Lehr- und Landgedichte* (›Vesuvius‹, ›Vielguet‹,
›Zlatna Oder Getichte Von Ruhe deß Gemüthes‹, ›Lob des Feldtlebens‹ [in freierer
Anlehnung von Vergils ›Georgica‹]), er präsentiert als Gelegenheitsdichtung für eine
Adelshochzeit mit der (leider verlorenen) Musik von Heinrich Schütz 1627 ein Beispiel für die *Oper* (durch Übertragung von Ottavio Rinuccinis [1562–1621] ›Dafne‹;
ebda., S. 103ff.) sowie Exempel für die *griechische* und *römische Tragödie* (durch
Übersetzung von Sophokles' ›Antigone‹ und Senecas ›Trojanerinnen‹; ebda., S. 245
ff., 309 ff.) sowie für einige lyrische Gattungen durch Übersetzungen aus dem Lateinischen, Niederländischen und Französischen (vgl. dazu Kap. 2).

2)    *Philosophische Lehrdichtung*: Das Lehrgedicht, das als Begriff in Opitz' Gattungsliste gar nicht erscheint (wohl aber im ›heroischen Gedicht‹ implizit enthalten
ist) erweist sich als die eigentliche Domäne dieses Autors. Gelehrte Didaktik, die das
Ideal des ›poeta doctus‹ zu erfordern scheint, durchzieht auch solche Werke, die sich
als ›Lobgedichte‹ ausgeben, aber ebenfalls nicht strophisch, sondern als Alexandri-
ner-Gedichte (z. T. im ›heroischen Alexandriner‹) gestaltet sind.
     Das erste Lehrgedicht ›Vesuvius‹ (vgl. dazu II.89. Becker-Cantarino 1982b) möch-
te aus Anlaß eines Vulkan-Ausbruchs (1631) dessen ›Kraft‹ nicht nur beschreiben,
sondern mit dem Anspruch auf Wissenschaftlichkeit (»was vnlaugbar ist«; V, S. 61)
erklären. Grundlage und Ausgangspunkt dafür ist das hermetisch-paracelsische
Weltbild, dessen Glaubensbekenntnis das Gedicht – und damit die Sammlung der
›Weltlichen Poemata‹! – geradezu programmatisch eröffnet:

>      »Der Mensch das kluge Thier pflegt zwar mit vielen Dingen
>      Die Zeit / das kurtze Pfandt deß Lebens / zu vollbringen /
>      Vnd leget allen Witz bey schönen Künsten an /
>      Doch bessers weiß er nichts darmit er zeigen kann /
>      Daß er / die kleine Welt / zum Herren sey gesetzet
>      Der großen die jhn nehrt / als wann er sich ergetzet
>      Mit seiner Sinnen Krafft / beschawt diß weite hauß
>      Vom höchsten Gibel an zu allen Seiten auß
>      Mit Augen der Vernunfft / verschicket das Gemüthe
>      Jn seines Schöpffers Werck / da alles reich an Güte
>      Vnd voller Weißheit ist / vnd macht jm auff den Grundt
>      Die Sitten der Natur sampt jhrem Wesen kund.«
>          (V, S. 44)

Dieses Programm, die göttliche Weisheit in der Ordnung der Natur aufzuspüren,
verfolgt das Gedicht selbst in der »wechselseitigen Erhellung« von Mikrokosmos
und Makrokosmos. Die Erde ist nach dieser Lehre ein von der »Seele dieser Welt«
»durchdrungenes« »großes Tier«, das »Blut vnd Adern regt« (V, S. 64). Von daher

kann der Autor die gewaltige Eruption als eine Art »Krankheit« der Erde mit einem Überdruck ihres Elementen-Streits und Säfte-Haushalts nach Analogie der menschlichen Krankheiten erklären! So gelangt er schlüssig zur Leiblichkeit und Sterblichkeit des Menschen in Kongruenz mit dem Vulkan-Ausbruch: »Dein Vesuvius ist hier« (ebda., S. 78). Abschließend wird der Vesuv-Ausbruch als göttliches Zorn-Zeichen in eine Reihe weiterer Warn-Botschaften aus dem ›Buch der Natur‹ gestellt (»ja daß auch Gott Cometen // Gewåsser / Donner / Plitz vnd Beben als Propheten // Vnd Botten zu vns schickt«; ebda., S. 80) und auf die Kriegs-Zeit in Deutschland appliziert. Angesichts dieser »Drohung« der Natur ruft Opitz zum Schluß zur Anstrengung auf, in diesem Krieg die »Freyheit« als »Gottes Sache« zu erstreben, aber den Krieg zugleich so rasch wie möglich zu beenden:

»So dencket daß der Zweck deß Krieges einig gehet
Auff Eintracht vnd vertrag: Krieg ist deß Friedens knecht;
Wer auff was anders sieht der hasset Ruh vnd Recht /
Vnnd hat kein Glůcke nicht.«
(V, S. 83)

Das Lehrgedicht ›Vielguet‹ (1629) weist Opitz in der Dedikation als Auftragsarbeit von Herzog Heinrich Wenzel zu Münsterberg und Oels aus. Der Titel des fürstlichen Maierhofes gibt natürlich vielfältig variierten Anlaß zu ›inventiones‹, die sich – ausgehend von der Entstehung und Ausbreitung des ›Viel-Guten‹ durch Prometheus und ›Viel-Bösen‹ durch Epimetheus – in vielen Exempeln bis zur Gegenwart erstrekken. Hier ist der Hof Ort des ›Un-Guten‹ (VG, S. 93), das mit bukolischen Mitteln zum irdischen Paradies stilisierte Hof-Gut dagegen Ort des Guten, in dem alles Ausdruck der schönen Natur und ihrer Ordnung ist und deshalb die *Kalokagathie* verwirklicht:

»Die Schônheit wird es seyn die gut genennt kann werden /
Dann alles schôn ist gut: das schône was der Erden
Allhier nichts schuldig ist / was alles schône macht /
[...]
Vnd alles vns verleyht was schônes an vns ist /
Dasselb' ist schôn vnd gut.«
(VG, S. 93)

Schließlich ist ›Vielguet‹ ja ein »Außzug der Natur« (ebda., S. 96), und es versteht sich, daß natürlich auch der Fürst selbst als ein Spiegel seines kleinen Paradieses selbst ein ›Vielguet‹ ist (ebda., S. 99). Die Tugendlehre der Natur lautet: »Es heißt vns die Natur mit masse mäßig leben.« (Ebda., S. 99) Daran knüpft eine säkulare Seligpreisung im stoischen Geiste an: Selig sei, wer »mit stiller Einsamkeit // In dem was sein ist lebt«, »Wo Ruh vnd Einfalt wohnt« (ebda., S. 100). Diese Idylle relativiert das Gedicht am Schluß und fügt damit das humanistisch gespeiste neuplatonisch-stoisch-idyllische Bildungsgut ein in die calvinistische Bewährungs-Theologie des ›Trostgedichts‹:

»Ein Leben das von Noth / von Creutze nit kann sagen /
Dem alles auff der Welt ergehet nach behagen /
Jst wie ein todtes Meer / das gantz steht vnbewegt /
Vnd niemals an das Landt mit seinen Wellen schlågt.«
(Ebda., S. 102)

Die dem Grafen Dohna gewidmete – von Zeitgenossen gelobte, von der Forschung
lange unterschätzte – Satire ›Lob des Krieges Gottes Martis‹ (im ›heroischen Alexandriner‹; WP I, S. 129–188) erfüllt, wie Becker-Cantarino gezeigt hat (II.89 1974,
S. 314ff.), die Anforderungen, die Opitz selbst an diese Gattung stellt:

> »Zue einer Satyra gehören zwey dinge: die lehre von gueten sitten vnd ehrbaren wandel /
> vnd höffliche reden vnd schertzworte. Ihr vornemstes aber vnd gleichsam als die seele ist /
> die harte verweisung der laster vnd anmahnung zue der tugent: welches zue volbringen
> sie mit allerley stachligen vnd spitzfindigen reden / wie mit scharffen pfeilen / vmb sich
> scheußt.« (BDP, S. 30)

Daß Opitz nicht nur vom ironischen Stil des ›Lobs der Torheit‹ und vom Inhalt der
›Querela pacis‹ gelernt hat (vgl. II Erasmus von Rotterdam LT, QP), sondern daß in
seinem Werk auch die Argumente der sich an Erasmus anschließenden humanistischen ›Krieg- oder Frieden-Diskussion‹ versammelt sind, hat Becker-Cantarino detailliert nachgewiesen (II.89 1974, S. 295ff.). Diese reichte von der ›Oratio in laudem
belli‹ (1531) des belgischen Juristen und Humanisten Thomas Vlas (1505–vor 1579)
bis zur Apologie des Friedens in Matthias Berneggers (1582–1640) ›Tuba pacis‹
(1622; letztere erschien nicht zufällig ein Jahr nach Austritt Straßburgs aus der protestantischen Union und seiner Neutralitätserklärung, wofür der Kaiser die Straßburger Akademie zur Volluniversität erhob; kein Wunder, daß man Bernegger dieses
Werk als antiprotestantische Gefälligkeitsschrift verübelte; Bernegger war zur selben
Zeit an der von Zincgref veranstalteten ersten Ausgabe von Opitz' Gedichten mitbeteiligt [Straßburg 1624]).

Das Raffinierte und zugleich Problematische an dem Gedicht ist, daß es die wesentlichen Pro- und Contra-Argumente zum Krieg – nun in katholischen Diensten
bei Ausklammerung aller theologischen Argumente – unter einer ›witzigen‹ Ober-
fläche in allgemeiner Form miteinander vermischt, so daß der Leser Mühe hat, alle
Partien des Gedichts aus einheitlicher Perspektive als kriegs-kritische Satire zu lesen.
Opitz beginnt zunächst mit enem satirischen Lob auf Mars und nutzt dazu eine Fülle
von (in Anmerkungen erläuterten) mythologischen Details über Namen, Herkunft,
Taten und kuriose Verehrungsformen sowie Nachwirkungen des Kriegsgottes. Tech-
nik und Aufbau dieses Teils übernahm er aus dem von ihm übersetzten ›Hymnus
Oder Lobgesang Bacchi, Darinnen der Gebrauch vnd Mißbrauch des Weines be-
schrieben wird‹ von Daniel Heinsius (1621; WP I, S. 549–573; vgl. II.89 Becker-
Cantarino 1974, S. 309ff.). Dann allerdings wird das Gedicht unter der Wort-Ober-
fläche ernsthaft durch den mit vielen Beispielen illustrierten Nachweis, daß
›Zwietracht‹ oder Kampf (auch hermetischer Lehre entsprechend) in die Natur aller
Lebewesen gelegt sind und dabei auch Positives bewirken (vgl. LKM, S. 156ff.).
Natur ist »kriegerisch«, und »Zanck muß gleichwol seyn« (ebda., S. 156). Im Ge-
schlechterverhältnis habe die Natur den Mann geradezu anatomisch zum Krieg prä-
disponiert (vgl. ebda., S. 154f.; vgl. dazu Bd. IV/2, Kap. 1 a–5). Hier schlägt das
Gedicht wieder in Scherz um. Für sich selbst weist Opitz diese Rolle spöttisch zu-
rück: »so wisse daß mein Sinn // Gar nie gewesen sey dem Feinde stand zu halten. //
Wer jung erschossen wird der pfleget nicht zu alten« (ebda., S. 155). Solche Scherze
wirken makaber angesichts der Tatsache, daß Opitz die zeitgenössische Kriegs-
Realität ausspart, seine Beispiele und Argumente sich aber alle auf sie beziehen
lassen: Der Kriegs-Gott verdient Lob, weil er das Geschäft der Satire betreibt: »du

weisest vns zur Tugend« (ebda., S. 164), denn er macht die Menschen durch Armut gleich. Wenn er sie an den »Bettelstab« bringt, dann umso besser: »wie frey ist doch ein Leben // Wann einer auff das Geld nicht mehr darff achtung geben« (ebda., S. 163). Ein solcher Mensch lebt gesünder, statt zu prassen, hat die Natur zum Arzt und muß sich um kein Testament mehr sorgen. Mitten unter solchen eher ärgerlichen als amüsanten ›Argumenten‹ gibt es dann wiederum ernsthafte: Im Krieg erkennt man, wer wahrer Freund ist und wer die erstbeste Gelegenheit zum Frontwechsel nutzt (ebda., S. 164).

Dann gewinnt das Gedicht eine zeitkritische Dimension, indem es die militante Eroberung, Unterwerfung und Ausbeutung der ›neuen Welt‹, vor allem Süd- und Mittelamerikas seit »Columb« als Heldentaten der (durchweg katholischen!) Staaten feiert (und mit »uns« spricht ein Untertan der katholischen Majestät!): »Du hast vns eingegeben // West Jndien / O Mars / wo andre Leute leben // Vnd andre Laster sind / gewonnen eine Welt // Die vnsre Sitten nimpt / vnd gibet vns jhr Geld.« (Ebda., S. 166) Während sich dieser Teil als antihabsburgische Invektive deuten läßt, erwekken andere Zeilen umgekehrt den Eindruck, als wolle Opitz dem vom ›Winterkönig‹ wegen versagter Huldigung vertriebenen Dohna eine besondere Freude machen: Er spielt als Beispiel für einen dilettantischen Krieger, der sogleich das Hasenpanier ergreift, auf die jämmerlich verlorene Schlacht am Weißen Berg an, indem er ironisch durch die Stimme des Volkes sagen läßt: »schawt / schawt / da geht der Mann // der auf dem weißen Berg' hat Wunderding gethan.« (Ebda., S. 161) So wahrt der Autor, indem er sich bei diesem brisanten und aktuellen Thema vor allen Seiten verbeugt und sie zugleich auch wieder verspottet, seine humanistische Distanz. Diese bleibt selbst bei seinem »Friedenswunsch« erhalten; denn dieser kleidet sich in die Bitte, Mars solle »vns Teutschen diese Lust« verschaffen, das im Krieg verlorene Geld im »Tausch« aus dem Ausland zurückzuerhalten (ebda., S. 164). Mars soll also außerhalb Deutschlands und zu dessen Wohl agieren, und in diesen Kontext paßt dann der abschließende Wunsch nach Kriegs-Glück für den Kaiser beim Feldzug gegen die Türken (vgl. zu diesem Gedicht jetzt auch III Kaminski, S. 203ff., 263ff.).

Das in der Weißenburger Zeit entstandene philosophische *Lehrgedicht ›Zlatna Oder Getichte Von Ruhe deß Gemůthes‹*, das – so die Dedikation an den Liegnitzschen Rat Heinrich von Stange und Stonßdorff – anläßlich mehrerer Besuche des »berůhmten Bergwercks Zlatna« entstanden ist (Z, S. 191), gilt in der Forschung mit Recht als das persönlichste der Gedichte dieses Bandes (vgl. dazu II.89 Ötvös 2001a, S. 305ff., 2001b, S. 207ff.; Maner, S. 161ff.; Kühlmann 2002, S. 56ff.). Es übernimmt die Kernidee von ›Vielguet‹ und betrachtet Zlatna als vollkommenen ländlichen Mikrokosmos (»Jn Summa Zlatna ist wie eine kleine Welt.« Z, S. 202), und diese Welt durchstreift der Autor, wie er prätendiert, selbst, er erblickt in der »künstlichen Natur«, den Spuren römischer Zivilisation, ein Sinnbild der Vergänglichkeit und des Wechsel-Gesetzes in der Welt (Z, S. 204f.) und beschreibt den von einer »gütigen Natur« gewährten (unterirdischen) Reichtum durchaus sach- und fachkundig (ebda., S. 206ff.) – sein nicht nur literarisch vor-gebildetes Interesse für die Unter-Welt zeigt sich auch im ›Vesuvius‹ und in der ›Schåfferey von der Nimfen Hercinie‹ –, um den Ort dann auch als Medium für eine eigene Standortbestimmung zu nutzen, in der wiederum der Hof als kritischer Gegenpol zur Sehnsucht nach der

»wahren Ruh« fungiert (ebda., S. 210f.). Die Gedanken schweifen gerührt und dankbar an den Geburtsort und den »Strand Deß Bobers« und führen zu dem Bekenntnis:

> »... Ich halte nichts auff Geldt
> Auff Ehre die vergeht / vnd Gauckeley der Welt.
> Mein Wunsch ist einig der / mit Ruh da wohnen können
> Wo meine Freunde sind / die gleichsam alle Sinnen
> Durch starcke Zauberey mir haben eingethan /
> So daß ich jhrer nicht vergessen will noch kann.«
>     (Z, S. 215)

Sein größter Wunsch ist es, sich ganz zu »verhüllen / Mit tausend Bücher Schar / vnd meinen Hunger stillen // An dem was von Athen bißher noch übrig bleibt.« (Ebda., S. 216) Als Gelehrter sucht sich Opitz – das zeigen alle diese Gedichte mit ihrer unverstellten Hof-Kritik – seine geistige Freiheit zu bewahren (vgl. II.89 Grimm, S. 150). Zugleich distanziert er sich schon in diesem Werk von den jugendlichen Liebespoemen, mit diesen »reifferen« philosophischen Gedichten sei er nun schon »höher kommen« (Z, S. 218).

3) *Überblick ›Weltliche Poemata II‹*: Der zweite Teil der ›Weltlichen Poemata‹ enthält unter dem Titel ›Poetische Wälder‹ in der seit Statius eingebürgerten Form die Gelegenheitsdichtung des Autors (vgl. dazu Kap. 2 d–2), und zwar unterteilt in vier Bücher. Buch I (WP II, S. 7ff.) umfaßt Gelegenheitsgedichte zu verschiedenen Themen an hochgestellte Gönner und an Freunde, Buch II die Hochzeitsgedichte (ebda., S. 65ff.), Buch III die »Leichbegängnisse« (ebda., S. 111ff.), Buch IV die »Liebesgedichte der Ersten Jugendt« (ebda., S. 193ff.) mit einer gesonderten Abteilung ›Sonnete‹ (ebda., S. 359ff.), in denen er »seine eigentliche Leistung« »gesehen« haben dürfte (II.89 Garber 1990, S. 507; vgl. dazu die genaue Charakterisierung der ›Wälder‹ durch II.89 Trunz 1975b, S. 3*ff.). Als Teil des vierten Buches folgt dann noch eine Schäfererzählung, die ›Schäfferey / Von der Nimfen Hercinie‹ (WP II, S. 397ff.), »die Hunderte von Nachahmern auf den Plan rief« (II.89 Garber 1990, S. 508) und die auch heute noch unser besonderes Interesse verdient, weil Opitz hierin schwarze und weiße Magie miteinander konfrontiert (vgl. Bd. IV/2, Kap. 2 c).

4) *Weiteres nicht-lyrisches Werk*: Darüber hinaus hatte er noch die beiden wichtigsten Formen des höfischen Romans mit je einem Exempel ins Deutsche übertragen: John Barclays (1582–1621) voluminöses lateinisches Werk ›Argenis‹ (ersch. 1621) als heroisch-politisch-allegorischen Staats- und Liebesroman (1626) und Sir Philip Sidneys (1554–1586) ›Arcadia‹ (›The Countesse of Pembrokes Arcadia‹; ersch. 1590) als Beispiel für einen Schäfer- (und Ritter-)Roman (›Arcadia der Gräffin von Pembrock‹, 1629). Wichtig ist schließlich noch Opitz' Übersetzung von Hugo Grotius' Schrift ›Von der Wahrheit der christlichen Religion‹, in der sich ein ganz auf Toleranz, Versöhnung und Vernunft bedachter Protestantismus »aus dem Geist des Humanismus« dem gegenreformatorischen Katholizismus entgegenstellt (II.89 Garber 1990, S. 508). Und eben dies entsprach auch dem Selbstverständnis des Diplomaten, Humanisten und Poeten Martin Opitz.

## i)   Humanistischer Synkretismus (I): Vieldeutige Kosmogonie

In dem Gedicht ›*Auff den Anfang deß 1621. Jahrs*‹ im ›heroischen Alexandriner‹ aus
den ›Geistlichen Poemata‹ (GP, S. 272–278) hat Opitz die Schöpfungsgeschichte poetisch nacherzählt und dabei die Würde des Menschen innerhalb der Schöpfung zu
bestimmen versucht. Dieses Gelegenheits-Lehrgedicht (zum Begriff vgl. Bd. V/2,
S. 30ff.) soll den humanistischen Grundzug seiner Poesie verdeutlichen und zugleich
anhand der früher erläuterten »Aspekte des humanistischen Ideengutes« (vgl. Bd. I,
S. 61ff.) in den besonderen Charakter dieser gelehrten, hier überkonfessionellen
Dichtung im Zeitalter des Konfessionalismus einführen.

1)   »*Creatio ex nihilo*«: Zunächst befaßt sich das Gedicht mit der Weltentstehung.
Die Ansicht über sie war zwischen den offiziellen christlichen Bekenntnissen nicht
umstritten, weil diese am Wortlaut des geoffenbarten mosaischen Schöpfungsberichtes als verbindlicher Glaubensaussage festhielten (vgl. Kap. 2 b–7), seit alters gab es
aber Streit über die Schöpfungsgenese zwischen dem Christentum einerseits sowie
dem Heidentum und verschiedenen hermetisch-häretischen Strömungen andererseits, welche vor allem an der christlichen These einer »creatio ex nihilo« Anstoß
nahmen. Von daher markierte dieses Dogma zugleich einen Grunddissens zwischen
Vernunft und Glaube, wie Logau in seinem Epigramm ›Wunder-Werke‹ verdeutlicht:

> »Daß die Welt auß nichts erschaffen, wer nur dieses glauben kann,
> Wie er billich soll, wird zweiffeln nichts, was sonst die Schrifft zeigt an.«
>   (II Logau SSG, S. 242, II, 1, 75)

Und im Epigramm ›Der Glauben‹ bekräftigt er, es sei eine »schlechte Religion«,
wenn man in ihr nur das glauben solle, »Was die Vernunfft erlaubt; wie wil doch
dieser ein, // Daß GOtt ohn Ort und End, und Welt auß nichts soll seyn.« (Ebda.,
S. 293, II, 3, 95) – Auf den ersten Blick scheint es so, als versifiziere und amplifiziere
Opitz getreulich die christlich-mosaische Version der beiden ersten Bibelverse:

> »1. Am Anfang schuf Gott Himmel und Erde.
> 2. Und die Erde war wüst und leer, und es war finster auf der Tiefe; und der Geist Gottes
> schwebte auf dem Wasser.«
>   »Er hat auß lauter Nichts zum ersten wollen machen
>   Durch seines Wortes Krafft den Vrsprung aller Sachen /
> Den Klumpen der Natur: Jn dieser schwären Last
> Lag alles / was jetzt ist vermischet / eingefaßt.
>   Die Sonne fuhr noch nicht mit jhren schnellen Pferden /
>   Der Monde nam nicht ab / der schöne Baw der *Erden*
> Hieng noch nicht in der *Lufft* / vnd das Fischreiche *Meer*
> Lieff noch mit seiner Flut nicht vmb die Felder her.
>   Das Land stund vnbewohnt / die See war nit zuschiffen /
>   Der *Lufft* gebrach jhr Liecht / vnd alle Dinge schlieffen:
> Es stritten wider sich naß / trucken / warm vnd kalt /
> Der vngemachte Kloß lag ðd' vnd vngestalt.«
>   (AAJ, S. 272; Hervorhebung von mir, Ke.)

Die lutherische Orthodoxie der Zeit hat an der Lehre von der »creatio ex nihilo« des
ersten Schöpfungstages strikt festgehalten. »Die Werke des zweiten bis sechsten Ta-

ges gehen« dann allerdings »auf das Werk des ersten Tages zurück.« (III Ratschow
II, S. 166) Damit begrenzte die Theologie das göttliche Sprach- und Schöpfungs-
wunder auf den Ur-Akt des ersten Tages und öffnete das weitere Verständnis des
Sechstagewerkes, anstatt es zu den mysteria fidei zu rechnen, zugleich dem Kon-
kurrenzdruck der »naturwissenschaftlichen Entstehungslehre«, bei dem sie mehr und
mehr in Interpretationsschwierigkeiten geriet und sehr bald schon das Nachsehen
hatte (vgl. ebda., S. 169ff.): »Darum mußte dieser Glaube zerfallen und diese Lehre
ihre Grundlagen im biblischen Zeugnis preisgeben.« (Ebda., S. 172)

Opitz' Gedicht macht sich diese theologische Lizenz zunutze. Es geht von der
»creatio ex nihilo« aus, um sein Interesse dann ganz dem so wundersam hervorgebrachten »Klumpen« der Erde zuzuwenden, die offensichtlich mehr ist als nur eines
der vier aristotelischen Elemente, und dabei auch nicht-christliche Schöpfungslehren
einzubeziehen. Denn offenbar erschafft Gott die Schöpfung nicht – wie der mosaische Schöpfungsbericht lehrt – in einem kontinuierlichen Prozeß – dem Sechstagewerk –, sondern er »macht« zunächst einen »Klumpen«, in dem alles Spätere noch
oder schon »eingefaßt« ist. Gesteht man zu, daß es im Grunde nur zwei Typen von
kosmogonischen Mythen gibt – »der Schöpfergott bringt die Welt entweder durch
reine Akte (Denken, Wünschen, Sprechen, Singen) ins Dasein oder bedient sich einer
irgendwie vorgegebenen Materie« (III Haekel, Sp. 1271), dann scheint Opitz hier
bereits die antike Alternative zur christlichen Auffassung mit ins poetische Spiel
bringen zu wollen, nämlich die sowohl babylonische wie griechische Ansicht vom
vorhandenen materiellen Tohuwabohu oder Chaos, aus dem Gott erst die vorhan-
dene geordnete Welt erschaffen habe. So geht auch *Platon* in seinem – im Mittelalter
allein bekannten – Spätwerk ›Timaios‹ von einer als Chaos verstandenen Urmaterie
aus, die von dem guten Demiurgen nach dem Vorbild der ewigen Ideen ordnend
gestaltet wird (vgl. dazu im einzelnen: II.97 Landmann, S. 487f.):

> »Indem nämlich Gott wollte, daß alles gut und, soviel wie möglich nichts schlecht sei,
> brachte er, da er alles Sichtbare nicht in Ruhe, sondern in ungehöriger und ordnungsloser
> Bewegung vorfand, dasselbe aus der Unordnung zur Ordnung, da ihm diese durchaus
> besser schiene als jene. Aber dem Besten war es weder, noch ist es ihm gestattet, etwas
> anderes als das Schönste zu tun;...« (II Platon, T 30 a, S. 155; vgl. ferner ebda. 53 a/b,
> S. 175, 69 b/c, S. 190f.).

2) *Chaos-Theorie*: Aber es gab noch eine sehr viel radikalere antike Kosmologie
und Chaos-Theorie, die von EMPEDOKLES (483/2– um 423 v. Chr.; ›Über die Natur‹)
über EPIKUR (342/1–271/0 v. Chr.; ›Über die Natur‹) bis hin zum großen lateinischen
Lehrgedicht des LUKREZ (ca. 97–55 v. Chr.; ›Über die Natur der Dinge‹) führte, den
Opitz in seiner Poetik im Kontext des ›heroischen Gedichts‹ zitiert (BDP, S. 27).
Danach konnte kein Gott die Welt geschaffen haben, denn die Götter waren aller
Veränderlichkeit entrückt und konnten so nicht deren Ursache sein (vgl. III Dörrie,
Sp. 713). Vielmehr entsteht die Welt aus einem Wirrwarr von Atomen, die zunächst
durcheinanderwirbeln, miteinander streiten – schon bei Empedokles generieren sie
zu den vier Elementen Feuer, Wasser, Luft, Erde, und der Kosmos entsteht dann aus
der unterschiedlichen *Vermischung* dieser Elemente. Dabei durchzieht ein Grundgegensatz von Liebe (philia) und Streik (neikos) das Werden und Vergehen des Kosmos, eine »Gegenläufigkeit von Vereinigung und Vereinzelung«, die in den Begriffen

von »Diastole und Systole, Attraktion und Repulsion« vom hermetischen Denken der frühen Neuzeit übernommen wird (vgl. II.26 Jantzen, S. 511). Die Atome sind Träger der Grundqualitäten (warm, kalt, trocken, feucht; vgl. dazu III Dörrie, Sp. 713) und liegen deshalb auch in Streit miteinander. Offenkundig spielt Opitz auf diese – aus christlicher Sicht hochhäretische – Lehre an, wenn er formuliert, im Klumpen der Natur »lag alles / was jetzt ist *vermischet* / eingefaßt«, wenn er die Elemente erwähnt – Erde, Meer und Luft, das Feuer indirekt durch Sonne und »Liecht« – und wenn er vom Anfangsstadium der Welt behauptet: »Es stritten wider sich naß / trucken / warm vnd kalt«. Noch deutlicher wird diese Allusion, wenn wir die Opitzsche Passage mit der Kosmogonie von Lukrez vergleichen. Zunächst beschreibt dieser die »Weltentstehung« als ununterbrochene, eigentlich planlose und zufällige Verbindung von Atomen, die sich dann zu größeren Gebilden »verschmelzen« (II Lukrez, S. 181). Dann folgt die mit Opitz zu vergleichende Passage:

> »Atomenwirbel
> Damals sah man noch nicht der Sonne leuchtenden Radkranz
> Hoch in den Lüften sich drehn noch die Sterne im weiteren Weltraum,
> Weder das Meer noch der Himmel, noch Erde und Luft war zu schauen,
> Noch was irgend entfernt nur unsern Erscheinungen gleiche,
> Sondern es hob sich empor ein neuer und massiger Ansturm
> Jeglicher Art aus der Welt der Atome. Ihr haderndes Streiten,
> Das aus der bunten Gestalt und der Formverschiedenheit folgte,
> Wirrte in ständigem Kampf durcheinander der Stoffe Verflechtung,
> Ihre Bewegung und Stoß, ihr Gewicht und Prall und die Lücken,
> Weil nicht alles vermochte in seiner Verbindung zu bleiben
> Noch auch sich untereinander in passender Art zu bewegen.«
> (Ebda.)

Die Ausschmückung, die Opitz den beiden ersten Bibelversen angedeihen läßt, rekurriert in Bildern und Motivkonstellation unverkennbar auf die zitierte Lukrezpassage (Opitz: »Die Sonne fuhr noch nicht...« usw.; Lukrez: »Damals sah man noch nicht der leuchtenden Sonne Radkranz« usw. Wie Lukrez verwendet Opitz das Motiv des »hadernden Streitens« der Elemente). Auch Ovid gibt in seiner ›Ars amatoria‹ eine eng an Lukrez angelehnte Kosmogonie (vgl. II Ovid AA Buch II, V. 467–492, S. 88ff.; vgl. dazu II.91 Döpp, S. 108ff.). – Opitz nutzt also den vom mosaischen Schöpfungsbericht mit dem ersten Schöpfungstag eröffneten Deutungsspielraum, um einen Zustand vor der eigentlichen Schöpfung der Dinge auszumalen, in den er durch gelehrte Anspielung die atomistisch-epikurische Schöpfungstheorie einbauen konnte, und zwar als Versuch einer poetischen Synthese einander widersprechender Theorien. Dabei räumte er der biblisch-christlichen Version zwar die Vorrangstellung ein, wollte aber die heidnische nicht ausschließen, sondern integrieren (in den nachfolgenden Passagen gelingt dies übrigens widerspruchsfreier, weil sich die genannten Weltanschauungen bei den Theorien von der weiteren Genese der Lebewesen nicht mehr grundsätzlich widersprachen (vgl. II Lukrez, S. 182ff.; II.91 Döpp, S. 109ff.).

3) *Hermetische ›Klumpen‹-Theorie*: Indes verweisen die Opitzschen Verse noch in eine andere Verstehensrichtung. Kein Zweifel, daß Gott den »Klumpen der Natur« –

im christlichen Verstande – aus dem »Nichts« »macht«. Indem dieser aber bereits
»eingefaßt« oder »schlafend« enthält, was erst später und in der Gegenwart »vermischet« als Realität vorhanden ist, deutet der Text auf eine emanatistische oder
entelechiale Vorstellung, so als habe eine Art Vor-Schöpfung oder Schöpfungs-Keim
bestanden, woraus sich erst allmählich die »vermischten« Dinge der Realität entwickelt hätten. Mit einer solchen Vorstellung versuchten insbesondere die *Hermetiker* dem schon in der antiken Philosophie grundlegenden Satz, daß aus Nichts auch
nichts entstehen könne – so ging auch Aristoteles von der »Ewigkeit« der Welt (auch
der Materie) aus (vgl. II Aristoteles M, S. 309ff.) – Rechnung zu tragen. Der pa-
racelsische Philosoph und Arzt Johann Conrad DIPPEL (1673–1734) spricht Aristoteles für diese Auffassung ausdrücklich vom – theologischerseits gegen ihn erhobe-
nen – Vorwurf des Atheismus frei (II Dippel WW, S. 32) und erklärt die Kosmogonie unter Verweis auf neutestamentliche Schriftstellen folgendermaßen:

> »So sagt doch die Schrifft ausdrücklich / daß *GOTT aus sich* durch sich / und *zu sich* / alle
> Dinge geschaffen / Röm. 11. und Heb. 11. daß GOTT also die Welt *durch sein Wort
> zugerichtet / daß die sichtbaren Creaturen / aus dem unsichtbahren* / und nicht aus einem
> blossen Nichts / *geworden sind.* Deme zu folge / wird freylich einer jeden Creatur / Wesen
> seine ewige Wurtzel in dem Wesen Gottes selbst haben / auch die fortgeführte Erhaltung
> der Creatur in jhrer Art gleichfals von dem Wesen und Wesen GOttes so dependiren / daß
> alle Dinge / nach dem Zeugnüß der Schrifft / von ihm getragen und beständig in ihrem
> natürlichen Seyn gleichsam beseelet werden.« (Ebda., S. 30)

Der Hermetiker Franciscus Mercurius van HELMONT (1618–1699) erklärte in seiner
Schrift ›Quaedam praemeditatae & consideratae Cogitationes‹, Gott habe die Welt
bereits vor ihrer Erschaffung »in spirituali semine« getragen, und deshalb interpretiert er das »creavit« des Schöpfungsberichtes im Sinne eines »produxit«: Gott führte
die Welt aus dem Zustand des Unsichtbaren heraus: »Daher sagt man richtiger – und
zwar mit der Autorität des Hebräerbriefes, Kap. 11, V. 3, daß das Sichtbare aus dem
Unsichtbaren geschaffen wurde, d. h. daß sich in der außergewöhnlichen Welt eben
dieses Gottes die körperhaften Samen dieser Welt auf eine ideale oder auch spi-
rituelle Weise verborgen gehalten haben, die gleichwohl irgendwann geschaffen und
abgesondert wurden.« (II van Helmont, S. 3)

Ähnliche, stärker neuplatonisch gefärbte Schöpfungsvorstellungen wurden in der
jüdischen Mystik, der sog. *Kabbala,* tradiert und zwar im Zuge der dort herrschenden Emanationsvorstellungen eine vierfache Kosmogonie: eine erste, rein innergött-
liche Emanation, mit welcher die Weltgenese überhaupt in Gang gesetzt wurde, eine
zweite des Sich-Offenbarens des göttlichen Geistes ohne Spuren irgendeiner Individuation, eine dritte als »Welt der Ausgestaltung« von reinen, bereits individuellen
Geistern, eine vierte als »Welt der Verfertigung«, also als »die Welt des Universums
oder die sinnlich wahrnehmbare Welt« (III Papus, S. 47f.; vgl. dazu Bd. III, S. 71ff.).
Je materieller aber die Welt wurde, desto weniger enthielt sie auch noch vom göttlichen Licht und Geist.

Eine der kabbalistischen wiederum nicht unverwandte Kosmogonie hatte Jacob
BÖHME (1575–1624; vgl. zu ihm Bd. III, S. 136ff.) in seiner seit 1612 verbreiteten
›Aurora oder Morgenröte im Aufgang‹ entworfen. Von der »Schöpfung Himmels
und der Erden«, erklärt Böhme kritisch, schreibe Moses, »als wäre er darbey gewesen, und hätte es selber gesehen«. Zwar habe Adam vor dem Sündenfall Kenntnis

von der Weltgenese gehabt, nach der Vertreibung aus dem Paradies habe er dies Wissen »nicht mehr erkant«, »sondern als eine dunckele und verdeckte Geschichte im Gedåchtniß behalten und auf seine Nachkömmlinge gebracht« (II Böhme A, S. 245f.). Böhme selbst aber sei der wahre Sachverhalt dieses verschütteten und entstellten Wissens wieder »etwas offenbar worden« (ebda., S. 246). Danach geht er von einer dreifachen emanativen Geburt der Welt aus: einer ersten, in der sich Gott in zwei Kraft-Prinzipien (Vater und Sohn) spaltet, einer zweiten, in der sich die Geisterwelt gebiert, nach deren durch Luzifers Aufruhr verursachten Zerstörung eine dritte Schöpfung, nämlich die der sichtbaren Welt, geschieht. Und erst mit der Beschreibung dieser letzteren beginnt nach Böhmes Meinung der mosaische Schöpfungsbericht. Der Zorn Gottes hat die englische Lichtwelt Luzifers in eine im Grunde zerstörte, materialisierte Zorn-Welt verwandelt, eben in einen »Klumpen«, der erst wieder neubelebt werden muß. Immer wieder benutzt Böhme diesen Ausdruck aus dem Opitz-Gedicht:

> »Weil aber die gantze Tieffe in der dritten Geburt gar finster war, von wegen des verderbten Salitters der Erden und Steine, so konte es die Gottheit nicht also erdulden; sondern schuf die Erde und Steine zusammen auf einen Klumpen.« (Ebda., S. 252)
> »Mercke: Als nun GOtt den verderbten Salitter der Erden und Steine, welcher sich in der aussersten Geburt durch die Anzündung geboren hatte, zusammen=getrieben hat auf einen Klumpen, so war darum die 3te Geburt in der Natur in der Tieffe ûber der Erden nicht rein und helle, sintamal der Zorn GOttes noch darinnen rennete.« (Ebda., S. 256f.)

Auch von Böhme her also würde die starke Opitzsche Betonung des Miteinanderstreitens der Elemente verständlich. Es geht hier freilich nicht darum, einen konkreten Einfluß eines bestimmten Autors oder einer häretischen Tradition auf dieses Gedicht nachzuweisen. Es sollte nur deutlich werden, daß Opitz die Kosmogonie so gestaltet, daß verschiedene Weltentstehungstheorien in sein Gedicht Eingang finden, weil einzelne Formulierungen auf sie hinzuweisen scheinen.

Opitz nimmt dafür offenbar sogar den Eindruck des Widersprüchlichen in Kauf. Nach orthodoxem christlichem Verständnis kann der »Klumpen« von Genesis 1,1 nicht schon alles in sich »eingefaßt« tragen, was Gott erst später im Sechstagewerk erschafft. Nach neuplatonischem Verständnis kann derselbe »Klumpen« in seinem vorgeschöpflichen Stadium kein »ungemachter Kloß« sein, der »ôd vnd vngestalt« daliegt. Von Böhmes Auffassung her wiederum verbietet sich eine Identifikation von »ödem Kloß« mit der keimhaft-unsichtbaren, archetypischen Schöpfungsvorstellung der Neuplatoniker. Vielmehr handelt es sich um ein Beispiel für den humanistischen Synkretismus, der im poetischen Gewand faktisch eine Art Gleich-Berechtigung von ansonsten miteinander rivalisierenden Weltanschauungen herstellt, der synthetisiert und damit die Partialisierung der Wahrheit zwischen philosophischen und theologischen Lagern unterschiedlicher Provenienz zu überwinden sucht und der sich doch zugleich so absichert, daß die eine, durch die jeweilige Obrigkeit allein geduldete Anschauung auch als die dominierende, als die eigentlich »gemeinte« herausgelesen werden kann. Von daher erhalten bestimmte Stileigentümlichkeiten der Gelehrtenpoesie ihren eminent »lebenspraktischen« Sinn: das allegorische Sprechen, die reiche Verwendung des rhetorischen Schmucks (Metaphern, Gleichnisse, Umschreibungen, vor allem Amplifikationen und Epitheta) hauptsächlich im Bereich des »hohen Stils«, in dem ja diese Dichtung die »göttlichen Sachen« zu behandeln pflegt, boten

reichlichen Schutz für die humanistisch-eklektizistische »curiositas« und für das Ein-
sammeln des auf viele Schulen und Denker verteilten göttlichen ›logos spermatikos‹.

j)    Humanistischer Synkretismus (II): Der Mensch als Bild Gottes
      und »imago mundi«

1)    *Mikrokosmos-Makrokosmos-Analogie*: Diese Integrationstendenz läßt sich ebenso in der *Bestimmung des Menschen* erkennen. Nachdem Opitz äußerlich getreulich
dem Schöpfungs-Tagewerk Gottes gefolgt ist, verweilt er ausführlich bei diesem von
Gott als letztem und höchstem geschaffenen Lebewesen. Dabei vermischt er kurzerhand die zentrale anthropologische Aussage des Schöpfungsberichts über die Gottebenbildlichkeit des Menschen (Gen. 1, 27) mit der aus der Antike – aus Stoa und
Neuplatonismus – stammenden, vom Christentum freilich adaptierten, von der Reformation aber zurückgedrängten, in Kabbala und in den hermetischen Wissenschaften dagegen florierenden Mikrokosmos-Makrokosmos-Theorie, die uns auch
in ›Vesuvius‹ begegnete. Gott selbst, den Opitz – in Anspielung auf den von Platon
»Weltseele« genannten Demiurgen (vgl. II Platon T, 34 a ff., S. 158f.) – pantheismus-
verdächtig als »Seele der Natur« apostrophiert, die sich in ihr Ebenbild »gegossen«
habe (vgl. dazu auch die Äußerung Dippels in Kap. 4 i–3), hat den Menschen als
höchstes irdisches Wesen nach seiner »imago« geschaffen, aber zugleich auch als
»Bild« jenes Makrokosmos, der – bei einem emanativen Schöpfungsverständnis –
ebenfalls wie ein Siegel das »Bildnis« seines Schöpfers in sich trägt:

> »O Seele der Natur / du hast jhn auch gemacht.
> Du hast das schône Werck mit deiner Hand geschlossen /
> Vnd kûnstlich auffgefûhrt / dich selbst darein gegossen:
> Er ist durch deine Krafft auff freyen Fuß gestellt
> Der Welt berûhmte Wirth /ja selbst die kleine Welt /
> Die doch der grossen gleicht. Denn was ist nicht darinnen
> Das in der grossen ist?«
> (GP, S. 274)

Nach der Mikrokosmos-Makrokosmos-Vorstellung stand der Mensch auch mit seinen körperlichen Organen und Kräften in psychophysischer Wechselwirkung mit der
»großen Welt« und besaß in sich, in seinen Vermögen und Organen alle im Kosmos
und auf der Erde vorhandenen Elemente und deren Mischungen. Die Medizin war
daher eine höchst komplexe Wissenschaft, welche vom Einfluß der Sterne bis hin zur
Kräuterkunde keinen Bereich der Natur aus ihren Heil-Bemühungen ausschließen
durfte. Und ihr im 16. Jahrhundert durch Andreas Vesal (1514–1564) begründeter
neuester Bereich, die Anatomie (vgl. Bd. II, S. 152f.), hatte den Eindruck vom
Kunstwerk-Charakter des menschlichen Körpers vertieft.
   Unter diesem Leitaspekt beschreibt Opitz nachfolgend den Menschen, zunächst
seine Gestalt, beginnend mit dem edelsten Teil, dem Kopf, bis herab zu den Füßen,
auf denen der ganze Bau ruht. Diese Gliederung ist zugleich medizinischer »usus«:
Weil der Kopf, der schon mit seiner äußeren Gestalt, insbesondere mit seiner runden
Form, den vollkommenen Sternen gleicht und auch die »Anima rationalis« beher-
bergt, am edelsten ist und der Unterleib mit dessen Organen am unedelsten, begin-

nen bis ins 18. Jahrhundert hinein die medizinischen Lehrbücher stets mit den
Krankheiten des Kopfes, um sich dann systematisch körperabwärts zu bewegen. –
Die Beschreibung des Körperinneren bietet ein weiteres Beispiel für den Opitzschen
Synkretismus – diesmal allerdings auf dem Gebiet zweier miteinander rivalisierender
medizinischer Schulen:

> »Wil ich dann jnnerlich das schöne Werck beschawen /
> Wie hat doch Gott allda so herrlich wollen bawen!
>    Dem heissen Magen sind zwo Thüren auffgethan /
>    Die führt die Nahrung auß / vnd jene nimpt sie an.
> Dann ist die Leber jhm gleich an der rechten Seiten
> Die das Geblüte pflegt zu kochen vnd zu leiten
>    Den andern Gliedern zu: in ihr steht einverleibt
>    Die Galle / so den Koth vnd Schleim von dannen treibt.
> Zur lincken ist der Miltz / zu dem das Blut muß schiessen
> Das noch nicht sauber ist er pflegt den Leib zu schliessen
>    Dem welcher sich ergibt in gar zu vieles Leid:
>    Die Nieren nehmen weg die grosse Feuchtigkeit.
> Das Hertze hanget frey / muß in der Mitten schweben /
> Der Seelen werther Sitz / der Schlüssel zu dem Leben /
>    Der Vrsprung so zur Lust der Menschen Geist erregt /
>    Das Hauß das Gottes Geist selbst zu bewohnen pflegt.
> Die weiche Lunge weiß die Rede zuversehen /
> Zu kühlen die Natur / vnd Lufft ihr zuzuwehen;
>    Gleich wie der zarte West erfrischt das dürre Feldt /
>    Vnd vor der grossen Brunst der Sonnen frey behelt.
> Der Sinnen Hauß das Hirn / die Werckstatt der Gedancken /
> Ist zweyfach eingehüllt / so daß es nit bald wancken
>    Noch schaden nehmen kan. Hier muß ich stille stehn /
>    Vnd sagen mein Verstand der mag nit hoher gehn.
> Galenus und sein Volck die sollen weiter schreiben;
> Das ist ihr Thun und Ampt. Ich will es lassen bleiben /
>    Biß ich der Sterbligkeit inkünfftig abgethan
>    Den Meister vnd das Werck zugleich beschawen kan.«
>    (GP, S. 275f.)

Diese Synthetisierungsabsicht zeigt sich konkret in der Funktionsbeschreibung der
Körperorgane und in der Stoffdisposition. Zum einen steht Opitz unverkennbar in
der hippokratisch-galenischen Schul-Tradition, die man wegen ihrer Orientierung an
den Säfteverhältnissen im Körper – aus deren Unordnung entstehen die Krankheiten
– als humoralpathologische Schule (von lat. humores = die Säfte) bezeichnet. Opitz
folgt zunächst grob dem Hauptnahrungsweg und schildert die Funktion der beteiligten Organe. Dabei erwähnt er die Leber, welche nach traditioneller Auffassung
die gelbe Galle produzierte, dann die Milz als Herstellerin der schwarzen Galle und
Verursacherin der Melancholie (sie »pflegt den Leib zu schliessen Dem welcher sich
ergibt in gar zu vieles Leid«), das Herz als Erzeuger des Bluts und schließlich das
Hirn, welches nach Ansicht der Galenisten für die Existenz des vierten entscheidenden Körpersafts zuständig war, nämlich für den Schleim. So kann er sich schließlich nicht ohne Grund auf »Galenus und sein Volck« berufen.

2) *Paracelsismus*: Zum andern aber spielen gerade Herz und Hirn als »Säfteerzeuger« in diesem Gedicht gar keine Rolle. Und an den Anfang seiner Beschreibung stellt Opitz nicht den Mund, in dem die Speise mit dem ersten Saft (aus dem Gehirn) vermengt wird, sondern den »heissen Magen«, und dieser wiederum ist für die hermetisch-*chemiatrische* Medizin der Paracelsus-Schule wegen des in ihm stattfindenden Verbrennungsvorgangs der Speisen das wichtigste Organ (vgl. Bd. III, S. 120ff.). So wie für Opitz die Leber das Geblüt »zu kochen« »pflegt«, betrachteten die Paracelsisten den Körper als eine Art »Alchimistenküche«, die unablässig – vom innerlichen Feuer angetrieben – aus der »niedrigen« Materie der Speisen die besseren Bestandteile in höhere, edlere Substanzen zu destillieren und »mutieren« sucht, um so auch für den »fewrigen Verstand« Nahrung sein zu können. Der schlesische Diplomat, Hermetiker und Mystiker Daniel von CZEPKO (1605–1660; vgl. zu ihm Bd. III, S. 183ff.) erklärt z. B. – die Opitzschen Verse in ihrer paracelsischen Tendenz bestätigend –:

> »Der Magen scheidet das reine und himmlische von dem groben und irrdischen. Die Leber würcket das Blut, und theilet einem jeden Gliede das seine zu. Ein iedes Glied hat seinen besondern Schiedsmann, und treibet alles in eine höhere Verbesserung. Biß es endlich in das wesentlich Feuer verwandelt wird, und in das verborgene der Seele kömmt.« (II Czepko CB, S. 115)

Ebenso sieht der hermetische Mediziner Johann Conrad Dippel in der »corporalisch-materiellen« Natur das ständige Funktionieren der »Kette des Seins«: »Alle Geschöpfe stehen in solcher Dependentz / und Nothwendigkeit / daß sie / in dem natürlichen Zweck / zu welchem sie gesetzt / *Essen / das ist / ein ander Wesen / in ihr Wesen verwandeln müssen.*« (II Dippel WW, S. 78: vgl. dazu Bd. V/1, S. 113f.) Dippel vermutet, daß

> »der Geist der äussern Natur / neben dem Zweck sich zu vermehren und fortzupflanzen / das übrige geistlich gemachte / und gegessene / subtile Wesen / weiter über sich geleitet hätte / zu der Quelle / wo es hergeflossen / und wohin es endlich wiederum kommen muß. Diese Circul / aus GOtt / durch GOtt / zu GOtt müssen wir in Betrachtung der äussern Natur nimmer aus den Augen lassen…« (II Dippel WW, S. 79 ff.)

Tatsächlich verläuft auch das Opitzsche Gedicht im zitierten zweiten Teil von »unten« nach »oben«: Herz, Lunge und Hirn werden weniger in ihrer körperlichen als ›geistigen‹ Bedeutung angesprochen, die Lunge als »Luftpumpe« für die Sprache und als »Ventilator« des »Feuers«. Dabei verdeutlicht der scheinbar abschweifend-umständliche Vergleich der Lunge mit dem »zarten West«, der »das dürre Feldt« »vor der grossen Brunst der Sonnen frey behelt«, sowohl die zugrundeliegende »Verbrennungstheorie« als auch die in der Reihenfolge der Elementen-Beteiligung ablesbare Aufwärtsbewegung vom Erdigen (Nahrung, »Koth«) über die Säfte (Wasser) zur Lunge (Luft) und zum geistig-»fewrigen« Verstand, auf den im Vergleich indirekt auch durch die »Sonne« angespielt wird. So spiegelt sich also in der Gestaltung des Körperinnern die geradezu teleologisch und »elementar« in der Konstitution des »Mikrokosmos« verankerte Tendenz zur »Sublimierung« seiner »äußeren Natur«, zur Hin- und Rückwendung ins Geistig-Feurige.

Dabei ist aufschlußreich, wie das Gedicht einen Gegensatz zwischen Körperlichem und Geistigem im Menschen zu vermeiden und wie es zwischen beiden durch eine qualitative Dreiteilung im Bereich der Körperregionen und den diesen zugeordneten ›geistigen‹ Vermögen zu vermitteln sucht. Eine solche Triplizierung der psychosomatischen Konstitution ist Ausdruck eines stufenweisen Pantheismus, welcher die durch Descartes in der Neuzeit mit aller Schärfe gestellte Dichotomie zwischen Geist und Materie noch durch ein psycho-physisches »tertium comparationis« zu überbrücken vermag. So nahmen Aristoteles, Galenus und ihre »scholastischen« Nachfolger drei unterschiedliche Seelenteile im Menschen an, und zwar entsprechen der ernährenden, empfindenden und denkenden Funktion der Psyche eine »anima vegetativa« wie bei den Tieren und eine »anima rationalis«, welch letztere als edelste natürlich im Menschen-Kopf beheimatet war. Für Galen saß die »anima vegetativa« in der Leber (II Galenus, S. 42) und die »anima sensitiva« im Herzen (hier konnten die Zuordnungen später allerdings auch beträchtlich schwanken).

Jedenfalls versteht man von diesen Anschauungen her besser, warum z.B. Paul Fleming (und Philipp von Zesen) das Zentrum der »fleischlichen« Liebe noch in die Leber verlagert:

> »Vergebens ist uns nicht die Leber einverleibet.
>     Sie / sie ist unser Gott / der uns zum lieben treibet.«
>     (II Fleming TP, S. 155)

> »Jhr Råuber meines Liechts (= der Liebsten Augen) und dessen Wiedergeber /
> von euch zeucht Amor ein und aus in meine Leber /
> als sein natürlichs Hauß.«
>     (Ebda., S. 637)

Eine ausgeprägte Lehre von der Dreigliedrigkeit der menschlichen Konstitution entsprechend seinen unterschiedlichen Seelenvermögen hatte auch die *Kabbala* ausgebildet. Danach saß die »anima vegetativa« in dem – von Opitz zunächst beschriebenen – Verdauungstrakt des Menschen. Der Bauch mit dem Zentrum des Magens, mit den Eingeweiden und Zeugungsorganen spiegelte die untere Welt, die Brust mit dem Herzen als animalischem Gefühlszentrum die mittlere Welt (vgl. III Papus, S. 48ff., 96ff.); diese vermittelte in der Tat zwischen den an sich miteinander unvereinbaren Prinzipien des Materiell-Körperlichen einerseits und des reifen Seelisch-Geistigen im menschlichen Kopf, dem Sitz der »anima rationalis«, andererseits. Entsprechend kann Opitz auch das »in der Mitten schwebende« »Hertze« einerseits als »Schlüssel zu dem Leben«, als »Ursprung... zur Lust« andererseits, und zugleich als »das Hauß das Gottes Geist selbst zu bewohnen pflegt«, charakterisieren. Und mit dem geistigen Vermögen seiner »anima rationalis« spiegelt der Mensch die »obere Welt« und damit Gottes Geist zugleich, und dies trotz des Sündenfalls, den Opitz ebensowenig wie die Hermetiker und Kabbalisten verschweigt, aber deutlich marginalisiert, weil der Mensch offensichtlich scharfen Verstand und freien Willen behalten hat (vgl. AAJ, S. 276). Bewundernd ruft der Sprecher aus:

> »...Das Håupt / das Schloß der Sinnen /
> Steht hoch / daß der Verstand von dannen recht vnnd wol
> Auff das was vnten ist die sorgen wenden soll /
>     Die Glieder vnd den Leib bescheidentlich verwachen /
>     Die hitze der Begiehr zahm vnd gehorsam machen /
> Den Zorn / der offtermals den Zaum zerreisen wil /
> Mit Macht zurückeziehn / vnd fallen in sein ZIel.«
>     (GP, S. 274)

>>Nun hastu / da du jetzt in diesem schnôden Leben
Mit deines Leibes Last vnd Kerker gehst vmbgeben /
So fewrigen Verstand / wie wird dein heller Schein
Nach dieser Zeit so hoch / so gantz vollkommen sein?<<
    (Ebda., S. 276)

Im Unterschied zur lutherischen Anthropologie wird dem Menschen hier die Fähigkeit zu einer vernunftgeleiteten Affektkontrolle und Sittlichkeit zugesprochen, zugleich die Aufgabe der *Selbstsorge*, die nicht nur die Seele betrifft, damit diese in den
Himmel kommt, sondern auch den Leib und damit den *ganzen* Menschen. Mit diesem – wie wir anschließend sehen werden – auf Epikur zurückgehenden Konzept der
Sorge um sein körperliches Wohl und seine »eudaimonia« spiegelt der Mensch hier
ausdrücklich das Tun der »Seele der Natur«: Bezeichnenderweise endet das lange
Gedicht mit einer zugleich beschwörenden und versichernden Aufzählung jener alttestamentlichen Heilstaten, mit denen Gott trotz des Sündenfalls, trotz seiner »Zor-
nes Flammen« »Die Kinder Israel beschirmet vnd verwacht« (AAJ, S. 278). So
scheint Opitz letztlich die menschliche Fürsorge für das »Untere« – und dazu gehört
auch der ganze Bereich der »socialitas«, den er mit der Erschaffung Evas ausführlich
thematisiert – aus der »imago« eines Gottes abzuleiten, der seine Auserwählten vor
dem Verderben bewahrt sehen möchte und sie deshalb auch mit der Fähigkeit zur
Selbstsorge und Selbsthilfe ausgestattet hat. Und eben weil Gott sich zur Schöpfung
herbeigelassen hat, darf und soll sich auch sein Ebenbild diesem Geschaffenen sor-
gend und erhaltend zuwenden.

### k)  Heirat als epikureische Selbstsorge

1)  *Heirat im Krieg*: Wenn die Verfasser von Hochzeitsgedichten während der Zeit
des Dreißigjährigen Krieges der »inventio« die »Umstände der Zeit« zugrundelegten,
dann lag es für sie nahe, so zu beginnen wie Opitz im nachfolgenden Gelegenheits-
Sonett (vgl. dazu Bd. II, S. 121ff.):

>>Auff H. Christoph. Alberti, der Artzney Doctorn
vnd Domitis S. Palatij, Hochzeit

Jn dieser schweren Zeit / von der man kaum mag schreiben /
Da Teutschland jhm selbselbst ein scharpffes Messer wetzt /
Das seiner Freyheit wird zur Gurgel angesetzt /
Die mit dem Tode ringt / wer wolle sich verweiben?
So spricht der furchtsam ist. Wer wil dann also bleiben?
Fangt jhr / Herr Vetter / an. Wann mich die Zeit verletzt /
So such ich meinen Trost bey der die mich ergetzt /
Vnd alle Sorgen mir kan in den Wind zertreiben.
Diß wil Apollo selbst / der euch die Leyer giebt /
Vnd seine Kräuter auch / vnd diese die jhr liebt.
Folgt seinem Rahte nach / ergreifft deß Himmels willen /
Lebt heute / dencket nicht was Morgen möchte seyn /
Rückt hin / vnd räumet der ein Theil deß Bettes ein
Die mehren wird was gut / was nicht gut ist wird stillen.<<
    (WP II, S. 87)

Das wie üblich aus zwei Vierzeilern (Quartetten) und zwei Dreizeilern (Terzetten) bestehende Sonett ist in seinem Gedankengang einfach und doch kunstvoll gesteigert. Der im ersten Quartett mit Hilfe des im Barock beliebten Stilmittels der Personifikation bis zur Vorstellung des sich selbst mordenden Deutschlands bildlich gesteigerte Vorgang des Tötens und Sterbens (das Motiv schon in der 16. Epode [V. 2] in: II Horaz SG, S. 292f.) steht im schärfsten Kontrast zu dem im »sich verweiben« symbolisierten Willen zum Leben und zu dessen Fortzeugung in der Ehe. Im zweiten Quartett werden Hochzeit und Liebe als Heilmittel gegen die »Verletzungen« der Zeit gelobt und damit der »furchtsamen« Aussage des ersten Quartetts entgegengesetzt. Nicht nur mit dem »Verletzen«, welches das Motiv des »scharpffen Messers« aufgreift, spielt Opitz – in der ›inventio‹ also auch die »Umstände der Person« berücksichtigend (vgl. IV Segebrecht 1977, S. 137) – auf den Beruf des Bräutigams an, sondern auch mit der Konfrontation von Hochzeit und Tod und mit der Vorstellung, die Hochzeit sei das »Heilmittel« gegen die Lebensangst und das Sterben der Zeit. Denn auch für die Ärzte des 17. Jahrhunderts – soweit sie Anhänger der offiziellen aristotelischen Schulmedizin waren – galt als besonders wichtige Grundregel des Heilens die aus dem Altertum überlieferte Auffassung, man müsse eine Krankheit durch Unterstützung der ihr entgegengesetzten Kräfte heilen (vgl. Bd. II, S. 89ff.).

Der Sonettstruktur entsprechend, wonach die Terzette sich zur spannungsvollen Steigerung gegenüber den Quartetten anbieten, wird im ersten Terzett nun der göttliche Wille als Beglaubigung für den Entschluß zur Hochzeit zitiert. Es ist aber nicht der christliche Gott, sondern der antike Sonnengott Apoll, der Sohn des Zeus, der Gott der Sühne und des Todes, aber zugleich auch der Gott der Heilkunde (der also dem Arzt die Heil-»Kräuter« gibt, vgl. Zeile 10), aber wiederum auch der mit der »Leyer« bzw. der Kithara dargestellte Gott der Musen: dieser Gott aus der antiken Mythologie begreift im Medium der Poesie den zuvor thematisierten Gegensatz von Tod und Lebenszugewandtheit in sich, er repräsentiert »deß Himmels willen«. »Folgt seinem Rahte nach / ergreifft des Himmels willen // Lebt heute / dencket nicht was Morgen möchte seyn«: Diese Aufforderung am Ende des ersten und zu Beginn des zweiten Terzetts hätte nicht der Ratschlag des christlichen Gottes sein können.

Denn dieser hielt – so predigten es die christlichen Konfessionen übereinstimmend – Strafgericht über Deutschland, er lehrte das »memento mori«, also das Denken ans Sterbenmüssen. Während des Dreißigjährigen Krieges ging die Bevölkerungszahl um rund ein Drittel zurück (mit starken regionalen Schwankungen). Daher war Heiraten eine bevölkerungspolitische Notwendigkeit. Nachdem z. B. bei einer Belagerung in der Freien Reichsstadt Ulm 1634/35 innerhalb eines Jahres 13 000 Menschen an der Pest gestorben waren, feierte man zu Neujahr 1636 in allen Kirchen Dankgottesdienste für die gnädige Abwendung der Seuche, und in den folgenden drei Wochen ließen sich 89 Paare trauen (vgl. III Kemper 1980, S. 88). Die Heiraten – das verdeutlicht dieses historische Schlaglicht – erscheinen als Ausdruck eines »Dankopfers«. Der Lebenswille wurde in hohem Maße mitbestimmt von der kirchlichen Interpretation der Ereignisse als Kennzeichen von Gottes strafendem oder gnädigem Handeln.

Opitz dagegen vermeidet in diesem Gedicht eine solche christliche Deutung der »schweren Zeit«. Er setzt der lähmenden – das Unglück untätig hinnehmenden und

damit verlängernden – »Furchtsamkeit« nicht nur den im Heiraten signalisierten
Lebenswillen, sondern auch die Freude am Leben im Diesseits entgegen, eine Freude
trotz des andauernden Sterbens und allgegenwärtigen Todes in dem von den Christen so bezeichneten »Jammertal« als bloßer Durchgangsstation zum besseren Jenseits. Die »Antithetik des Lebensgefühls« in der starren Konfrontation von Diesseitsbejahung im »carpe diem« (»pflücke den Tag«; nach Horaz, Carmina I, 11:
»Greif diesen Tag, nimmer traue dem nächsten!« Vgl. II SG, S. 30f.; vgl. IV, 7; ebda.,
S. 226f.) und Diesseitsentwertung im Zeichen des »memento mori« soll also hier
überwunden werden. Dies macht das Schlußterzett deutlich. Die Liebe soll »heute«
herrschen, um den ängstlichen Gedanken an das »Morgen« zu verdrängen. Doch
gerade mit dem Leben im »Heute« wird für das »Morgen« gesorgt. Dies bezeugt der
etwas verschlüsselte Schlußvers des Sonetts, der eine zweifache Auslegung erlaubt:
Der in Hochzeitsgedichten obligatorische Verweis auf die Hochzeitsnacht (V. 13) legt
eine sexuelle Anspielung nahe: Die Ehefrau wird das Gute aus der ehelichen Vereinigung »mehren«, nämlich den Nachwuchs, und dabei zugleich das Schlechte, nämlich die sexuelle Lust, »stillen«. Vers 14 läßt sich aber auch allgemeiner im Rückbezug auf den Schluß der Quartette deuten: Die Ehefrau wird das private Glück
»mehren« und damit die Sorgen »stillen«.

2) *Heidnische Mythologie*: Die Aufgabe des Gelegenheitsgedichts, nämlich dem
Einzelfall allgemeine Bedeutsamkeit zu verleihen, erfüllt Opitz durch drei Verfahren:
zunächst durch Exemplarik, indem er die Heirat zum repräsentativen und vorbild-
lichen Verhalten in Kriegszeiten stilisiert, zum zweiten durch legitimierenden und
deutenden Rückgriff auf die Mythologie. Dieses den Orthodoxien suspekte Verfahren hat er in seiner Poetik zu rechtfertigen versucht (vgl. BDP, S. 20; vgl.
Kap. 1 b–9): Die mythologische Figur wird, so suggeriert der Autor, als Gottheit ja
nicht mehr ernst genommen, sondern sie fungiert nur als schmückende Stilfigur, als
Personifikation oder Allegorie für eine göttliche Qualität. Doch dies ist, wie das
zitierte Gedicht zeigt, nur eine Schutzmaßnahme, um – das ist das raffinierte dritte
Verfahren – den Theologen Sand in die Augen zu streuen. Am Beispiel Apolls wird
ja deutlich, daß Opitz diesem, ohne ihn für einen Gott zu halten, gleichwohl eine
umfassende Bedeutung zugesteht: Apoll ist hier Sprachrohr einer anderen – der
damaligen christlichen entgegengesetzten – Weltanschauung, die sich, ohne daß dies
mit Zitaten konkret belegbar wäre, für die gelehrten Leser mit dem Namen EPIKURS
(342/1–271/0 v. Chr.), des aus der Sicht der Kirchen verrufensten (und absichtlich
mißverstandenen) Philosophen der Antike, verbindet. Epikur, von dessen lebenszu-
gewandter Philosophie nur einige Fragmente, Briefe und kleinere Spruchsammlungen (›Maßgebende Sätze‹) überliefert sind (vgl. II Epikur, S. 8ff., 150ff., 238ff.),
vertrat in kritischer Adaptation von Positionen Platons und Aristoteles' eine lebens-
praktische *therapeuthische* Philosophie, in deren Zentrum die ›*Eudaimonia*‹ stand:

> »Wie alle griechische Ethik ist auch die hellenistische keine Theorie der Moral, die der
> Frage, wie der Mensch sich *richtig* verhalten soll, zu beantworten sucht; sondern sie ist
> vielmehr eine Theorie des Glücks. Die Eudaimonia ist und bleibt das selbstverständliche,
> und darum manchmal nicht einmal mehr explizit genannte Ziel aller ethischen Diskus-
> sion. Eudaimonie, was sich nur unzureichend mit ›Glück‹, ›Glückseligkeit‹ oder ›gelin-
> gendes Leben‹ umschreiben läßt, wird negativ als Freiheit von inneren und äußeren

Störungen der subjektiven Befindlichkeit, d. h. des physischen und psychischen Gleichgewichts, beschrieben.« (III Kimmich, S. 23)

Höchster Wert und zugleich höchstes Glück der ›Eudaimonia‹ war die *Lust* (gr. ›hedone‹, lat. ›voluptas‹). Epikur begründete dies mit einem dem Naturrecht analogen Verweis auf die unbetrügliche Einrichtung der Natur: »Jedes Lebewesen habe, sobald es geboren sei, das Verlangen nach Lust und freue sich an ihr wie an dem höchsten Gut. Den Schmerz lehne es ab wie das höchste Übel, und wehre ihn, soweit es könne, von sich ab. Und es tue dies, ohne schon verdorben zu sein und aufgrund eines noch unverdorbenen und unverfälschten Urteils seiner Natur.« (II Epikur, S. 71) Höchste Lust war für Epikur von daher die Freiheit von Schmerz (ebda., S. 81ff.), die er zusammen mit der Seelenruhe (›Ataraxie‹) als »zuständliche« (›katastematische‹) Lustempfindung von der Freude und Fröhlichkeit als »tätiger« (›kinetischer‹) Lust unterschied (vgl. II.27 Nickel, S. 283f.). Gegenüber der sexuellen Lust dagegen, als deren Propheten ihn das christliche Abendland verteufelte, riet er eher zur Vorsicht, weil sie geeignet war, den Seelenfrieden und die Schmerzfreiheit zu gefährden: »Denn Liebesgenuß war noch nie nützlich; man muß zufrieden sein, wenn er nicht schädlich war.« (II Epikur, S. 269) Deshalb erklärte er auch, »der Weise werde nicht heiraten und Kinder zeugen … nur unter bestimmten Umständen werde er heiraten.« (Ebda., S. 25)

Solche besonderen Umstände werden aber nun in Opitz' Hochzeitsgedicht geltend gemacht. Die Krisenzeit des Krieges ruft Furcht vor der Heirat hervor. Die Beseitigung von Furcht gehört indes zur wichtigsten von vier therapeutischen Absichten Epikurs (dem sog. ›Tetrapharmakos‹), um die ›Eudaimonia‹ und ›Lust‹ zu befördern. Das gilt vor allem für die Beseitigung der Furcht vor Gott und einer göttlichen Strafe. »Sein erster Satz aber war, daß Zorn nicht mit Gott vereinbar sei.« (II Epikur, S. 59) Gott zürnt indes nicht nur nicht, in ihm sind überhaupt keine Affekte, und er kümmert sich auch nicht um Welt und Menschen (ebda., S. 41, 55ff.). Daher schlossen manche Anhänger, Epikur glaube gar nicht an Götter (ebda., S. 61), obwohl er durchaus auch dazu riet, Opferzeremonien zu besuchen, um nicht den Haß der Priester und Leute zu erwecken (ebda., S. 27). Ohne Furcht vor göttlichem Handeln braucht man sich zweitens auch nicht vor dem Tod und vor einem Leben nach dem Tod zu fürchten und darüber das Leben im Diesseits abzuwerten (vgl. ebda., S. 83ff.). Drittens sei das Gute leicht zu beschaffen und viertens jeder Schmerz erträglich, entweder weil er nur kurz anhalte oder sich in der Länge abschwäche. Neben das Motiv des ›Carpe diem‹ (»Du aber schiebst das, was Freude macht, auf, obwohl du nicht Herr über den morgigen Tag bist«; ebda., S. 259) tritt deshalb als ein wichtiger Aspekt der Selbstsorge: die Vorsorge für die Verbesserung der »Eudaimonia«: »Man muß versuchen, den folgenden Tag besser zu machen als den vergangenen, solange wir unterwegs sind, und sobald wir an das Ziel gekommen sind, gleichmäßige Freude zu empfinden.« (Ebda., S. 269)

Dabei geht es Epikur grundsätzlich um ein *individualethisches* Verhalten. Sein Glück findet man nicht in den weltlichen Geschäften oder in einer sozialen Pflichtethik. Vielmehr ist es die ›*Selbstsorge*‹ (›Epimeleia heautou‹) als Prinzip des »Kümmere dich um dich selbst« (»Fangt jhr / Herr Vetter / an.«) Wenn »die Zeit verletzt«, sucht man »Trost« in der Begründung und Einkehr in eine eigene Welt, der zu Beginn des 17. Jahrhunderts allerdings die Qualität des Bürgerlich-›Privaten‹ noch nicht eig-

net (vgl. dazu Bd. VI/1, S. 128ff. u. ö.). Dennoch begründet die Hochzeit »Eudaimonia«, verspricht ein erfülltes, »Sorgen«-freies, dem »Heute« gewidmetes Leben,
das zugleich »mehren wird was gut«. Selbstsorge – unterschieden von der platonischen Selbsterkenntnis und der aristotelischen Selbstliebe – erscheint in der epikureischen Tradition als »das Programm eines kontrollierten Umgangs mit sich
selbst, einer Lebenskunst im Sinne einer Stilisierung der Lebensführung«, und entwickelt sich zu einer das ganze Leben ausfüllenden Praxis, einem ständigen »Trai-
ning, das zur Lebensform wird« (III Kimmich, S. 19). Damit wird dies Programm
einer asketischen Sorge um das Selbst und einer gelingenden – schönen – Lebens-
praxis auch aufnahmefähig für *ästhetische* Durch-Formung, wie sie in der Renaissance bereits von dem »christlichen Epikureer« Lorenzo VALLA (1407–1457) in seinen dreiteiligen Dialogen ›De voluptate sive de vero bono‹ propagiert worden war
(II Valla, S. 252ff.; vgl. dazu auch III Kimmich, S. 59ff.). Zugleich ist dieser Aspekt
eines »schönen Lebens« das »tertium comparationis« zwischen Epikureismus und
(Neu-)Platonismus, die sich in der Philosophie- und Kulturgeschichte wie Feuer und
Wasser gegenüberstehen, aber auch in Opitz' humanistischem Synkretismus nicht als
unvereinbar erscheinen.


l)    Platonische Kalokagathie in Straßburg


1)   *Schönheit und Tugend als Ordnung*: Opitz hat das in der Rede über die Dignität
der Poesie entwickelte platonische Programm ansatzweise schon im ›Aristarch‹ vertreten. Dort zitiert er u. a. ein eigenes frühes Epigramm (noch ohne Berücksichtigung seines Versgesetzes):

>»Die schönheit fleucht hinweg als wer sie nie gewesen;
>wer sie mit Tugend schmückt ist selig und genesen:
>  Als den steht alles wol und siehet hurtig auß,
>  Als den wohnt ein schön wirth in einem schönen hauß.«
>      (II A, S. 89; vgl. ebda., S. 79, 85)

Auch in der Leservorrede zur Ausgabe seiner ›Teutschen Poemata‹ (1624) finden sich
entsprechende Passagen (vgl. II LTP, S. 96ff.). So wundert es nicht, daß er diesen
poetischen Platonismus auch variantenreich in der eigenen Poesie umzusetzen versucht, sogar in Gelegenheitsgedichten wie dem nachfolgenden – programmatisch an
zweiter Stelle seiner Sonettsammlung plazierten – ›Klinggedicht‹, wozu ihn möglicherweise Julius Wilhelm Zincgrefs zwölfversiges ›Epigramma Vom Thurn zu Straßburg / warumb der andere darneben nit auffgebawet worden‹ (I Cysarz 1964a,
S. 134) angeregt hat:

>»Vber den Thurn zu Straßburg
>  PRintz aller hohen Thûrn' / als jemals wird beschawen
>Der Sonnen klarer Glantz / vnd vor beschawet hat;
>Wie recht / weil Straßburg ist dergleichen schöne Stadt /
>  Hat man dich nur in sie alleine mûssen bawen.
>  Du rechtes Wunderwerk bist zierlich zwar gehawen /
>Doch noch bei weitem nicht zu gleichen in der That

> Der feinen Policey / dem weisen Recht vnd Rhat' /
> Vnd großer Hôffligkeit der Mânner vnd der Frawen /
> Welch' vber deine Spitz' an Lobe zu erhôhen:
> Kein Ort wird jrgend je gefunden weit vnd breit
> Der jhnen gleichen mag an Gût' vnd Freundligkeit.
>   Wie wol gibt die Natur hiermit vns zu verstehen /
> Daß / wann die Bâwe gleich mehr steinern sind als Stein /
> Der Menschen Herzen doch nicht sollen steinern seyn.«
>   (II G, S. 169f.)

Es ist gerade nicht die ›himmelstürmende‹ Vertikalität des – mit 142 Metern – die antiken Bauwerke übertreffenden (V. 2) Münsters (vgl. III Giusti, S. 14), die hervorgehoben wird, sondern seine Lokalität in Straßburg. Und unter diesem Aspekt wird der Turm mit der Schönheit der Stadt korreliert und von daher als »rechtmäßig« (»wie recht«, V. 4) beglaubigt. Vers 5 verwendet mit dem Begriff des »Zierlichen« für das »Wunderwerk« des Turms das in den Poetiken innerhalb der »elocutio« abgehandelte »elegantia«-Ideal des »ornatus«, also die »Verzierung« als Verschönerung der »Sachen« (vgl. III Grimm, S. 11f.). So heißt auch die entsprechende Überschrift in Opitz' Poetik: ›Von der zuebereitung vnd ziehr der worte‹ (II BDP, S. 35). Die Schönheit des Turms, so zeigt das zweite Quartett, wird nun aber bei weitem übertroffen von der Ordnung des Gemeinwesens, der das ganze städtische Leben regulierenden ›Policey‹-Ordnung, für die Straßburg berühmt war (I SPO), für Rechtsprechung und Regiment sowie die schönen Umgangsformen in der »großen Hôffligkeit« der Einwohner. Von der äußeren Schönheit und der äußeren sozialen Ordnung führt der Lobpreis dann im ersten Terzett zu den inneren Werten, der »Gût«, also der »bonitas« im Sinne von Tugendhaftigkeit und sittlicher Vollkommenheit (vgl. I Grimm Bd. 9, Sp. 1396) und »Freundligkeit«, also der »benignitas« im Sinne von Gefälligkeit und Wohltätigkeit als weiterer bedeutender sozialer Tugend (vgl. ebda., Bd. 4, Sp. 167). Nur scheinbar antithetisch steigert sich das Gedicht also von der sichtbaren Schönheit und Ordnung zur inneren Tugendhaftigkeit und stellt damit auch in der eigenen poetischen Form des regelrechten Alexandriner-Sonetts, wie Opitz es beschrieben hat (vgl. BDP, S. 56ff.), von den Quartetten zu den Terzetten die Interdependenz der Kalokagathie her! Und das »tertium comparationis« zwischen beiden ist – das wird hier deutlich markiert – die *Ordnung*! Diese reicht als Harmonie in die Schönheit (der Stadt) und als Verläßlichkeit in den Bereich der Tugend.

2) *Schöne ›Weisheit‹ der Natur*: Zugleich ist das Sonett emblematisch strukturiert, und auch das Emblem ist eine Form, die aus der Welt der in der ›pictura‹ dargestellten Erscheinungen mit der ›subscriptio‹ in das Reich des Geistes führt. Auf die Titel-»inscriptio« folgt bis zum Ende des ersten Terzetts die »pictura« mit der Beschreibung von Schönheit, Ordnung und Güte Straßburgs. Das letzte Terzett formuliert dann als »subscriptio« die aus diesem »Sinnen-Bild« zu ziehende allgemeine Lehre der »Natur«. Das Gedicht knüpft zunächst an den steinernen Turm an und benutzt das Motiv dann pointiert in metaphorischem Sinne: Wenn schon die steinernen Bauwerke durch ihre Formung einen Mehrwert haben (und schön sind wie das Straßburger Münster), dann sollen »doch« (hier im Sinne von erst recht) die

Herzen der Menschen nicht aus »Stein« sein. So wird abschließend die Korrelation des Schönen und des sozial Guten, wie es in Straßburg zur Anschauung gelangt, als Stimme der Natur und damit mit höchster Autorität eingefordert. Das Gute ist wichtiger als das Schöne, aber das Schöne führt auch hier – in Form und Verlauf des Textes – zur Betrachtung des Guten und schließlich zur als Sentenz formulierten »Weisheit« der Natur. Damit gelingt dem Gedicht die Mitteilung von ›Weisheit‹ (›sophia‹), und es vermittelt diese mit der ›Schönheit‹, weil es sie auch in schöner Form aussagt. Die Weisheit zeigt sich auch darin, daß Opitz – wie Zincgref, dem es in seinem Epigramm allerdings nur um die Pointe geht, es könne nur ein Turm »der schönst und höchst von allen« und damit unvergleichlich in der Welt sein – die *Natur* zu deren Sprachrohr erwählt und nicht Gott oder die Kirche, was ja gerade beim Sakralbau des Straßburger Münsters nahegelegen hätte. Dies entspricht der Tendenz seiner Poetik, der Dichtkunst auch ein weltanschauliches Eigenrecht gegenüber den Konfessionen zu sichern (vgl. dazu II.89 Kühlmann 2001, S. 53ff.: Jaumann 2002b, S. 199). In der Berufung auf die Natur als oberste Inkarnation der dargestellten sozialen Ordnung liegt zugleich eine weitere Affinität zur Position Epikurs, doch die Schlußsentenz privilegiert im Kontext des Gedichts die soziale Ethik als Maßstab gelingenden Lebens. Beide Sonette markieren so in der gleichursprünglichen Legitimierung durch die Natur den historischen Beginn eines Spannungsfeldes, das Selbstverwirklichung als Vermittlung und nicht als Alternative zwischen den Polen von individueller Selbstverwirklichung und sozialer Verantwortung auferlegt.

## 5) Zeitkritik in Sprüchen Salomons (Logau)

### a) Der Verkleinerte – Zu Rezeption und Biographie

1) *Modernisierende Rezeption*: Friedrich von LOGAU (1605–1655; ein Bild von ihm ist nicht überliefert) gehört zu den ersten Autoren, die das Opitzsche Programm einer gelehrten deutschsprachigen Poesie übernommen haben. Er rühmt Opitz mehrfach (II Logau SG, S. 106, II, 5, 57; S. 131, II ZG, 133; S. 175, III, 7, 73), vollzieht dessen metrische Reform in einem poetologischen Epigramm nach (SG, S. 108, II, 6, 26) und setzt sie in seinem Werk im ganzen auch regelrecht um, und er zitiert in einer Eröffnungsanmerkung zu einer langen Vers-Satire auf die ›Amadis-Jungfern‹ die von Opitz favorisierte Definition: »Epigramma est brevis Satyra; Satyra est longum Epigramma.« (SSG, S. 282, II, 3, 59; vgl. dazu Kap. 2 e–1) Bei Opitz hatte er auch den Topos von der göttlichen Herkunft der Poesie gefunden und nahm diesen im Eröffnungs-Epigramm seiner ersten Sammlung von ›Reimen-Sprüchen‹ (1638) zur Begründung für die Beschäftigung eines Geburts- und nicht nur ›Brief‹-Adligen mit der Dichtkunst (später unter der Überschrift ›Kunst von GOTT‹ auch in SG, S. 32, I, 1, 74):

> »Epigramma.
> Musis genus ab Jove summo.
> Daß der Musen alter Stam
> Biß vom Jupiter her kam /
> Diß macht daß ein Edelman
> Sich wol hien befreunden kann.«
> (WaG, S. 25)

Schon in seinem ersten, erst kürzlich wiederaufgefundenen Gelegenheitsgedicht (1626; vgl. II.72 Verweyen 1989) schreibt er in regelrechten deutschen Alexandrinern und gibt sogleich mit der für ein Epicedium (auf einen Altdorfer Universitätslehrer) kuriosen Schlußpassage eine Probe seines eigentlichen dichterischen Talentes ab; denn vom topischen ›Ort‹ des Verstorbenen, dem Himmel, blickt dieser herab und lacht über die Torheiten und Laster dieser Welt, welchen er zum Glück entronnen ist:

> »Er lacht / wenn er anschawt wie mancher doch thut wallen
> Im Kot der vppigkeit vnd der begierden wust
> Wie mancher sich befleist Fraw Venus zu gefallen
> Nur daß er sich kůl ab im Sumpff der schnöden lust:
>     Er lacht / wenn er ansicht der Buler Ritterschafft
>     Vnd ihrer thaten art / welch ihnen Amor schafft.
> Er lacht den Ehrgeitz auß das Fewerzeug vnd Zunder
> Zu Raub / Brand / Krieg vnd Mord / zu laster sůnd vnd schand.«
>     (RaW, S. 10)

Heute liest sich dies schon wie das Programm von Logaus einzigem berühmtem
Werk, das er unter dem anagrammatischen Pseudonym ›Salomon von Golaw‹ herausgab: zunächst eine Kostprobe (›Erstes und Andres Hundert Teutscher Reimen-
Sprüche‹; 1638), dann das schließlich auf 3560 Epigramme erweiterte und vor allem
im ›Zweiten‹ und ›Dritten Tausend‹ hauptsächlich nach der Entstehungsfolge geordnete Werk ›Deutscher Sinn-Getichte Drey Tausend‹ (1654). Das Pseudonym und der
plötzliche Tod des Autors bewirkten, daß Logaus Verfasserschaft schon den Zeitgenossen vielfach unbekannt blieb (vgl. II.72 Eitner, S. 742ff.), und bis heute weist
seine Biographie noch mancherlei Lücken auf. Spätere Ausgaben haben sein Werk
auf den eigenen Zeitgeschmack hin selektiert (vgl. dazu auch II.72 Palme). Das gilt
für Lessing und Ramler mit ihrer – weitgehend von religiösen Gedichten gereinigten,
auf ein Drittel des Bestandes gekürzten und überarbeiteten – Ausgabe eines ›auf-
klärerischen‹ Logau (1759), die wiederum Gottfried Kellers leitmotivischen Rückgriff auf das Epigramm ›Frage‹ (II SG, S. 190; III, 10, 8) in seinem wirkungsmäch-
tigen Novellenzyklus ›Das Sinngedicht‹ initiierte (vgl. dazu II.72 Elschenbroich,
S. 208f.), und das gilt auch für Wieckenbergs Reclam-Auswahl von knapp 800 Epigrammen, der begreiflicherweise der ästhetischen Qualität der Epigramme ein höheres Gewicht einräumt als ihrer kulturgeschichtlichen Signifikanz (vgl. II SG,
S. 219).

Es spricht für Logau, daß seine Texte immer wieder an den jeweiligen Zeitgeist
anzupassen sind. Hunderte seiner Epigramme lassen sich als scharfsinnig-witzige
Kurzdiagnosen menschlicher Schwächen und Laster sowie als Kostproben arguter
Welt- und Alltagsweisheit problemlos in heutige Kalenderblätter drucken. Und Logau hat den eigenen Ratschlag für guten Absatz auch selbst beherzigt: »Wer Bücher
schreiben will, die wol soln abegehn, // Der seh, das drinnen nur mag viel zum
Lachen stehn.« (SSG, S. 511; III, 5, 13) Manche Epigramme erschöpfen sich im
Lachen über die (mitunter auch banale) Pointe, die meisten inszenieren das ›delectare‹ aber zum Zwecke des satyrischen ›docere‹ (vgl. auch SG, S. 212, III, ZZ, 221),
und dieses ist – meist ohne komische Schreibart – der Grundton der riesigen Sammlung. Und in ihr ist der Anteil des Zeitgeschichtlichen immens. Logaus ›Sinn=Ge-
tichte‹ sind eine überhaupt erst wieder zu entdeckende Fundgrube für die politisch-
soziale und kulturgeschichtliche Situation der Krisenzeit der ersten Jahrhunderthälfte, insbesondere in Schlesien. Seine Biographie spiegelt viele dieser Probleme, und
der Autor hatte deshalb auch Grund zur Aufnahme von mancherlei Autobiogra-
phischem in seine poetische Zeit-Satire.

2) *Zur Biographie*: Logau entstammte altem, aber verarmtem schlesischem Adel.
Er wurde auf dem Gut Brockut bei Nimptsch (dem Geburtsort Lohensteins) als
einziger Sohn von Georg von Logau geboren, der noch im selben Jahr starb. Da der
Großvater bis 1615 lebte, wurde das Gut zunächst dessen Töchtern vererbt. Immerhin stellte der Großvater Friedrich ein auf dem Gut lastendes Legat von 10000
Talern aus, von dessen Zinsen er seine Ausbildung finanzieren sollte. Von 1614 bis
1625 besuchte Logau das Brieger Gymnasium, davon sieben Jahre mit vielen Un-
terbrechungen – u. a. durch Krieg und Pest – die Prima (vgl. dazu II.72 Seelbach,
S. 9*ff.). Im Juli 1625 immatrikulierte er sich an der Hochschule in Altdorf, wo er
nach kurzem Magisterstudium bis etwa 1628 für Jurisprudenz eingeschrieben war.

Vermutlich ist er ohne Kavalierstour rasch nach Brieg zurückgekehrt. Dort wird er 1631 urkundlich wegen Aufnahme eines Kredits von 1000 Reichstalern bei einem Onkel aktenkundig, dem er dafür sein ganzes Legat pfändete, dessen Zinsen von dem durch Kriegseinfluß heruntergekommenen Gut Brockut nicht mehr aufgebracht werden konnten (vgl. II.72 Eitner, S. 700f.). Logau heiratete zur selben Zeit und konnte offenbar 1633 das Gut Brockut günstig erwerben, aber wegen der Kriegswirren und Gefahren durch marodierende (kaiserliche und schwedische) Soldaten bis 1637 nicht bewirtschaften.

Er lebte in dieser Zeit in Brieg, das wie Breslau von Kriegshandlungen verschont blieb, und publizierte 1635 ein Willkommensgedicht auf die Rückkehr der Herzogs-Brüder Georg und Ludwig zu Liegnitz und Brieg von einer fünfjährigen Kavalierstour (II.72 Seelbach, S. 20*; vgl. RaW, S. 15ff.). Nach der für die Protestanten (und schwedische Truppen) verlorenen Schlacht bei Nördlingen (1634) und der sich daran anschließenden Rückeroberung Süddeutschlands für die Kaiserlichen war der reformierte Vater Johann Christian als Landesfürst aus Furcht vor drohender zwangsweiser Rekatholisierung nach Thorn und Osterode geflüchtet. Georg als sein ältester Sohn übernahm stellvertretend die Regentschaft (vgl. II.72 Eitner, S. 702f.). Nach dem Tod Johann Christians (1639) regierten seine drei Söhne Georg III., Ludwig und Christian das Herzogtum Brieg gemeinsam bis 1653, doch hatte jeder von ihnen eine eigene Hofhaltung.

Logau war 1637 auf sein verwüstetes Gut zurückgekehrt und widmete diesem ersten Wiedersehen das elegische Begrüßungsgedicht ›An mein våterlich Gut / so ich drey Jahr nicht gesehen‹ (SG, S. 43f.; I, 3, 4), das sich die Tradition des Landlobs (›laus ruris‹) ganz autobiographisch anverwandelt (vgl. auch SG, S. 206, III ZZ, 56):

> »Glůck zu du ŏdes Feld! Glůck zu jhr wůsten Auen /
> Die ich / wann ich euch seh / mit Threnen muß betauen
> Weil jhr nicht mehr seyd jhr; so gar hat euren Stand
> Der freche Mord-Gott Mars, grundauß herum gewand!
> [...]
>     Gehab dich wol / o Stadt! Die du in deinen Zinnen
> Hast meinen Leib gehabt / nicht aber meine Sinnen /
> Gehab dich wol! Mein Leib ist nun vom Kercker los.
> Jch darff nun nicht seyn mehr / wo mich zu seyn verdroß.
>     Jch habe dich / du mich / du sůsse Vater-Erde /
> Mein Feuer glåntzt nunmehr auff meinem eignen Herde...«

Indessen weitere Schulden (Steuer- und Erbschaftslasten) häuften sich, deren Tücken und Folgen er fachkundig-anschaulich anzuprangern (vgl. SSG, S. 164f., I 8, 20), über die er aber auch zu scherzen wußte (im folgendem in dem bei ihm nicht seltenen trochäischen Vierheber): »Wenn so oft an Gott man dächte, // Als man an die Steuer denckt, // Wär uns, glaub ich, längst zu rechte // Fried und Ruh von Gott geschenkt.« SSG, S. 65, I, 2, 40; vgl. auch SSG, S. 64, I, 3, 37) Der Krieg trieb die Familie 1639 wieder nach Brieg. Hier starb seine Frau Magdalena von Guttschreiber 1641.

Vermutlich aus dieser Zeit stammt das einzige – bereits 1644 in ein Breslauer Gesangbuch übernommene (vgl. II.72 Seelbach, S. 41*) – Kirchenlied Logaus: »Gott / der du bist ein Freund der Menschen=Kinder« (RaW, S. 156f.). Das Lied zählt im ›niederen Stil‹ zunächst alle Schicksalsschläge auf, welche die Gläubigen »bey vielen Jahren« schon erdulden müssen – vor allem Krieg, Pest, Hungersnot und die »Nattern«, »die vns ohne Maß vnd Zehlen / Martern vnd Quålen« – ein Hinweis auf die Peiniger der Gegenreformation. Mit einer im lutherischen Kirchenlied der Zeit nicht ungewohnten Direktheit (in der sapphischen Kirchenliedstrophe; vgl. Kap. 2 f–4) wird Gott dann seine Strenge und Grausamkeit vorgehalten (vgl. Bd. II, S. 227ff.):

> »O HErr / wie hast Du dich uns doch verwandelt
> In einen / der sehr Streng vnd grausam handelt?
> Ach: wo ist doch dein Våterlich Gemûtte
> Vnd milde Gûtte?«

Und es folgt die flehentliche Bitte um Erhaltung im rechten Glauben angesichts der Verfolgungen durch »vnsre Feinde« (»Laß vns von Dir durch Zwang / Gewalt vnd Leyden / Keinmal abscheiden.«). Die Glaubensverfolgungen und -streitigkeiten sind auch ein Hauptthema der ›Sinn=Getichte‹ (vgl. Kap. 5 c).

1643 vermählte sich Logau mit der Tochter eines Briegischen Hofmarschalls. Dies öffnete ihm vermutlich den Zugang zum Hofe Fürst Ludwigs, der ihn 1644 mit einem mäßigen Gehalt (zuzüglich einiger Naturallieferungen) und ohne festes Ressort als Rat einstellte. Als Begleiter seines Herzogs auf dessen Brautwerbungsreise nach Strelitz wurde Logau (wohl im Blick auf seine erste Epigramm-Sammlung) dort 1648 als »der Verkleinernde« in die ›Fruchtbringende Gesellschaft‹ aufgenommen (vgl. dazu SSG, S. 253, II, 2, 26; S. 273, II, 3, 13; S. 533, III, 6, 18; vgl. II.72 Seelbach, S. 27*). Der neuen Herzogin Anna Sophia von Mecklenburg-Gustrow widmete Logau 1652 einen Druck von 50 Gelegenheitsgedichten und Epigrammen (›Anna Sophia‹; RaW, S. 183ff.), von denen er nur sechs mißlungene Texte nicht in seine ›Sinn=Getichte‹ aufnahm. Zu den eliminierten Gedichten gehört ein daktylisch-beschwingtes Kuß-Gedicht ›In Person‹ des Herzogs, das in 36 Versen zunächst achtmal die Zeilen: »Anna Sophia / du liebest ja mich? / Drauff kûsse / drauff kûsse / drauff kûß ich dich« wiederholt und in den fünf furiosen Endzeilen das Wort »küssen« in rhythmisch beschwingter Repetition zehnmal zu reihen vermag. Seine Hofpanegyrik (vgl. u. a. ›Von denen dreyen Briegischen Fürsten‹, SSG, S. 182, I, 8, 95) verteidigte der unerbittliche Hof-Kritiker (»Die Höfe / sind die Höll«; SG, S. 206, III ZZ, 56; vgl. zu diesem Topos auch bei Logau III Kiesel, S. V, 171ff.) u. a. mit der ernsthaften – aus der Tradition der »verzuckerten Pille« bewährten und auch Hofpredigern vertrauten – Strategie (im folgenden in dem bei Logau als Alternative zum dominanten Alexandriner nicht seltenen trochäischen Tetrameter, also dem achtfüßigen Trochäus mit starker Mittelzäsur, welche dem Inhalt sentenzhaften Nachdruck verleiht):

> »Lob-Sprecher.
> MEistens lobt man alle Fûrsten / wie sie leben / weil sie leben;
> Sind es dann nicht Heucheleyen? Nein; es ist gar recht vnd eben
> Daß man jhre Laster theils / nicht verhaster etwa macht /
> Daß man sie erinnert theils / wo sie sonst nicht drauff gedacht:
> Also kann man dann die Pillen / die sonst bitter wollen schmecken /
> Scheinlich machen und vergolden / vnd die Pflicht ins Lob verstecken.«
> (SG, S. 92, II, 2, 56)

Nachdem Georg Rudolf von Liegnitz und Wohlau, der Oheim der Brieger herzoglichen Brüder, 1653 ohne männliche Nachkommen verstarb, fiel diesen auch Liegnitz und Wohlau als Erbe zu. Dieses wurde 1654 in drei Fürstentümer (Liegnitz,
Wohlau und Brieg) aufgeteilt. Durch Los fiel Fürst Ludwig Liegnitz zu (vgl. II.72
Eitner, S. 714f.). Kurz vor dieser Übernahme hatte er Logaus Gehalt erhöht, bür-
dete ihm aber auch noch die Aufsicht über die Fürstliche Kammer und über das
Hofwesen auf (II.72 Seelbach, S. 28*f.). Immerhin spricht dies für ein Vertrauensver-
hältnis zwischen Logau und dem patriarchalisch regierenden Landesherrn. Logau
hat den Ansehenszuwachs in dem Epigramm ›Beruff‹ reflektiert und sein Amt als
eine Rolle auf Zeit verstanden, das er ernstzunehmen habe, aber auch wieder ab-
zugeben bereit sei (wieder im trochäischen Tetrameter):

> »Die Person, die ich ietzt führe, auff dem Spielplatz dieser Welt,
> Will ich nach Vermügen führen, weil sie mir so zugestellt;
> Denn ich hab sie nie gesucht. Wird was andres mir gegeben,
> Will ich nach des Schöpffers ruff, nie nach meinen Lüsten leben.«
> (SSG, S. 646, III ZG, 74)

Allerdings empfand und thematisierte der dichtende Hof-Mann zunehmend den
Konflikt zwischen der bedrohten Unabhängigkeit des landsässigen Adels und dem
›Fron‹-Dienst bei Hofe, den er in Anspielung auf Luthers Zwei-Reiche-Lehre zu
bewältigen versuchte (vgl. Bd. I, S. 197ff.; vgl. II.72 Elschenbroich, S. 220f.):

> »Ich diene wem ich kann / bin eines jeden Knecht /
> Doch daß mir über mich bleibt unverrückt mein Recht.«
> (SG, S. 55, I, 5, 3)

Logau, den zunehmend die Gicht plagte (»Dann ich kann nicht reisig kummen auff
dem blancken Tichter-Pferde // Gicht die hat mich außgestiefelt / daß ich jetzo
Sporn-loß werde.« SG, S. 181, III, 8, 58; vgl. SG, S. 182, III, 8, 65), hat zwar noch
am Umzug des Hofes nach Liegnitz teilgenommen, starb dann aber überraschend im
Sommer 1655 und wurde ohne großen Pomp beigesetzt. Der Brieger Schloßkirchen-
Organist, Gelegenheitsdichter und Editor einer Übersetzung lateinischer Epigramme
Wencel SCHERFFER VON SCHERFFENSTEIN (um 1603–1674; vgl. II.114 Szyrocki), dessen
›Geist- und Weltliche Gedichte‹ Logau 1652 poetisch begrüßt hatte (vgl. II Scherffer;
RaW, S. 177ff.), hinterließ das einzige bekannte, durch und durch konventionelle
›Thränen-Getichte über den frühzeitigen und traurigen Fall Friedrichs von Logau‹
(RaW, S. 209ff.): »Bedencke / Schlesien / waß du doch wol verlohren« (ebda.,
S. 214). Logau hat sich mit seinen ›Sinn=Getichten‹ selbst das größte Denkmal ge-
setzt. Deshalb aber ist Scherffers Appell auch immer noch aktuell.


b)   »Ich höhne Laster auß / ich schimpffe böse Zeit«: Zu Poetologie
     und Konzeption der ›Sinn=Getichte‹


1)   *Zur Poetologie*: Logau weist in seinen zahlreichen poetologischen Äußerungen
immer wieder auf zwei für das Verständnis seiner Werke wichtige Aspekte hin: auf
die geringere Gewichtung der ›Form‹ gegenüber dem Inhalt und auf den engen
Zusammenhang seiner ›Sinn-Gedichte‹ mit der größeren Vers-Form der Satire.

Schon in der Vorrede ›An den Leser‹ verweist er nach der Rechtfertigung der »ein-
heimischen« Aussprache der Reime auf den im »gemeinen Leben« angesiedelten
»Innhalt dieser Getichte«, von denen nach der poetologischen Korrelation von ›res‹
und ›verba‹ deshalb auch in »niederer Art geredet« werde (SG, S. 7f.). Später entschuldigt sich der Autor für die mangelnde Qualität seiner Reime, aber seine Gedichte seien (wegen des Inhalts) doch zu rechtfertigen (vgl. SSG, S. 112, I, 5, 69/70),
und deshalb hofft er, daß Leser-Bienen daraus nicht Gift, sondern Honig saugen
(SSG, S. 123, I, 6, 30). Zugleich spottet er über ›poetische Entzückung‹ und ›rasende
Poeten‹, an denen kein Mangel sei (SSG, S. 319, II, 5, 44). Er verweist die Leser auf
sein beschwerliches Hof-Amt, das ihm nur erlaube, nachts zu dichten (SG, S. 182,
III, 8, 59), und deshalb seien seine Gedichte »Tôchter freyer Eyle« (SG, S. 191, III,
10, 18). Aus seiner persönlichen Situation und Disposition leitet er schließlich auch
die Freiheit im Umgang mit der Gattung ›Sinn-Gedicht‹ ab:

> »Zu Zeiten satzt ich was im Kummer / was in Eile /
> Zu Zeiten hatt ich kurtz- zu Zeiten lange-weile;
> Wann nur der Sinn recht fällt / wo nur die Meinung recht /
> So sey der Sinn der Herr / so sey der Reim der Knecht.«
> (SG, S. 117, II, 8, 70)

In der ›Zu-Gabe‹ spottet er, falls es seiner poetischen »Wahre« an Qualität mangle,
müsse es eben die Quantität ausrichten (SG, S. 128, III ZG, 1). Und im Blick auf die
Rezeption bekennt er: »Ich lasse mir genügen / ob ihrer viel gleich fallen // Wo nur
noch Platz behalten die tüchtigsten von allen.« (SG, S. 172, III, 2, 69) – Das sind
Variationen des Bescheidenheitstopos, mit denen Logau möglicherweise – aber vergeblich (vgl. II.72 Eitner, S. 745) – der Kollegen-Kritik vorbeugen wollte, aber die
Äußerungen sind zugleich Ausdruck eines selbstbewußten Willens, im Bereich der
›Sinn-Gedichte‹ auch *Norm-Abweichungen* zu riskieren. Die Theorie, so pointiert
Althaus, »wird eingesetzt, um von der Theorie loszukommen.« (IV Althaus, S. 127f.)
    Dabei hat Logau die poetologischen Normen des Epigramms durchaus auch re-
spektiert. In den drei Eingangs-Motti seiner Sammlung von 1654 zitiert er aus Scaligers Poetik die Definition des ›Epigramma‹ als »ein kurtz Getichte / welches
schlecht hin von einem Dinge / einer Person / oder derer Beginnen / etwas anzeiget /
oder auch etwas fürher setzet / darauß es etwas gewisses schließe / vnd folgere.« (SG,
S. 10; vgl. zur Poetik des Epigramms Kap. 2 e–1) Und es wurde mehrfach nachgewiesen, wie variabel und kunstvoll Logau diese Bestimmungen einschließlich der
»Kürze« und »Spitzfindigkeit« umgesetzt hat. Die *argutia* äußert sich in Logaus
überwiegend zwei- und vierzeiligen Epigrammen als Überraschung durch Unerwar-
tetes »bei Wortneubildungen, wissentlich falschen Etymologien, als Klangspiel und
Buchstabenspiel, in Fragen und Rätseln mit verschlüsselten Antworten, die selbst
wieder Frage und Rätsel sein können.« (II.72 Elschenbroich, S. 213, mit Verweis auf
Beispiele). Sie verwirklicht sich ferner in Antithesen, Inversionen, überraschenden
Pointen als Antworten auf Fragen, die im Sinne des Lessingschen Schemas von
›Erwartung‹ und ›Aufschluß‹ konzipiert sind (vgl. ebda.). Auch die Umsetzung der
*Emblem-Struktur* hat man in Logaus Epigrammen konstatiert, und zwar mit der
Überschrift als ›inscriptio‹, der ersten Zeile bzw. dem Geltungsbereich der ›Erwar-
tung‹ als ›pictura‹ und dem ›Aufschluß‹ im Schlußteil als »subscriptio« (ebda.,
S. 216).

Aber die ›Sinn-Getichte‹ lassen sich darauf nicht einschränken. Neben der Zwei-teiligkeit des Epigramms nutzt Logau auch zu fast einem Drittel den Typ des *epi-gramma simplex*, also des eingliedrigen Epigramms (vgl. II.72 Verweyen 1989, S. 167) bzw. des *gnomischen Typs*, der zu »goldenen Sprüchen«, Sprichworten und Senten-zen führt (so z. B. unter der Überschrift ›Die beste Artzney‹ zum Spruch: »Freude / Mässigkeit vnd Ruh // Schleust dem Artzt die Thüre zu.« SG, S. 50, I, 4, 41). Und auch dies bestätigt die These vom Vorrang des ›docere‹: »Wo es Logau um Leitge-danken der Lebensführung und um Tröstungen des Glaubens geht, da hat bei ihm die schlichte Eindeutigkeit der Aussage Vorrang vor allem Kunstinteresse.« (II.72 Elschenbroich, S. 215)

Von daher versteht sich auch der zweite Aspekt von Logaus Poetologie, nämlich die enge Verbindung von Epigramm und ›Satyra‹, die er bereits in der Vorrede an-nonciert:

»Und weil die Sinn-Getichte für kurtze Stichel-Getichte / die Stichel-Getichte für lange Sinn-Getichte gehalten sind / wird mir zugelassen seyn / so ich offters etwas frey gehe / in deme ich doch nur fürhabe die Laster zuverhöhnen / nicht aber zu billichen vnd stärken.« (SG, S. 8)

Das ist der Rückgriff auf die Opitzsche Definition (vgl. Kap. 2 e–1). Opitz hatte das Epigramm im Kontext der Martial-Tradition »zue der Satyra« gestellt und dieser hauptsächlich »die lehre von gueten sitten vnd ehrbaren wandel« zugesprochen (II Opitz BDP, S. 30). Damit macht Logau ernst und durchmischt die Epigramme sei-ner ›Sinn-Getichte‹ mit verschiedenen Formen der ›Satyra‹: mit Vers-Satiren wie den ›Amadisschwestern‹ (vgl. Kap. 5 a–1), mit Alexandriner-Elegien wie dem autobio-graphischen ›An mein väterlich Gut‹, mit Epithalamien und Epicedien oder Hof-panegyrik von z. T. beachtlicher Länge. Diese Formenvielfalt wird gerechtfertigt mit der allen Texten zugrundeliegenden Absicht: »Ich höhne Laster auß / ich schimpffe böse Zeit // Denn die macht große Werck von großer Uppigkeit.« (SG, S. 167, III, 6, 2). Insofern ist bei Logau der Begriff des Sinngedichts »in dem weitesten umfang gefaßt; alle ihm verwandten gattungen, das sprichwort, der sinnspruch oder die gnome, das madrigal oder die satire wechseln in buntester reihenfolge mit einander ab, ja selbst die mittelalterlichen priameln finden wir in form und inhalt wieder aufgefrischt.« (II.72 Eitner, S. 733; vgl. dazu II.72 Verweyen 1988, S. 167) Damit eröffnet sich der Autor zugleich ein *innovatives Potential* sowohl im Rückgriff auf Gattungen, Formen und Themen als auch im Blick auf deren Komposition im Werk.

Daß Logau hier eigene Wege ging und demzufolge auch ein Bewußtsein von Ori-ginalität besaß und artikulierte, zeigt sowohl die relativ schmale Ausbeute der in der Forschung eruierten Übernahmen aus der Satire-Tradition von Martial bis zum eng-lischen Neulateiner John Owen (vgl. dazu mit weiterer Literatur die Hinweise in II.72 Seelbach, S. 37*f.) als auch das diesbezüglich ausgeprägte (wieder durch den trochäischen Tetrameter unterstützte) Selbstbewußtsein Logaus: »Jst in meinem Bu-che was / das mir gaben andre Leute // Jst das meiste doch wol mein / vnd nicht alles fremde Beute/ [...] Weiß wol / daß ich über manches dennoch Eigner bleib vnd bin« (SG, S. 114, II, 7, 98).

2)    *Religiöse Norm der Zeit-Kritik*: Scaligers und Opitz' Lizenz, das »Epigramma«
sei im Prinzip »aller sachen vnd wörter fåhig« (II Opitz BDP, S. 31), hat Logau
weidlich ausgenützt. Aus seiner Sicht ließ sich tatsächlich »alles« »epigrammatisieren« (IV Althaus, S. 28). Dies allerdings nicht, weil er die Welt nur noch bruchstück-
haft zu erfassen und die Dinge aus der Maulwurfsperspektive wahrzunehmen vermochte, sondern weil sie seinem – durch die katastrophalen Zeitumstände nur um so
fester sich fügenden – Welt- und Gottesbild als zugrundeliegender Norm seiner Zeit-
Schelte nicht mehr genügten. Das folgende Beispiel mag dies verdeutlichen. Es enthält Kern und Summe der Logauschen Zeit-Kritik. Zugleich ist es ein *Texthybrid*, ein
Beweis für den engen Zusammenhang von Epigramm und Satire bei Logau; denn
mit seinen 24 Alexandrinerversen überschreitet der Text den normal zulässigen Umfang eines Epigramms (acht Zeilen oder zwei Quatrains) um das Dreifache hin zu
einer ›Satyra‹ und erfüllt auch deren nach Opitz wichtigste Funktion, nämlich »die
harte verweisung der laster vnd anmahnung zue der tugend« (II BDP, S. 30). Dennoch hat das Gedicht durch und durch epigrammatischen Charakter. Es ist inhaltlich und formal deutlich in sechs Quatrains eingeteilt, von denen jedes eine in sich
geschlossene Einheit bildet und – aus dem Ganzen extrapoliert – auch für sich bestehen könnte. Jedoch zum Teil durch Doppelpunkt am Ende verdeutlicht, ergibt
sich gleichwohl die eine Kritik folgerichtig aus der vorherigen. Und darin steckt der
weltanschauliche Zusammenhang, der mit Gott beginnt und mit der Hölle endet.
Daß man Gott die schuldige Ehre verweigert – und dazu gehört auch der Raub an
seinem »wort vnd lehr« –, ist vor allem aus calvinistischer Sicht (vgl. Anhang) die
größte Sünde, deren sich der Mensch schuldig machen kann (vgl. dazu auch
Kap. 4 b–1). Daraus resultiert mit einer Art Domino-Effekt alles andere Unheil.
Schon der Teufel hat in diesem Sinne gegen Gott opponiert und wirkt in dieser
Absicht auf die Menschen, deren hierarchische Ordnung Logau vom »Ober-Stand«
über den »Unterthan« bis zur niedrigsten Kreatur, dem »Soldaten«, auf ihr ord-
nungs-widriges, die ›Welt‹ der christlichen Werte und des zivilisatorischen Zusammenlebens »raubendes« und damit räuberisches Verhalten hin durchmustert. Mit der
Pointe des Schluß-Quatrains verweist das Gedicht auf den heilsgeschichtlichen Endpunkt des Jüngsten Gerichts, das allen Räubern das alles entscheidende Gut, nämlich ihre Seligkeit, rauben wird, und rundet zugleich – verdeutlicht im Motiv »alle
Welt« (V. 23) als Rückbezug auf »Die Welt« (V. 1) – den letztlich religiös motivierten
Welt-Blick kreiskompositorisch ab:

>           »Geraubt / ist erlaubt.
>       Die Welt ist voller Raub. Sie raubet Gott die Ehre
>       Und gibt sie jhr nur selbst: Sie raubt sein Wort und Lehre /
>       Sein Ordnung und Befehl / und setzt an dessen stat
>       Was jhr gevöllter Wanst zur Zeit getraumet hat:
>       Drauff raubt der Teuffel nun das Glück vnd allen Segen /
>       Und pflegt hingegen nichts / den Unmut zu erregen /
>       Er raubet Fried vnd Ruh / er raubt die gute Zeit /
>       Er raubet Scham vnd Zucht / er raubt die Seligkeit:
>       Der Mensch beraubt den Mensch an dem / das jhm gegeben
>       Von Leumund / Ehre / Gut / Gesundheit / Wolfahrt / Leben:
>       Der Ober-Stand raubt hin den letzten Bissen Brot /

> Und låst gemeiner Schaar nichts / als die leere Noth:
> Der Unterthan raubt weg Gehorsam / Pflicht / vnd Treue /
> Die Furchte für der Straff vnd für den Lastern scheue:
> Die Liebe die ein Christ zum Christen billich trågt /
> Die ist durchauß entraubt / die ist seitab gelegt.
> Was macht dann der Soldat? (das Volck von fremden Sinnen
> Daß Menschen man hinfort nicht mehr wird achten können)
> Er håtte gar fürlångst / wenn's jhm nur wår erlaubt /
> Den Himmel vnd Gott selbst geplündert vnd beraubt.
>     Was Rauber hat die Welt! Doch mag ein jeder glauben /
> Daß den / der so geraubt / man wieder wird berauben;
> Jch wett! Ob er jhm schon geraubt hått alle Welt /
> Daß er davon doch nichts als Höll vnd Tod behålt.«
>     (SG, S. 46, I, 3, 33)

Die epigrammatische Satire erfolgt so aus der Einsicht in die menschliche Verkehrung der göttlichen Ordnung, und von diesem Zusammenhang her läßt sich jedes einzelne Glied dieser verkehrten ›Kette der Wesen‹ »epigrammatisieren«!

3) *Hauptthemen*: Trotzdem gibt es natürlich Schwerpunkte. Wieckenbergs Versuch, sie unter die Begriffe »Hofkritik, Stadtkritik, Kirchenkritik« zu subsumieren (II.72 1982, S. 261ff.), hat schon Verweyen relativiert, indem er auf Gegentendenzen aufmerksam machte: auf die Aufnahme panegyrischer Gelegenheitsdichtung auf den Brieger und Liegnitzer Hof in die Sammlung, auf die der Stadtkritik korrespondierende Kritik an dem »Elend der allseits gepreßten Bauern« auf dem Land sowie auf die zahlreichen religiösen Sinngedichte, die dem kirchlichen Kultus (dem Zyklus des Kirchenjahres) huldigen und Grundpositionen des Glaubens verteidigen (vgl. II.72 Verweyen 1988, S. 168ff.). Gar nicht aufgeführt hat Wieckenberg die mit Abstand größte Gruppe von Sinn-Gedichten, die unentwegt thematisieren, worüber schon der Himmelsankömmling aus Logaus erstem Gelegenheitsgedicht am meisten lacht: die Verstrickungen in »der begierden wust« und das »Venerische wesen«, das auch Opitz als erstes Aufgabenfeld des Epigramms empfiehlt (II BDP, S. 31). Hier wie in den anderen Themenbereichen erstreckt sich der Stoff vom ›Zeitlosen‹ (Übernahmen von typischen Verhaltensweisen und Lastern, wie sie schon die antike Epigrammatik verspottet) bis zum Rückgriff auf fallstudienhaft angedeutete zeitgenössische Liebes- und Hochzeits-Praktiken und kulturgeschichtlich interessante Hinweise über das frühneuzeitliche Wissen im Bereich der Sexualität (zur Illustration findet sich eine Reihe solcher Epigramme im Band IV/2, Kap. 1 a-c).

Logaus adelsbedingter, religiös begründeter und in den Zeitläufen ständig Bestätigung findender *Konservatismus* hielt ihn auch auf Distanz zu den *Wissenschaften*. Die universitäre Spitzen-Trias Medizin, Jurisprudenz und Theologie werden regelmäßig ebenso mit Spott bedacht (vgl. SSG, S. 672, II, ZG, 238; SG, S. 121, II, 9, 47; ebda., S. 148, III, 8, 20; ebda., S. 211, III ZG, 195) wie die erlaubten und unerlaubten Künste Astronomie und Astrologie (SSG, S. 355, II, 7, 54; ebda., S. 476, III, 2, 97) oder Hermetik (vgl. SSG, S. 140, I, 7, 10; ebda., S. 154, I, 7, 71; ebda., S. 520, III, 5, 66). Seine religiös und ethisch begründete Diskurs-Unwilligkeit gegenüber Fragen des entstehenden neuzeitlichen Weltbildes hat er in dem Epigramm ›Viel Welten‹ in eine entwaffnende Pointe gekleidet: »Wo jeder Stern ist eine Welt, o, welch

ein Hauffen Welten! // Weil eine nicht gar viel ist werth, was werden viele gelten?«
(SSG, S. 340, II, 6, 70) Um so offener und hellhöriger war er dagegen für Phäno-
mene des Aberglaubens und der auf den Teufel zurückführbaren *schwarzen Magie.*
Da er zudem viele Züge des damaligen inferioren Frauenbildes aufgreift (vgl. dazu
Bd. IV/2, Kap. 1 a–c), vermag er auch den Hexenverfolgungen nur eine traurig-af-
firmative Pointe (im Sinne einer ›teuflischen‹ ›gender‹-Gerechtigkeit) abzugewinnen:

> »Zauberin.
> Man brennt ietzund viel Hexen; der Teufel ist geschäfftig;
> Vor waren sie in Männern, sind ietzt in Weibern hefftig.
> Es tobten sich im Kriege die Männer vormals müde;
> Drum halten nun die Teuffel der Männer Stell in Friede.«
> (SSG, S. 594, III, 10, 9)

Den höchsten Stellenwert im Bereich von Humanismus und Wissenschaft genießen
bei ihm die *Dichtkunst* und die *Bücher.* Programmatisch setzt er dem ›Dritten Tausend‹ ein Motto aus dem ›Politicvs Christianvs‹ (1626) des belgischen Jesuiten Char-
les Scribani (Scribanus) voran, wonach die ›Poeterey‹ jene geadelte Kunst sei, »womit der andren [Wissenschaften] jhre Stirnen / gleichsam bekleinodet werden.« Die
Aufgabe, »der Leute Sitten vnd Gemüther recht zu gestalten«, müsse »auß dem
reichen Vorrath der Poeten« »hergenummen werden« (zit. in SG, S. 140; vgl. dazu
SSG, S. 97ff., I, 5, 1–3; SG, S. 54f., I, 5, 3). »Vnsre Wissenschaft«, so pointiert gleich
eins der ersten Epigramme mit dem Titel ›Bůcher-lesen‹, »Wǎchst durch unver-
seumtes lesen // Jn ein gleichsam Gǒttlich Wesen.« (SG, S. 16, I, 1, 12) Im übrigen
übersieht Logau nicht die finanziellen Aspekte des Schreibens bei Gelegenheit (SSG,
S. 100, 5, 10), aber schließlich kann er auch hier den Spott »Auff einen Bücherschreiber« nicht lassen: »Man siehet deinen Schrifften groß Ehr und Sorge geben: //
Man läßt sie zierlich binden; worein? In Spinne-Wäben.« (SSG, S. 594, III, 10, 10)

4) *Krieg und Frieden*: Besonders aufschlußreich und vielfach originell ist die Behandlung *zeitgeschichtlicher Aspekte*. Der wichtige Themenkomplex von *Krieg und
Frieden* mag als Beispiel dafür dienen, daß sich Logaus ›Sinn=Getichte‹ als fortlau-
fender Kommentar nicht nur zur eigenen Biographie, sondern auch zu Zeitereignis-
sen lesen lassen. Daß er gegen den ›verfochtenen Krieg‹ und die Verharmlosungen
des Wortgebrauchs bei den durch ihn verursachten zivilen Katastrophen (SSG,
S. 101, I, 5, 15) zu Felde zieht und das völlig ›entmenschte‹ Verhalten der Soldaten
schonungslos attackiert (SSG, S. 171f., I, 8, 46), entspricht zeittypischer Klage. Untypisch indes und charakteristisch für Logau ist seine grundlegende *Skepsis* gegenüber dem *Westfälischen Frieden*. Ein wichtiger Grund dafür ist die Tatsache, daß sich
die Lage für die Protestanten in Schlesien durch den Friedensschluß eher verschlech-
tert hat (vgl. dazu Kap. 1 a–2). Es ist kein ›rechtschaffener Friede‹, weil im Streit um
Gott kein Friede geschlossen wurde (»Jst Friede da mit Gott? Wird Friede Friede
seyn; // Jst Friede nicht mit Gott? Jst Friede nur ein Schein.« SG, S. 104, II, 5, 8) Im
folgenden Epigramm ›Der deutsche Friede‹ nutzt Logau die Zäsur des Alexandriners, um in mehrfacher Repetition der Frage nach den Kosten des Friedens in der
ersten Vershälfte jeweils andere Antworten in der zweiten Vershälfte zu geben, wobei
die Kriegs-Kosten (»O, wieviel Ströme Blut!«) mit eingerechnet werden und das
Verb »kosten« immer ›eigentlicher‹ verstanden wird. Damit zielt das Epigramm nur

schein-verschlüsselt, weil es die Antwort Echos selbst gibt, auf jenen Konfessionsverwandten, dessen Eingreifen in den Krieg die Protestanten in Deutschland ihr
Überleben doch eigentlich wesentlich mitverdanken:

> »Was kostet unser Fried? O, wie viel Zeit und Jahre!
> Was kostet unser Fried? O, wie viel graue Haare!
> Was kostet unser Fried? O, wie viel Ströme Blut!
> Was kostet unser Fried? O, wie viel Tonnen Gut!
> Ergetzt er auch dafür und lohnt so viel veröden?
> Ja; wem? Frag Echo drumm; wem meint sie wohl? [Echo.] den Schweden.«
> (SSG, S. 268, II, 2, 87)

Logaus Groll gegen die Schweden schlägt sich in einem Dutzend polemischer Epigramme nieder. Sie haben sich die ›teure Ruh‹ mit »fünf Millionen« bezahlen lassen
(SSG, S. 310, II, 4, 98; vgl. ›An die Schweden‹, ebda., S. 301, II, 4, 38; ebda., S. 341,
II, 6, 75). In dem Epigramm ›Gold-Kunst‹ wirft er den alchimistischen »Künstlern«
»auß dem Norden-Loche« nicht nur erneut vor, ihr »Kupfer« in »deutsches Gold«
verwandelt zu haben, sondern daß sich die deutschen Kriegs-Opfer und die damit
verbundene Glaubens-Gemeinschaft und »Treue« für sie in ›Gold‹ bezahlt gemacht
hätten: »Deutsches Blut, mit deutscher Asche wol vermischet, kunte machen, // Daß
den Künstlern ward zu Golde Glauben, Treu und alle Sachen.« (SSG, S. 341, II, 6,
76) Ebenso empörte sich Rompler von Löwenhalt 1647: »und sehen wir noch tag zu
tag / wie vnser vntergang der Nortländer aufgang ist / und unser verterben ihr
erwerben.« (II, ›Vorred‹, S. *ij r) Als die Schweden dann, wie im Friedensvertrag
vereinbart, 1650, also erst zwei Jahre nach Kriegsende und nach achtjähriger Besatzungszeit zum Schutze der Protestanten, aus Schlesien abzogen, begleitete Logau
dies in einem resignierten Kommentar mit einem Wortspiel – einem Beispiel für seine
Fähigkeit zur scharfsinnigen Pointierung (weniger zur politischen Vorausschau, denn
was sich nach dem Abzug der Schweden etwa in den schlesischen Erbfürstentümern
ereignete, mußte Andreas Gryphius bei seinem Dienstantritt als Syndicus der Landstände in Glogau schmerzlich erfahren; vgl. Kap. 6 b–3):

> »Der Schweden Außzug Anno 50.
> Die Schweden ziehen heim; daheime wann sie blieben /
> Wår Deutschland auch daheim / vnd nicht wie jetzt vertrieben.«
> (SG, S. 98, II, 3, 54)

5) *Zur Konzeption und Gliederung:* Nimmt man das ganze Werk in den Blick und
verzichtet auf modernisierende Selektion des Materials, dann stellt sich nach wie vor
als größte Herausforderung die Heterogenität der Präsentation des voluminösen
›opus‹ dar. Nur auf den ersten Blick ist es regelmäßig geordnet: Jeder der drei Teile
enthält 1000 Gedichte in jeweils zehn Büchern mit je 100 Texten. Doch am Ende des
zweiten und dritten Tausends finden sich jeweils ›Zugaben‹ mit 201 bzw. 257 weiteren Gedichten. Eitner hat im Bezug der Texte auf jeweils aktuelle historische Ereignisse plausibel gemacht, daß die *Reihenfolge* der Gedichte die *Chronologie* ihrer
Entstehung abbildet. Das trifft vermutlich erst ab dem ›Zweiten Tausend‹ zu, wie
eine Reihe von Umstellungen der Epigramme aus der Sammlung von 1638 im ›Ersten Tausend‹ zeigt (vgl. die Konkordanz in II.72 Seelbach, S. 38*ff.). Daneben sind

in der Komposition der einzelnen Bände auch andere Strukturprinzipien zu erkennen, auf die z. T. schon hingewiesen wurde: das »Bauprinzip der *Reihung*« (II.72
Wieckenberg 1982, S. 294) sowie das der *Zyklusbildung* im Blick auf thematisch
zusammenhängende Textgruppen wie etwa »II, 8, 23–27 (Dankgebete im Kreis der
fünf Sinne); II, 8, 76–80 (Tageszeitengebete); II, 10, 31–42 (geistliche Epigramme im
Kreis der Jahresmonate); schließlich der in die zweite Hälfte des Jahres 1648 datier-
bare Zyklus der Sonntags- und eingestreuten Feiertagsepigramme (I, 9, 1–69)« (II.72
Verweyen 1988, S. 168f.), aber mehr noch das Prinzip *kontrastiver und heterogener
Kettenbildung* nach dem poetologischen Prinzip ›variatio delectat‹ und zugleich in
formaler Entsprechung zur Darstellung der verkehrten, aufgelösten ›Kette der Wesen‹ in der göttlichen Seinsordnung. Der umfassenden Zeitkritik entsprechend hält
die Sammlung so auf formaler Ebene die inhaltlich ausgesagte Disharmonie der
Zeit-Läufte ständig gegenwärtig. Die ›satyrisch‹ aufgespießten Diskrepanzen finden
ihr dispositorisches Analogon in der großenteils unzusammenhängenden Abfolge
der ›res‹ in den einzelnen Abschnitten.

Fast jede Seite vermittelt diesen Eindruck. Deshalb genügen hier zwei kurze Beispiele. Die dezidierte Absicht zum Aufzeigen der Disharmonie der Welt zeigt sich
auch in der Destruktion des gewichtigsten Symbols der Welt-Einheit, nämlich der
Korrespondenz von Mikro- und Makrokosmos: »Die kleine Welt fällt täglich, die
große bleibet stehn; // Die kleine wird erstehen, wann große wird vergehn.« (SSG,
S. 372; II, 8, 62). Dies weltanschaulich gewichtige Epigramm ist eingebettet zwischen
ein grobianisch-anzügliches ›Auf Mammaeam‹ und ein aus heutiger Sicht tatsächlich
trauriges, aus damaliger Sicht des Autors aber ebenso anzügliches ›Auff Bardum‹:
»Bardus weinte: seine Kinder würden keine Pfleger haben, // (Hatte weder Weib
noch Kinder) wann er würde sein begraben.« (Ebda.; es handelt sich also, wie der
Klammerzusatz verdeutlicht, um uneheliche Kinder – eine unverzeihliche Sünde für
die damalige Moral). Doch wie um sogleich die Interpretation zu widerlegen, das
›tertium comparationis‹ sei durchgängig die zitierte – moralisch zu verstehende –
Sentenz ›Die kleine Welt fällt täglich‹, gibt sich das nachfolgende Epigramm unter
der Überschrift ›Grabschrifft eines lieben Ehgenossens‹ trotz scheinbar übertrieben-
ironischer Leser-Anrede dann in der ›Auflösung‹ ganz unironisch und un-satirisch:
»Leser, steh, erbarme dich dieses bittren Falles! // Ausser Gott war in der Welt, was
hier liegt, mir Alles.« (Ebda., S. 373; II, 8, 63) Oder: Auf die durch Kellers ›Sinn-
gedicht‹ berühmt gewordene ›Frage‹ (»Wie wilstu weiße Lilien / zu roten Rosen
machen? // Küß eine weiße Galathe, sie wird errőthet lachen.« (SG, S. 190, III, 10, 8)
folgen unmittelbar die beiden hier zuvor schon zitierten Epigramme ›Zauberin‹ und
›Auff einen Bücherschreiber‹ (SSG, S. 594). Zwischen Galathe und den Hexen läßt
sich allenfalls eine kontrastive Beziehung herstellen, der Bücherschreiber versetzt den
Leser wiederum in eine andere Gedankenwelt. – »Mein Sinn steht auffgericht / die
Welt geht krum gebŭckt«, lautet eine Maxime des Autors (SG, S. 209, III ZZ 145),
der die epigrammatischen ›Bücklinge‹ ein ums andere ›Hundertmal‹ um den festgefügten Sinn seines Weltbildes zirkulieren läßt (anders IV Althaus, S. 119ff., 140ff.;
vgl. dazu Kap. 2 e–1).

## c)   Suche nach dem rechten Tun »unter falschen Brüdern«

1) *Salomon redivivus*: Von diesem festen Sinn her in Verbindung mit der satirischen Absicht läßt sich auch die Wahl des Pseudonyms *Salomon* verstehen, denn die ›Sprüche Salomos‹ erfolgen in der Absicht, »zu lernen Weisheit und Zucht, Verstand, Klugheit, Gerechtigkeit, Recht und Schlecht, daß die Unverständigen klug und die Jünglinge vernünftig und vorsichtig werden.« (Spr. 1, 2–4). Und der erste und wichtigste Spruch Salomos ist der, mit dessen Verkehrung aus fehlender Ehr-Furcht für ›Salomon von Golaw‹ denn auch – wie gesehen (vgl. Kap. 4 b–2) – die Verkehrung der Welt beginnt: »Des Herrn Furcht ist Anfang der Erkenntnis.« (Spr. 1, 7) Dieser Satz durchzieht nicht nur leitmotivisch die ›Sprüche Salomos‹ (vgl. Spr. 9, 10; 10, 27; 14, 26f.; 15, 33; 19, 23 u. ö.), sondern er bildet auch das Schlußwort von ›Prediger Salomo‹: »Laßt uns die Hauptsumme aller Lehre hören: Fürchte Gott und halte seine Gebote; denn das gehört allen Menschen zu. Denn Gott wird alle Werke vor Gericht bringen, alles, was verborgen ist, es sei gut oder böse.« (Pred. 12, 13f.) Mit Salomo, dem Friedensreichen, der zugleich mit Logaus Vornamen kongruiert (vgl. IV Althaus, S. 133), eignet sich der Autor eine biblisch-christliche Autorität zu und gibt zu verstehen, daß die Normen seiner Kritik in der Tradition von ›Jerusalem‹ und nicht von ›Athen‹ fußen. In einem langen, formal kunstvoll von zwei Ein-Wort-Zeilen über Verse mit stetig wachsender Hebungszahl bis zu einem Alexandriner-Mittelteil und dem allmählichen, spiegelbildlich zum Eingang sich verkürzenden und in zwei Ein-Wort-Schlußzeilen (»Pein / Seyn«) endenden (Bild-)Lehr-gedicht bekennt sich der Sprecher zu – so der Titel – »Gottes Wort« als ausschließlicher, einzig verläßlicher und ewiges Heil zusagender Glaubensgrundlage (SG, S. 71f., I, 8, 25; im Tenor gleich das ähnlich lange Alexandriner-Lehrgedicht ›Die Hl. Schrifft, der beste Schatz‹; SSG, S. 259f., II, 2, 54; vgl. SG, S. 65, I, 7, 31).

Aber was ist dieser biblische Schlüssel wert in Zeiten der Konfessionalisierung? Trotz Frieden, so erklärte Logau auch noch in einer Leichabdankung von 1651, »ist doch jmmer ein Mensch deß andern Teuffel / deß andern Wolff. Man ist doch jmmer in gefährlichkeit unter falschen Brüdern. Es wird doch jmmerdar den Frommen schwer / zu wohnen unter denen / die den Friede hassen.« (RaW, S. 167) Im Blick auf den wahren ›Glauben‹ schienen alle drei Konfessionen »falsche Brüder« zu sein (wieder im trochäischen Tetrameter):

> »Luthrisch / Påbstisch vnd Calvinisch / diese Glauben alle drey
> Sind verhanden; doch ist Zweiffel / wo das Christenthum dann sey.«
> (SG, S. 189, II, 1, 100)

2) *Perikopenepigramme*: Halt und Zuversicht bot Logau zunächst – wie angedeutet – die Bibel. Ausdruck dafür ist auch sein Zyklus von Perikopenepigrammen: Je ein vierzeiliges Epigramm dichtete er in der Folge des Kirchenjahres, also vom 1. Advent bis zum ›27. Sontag nach der h. Dreyfaltigkeit‹ auf die festliegenden, sich jährlich wiederholenden und jeweils als Predigtgrundlage ausgewählten Bibelabschnitte (Perikopen; vgl. zur Perikopendichtung Kap. 2 c–3; vgl. SSG, S. 188–199, I, 9, 1–69). Dabei hält er sich genau an die Reihenfolge der Sonntage, läßt – im Unterschied zu Gryphius (vgl. II SuFS, S. 40f.) – die hohen, auf Wochentage fallenden Feiertage wie

Gründonnerstag oder Karfreitag aus, bedenkt dafür aber im Unterschied zum Glogauer, der jedem Sonn- und Feiertag nur ein Sonett widmet, die hohen Feiertage wie
Ostern oder Pfingsten mit mehreren Epigrammen. Im Unterschied auch zu den inhaltlich komplexen und stilistisch im gehobenen Stil verfaßten Sonetten von Gryphius (vgl. dazu Kap. 6 k) halten sich die Epigramme Logaus eher im Bereich des
niederen Stils (mit einigen geschliffenen Ausnahmen; vgl. z. B. SG, S. 77, I, 9, 28).
Und hier scheint nun keineswegs zweifelhaft zu sein, daß der wahre Glaube jedenfalls nicht bei den Katholiken beheimatet ist. Die Epigramme nutzen den engen
Spielraum der Quatrains zu wuchtigen, unangezweifelten Bekenntnissen zum protestantischen Lager und bei den geeigneten Perikopen, an denen die Konfessionen
ihre Glaubensunterschiede festmachten und austrugen, auch zu polemischer Ag-
gressivität.

   Glaubens-, Gottes- und Selbstzweifel, wie Gryphius sie artikuliert, sind bei Logau
nicht zu finden. Wenn der Glogauer z. B. zu der Perikope am vierten Sonntag nach
Epiphanias (Mt. 8, 23–27; vgl. Bibeltext und Gryphsches Sonett in Kap. 6 k–2)
ängstlich versucht, den im Schiff schlummernden Erlöser als Retter der eigenen Zeit
neu herbeizuflehen, und offen läßt, ob Jesus sich erwecken läßt, lautet Logaus Deutung der Perikope glaubensgewiß:

> »Stürmt Sünde, Teuffel, Welt, Tod, wißt ihr, daß im Schiffe
> Der Herr der Herren ist und stellt sich, ob er schliffe:
> Was fehlt, als daß man ihn durch wahre Buß erwecke?
> So lieget Sturm und Streit und aller Trotz im Drecke.«
>    (SSG, S. 190, I, 9, 16).

Wie in diesem Beispiel greift Logau zumeist in der jeweiligen ersten Hälfte der
Quatrains einige Motive aus der biblischen Perikope auf, verzichtet aber auf eine
Nacherzählung, Beschreibung oder Nachempfindung im Sinne der ›memoria‹ geist-
licher Poesie (vgl. Kap. 2 c) und nutzt den gesamten Raum des Vierzeilers für eine
überwiegend gnomisch formulierte Deutung, die sich in der Regel an der kirchlichen
Auslegungstradition orientiert. Wo möglich, aktualisiert er die Perikopen und bezieht sie auf den Kirchenkampf. So nutzt er etwa auch in der Perikope zum Sonntag
Oculi die Geschichte von Jesu Teufelsaustreibung (Luk. 11, 14–23) zur Bitte, die
gegenwärtigen »bösen Geister« und »Feinde deines Reichs« zu vertreiben und den
Gläubigen das Wort zu erhalten und dessen Spaltung zu verhindern (SSG, S. 192, I,
9, 23). Eine sehr eigenwillige und konfessionspolemisch gegen den Katholizismus
gerichtete Deutung bietet das Epigramm zur Perikope vom Erscheinen Jesu vor dem
ungläubigen Thomas (Joh. 20, 19–31) am Sonntag Quasimodogeniti. Während die
Sprechinstanz bei Gryphius wie bei ihm üblich in die Rolle einer der biblischen
Figuren – hier des Thomas – schlüpft und aus der Erscheinung Jesu für sich Trost
schöpft (»...wenn aller Trost zu klein / Vnd ich verlassen bin / tritt JEsus zu mir ein!«
II SuFS, S. 42), polemisiert Logau ohne einleuchtenden Bezug zur Perikope gegen
die Verabsolutierung der »Werke« als Mittel der (Selbst-)Erlösung (möglicherweise
liegt hier auch eine alternative Perikope zu diesem Sonntag zugrunde, nämlich 1.
Joh. 5, 1–5; die Polemik ist aber auch von dorther keineswegs begründet):

> »Wer seiner Sünden Schuld durch eignes Werk kann büßen,
> Darff von Vergebung nichts in Christus Namen wissen.

> Ein solcher bringt es weit; er muß in Himmel ein,
> Dieweil er ihm kann selbst sein eigner Christus seyn.«
> (SSG, S. 193, I, 9, 32)

Anläßlich der Perikope für den nachfolgenden Sonntag Misericordias Domini von Jesus als gutem Hirten (Joh. 10, 12–16) läßt sich Logau ebenfalls die Gelegenheit zur antikatholischen Sottise nicht entgehen. Hier ist die Zweigliedrigkeit des Epigramms durchgeführt. Die beiden ersten Verse greifen den biblischen Wortlaut auf (Joh. 10, 12: »Ich bin der gute Hirte. Der gute Hirte läßt sein Leben für die Schafe.«), der zweite Teil leitet zur Deutung und Applikation auf die eigene Zeit über, wobei er das Motiv der Schafe aus dem Bibeltext übernimmt und das zu erratende biblische Motiv, den ›Wolf‹ (»und der Wolf erhascht und zerstreut die Schafe« Joh. 10, 12), dem kundigen Leser mit einer rhetorischen Frage getrost zur Identifizierung überlassen kann:

> »Ein guter Hirt ist der, der seinen Leib und Leben
> Von freyem Willen will für seine Schafe geben.
> Wer ist nun aber der, der durch gewalt und List,
> Zum Theil die Schafe schindt, zum Theil die Schafe frist?«
> (SSG, S. 193, I, 9, 33)

Immer wieder greift der Autor über die Perikopenepigramme hinaus mit derselben parteilichen Schärfe das höchst aktuelle Thema des Glaubenszwanges auf.

3) *Gegen Rekatholisierung und Glaubenszwang*: Zunächst also ist der ›Salomon‹ redivivus zumindest bei diesem Thema kein salomonischer Richter. In drei Dutzend Epigrammen, zieht er mit aggressivem Scharfsinn gegen den Konversionszwang zu Felde. Solcher Zwang »mit Pistolen« führt entweder zu Heuchelei (SSG, S. 53, I, 2, 98) oder Indifferentismus (SSG, S. 138, I, 7, 4) oder zur privaten ›Hertzens-Kirche‹ (»Man kann zwar alle Kirchen schlüssen / Doch nie die Kirchen im Gewissen.« SG, S. 109, II, 6, 59; vgl. ebda, S. 116, II, 8, 20; ebda., S. 132, II, ZG, 179; ebda., S. 207, III, ZZ, 92). Und ein Konvertit wechselt den Glauben selten aus Überzeugung: »Mich dünckt Gunst, Ehre, Macht, Gemach und gute Bissen // Die stärken ihm das Hirn, nicht aber das Gewissen.« (SSG, S. 113, I, 5, 74/75) Umgekehrt entdeckt man plötzlich seinen ›Religions-Haß‹ auf den eigenen Fürsten, wenn dieser die Gunst entzieht (SSG, S. 592, III, 10, 97) – eine Anspielung auf die prekäre Situation der Piastenherzöge, die das reformierte Bekenntnis angenommen hatten, aber aus Schwäche, Vorsicht und Toleranz (vgl. III Schöffler 1974, S. 9f. 18f.) den Landeskindern ihren (meist lutherischen) Glauben gelassen hatten und stets religiöse Verleumdung am kaiserlichen Hof fürchten mußten. Gegen die katholische Restauration führt ›Salomon‹ Christus als Zeugen und Richter an: »Deutschland soll von dreyen Glauben nunmehr nur behalten einen; / Christus meint, wann er wird kummen, dürfft er alsdann finden keinen.« (SSG, S. 498, III, 4, 33) Aber dann schafft er im Jüngsten Gericht den ›vereinigten Glauben‹, der im konfessionellen Streit nicht herzustellen war (SSG, S. 288, II, 3, 63). Doch welcher Glaube ist jetzt schon der Christus-gemäße?

4) *Anzeichen des wahren Glaubens*: ›Salomon‹ verknappt in einem Epigramm die Besonderheit jeder der drei Konfessionen auf ein charakteristisches Merkmal:

»Dreyerlei Glauben.
Der Bapst, der will durch thun, Calvin will durch verstehn,
In Himmel aber will durch glauben Luther gehn.«
(SSG, S. 546, III, 7, 4)

Schon daß Luther gegenüber den beiden Kontrahenten, die sich gleichgewichtig die
erste Zeile teilen müssen, und durch »aber« von ihnen abgesetzt die ganze Zeile des
›Aufschlusses‹ beanspruchen darf, daß sein Name »sonderlich an dem ende erscheinet«, wo nach Opitz das Epigramm seinen arguten Höhepunkt haben soll (II BDP,
S. 31), sichert ihm, ohne daß dies inhaltlich noch ausgesprochen werden müßte, die
Priorität. Und in der für die Konfessionen entscheidenden Sakraments- und Abend-
mahlsfrage scheiden sich auch für ›Salomon‹ die Geister. Hier wird Calvins »verstehn« als zweifelndes und deshalb zweifelhaftes »vernehmen« und »bedüncken«
kritisiert, dem gegenüber sich das Epigramm in der ›Auflösung‹ auf die wörtlich zu
verstehende Zusage Christi verläßt und damit den rechten Glauben demonstriert
(wieder in der nachdrücklichen Versform des trochäischen Tetrameters):

»Deß Herren Abendmal.
Wie man Christi Leib kann essen, wie man Christi Blut kann trincken,
Lest sich jener diß vernehmen, lest sich dieser das bedüncken.
Der den Leib gab selbst zur Speise, der das Blut gab selbst zu trincken,
Der wird leisten, was versprochen; ich will glauben, du magst düncken.«
(SSG, S. 494, III, 4, 8)

Doch der konfessionsgeschichtliche Befund ist sowohl im Blick auf die historische
Situation Logaus als auch zahlreiche andere Epigramme komplizierter. Im Herr-
schaftsgebiet der Piasten war, wie erwähnt, die – gegen den Calvinismus gerichtete,
erzkonservative – lutherische Konkordienformel nicht unterschrieben worden. Es ist
interessant, daß Logau sich mit Altdorf bei Nürnberg eine Hochschule zum Studium
wählte, die ebenfalls der Konkordienformel nicht beigetreten war und an der Lutheraner und Calvinisten unterrichteten (vgl. III Scheurl-Defersdorf). Dies deutet
auf eine »philippistische« Orientierung des Autors, die sich in den Epigrammen
bestätigt. Logau kritisiert am Calvinismus jene vulgären Simplifizierungen, welche
auch die Reformierten in der Regel ablehnten: In ›Kennzeichen der wahren Kirche‹
verweist er auf Judas, »der mit dem Beutel gieng«, und lehnt von daher die calvinistische Auffassung ab, das eigene Wohlergehen sei Kennzeichen der Zugehörigkeit
zu den von Gott Erwählten (SSG, S. 103, I, 5, 25). Ebenso distanziert er sich vom
radikalen Vorsehungsglauben (SG, S. 91, II, 2, 33) sowie von den calvinistischen
›Bild-Stürmern‹ (SSG, S. 127, I, 6, 48) und spottet: »Wo Bilder in der Kirch ein
Ergernüß gebären, / So muß man Kirchen-gehn auch schönen Weibern wehren.«
(SSG, S. 134, I, 6, 87) Eine solche Position aber stimmt durchaus noch mit dem
Bekenntnis der Reformierten als gemäßigten Calvinisten überein. Und dies gilt nun
auch für ›Salomons‹ Hauptkriterium für den rechten ›Glauben‹: Nur »aus Wandel
und Gewissen / Kann man erst den Glauben schließen.« (SSG, S. 495, III, 4, 13)
Zum Wandel gehört insbesondere die von Christus selbst vorbildlich praktizierte
›Liebe deß Nechsten‹ (SSG, S. 494, III, 4, 6; ebda., S. 498, III, 4, 37), die aber
gegenwärtig »erloschen« sei (SSG, S. 302, II, 4, 48; vgl. SG, S. 384, II, 9, 35).

5) *Gute Werke / Nächstenliebe*: Mit Wandel und Gewissen rücken nun aber –
durchaus auch in Kontinuität zur zitierten Lehre seines biblischen Vor-Bildes
(»Denn Gott wird alle Werke vor Gericht bringen«; Pred 12, 14) – die »guten Werke« ins Zentrum der Logauschen Beurteilung des ›wahren Christentums‹, und damit
gerät das orthodoxe, nur den Glauben als allein seligmachend verteidigende Luthertum in die Kritik der ›Sprüche Salomons‹: »Was hat doch wol für Stärcke / ein
Glauben ohne Wercke?« (SSG, S. 199, I, 9, 70; vgl. ebda., S. 374, II, 8, 71) Christus
habe für uns sein Leben geopfert: »Ihm zu danken wollen Christen Marter, Schmach
und Tod vermeiden«, eben indem sie sich mit dem Glauben an dies Opfer begnügen.
Indessen beim Jüngsten Gericht »Wird, wer weit vom Leiden blieb, auch von Freuden bleiben weit.« (SSG, S. 295, II, 4, 5; vgl. ebda., S. 479, III, 3, 12) Unmißver-
ständlich bekräftigt Logau dies mehrfach: »Wercke zeugen von dem Glauben; drum
wird nach den Wercken sprechen, // Wann den Stab bey letztem Tage Christus wird
gerichtlich brechen.« (SSG, S. 504, III, 4, 74; vgl. ebda., S. 82, I, 4, 22; ebda., S. 94, I,
4, 87; ebda., S. 110, I, 5, 62). Auch die Natur präfiguriert mit ihren Jahreszeiten den
christlichen Lebenslauf, der darauf angelegt ist, ›Früchte‹ zu bringen (SSG, I, 5, 54).
Logau greift für die guten Werke sogar auf jenes Verb zurück, mit dem er die Papst-
Kirche charakterisierte, auf das Tun, um das wahre Christentum zu charakterisieren
(wieder im sentenzhaften trochäischen Tetrameter):

> »Christenthum.
> Christenthum besteht im Thun; drum so bitt ich um Verlauben,
> Daß beym Glauben, der nichts thut, ich nicht darff dem sagen glauben.«
> (SSG, S. 639, III, ZG, 32; vgl. auch SG, S. 145, III, 1, 39; ebda., S. 152,II, 3, 9)

Damit aber wird keine der Konfessionen definitiv aus dem ›wahren Christentum‹
ausgeschlossen. Alle haben noch ihre Chance und sind aufgerufen, statt falscher
Werke den guten Werken dessen zu folgen, dessen Namen sie tragen (vgl. das Epigramm ›Die Nachfolge Christi‹; SSG, S. 118; I, 6, 2). Mit dieser zugleich humanen
Position steht Logau, wie sich zeigen wird, Gryphius nahe – und er weist auf einen
langen Weg voraus, den nicht zufällig sein Wiederentdecker Lessing in ›Nathan dem
Weisen‹ und dessen ›Ringparabel‹ (mit Bezug auf Judentum, Christentum und Islam)
als auch im 18. Jahrhundert noch utopisches Vermächtnis aufgegriffen hat. – Und
damit erweist sich der streitbare Logau letztlich doch als ein salomonischer Friedrich.

## 6)  Arbeit am ›wahren Christentum‹ (Gryphius)

### a)  Der Vieldeutige – Rezeptions- und Forschungsprobleme

1) *Der Schwierige*: Heute gilt der sprachgewaltige und formbewußte Lyriker und Dramatiker Andreas Gryphius (1616–1664; vgl. Abb. 4; ein Stich von Philipp Kilian nach dem verschollenen Gemälde eines unbekannten Künstlers; vgl. III Bircher, S. 78f.) als einer der wichtigsten deutschsprachigen Dichter des 17. Jahrhunderts, manchen sogar als der bedeutendste. Das war nicht immer so. Von der Aufklärung bis zur Romantik war der Glogauer Pfarrerssohn und Syndicus ein teils kritisierter, teils vergessener Autor (vgl. II.44 Mannack 1986, S. 107ff.). Seinen Komödien warf man zu große Schwierigkeit (z. T. auch die Versform) und Ernsthaftigkeit, seinen Trauerspielen Verstöße gegen die aristotelische Poetik vor. Und Märtyrerdramen entsprachen nicht mehr dem aufgeklärten Zeitgeschmack. Kein Geringerer als Lessing las diesem »christlichen Trauerspiel« – ohne Gryphius beim Namen zu nennen – programmatisch gleich im ›Ersten Stück‹ seiner ›Hamburgischen Dramaturgie‹ die Leviten:

*Andreas Gryphius (1616–1664)*

Abb. 4

> »Die Helden desselben sind mehrenteils Märtyrer. Nun leben wir zu einer Zeit, in welcher die Stimme der gesunden Vernunft zu laut erschallet, als daß jeder Rasender, der sich mutwillig, ohne alle Not, mit Verachtung aller seiner bürgerlichen Obliegenheiten in den Tod stürzet, den Titel eines Märtyrers sich anmaßen dürfte. Wir wissen itzt zu wohl die falschen Märtyrer von den wahren zu unterscheiden; wir verachten jene ebensosehr, als wir diese verehren, und höchstens können sie uns eine melancholische Träne über die Blindheit und den Unsinn auspressen, deren wir die Menschheit überhaupt in ihnen fähig erblicken.« (II Lessing, S. 16; vgl. II. Mannack, 1986, S. 109)

Daß dieser durch die Vernunft errichtete historische Graben nicht mehr einfach zu überspringen war, hat die nachfolgende Wirkungsgeschichte nachhaltig bestätigt.

Das religiöse Weltbild und Anliegen von Gryphius' Trauerspielen entschwanden zugleich mit dem theologiegeschichtlichen Kontext dem Blick einer sich als autonome philologische Fachwissenschaft definierenden Literaturwissenschaft. So intensivierte sich nach Erscheinen der von Hermann Palm besorgten dreibändigen Ausgabe von Gryphius' deutschsprachigen ›Werken‹ (1878–1884) die positivistische Erforschung der Vita des Autors, zugleich der antiken sowie zeitgenössischen Quellen und Einflüsse auf sein Werk (das gilt bei der Studie Manheimers [1904] auch für die Lyrik).

2) *Der gefühlstiefe Deutsche*: Zur Zeit des Expressionismus entdeckte Fritz Strich im Kontext der in Mode kommenden stiltypologischen Vergleiche, die sich auf unheilvolle Weise mit der Suche nach der Verwirklichung des »deutschen Geistes« im Ringen mit dem fremden »romanischen Geist« verbanden, den ›lyrischen Stil des 17. Jahrhunderts‹ als »wesensverwandt« mit der eigenen Zeit. Hier begannen – mit der Hochschätzung von »deutschem« Pathos und Gefühl, von Affekt und Ausdruck – die Abwertung des »undeutschen«, weil von der ›Renaissance‹ beherrschten Opitz und die Aufwertung des deutsche Gefühlstiefe und -mystik repräsentierenden Gryphius. Für Strich war es Kennzeichen des deutschen Geistes, den auf Strenge und Begrenzung bedachten »romanischen Geist« »durch den freien Rhythmus, die tönende Wucht und Häufung der Worte und die Überbietung der Bilder und Gefühle« zu »schwellen« und zu »steigern«: »Die religiösen Sonette von Gryphius sind mystische Erschütterungen, visionäre Vergegenwärtigungen einer von Leidenschaften durchglühten und von einem freien Rhythmus getriebenen Persönlichkeit.« (IV Strich, S. 233)

3) *Der Melancholiker*: Diese Entwicklung setzte sich in den nachfolgenden Phasen der Rezeptionsgeschichte fort, in denen sich zugleich die Moden der Literaturwissenschaft und der Germanistik-Geschichte spiegeln. Das gilt für Benjamins ›Trauerspiel‹-Buch, das Lessings melancholischen Blick auf das 17. Jahrhundert erneuert (vgl. Einleitung c), und das gilt für die vor allem durch Wilhelm Dilthey und Emil Ermatinger repräsentierte Geistes- und Problemgeschichte; bei Ermatinger avancierte Gryphius 1925 zum herausragenden Repräsentanten der polaren Spannung des ›Barock‹-Zeitalters zwischen Diesseitsanspruch und Jenseitshoffnung (vgl. II.44 Mannack 1986, S. 124). Allerdings konnte auch der Versuch nicht ausbleiben, moderne Züge im vormodernen Weltbild des Barock und damit auch bei Gryphius zu erkennen. Dies geschah vor allem in Gerhard Frickes Studie über ›Die Bildlichkeit in der Dichtung des Andreas Gryphius‹ (1933), der bei allem Nachweis des Unterschiedes von barocker allegorischer Bildlichkeit und moderner Symbolik doch Anzeichen von Brüchen im barocken Weltbild diagnostizierte (vgl. dazu II.44. Mannack 1986, S. 125). Eine Aneignung dieses Autors über den von der Vernunft errichteten historischen Graben hinweg schien offenbar nur möglich zu sein, wenn man die feste religiöse Verankerung des Gryphschen Weltbildes hinterfragte und ihn damit der eigenen säkularen Befindlichkeit annäherte. Diesen Weg haben alle späteren Studien beschritten, die Gryphius mit dem Geist und Kontext der (Post-)Moderne in Beziehung setzten.

4)  *Der philologisch neu zu Entdeckende*: In der Nachkriegs-Germanistik differen-
zierten sich die Positionen im Anschluß an die Phase der sog. ›werkimmanenten
Interpretation‹ der fünfziger und sechziger Jahre aus. So wurden die historischen
und philologischen Voraussetzungen zum Verständnis von Epoche, Autor und Werk
erweitert und verbessert. Hier hat sich Marian Szyrocki mit seinen kenntnisreichen
und vorurteilsfreien Studien zu Gryphius (I1.44 1959, 1964a) sowie mit seiner zusammen mit Hugh Powell herausgegebenen ›Gesamtausgabe der deutschsprachigen
Werke‹ (10 Bde. 1963–1987) große Verdienste erworben. Zwar wurde diese Ausgabe
seinerzeit heftig kritisiert, weil sie nicht die Texte der Ausgabe letzter Hand von 1663
(und damit den ›letzten Textwillen‹ des Autors) zugrundelegte, sondern den jeweils
frühesten vollständigen Druck (und damit angeblich vom Autor später verworfene
Fassungen; vgl. II.44 Krummacher 1965). Doch die Ausgabe enthält die späteren
Varianten im Apparat, und sie ermöglicht uns so einen guten Einblick in die Genese
der Fassungen und damit in das Prozessuale der Gryphschen Textarbeit, und dies
entspricht unserer modernen Auffassung vom Text als einem ohnehin nicht stabilen
Gebilde besser als die Verabsolutierung eines angeblich letztgültigen Autorwillens
(und die implizite These, daß die letzte Fassung immer die beste sei, bestreiten die
Herausgeber mit guten Gründen; vgl. II.44 Szyrocki 1963, S. IX; im übrigen bietet
die 1968 von Carl Otto Conradi herausgegebene Ausgabe der ›Dichtungen‹, darunter des ›Ersten‹ und ›Zweiten Buchs‹ der ›Sonnette‹, den Wortlaut der ›Ausgabe
letzter Hand‹ von 1663; vgl. II D, S. 9–65; auf diesen greift auch Adalbert Elschenbroich bei seiner zeitgleich erschienenen Reclam-Auswahl für die komplette Wiedergabe der ›Sonn- und Feiertagssonette‹ zurück [SuFS], die schon in der Ausgabe
von 1657 das ›Dritte‹ und ›Vierte Buch‹ der ›Sonnette‹ bilden [SDB; SVB]). Enttäu-
schend dagegen ist, daß die ›Gesamtausgabe‹ noch nicht abgeschlossen werden
konnte. Für 2006 wird allerdings als Band 9 eine Edition von Gryphius' monumentalen ›Dissertationes funebres oder Leich=Abdanckungen‹ (1666) angekündigt. –
Näher untersucht wurden ferner die literarischen Motive, Strukturen und die Bildlichkeit, letztere vor allem in ihrem engen Zusammenhang mit der Emblematik (vgl.
vor allem IV Schöne; II.44 Jöns; III Windfuhr). Zugleich gab es auch eine erste
verdienstvolle Gesamtwürdigung von Person und Werk im ›epochalen Zusammenhang‹ (II.44. Flemming).

5)  *Der traditionsbeladene Lutheraner*: Daneben und danach verstärkte sich das Interesse, diesen zunehmend als bedeutend und repräsentativ für seine Zeit empfundenen Autor in den Kontext jener Traditionen zu stellen, die sein Werk wie die
Literatur der Epoche beeinflußt haben. Hierzu gehören materialreiche Studien zur
›Barockrhetorik‹ (vgl. III Barner 1970) sowie zur ›patristischen und stoischen Tradition‹ vor allem im Blick auf die ›Dissertationes funebres‹ und die Dramen (II.44
Schings) sowie zu den von Gryphius vor allem in den ›Sonn- und Feiertagssonnetten‹
herangezogenen Formen lutherischer Bibelexegese und Bibel-Dichtung (II.44 Krummacher 1964, 1976, 1987). Daraus entwickelte sich zum Teil ein konservativ-erbau-
liches Bild des Autors, der die dogmatischen Positionen des Luthertums getreulich in
Verse gegossen zu haben schien (charakteristisch für diese Position ist schon der Titel
von Johann Anselm Steigers Aufsatz ›Die poetische Christologie des Andreas Gryphius als Zugang zur lutherisch-orthodoxen Theologie‹ [1997]; vgl. auch II.44 Steiger

2000). Sowohl die Biographie wie auch das poetische Werk bieten eine große Zahl von Belegen für Gryphius' Zugehörigkeit zum Luthertum bzw. zur lutherischen Reformorthodoxie. Eine imponierende Zahl von Interpreten hat ihn denn auch dieser Konfession zugeordnet (II.44. Hemmerich, S. 21f.; Flemming, S. 88f.; Schings, S. 5ff., 75ff. u. ö.; S. Rusterholz, S. 5ff., 103ff., 156ff.; Kenkel, S. 88ff.; Krummacher 1976, S. 477ff. u. ö.); und diese Position habe er »gegen andere christliche Konfessionen abgegrenzt« (II.44 Mauser, S. 119; vgl. ebda., S. 121, 166 u. ö.; vgl. dazu auch IV Kemper II, S. 315ff.). In der Einleitung zu seiner Studie setzte sich Krummacher eingehend mit den ›Abweichlern‹ von dieser Position auseinander (II.44 Krummacher 1976, S. 13ff.) und tadelte, daß sich die Literaturwissenschaft »zumeist nur für das von der offiziellen Norm Abweichende, Mystik, Theosophie, Pansophie, nicht aber für die Norm selbst, die umfangreiche kirchliche Literatur, interessiert hat« (ebda., S. 30; ebenso II.44 Steiger 2000). Doch mit der Einseitigkeit ihrer Positionsbestimmung riefen diese Studien die Geister gerade wieder auf den Plan, die sie hatten bannen wollen.

6) *Der Heilserwerber*: Wolfram Mauser versuchte in seiner bis in die Renaissance ausgreifenden forschungskritischen Studie am Beispiel der Sonette des Autors das Verhältnis von ›Dichtung, Religion und Gesellschaft im 17. Jahrhundert‹ zu bestimmen und dabei das heilsgeschichtliche Interesse an den ›vanitas‹-Vorstellungen mit deren gesellschaftlicher Funktion und der politischen Praxis der Zeit in der sog. ›Leiden-Heil-Argumentation‹ engzuführen und zugleich zu kritisieren, wonach das Leiden selbst schon als gleichsam masochistisch-tröstlicher Aspekt der »imitatio Christi« das Heil bewirke und zugleich zur von der Obrigkeit erwünschten sozialen und politischen Passivität der Untertanen geführt habe (vgl. II.44 Mauser, S. 152ff., 167). Bei Gryphius indessen konstatiert Mauser mit Recht neben der ›vanitas‹-Deutung der Welt ein hohes Interesse an der »Frage des menschlichen Verhaltens in dieser Welt« (ebda., S. 119), und er bekräftigt aus literatursoziologischer Perspektive im Blick auf die Literatur der Zeit allgemein, »daß es allem voran die Tugendlehre ist, die als eine Art Gelenkstelle Dichtung, Religion, Gesellschaft und Politik miteinander verbindet.« (Ebda., S. 195)

7) *Der säkulare Moderne*: Im Zusammenhang mit der Politisierung der Germanistik nach 1968 und mit dem neuerwachten Interesse an der Sozialgeschichte der Literatur entstanden Arbeiten, die staatsrechtliche und politische Aspekte in Gryphius' Trauerspielen untersuchten und ihn zum Teil mit säkularen modernen Konzepten in Verbindung brachten. So attestierte Harald Steinhagen – an Benjamin anknüpfend – dem Autor, er vertrete subjektiv eine »christlich geprägte Moral, die im Gedanken der Verantwortung des Menschen vor Gott ihre Substanz hat«; objektiv aber sei er ein undogmatischer Christ, der im Zuge der »Selbstermächtigung des Subjekts« die Transzendenz bereits als »Schein« entlarve (II.44 Steinhagen, S. 171f., 286ff.). In eine ähnliche Richtung weist die These von Xaver Stalder, Gryphius versuche die »weltimmanenten Kräfte« des Menschen zu mobilisieren, damit dieser »der alles erschütternden Allmacht Gottes standhalten« könne (III Stalder, S. 91, 93ff.).

8)   *Der postmoderne Textspieler*: Inzwischen hat auch – am nachdrücklichsten mit
Nicola Kaminskis prägnanter, bei Reclam erschienener Darstellung von ›Andreas
Gryphius‹ (1998) – die Postmoderne Einzug in die Gryphius-Forschung gehalten.
Kaminski versucht vor allem in ihrer Dramenanalyse, die »fest gefügten« »Fronten«
zwischen »heilsgeschichtlich-theologischen« und »geschichtlich-politisch-staatsrecht-
lichen« »Deutungen« (II.44 Kaminski 1998, S. 73) zu überwinden, indem sie die
»ästhetisch-poetologische Dimension« der Texte als ›Trauer-Spiele‹ ernstnehmen
möchte. Damit knüpft sie hermeneutisch an die im 17. Jahrhundert verbreitete Vorstellung von der Welt als »theatrum mundi« und vom Menschen als »Schauspieler«
an (vgl. III Barner 1970, S. 86ff.), unterlegt diesem Spiel-Begriff aber ein postmo-
dernes Interesse am ›Spiel‹ der Signifikanten, am Gleiten und Sich-Verschieben der
Tropen, Figuren und Textstrukturen, an der Unzuverlässigkeit und Ambivalenz der
Bedeutungen, sogar wenn die Transzendenz selbst mit dem Anspruch der Wahrheit
in den Dramen zu Wort kommt wie zu Beginn von ›Catharina von Georgien‹. Die
Ästhetizität der Texte, so zeigt die Autorin, ist brüchig und konterkariert die Eindeutigkeit transzendenter Proklamationen, die Interpretationen entdecken das »un-
entwirrbare Ineinander von Schein und Wahrheit« (ebda., S. 140), und das den Dramen zugrundeliegende heilsgeschichtliche Konzept des Märtyrertums, das Kaminski
selbst in einer früheren Studie plausibilisiert hatte (vgl. II.44 Kaminski 1992), de-
konstruieren die Dramen nun in der scharfsinnigen Analyse der Autorin selbst. In
dieser immer wieder vorgeführten Dekonstruktion der heilsgeschichtlichen Semantik
in der ästhetischen Ambivalenz der Textur liegt ein besonderes Interesse der Arbeit,
die einen originellen Forschungsbeitrag bietet, damit aber keine Forschungs-Diver-
genzen glättet, sondern eine neue Front gegenüber den heilsgeschichtlich-theologischen Gryphius-Deutungen eröffnet.

    Man kann gewiß über die Plausibilität ihrer Interpretationen streiten, unbestreit-
bar aber ist die Berechtigung ihrer Leitfrage, warum – so der Klappentext – »der
Barockdichter seine Erkenntnisse über die höchsten und letzten Dinge im Glauben
und in der weltlichen Herrschaft ausgerechnet der nicht auf reine Wahrheit verpflichteten Literatur und dem illusionistischen Theater seiner Zeit anvertraut.« Problematisch ist allerdings die Unterstellung von der »nicht auf reine Wahrheit verpflichteten Literatur«. Diese Prämisse, die sich auf poetologische Abgrenzungen und Vorbehalte der platonisch-aristotelischen Tradition berufen kann (vgl. dazu auch III
Schlaffer 1990), die aber bereits nicht – wie Kaminski selbst bemerkt – für das
Jesuitentheater gilt, ist für sie wichtig, weil sie glaubt, für die Poesie damit ein Spiel-
Feld des Un-Eigentlichen zu eröffnen, auf dem das Wahre des theologischen Diskurses von vornherein in den ästhetischen Aggregatzustand des ›Scheins‹ überführt
wird, so daß der Schein mit der Wahrheit sein ästhetisches Spiel treiben kann und
darf. Zweifel an der Wahrheit, die im theologischen und philosophischen Diskurs
nicht geäußert werden dürfen, können hier aus-gespielt werden. Aber wenn die Dramen in Kaminskis Interpretation dann doch mit der Dekonstruktion des Märtyrertums das heilsgeschichtlich bedeutsame Ideal der »imitatio Christi« infragestellen,
dann doch nicht nur zum ›Schein‹! Im Ergebnis ist diese Implikation also sophi-
stisch, und auch daraus resultiert der spürbare Unmut der theologischen Gryphius-
Interpreten gegenüber ihrer Studie.

9) *Der vieldeutige Wahrheitssucher*: Mir selbst erscheint die These von der nicht auf Wahrheit verpflichteten Poesie im Blick auf das 17. Jahrhundert als korrekturbedürftig. Schon Opitz läuft in der Nachfolge der Renaissance-Poetik Sturm gegen den Topos, daß die Dichter lügen. Er setzt alles daran, die Poesie als älteste Weisheit und ursprünglich verborgene Theologie eben zu einem eigenen Organ humanistischer Wahrheit zu etablieren. Zugleich betont er die Dignität der Dichtkunst und reklamiert für sie den Topos der göttlichen Inspiration. Im Zeichen dieses Topos greifen denn auch die bedeutendsten Mystiker des 17. Jahrhunderts (Spee, Czepko, Angelus Silesius, die Greiffenberg und Quirinus Kuhlmann; vgl. Bd. III) mit dem Anspruch göttlicher Inspiriertheit nicht – wie die Mystiker des Mittelalters – zur Prosa, sondern zur Poesie, um in ihrem Medium die »unio mystica« vorzubereiten, zu vollziehen und zu reflektieren. Auch der hohe Stellenwert der Bibel-Dichtung in diesem Jahrhundert bezeugt, daß die Poesie sich ohne Scheu und Vorbehalt zum Organ der göttlichen Wahrheit zu machen getraut. Und das gilt für den gesamten Bereich der geistlichen Dichtung, auch und erst recht für die Fülle der Kirchenlieder, deren Produktion im 17. Jahrhundert ihre Blütezeit erlebt. Wenn aber die Dichtung theologisch wahrheitsfähig ist oder dies zu sein beansprucht – und diese These radikalisiert sogar noch die Kaminskische Leitfrage –, sind Abweichungen vom dogmatisch verbürgten Glauben alles andere als ein ›Spiel‹.

Indessen bietet die Poesie mit ihrer Ambivalenz und Vieldeutigkeit offerierender *Form* die Möglichkeit, bisweilen auch in Gestalt des Spiels eine andere als die orthodoxe Wahrheit zu sagen, sie vielleicht auch aus Selbstschutz *verborgen* zu sagen. Dies nötigt in der Tat zu genauer Lektüre jedes Werkes und zur Auslotung seines Spiel-Raums, anstatt diesen durch die theologisch einschlägige Literatur semantisch zu begradigen und so dogmatisch zu vereinnahmen. Dabei geht es durchaus um die Evidenz einer möglichen Deutung unter Einbeziehung einer größeren Zahl verschiedener Quellen.

Gewiß hat sich Gryphius zeitlebens dem Luthertum zugehörig gefühlt (so wie Opitz dem Calvinismus). Aber er wäre nicht der bedeutendste Dichter des Zeitraums, wenn er nur die lutherische Dogmatik versifiziert hätte. Vielmehr hat er an einigen zentralen Aspekten der lutherischen Glaubenslehre ein heftiges Ungenügen empfunden, und dies hat ihn, wie ausführliche Analysen zeigen werden, über die Grenzen der Rechtgläubigkeit hinausgeführt: zum einen in Fragen des Glaubens, der Rechtfertigung und der guten Werke, zum andern beim umfassenden Einbezug gelehrten – auch okkulten – Wissens, dessen Grenzen sich Gryphius nicht vom ›curiositas‹-Verdikt der Kirchen vorschreiben ließ. Es wird wichtig sein zu beobachten, wie er das humanistische Erbe auch in seine geistliche Lyrik einbringt. Der gelehrte, aus alter ›Weisheit‹ schöpfende Dichter nutzt die Poesie als eigenständiges Organ der Mitsprache in der Aneignung und Auslegung der göttlichen ›Bücher‹ und in der religiösen Sinngebung der Welt. *Das* macht ihn zu einem bedeutenden Zeitgenossen und Wegbereiter der (Post-)Moderne.

10) *Überblicke und Arbeitsmittel*: Einen informativen Überblick über die Forschungstrends der 60er und 70er Jahre enthält der Forschungsbericht von Wentzlaff-Eggebert (II.44 1983), dem wir auch eine Ausgabe der ›Lateinischen und deutschen Jugenddichtungen‹ (1938/61) verdanken. Ein elegantes, bis heute nicht überholtes

Gryphius-Porträt bietet Conrad Wiedemann (II.44). Eberhard Mannack erfaßt in der zweiten Auflage seines gründlich recherchierten Arbeitsbuches (1986) den Forschungsstand sowie eine umfangreiche Bibliographie zu allen Teilen des Werkes, eine neuere kritische Einführung bieten Metzger/Metzger (mit Bibliographie; weitere [Teil-]Bibliographien in II.44 Szyrocki 1959, S. 151ff.; Habersetzer 1980; I Dünnhaupt; I Pyritz; II.44 Kaminski 1998, S. 233ff.). 1991 gab Mannack im Rahmen der ›Bibliothek der frühen Neuzeit‹ eine ausführlich kommentierte Ausgabe von Gryphius' ›Dramen‹ heraus. Seit kurzem liegt die lateinische Dichtung des Autors in zwei Werken mit deutscher Übersetzung vor (vgl. II LKEK, HÖ).

Die nachfolgenden Analysen setzen – nach einem für das Verständnis dieses Autors unerläßlichen Einblick in seine Biographie (Abschnitt b) einen Schwerpunt im Bereich der Sonett-Interpretation. Drei exemplarisch ausgewählte Sonette sollen zeigen, wie Gryphius die Welt (›Ebenbild unsers Lebens‹), das ›Buch der Natur‹ (›An die Sternen‹) und das ›Buch der Bücher‹ deutet (›Gedencket an Loths Weib‹). Jedes ›Klinggedicht‹ repräsentiert dabei einen anderen Gattungstyp: ein Emblem-, Meditations- und Bibel-Gedicht (Abschnitte c-h).

In diese Analysen einbezogen sind auch eine Reihe der Gryphschen *Epigramme*, die in der Gesamtausgabe von 1663 in zwei- und mehrzeiligen Alexandrinern (das ›Erste Buch‹ zuerst 1643; EeB) auf drei Bücher mit je 100 Stück angewachsen waren (EB I–III, S. 169–217). Im Unterschied zu Czepkos ›Monodisticha‹ (II Czepko SMS) blieb das erste Buch mit den religiösen Epigrammen von Gryphius überwiegend im Rahmen der biblischen Frömmigkeit. Die Epigramme der anderen Bücher umfassen ein breites Spektrum von der Satire bis zu Grabschrift, Sinnspruch und Personenlob (›Uber Nicolai Copernici Bild‹) und sind antithetisch gebaut sowie dem Prinzip der ›argutia‹ verpflichtet.

Von da aus richtet sich der Blick zunächst auf die Gesamtkomposition und Leitmotivik der beiden ersten Sonettbücher (Abschnitte i und j), dann auf die höchst originellen, viel zu wenig beachteten Gryphschen Perikopensonette (als Sonettbücher III und IV). Ein weiterer Schwerpunkt gilt den geradezu sträflich vernachlässigten vier ›Oden‹-Büchern und ihrer zyklischen Komposition (Abschnitt l) sowie den Kirchenlied-Bearbeitungen aus den fünfziger Jahren (Abschnitte m und n). Zugunsten dieses Gesamtüberblicks über die komplexen lyrischen Hauptwerke konnten kleinere Einheiten oder nachgelassene (Gelegenheits-)Gedichte (aus VG) nicht oder nur am Rande einbezogen werden. Dies gilt leider auch für die ›Reyen‹ der Gryphschen Dramen (eine für diesen Band verfaßte Analyse des ersten ›Reyens‹ aus dem ›Leo Armenius‹ gedenke ich an anderer Stelle zu veröffentlichen) sowie für die 1653 publizierten, aber früher entstandenen ›Kirchhoffs-Gedanken‹. Mit ihnen greift Gryphius auf die ›Enthusiasmen‹ des von ihm verehrten Jesuiten Jakob Balde zurück (in: G, S. 109ff.; vgl. dazu auch II.44 Steiger 2000). Er erweitert die Vorlage auf 50 je achtversige Strophen, in denen er den Kirchhof mit den sich öffnenden Gräbern und dem Anblick verwesender Leichen als »Schul« des Memento mori ausmalt. Und diese wird zur Schule des rechten Lebens und erinnert an die Botschaft des Schach- und Schauspiel-Sonetts (vgl. Kap. 6 c): »Daß / ob wir hir nicht gleiche sind // Der Tod doch alle gleiche mache! // Geh und beschicke deine Sache // Daß dich der Richter wachend find.« (K, S. 123) Nicht Weltflucht ist deshalb die Botschaft des Glogauer Syndicus, sondern tatkräftige Pflichterfüllung im Dienst an der Welt. Mit kaum geringerer sinnlicher Intensität verkündet noch ein halbes Jahrhundert später ein Anonymus das ›memento mori‹ am Beispiel einer Leichenschau auf dem Friedhof unter dem Titel ›Kirchhoffs=Entzückung‹ (vgl. I Hoffm. II, S. 283–285). Daniel Caspar von Lohenstein hat im Zusammenhang mit den alchimistischen Spekulationen um Verwesung und Verwesungsgeruch den Gryphschen ›Kirchhofs-Gedanken‹ die besondere Bedeutung einer ›purificatio‹ der Seele abgewonnen: Er habe »die Seele rein gebrennt durch Leichen / Stanck und Fleck« (II Lohenstein H, S. [408]; vgl. dazu Bd. IV/2, Kap. 7 f–3).

## b)   Fliehen oder standhalten – Zur Biographie

1) *Zur Bedeutung der Biographie für das Werk-Verständnis*: Gryphius gilt als Dichter der Klage und der damit verknüpften, individualisierenden Selbstbeobachtung und Selbstreflexion. Vor allem die Perikopengedichte, also die ›Sonn- und Feiertagssonette‹, boten ihm ein traditionsgesättigtes Forum, um in der Aneignung und Auseinandersetzung mit der volkstümlich-erbaulichen und gelehrten Bibelauslegung die eigenen Glaubenszweifel zu reflektieren.

Von daher liegt die Vermutung nahe, daß die exzeptionelle Bedeutung der ›vanitas‹-Thematik und Klage bei Gryphius mit autobiographischen Erfahrungen zu tun hat. In diesem Zusammenhang ist interessant, daß der junge Gryphius ein Tagebuch geführt hat, das seinen frühen Biographen noch vorlag, aber seither verschollen ist und in dem er »Bemerkenswertes« notierte, das sich »in den größten und kleinsten Dingen« seines Lebens ereignet hat (also ein sehr individuelles Tagebuch! II Leubscher, S. 13). Was sie aber daraus zitieren, sind penible Aufzeichnungen über ungnädige Widerfahrnisse, aus denen Gottes Zorn zu sprechen schien: ein nur durch zufällige Hilfe verhindertes Ertrinken des neunjährigen Knaben in einem Wassergraben, ein unheilvoller Herbst 1631 mit »Blüten an den Bäumen« im November, im Jahr darauf die Notiz vom Seuchentod von fünf Kindern seines Kostherrn, des Arztes Caspar Otto, der selbst nur als zeitlebens hilfsbedürftiger Krüppel überlebte (ebda., S. 14). – Von Anfang bis Ende seines Lebens war Gryphius von persönlichen Katastrophen heimgesucht, und diese haben seinen Glauben an einen gnädigen Gott nachhaltig erschüttert. Er hat die allgemeinen Katastrophen der Zeit genutzt, um darin seine Selbstzweifel zu artikulieren und die eigene Verunsicherung zu objektivieren. Die Poesie war für ihn ein Medium, das eigene Schicksal im Lauf der Welt zu spiegeln. Damit blieb auch in den Katastrophen und Zerstörungen der Welt die Analogie von Mikrokosmos und Makrokosmos in Kraft. Was also hat Gryphius berechtigt, den eigenen Lebenslauf als Spiegel für den Zorn Gottes und die ›vanitas‹ der Welt einzubringen? Von dem Ergebnis dieses Blicks auf die Biographie hängt auch ab, ob und inwieweit wir der Sprechinstanz in den Gedichten dieses ›Dichters der Klage‹ individuelle und autobiographische Relevanz zuschreiben können (vgl. dazu Kap. 2 g).

Während Opitz seine Jugendjahre und einen wichtigen Teil seiner Ausbildung noch vor Ausbruch des ›großen Krieges‹ und in der Hoffnung auf einen Machtzuwachs für den Calvinismus erleben konnte, bestätigt die Gryphsche Biographie von Anfang an die enge Bindung der Familie an das zu dieser Zeit bedrängte Luthertum und ihre Einbindung in die schrecklichen Auswirkungen des Krieges. Da die bis heute am bekanntesten gebliebenen Teile von Gryphius' Dichtung – darunter viele Sonette und das vierte Buch der ›Oden‹ (›Thrånen über das Leiden JEsu Christi‹) – in der besonders krisengeschüttelten Jugendzeit (bis 1638) entstanden sind (vgl. II.44 Szyrocki 1959, S. 128f.), gilt dieser im folgenden ein genaueres Augenmerk als den nachfolgenden Lebensphasen.

2) *Anfänge in Glogau*: Der Vater Paul war seit 1604 Generalvikar der lutherischen Kirche von Glogau. Diese Stadt gehörte zu jenen schlesischen Fürstentümern, die durch Aussterben des angestammten Fürstengeschlechts im Laufe des 14. bis 16. Jahrhunderts zu Erbfürstentümern der böhmischen Krone geworden waren (ferner gehörten dazu u. a. die Fürstentümer Jauer, Schweidnitz, Breslau [ohne Stadt] sowie Troppau; vgl. dazu auch III Deventer, S. 21ff.). Mit ihrer weitgehend lutherischen Bevölkerung unterstanden diese Erbfürstentümer somit unmittelbar dem habsburgischen Kaiserhaus und wurden von diesem als »Speerspitze der Gegenreformation« in Schlesien eingesetzt (vgl. Kap. 1 a–2). Es gab ständige religiöse Auseinandersetzungen mit den – durch Habsburg ermutigten – Katholiken in der Stadt, u. a. um Errichtung und Nutzung der Kirchen (vgl. III Deventer, S. 49ff. 106ff.). Ferner zerstritten sich die Protestanten in Glogau nach der Niederlage des ›Winterkönigs‹ in der Schlacht am Weißen Berg. Friedrich V. verlangte von den Glogauern die Herausgabe des in der Nikolaikirche lagernden Silberschatzes als Finanzhilfe. Dies brachte die Lutheraner gegen ihn auf, während die Calvinisten unter Führung des radikalen Balthasar Wilpert zum ›Pfälzer‹ hielten (vgl. ebda., S. 149ff.). Dieser übernachtete Ende Dezember 1620 im Hause Wilperts in Glogau, und dabei wurden ihm in einer Demutsgeste die Schlüssel der Stadt überreicht. Nach seinem Abzug zerstritten sich die Lutheraner, die Frieden mit Habsburg schließen wollten, und die Calvinisten, die weiter zum ›Winterkönig‹ hielten (vgl. ebda., S. 153ff.). Der Tod von Paul Gryphius in diesen Tagen wird auf seine Aufregung über diese Streitigkeiten mit den ›Konfessionsverwandten‹ zurückgeführt (vgl. II.44 Szyrocki 1959, S. 28; allerdings findet Paul Gryphius in den Quellen »keine Erwähnung«; III Deventer, S. 273). Die Lutheraner befürchteten auch mit Recht die Rache Habsburgs.

In Glogau selbst faßten bereits 1625 die Jesuiten Fuß, predigten zunächst und eröffneten im nachfolgenden Jahr ein Kolleg und ein Gymnasium (vgl. III Schöffler 1974, S. 87; Deventer, S. 167ff.). Im Jahr 1628 wurde die unter den Kriegsfolgen leidende und schwer verschuldete Stadt von Lichtensteiner Dragonern besetzt (ebda., S. 181ff.), und daraufhin begannen Verhaftung bzw. Ausweisung der protestantischen Prädikanten und Lehrer sowie eine zwangsweise Rekatholisierung der protestantischen Einwohner. Wer den »Beichtzettel« nicht unterschrieb und damit dem lutherischen Glauben abschwor, mußte mit wirtschaftlichen Sanktionen rechnen und u. U. Stadt und Territorium verlassen, aber minderjährige Kinder (dies Schicksal widerfuhr zunächst auch dem zwölfjährigen Andreas Gryphius) mit ihrem Erbe in der Stadt zurücklassen. Sowohl Andreas' 15 Jahre älterer Halbbruder Paul, ebenfalls Theologe, als auch sein Stiefvater, Michael Eder, lutherischer Lehrer in Glogau, den die Mutter ein Jahr nach dem Tod von Andreas' Vater geheiratet hatte, mußten 1628 – im März dieses Jahres starb Andreas' Mutter an Schwindsucht – über die Grenze nach Polen fliehen. Eder wurde im kleinen polnischen Grenzort Driebitz Pfarrer. Er berief Andreas kurz danach zu sich und erteilte ihm Privatunterricht. 1629 heiratete Eder erneut, und zwar die achtzehnjährige Maria Rißmann. Alle sechs Kinder aus dieser Ehe starben während oder kurz nach der Geburt. Andreas Gryphius scheint ein gutes Verhältnis zu seiner Stiefmutter gehabt zu haben, die ihn offenbar wie ihren eigenen Sohn behandelt hat. Gryphius' Beziehungen zu Michael Eder verschlechterten sich indes nach dem Tod der Stiefmutter und Eders dritter Eheschließung (1638) offenbar wegen Erbstreitigkeiten (vgl. II.44 Szyrocki 1959, S. 32f.). Nach zweieinhalbjährigem Privatunterricht wollte Gryphius 1631 das Gymnasium in der Böhmestadt Görlitz besuchen, mußte aber wegen Kriegswirren nach Glogau umkehren. Hier erlebte er eine Feuersbrunst, die Glogau bis auf 60 Häuser einäscherte. Nach dem Brand brach in der Stadt für einige Monate die Pest aus. Daraufhin suchte Gryphius Zuflucht bei seinem Bruder Paul in Rückersdorf bei Sagan und besuchte von 1632 bis 1634 das Gymnasium in Fraustadt, wo sein Stiefvater Eder seit 1631 Pfarrer geworden war und die Oberaufsicht über das Gymnasium hatte. – 1633 suchte eine Pestepidemie Schlesien heim, der allein in Breslau 18000 Menschen (mehr als die Hälfte der Bevölkerung) zum Opfer fielen, in Fraustadt auch die Ehefrau und alle fünf Kinder von Caspar Otto, bei dem Gryphius Hauslehrer war. In dieser für ihn katastrophalen Zeit schrieb Gryphius seine ersten Dichtungen.

3) *Danzig und die Zeit bei Schönborner*: 1634 brach er für zwei Jahre zur weiteren Ausbildung und zugleich als Hauslehrer in das wirtschaftlich mächtige, konfessionell gemischte *Danzig* auf, wo er eine Reihe bedeutender Gelehrter – darunter insbesondere den Opitz-Freund, Mathematik- und Poesie-Professor Peter CRÜGER, einen begeisterten Anhänger des Kopernikus, der zugleich seit 1615 regelmäßig den astrologischen Kalender für Danzig herausgab (vgl. II.44 Szyrocki 1959, S. 77f.) – und das Opitzsche Reformprogramm kennenlernte (Opitz' ›Buch von der Deutschen Poeterey‹ kam 1634 in Danzig neu heraus; Opitz selbst, der 1636 in Danzig weilte, hat Gryphius indes nicht persönlich kennengelernt); hier schrieb er auch seine ersten deutschsprachigen Sonette. 1636 überlebte er eine schwere Krankheit. Seinen Unterhalt verdiente er sich als Hauslehrer bei Alexander von Seton, dem schottischen Admiral der polnischen Flotte, und lernte in dessen Haus berühmte Leute kennen (vgl. II.44 Arnold, S. 107).

Im Sommer 1636 kehrte er nach Fraustadt zurück, erlitt unterwegs einen Reiseunfall und konnte so den Dienst bei seinem neuen Brotherrn und Mäzen, dem Kaiserlichen Pfalzgrafen Georg von SCHÖNBORNER (1579–1637) als Hauslehrer auf dessen Gut Schönborn bei Freystadt erst verspätet antreten. – 1637 war ein Schicksalsjahr in seiner Biographie – Höhe- und Tiefpunkt seines bisherigen Lebens. Schönborner litt – was Gryphius wohl nicht ganz durchschaut hat – an einer hypochondrischen Melancholie (vgl. II.44 Szyrocki, 1964, S. 24). Er war hochgebildet, Autor einer absolutistischen Staatsrechtslehre (›Politicorum libri VII‹) und verfügte über eine große Bibliothek. Vorübergehend war er als Kaiserlicher Steuereintreiber enger Mitarbeiter des gefürchteten Anti-Lutheraners Carl Hannibal von Dohna und ließ sich in dieser Zeit auch zum Katholizismus bekehren (vgl. II.44 Szyrocki 1959, S. 109ff.).

»Da er sich als Werkzeug der Unterdrückung und Ausbeutung seiner Landsleute und
Glaubensgenossen mißbrauchen ließ, erlebte er einen glänzenden Aufstieg, wurde in den
Ritterstand erhoben und 1633 zusammen mit seinem ältesten Sohn in die Reihen der
kaiserlichen Hofpfalzgrafen aufgenommen. Kurz danach, mit der Änderung der politischen Lage in Schlesien, als die Protestanten die Oberhand gewannen, trat Schönborner
wieder zum evangelischen Glauben über. … Im Jahre 1635, als die Katholiken in Schlesien wieder an die Macht kamen, wurde er aus dem Staatsdienst entlassen und schied in
Unfrieden aus seinem Amt.« (Ebda., S. 25)

Schönborner krönte Gryphius – als Hofpfalzgraf dazu befugt – zum ›poeta laureatus‹, ernannte ihn zum Magister (mit Lehrbefugnis) und verlieh ihm (damit über-
schritt er allerdings wohl seine Kompetenzen) das Adelsprädikat (Gryphius machte
von letzterem auch zeitlebens keinen Gebrauch; vgl. den Wortlaut der Urkunden in
II Leubscher, S. 14ff.). Schon im Frühjahr 1637 veröffentlichte der junge Poet mit
finanzieller Unterstützung Schönborners seine erste Sonettsammlung in der polnischen Stadt Lissa (›Lissaer Sonette‹), wohin sein Verleger von Glogau aus hatte
flüchten müssen: ein erster Höhepunkt in der Karriere des angehenden Gelehrten
und Dichters.

Zugleich war es aber auch ein Unglücksjahr für den schlesischen Protestantismus,
weil eine kaiserliche Kommission für die Gegenreformation die Schließung aller
evangelischen Kirchen in Schlesien befahl, und darüber hinaus ein Jahr der famili-
ären Katastrophen. So starb – von Gryphius heftig beklagt – während der Druck-
legung der Lissaer Sonette seine nur fünf Jahre ältere Stiefmutter Maria Eder, der er
den Band ebenfalls gewidmet hatte und die er nun an dessen Schluß mit je einem
deutschen und lateinischen Grabgedicht ehrte (LS, S. 22ff.). – Im selben Jahr brannte die Schönborn benachbarte Stadt Freystadt nieder, in der sein Bruder Paul inzwischen Pfarrer war. Dessen Frau lag zur Zeit des Unglücks im Kindbett, die am
Tag nach dem Brand geborene Tochter Marianne starb bereits vier Wochen später;
ihr widmete Gryphius eine ›Menschlichen Lebenß Traum‹ betitelte »Leich=Ab-
danckung« (vgl. IV Kemper II, S. 342). Als Ortsfremder erhielt und übernahm der
21jährige Dichter die Aufgabe, das traurige Ereignis des Stadtbrandes in seinen
Ursachen und Wirkungen zu beschreiben (›Fewrige Freystadt‹. Lissa 1637; die Darstellung endet mit einem langen Alexandrinergedicht; vgl. FF, S. 102ff.). Die mehrheitlich katholischen Einwohner, so ergaben seine Recherchen, haben »die einä-
scherung Ihrer Häuser vnnd Städte« aus Furcht vor dem über sie hereinbrechenden
göttlichen Strafgericht nahezu widerstandslos über sich ergehen lassen, obgleich
Mittel zur Eindämmung der Katastrophe vorhanden waren:

»Nicht wenig verständiger Leute sindt bald hefftig darüber bestürtzet / daß der ergrimm-
mete Gott auch dehnen / so vor diesem dergleichen lodernde Zornspiegel nit nur uner-
schrocken beschawet / sondern auch kecklich gebrochen hatten/ solchermaßen den Muth
benommen / vnd ein solch schrecken eingejagt / das man ohne einigen Widerstandt ein
Haus nach dem andern jmmerhin brennen / ja die zwölff auff Marckt …getragene Fewr-
leitern liederlich verterben lassen.« (Ebda., S. 46f.)

Der kritische Akzent in der Darstellung ist nicht zu übersehen, und dies mag *ein*
Grund dafür sein, daß Gryphius, der Zögling und Adept des in der Bevölkerung
unbeliebten Schönborner, sich wegen dieser Schrift heftigen Anfeindungen aus-
gesetzt sah. – Einen Tag vor Heiligabend des Jahres starb dann auch noch Schön-

borner selbst. Gryphius widmete ihm eine ›Leich=Abdanckung‹ mit dem Titel ›Brunnen-Discurs‹ (DF, S. 1–67; vgl. dazu Kap. 6 h).

Die Fülle der Katastrophen und Schicksalsschläge, die den jungen Gryphius heimgesucht hat, prägte seinem Gemüt »für immer ihre tiefen, düsteren Züge« auf (II.44 Szyrocki, 1959, S. 40), hielt ihn zugleich im geistigen Einflußbereich des Luthertums mit dessen Straf- und Trostarsenal gefangen und bildete seinen spezifischen Klagegestus aus, der einerseits über sein Schicksal zu Gott »winselte«, andererseits aber auch mit diesem unerbittlich strafenden Gott zu hadern begann (vgl. dazu IV Kemper I, S. 301ff.). – Kein Wunder, daß sich auch sein in dieser Zeit sich entwikkelndes Weltbild und sein poetisches Programm an strengen moralischen Normen orientierten. Im ›Beschluß Sonnet‹ seiner Lissaer Sammlung maß er seiner Dichtung die Aufgabe eines ethischen Wächteramtes zu – und erfüllte damit genau jenen Anspruch aus dem Eingangskapitel der Opitzschen ›Poeterey‹, welches Rang und Würde der Poesie aus ihrer Funktion der Sittenverbesserung herleitet (vgl. Kap. 4 c, d):

»[…] man sündigt frey hinein /
Gantz ohne schew vnd scham / vnnd sol doch niemand sein /
Der diß was jeder thut / dörfft offentlich erzelen /
Denn Warheit schmertzt vnd reist; doch kombt gar offt an Tag /
Diß, was nach vieler Sinn gar tieff verborgen lag /
Vnnd muß der Warheit nie / Lufft / Red / vnd Freyheit fehlen.«
(LS, S. 22)

So treten zum Abschluß der Gryphschen Jugendphase zwei partiell widersprüchliche Komponenten des Weltverhaltens in den Blick: der Gestus der Klage und des Leidens einerseits, der Einsatz für verantwortliches Handeln zur Überwindung des Leidens andererseits. Es ist deshalb zu einseitig, das dichterische Selbstverständnis des Schlesiers nur unter dem Begriff einer »Poetik der Klage« zu fassen (so II.44 Wiedemann, S. 442ff.); diese Klage ist – sofern sie Gottes übergroßes Strafen thematisiert – selbst nicht frei von moralischer Anklage, wie noch zu zeigen sein wird. Das poetische Richteramt machte insofern selbst vor dem Schöpfer nicht halt und brauchte es auch nicht, weil Gott selbst als oberster Gesetzgeber und Garant eines »Erlösungspaktes« mit dem Menschen sich an seiner eigenen Verheißung, seinem Bündnis und »Vertrag« messen lassen mußte. Und der Klage stand zugleich die Forderung nach Handeln, nach sozialem Engagement – auch bei einer als Strafgericht interpretierten Feuersbrunst – gegenüber: So wie Gott sein Zorn-Verhalten ändern sollte, so sollte der Mensch seine Leidens-Passivität überwinden. Diese Einsichten und Überzeugungen bestimmen erkennbar auch den weiteren Lebensweg des Autors.

4) *Studium in Leiden und Bildungsreisen*: 1638 begann für ihn ein neuer Lebensabschnitt. Mit den Söhnen Schönborners brach er zu einer »Bildungsreise« auf, die ihn erst im November 1647, kurz vor dem Westfälischen Friedensschluß, nach Schlesien zurückführen sollte. Für fast 10 Jahre kehrte Gryphius also der verwüsteten und stets kriegsgefährdeten Heimat den Rücken. Auf dem Schiffsweg über die Oder, die Ost- und Nordsee gelangte die Reisegruppe nach Amsterdam und immatrikulierte sich im Juli 1638 an der Universität *Leiden*, Gryphius für das Fach Philosophie.

Sechs Jahre blieb er in der europäischen Hochburg des Calvinismus, studierte dort auch Anatomie und Jurisprudenz und hielt als Magister eigene Kollegs, z. B. »über Metaphysik, Geographie, Trigonometrie, Logik, Physiognomie, Tragödie, Astronomie, Historie, Poetik, Mathematik, Naturphilosophie, ja sogar Chiromantie (=Handlesekunst) und praktische Anatomie« (II.44 Arnold, S. 108; vgl. II Stosch, S. 6; Stieff, S. 26). Zudem besuchte er auch verschiedene religiöse Gruppierungen im Lande und unterhielt intensive Kontakte zu bedeutenden Gelehrten, darunter zu Daniel Heinsius, den er aber weniger zu schätzen schien als Opitz (vgl. II.44 Szyrocki 1964, S. 30; vgl. II.44 Seelbach/Bircher, S. 151), sowie zu dem berühmten, aber unzugänglichen, weil »gramhafftigen« Philologen und Juristen Claude de Saumaise (Salmasius), der dem hoffnungsvollen und gelehrten Schüler einen typisch calvinistischen Merkspruch ins Stammbuch schrieb: »Wer sich selbst erhöht, wird erniedrigt werden.« (II Leubscher, S. 17; Stieff, S. 26)

Wenn man Opitz für einen Calvinisten hält, wird man dessen Aufenthalt in Leiden als konsequent empfinden. Wie aber erklärt sich die Wahl dieses Ortes für den Lutheraner Gryphius? Da Schlesien im 16. und 17. Jahrhundert – im Unterschied zu fast allen wichtigeren Territorien des Reiches – keine eigene Universität besaß, mußten alle Studierwilligen außer Landes; die Theologie-Studenten wandten sich überwiegend ins lutherische Wittenberg. Die nur 18 schlesischen Pfarr-Anwärter, die – über anderthalb Jahrhunderte verteilt – in Leiden studierten, waren denn auch durchweg calvinistisch (vgl. III Schöffler 1974, S. 58f.). Von den insgesamt etwa 680 schlesischen Studenten in Leiden aus der Zeit der ›Gegenreformation‹ bestand ein beträchtlicher Teil aus Adligen, wobei in diesem Zusammenhang daran zu erinnern ist, daß die schlesischen Fürstenhäuser weitgehend zum calvinistischen Bekenntnis übergetreten waren, und die Nichtadligen schrieben sich hauptsächlich für die Fächer Medizin oder Jurisprudenz ein (vgl. ebda., S. 60, 64). Leiden war »der Studierort für die gehobene weltliche Schicht der schlesischen Bevölkerung, für Adel und Bürgertum der größeren Städte« (ebda., S. 67), und eben diese Schicht hat »die weltlich-schöngeistige Blüte des Schlesiertums herbeigeführt: In Leyden treffen wir Opitz, Gryphius, v. Lohenstein, v. Hoffmannswaldau, Titz, v. Abschatz, v. Tschesch, v. Franckenberg, Quirinus Kuhlmann – in Wittenberg keinen einzigen von ihnen« (ebda., S. 68).

Diese Einsicht verweist zunächst auf den nicht primär konfessionellen, sondern humanistisch-gelehrten Impetus eines Studienaufenthaltes in Leiden für einen »Andersgläubigen«. Daß die Niederlande sich ihre politische und geistige Freiheit von der (spanisch-)katholischen Vorherrschaft erobert hatten, mag als »politisches« Stimulans im Blick auf die Situation in der von Habsburg unterdrückten Heimat gewirkt haben, ebenso die relative Religionsfreiheit, welche religiöse Toleranz in dem Maße herausforderte, wie sie diese den Andersgläubigen gewährte. So lebte und erfuhr Gryphius in dieser Zeit ein konfessionelles Miteinander, das mindestens zum Teil humanistischem Credo und einer Irenik entsprach, deren theoretische und praktische Grundlagen ebenfalls in Holland geschaffen wurden.

In Leiden veröffentlichte Gryphius seine 100 ›Son- und Feyrtags-Sonnete‹ (1639; SFS), eine um 21 Gedichte erweiterte Neubearbeitung von 29 ›Lissaer Sonetten‹ (›Sonnete. Das erste Buch‹, 1643; SeB), sein erstes Oden-Buch (›Oden. Das erste Buch‹, 1643; OeB) und sein erstes Buch mit ›Epigrammata‹ (ebenfalls 1643; EeB).

Unmittelbar hat sich also der Aufenthalt in Leiden, dem »Harvard der Zeit« (II.44
Wiedemann, S. 441), auf die *lyrische* Produktion des Dichters ausgewirkt: Es sind
zugleich die Werke, denen er seinen Nachruhm vor allem verdankt.

1644 brach Gryphius als Begleiter des Stettiner Kaufmannssohns Wilhelm Schlegel mit einer Gruppe zu einer ausgedehnten Bildungsreise nach Frankreich und Italien auf, mit den Stationen Paris, Marseille und Florenz (1645), Rom und Venedig
(1646; vgl. II Stosch, S. 7f.; Stieff, S. 27). Mit dem Datum »Rom, 15. Februar im
Jahre 1646« widmete Gryphius die erste Auflage seines lateinischen Bibel-Epos ›Olivetum. Libri tres‹ »der durchlauchtigsten und erhabensten Republik von Venedig«
und forderte diese auf: »nimm die heiligen Kämpfe Christi in deine Hand, mit der du
den Kriegen Einhalt gebietest, die immer wieder gegen die Herde Christi aufflam-
men!« (HÖ, S. 153) Auf der Rückreise blieb er neun Monate in Straßburg, wo er sein
erstes Trauerspiel ›Leo Armenius‹ vollendete (1646) und mit der Arbeit an der ›Catharina von Georgien‹ begann. Über Amsterdam und Stettin kehrte er dann im
November 1647 ins schlesische Fraustadt zurück. Seine beiden ersten Lebensphasen
zeigen so durchaus konträre Züge: Auf die Jugendzeit, in der er die schlesische Welt
als Inbegriff des irdischen Jammertals erfuhr und im Klagegestus poetisch spiegelte,
folgte eine zehnjährige Phase relativen irdischen Glücks im »Gelingen eines Bil-
dungsweges von denkbar höchstem Anspruch, so als habe ihn das Schicksal auf
diese Weise zu entschädigen gesucht.« (II.44 Wiedemann, S. 441) Auch für Adlige
und Reiche war in jener Zeit an Bildungserlebnissen nicht »mehr zu haben« (ebda.),
und was Gryphius sich dabei an Gelehrsamkeit erworben hat, hebt ihn weit über den
Durchschnitt der »Opitzianer« seiner Zeit hinaus.

5) *Syndikus in Glogau:* Wie hat sich Gryphius in seiner nun folgenden dritten Lebensphase zu diesen beiden Erfahrungen, in denen sich zugleich ein für die Autoren
epochentypischer Grundgegensatz zwischen einer konfessionell-religiös und einer
humanistisch gestimmten Weltsicht manifestierte, ins Verhältnis gesetzt? Im Juli 1647
schrieb er aus Amsterdam an Johann Heinrich Boecler nach Straßburg, er wolle nun
»auf Biegen und Brechen in die Heimat« »eilen«: »Wenn auch ein Leben dort kaum
vergönnt sein sollte, so wird doch Gelegenheit sein, zu sterben und von den Trüm-
mern des dahinsinkenden Schlesiens bedeckt zu werden.« (II.44 Seelbach/Bircher,
S. 151) Dies läßt auf unbedingte und unbeirrbare Einsatzbereitschaft in und für
Schlesien schließen. Dabei hätte er sich ganz dem Gelehrtentum verschreiben können, denn 1648 erhielt er gleich drei Rufe: an die – seit dem Westfälischen Frieden
wieder calvinistische – Universität Heidelberg, an die als »zweites Heidelberg« und
»Ostbastion des Calvinismus« geltende kurbrandenburgische Hochschule Frankfurt/
Oder (hier für Mathematik; vgl. II.44 Kiesant, S. 685ff.) und an die schwedisch-
lutherische Universität Uppsala (vgl. II.44 Szyrocki 1964, S. 33f.). Alle drei lehnte
Gryphius ab. Über die Gründe läßt sich nur spekulieren (vgl. II.44 Kiesant). Sie
lagen vermutlich weniger in dem calvinistischen Charakter der beiden deutschen
Hochschulen (so II.44 Szyrocki 1964, S. 34), denn Gryphius unterhielt gerade in
dieser Zeit, wie auch die Widmungen einiger seiner poetischen Werke, darunter der
zweiten Auflage seines Epos ›Olivetum‹ (vgl. dazu Kap. 1 c–4) zeigen, gute Beziehungen zum Heidelberger und kurbrandenburgischen Hof (vgl. II.44 Kiesant,
S. 680, 686), als vielmehr in dem Umstand, daß Gottfried Textor, der Sekretär der

Piastenherzöge von Liegnitz, Brieg und Wohlau, »dem jungen, begabten, überzeug-
ten Protestanten die Schlüsselstellung eines Syndicus der Landstände verschaffte –
im Zusammenhang mit der Widerstandspolitik der reformierten Piastenherzöge gegen die von Wien aus ferngeleitete Gegenreformation in Schlesien« (ebda., S. 122).
Eben diese Stelle eines Rechtsberaters der Landstände im kaiserlichen Erbherzogtum
Glogau erhielt Gryphius 1650 und hatte sie bis zu seinem Tod im Sommer 1664 inne.
Er entschied sich also für eine diplomatische Tätigkeit wie Opitz, im Unterschied zu
diesem aber verschrieb er sich nicht verschiedenen Parteien, sondern er versuchte die
protestantischen Interessen zu vertreten, ohne es mit den Habsburgern – im wohlver-
standenen Interesse der Landstände – ernstlich zu verderben und damit das gegen-
reformatorische Unheil zu vergrößern.

Dabei fiel der Beginn seiner Tätigkeit in eine Phase entschlossener *Rekatholisierungspolitik*. Nachdem im Sommer 1650 die ›konfessionsverwandten‹ schwedischen
Truppen in der Stärke von 900 Mann nach achtjähriger Besatzungszeit aus Glogau
abgerückt waren, wurden auf landesherrlichen Befehl die evangelischen Ratsherren
vollständig durch Katholiken ersetzt, und gleichzeitig kehrte die vertriebene katholische Geistlichkeit (Jesuiten, Dominikaner und Klarissen) nach Glogau zurück. Ihre
Bauwerke wurden erneuert, ab 1654 begannen die Bauten für das Jesuitenkolleg, im
selben Jahr wurde die jesuitische ›Corpus Christi-Kirche‹ eröffnet. Gleichzeitig wurden die protestantischen Kirchen geschlossen und deren Prediger ausgewiesen (vgl.
Kap. 1 b–2; vgl. III Deventer, S. 252ff.). Gryphius half seinen Glaubensbrüdern, so
gut er konnte – den ausgewiesenen Prädikanten bei der Übersiedlung ins benachbarte Gramschütz –, er beteiligte sich an den langwierigen Verhandlungen um die
Errichtung der zugesagten ›Friedenskirche‹ und hielt anläßlich des ersten Gottesdienstes bei der Übergabe des Kirchbauplatzes eine öffentliche Rede (1651), er stellte
in mühevoller Arbeit zur Verteidigung der althergebrachten ständischen Privilegien
und Freiheiten eine 75 Nummern umfassende Sammlung der Glogauer Landespri-
vilegien zusammen, die unter Umgehung der landesherrlichen Zensur 1653 im polnischen Lissa gedruckt wurde (›Glogawischen Fürsthenthumbs, LandStände und
Ritterschafft Privilegia, Statuten, Kayserliche Königliche und Fürstliche Indulten
und Bekräfftigungen‹; vgl. III Deventer, S. 276f.), er protestierte gegen die von
Habsburg anberaumte Schließung protestantischer Gotteshäuser und wurde dafür
sogar vorübergehend verhaftet (1653; vgl. III Deventer, S, 278) und reiste häufig zur
Unterstützung protestantischer Anliegen in das lutherische Breslau, dessen Rat er
auch sein letztes Trauerspiel, den ›Papinian‹ (1659), widmete, – aber gegen die ro-
buste Durchsetzung der katholischen Interessen stand er letztlich doch in seinem
Amt – vielleicht weniger mit seiner literarischen Feder – auf ›verlorenem Posten‹.
Seine Hinwendungen zum geistlichen Lied sowie zu Übersetzungen von Erbauungsliteratur in den fünfziger Jahren (vgl. Kap. 6 m, n) sind gewiß auch Folge der Einsicht, daß die dem Luthertum auferlegten Beschränkungen bei den öffentlichen
kirchlichen Akten und Zeremonien noch am ehesten durch literarische Unterstützung der Privatandachten kompensiert werden könnten.

Man hat sich darüber gewundert, daß dieser glänzend begabte und gebildete
Mann in die gefährdete schlesische Provinzialität zurückkehrte und sich ausgerechnet jener politischen Kraft – den Landständen – zur Verfügung stellte, die in der Zeit
des sich entwickelnden Absolutismus und erst recht nach dem Westfälischen Frieden

eine entscheidend geschwächte und geschichtlich überholte Macht darstellte (vgl. II.44 Wiedemann, S. 441), zumal Gryphius selbst – vor allem in seinen Trauerspielen ›Leo Armenius‹ und ›Carolus Stuardus‹ (1657, überarb. Fassung 1663) – keinen Zweifel an der politischen Notwendigkeit einer starken Stellung der Monarchie als des entscheidenden weltlichen Ordnungsfaktors ließ. Wie es also scheint, begab er sich mit seiner Tätigkeit in den Widerspruch zwischen »der juristisch-politischen Denkweise mit ihrem säkularen Ordnungsinteresse und der theologisch-konfessionellen mit ihrem subjektiven Gewissensdruck, ein Widerspruch, der sich meist zugunsten der säkularen Kraft entschied, da der juristischen Organisation der Welt zunehmend der höhere Rang eingeräumt und die konfessionell-dogmatische Problematik als eine Funktion der politischen behandelt wurde.« (Ebda., S. 437) Schlesien freilich war hier ein Sonderfall, bei dem die Stände – die lutherischen wie die reformierten, die gegenüber Habsburg politisch in *einer* Front standen – zugleich den konfessionellen Glaubensbestand gegen harte Pressionen aufrechtzuerhalten und zu sichern vermochten: In dieser Hinsicht waren ihre Funktion und ihre Macht keineswegs überholt.

Die Übernahme des Juristenamtes erscheint wie ein Versuch, die Erfahrungen der beiden ersten Lebensphasen in der dritten als der »vita activa« fruchtbar miteinander zu verbinden. In dem römischen Rechtsgelehrten Papinian, dem ausdrücklich im Namen des Naturrechts ein Widerstandsrecht gegen die Macht des Kaisers eingeräumt wird, hat Gryphius auch seine eigene Position poetisch reflektiert: die des beamteten Juristen, der die Unantastbarkeit des Gesetzes als ein »summum bonum« auch gegen eine »rechtsbeugende und gewissenspressende summa potestas« zu verteidigen hat (ebda., S. 464). Andererseits bewies er politische Loyalität gegenüber dem Wiener Hof, indem er z. B. nur ein Jahr nach der Einweihung der ›Friedenskirche‹ ein Opern-Festspiel zu Ehren der Kaiserkrönung Ferdinands IV. verfaßte (›Majuma, Freuden-Spiel‹; vgl. II.44. Mannack 1986, S. 94f.; III Kaminski, S. 104ff.). Zugleich verurteilte er im ›Leo Armenius‹ wie im ›Carolus Stuardus‹ den Aufstand gegen die Person des jeweiligen Monarchen trotz dessen bedenklicher Schwächen in Charakter und Regiment, verknüpfte ihren Tod mit der »imitatio Christi« und verlieh ihnen so die religiöse Weihe von Märtyrerfiguren.

Zugleich pflegte Gryphius den gelehrten Kontakt zu den einflußreichen Jesuiten und ließ seine Übersetzung der Märtyrertragödie ›Felicitas‹ des Jesuiten Nicolaus Caussinus, des Beichtvaters Ludwigs XIII., 1657 in einer Ausgabe seiner Werke abdrucken (vgl. II.44 Mannack 1986, S. 78f.; erinnert sei auch an die ›Kirchhofs-Gedanken‹; vgl. Kap. 6 a–10). Zweifellos diente die Poesie hier auch als diplomatisches Mittel, als Zeichen des Respekts, vielleicht auch als Ausdruck der Gemeinsamkeit in grundlegenden Fragen des Zusammenlebens der Konfessionen. Doch dieses kann nur eine genauere Analyse der Gryphschen Weltanschauung klären. Vorab indessen läßt sich bereits konstatieren, daß die auch politisch-funktional eingesetzte Poesie mit kritischen Tönen gegenüber den Kirchen, ihrer weltlichen Macht und unchristlichen Rechthaberei, nicht sparte. So heißt es z. B. in einem Epigramm ›Über heutiger Christen Zancksucht‹:

»Christus will daß seine Schaar sich des Friedens soll befleissen
Und wir zancken / weil wir leider Christen nicht sind /sondern heissen.«
(OE, S. 178).

Damit deutet sich bereits an, daß der Syndicus zu denen gehörte, welche nicht eine starrsinnige Recht-Gläubigkeit, sondern die rechte Frömmigkeit und Sittlichkeit für das entscheidende kirchliche Anliegen hielten, wobei seine Poesie einerseits Instrument der Kritik am schlechten Bestehenden, andererseits und zugleich Demonstrationsobjekt der angestrebten Toleranz war, bei deren Verwirklichung die Konfessionen in Frieden miteinander leben und zugleich politische Loyalität gegenüber der säkularen »summa potestas« ausüben sollten. Für Gryphius selbst wäre dann die gelehrte Poesie in humanistischem Geiste nicht nur Ausdruck spielerischen Zeitvertreibs – dazu scheint ihm sein Amt ohnehin kaum Zeit gelassen zu haben (vgl. II.44 Szyrocki, 1964, S. 36) –, sondern ein wichtiges Organ der Meinungs-Bildung, des moralischen Appells und der praktischen Politik zugleich, durch die schließlich auch recht verstandene lutherische *und* humanistische Intentionen miteinander Frieden schlossen. – 1662 bedankte er sich in einem Brief an Georg Neumark für die Aufnahme in die ›Fruchtbringende Gesellschaft‹ unter dem höchst ehrenvollen Namen ›Der Unsterbliche‹ (II.44 Seelbach/Bircher, S. 162f.). Mit den zitierten Statuten des Programms hat er sich gewiß identifizieren können (vgl. Kap. 1 d–1).

6) *Privates Leid – Anna Rosina und Christian Gryphius*: In dieses Bild, das auch Gryphius' Biographen vermitteln und das seine Hauptwerke stützen, zeichnet sich indes auch für seine dritte Lebensphase die Spur des Dichters »der Klage« (II. Wiedemann, S. 442) ein. Tränen, Klagen und auch Anklagen, von denen selbst Gott nicht verschont bleibt, kennzeichnen seine Werke und kulminieren ausgerechnet in den ›Leich=Abdanckungen‹, die doch das rituelle Medium christlichen Trostes sein sollten. Aber Gryphius hatte auch privaten Grund zur Frage, warum Gott das ganze Elend seiner Zeit zuließ. Seine 1648 mit Rosina Deutschländer, der Tochter eines vornehmen Fraustadter Kaufmanns, geschlossene Ehe war von Tod und Krankheit überschattet. Vier ihrer sieben Kinder starben in frühen Jahren, »eine Tochter siechte an einer spastischen Krankheit dahin« (ebda., S. 441). Als diese vom Vater bei der Geburt enthusiastisch mit einem Sonett begrüßte Tochter Anna Rosina 44-jährig (38 Jahre nach Ausbruch der Krankheit) im Jahr 1697 starb, schrieb der damals noch einzig überlebende Bruder Christian Gryphius (1649–1706), zu Lebzeiten als Rektor des Breslauer Maria Magdalena-Gymnasiums, als Dichter (II ›Poetische Wälder‹ 1698/1707; vgl. dazu IV Adam, S. 200ff.) sowie Herausgeber der Werke seines Vaters (›Teutsche Gedichte‹; ›Poetische Wälder. Anderer Band‹; 1698) von ansehnlichem Ruf, ein in jeder Hinsicht ungewöhnliches Leichengedicht (vgl. dazu IV Ketelsen 1993). In einem zweiseitigen Prosa-Vorspann berichtet er vom Schicksal seiner Schwester. Diese entwickelte sich bis zum fünften Lebensjahr als gesundes und begabtes Kind:

> »Allein / so grosse Hofnung sie ihren lieben Eltern machte / so geschwinde verschwand hernach dieselbige / als der Allerhöchste / in dessen verborgene Gerichte uns Sterblichen zu schauen nicht erlaubet / die Schalen seines grimmigen Zorns völlig über sie / und zugleich über die betrübten Eltern ausschüttete. Es verlohr sich erstlich umb oben bemeldetes Jahr ihres zarten Alters nach und nach das Gedächtnis / es entfiel allgemählich die Sprache / und ungeachtet sie / sonderlich bey nächtlicher Weile / für und für schwäzte / waren doch wenig deutliche Wörter von ihr zu vernehmen / ausser daß sie denn und wenn fürgab / es hätte eine von den Eltern des Dienstes erlassene Weibes=Person / welche

das Kind vorher heftig geliebet / sie aber dessen sich mercklich überhoben / und allen Trotz und Mutwillen ausgeübt / ihr das Vortuch weggenommen. Man versuchte zwar durch Wiederherbeyschaffung selbiger Person dem Ubel zu steuren / doch umbsonst. Und obgleich über diesem fremden Zufall / da sich endlich die Sprache und der Verstand gantz und gar verlohren / die berühmtesten Aerzte in und ausser Landes / insbesonderheit der damals berufne Ritter *Borrhi* zu Rathe gezogen / ... wolte doch alles nichts verfangen.« (Zit. ebda., S. 33ff.)

Im Gegenteil, es wurde noch schlimmer. Das Mädchen, das auch sein Wachstum eingestellt hatte, bekam wöchentlich epileptische Anfälle, wobei sie sich als 16jährige ein Bein brach (das andere war schon von klein auf lädiert) und somit gelähmt und bis zu ihrem Tod ans Bett gefesselt war. – Der rätselhafte Ausbruch der Krankheit also wird auf schwarze Magie zurückgeführt. Der Gryphius-Biograf Christian Stieff erzählt dies 1737 so: »Die allgemeine Rede der Leute schrieb diesen Zufall einer wegen Frechheit fortgejagten Dienstmagd zu, welche bey ihrem Abschiede dem armen Mägdlein einen schönen mit etwas geschmierten Apfel zu essen gegeben, und jedermann hielte es vor eine Bezauberung, nur der gelehrte Herr Vater nicht.« (II Stieff, S. 30f.). Die letztere Behauptung muß offenbleiben. Immerhin suchte der Vater auch in hermetischen Kreisen nach Heilmitteln für die Tochter. Er »schrieb« – so Stieff, der damit die Angaben von Christian Gryphius präzisiert – »deshalben an die grösten Medicos selbiger Zeit, auch so gar an den Weltberuffenen Ritter Borrhi, der mit seinem Lapide philosophico sonsten schon viele unheilbare Kranckheiten curirt.« (Ebda., S. 31) Gryphius hatte Giuseppe Francesco BORRHI (1602–1681) neben dem Jesuiten Athanasius KIRCHER (1601–1681), der als »der bedeutendste aller Hermetiker im Europa des 17. Jahrhunderts« galt (III Evans, S. 254), bei seinem Besuch in Rom persönlich kennengelernt. Borrhi war Paracelsischer Arzt und Alchimist, der Historiker Evans beurteilt ihn als »europäische Berühmtheit« und »mächtigsten Magier seiner Zeit« (ebda., S. 271). Aber neben der Schulmedizin erwiesen sich auch die hermetischen Künste als hilflos, und damit stellte sich für Gryphius und seine Familie in aller Radikalität die Frage nach dem Grund für dieses Unglück. Christian Gryphius gibt in seinem Leichengedicht darauf folgende Antwort:

> »Ich untersuche nicht / woher die Noth entsprungen /
>     Ob eine Meuchel-List der grimmen Zauberey /
> Ob ein geschwindes Gift durch Marck und Bein gedrungen /
>     Und was sonst eigentlich der Kranckheit Qvelle sey.
> Genug: Es hatte Gott / der unsre Stunden zehlet /
>     Dich / Schwester / zu dem Zweck der Trübsal ausgesetzt/
> Die acht und dreißig Jahr den matten Leib geqvälet /
>     Und beyder Eltern Hertz biß auf den Tod verletz.
> Mir ist / als hört' ich noch den werthen Vater klagen /
>     Den Vater / welcher sich biß in das Grab gegrämt!«

Und auch im Blick auf sein eigenes Schicksal nennt Christian Gryphius Gott den, »Der meinen Dranck mit Qval / mein Brot mit Harm vergällt!« (Ebda.) Trost – eigentlich Sinn und Aufgabe des Leichengedichts – kann und will ihm nicht in die Feder fließen:

> »Ich schweige; hast du doch / o Schwester stäts geschwiegen /
> Ich schweige: Weil kein Mensch mein Unglück wenden kann«
>     (Zit. in IV Ketelsen 1993, S. 33ff.)

Wenn die »grimme Zauberey« nicht mehr für das Übel und das Böse in der Welt
verantwortlich gemacht werden können, dann – so sehen wir bei Christian Gryphius
– Gott selbst, der »die Schaalen seines grimmigen Zorns vőllig« über die Menschen
ausschüttet, zufällig, unergründlich, unberechenbar, und der damit, so insinuiert der
Text, grundlos das Leben eines unschuldigen Mädchens zerstört. Solch radikaler
Gotteszweifel im 17. Jahrhundert mutet moderner an als Leibnizens zeitgleiche
›Theodizee‹, die Gott als den Schöpfer der ›besten aller Welten‹ rehabilitierte und den
Menschen für einen Teil des Bösen in der Welt selbst haftbar machte (vgl. II Leibniz
T; vgl. Bd. V/2, S. 148f.).

c)  Sonett-Kunst (I): Emblematik, Amplifikation und mehrfacher Schriftsinn
    (›Ebenbild unsers Lebens‹)

1)  *Überblick über die Sonett-Sammlungen*: Gryphius hat den größten Teil seiner
(heute noch bekannten) Sonette – beginnend in Danzig – gegen Ende seiner Jugendjahre (1636/37) geschrieben (zur Poetologie des Sonetts vgl. Kap. 2 e). Ein erster
Band mit 31 Sonetten erschien 1637 in Lissa (›Lissaer Sonette‹; LS). Im Widmungsgedicht kündigte er an: »Ich will in kurtzem mich noch gar viel hőher schwingen«
(LS, S. 4), und diesen Verweis hat man auf die einhundert ›Sonn- und Feiertags-
Sonette‹ bezogen, die ebenfalls 1636 und 1637 geschrieben worden sein dürften (vgl.
II.44 Szyrocki 1963, S. IX; Mannack 1986, S. 34). Gryphius veröffentlichte sie 1639
in Leiden (SFS) und nahm sie später als 3. und 4. Buch in die Sammlung seiner
›Sonnete‹ auf (SDB, SVB). Die Lissaer Sammlung gab er in überarbeiteter und auf
fünfzig Gedichte erweiterter Form 1643 in Leiden als ›Sonnete. Das erste Buch‹
(SeB) heraus. Das zweite Buch ›Sonette‹ (mit ebenfalls 50 Gedichten) wurde von
Gryphius 1646 »in Straßburg zum Druck vorbereitet«, erschien aber erst in einer von
ihm nicht autorisierten Ausgabe zusammen mit anderen Werken (u. a. aus Opitz'
Feder) 1650 in Frankfurt am Main. Gryphius protestierte gegen diese ›verstümmelte‹
Ausgabe im Nachwort seiner Ausgabe von 1657, die erstmals alle vier Bücher der
›Sonette‹ geschlossen vereinigte, sowie in der Ausgabe letzter Hand von 1663 (vgl.
II.44 Szyrocki 1963, S. X; Mannack 1986, S. 39).

2)  *Form-Kunst*: Das erste hier untersuchte Sonett stammt aus dem 1. Buch in der
Fassung von 1663 und zählt zu jenen Gedichten des Autors, die das als »typisch
barock« betrachtete Lebensgefühl der Epoche, vor allem die sog. Diesseits-Jenseits-
Antithetik, wiederzugeben scheinen:

>    »Ebenbild unsers Lebens.
>    Auff das gewőhnliche Kőnigs-Spiel.
>
>    DEr Mensch das Spil der Zeit / spilt weil er allhie lebt.
>    Im Schau-Platz diser Welt; er sitzt / und doch nicht feste.
>    Der steigt und jener fállt / der suchet die Paláste /
>        Vnd der ein schlechtes Dach / der herrscht und jener webt.
>    Was gestern war ist hin / was itzt das Glůck erhebt;

Wird morgen untergehn / die vorhin grünen Aeste
Sind nunmehr dürr und todt / wir Armen sind nur Gåste
   Ob den ein scharffes Schwerdt an zarter Seide schwebt.
Wir sind zwar gleich am Fleisch / doch nicht von gleichem Stande
Der trågt ein Purpur-Kleid / und jener gråbt im Sande /
   Biß nach entraubtem Schmuck / der Tod uns gleiche macht.
Spilt denn diß ernste Spil: weil es die Zeit noch leidet /
Vnd lernt: daß wenn man vom Pancket des Lebens scheidet:
   Kron / Weißheit / Stårck und Gut / bleib ein geborgter Pracht.«
   (II G, S. 8)

Das Gedicht folgt den in der Opitzschen Poetik aufgestellten Regeln zur Versreform mit der Übereinstimmung von metrischer und natürlicher Betonung und mit dem Rückgriff auf den Alexandriner. Dabei wird deutlich, daß der Alexandriner mit weiblichem Versausgang in seinen beiden Teilen einen gegensätzlichen Charakter hat: In der ersten Hälfte bis zur Zäsur ist er eher »steigend« (»Der steigt und jéner fållt«), in der zweiten Hälfte eher »fallend« (der súchet díe Palåste«). Und da Gryphius das »Steigen« und »Fallen« des Menschen inhaltlich thematisiert, kam ihm dieser Vers mitsamt dem streng alternierenden Versmaß besonders entgegen, um dem Thema auch sinnlichen Ausdruck zu verleihen. Opitz lehnt den Binnenreim ab und empfiehlt das Enjambement, also das Überspringen der Versgrenze durch einen – syntaktisch durchlaufenden – Satz. Die Satzgliederung unterstützt im ganzen die Reimstruktur und gliedert daher zusammen mit dem umarmenden Reim das Oktett deutlich in zwei Quartette. Auch das Sextett wird analog zur Reimstruktur durch zwei abgeschlossene Sätze in zwei Terzette unterteilt. Das Sonett hält so auch die von Opitz als die gebräuchlichste – französische – Sonettform angegebene Reimfolge abba, abba, ccd, eed ein.

Auf höherer Ebene freilich durchbricht es diese starren Regeln zum Teil wieder. Das gilt vor allem im Zusammenspiel von Vers und Rhythmus. Denn obwohl durchweg Versakzent und natürliche Wortbetonung übereinstimmen, fällt die von der *Satz*bedeutung her geforderte Betonung mehrfach in eine metrische Senkung. So gleich in der ersten Zeile das Verb »spilt« (zugleich als ›figura etymologica‹ verbunden mit dem betonten ›Spil‹ in derselben Zeile). Dasselbe gilt für das wiederholt gebrauchte »Der« in den Zeilen 3 und 4, und Gryphius nutzt diese akustische Kontrapunktik zugleich als Mittel kompositorischer Verknüpfung von erstem Quartett mit erstem Terzett (vgl. Zeile 10). Selbst die Durchbrechungen der normalen metrisch-rhythmischen Ordnung vollziehen sich also wieder in einer erkennbaren Ordnung.

Solche metrisch-rhythmischen Kontraste finden ihre Entsprechung und Unterstützung in der Abfolge von Konsonanten und Vokalen. Das ganze Sonett durchzieht ein ständiges Auf und Ab von »hohen« und »tiefen« Vokalen, das nur gelegentlich an bedeutsamen Stellen für eine halbe Verslänge – wiederum gleichsam kontrapunktisch zu der sonstigen »Regel« – auf einen assonierenden Ton eingestimmt wird (z. B. am Ende des ersten Quartetts: »der herrscht und jener webt« – das »e« zugleich als ausgleichende Mitte zwischen den vorangegangenen Extremen »i« und »a«; oder zu Beginn des Schlußterzetts: »weil es die Zeit noch leidet«: das Zeitkontinuum wird für eine kurze Dauer »sinnenfällig«). Auch im Bereich der Kon-

sonanten läßt sich ein ständiger Wechsel von weichen Sonanten und Spiranten und
harten Verschlußlauten sowie Affrikaten beobachten. Dabei steigert sich das Gedicht gelegentlich zu virtuosen Kombinationen von Harmonie (Alliteration: »scharffes Schwerdt…schwebt«, Vers 8) und Kontrast der Konsonanten und Vokale in den
Worten eines Verses (»zârter Seîde«, Vers 8). In den Poetiken wurde solchen sprachlichen Kabinettstückchen besonderer Wert beigemessen, und Opitz hatte im Kapitel
VI seiner ›Poeterey‹ (›Von der zuebereitung vnd ziehr der worte‹) selbst schon mit
Beispielen zur lautsymbolischen und klangakustischen Versgestaltung ermuntert
(vgl. II BDP, S. 40f.; vgl. dazu auch I Szyrocki, S. 156).

Eine Reihe von Stilfiguren, die in den Poetiken ausführlich an Beispielen auf ihren
Effekt hin erläutert werden, finden sich ebenfalls im vorliegenden Sonett:
»Vmbschreibungen« (Periphrasen) als Kennzeichen eines »hohen Stils« mit der Absicht der »Zierlichkeit« (z. B. »Der Mensch das Spil der Zeit«), im Zusammenhang
damit verschiedene Häufungen wie die Beispielreihung in den Quartetten oder die
Reihung im Schlußvers, und in ihnen lassen sich zugleich Anapher, Antithese, Parallelismus sowie Gradation (Steigerung) erkennen. Hierin zeigt sich das spannungs-
volle Miteinander zweier gegensätzlicher Gestaltungsprinzipien: Der Tendenz zur
inhaltlichen Häufung und Erweiterung wird durch die Neigung zur Knappheit und
Pointierung die Waage gehalten. Der inhaltlich zu gestaltende Kontrast hat also in
allen Bereichen der »elocutio« oder »zuebereitung und zier der worte« einen adäquaten Ausdruck gefunden. Die Form des Sonetts mit ihrer Aufteilung in das
geräumigere Oktett mit zwei Quartetten, von denen das zweite das Bildfeld des
ersten zu amplifizieren scheint, und das knappere Sextett, dessen ersteres Terzett die
Bilder des Oktetts in einen weiteren Bedeutungszusammenhang fortzuführen scheint,
während das letzte zur »conclusio« des Ganzen gelangt, unterstützt diese inhaltlich-
formalen Korrespondenzen. Begreiflich daher, daß viele der hier genannten metrisch-rhythmischen und stilistischen Phänomene als antithetisches Zusammenspiel
und von daher als kongenialer Ausdruck des barocken Lebensgefühls betrachtet
werden. – Zugleich übersteigt dies Sonett – wie sich nun zeigen soll – die von der
Rhetorik vorgegebenen inventorischen oder dispositionellen Aufbrauprinzipien (vgl.
dazu Kap. 1 e–3).

3)   *Emblematk als Mode im 17. Jahrhundert*: Der Titel und der – in der Ausgabe von
1643 noch fehlende (vgl. S I, S. 58) – Untertitel des Gedichts verweisen nicht nur auf
das Schachspiel als »Kônigs=Spiel«, sondern zugleich auf dessen *emblematische* Ver-
faßtheit. Der Mailänder Humanist Andreas ALCIATUS (1492–1550) hatte 1531 ein
›Emblematum Liber‹ herausgebracht, ein Buch mit 98 kleinformatigen Holzschnitten des Augsburger Malers Jörg Breu aus Natur, Geschichte und Mythologie, die
jeweils in ihrer Bedeutung durch ein Epigramm erklärt waren (vgl. II Alciatus; vgl.
dazu III Henkel/Schöne, S. X). Die Kombination von Überschrift (»lemma« oder
»inscriptio«), »Sinnen«-Bild (»imago« oder »pictura«) und anschließender ausführ-
licherer Worterklärung des Bildes (»subscriptio«) – und dies häufig in Versform und
als Epigramm – bezeichnet man als *Emblem*. Das Werk des Alciatus erfuhr nicht nur
zahlreiche erweiterte Auflagen, sondern fand auch zahllose Nachahmer. Die Emblembücher gehörten zur beliebtesten Lektüre im europäischen 17. Jahrhundert und
beeinflußten auch Malerei, Plastik, Graphik und Kunstgewerbe des Barock.

Als »Sinnbildkunst« bewahrte die Emblematik etwas von ihren eigenen Ursprüngen, nämlich dem Interesse der italienischen Humanisten an den rätselhaften ägyptischen *Hieroglyphen*, welche sie als Offenbarung der göttlichen Urweisheit verstanden und mit noch untauglichen Mitteln als Bild-Zeichen zu entschlüsseln suchten, sowie von der adligen »Abzeichenmode der *Impresen*«, also »am Hut oder Gewand getragener Medaillen«, die »bildliche Darstellungen mit einem knappen Text« kombinierten (vgl. ebda., S. XI; vgl. dazu auch III Niefanger, S. 70ff.). Die Verbindung von Bild und Text lag indes ohnehin im Zug der Zeit des Frühhumanismus und der Reformation, in der sich aus unterschiedlichen Interessen und auf verschiedenen Feldern ein mediengeschichtlich höchst interessantes Zusammenwirken des neuen Buchdrucks mit Holzschnitten oder Kupferstichen entwickelte. Der pädagogisch-didaktische Aspekt und die Absicht, mit Wort *und* Bild auch den illiteraten ›gemeinen mann‹ mit der eigenen Botschaft besser zu erreichen, zeigen sich schon bei zwei der bekanntesten ›Bestsellern‹ des 16. Jahrhunderts, bei Sebastian Brants ›Narrenschiff‹ (vgl. Bd. I, S. 74ff.) sowie bei der illustrierten Lutherbibel. Die Beliebtheit der emblematischen Mode führte vielfach zu Rückgriffen auf dieselben Bilder oder auf deren Abwandlungen; häufig benutzten die Autoren auch besonders bekannt gewordene Emblembücher und übernahmen deren Illustrationen gleichsam als picturale ›Prätexte‹ für eigene Zwecke. So griff Friedrich von Spee für seine Titelzeichnung der ›Trvtz-Nachtigal‹ auf eine Vorlage aus Hermann Hugos emblematischem Andachtsbuch ›Pia desideria‹ (1634) zurück (vgl. Bd. III, S. 167ff.; Hugos Bildvorlage in II.121 Franz, S. 206), und demselben inzwischen weit verbreiteten Werk Hermann Hugos entnahm ein Jahrhundert später noch Gerhard Tersteegen die picturale Anregung zur Gestaltung des Titelbildes seines ›Geistlichen Blumengärtleins‹ (1729ff.; vgl. Bd. VI/1, S. 58f., 66ff.). – Wie auch das Gryphius-Sonett zeigt, konnten die Dichter mit einem Vorwissen um solche Embleme rechnen und diese durch Bilder oder Verweise in ihre Dichtungen einbeziehen.

Embleme kamen dem Bedürfnis nach Sinnenfälligkeit und gleichzeitigem Deuten und Einordnen der betrachteten Phänomene sehr entgegen. Deshalb konnte das Verhältnis zwischen ›pictura‹ und ›subscriptio‹ beträchtlich schwanken. Bisweilen verstanden sich die Bilder als Repräsentationen von Dingen und Sachverhalten aus Natur, Mythologie und Geschichte, aus Alltag und Lebenserfahrung, aus Politik, Gesellschaft und Kultur; sie veranschaulichten dann jeweils eine Wahrheit, welche von der ›subscriptio‹ nur noch auszulegen war, bisweilen dominierte aber auch die ›subscriptio‹ und erfand nur um ihrer Lehre willen eine allegorische ›pictura‹. Diese eher ›symbolische‹ oder ›allegorische‹ Bild-Text-Relation muß in jedem Einzelfall ermittelt werden.

Eine eher ›symbolische‹ Repräsentation liegt im folgenden Schachspiel-Emblem vor, obgleich darin zugleich der Unterschied zum Symbol deutlich ist: Das Schachspiel als solches enthält nicht »unaussprechlich« wie das Symbol die Bedeutung, die ihm die »subscriptio« verleiht, aber diese knüpft einleuchtend an einen Aspekt des Schachspiels an. Der Sinn steckt im Bild, und doch muß er eigens ausgesagt werden. Bild und Wort sind in diesem Emblem also aufeinander angewiesen, sie ergänzen und erhellen sich wechselseitig. Die ›inscriptio‹ über der ›pictura‹ lautet: »Schachfiguren werden nach dem Spiel in einen Beutel getan« (vgl. dazu auch Abb. 5 [unten S. 224] in I Henkel/Schöne, S. 1305f.).

Die ›subscriptio‹ ist eine Übersetzung französischer Vese:

> »Solange das Schachspiel dauert, ist der König seinen Untertanen durchaus überlegen. Setzt man ihn matt, muß er dulden, daß man ihn rücksichtslos in den Beutel steckt. Dies beweist uns deutlich, daß – ist einmal das vergängliche Spiel des Lebens gespielt und hat uns der Tod auf seine Liste gesetzt – die Könige nicht mehr sind als die Vasallen. Denn im Beutel haben, wie bekannt, Könige und Bauern die gleichen Ehren.« (Ebda.)

Indem Gryphius nun auf diese bekannte Deutung des Schachspiels hinweist, verleiht er seinem Sonett selbst eine emblematische Struktur: mit der ›inscriptio‹ ›Ebenbild unsers Lebens‹,

Abb. 5

mit dem Untertitel, der mit seinem Verweis auf den Schachspiel-Holzschnitt die ›pictura‹ ersetzt, und mit dem Sonett selbst als ›subscriptio‹. Damit deutet er zugleich an, daß er nicht einen neu erfundenen Gegenstand poetisch zu gestalten gedenkt, sondern daß er ein bereits bekanntes »Sinnen-Bild« variierend zu deuten versucht. Dies ist bezeichnend für das vorherrschende dichterische Selbstverständnis im 17. Jahrhundert. Der Poet demonstriert seine Kunst in der Regel noch nicht durch ein geniales Erfinden neuer Stoffe und Bilder, obgleich Opitz diese Möglichkeit prinzipiell plausibilisiert hatte, sondern durch seine Fähigkeit, bereits Bekanntem neue inhaltliche und gestalterische Möglichkeiten abzugewinnen und in ihnen doch zugleich eine allgemeine Zeiterfahrung gültig auszusprechen. Bereits in der Antike und in der Renaissance hatte man für die »nachschaffende Gestaltung eines Neuen aus mehreren Vorbildern« (Quintilian) den Vergleich mit den Bienen gebraucht: Der Dichter trägt das Auserlesene zusammen, er verarbeitet die Quellen zu etwas Eigenem, Neuem. So ist auch im 17. Jahrhundert bezeichnenderweise eine Reihe umfangreicher Quellen-Sammlungen – zugleich als Hilfe für die Dichter – unter der Bezeichnung ›Florilegium‹ oder ›Blütenlese‹ erschienen (vgl. III Szyrocki 1979, S. 41ff.). Gryphius versammelt in diesem Sonett allerdings – wie sich zeigen wird – noch andere bekannte ›Emblemata‹.

4) *Der Mensch als Spieler und Spiel von Zeit und Fortuna*: Ein weiteres – in der Zeit viel bekannteres – Motiv, das der Autor neben dem Schachspiel mit dem Bildfeld des »Spielens« und des »Schauplatzes« in den ersten Satz des Sonetts einbezieht, ist die »epochale Grundvorstellung« des europäischen Barock: das Selbstverständnis des Menschen als eines Schauspielers im großen Welttheater (vgl. III Barner 1970, S. 86ff., 117). Das »Theatralische« dieser Auffassung verwirklichte sich nach damaliger Ansicht in besonders reiner Form am Hof und in den höfischen Festen als dessen Darstellung (vgl. dazu auch die Festbeschreibungen von Weckherlin;

Kap. 3 b): »DEr Hof ist ein erhabener Schauplatz auf welchen aller Welt Augen gerichtet sind.« (August Bohse, zit. in III Barner 1970, S. 117f.) So ist ja auch das Schachspiel von der Bedeutung der Figuren her ein »Königs-Spiel«. In den häufigen und nicht selten tagelang andauernden höfischen Festen äußerte sich die »Rollenhaftigkeit« des Selbstverständnisses in der demonstrativen zeremoniellen Prachtentfaltung, in der Übernahme mythologischer Maskeraden und in den mit großem technischen Aufwand inszenierten Schauspiel- und Opernaufführungen. Durch Wasserspiele und Feuerwerke suchte man auch die umgebende Natur als stilisierten »Schau-Platz« mit einzubeziehen. »Im Fest erst erreicht die höfische Gesellschaft ihre gültige Form. Im Fest stellt sie dar, was sie sein möchte, was sie vielleicht zu sein glaubt, was sie in jedem Fall zu sein scheinen möchte.« (III Alewyn 1957, S. 110)

Die Faszination der Schauspiel-Metaphorik entsprang zum Teil ihrer Vieldeutbarkeit. Dabei waren zwei Aspekte besonders wichtig: Der Mensch konnte als »Marionette« der Zeit, des Schicksals oder des christlichen Gottes erscheinen, der im strengen calvinistischen Sinne bereits den ganzen Weltablauf und das Schicksal des Einzelnen vorherbestimmt hatte. Oder der Mensch konnte – gegen Ende des Jahrhunderts – selbst als der autonom und weltklug handelnde Spieler auftreten, der »mit Hilfe einer emanzipierten, ihrer selbst bewußt gewordenen praktischen Vernunft das menschliche Schauspielerdasein zum persönlichen, ganz und gar säkularen Bühnenerfolg zu führen« versuchte (III Barner 1970, S. 131; vgl. dazu auch III Niefanger, S. 38ff.).

Gryphius hat diese beiden Deutungsmöglichkeiten in der Verbindung von Schach- und Schauspiel spannungsvoll vereinigt. Das Schachspielen des Menschen wird als Folge und Ausdruck seines »Gastseins« in der Welt gedeutet: Sein Leben ist nur von kurzer Dauer wie das Schachspiel und ein ebenso »uneigentlicher« Zeitvertreib. Die Menschen spielen das (Schach-) Spiel des Lebens – so wie es die beiden Männer auf der »pictura« des Emblems darstellen – und ringen miteinander um Vorteil und Sieg, und zugleich sind sie nur eine der (Schach-)Figuren, mit denen gespielt wird und deren unterschiedliche Rolle und Funktion im »Schau-Platz« bereits vorab festgelegt sind. Im Schachspiel führt sich der Mensch sein eigenes Schicksal vor Augen und »spielt« es.

Das erste Quartett betont das Gespieltwerden und Spielen in der Passivität und Aktivität des Menschen: Indem er »steigt« und »fällt«, ist er passives Objekt des Schicksals, der aus heidnisch-antiker Tradition stammenden ›Glücks‹-Göttin in Gestalt der *Fortuna*. Die Welt ist deren Bühne, auch und vor allem in der Kunst (vgl. III Kirchner, S. 55ff.), und die Kunst wirkt wie auch in diesem Sonett zugleich als Augen öffnendes »remedium« gegen die Fortuna. Die Göttin des ›Glücks‹ erschien seit der Renaissance positiv als ›Fortuna Bona‹, die dem Tüchtigen half (so auch bei Gryphius; vgl. III Kirchner, S. 12ff., 15), aber auch – vor allem unter dem Aspekt ihres zeitlichen Wirkens – als »Fortuna Mala«, die man sich wegen ihrer Unberechenbarkeit und Unbeständigkeit unter dem Bilde einer Kugel als Sinnbild ihrer *Natur* oder eines großen Rades als Sinnbild ihres *Handelns* vorstellte, das im Drehen den einen »erhebt« (vgl. auch Vers 5) und zugleich den anderen herabzieht (vgl. ebda., S. 19ff., 94f.; vgl. dazu II Horaz, Carmina I, 35; II SG, S. 70f.; II Gryphius CG, S. 13f.). Die Menschen »*suchen*« aber auch unter ihrem Regiment ein unterschiedliches Glück: Der eine erstrebt Macht, Ehre und Reichtum im »Königs-Spiel«

am Hof, der andere trachtet nach dem »schlechten«, d.h. schlichten, einfachen Leben der Bauern.

Nach der Betrachtung des Themas unter dem Aspekt der Gleichzeitigkeit des Auf und Ab im Welttheater behandelt das zweite Quartett die Problematik aus der Perspektive der *Zeit*, der sowohl der Mensch im Lauf und am Ende seines Lebens als auch die Natur im Ablauf des Jahres unterworfen sind: Auch das Glück ist unbeständig, beständig ist nur der durch die Zeit hervorgerufene Wandel als ein Naturgesetz, dem niemand entgeht. Dazu gab es zahlreiche ›Emblemata‹ (vgl. III Kirchner, nach S. 24, bes. Abb. 5ff.: I Henkel/Schöne, S. 1796ff.). Unter der ›inscriptio‹ ›Das Bild der Fortuna‹ heißt es beispielsweise als ›subscriptio‹: »Glück ist ein unerwartetes und sehr plötzliches Ereignis; gib ihm also, Sterblicher, keinerlei Gewalt über dich.« (Ebda., S. 1800) Daß man sich gegenüber dem ›Glück‹ deshalb mit ›virtus‹ (Armut, Weisheit, Klugheit, Beständigkeit) wappnen kann und soll (vgl. III Kirchner, S. 84ff.), spielt als emblematische Lehre in diesem Gedicht dagegen keine Rolle. Deshalb erscheint Fortuna hier verstärkt als Schicksalsmacht in enger Verbindung mit dem »Fatum« und der »Necessitas«, die Gryphius an anderer Stelle auch als »Noth« apostrophiert (z. B. in der Schlußzeile von ›An sich selbst‹: »Vnd eine Noth muß uns mit allem Vorsatz tôten.« G, S. 9; vgl. III Kirchner, S. 45ff.).

Die lautsymbolisch einprägsam unterstrichene Schlußzeile des Oktetts verweist ihrerseits auf weitere für den Sinnzusammenhang einschlägige Embleme. Und dieser Verweis verdeutlicht eigentlich die Steigerung und Pointe am Schluß des Oktetts: In Gabriel Rollenhagens verbreitetem, zuerst 1611 und 1613 erschienenem ›Nucleus emblematum‹ gibt es ein Emblem mit der ›inscriptio‹: »Gott gibt, wem er will« (»Deus dat cui vult«), und der Kupferstich als ›pictura‹ zeigt ein aus einer Wolkengloriole über Stadt und Land senkrecht herabhängendes Szepter (vgl. Abb. 6; in II Rollenhagen, S. 343). Die ›subscriptio‹ lautet: »Herrschaft gibt göttliche Hand, wem sie will; es ist nicht Sache des Menschen, sie zu verleihen.« (Ebda., S. 342.). Bei Gryphius erhält dieses Emblem, das weltliche Herrschaft als Gottesgnadentum legitimiert, einen nahezu entgegengesetzten Sinn: Es geht nicht mehr um Legitimation von Macht, sondern um die Abhängigkeit aller am »Kônigs=Spiel« Beteiligten vom Schicksal. Zwar ist der Untertan besonders betroffen vom absolutistischen ›Schwert‹ als wankelmütiger weltlicher Gewalt und Gunst, so daß er als Gast auf einem Fest »keine Lust« mehr hat, »zu schmausen« und sich »zu freuen, da ich denke und er-

*Imperium divina manus Dat cui libet, illud*
*Non est humanae tradere Sortis opus.*

Abb. 6

kenne, daß mein Leben nur an einem Faden hängt und nur davon abhängig ist«, aber auch über den weltlichen Herrschern schwebt noch das »scharffe Schwerdt« des allerhöchsten Potentaten. Ein anderes Emblem aus Rollenhagens Sammlung bestätigt diese Deutung. Es zeigt unter der »inscriptio« »Abrumpam« (»Ich werde [ihn] zerschneiden«) eine von einer Hand aus den Wolken nur an einem dünnen Faden gehaltene Weltkugel mit der ›subscriptio‹: »Alle Menschendinge hängen an einem dünnen Faden, den Gott zerschneidet wenn er will. Sei fromm!« (Ebda., S. 322f.; vgl. auch I Henkel/Schöne, S. 46f.) Erst durch den Verweis auf die hier ›anzitierten‹ Embleme wird die Steigerung des Gedankengangs im zweiten Quartett von der Fortuna zu Gott deutlich: Dieser wirkt – und darin liegt die vom Gedicht nicht ausgesprochene, aber durch die ›Emblemcollage‹ angedeutete Pointe – selbst als »Verhängnis« und »spielt« als höchste Instanz im ›Welttheater‹ mit den Menschen ›Fortuna‹. Daß Gott in der christlichen Deutung der »Fortuna«-Tradition ein »divinum iudicium« ausübt und den »humilibus dat gratiam«, sagt das Sonett gerade nicht aus (vgl. III Kirchner, S. 110ff.).

Läßt sich dieser erschütternde Gedanke über die Nichtigkeit menschlichen Seins und Tuns überhaupt noch steigern? Das erste Terzett scheint das Bildfeld des Oktetts nur noch zu erweitern. Es folgt mit solcher *Amplifikation* zwar einem »konstitutiven Stilprinzip der Barockdichtung« (III Szyrocki 1979, S. 56), aber um so paradoxer muß von da aus der in der ›figura etymologica‹ bekräftigte Rat des Schlußterzetts wirken: »Spilt denn diß ernste Spil« (V. 12). Offenbar enthält das erste Terzett eine diese »conclusio« vorbereitende Steigerung, die sich uns nur dann von der Emblematik her erschließt, wenn wir die darin wirksame *stoische Tradition* als Sinngehalt des Terzetts akzeptieren. Denn der Gedanke, daß der Tod nach dem unwägbaren Auf und Ab des irdischen Schicksals »uns gleiche macht« (V. 11), hatte etwas Tröstliches: Der Tod *erlöste* als »ultima fortuna« »aus dem Elend der vergänglichen Fortunawelt«, ja er war danach sogar »das höchste wahre Glück, das man erreichen kann« (III Kirchner, S. 95). Der Tod feierte den Triumph über die Welt, wie dies in den zwanzig Emblemen zum Thema ›Trionfo della Morte‹ (1659) zur Beerdigung des Herzogs Francesco I d'Este dargestellt ist (vgl. III Kirchner, nach S. 24, Abb. 26 u. 27; vgl. dazu Bd. VI/2, S. 428f., Abb. 7). Dieses Sonett verweigert die Perspektive auf Jenseits und Ewigkeit, wie sie die personifizierte Wahrheit zu Beginn des Märtyrerdramas ›Catharina von Georgien‹ mit wörtlichen Anspielungen auf das Bildfeld dieses Gedichts eröffnet (vgl. II CG, S. 14f., V. 23ff.), und deshalb behält der Tod hier tatsächlich das letzte Wort, deshalb ist auch die »conclusio« zu Beginn des zweiten Terzetts »Spilt denn diß ernste Spil« konsequent.

5) *Analogie zum ›Weicherstein‹*: Einen ebenso kompromißlosen Sinn gewinnt Gryphius in der Rolle des ›Meletomenus‹, also des Melancholischen, dem Kartenspiel ab, und zwar in seinem Gedicht auf den ›Weicher=Stein‹, einer poetischen Erinnerung an einen heiteren Nachmittag mit Freunden, die sich auf einem »sehr grossen Stein« inmitten einer Wiese dem Spiel ergeben hatten und dies Ereignis nachträglich in drei Gedichten festhielten (diese erschienen zuerst 1663; vgl. W, S. Xf., 41ff.). Dieses Spiel hält Gryphius nachträglich für »ein wahres Prüffe=Zeichen // Und Ebenbild der Welt / auf der wir Blutt vnd Leichen // Und Ehr' vnd Hab' vnd Stand umb ein gewisses Zill // Ja wol die Seele selbst oft setzen auff ein Spill« (W, S. 53).

Wer von der Last dieses Steins gedrückt wird, der »steigt nicht Himmel an«, sondern »lebt /... / (Weil Gott nicht heben hilfft) mehr Vihisch als ein Vih.« (Ebda., S. 53f.) Dann folgen analoge Bilder von der Vergeblichkeit alles irdischen »Spiels« mit einer »conclusio«, die das Ereignis des Todes nun allerdings gerade nicht als »tröstlich« zu verstehen erlaubt:

> »Stelt endlich enge Zeit und Uberdruß dem Spil /
> (Weil alles doch ein End') ein unverhofftes Zil:
> So wird der Blåtter Meng' unachtsam hingeschmissen /
> (Wo wer verlohrn sie nicht zustůckt und gantz zurissen).
> So ligt ohn Unterscheid wenn uns der Geist begibt
> Und der bestimmte Tod diß alles was man libt /
> Aus unsern Augen reist. [...]«
> (Ebda., S. 56)

6) *Strukturierung nach dem mehrfachen Schriftsinn*: Struktur und Bedeutungsspielraum des Sonetts ›Ebenbild unsers Lebens‹ umfassen noch andere Aspekte. Die *Amplifikation*, welche als Stilverfahren Erweiterung und Steigerung verbindet, erleichtert die Integration weiterer Strukturierungsverfahren, die sich kulturgeschichtlich tatsächlich früh auch mit der Emblematik verbunden haben und die uns an dieser Stelle weiter helfen (vgl. III Henkel/Schöne, S. XVIf.). – Das gilt insbesondere für das *theologische Auslegungsprinzip* des *Schemas vom vierfachen Schriftsinn*. Dieses war besonders unter den Theologen des Mittelalters beliebt. Es hatte sich schon in den ersten nachchristlichen Jahrhunderten aus der Absicht heraus entwickelt, anstößige Bibelstellen – z. B. allzu menschliche Aussagen über Gott – oder ganze biblische Schriften wie vor allem das Hohelied nicht nur im wörtlichen, sondern darüber hinaus auch in einem geistlichen Sinne zu verstehen, um ihnen ihre theologische Fragwürdigkeit zu nehmen (vgl. dazu Bd. IV/2, Kap. 2 b). So unterschied man den ›Buchstabensinn‹ (›sensus litteralis‹), der zugleich den historischen Wortsinn (›sensus historicus‹) umfassen konnte und der die unmittelbare Bedeutung des biblischen Wortlauts ausführte, von dem geistlichen Sinn des Bibelwortes, und dieser letztere konnte theoretisch auf drei Bereiche hin auslegbar sein: auf die Kirche und das Leben in ihr im *allegorischen* Sinn (›sensus allegoricus‹), auf das Leben des einzelnen Gläubigen im *moralischen* Sinn (›sensus moralis‹ oder ›tropologicus‹) und auf das zukünftige Leben, das mit der Wiederkehr Christi im Jüngsten Gericht einsetzt, im *anagogischen*, »hinaufführenden« Sinn (›sensus anagogicus‹). Obwohl Luther und Calvin diese katholische Schriftauslegung abgelehnt und nur den Wortsinn als verbindlich gelten lassen wollten, erfreute sich auch in der protestantischen Schriftauslegung – besonders in der Predigtliteratur – vor allem die moralische Schriftauslegung großer Beliebtheit (vgl. dazu II.44 Krummacher 1976, S. 212ff., 221ff.). Gryphius benutzt in seinen Sonetten alle diese Auslegungs-Typen, und zwar auch als Instrument zur verklausulierten Kritik am Selbstverständnis der Kirchen, an ihren Lehraussagen, aber auch an äußerlichen Erscheinungsformen und am aggressiven, intoleranten Verhalten der Konfessionen untereinander.

So könnte es auch hier sein. Das erste Quartett bemüht sich unter Rückgriff auf die Spiel-Terminologie um eine ziemlich wörtliche Auslegung des menschlichen Spieler-Daseins. Von daher ist verständlich, daß 1643 der Verweis auf das Schachspiel-

Emblem im Untertitel des Gedichts noch unterbleiben konnte. Das erste Quartett entwickelt eine eigene »pictura«, die dann – nach Hinzufügung des Untertitels – zugleich als allegorische – aber noch nicht geistliche, sondern weltliche – Auslegung des Schachspiels zu verstehen ist, wobei das Spiel selbst als ›tertium comparationis‹ dient. Das zweite Quartett betrachtet das Bildfeld dann unter dem Aspekt der Vergänglichkeit und der Zukunft – entsprechend dem *anagogischen* Sinn, und zwar zunächst noch in ›weltlicher‹ Dimension unter der Herrschaft der ›Fortuna‹ (»wird morgen untergehn«), dann aber im Verweis auf Gott, der den ›dünnen Faden‹ der Weltkugel jederzeit (und zwar im Jüngsten Gericht) abschneiden kann, im geistlichen Sinn. Worauf spielt nun aber das erste Terzett an? Zunächst wieder auf ein Emblem zur Gleichheit vor dem Tode bei Rollenhagen. Unter der ›inscriptio‹: »Der Tod macht die Zepter der Hacke gleich« zeigt die ›pictura‹ vor einem Totenschädel gekreuzt eine Hacke, die den Blick auf ein Land-Begräbnis lenkt, und ein Zepter, dessen Spitze einen auf einem Sarkophag aufgebahrten Würdenträger anvisiert. Die ›subscriptio‹ lautet: »Mit gleichem Maß macht der bleiche Tod die Zepter den Hacken gleich. Er klopft sowohl vor den Palästen der Könige, als auch vor den Hütten an.« (II Rollenhagen, S. 106) Der Sarkophag ist in der »pictura« nicht vor einem Schloß, sondern vor einer mächtig ins Bild ragenden Kirche aufgebahrt. Ob das Bild damit mehr aussagen will, als die ›subscriptio‹ sich getraut, muß offen bleiben. Aber in eine von der ›subscriptio‹ des Emblems abweichende Deutungsmöglichkeit der ›pictura‹ zielt offenbar das erste Terzett. Es scheint den Sinngehalt des »Spielens« auf den im *allegorischen* Sinn angesprochenen Bereich der Kirche anzuwenden; denn es erwähnt den unterschiedlichen »Stand« und zu dessen Illustration das »Purpur-Kleid« als unübersehbare Amtstracht der Kardinäle (im Englischen heißt der ›Läufer‹ des Schachspiels denn auch ›Bishop‹).

Im geistlichen Bereich der Kirche herrscht, so ließe sich daraus schließen, offenbar dieselbe Hierarchisierung, dasselbe »Hoch« und »Niedrig« wie in dem – in den Quartetten behandelten – weltlichen Bereich. Darin liegt eine gedankliche Steigerung, zumindest eine mögliche Provokation im Gedankengang des Sonetts: Auch die Kirchen spielen ein Spiel auf Zeit und in der Zeit, auch ihre äußerlich sichtbare Hierarchie, ihre ›barocke‹ Prachtentfaltung und irdische Macht gelten vor dem Tode nichts. Kardinal und Totengräber (»und jener gräbt im Sande«) macht der Tod gleich. Und über die Zeit nach dem Tode verweigert das Sonett, wie gesagt, jede Aussage. Gerade das provoziert aber – zumindest aus der Perspektive des zeitgenössischen Lesers (und der ›Ewigkeit‹ aus der ›Catharina von Georgien‹) – die Frage nach dem ›Danach‹, nach dem ewigen Leben.

Es geht gewiß über die Sinn-Intentionalität des Gedichts hinaus, wenn man schließen wollte, das in ihm dargestellte Leben sei zugleich ein ›Ebenbild‹ des ewigen Lebens. Aber zumindest sei doch angemerkt, daß sich die kirchlichen Vertreter das Leben im Paradies als ein gänzlich durchhierarchisiertes vorstellten, in dem Christus selbstverständlich seine Getreuen nach Verdiensten entlohnte. Angelus Silesius z.B. imaginierte in seiner ›Sinnlichen Beschreibung der Vier letzten Dinge‹ (1675) eine Himmelshierarchie, in der Christus wie ein Kaiser seine Anhänger nach Verdienst mit den unterschiedlichsten Gütern und Privilegien belohnte:

»129. Den setzt er über ein ganz Land,
Den über dreißig Städte,
Den in den höchsten Ritterstand,
Dem gibt er viel Geräte.

130. Vieln schenket er ein fürstlichs Schloß,
Vieln goldene Paläste,
Vieln eine Burg wie Kaisers groß,
Auch vieln nur Zweig und Äste...«
(II Scheffler SB, S. 304f.)

Von daher wäre das ewige Leben tatsächlich ein ›Ebenbild‹ des irdischen, nur daß der Tod mögliche Unterschiede nicht mehr vergleichgültigen könnte. Das Gedicht indessen – und das ist seine abschließende Pointe – lehrt nicht expressis verbis, das Diesseits wegen des Jenseits und seiner ewigen Güter zu verachten. Vielmehr kehrt es mit seinem *sensus moralis*: »Spilt denn diß ernste Spil« ins Diesseits zurück. Das »memento mori« wird prononciert zur Lebens-Lehre! Das Leben ist ernst zu nehmen, wenn es auch endlich ist und alle erworbenen Güter vor dem Tode nur den Wert einer »erborgten Pracht« haben. Als solche haben sie aber ihren Wert, solange das Lebens-Spiel dauert. Indem das Sonett das Jenseits ausspart, kann es zum »disce vivere«, zum aktiven Mitspiel im Diesseits aufrufen.

Der Bedeutungsspielraum dieses Gedichts erweitert sich offensichtlich durch die als bekannt vorausgesetzten Embleme und theologischen Auslegungsverfahren. Es gibt im Sonett nichts, was nicht durch Tradition und Konvention belegbar wäre. Insofern erscheint es als plausibel, daß sich in ihm auch keine subjektive Sprechinstanz, kein ›lyrisches Ich‹ bemerkbar macht. Das gnomische »wir« und »uns« beherrscht als Aussagesubjekt und -objekt das sentenzhafte Sprechen und sichert dem Gedicht Objektivität und Allgemeinverbindlichkeit. Subkutan indessen wird an der Selektivität des Rekurses auf emblematische Prä- und Kontexte und in der Nichterfüllung gleichwohl aufgebauter Spannungen eine individuelle strukturbestimmende und sinnsteuernde Instanz deutlich, die wir als Autor-Intentionalität bestimmen können, und dies um so mehr, als sich im Gedankengang des Sonetts gerade durch Nachvollzug des Verweises auf die autoritative Tradition von emblematischer und theologischer Erfahrung das potentiell Kritische und Häretische herauskristallisiert. Die Gedichte von Gryphius erfordern daher ein aufmerksames, ja ein geradezu detektivisches Lesen. Man muß sie auch als individuelle Gebilde ernst nehmen und sollte den darin gegebenenfalls im Einzelfall fehlenden (christlichen oder lutherischen) Sinngehalt nicht einfach aus anderen Werken des Autors entschärfend ›ergänzen‹. Ein dominanter Zug der Gryphschen Lyrik zeigt sich aber auch schon an diesem Sonett mit seinem Blick auf das ›Theater‹ des menschlichen Lebens, indem es mit dem ›sensus moralis‹ schließt: Es ist das Interesse an Orientierung und rechtem Verhalten des Menschen in einer von Unbeständigkeit bedrohten Welt. Hierin liegt die Gemeinsamkeit mit dem thematisch scheinbar so verschiedenen nachfolgenden Sonett.

## d)  Sonett-Kunst (II): Sterndeutung im ›sensus mysticus‹ (›An die Sternen‹)

1) *Gryphius und die Astronomie seiner Zeit*: Gryphius ist der einzige Dichter des
17. Jahrhunderts, der ein Lobgedicht auf Nikolaus KOPERNIKUS (1473–1543) in deutscher Sprache zu veröffentlichen wagte, allerdings zuerst im Ausland, nämlich im
relativ liberalen Leiden (Johann Rist bekannte sich immerhin etwa zeitgleich in einem Gedicht zum kopernikanischen System; vgl. II Rist NTP, S. 683f.). Das Gedicht wurde 1643, also ein Jahr nach dem Tod Galileo GALILEIS (1564–1642) und
genau 100 Jahre nach Kopernikus' Tod und dem Erscheinen seines Hauptwerkes ›De
revolutionibus orbium coelestium libri VI‹ in dem Band ›Epigrammata. Das erste
Buch‹ publiziert (EeB, S. 151; vgl. Kap. 6 g). Gryphius war in Danzig durch den
Kopernikus-Anhänger Peter Crüger mit dem neuen Weltbild bekannt geworden und
hatte Crüger in den ›Lissaer Sonneten‹ an der zahlensymbolisch bedeutenden 15.
Stelle (also in der ›solaren‹ ›Mittelpunktstellung‹ seiner Sammlung) mit dem Hinweis
»Der Ihr der Sonnen selbst auch eine Sonne seid« (LS, S. 13) ein bezeichnendes
Denkmal gesetzt. Darüber hinaus hatte er in Leiden selbst ein »Collegium Astro-
nomicum« abgehalten (II Stosch, S. 6; Leubscher, S. 21). Gryphius' Bibliothek ist
verloren (sie wurde mit der seines Sohnes Christian 1707 versteigert; vgl. II.44 Seel-
bach/Bircher, S. 109). Trotzdem haben sich unter den wenigen Autographen zwei
Bücher mit seinem Buchbesitzeintrag gefunden, die sein Interesse an beiden Richtungen der ›Himmelskunde‹ bezeugen: Jacob Ravensbergs ›Disputatio Astronomica‹
(Leiden 1640) und Franciscus Junctius' (d. i. Francesco Giuntini) ›Speculum As-
trologiae‹ (1581. Leiden 1642; vgl. II.44 Seelbach/Bircher, S. 134, 141).
Als Kenner des astronomischen Diskurses wußte Gryphius auch, wie gefährlich es
war, sich zum neuen heliozentrischen Weltbild zu bekennen: Luther und Melanchthon hatten die vorsichtig als Hypothese eingeführte Lehre des Kopernikus sofort
als Narretei und unziemliche Geltungssucht eines Neuerers abgeurteilt (vgl. III Kearney, S. 104; vgl. dazu auch Bd. II, S. 57ff.), und ausgerechnet in Gryphius' Ge-
burtsjahr 1616 führte die Katholische Kirche den Lehrprozeß gegen Galilei und
verwarf durch eine päpstliche Kommission unter Leitung von Robert Bellarmin
(1542–1621) den Lehrsatz, daß »die Sonne der Mittelpunkt des Universums« sei (vgl.
III Kearney, S. 91). 1633 wurde Galilei von der kirchlichen Inquisition zum Widerruf gezwungen. Die Kirchen sahen im ›Heliozentrismus‹ weniger eine wissenschaftliche als eine weltanschauliche Herausforderung: Sie stellte das biblisch-scholastische
Weltbild in Frage. Kopernikus hatte zwar nur geglaubt, mit der Mittelpunktstellung
der Sonne und der ›Stellarisierung‹ der Erde sowie der Annahme, diese drehe sich in
24 Stunden einmal um die eigene Achse (wodurch die Annahme entfiel, die Sterne
drehten sich in derselben Zeit in unvorstellbarer Geschwindigkeit um die ›stehende‹
Erde), das ptolemeische Weltbild zu vereinfachen und zu reformieren, und er hatte
auch an der Fixsternsphäre nicht gerüttelt, die den Kosmos umschloß, aber er war
zugleich Hermetiker und Neuplatoniker, und die Anhänger seiner Lehre kamen allesamt aus dieser Richtung, weil sie seit alters die Sonne als göttliche Spenderin alles
Lebens verehrten und ihre Mittelpunktstellung deshalb als besonders ›passend‹ emp-
fanden (vgl. ebda., S. 100ff.; Bd. II, S. 58ff.). Galilei wiederum, der sich erst allmählich – u. a. auch angeregt durch den ebenfalls neuplatonisch inspirierten Johannes
KEPLER (1571–1630) – zur Weltsicht des Frauenburger Domherren durchrang, war

Mitbegründer des in der Neuzeit besonders folgenreichen mechanistischen For-
schungs-Paradigmas, das die Lehren der Kirchen, wie es diesen mit Recht scheinen
mußte, vor dem Vernunft-Tribunal einer mathematisch errechenbaren, in einer ei-
gengesetzlichen Naturordnung gründenden Wahrheit zur Rechenschaft zog (vgl.
dazu auch III M. Schneider, S. 83ff., 91ff.).

   Kein Wunder also, daß sich die deutschen Gelehrten im Streit um das neue Welt-
bild – im Unterschied zu den Wissenschaftlern in anderen Ländern wie England und
den Niederlanden – weitgehend bedeckt hielten (vgl. dazu auch II.44 Kühlmann,
S. 142ff.), zumal es auch gewichtige vermittelnde Positionen wie die des dänischen
Astronomen und Astrologen Tycho BRAHE (1546–1601) gab, der im Glauben an die
Heilige Schrift der Erde ihre feste Mittelpunktstellung beließ: »Sonne und Mond
umkreisen sie. Und wenn ebenfalls Jupiter, Mars, Venus, Merkur und Saturn um die
Sonne laufen, so sind sie damit keineswegs der Bindung an die Erde entzogen, son-
dern durch eben diese Wanderung auch zur Umkreisung der Erde gezwungen.« (III
Böttcher, S. 320) Dafür hatte Brahe aber durch Entdeckung und Berechnung eines
neuen Kometen im Bereich der Venus die These von den kristallinen Sphären am
Himmel zertrümmert (ebda., S. 320ff.). Johannes Kepler wiederum hatte durch seine
Berechnungen die ptolemeische Annahme von der Kreisbewegung der Sterne – ihr
lag das Axiom der aristotelischen Physik vom Kreis als der vollkommensten Bewegung überhaupt zugrunde (vgl. III Kerney, S. 34ff.) – durch seine Ellipsentheorie
korrigiert (vgl. ebda., S. 138), indessen »seinen Fachkollegen in der Astronomie
dachte Kepler zu neuplatonisch und seinen neuplatonischen Geistesverwandten zu
mathematisch.« (Ebda., S. 138f.; vgl. dazu auch Harsdörffers kundig-konservative
Darstellung des widersprüchlichen astronomischen Forschungsstandes in I PS,
S. 193ff.).

   In dieser für die Zeitgenossen unübersichtlichen Situation galt offiziell das traditionelle ptolemeische Weltbild fort. Erst im 18. Jahrhundert konnte sich das heliozentrische und das nach-kopernikanische Weltbild von der Pluralität der Welten in
Deutschland durchsetzen, das u. a. bereits von Nikolaus von KUES (1401–1464) und
vor allem vom – als Häretiker von der Inquisition mit dem Feuertod bestraften –
Hermetiker Giordano BRUNO (1548–1600) spekulativ verkündet worden war (vgl.
Bd. V/2, S. 52ff.). Von daher blieb den Zeitgenossen des 17. Jahrhunderts offiziell
auch der sog. »heliozentrische Schock« erspart. Aber auch die ›Kopernikaner‹ gingen noch von einem in sich geschlossenen Kosmos aus. Da die Sonne auch im alten
Weltbild als vierter und größter Planet zwischen Mond, Merkur und Venus auf der
einen und Mars, Jupiter und Saturn auf der anderen Seite bereits eine Mittelpunktstellung innehatte, war ihr Einrücken in die kosmische Zentralposition für die Anhänger nur konsequent. Allerdings ist nicht ausgeschlossen (wenn auch mangels
eindeutiger Zeugnisse kaum zu beweisen), daß der mit dem neuen Weltbild verbundene Verlust der Mittelpunktstellung der Erde und damit auch der Zentralstellung
des Menschen, auf den sich das göttliche Heilshandeln im Kontext des alten Weltbildes konzentrierte, daß ferner die Vorstellung von der Erde als bloßem Planeten
unter Planeten das ›vanitas‹-Gefühl und die Beunruhigung über Wert, Aufgabe und
Heilsgewißheit des Menschen bestärkt haben.

   Zumindest bei Gryphius läßt sich beobachten, daß die Frage des Welt-Bildes
weniger unter wissenschaftlicher als vielmehr ebenfalls unter weltanschaulicher Per-

spektive verhandelt wird. Dabei treten die Wissenschaften – allen voran die Theologie – in den Dienst der Anthropologie. Nicht Heliozentrismus, sondern *Anthropozentrismus* finden wir in Gryphius' Poesie, und dies vielleicht auch als Reaktion auf die verunsichernde astronomische Diskussion. Hier, in der genuin humanistischen Frage nach der Stellung und Aufgabe des Menschen, nach der Sinnhaftigkeit seiner Existenz, liegt das Moderne seiner Position, in der sich das anthropologische Interesse der Aufklärung bereits ankündigt.

Von dieser Skizze her versteht sich, warum die Forschung bei der Diskussion um die historische Standortbestimmung von Gryphius immer wieder auf das Kopernikus-Gedicht, aber auch auf weitere Sternen-Gedichte des Autors zurückgegriffen hat. Indessen sind – auch das wird nach dem Gesagten nicht verwundern – eindeutige Bekenntnisse nicht zu erwarten. Gerade hier bewährt sich die Poesie, wie nun zu zeigen ist, als scharfsinniges Medium auszulotender Vieldeutigkeit. Das gilt insbesondere für Gryphius' bekanntestes Sternen-Gedicht.

2) *Form-Kunst*: Das ›Sternen‹-Gedicht von Andreas Gryphius scheint in der Betrachtung des gestirnten Himmels noch einmal die traditionellen Sinnsetzungen ptolemäisch-christlicher Himmelslehre kunstvoll komprimiert zu explizieren, ja es hat seine erste Pointe schon darin, daß es das eigentliche Streitobjekt des neuen Weltbildes, nämlich die Sonne, im nächtlichen Blick (V. 2) gerade exkludiert; ferner wird der Welt-Raum von der poetischen Anschauung durchaus im traditionellen Sinne von ›unten‹ nach ›oben‹ durchmessen (vgl. auch V. 14), und die Schlußpointe des Sonetts gewinnt noch an Gewicht, wenn bei der betrachtenden Lektüre zuvor die Mittelpunktstellung der Erde vorausgesetzt wird, welche mit der Lokalisierung gleich im ersten Vers (»auff Erden«) unterstrichen zu sein scheint (im folgenden die Fassung von 1663; zu einigen stilistischen Änderungen gegenüber der Fassung von 1643 [S, S. 53f.] vgl. II.44 Weydt, S. 19ff.):

> »An die Sternen
>
> IHr Lichter / die ich nicht auff Erden satt kan schauen /
>   Ihr Fackeln / die ihr Nacht und schwartze Wolcken trennt
>   Als Diamante spilt / und ohn Auffhören brennt;
> Ihr Blumen / die ihr schmückt des grossen Himmels Auen:
> Ihr Wächter / die als Gott die Welt auff-wolte-bauen;
>   Sein Wort die Weißheit selbst mit rechten Namen nennt
>   Die Gott allein recht misst / die Gott allein recht kennt
> (Wir blinden Sterblichen! was wollen wir uns trauen!)
>   Ihr Bürgen meiner Lust / wie manche schöne Nacht
>   Hab ich / in dem ich euch betrachtete / gewacht?
> Herolden diser Zeit / wenn wird es doch geschehen /
>   Daß ich / der euer nicht allhir vergessen kan /
>   Euch / derer Libe mir steckt Hertz und Geister an /
> Von andern Sorgen frey werd unter mir besehen?«
>   (G, S. 7)

Die Reimfolge entspricht wie in ›Ebenbild unsers Lebens‹ dem von Opitz vorgeschlagenen ›Normaltyp‹ (vgl. II BDP, S. 56f.): abba abba ccd eed. Satzbau und Sinn legen hier freilich auch eine Variation des Shakespeare-Sonetts nahe, welches aus

drei Quartetten und einem Reimpaar am Schluß besteht. Im vorliegenden Sonett
könnte man die beiden ein Satz- und Sinnganzes bildenden Verse

> »Ihr Bůrgen meiner Lust / wie manche schône Nacht
> Hab ich / in dem ich euch betrachtete / gewacht?«

als Reimpaar isolieren und die anschließenden vier Verse – mit umarmendem Reim
und auch semantisch-syntaktisch sinnvoll ein Ganzes bildend – als drittes Quartett
auffassen. Die beiden zitierten Zeilen erhielten dadurch ein besonderes Gewicht, und
wir werden sehen, daß sie dies auch beanspruchen dürfen. – Daß Gryphius virtuos
mit der Form zu spielen und damit auch Spannung zwischen Form und Inhalt
herzustellen vermag, zeigt sich u. a. daran, daß das ganze Sonett nur aus zwei Sätzen
besteht, die aber nicht säuberlich durch die Grenzen von Quartetten/Oktett und
Terzetten/Sextett getrennt werden, sondern mitten im ersten Terzett – eben mit dem
zitierten Zweizeiler – aufeinanderstoßen und damit die vorgeschlagene Differenzie-
rung der Gedichtstruktur in drei Quartette und einen Zweizeiler unterstützen. Der
gedrängten Sonettform steht somit ein weitausholender, die ersten zehn Zeilen über-
springender Aussagegestus gegenüber. Es scheint so, als wolle die Sprechinstanz mit
diesem großen semantischen Bogen die kosmische Dimension symbolisieren, die sie
im zeilenspringenden Betrachten durchläuft, und vielleicht soll die siebenmalige
Apostrophierung der Sterne in der Satzanfangsstellung (»IHr Lichter«, »Ihr Fak-
keln«, »Ihr Blumen«, »Ihr Wächter«, »Ihr Bürgen«, »Herolden«, »Euch«) die Zahl
der Planeten symbolisieren, deren Raum dann im Schlußvers zum ›Jenseits‹ hin
überschritten wird.

Die Sterne als erhabene Gegenstände erfordern den gehobenen Stil, und so spart
der Dichter denn auch nicht – unterstützt durch ausgefeilte Lautsymbolik (vgl. IV
Rieder, S. 123ff.) – mit entsprechenden Stilfiguren, z. B. mit Metaphern. Dabei ist
die Klimax in der Anrede der Sterne von den »Lichtern« über die »Fackeln« zu den
»Diamanten« als härtestem Kristall und kostbarstem Schmuck bis hin zu ihrer An-
thropomorphisierung in der »fictio personae« (»Wächter« und »Herolden«) unverkennbar. Zugleich enthüllt sich in diesen anaphorischen Apostrophen mit anschließenden Relativsätzen erneut die im Barock beliebte Stilfigur der Amplifikation, in
deren Dienst auch Parallelismus und Koppelung (»Nacht und schwartze Wolcken«)
stehen. Diesem durch den Alexandriner gleichsam stufenförmig gestutzten Wuchern
steht die Tendenz zu Knappheit und pointierendem Kontrast gegenüber, am deutlichsten am Schluß des Oktetts mit dem Gegensatz zwischen »Gott« und »Sterblichen« und anschließend mit dem sich nahezu in jedem Vers wiederholenden Gegenüber von »Sternen« und »Ich«, also – wie sich später genauer zeigen wird – von
Makrokosmos und Mikrokosmos. Aus der Konstellation dieser beiden Bereiche lebt
die Spannung des Sonetts. Im Oktett dominieren die Sterne als Repräsentanten der
kosmischen Größe und Herrlichkeit, der Schöpferkraft und -macht Gottes, deren
Betrachtung das »Ich« zum Eingeständnis der menschlichen Bedeutungslosigkeit
(»Wir blinden Sterblichen«) führt. Nach dieser scharfen Gegenüberstellung verweist
der Beginn des Sextetts plötzlich auf eine unvermutet entspannte Korrelation (»Ihr
Bůrgen meiner Lust«), und am Schluß des Sonetts antizipiert das Ich als Folge seiner
Betrachtung des Sternenhimmels sogar die Erhöhung des Mikrokosmos über den
Makrokosmos. Das »Ich« avanciert auch grammatikalisch zum Subjekt und drängt

die Sterne in die Rolle des Objekts. Der Weiträumigkeit der Quartette und des ersten Satzes kontrastiert also die gespannte Kürze des zweiten Teils, in der sich gleichwohl der Mikrokosmos gegenüber der stellaren Macht und Herrlichkeit als überlegen erweist.

3) *Das Sonett als Kritik an der ›curiositas‹*: Mit diesen Beobachtungen sind wir bereits in den Bereich der Aussage und des Gehalts vorgedrungen. Daß das Gedicht christlich-traditionelle Gedanken gestaltet, scheint auch die Beobachtung zu bestätigen, daß sich das anfängliche »natürliche Weltraumbild« schon mit dem zweiten Quartett und dem offenkundigen Rückgriff auf die Bilder der Schöpfungsgeschichte und erst recht mit dem Schlußterzett zur heilsgeschichtlichen Perspektive hin öffnet. »Naturordnung und Heilsordnung«, so hat denn auch Erich Trunz interpretiert, »stehen in engstem Zusammenhang, die Sterne weisen auf den Himmel hin, denn die Welt ist ein ›mundus symbolicus‹ oder ›mundus significativus‹, wie man damals sagte. Die Sterne werden in ihrem hinweisenden Charakter als Sinnbilder der Heilsordnung erkannt, und das Ich stellt sich in diese Ordnung hinein.« (II.44 Trunz, S. 22) Erst in der Zeit nach Gryphius sei die Harmonie zwischen natürlichem und religiösem Weltbild auseinandergebrochen (ebda.). Deshalb nennt Trunz dies Sonett auch ein »christliches Meditationsgedicht, das von der Natur ausgeht und sie im Zusammenhang der Heilsordnung sieht« (ebda., S. 27). Diese Interpretation wurde inzwischen durch Verweis auf ein »Geflecht von Traditionen«, in denen das Sonett steht, vertieft und ergänzt (vgl. IV Rieder, S. 142ff.). Jochen Schmidt insbesondere hat neuerdings auf die bis in die Antike zurückreichende und in Patristik und Scholastik, aber auch im Neuplatonismus zu einem religiös fundierten Gradualismus weiterentwickelte Semantik der »Sternen-Schau« in den Begriffen von »cogitatio, meditatio und contemplatio« verwiesen, wonach »eine Reihe von ›Stufen‹ bis zur schauenden Erkenntnis der göttlichen Wahrheit hinführt« (II.44 J. Schmidt, S. 62). »Schauen« und »Betrachten« seien so verstanden über dieses Gedicht hinaus bei Gryphius »nicht ein äußeres Sehen, sondern die Ausrichtung des Geistes auf den Bereich des Göttlichen.« (Ebda., S. 63) In der prononcierten Entgegensetzung von der »contemplatio coeli stellati« und dem Verdikt der »curiositas« in Vers 8 (»Wir blinden Sterblichen! Was wollen wir uns trauen!«) erblickt Schmidt das Zentrum des Gedichts, und mit ihm knüpfe Gryphius ebenfalls an einen bis auf Augustins ›Confessiones‹ gerade gegenüber der Astronomie geltend gemachten ›curiositas‹-Verdacht an (ebda., S. 67ff.; vgl. II Augustinus, S. 291f.; Buch X, Nr. XXXV. 54ff.). Auf diese »superbia« ziele Vers 8, und daher sei das Gedicht »noch weit entfernt von der Verherrlichung autonomer curiositas, wie sie im 18. Jahrhundert, immer noch am Paradebeispiel der Astronomie und mit besonderer Hervorhebung Newtons, in zahlreichen Dichtungen zum Ausdruck kommt.« (II 44 J. Schmidt, S. 63) Schmidt verweist nun allerdings selbst im Blick auf den Schluß des Gedichts auf die Mikrokosmos-Makrokosmos-Analogie, für die er im Blick auf die »Geister« (V. 13) Paracelsus zitiert. Damit lege das Sonett am Ende »den Ermöglichungsgrund der contemplatio frei: die in einer langen, vor allem stoischen und neuplatonischen Tradition stehende innere Beziehung des Menschen als eines Mikrokosmos zum Makrokosmos, dessen Inbegriff seit jeher die Sternensphäre ist.« (Ebda., S. 73) Allerdings wehre Gryphius, »in seiner streng christlichen Religiosität«, »am Ende doch die naheliegende naturphi-

losophisch-›magische‹ Konsequenz ab, die sich aus der Statuierung dieses Bezie-
hungsverhältnisses immer wieder in Form eines monistischen oder sogar annähe-
rungsweise pantheistischen Weltbilds ergab.« (Ebda.) Doch für diese These bietet
weder das Gedicht noch Schmidts Interpretation einen überzeugenden Beleg. Gerade
in diesem Kontext werden wir deshalb näher nachzufragen haben. Dazu gehört
zunächst ein noch genauerer Blick auf die Gedichtstruktur.

4) *Emblematische und allegoretische Strukturierung*: Wie in ›Ebenbild unsers Lebens‹ lassen sich auch in diesem Sonett *Emblematik* und *Allegorese* als weitere Gestaltungsprinzipien erkennen, welche die Deutungen von Trunz und Schmidt ebenfalls zu unterstützen scheinen. Das erste, ganz auf Anschauung bedachte Quartett
ließe sich als ›pictura‹ bezeichnen, die dann vom zweiten Quartett an in einer ›subscriptio‹ ausgedeutet wird (vgl. dazu auch IV Rieder, S. 12ff.). Es gab im übrigen
zahlreiche Embleme zur Sternseherei. Sie reichten – schon bei Alciatus mit der Abbildung des ins Meer stürzenden Ikarus – von der Kritik an der ›curiositas‹ der
»sternseher« (II Alciatus, S. 122f.; mit derselben Botschaft »Wolle nicht zutiefst weise sein« II Rollenhagen, S. 238f.) bis hin zum Sternseher als wahrhaftem Weisen und
»Erkenner der göttlichen Weisheit«. So lautet die ›inscriptio‹ eines Emblems: »Der
Weise wird die Sterne beherrschen«. Die ›pictura‹ zeigt u. a. eine auf einer Weltkugel
(mit der Sonne im Mittelpunkt) stehende allegorische Figur eines königlichen Weisen, die neben einer Königskrone mit Insignien ägyptischer und biblischer Weisheit
ausgestattet ist. Die ›subscriptio‹ versichert: »Die Sterne lenken die Menschen, der
Weise wird die Sterne beherrschen und vorsichtiger sein können, da das Unglück
ihm bekannt ist.« (II Rollenhagen, S. 72f.) Ein solcher Sinn ließe sich auch dem
Zweizeiler zu Beginn des Sextetts zuordnen (V. 9/10). Dies würde dann allerdings
implizieren, daß die Verse mit dem nächtelangen ›Schauen‹ nicht nur die Kontemplation, sondern auch die Sterndeutung, also die Astrologie, verbinden. Der Text
schließt diese Möglichkeit nicht aus.

Der Schluß des Gedichts wiederum weist auf eine Sinnperspektive, welche die
Zeitlosigkeit der Wächterfunktion der Sterne durch die heroldisch verkündete »rei-
ßende« Zeit einer eschatologischen Überwindung durchbricht. Die »subscriptio« des
Gedichts enthält also offenbar einen mehrfachen Sinn in der Tradition der *Allegorese*. Der Rekurs auf die Schöpfungsgeschichte, auf Gottes »Wort« und die heilsgeschichtliche Deutung der Sterne als »Wächter« verweisen auf die Heils-Ordnung und
damit auf den ›sensus allegoricus‹. Das Ende des zweiten Quartetts »)Wir blinden
Sterblichen! was wollen wir uns trauen!)« enthält die Botschaft des ›sensus moralis‹,
das Schlußterzett schließlich deutet im ›sensus anagogicus‹ auf die Ewigkeit als Aufhebung aller Zeitlichkeit und Vergänglichkeit des Irdischen.

Noch zutreffender ist freilich in diesem Zusammenhang eine Gliederung der Sinn-
ebenen des Gedichts nach einer ebenfalls seit dem Mittelalter weitverbreiteten und
fundamentalen Unterscheidung zwischen den beiden Büchern, in denen Gott sich
gleichermaßen geoffenbart hatte: dem *›Buch der Natur‹* und der *Heiligen Schrift*.
Beide Offenbarungsquellen Gottes – so glaubte man fest bis in das Zeitalter der
Aufklärung hinein – konnten und durften sich aller Erfahrung zum Trotz nicht
widersprechen, da sie ein- und denselben Urheber hatten. Dementsprechend finden
sich auch beide »Bücher« im ›Sternen‹-Sonett parallelisiert: im ersten Quartett liest

die Sprechinstanz im Sternenhimmel des ›liber naturae‹, im zweiten Quartett im ›liber scripturae‹. Vers 5 verweist zunächst auf die Schöpfungsgeschichte mit dem vierten Tagewerk der Erschaffung der Gestirne und der ihnen von Gott zugewiesenen Funktion (Gen. 1, 14–19):

> »14. Und Gott sprach: Es werden Lichter an der Feste des Himmels, die da scheiden Tag und Nacht und geben Zeichen, Zeiten, Tage und Jahre
>
> 15. und seien Lichter an der Feste des Himmels, daß sie scheinen auf Erden. Und es geschah also.
>
> 16. Und Gott machte zwei große Lichter: ein großes Licht, das den Tag regiere, und ein kleines Licht, das die Nacht regiere, dazu auch Sterne.
>
> 17. Und Gott setzte sie an die Feste des Himmels, daß sie schienen auf die Erde
>
> 18. und den Tag und die Nacht regierten und schieden Licht und Finsternis. Und Gott sah, daß es gut war.
>
> 19. Da ward aus Abend und Morgen der vierte Tag.«

Das Gedicht übernimmt zentrale Bezeichnungen (»Lichter«; in der ersten Fassung »Regirer« in V. 11) und Funktionen (Trennung von Tag und Nacht, Licht und Finsternis, Wächteramt, das »Scheinen« auf die Erde). Vers 6 greift zurück auf Ps. 147, 4 (»Er zählt die Sterne und nennt sie alle mit Namen.«) sowie Jes. 40, 26 (»Hebet eure Augen in die Höhe und sehet! Wer hat solche Dinge geschaffen und führt ihr Heer bei der Zahl heraus? Er ruft sie alle mit Namen; sein Vermögen und seine starke Kraft ist so groß, daß es nicht an *einem* fehlen kann.« Vgl. IV Rieder, S. 129f.)

Sehr auffällig wird Gottes Wort hier als »die Weißheit selbst« apostrophiert. Damit spielt das Gedicht wohl weniger – wie Schmidt vermutet (II.44, S. 68) – auf die »große Weisheitsrede des ersten Korintherbriefes« an, sondern auf die in kanonischen und apokryphen Schriften des Alten Testament entwickelte ›Weisheits‹-Lehre, die sich im Anschluß an die ›Weisheit Salomos‹, ›Jesus Sirach‹, ›Baruch‹ und die ›Sprüche Salomos‹ vor allem bei Johann Arndt, aber auch in der Hermetik von Jacob Böhme (vgl. Bd. III, S. 138ff.) bis zu Gottfried Arnold (vgl. Bd. V/1, S. 125ff.) zu einer eigenen ›Sophien‹-Theologie entwickelte (so zutreffend IV Rieder, S. 128; vgl. dazu auch ausführlich IV Dohm, S. 134ff.). Für das Gedicht mag Spr. 3, 19 Pate gestanden haben: »Denn der Herr hat die Erde durch Weisheit gegründet und durch seinen Rat die Himmel bereitet.« (Vgl. analog Jer. 10, 12). Die Weisheit ist den Heiligen auch »bei Nacht ein Sternenlicht« (Weish. Sal. 10,17). Im Gedicht aber werden das göttliche »Wort« – verstehbar auch als ›Logos‹ und damit als Christus – und Sophia mit Gott selbst gleichgesetzt (vgl. V. 7/8).

Es muß indes auffallen, daß Gryphius sein ›curiositas‹-Verdikt am Ende der ›Bibel-Lektüre‹ ausspricht. Schmidt, der diese Passage als Kritik an der astronomischen »superbia« versteht, zitiert dazu als Beleg folgende Passage aus der Leich=Abdankung ›Winter=Tag Menschlichen Lebens‹ (DF, S. 196–257, hier S. 236f.):

> »Was sag ich von denen / die wissentlich hier allerhand Zanck erregen? Und (wie man heutiges Tages viel nachgeforschet / ob die Sonne beweglich oder nicht / ob sie ein rechter feuriger Côrper / oder nur eine erwärmende Krafft an sich habe: ob sie fließend oder hart / ob sie grösser oder kleiner als die Erden) von Gott allerhand vorwitzige / unnôthige Fragen zu ihrem und vieler Verderb vorbringen.« (II.44 J. Schmidt, S. 69)

Indessen geht es im Kontext der Stelle eindeutig um die Theologie und deren falsche
Auslegungen der Heiligen Schrift. Die dem Zitat unmittelbar voraufgehende Passage
lautet:

> »Wie nun die Sonne in dem Winter zwar uns sehr nahe / aber doch wegen ihrer schregen
> Stralen wenig erwårmen / und langsam die Erden erleuchten kann: Also müssen wir zwar
> gestehen / daß GOtt in= und um uns / dennoch werden unsere Seelen / weil die innerliche
> Wårme der Liebe in vielen erkaltet / wenig von ihm erhitzet / und unsere Erkåntnůß /
> welche / wie die Theologi reden / nur à posteriori, ist so schwach / daß wir / ob das
> geoffenbahrte Wort gleich für unsern Augen fůnckelt / doch nur bekennen müssen / daß
> unser Wissen in diesem Leben Stůckwerck. Was sag ich …« (Usw.; s. o.)

Die in einen Klammereinschub verwiesenen Beispiele für eine ›curiositas‹ der Stern-
forscher dient offenkundig nur als Vergleich für den hier eigentlich attackierten »fürwitz« derer, die in der Gotteslehre »allerhand Zanck erregen«. Und genau so kann
auch Vers 8 verstanden werden: das ›curiositas‹-Verdikt richtet sich auch gegen jene
»blinden Sterblichen«, welche prätendieren, die »Weisheit« Gottes zu besitzen. Dann
wäre der Vorbehalt gegen »fürwitz« und »superbia« universell, wäre gegen alle
selbstgewisse oder autoritätserheischende und -hörige Wissenschaft gerichtet und
schlösse damit auch die »Blindheit« der bisherigen Wissenschaft und damit des alten
(ptolemäischen) Weltbildes ein (und im ›Kopernikus‹-Epigramm trifft dieser Vorwurf des »blinden wahns« die Anhänger des alten Weltbildes explizit; vgl. Kap. 6 g).

5) *Überkonfessionelle Naturfrömmigkeit und neuplatonische Sternen-Schau*: Das
also wäre die entscheidende radikale Pointe des Oktetts, und erst von ihr her wird
die Provokation verständlich, mit der das Gedicht zu Beginn des Sextetts zum ›Buch
der Natur‹ zurückkehrt und die Sterne unbeirrt als »Ihr Bürgen meiner Lust« apostrophiert; »…wie manche schöne Nacht / Hab ich / in dem ich euch betrachtete /
gewacht?« Welche Deutungsmöglichkeiten sind in diesem Zweizeiler angelegt? Er gilt
zunächst – wie schon gesehen – als Sinnbild der Kontemplation. Soweit diese sich
auf den Sternenhimmel richtet, ist sie zwar alt, aber sie gewinnt im Zeitalter des
Konfessionalismus Züge einer (nicht nur spezifisch theologischen) *überkonfessionellen Frömmigkeit*. Eine analoge meditative und kontemplative Haltung finden wir in
der spirituellen Frömmigkeit des Ignatius von LOYOLA. In der verbreiteten Lebens-
beschreibung des Ordensgründers von Pedro Ribadeneyra heißt es (die deutsche
Übersetzung erschien in Ingolstadt 1590):

> »Wiewol er aber nun auß allen disen Ubungen immerzu newe Frewd und geistlichen
> Wollust empfieng / so fand er doch in nichtem größere Vergnügung / unnd mehrere
> Ergetzligkeit / weder wann er die Klarheit und schöne Zierd deß Himmels und der Ster-
> nen stracks / unnd mit hertzlichem Verlangen ansahe und beschawet / welches er dann
> offt und lang aneinander zuthun pfleget. Dann jhm das auesserlich Anschawen und
> Betrachtung deren Dingen / so inn und oberhalb der Himmeln seyn / gleich als ein
> scharpffer Stachel und resse [= tiefe] Sporen waren / alle veränderliche und zergängkliche
> Ding / so under dem Himmel / zuverachten / und in der Liebe gegen Gott vil inbrünstiger
> zuwerden. Er hat auch solches gen Himmel auffschawen so gar im Brauch gebracht / daß
> es jhm nacher sein Lebenlang angehangen. Dann vil Jar hernach / als er nunmehr alt
> worden / hab ich selbs gesehen / daß er auff einer offnen Altanen / darab man den
> Himmel in die ferrne herumb sehen mocht / die Augen gen Himmel gestreckt / und als er
> ein gute Weil als ein verzuckter Mensch / der vil und mancherlei Ding bey sich selbs hin

und wider bedenckt / da gestanden / ist er dermaßen inn Liebe entzündt worden / daß ihm die Zeher [= Zähren, Tränen] vor Frewden / so er in seinem Hertzen fühlet / uber das Gesicht abrannen / allda ich jhn auch also hören reden: Ach wie eittel und öd / wie schlecht unnd verächtlich dunckt mich die Erden seyn / wann ich gen Himmel sihe / unnd denselben ein wenig betracht / ach wie schöd (!) und unrein ist doch der Erdboden.« (Zit. in: IV Rieder, S. 44)

Von daher war diese meditative Sternen-Frömmigkeit im Jesuitenorden weit verbreitet und fand auch ihren Einzug in die Schöpfungs-Laudes von Spees ›Trvtz-Nachtigal‹, welcher der Titelzeichnung seiner Liedersammlung die typisch meditative Haltung der nicht zum Sternenhimmel, aber zu Christus aufschauenden Seele einzeichnete (vgl. Bd. III, S. 168; im folgenden die Strophen 2 und 3 aus dem Lied ›Anleitung zur erkandnuß vnd Liebe des Schöpffers auß den geschöpffen‹; II Spee TN, S. 105; vgl. dazu und zu den engen thematischen Beziehungen zwischen Gryphius und Spee II.44 Yu, S. 151 ff., 215 ff.):

>     »Von oben wird vns geben
>         Das Liecht, vnd Gülden Schein;
>     Jn stätem lauff; vnd leben
>         Sonn, Mon, vnd Himmel sein:
>     Das Tags biß auff den obend
>         Die Sonn gar freundlich lacht,
>     Zu Nacht der Mon Gott lobend
>         Führt auff die Sternen Wacht;
>     *O Mensch ermeß im hertzen dein*
>     *Wie wunder muß der Schöpffer sein!*
>
>     Jn ettlich tausend Jaren
>         Vil tausend Sternen klar
>     Kein härlein sich verfahren,
>         Gehn richtich immerdar.
>     Wer deutet ihn die Strassen?
>         Wer zeiget ihn die weeg?
>     Daß nie nitt vnderlassen
>         Zu finden ihre Steeg.
>     *O Mensch ermeß im hertzen dein,*
>     *Wie wunder muß der Schöpffer sein!*«

Es ist eine Naturmystik, eine Mystik mit offenen Augen, die auch in Catharina Regina von Greiffenbergs ›Andächtigen Betrachtungen‹ im Anblick der schönen Natur die Sehnsucht nach dem Göttlichen erweckt: »Sehen macht Sehnen!« (Vgl. Bd. III, S. 264 f., 269 ff.) Vielleicht unbeeindruckt, vielleicht auch herausgefordert von der neuen Vermessung der Sternenwelt knüpft diese Naturfrömmigkeit gerade da an die alte Sternen-Schau an, wo das »geoffenbarte Wort« nicht mehr »funkelt«, sondern sich im »Zanck« verdunkelt. Schon Klaudios PTOLEMAIOS (um 100 – um 180 n. Chr.) faßte im Vorwort zu seinem ›Großen astronomischen System‹, das die Erde als Kugel und Mittelpunkt der Welt festlegte, die Astronomie als eine religiös grundierte ethische Aufgabe auf, die sich im Konzept einer »imitatio naturae« als innere Angleichung an die Vollkommenheit des himmlischen Ordnungs-Systems vollziehe:

»Was nun schließlich eine in Handel und Wandel sittliche Lebensführung anbelangt, so dürfte *diese* Wissenschaft vorzugsweise Sinn und Blick dafür schärfen; denn nach dem Vorbild der an den göttlichen Wesen – also den Sternen – erschauten Gleichförmigkeit, strengen Ordnung, Ebenmäßigkeit und Einfalt bringt sie ihren Jüngern die Liebe zu dieser göttlichen Schönheit bei und macht ihnen durch Gewöhnung den ähnlichen Zustand sozusagen zur zweiten Natur.« (Zit. in: III Böttcher, S. 274)

Man muß nicht das Gras wachsen hören, um von hier aus und im Blick auf Vers 13 (»Euch / derer Liebe mir steckt Hertz und Geister an«) in der Andachts-Figur des Gryphschen ›Sternen‹-Sonetts zugleich die *platonisch-neuplatonische ›Schau‹* und die Idee der *Kalokagathie* wiederzufinden. Schönheit ist ja die vor allem im ersten Quartett beschriebene hervorstechende Eigenschaft des Sternenhimmels, den das Ich in »mancher schönen Nacht« mit »Lust« genießt. Auch für PLOTIN ist die Betrachtung des Schönen (des unsichtbaren noch mehr als des sichtbaren) mit »Lust und Erschütterung« verbunden: »Das sind ja die Empfindungen, die bei allem auftreten müssen, was schön ist: Staunen, lustvolles Erschrecken, Sehnsucht, Liebe, Aufregung, verbunden mit Lust.« (II Plotin ÜS, S. 52) In der Schau des Göttlichen als der Quelle alles Schönen wird die Seele selbst schön. »Die Seele ist mithin in höherem Maße schön, wenn sie auf den Geist zurückgeführt wird. Der Geist und das, was vom Geist herkommt, ist ihre Schönheit. […] Darum heißt es mit Recht, daß gut und schön zu werden für die Seele bedeutet, Gott ähnlich zu werden: weil das Schöne von dorther kommt und überhaupt der eine Teilbereich von dem, was ist.« (Ebda., S. 55) Wenn jemand das höchste Schöne und Gute erblickt, »was wird er dann für eine Liebe entwickeln, was für eine Sehnsucht, sich mit ihm zu vereinigen, was für eine Erschütterung wird ihn erfassen, verbunden mit Lust? […] Dann empfindet man wahre Liebe und bohrendes Sehnen und verlacht alle sonstigen Lieben und verachtet, was man vorher für schön gehalten hat;...« (Ebda., S. 57) Auch von daher wäre die Wendung »Euch / derer Liebe mir« in Vers 13 als Genetivus objectivus zu verstehen: Die Liebe zu euch steckt in mir »Hertz und Geister an«.

6)  *Zur Nativität des sternengläubigen Autors*: Diese Erinnerung an den neuplatonischen Weg zur Rückkehr ins Göttlich-Schöne und -Gute als Selbsterlösung durch kontemplative Selbstvervollkommnung bietet uns einen wichtigen Schlüssel zum Verständnis der zahlreichen Gedichte, die Gryphius nicht nur auf seine späteren Geburtstage (vgl. SN, S. 105ff.), sondern auf die ›Nacht‹ seiner ersten Geburt geschrieben hat. In einem Lissaer Sonett (Nr. X; LS, S. 9f.) hat er seinen Geburtstag – er wurde am 2. Oktober 1616 in Glogau geboren – auf den 29. September 1616 zurückdatiert, also auf den Tag des Erzengels Michael, der bedeutsamsten Gestalt unter den Erzengeln, der von Gott u. a. auf die Erde geschickt wurde, um dem Volk Israel beizustehen; ferner trägt dieser die guten Taten der Menschen zu Gott empor und ist der Schlüsselbewahrer des Himmelreichs, also ein Mittler zwischen den Sphären. Insofern gleicht er in der Funktion den Cherubim (vgl. Gen. 3, 24; Exod. 25, 18ff.). »Sie schaffen die Ordnungen und den Weg der Sterne.« (III Böttcher, S. 286) Etymologisch ist das Wort ›Cherub‹ mit dem griechischen Wort ›gryps‹, spätlat. Gryphus, dt. Greif verwandt (vgl. III Ziegler, Sp. 876f.), und diese Mischwesen waren ursprünglich wie die Cherubim Planetengötter (vgl. III Böttcher, S. 286). Gryphius dankt Jesus für Hilfe bei schwerer Geburt, »Weil du mich an dem Tag ins

Leben thåtest leiten / An dehm der Engel=Printz den Teufel triumphirt.« (LS, S. 10)
Vielleicht hat Gryphius seine ›Nativität‹ so auch stillschweigend über die Etymologie
mit den Engeln und der Himmelssphäre verknüpfen wollen. Im ersten Buch seiner
›Epigrammata‹ von 1663 versammelte er gleich 11 Epigramme auf seinen Geburtstag
(Nr. LXI–LXXI; EB I, S. 179–181; vgl. dazu auch IV Rieder, S. 156ff.). Im ersten –
diesmal mit richtigem Datum und Angabe der Mitternachtsstunde (»II. Octob. Ho-
ra. XII. p. m.«) – heißt es:

> »Die Erden lag verhůlt mitt Fünsternůß vnd Nacht
> Als mich die Welt empfing / der Hellen Lichter Pracht /
> Der Sternen goldne Zier umbgab des Himmels Awen;
> Warumb? Umb daß ich nur soll nach dem Himmel schawen.«
> (EB I, S. 179f.)

Gryphius stellt sich hier also aus Tag und Mitternachtsstunde seiner Geburt selbst –
wenn auch in allgemeiner Form – das Horoskop. Die Nähe zu Ausgangskonstella-
tion und Selbstbestimmung im Gedicht ›An die Sternen‹ ist auffällig. Ausgeprägt ist
die sowohl für den Aristotelismus als auch für den Neuplatonismus charakteristische
qualitative Unterscheidung zwischen der irdischen Welt als Ort des Wechsels, der
Unbeständigkeit und Finsternis und der dualistisch anmutenden Gegenwelt der
›lichten‹, vollkommenen, geordneten Himmelswelt, die zu »schawen« zur Lebens-
bestimmung des Autors wird.

Ein Epigramm ›Gedancken über meine Geburt‹ schließt mit derselben Pointe wie
das ›Sternen‹-Sonett:

> »Der du mich an das Licht hast bey besternter Nacht /
> Aus meiner Mutter Leib' als einem Kercker bracht;
> Laß fern von Sternen mich / doch Sternen gleich auffgehen /
> Wenn hir ich untergeh / dort ůber Sternen stehen.«
> (Ebda., S. 180)

Und in einem weiteren Epigramm ›Auf die Nacht meiner Geburt‹ heißt es:

> »Nacht, sůsse Nacht / die mir das Licht entdeckt!
> Die mich zum Licht / aus Finsternůß erweckt!
> Warum hůlst du die Welt in schwartzes Dunckel ein?
> Villeicht verdeckst du mir den Anblick meiner Pein.
> Es ist umbsonst das Finstre schreckt mich nicht.
> Weil mir entsteckt der Sternen Schar ihr Licht /
> Sollt ich wohl irre gehn? Wie kŏnt es doch geschehn?
> Weil ich mit offnem Aug kan nach den Flammen sehn!«
> (Ebda., S. 181)

Von daher ist die autobiographische Relevanz des ›Sternen‹-Sonetts offenkundig;
und sie wird unterstrichen durch die – ja keineswegs als allgemeine Erfahrung lesbare – Darstellung langer Nacht-Wachen der Sprechinstanz, die hier somit Autor-
Interesse und -Intention nahesteht. – Allerdings hält sich die – auf konkrete Erstellung von Horoskopen gerichtete – astrologische Neugier selbst in allen hier herangezogenen Gedichten in Grenzen. Die Frage nach dem »Warum« und »Wie« der
Anwesenheit des Sternenhimmels bei seiner Geburt um Mitternacht begnügt sich mit
dem prognostischen Appell: »Umb daß ich nur soll nach dem Himmel schawen«;
das Sehen der »Flammen« werde den Sprecher vor den Gefährdungen der irdischen

Finsternis bewahren. – Und dies ist ein weiterer bedeutsamer Aspekt: Gryphius spricht überall nur von dem guten, nicht aber von einem bösen oder bedrohlichen Einfluß der Sterne. Wo er dies aber einmal tut – wie in dem Sonett ›An H. Christophorum Loth‹ (SeB, S. 55) –, da kritisiert er die Nutzlosigkeit des astrologischen Kalendermachens: Über dem Eifer der konkreten Sterndeuterei scheinen die Menschen ganz zu vergessen oder zu verdrängen, daß sie vergänglich sind und ihrer Todesstunde auch ohne Horoskop gewiß sein dürfen.

7)  *Zum Fortwirken der Astrologie im 17. Jahrhundert*: Doch das war keine prinzipielle Absage an die Astrologie! Solche Kritik findet sich auch bei anderen Autoren, die gleichwohl am ›Ein-Fluß‹ der Gestirne auf die sublunarische Welt festhalten. Die Astrologie galt im 17. Jahrhundert noch als eine weitgehend unangezweifelte Wissenschaft (vgl. Bd. II, S. 34ff.). Die Himmelslichter sollten ja auch nach Gottes Willen – wie zitiert (vgl. Gen. 1,14) »Zeichen« geben (vgl. dazu auch II.62 Hübner, S. 230). Ja die Sternkonstellationen wie z. B. auch die Tierkreiszeichen waren geradezu Schriftzeichen Gottes, die der biblischen Zeichenschrift korrespondierten, nur daß letztere leichter lesbar und in ihrem prognostischen Sinn besser begreifbar zu sein schienen. Aber Johannes Kepler war wie Tycho Brahe und andere, die Astrologie und Astronomie in Personalunion ausübten, fest davon überzeugt, daß Gott durch besondere Sternkonstellationen oder durch das Auftauchen von Kometen auf bestimmte irdische Ereignisse aufmerksam machen und warnen wollte (vgl. dazu Bd. II, S. 45ff., 57ff.). Diese im 17. Jahrhundert ebenfalls verbreitete Position stellt sich explizit dem ›curiositas‹-Verdikt der Theologen entgegen. So beispielsweise auch Philipp von Zesen in seinem ›Rosen=mand‹ (1651; vgl. dazu Bd. IV/2, Kap. 5 c):

> »...so steht auch im himmel durch die sterne als durch buchstaben / alles angeschrieben / wie es in der großen welt / und mit allen natürlichen geschöpfen / in derselben / ja also auch mit dem menschen in sonderheit / zugehen sol. [...] Solcher schrift nuhn nachzuforschen und sie zu lesen ist keines weges verboten / wie etliche alzu weise Geist=kinder fürgeben wollen. Dan warum hätte Gott den mänschen für andern tieren so aufrecht und mit dem gesichte nach diesem buche zugekehret / geschaffen / wan er solche gestirnte schrift nicht untersuchen / und sich darnach richten sollte? Und wan sie nicht sollte gelesen werden / warüm hätte sie dan Got so offenbahrlich für unserer aller augen aufgehänget?« (II Zesen RM, S. 122)

Wo sich nun aber ›liber scripturae‹ und ›liber naturae‹ zu widersprechen begannen, da mußte man nach Keplers Überzeugung die beiden Bücher auf dem Wege des »sensus mysticus« harmonisieren. So waren etwa die geozentrischen Aussagen der Bibel über den Umlauf der Sonne um die Erde auf »die Wanderung Christi« zu beziehen, »die er unseretwegen durch diese Welt unternommen hat« (II.62 Hübner, S. 221; vgl. Bd. II, S. 63f.). – Unter dem Aspekt des Entstehens und Vergehens sowie des Zusammentretens zu auffälligen Konstellationen konnten die Sterne also durchaus »Herolden diser Zeit« sein. Und insofern tut man dem Zweizeiler am Anfang des Sextetts im ›Sternen‹-Sonett keinen Zwang an, wenn man ihn nun – in Analogie zur Schriftexegese im Schlußquartett (»Herolden« bezieht sich in anagogischer Funktion auf den »sensus allegoricus der »Wächter« zurück) – als Naturallegorese des ersten Quartetts interpretiert, als Sinnbild für die Erschließung des ›sensus astrologicus‹ im ›liber naturae‹. Dabei ist zu beachten, daß hier das »Ich« prononciert jene Tätigkeit

des »Wachens« in Anbetracht der Sterne übernimmt, die es zuvor den Sternen als
den »Wächtern« (Z. 5) zugesprochen hatte. Und gerade wegen dieser Korrelation
zwischen »Wächter« und »gewacht« darf man dem Verb hier die Doppelbedeutung
»wachsein« und »aufpassen« zusprechen, also eine aktive Deutungs-Kompetenz,
welche den Aspekt der Meditation und Kontemplation deutlich überschreitet.

8) *Die sternkundigen Magier aus dem Morgenland*: Eine bedeutsame Rechtfertigung
des ›Stern-Sehens‹ im ›Buch der Bücher‹ selbst ließ sich bereits der junge Gryphius in
seinem Schüler-Epos ›Herodis furiae et Rachelis Lachrymae‹ (1634) nicht entgehen:
Die Darstellung des Besuchs der »Könige« bzw. »Magier« aus dem »Morgenland«,
die von einem als Kometen charakterisierten Stern bis zur Geburtsstätte Jesu geleitet
werden (vgl. Mt. 2, 1–12), beansprucht mit 378 Hexameterversen ein Drittel des
Werkumfangs, und der junge Autor bietet den Magiern die Gelegenheit, ihre astrologischen Kenntnisse und Fähigkeiten ins rechte ›Licht‹ zu setzen. Dies schon anläßlich ihrer Audienz bei Herodes, den »der erste der Könige« (»Du siehst Könige
der Perser, mächtige Herrscher, welche die verborgenen Gründe der Dinge zu erfor-
schen suchen«; HÖ, S. 29) gleich im Sinne ihrer Weisheit in Anspielung auf Hermes
Trismegistos als »du dreifach mächtiger Herrscher des judäischen Volkes« apostrophiert (ebda.; vgl. dazu II.44 Czapla, S. 277). Die persischen Vorfahren, erzählt der
Magier, hätten die Astrologie begründet und Sonnen- und Mondfinsternisse berech-
net. Zu ihrem Wissen habe auch gehört, daß sich einmal ein leuchtender Stern zeigen
werde, der »die Finsternis des Geistes und die Stumpfheit des Herzens vertreiben«
werde. Um diesen Stern nicht zu verpassen, hätten die Perser einen Marmorturm
gebaut, und dort »brachten wir … hoch droben auf dem Giebel des Daches schlaflos
die Nächte zu und beobachteten am Himmel ziehende Gestirne, Meteore, die nachts
umherschweiften, und Sternschnuppen.« (HÖ, S. 31) Erneut erscheint hier also die
diesmal biblisch abgesicherte, aber aus humanistischer Kenntnis poetisch ausgemalte
Situation der Verse 9 und 10 des ›Sternen‹-Sonetts. Der Magier hat den Stern vor-
ausberechnet, der sie zunächst nach Jerusalem und dann weiter bis zur Geburts-
»Grotte« Jesu führt. Und hier erblicken die Magier nun das eigentliche und ewige
»Licht«. Die ganze Grotte erstrahlt ent-wirklicht in einem metaphysischen Licht-
Glanz: »Licht, ein neues Licht strahlte in ihre Augen, ein ungeheurer Glanz erfüllte
alles, die Hütte schimmerte, und das ganze Stroh sah man jetzt in goldenem Schein;
die Steine funkelten und alles strahlte von Goldglanz«, natürlich auch die Jungfrau
Maria und erst recht war »das nackte Kind« »von Strahlen erhellt und erfüllt vom
Licht« (ebda., S. 41). Das ist der interessante Versuch, Christus in seiner Doppel-
funktion als im »Licht« allgegenwärtigen Kosmokrator und zugleich als Mensch
gewordenen Erlöser zu ›beleuchten‹.

Dies ermöglicht wiederum einen bedeutenden Rückverweis auf das ›Sternen‹-So-
nett und seine Licht-Motivik. Die Interpreten neigen dazu, all das als Trope zu lesen,
was modernem Verständnis inkommensurabel erscheint. So hält Jochen Schmidt die
Eingangs-Apostrophen (»Ihr Lichter«, »Ihr Fackeln« usw.) ganz selbstverständlich
für ein »notgedrungen nur metaphorisches Nennen« (II.44 J. Schmidt, S. 65). Indessen hat er doch selbst durch den Verweis auf die dem Gedicht zugrunde liegende
Mikrokosmos-Makrokosmos-Analogie auf ein Weltbild aufmerksam gemacht, in
dem diese ›Metaphern‹ keine sind, sondern reale Interdependenzen markieren!

e)   Mystische Licht-Theologie – Gryphius und Johann Arndt (1)

1) *Johann Arndt und die hermetische Tradition*: Krummacher gelangte durch Zitat-
nachweise in Gryphius' ›Sonn- und Feiertagssonetten‹ zu der Überzeugung, »daß
Gryphius zu den Dichtern des 17. Jahrhunderts gehört, auf die Arndt am frühesten
eingewirkt hat« (II.44 Krummacher 1976, S. 231). Offensichtlich kannte Gryphius
die im ›Paradißgärtlein / Voller Christlicher Tugenden‹ (zuerst 1612) versammelten
und einer von Bernhard von Clairvaux inspirierten Jesusmystik verpflichteten Pre-
digt-Meditationen Johann ARNDTs (1555–1621; zu Arndt vgl. auch Bd. III, S. 10ff.
u. ö.; vgl. II.3 H. Schneider 2002, S. 71). Dieser wurde »der einflußreichste Erbauungsschriftsteller des Protestantismus« (II.3 H. Schneider 1995, S. 92) und gilt als
»Schlüsselfigur für die nachreformatorische Frömmigkeitsgeschichte« (II.3 H.
Schneider 1991, S. 133). Das allerdings mehr noch durch seine monumentalen ›Vier
[später Sechs] Bücher vom Wahren Christentum‹ (zuerst 1605–1610), ein Werk, das
auch zu den Gründungs- und Lieblingsbüchern des radikalen wie kirchlichen *Pietismus* zählte und noch in den Erweckungsbewegungen des 19. Jahrhunderts eine wichtige Rolle spielte. »Bis zum Beginn des 19. Jahrhunderts sind über 200 Drucke nach-
weisbar; es kam also durchschnittlich in jedem Jahr irgendwo eine neue Ausgabe
heraus. Es wurde nicht nur mehrmals ins Lateinische, sondern in viele europäische
Sprachen übersetzt und zählte bald zu den weitestverbreiteten und meistgelesenen
Werken der christlichen Weltliteratur.« (II.3 H. Schneider 1995, S. 89)
    Zu Lebzeiten allerdings war Arndt, der offenbar nie Theologie, aber dafür (pa-
racelsische) Medizin studiert hat (vgl. II.3 H. Schneider 1991, S. 145ff., 163) und der
gleichwohl als Pfarrer und Generalsuperintendent tätig war, heftig umstritten (vgl.
IV Kemper II, S. 238ff.). Die Bücher füllenden Vorwürfe von Seiten der lutherischen
Orthodoxie (vgl. II Osiander; vgl. dazu Bd. III, S. 44f.) werden auch heutzutage
noch im Vorbehalt der durch Arndt verursachten »Gefahr einer katholisierenden
Religiosität« im Kern wiederholt (II.3 Röbbelen, Sp. 221). Dabei geht es im wesentlichen um seinen Rückgriff auf vorreformatorische Quellen der Mystik (Taulers vor
allem, Bernhards von Clairvaux und Thomas a Kempis) mit der Introduktion der
»imitatio Christi« in die lutherische Religiosität und zugleich um eine paracelsisch-
theosophische Ausdeutung des ›Buchs der Natur‹. Der früh einsetzende heftige Streit
um das ›Wahre Christentum‹, von dem auch Gryphius seit der Danziger Zeit Kenntnis hatte (vgl. II.44 Krummacher 1976, S. 230), haben Arndt zur Vorsicht und par-
tiellen Verschleierung seiner radikalen mystischen und hermetischen Position gezwungen. Das wiederum hat eine kirchliche und eine heterodoxe Rezeption ermöglicht: »Seine mystische Theologie hat er innerhalb der Kirche vertreten, aber dadurch ist noch keine ›Verkirchlichung‹ gegeben. Erst die lutherische Rezeption
Arndts als ›Erbauungsschriftsteller‹ hat das während der Jahrzehnte nach seinem
Tod geleistet, indem sie seine alternative spritualistische Mystik entschärfte und als
der Theologie nach- und untergeordnete Frömmigkeit domestizierte.« (II.3 H.
Schneider 2002, S. 90). Erst neuerdings hat Hermann Geyer in einem monumentalen, von der Esoterik-Forscherin Monika Neugebauer-Wölk als »Sensation« empfundenen Werk unter dem Obertitel ›Verborgene Weisheit‹ ›Johann Arndts ›Vier Bücher vom Wahren Christentum‹ als Programm einer spiritualistisch-hermetischen
Theologie‹ interpretiert (II.3 Geyer; vgl. III Neugebauer-Wölk 2003, S. 154). Arndt

gehört deshalb für Neugebauer-Wölk auch als Gründungsvater des Pietismus in die Geschichte der Esoterik und nicht in die des Christentums, in welche die christlichen Kirchenhistoriker ihn (Geyer eingeschlossen) immer noch einordnen (vgl. III Neugebauer-Wölk, S. 154ff.).

Zeitgenossen konnten Arndts historische Position mit der Übernahme wichtiger katholischer Frömmigkeitsmerkmale als Versuch einer Annäherung an katholische Positionen lesen, und das mag auf manche Humanisten anziehend gewirkt haben, die wie Gryphius (und Arndt selbst) des konfessionellen Haders überdrüssig waren. Und offenkundig hat sich Gryphius auch für Arndts hermetische Naturtheologie interessiert; jedenfalls steht er dessen Weltbild – wie sich am ›Sternen‹-Sonett exemplarisch zeigen soll – bemerkenswert nahe.

2) *Arndts Hauptlehren als esoterische ›Weisheit‹*: Gleich mit dem Motto des Vorworts des ›Wahren Christentums‹: »Omnia nos Christi vita docere potest. Das ist: Das Leben Christi kann uns alles lehren« (II Arndt WC, S. b 4) macht sich Arndt unausgewiesen einen Kernsatz Bernhards von Clairvaux zu eigen (vgl. II.3 H. Schneider 2002, S. 68). – »Das ganze Christenthum«, so lautete Arndts Hauptthese, »stehet in der Wiederaufrichtung des Bildes GOttes im Menschen, und in Austilgung des Bildes des Satans« (II Arndt WC, S. 317). Die gläubige Annahme der Liebestat Christi am Kreuz, die für Luther noch die alleinige Voraussetzung für die Rechtfertigung des Sünders war, reicht für Arndt nicht mehr aus. Für ihn war der sündhafte Lebenswandel der Christen trotz ihres Glaubens an die Kreuzestat Jesu nicht nur ein Ärgernis, sondern ein bedrohliches Anzeichen dafür, daß die Menschen dadurch ihren durch Christus erworbenen Zugang zur ewigen Seligkeit wieder verlieren könnten, und genau diese Ängste schlagen sich auch in Gryphius' Gedichten nieder:

> »Nicht allein aber ist das gottlose Leben und Wesen Christo und dem wahren Christenthum ganz zuwider, sondern es häuffet täglich GOttes Zorn und Straffe, also daß Himmel und Erde, Feuer und Wasser wider uns streiten müssen, ja die gantze Natur ängstet sich darüber, und will brechen. Daher muß elende Zeit kommen, Krieg, Hunger und Pestilentz... Darum ist hohe Zeit Busse zu thun, ein ander Leben anzufahen, sich von der Welt zu Christo zu bekehren, an Ihn recht zu gläuben, und in Ihm christlich zu leben, auf daß wir unter dem Schirm des Höchsten und Schatten des Allmächtigen sicher seyn mögen.« (Ebda., Vorrede, S. b 4)

Arndt hatte – so mußte es den Zeitgenossen erscheinen – die großen Plagen der Zeit vorausgesagt, und zwar mit der theologischen Begründung, daß die Sündhaftigkeit der Christen Gottes Zorn »häuffet«. Insofern der Zorn Gottes nur der Widerschein ihrer Boshaftigkeit war, hatten sie es selbst in der Hand, ihr Unglück und den drohenden Verlust der ewigen Seligkeit abzuwenden, und zwar eben durch die Nachfolge Christi, die so – ganz unlutherisch – der persönlichen Heilsgewinnung diente. »Es kan aber Christum niemand lieb haben«, so lautete Arndts ›katholische‹ Maxime, »er folge denn nach dem Exempel seines heiligen Lebens« (ebda., S. b 3). Dadurch geriet zwangsläufig der irdische Jesus in den Mittelpunkt des Interesses. In seiner menschlichen Natur – in seiner Gesinnung und seinem ethischen Verhalten – offenbarte sich seine Gottebenbildlichkeit. Die Nachfolge des irdischen Jesus sollte daher auch dem Christen zur Wiedererlangung der eigenen Gottebenbildlichkeit verhelfen, die durch Adams Sündenfall verlorengegangen war. Nur dann nämlich ver-

mochte der Mensch den Auftrag zu erfüllen, um dessentwillen er von Gott erschaffen worden war: Spiegel von dessen Allmacht, Weisheit, Liebe und Unsterblichkeit
zu sein und Gott dadurch zugleich zu rühmen und zu verherrlichen (vgl. ebda., S. 3
ff.). Letztlich diente die Nachahmung Jesu also auch der Wiederherstellung der
Schöpfungsordnung.

Deshalb findet das ›Wahre Christentum‹ – so sah es Arndt selbst (vgl. dazu II.3 H.
Schneider 1995, S. 99) – seinen Höhepunkt auch im vierten Buch, das Arndt als sein
›liber naturae‹ bezeichnete (ebda.), mit einer ausführlichen Darstellung des Schöpfungswerkes Gottes und der Aufgabe des Menschen darin. Dabei eröffnet sich in der
›Weisheit‹ des göttlichen ›Buchs der Natur‹ für den Menschen ein weiterer eigener
Heilsweg. Denn die Natur erscheint hier im Rückgriff auf Paracelsus, den Arndt
auch namentlich erwähnt und aus dessen Schriften er hier (wie auch andernorts)
vielfach zitiert und referiert (vgl. WC IV, S. 60f.; vgl. dazu IV Kemper II, S 246f.;
II.3 H. Schneider 1995, S. 99f.), als Makrokosmos, der den Menschen, den Mikrokosmos, als »Handleiter und Bothe« auf dem Weg ins Göttliche führen soll (WC IV,
S. I). Aus der gradualistisch gestuften Ordnung der Natur geht hervor, im Menschen
als »edelster Creatur« sei auch der »hôchste Grad / GOtt gleich zu seyn«; er sei
»nach Gottes Ebenbild ganz vollkommen geschaffen«. Durch aufmerksame Betrachtung des Makrokosmos könne der Mensch in die – ihm ursprünglich mitgegebene –
geistig-göttliche Vollkommenheit zurückgelangen (ebda., S. 178f.).

Für Neugebauer-Wölk gelten als entscheidende Kriterien für die Zugehörigkeit
einer Position zur Esoterik sowohl die Tendenz »zur effektiven Mitwirkung des
Menschen am Erlösungsgeschehen«, das sich nicht allein im Glauben an die Erlösung durch das Opfer Jesu Christi erfüllt (III Neugebauer-Wölk 2003, S. 139ff.), als
auch die »Überschreitung der heiligen Schriften«. Dazu zählen für sie nicht nur
Versuche zur Kanonisierung des ›Corpus hermeticum‹, wie sie Francesco Patrizi
(1529–1597) – einer der bedeutendsten Neuplatoniker und Herausgeber des ›Corpus
hermeticum‹, den auch Gryphius zitiert (vgl. II DF, S. 241) – gegenüber dem Papst
unternahm, sondern im »übertragenen Sinn« »auch die Vorstellung von den ›zwei
Büchern‹ göttlicher Offenbarung«: »Es geht immer darum, daß der Kanon der heiligen Schriften des Christentums nicht ausreicht, um das optimal mögliche Wissen
über die Geheimnisse des Göttlichen zu erlangen. Esoterische Religiosität überschreitet also das Offenbarungsangebot des Christentums und kennzeichnet es damit
als defizitär.« (II Neugebauer-Wölk 2003, S. 137f.) Tatsächlich hat vor allem die
lutherische Orthodoxie nur die von ihr im Laufe des 17. Jahrhunderts auch im Wortlaut deifizierte Bibel zur alleinverbindlichen Quelle der Offenbarung erklärt. Die
›natürliche Theologie‹ blieb ihr stets nur ein mißtrauisch beäugter ›Vorhof‹. Deshalb
haben die ›kirchlichen‹ Vertreter und Leser das Vierte Buch von Arndts ›Wahrem
Christentum‹ auch als eigentlich überflüssigen ›Appendix‹ betrachtet. Für Arndt
selbst und die heterodoxe Rezeption seines Werkes stellte das vierte Buch aber den
Höhepunkt dar, denn hier teilte sich nun – in der äußerlichen Form einer kapitelweisen Auslegung des göttlichen ›Sechstagewerkes‹ nach dem mosaischen Schöpfungsbericht – das eigentliche »höhere Wissen« mit, das für Neugebauer-Wölk ein
weiteres Kennzeichen esoterischer Religiosität ist: »Frühneuzeitliche Esoterik setzt
sich zum Christentum stets in ein Verhältnis der Steigerung: Sie ermöglicht tiefere
Einsicht, höheres Wissen, eigentliche Erleuchtung.« (Ebda., S. 138)

3) *Licht als Gottes Liebes-Kraft*: Eben solche Erleuchtung wird dem Leser des ›Wahren Christentums‹ gleich im ersten Kapitel des Vierten Buches zuteil; denn die Auslegung des Sechstagewerkes beginnt mit einer Licht-Theologie, welche nun auch den komplexen Gehalt der Sternen-Apostrophe ›Ihr Lichter‹ und der Licht-Süchtigkeit der Sprechinstanz in Gryphius' Sonett ins rechte ›Licht‹ zu rücken vermag. Das Kapitel erweist sich großenteils als Zitat und Paraphrase aus der Schrift ›De mystica theologia‹ des (Pseudo-)Dionysius Areopagita und seines Kommentators bzw. »Dolmetschers« Marsilio Ficino (vgl. II.3 H. Schneider 2002, S. 71), und es erklärt zugleich die Darstellung der ›erleuchteten‹ Magier und der licht-vollen Geburts-Grotte und Jesus-Gestalt in Gryphius' Herodes-Epos (vgl. Kap. 6 d–8):

> »Das Licht ist der edelste / subtileste / reineste / weißeste Candor, Schein oder Klarheit / so in der Schöpfung von der Finsterniß der grosen Welt geschieden / [...] ja / dadurch das Licht des Lebens / nach etlicher Meynung / der grosen Welt influirt / und allen Creaturen einverleibet worden: Aus welchem Candore und weißem Schein die höchste Clarität und Diaphanität in die Globul der Sonnen / als in das rechte Tage=Licht zusammen gefasset / den Tag zu erleuchten und zu regieren / Jer. 31:35. [...]
>
> Darum fraget der Interpres oder Dolmetscher St. Dionysii: Warum GOtt das Licht zu erst erschaffen? Und antwortet: Quia ab ipsa divina luce plus quam intelligibili statim emanat lux omnium simillima DEo. Das ist: Weil von dem Göttlichen und überverständlichen Licht selbsten alsbald entspringet das Licht / so unter allen GOtt am gleichesten. Darum nennet er Lucem imaginem bonitatis dei, das Licht ein Bildniß der Göttlichen Gütigkeit / und sagt: Lux superintelligibilis, das überverständliche Licht sey in GOtt; Lux intelligibilis, das verständliche Licht in Engeln und Menschen; Lux visibilis, das sichtbare Licht in der Sonnen.« (WC IV, S. 5f.)

Das göttliche Licht ist verborgen; es gibt allem Seienden seine »innerliche Form und Gestalt« und ist deshalb »die ewige Weisheit GOttes«:

> »Davon sagt St. Dionysius: Gleichwie das geschaffene Licht die sichtbare Welt verwaltet / ordnet / regieret und erfüllet: Also das überverständliche Licht / Lux superintelligibilis, erfüllet und erleuchtet alle überhimmlische Geister mit dem geistlichen Licht / reiniget auch alle Seelen / und giebt ihnen die Gemeinschaft des Lichts / vertreibet die Finsterniß / theilet mit erstlich den Anfang eines geringen Lichts / darnach / wenn sie das Licht schmeken und erkennen / und mit groser Begierde entzündet werden / ergeust sich's mehr in sie / nachdem sie viel und grose Lust und Liebe dazu gewinnen / und wie viel sie fassen können.« (Ebda., S. 6)

Dieses göttliche Licht, so referiert Arndt Dionysius weiter, erleuchte alle Geister, umfasse alle aus ihm emanierten Lichtstufen »und machet unsterblich« (ebda., S. 7). Arndt fährt fort: »So leuchtet auch aus der Sonnen Licht eitel reine / innigliche / heiße und brünstige Liebe GOttes.« (Ebda.) Insgesamt sei das Licht, so wiederholt er, »ein Bilde der Weißheit GOttes.« Und im Anschluß daran bindet er diese Licht-Theologie ein in den Kontext der neuplatonisch-magischen Eros-Metaphysik Ficinos mit der charakteristischen Idee der Kalokagathie als Ziel aller Rückkehr ins Göttliche, und dies mittels der göttlichen Attraktion aus Liebe:

> »Das Licht wendet alle Dinge zu sich durch seinen Glanz und Schönheit: Also GOttes Güte ziehet alles nach sich und zu sich / als dem ersten Ursprung / da alle Dinge ihre Ruhe finden und ihre Erhaltung. Sehet / wie reine ist das Licht der Sonnen / und kann nicht befleket werden? Unendlich reiner und sincerior, unbeflekter ist GOttes Liebe gegen uns. Darum weil die Weißheit GOttes ein solch unbeflekt Licht ist / so wird sie nach Art

der Sonnen genannt speculum sine macula, ein unbeflekter Spiegel der göttlichen Kraft /
Weißh. 7:26.« (Ebda., S. 8)

Hier kommt der für Hermetik und Neuplatonismus ebenfalls grundlegende Begriff
der göttlichen »Kraft« in den Blick: Gottes unsichtbar-emanatistisches und allwirk-
sames Licht ist Kraft, sonst könnte es nicht schaffend und erhaltend wirken. Der
ganze Makrokosmos ist in gradualistischer Stufung von göttlichen Licht-Kräften
und der Grundkraft der ›Sympathie‹ durchwirkt. Die Magier suchten sich ihrer zu
vergewissern, die Alchimisten sich ihrer bei der Transmutation zu bedienen. Der von
William GILBERT (1540–1603) untersuchte (Erd-)Magnetismus war ebenso eine dieser Kräfte wie die später von Isaak NEWTON (1642–1727) berechnete Gravitation
(vgl. III Kearney, S. 108ff., 188ff.; vgl. Bd. V/1, S. 108). Deshalb war der Makrokosmos wie der Mikrokosmos lebendig und durch-strahlt, alles war – in Graden –
von verborgenen Samen beseelt und durch-geistert (WC IV, S. 32), auch die scheinbar harte und kalte Erde war für Arndt »inwendig ein edles lebendiges Element«
(vgl. WC IV, S. 27f.). Es konnte deshalb im äther-erfüllten Kosmos auch kein Vakuum geben (ebda., S. 26). Arndt spricht an anderer Stelle von der »Lebens=Kraft
in allen Creaturen« als dem »Wort der Schöpfung«; wenn es »weggenommen werde«,
sterbe die Kreatur. »Diß Wort ist der Segen und Vermehrung aller Creaturen / dadurch GOtt die Gestalt der Erden jährlich erneuert« (ebda., S. 122f.). Die Affinität
zur hermetischen Auffassung von Christus als dem ›mercurialischen‹ ›Stein der Weisen‹, wie sie u. a. bei Fleming begegnet (vgl. Bd. IV/2, Kap. 4 a–3), ist nicht zu
übersehen. Das »Wort« Gottes, nach orthodoxer Auffassung also zugleich Christus,
der Logos, der an der Schöpfung ›ad extra‹ beteiligt ist, wird bei Arndt gleichsam zur
Schöpfungs- und Erhaltungskraft Gottes mediatisiert. Christus zerfällt bei Arndt
entsprechend den beiden Teilen seines Werkes und der ihm zugrunde liegenden Mikrokosmos-Makrokosmos-Analogie in den vom Mikrokosmos nachzuahmenden irdischen Jesus (Buch I–III) und in die makrokosmisch- licht-hafte Weisheits-Kraft im
»Liber naturae« (Buch IV; vgl. dazu IV Kemper I, S. 220ff.). Die christologische
›Licht‹-Weisheit führt Arndt selbst auf die Offenbarung Jesu zurück, der von sich
gesagt habe: »Ich bin das Licht der Welt / wer mir nachfolget / wird nicht im Fin-
stern wandeln; sondern das Licht des Lebens haben / Joh. 8:12. C. 12: 46. Das Licht
führet mit sich eine verborgene Lebens=Kraft: Also ist Christus / unser HErr / ein
solch Licht / in welchem war das Leben / und das Leben ist das Licht der Menschen / Joh. I:4.« (WC IV, S. 10)

4)   *Christus als Vor-Bild und Schöpfungs-Licht*: Als ein solches »Licht« suchte Gryphius Jesus in der Geburtsgrotte darzustellen und dabei beide soteriologische Funktionen noch zu vereinen. Doch später findet sich dieselbe Aufteilung der Person
Christi wie bei Arndt. Als Vorbild in der »imitatio Christi« begegnet der Erlöser vor
allem in den Märtyrerdramen, als mikrokosmischer Jesus und Retter der Menschen
vor dem göttlichen Zorn erscheint er vor allem in den ›Sonn- und Feiertagssonetten‹,
als makrokosmische ›Licht‹-Kraft dagegen in verschiedenen Epigrammen und Sonetten. Eingeführt wird Christus als kosmische Licht-Kraft im Rahmen der Lyrik in
den Epigramm-Büchern, und zwar – nach dem Herodes-Epos nicht überraschend –
in Anknüpfung an den Stern von Bethlehem, der die Weisen aus dem Morgenland
zur Krippe führt (vgl. Mt. 2, 1–12). Dieses Motiv schlägt bereits »Das I. Buch« mit
dem Eingangs-Gedicht »Uber die Geburt des HErrn Jesu« an:

»WIlkommen süße Nacht / die du des Tages Last /
    Und des Gesetzes Joch gantz von uns weg genommen:
    Die du / in dem das Licht ist von dem Himmel kommen
    An stat des Monden: Gott / der Sternen: Engel hast.«
        (E I, S. 171)

Christus, das »Licht der Welt«, kommt also als neue ›Sonne‹, welche den ›alten‹
Sternen-Himmel ersetzt und »englisch« verklärt. Dann folgen drei Epigramme auf
die »Weisen aus Morgenland«. Das zweite lautet:

»An die Weisen.
    Jhr habt vom Himmel selbst die Sternen=Kunst gewonnen:
    Der newe Morgenstern zeigt euch die newe Sonnen.«
        (Ebda.)

Ein weiteres Epigramm (ebenfalls an dritter Stelle) aus den ›Beyschriften‹ kann dies
verdeutlichen:

»Uber den Stern bey des HErrn Geburt.
    Fragt ihr? Warumb das Licht der Welt den Stern erkohr!
    Geht nicht der Morgenstern der Sonn in Osten vor?«
        (E II, S. 187)

Das ist ganz orthodox im Rahmen *biblischer* Bildlichkeit zu verstehen. Aber in zwei-
erlei Hinsicht steckt doch mehr hinter diesen Metaphern: zunächst ein verdeckter
Hinweis auf die Neuordnung des Himmels mit einer »neuen Sonne«. Daß dies eine
Assoziation zur heliozentrischen Entdeckung des Kopernikus impliziert, werden wir
an dessen Porträtepigramm noch sehen (vgl. Kap. 6 g). Zum zweiten kann diese
Bildwelt aber auch als *kosmische* Metaphorik verstanden werden: Wenn Christus als
das göttliche Schöpfungs-Wort das göttliche Licht und damit auch die Lebens-Kraft
des Kosmos ist, dann ist die Sonne als größter, Licht, Feuer und Leben spendender
Planet das angemessenste ›Bild‹ für ihn. – Von daher versteht sich, scheint mir, die
Aussage in Gryphius' ›Sternen‹-Sonett, daß Gottes »Wort die Weißheit selbst« sei
und beim Aufbau der Welt die Sterne »mit rechtem Namen nennt«: Das Nennen
bezeichnet ja den performativen Sprech-Akt, durch den die Welt entsteht (und hier
liegt eine Parallele zu Jacob Böhmes kosmologischer Sprachtheorie; vgl. dazu
Bd. III, S. 150ff.): »Und Gott sprach,...Und es geschah also.« (Gen. 1, 9ff.). Und
diese göttliche Schöpfungs-Kraft verbirgt sich und wird doch zugleich spürbar in
den Licht-Strahlen der Sterne, wie Arndt expliziert: »Je mehr Lichts / je edler Geschöpf; als wir sehen an Engeln / an Sonne / Mond und Sternen / an Edelgesteinen /
an Metallen: Also ist auch die Tugend ein schönes Licht / und alle Gaben der
Auserwehlten werden aus ihnen leuchten im ewigen Leben.« (WC IV, S. 10) Von
daher wiederum wird verständlich, warum Gryphius die Sterne als »spielende Diamanten« apostrophiert.

## f)    Hermetische Feuer-Theologie – Gryphius und Johann Arndt (2)

1) *Paracelsisches Feuer-Verständnis*: Wenn Gryphius die Sterne gleich anschließend
als »Fackeln«, bezeichnet, »die ihr [...] ohn Aufhören brennt« (V. 3), so ist das Wort

›Fackel‹ zwar eine Metapher für die Sterne, aber nicht die damit verbundene Vorstellung des Brennens. Denn daß die Sterne und insbesondere die Sonne feuriger
Natur seien, war unbestrittene Überzeugung aller wissenschaftlichen Lager und wurde so auch noch im ›Zedler‹, dem Lexikon der Aufklärung, festgeschrieben: »Sie
bestehen also aus Feuer.« (I Zedler Bd. 39, Sp. 1950; vgl. dazu IV Rieder, S. 125)
Für die Neuplatoniker und Hermetiker hatte das Feuer allerdings eine ganz besondere Qualität und Bedeutung (vgl. dazu auch III Böhme/Böhme, S. 127ff.). Es war
nicht mehr nur wie für die Aristoteliker das leichteste und damit himmelan ziehende
Element, sondern es war gar kein Element, weil es mehr als nur ein Element war:
PARACELSUS vor allem hatte bei seinen an Verbrennungsvorgängen erprobten alchi-
mistisch-chemiatrischen Experimenten das Feuer als entscheidendes Medium zur
Gewinnung des höheren Wissens und damit zugleich der Arkansubstanzen erkannt:
»Darumb am ersten das Fewr gemeldt wirdt / in welchem zerlegt werden die ding /
so verborgen sind / vnd augensichtig werden. Auß diesem Sehen / entspringt die
Scientia der Artzney…« (II Paracelsus O I, S. 25 c; vgl. dazu Bd. III, S. 125ff.). In
den feurigen Verbrennungsprozessen erkannte Paracelsus anstelle der vier aristotelischen Elemente drei Prinzipien, nämlich Schwefel, Merkur und Salz, die in seiner
Schule fortan als Symbole für die allem Lebendigen zugrundeliegenden Grundeigen-
schaften und Kräfte galten. Die Paracelsisten waren daher die ersten und lange Zeit –
bis zu den Experimenten mit der Luft (u. a. durch die Versuche Johann Baptista van
Helmonts [1577–1644] mit verschiedenen ›Gasen‹ und Otto von Guerickes
[1602–1686] mit Luftpumpe und Vakuum; vgl. dazu III Kearney, S. 127ff.; II.14
Kemper 1998, S. 234ff.) – die einzigen Kritiker an den aristotelischen Elementen als
letzten Substanzen der Natur (vgl. dazu auch III Böhme/Böhme, S. 131ff.).

Um so auffälliger muß es in diesem Zusammenhang erscheinen, daß Gryphius in
Leiden offensichtlich eine von der offiziellen Lehrmeinung abweichende Dissertation
mit dem Titel ›De igne non Elemento‹ verfaßt hat (vgl. dazu auch II.44 Yu, S. 10ff.).
»Drumb«, so berichtet er in einem Epigramm (1. Fassung 1643) »hatt das Fewer sich
an meiner schrifft gerochen« (EeB, S. 165; im folgenden die Fassung von 1663):

>»Auff seine verbrandte Disputation
De igne non Elemento.
Weil an dem Feuer ich mich wie man schwermt verbrochen /
Hat man mit Feuer sich an meiner Schrifft gerochen /
Weil ich. Das Fewer nicht ein erster Leib [1643: ein Element] / bewehrt
Hat ein vermischtes Fewr die Grundschlůß auffgezehrt.«
(EB II, S. 197)

Die Verse insinuieren den Vorwurf eines Vergehens (»verbrochen«), den Gryphius
gleich selbst mit dem Vorwurf des »Schwärmens« – also der Ketzerei – konterkariert.
Aber der mit dem Titel der Disputation und dem Verweis auf das »vermischte«, also
nicht mehr ›elementare‹ Feuer vermerkte Sachverhalt ist doch eindeutig, und er läßt
sich im Sinne eines hermetisch-paracelsischen Feuer-Verständnisses deuten, wenn
man das folgende Epigramm hinzunimmt:

>»Der heilige Geist erscheinet in Fewer.
Wie daß des HErren Geist in lichter Flamm abfährt?
Umb daß der HErr was sein / wie Gold / durch Fewr bewehrt.«
(EB I, S. 177)

Das Feuer erscheint hier im alchimistischen Verweisungszusammenhang geradezu als Medium und Träger des göttlichen Geistes, durch den Gott in der Schöpfung wirkt. Und nur von daher versteht sich auch folgende bemerkenswerte Äußerung in den ›Dissertationes funebres‹, welche die zitierte Korrelation von ›Licht‹ und ›Tugend‹ bei Arndt aufgreift (»Je mehr Lichts / je edler Geschöpf; …also ist auch die Tugend ein schönes Licht«; WC IV, S. 10); und dabei stellt er einen engen Zusammenhang zwischen Makro- und Mikrokosmos her (»Weil…also«, »Wie… Also«):

> »Weil das Feuer das Leben dieser Welt ist / alles erleuchtet und reiniget / durchdringet und überwindet: also lebet man nur durch die Tugend / welche alle Unsauberkeit der Gemüther hinweg nimmt / durch alle Laster dringet / Krafft welcher wir den Tod selber trotzen / und die Sterbligkeit zu Boden treten können. […] Mit kurtzem: Wie Krafft der Flammen auch Sand und Aschen in das lauterste Glaß verwandelt werden: Also läutert die Tugend unsere Gemüther so hoch / daß sie gleich den reinesten Geistern GOtt gefallen: und bringet unsere verwesliche Aschen / und den Staub der Gräber / zu der unvergänglichen Klarheit / welcher (!) unserer seligst=Verstorbenen lebendige Seele besitzet…« (DF, S. 240f.)

Auch hier ist das feurige Schmelzverfahren der Alchimie der Verständniskontext für die Korrelation der beiden höchstmöglichen Prinzipien und Werte: des göttlichen Lebens-Feuers und der Tugend, und es ist von daher keine zu gewagte Interpretation, in dem Sonett ›An die Sternen‹ eben diese Konstellation dargestellt zu sehen: Das Lebens- und »Libes«-Feuer der Sterne »steckt Herz und Geister an«, es fließt in die Lebens-Geister und entflammt durch sie auch das Herz zu frommer Gegen-Liebe.

In derselben – hier schon mehrfach zitierten – ›Leich=Abdanckung‹ ›Wintertag Menschlichen Lebens‹ erklärt Gryphius auch, selbst im Winter werde den Menschen der Genuß der Sonne zuteil,

> »durch welche / in Betrachtung Menschlichen Lebens nichts bessers abgebildet wird / als die unendliche und unbegreiffliche Majestät Gottes / welche die Ursach und Ursprung unserer Seelen selbst. Auch vernünfftige Heyden haben sich in dieses Wunder=Geschöpff verliebet: und sind von dessen Schönheit so weit entzucket / daß sie davor gehalten / die Sonne sey GOtt selbst /[…] Daß die Persen / und andere Völcker gegen Osten / selbige angebetet / und mit Opffern verehret / ist niemand verborgen: Und dieser Wahnwitz ist endlich so weit gerissen / daß unter den Christen selbst sich vor wenig Jahren ein sonsten berühmter Mann gefunden / welcher vorgeben dörffen / daß GOtt wesentlich in der Sonnen seine Wohnung erwehlet. Wir hergegen wissen von GOtt / der in einem unbegreifflichen Liecht wohnet / daß er allenthalben wesentlich und nirgend eingeschlossen: Als welcher auch in das Dunckele des Gewissens sihet / und in den innersten Abgrund der Höllen seine Gewalt erstrecket / gleichwol aber können wir auß den sichtbaren Wercken Gottes seine unsichtbare Krafft und Weißheit etlicher maßen erkennen.« (DF, S. 235f.)

Die Sonne also ist vermöge ihrer überwältigenden Feuer-Konzentration und der von ihr ausgesandten Leben spendenden Strahlen ein Ebenbild Gottes selbst, der wiederum der »Ursprung unserer Seelen« ist. Die Heiden haben daher fälschlicherweise die Sonne selbst als Gott verehrt – Gryphius verweist dazu auch auf die Perser und damit auf die Feuerreligion Zoroasters –, ja sogar ein Christ hat Gottes Wohnsitz in der Sonne lokalisiert (in Campanellas ›Sonnenstaat‹ verehren die Priester und Einwohner Gott in der Sonne als dessen »Feldzeichen und Abbild«, die Sonne erscheint als »das Zeichen Gottes, sein Antlitz und seine lebendige Erscheinung, da durch sie Licht, Wärme, Leben, Entwicklung und alles Gute in die niederen Geschöpfe fließt.« II Campanella S, S. 157; vgl. dazu auch II.16 Flasch 1996a, S. 49; Flasch 1996b, S. 275ff. [zu Campanellas Elegie ›Al Sole‹; II PG, S. 68f.]). Gryphius kritisiert daran interessanterweise nur die implizite Einschränkung göttlicher Ubiquität, d. h. Gott ist überall, also auch in der Sonne, aber nicht in ihr allein. Im übrigen verwendet er hier die von Arndt her bekannten Begriffe des unbegreiflichen Lichts als der »unsichtbaren Krafft und Weißheit« Gottes, die gleichwohl aus den »sichtbaren Werken« »etlicher maßen« »erkannt« werden kann. Das geht weit über das orthodoxe Zugeständnis eines physikotheologischen (aposteriorischen) Gottesbeweises hinaus, der aus der Schöpfung lediglich auf die Existenz des Schöpfers schloß (vgl. Bd. V/2, S. 47ff.), hier aber gesteht Gryphius die Möglichkeit höheren Wissens zu, wie es Arndt in seinem ›Wahren Christentum‹ offeriert.

2)   »Feurige« Selbst-, Welt- und Gotteserkenntnis: Entscheidend für dessen Weisheits-Lehre ist, daß sich dem Christen die Möglichkeit zur Partizipation am göttlichen Licht über dessen freigebig in die ganze Natur ausgegossenen Kräfte anbietet (vgl. auch WC IV, S. 29f.). So schlägt Arndt am Schluß seines Kapitels noch einen sichtbaren Bogen zu seinem Gewährsmann Paracelsus, für den das »Licht der Natur« das entscheidende Stimulans zum Aufspüren der göttlichen Kräfte in Makro- und Mikrokosmos von der Medizin bis zur Alchimie war (vgl. II Paracelsus LN; vgl. dazu IV Kemper I, S. 63ff.; Bd. III, S. 120ff.):

> »Zum Beschluß ist auch zu wissen / daß der gütige Schöpfer ein reines und anmuthiges Licht allen Dingen eingeschlossen habe / wie die wissen / so die natürliche Separation und Absonderung verstehen / und die Purität und Reinigkeit aller Dinge recht philosophisch scheiden können von der Impurität / Unreinigkeit und Finsterniß: Und also können alle Dinge natürlich perficirt werden in ihre Klarheit. Denn das ist ihre natürliche Verklärung / und ein herrlich augenscheinlich Zeugniß der Verklärung unserer Leiber am jüngsten Tage / wenn alle Unsauberkeit von Leib und Seele hindan wird geschieden seyn.« (WC IV, S. 14; vgl. ebda., S. 30f.).

Bei der Einsicht in das geheime Wissen über das ›Licht der Natur‹ in allen Dingen spielt für Paracelsus die Makrokosmos-Mikrokosmos-Relation eine entscheidende Rolle; den Gestirnen als edelstem Teil der sichtbaren Welt ordnet er entsprechend das Gehirn des Menschen, das auch dessen ›Gemüt‹ beherbergt, zu (vgl. dazu auch IV Kemper I, S. 69f.). Arndt übernimmt diese Ansicht, »daß das Firmament im Menschen ist: Und das microcosmische Firmament mit dem macrocosmischen eine sehr genaue und grose Consonanz und Uebereinstimmung hat / wie die rechtschaffene Philosophi wohl wissen.« (WC, S. 834) Aus diesem Grunde lehnt Arndt zwar die »unnütze Weissagerey der Astrologen« ab (WC IV, S. 64), hält aber um so nachdrücklicher am Einfluß der Gestirne und am Warnungs-Auftrag natürlicher und unnatürlicher Himmels-Zeichen fest (ebda., S. 64ff.; vgl. zur »influentia coelestis« II.3 Geyer III, S. 31ff.). »Darum hat es der getreue Schöpfer also verordnet / daß die untern der obern Kräfte und Einfluß empfahen müssen. Und hanget die ganze Natur an einander als an einer Ketten; wie solche auream catenam Naturae & Providentiae, güldene Kette der Natur und Göttlichen Vorsorge / der Prophet Oseas beschreibet / Cap. 2: 21,22.« (Ebda., S. 74; zur hermetischen Interpretation der ›Ket-

te der Wesen‹ um 1700 vgl. Bd. V/1, S. 107ff.) Aus den Sternen fließt den Menschen
alle »Weißheit« in allen Künsten zu. Das ist ein entscheidender Aspekt, den Arndt
dadurch hervorhebt, daß er an dieser Stelle ausführlich »die Meynung des fürtrefflichen Teutschen Philosophi Paracelsi« referiert (zu dessen Ansicht vgl. IV Kemper I,
S. 72ff.; Bd. III, S. 123ff.):

> »Das ist aber seine Meynung: Daß in den Sternen alle natürliche Weißheit / Kunst und
> Geschicklichkeit begriffen sey / die ein Mensch auf Erden erfinden und üben mag. Daher
> kommen / spricht er / die grose Künstler und natürliche Meister in allerley Künsten und
> Inventionen. Denn die Natur treibet die Gemüther solcher Leute / den Künsten mit
> heftigem Nachsinnen und Arbeiten obzuligen / auf daß GOTTES Werke offenbar und
> hervor gebracht werden zu GOTTES Ehren und dem Menschen zu Nuz: Denn so hats
> GOtt geordnet / und in den Himmel solche natürliche Schäze gelegt / als in seine ver-
> borgene Thesauros, auf daß er zu seiner Zeit solches alles an Tag und ans Licht brächte
> durch den Menschen: Und theilet dasselbe aus / wenn / wo / wie und wem er will.« (WC
> IV, S. 60f.)

Das ist zugleich ein weiterer Wider-Spruch gegen das »curiositas«-Verdikt der Theologen. Gott, so hatte Paracelsus in renaissancehaftem Optimismus betont, »will uns
nicht haben dumme Narren / nichts wissend / nichts köndig / nichts verstendig:
Sondern er will uns haben erweckt in seinen großen Natürlichen dingen / die er
geben hatt / auff daß der Teuffel sehe / daß wir Gottes sind / vnd Engel sind.« (II
Paracelsus O II, S. 323 A).

Dieser Aspekt, der sich von der Licht-Mystik des Dionysius weit entfernt, mar-
kiert ein weiteres Merkmal hermetischen Schrifttums, das Neugebauer-Wölk als
»Anspruch auf Realisierung und weltliche Macht« charakterisiert, der weit über eine
Sozialethik des Christentums hinausgeht: »Die höhere Erkenntnis und esoterische
Hermeneutik, das Entziffern des Buches der Natur und das Wissen um das wahre
Wesen der Dinge, ermöglicht nach dem Selbstverständnis des Esoterikers das Einsetzen dieser Kräfte als Herrschaft über die Dinge, Macht über die Menschen und
Realisierung göttlicher Ordnung in der Welt.« (III Neugebauer-Wölk 2003, S. 139)
Auch Arndt räumt die Möglichkeit wissenschaftlichen Fortschritts zur Ehre Gottes
und zum Nutzen des Menschen ein und sanktioniert dies als gottgewollt. Zugleich
sichert er damit die Dominanz des Mikrokosmos über den Makrokosmos: Der Mikrokosmos kann sich im Gebrauch dieser Kräfte ins Göttliche zurückbewegen und
damit auch den Makrokosmos letztlich übersteigen: »Alles Sichtbare ist dazu erschaffen / daß sich der Mensch dadurch von demselben ab= und zu GOtt solle
führen lassen. Diese Absicht haben alle Werke / alle Gerichte / alle Wohlthaten des
HErrn / so wohl im leiblichen als im geistlichen.« (II WC, S. 553; vgl. dazu IV
Kemper II, S. 254) Die Theosophie ermöglicht so die Selbsterlösung, ja -vergottung
und steht gerade damit im Dienst der Anthropologie. Das ist eine Position, die
bereits der Spiritualist Valentin Weigel vertreten hat (vgl. Bd. III, S. 53ff.), von dem
Arndt ebenfalls stark beeinflußt ist (vgl. II. Geyer III, S. 3ff. u. ö.): »Die Mikro-/
Makrokosmos-Relation und der Anthropozentrismus des Weltbildes sind nicht von-
einander zu trennen, sondern bilden offensichtlich die zwei Seiten einer Medaille.«
(II.3 Geyer III, S. 14; vgl. ebda., S. 16ff.).

3)  *Heilsweg durch das ›Buch der Natur‹*: Auch von daher versteht sich, daß Arndt
bei der Beschreibung des vierten Tagewerks an der Mittelpunktstellung der Erde
festhält, aber er wertet sie gegenüber den Sternen nicht auf. Der Eingang des Kapitels exponiert erneut die in Gryphius' Sonett explizierte Situation: »Nun spricht
GOtt der HErr / Esa. 40:26. Hebet eure Augen in die Höhe / und sehet / wer diese
Dinge geschaffen hat / der das Heer nach der Zahl heraus führet / und nennet sie alle
mit Namen. Ist derowegen billig / daß wir nach GOttes Befehl die Höhe des Himmels anschauen / und die Allmacht und Weisheit des Schöpffers daraus erkennen.«
(WC IV, S. 55) Die »Ehre GOttes« erfordert, daß Arndt seinen Lesern die unvorstellbare Größe und Schnelligkeit der Sterne nicht vorenthält: So sei die Sonne »hundert und sechs und sechzigmal gröser / denn der Erden Kreyß« (ebda., S. 56, vgl.
ebda., S. 79f.), und da Arndt an der Geozentrik festhält, muß die Sonne täglich auch
die Erde umkreisen, und das erfordert eine »solche Geschwindigkeit / daß es keine
menschliche Sinnen ausrechnen können.« (Ebda., S. 78f.)

Auch das geozentrische Weltbild vemochte also einen stellaren »Schock« hervorzurufen, doch kam dieser eher als beim heliozentrischen Weltbild der Geradlinigkeit
und Vertikalität der Erlösungsperspektive zugute: Die Erde war schlecht und erlö-
sungsbedürftig. Über ihr hatte Gottes Licht-Kraft bereits die vollkommene Licht-
Welt vor Augen gestellt, in welche die Erwählten und Erlösten, deren Seelen sich
zum Ebenbild der göttlichen Güte und Schönheit entwickelt hatten, eingehen durften (vgl. ebda., S. 128f.). Und diese Gottebenbildlichkeit – das wurde Arndt im
Kontext des Neuplatonismus nicht müde zu betonen – bestand eben in der vollkommenen Liebe: »Darum hat er den Menschen nach seinem Bilde geschaffen / welches
fürnemlich stehet in der vollkommenen Liebe.« (Ebda., S. 140) Denn der Mensch
hat zugleich »den meisten Theil der Weisheit aus den Creaturen erlernet« und gibt
diese Liebe mit dem nur ihm eigentümlichen aufrechten Gang und himmelwärts
gerichteten Angesicht an Gott zurück (ebda., S. 145f.). Die Liebe zu Gott ist das
höchste, was die Natur lehren kann. Aber darin liegt zugleich das Problem dieses
›liber naturae‹: er vermag als natürlicher Weg zu Gott den kirchlichen Weg der
Gnade zu ersetzen (vgl. II.3 Geyer III, S. 35).

Gryphius' Sternen-Sonett ist – das dürfte deutlich geworden sein – in Grundkon-
stellation, Aufbau und Einzelmotivik auf Arndts Licht- und Sternen-Theologie beziehbar und von ihr her verstehbar. Das Ich wendet sich den Sternen zu, fasziniert
von ihrem exorbitanten Licht, es erschaut in ihnen die grandiose, unvorstellbare
Schöpfer-Kraft, die astronomisch zu »messen« und theologisch zu »kennen« ver-
messene und vergebliche »superbia« wäre. Doch fasziniert von der Freude und
»lust« gewährenden Schönheit der Himmels-Lichter – darin schwingt auch der
Aspekt der ›origo‹ und besonderen Rechtfertigung des Ästhetischen und Poetischen
aus der Betrachtung des Himmels mit – kehrt das Ich im Sextett zu ihrem Anblick
und damit (in der Abkehr vom ›liber scripturae‹) zum ›liber naturae‹ zurück. Es fühlt
sich in Liebe von der göttlichen Licht-Kraft der Sterne angezogen, aber sein letztes
Begehren richtet sich darauf, auch die Welt der Sterne und damit des Makrokosmos
zu transzendieren und in die Ewigkeit Gottes selbst einzugehen, wie es auch der
Arndtschen Theosophie entspricht (vgl. WC, S. 131). – Allerdings hätte sich mit
dieser Deutung die im ›Sternen‹-Sonett gestaltete Religiosität ›Licht‹-Jahre vom Er-
lösungsglauben der lutherischen Orthodoxie entfernt!

## g) Lob des Kopernikus und Würdigung der »curiositas«

1) *Bekenntnis zum heliozentrischen Weltbild*: Man würde das ›Sternen‹-Sonett gänzlich überfordern, wenn man daraus Anzeichen für eine kopernikanische Auffassung des Autors ablesen wollte. Immerhin aber hat er ein solches Bekenntnis im eingangs erwähnten Epigramm auf Kopernikus formuliert. Dabei handelt es sich um die weitgehend selbständige »aemulatio« eines bereits 1634 erschienen, »neuplatonisch gefärbten« Porträtgedichts auf Kopernikus aus der Feder des niederländischen Neulateiners Caspar Barlaeus (d. i. Caspar van Baerle 1584–1648; vgl. II.44 Kühlmann, S. 125ff., 128ff., 131, 136f.; im folgenden die ›Jubiläums‹-Fassung von 1643):

> »Uber Nicolai Copernici Bildt.
> Du dreymall weiser geist / du mehr den grosser Mann
> Dem nicht die nacht der zeit / dem nicht der blinde wahn
> Dem nicht der herbe neidt die sinnen hatt gebunden:
> Die sinnen die den lauff der schnellen erden funden.
> Der du der alten tråum und důnckel widerlegt
> Und vns recht dargethan was lebt vndt was sich regt.
> Schaw' itzund blůht dein rhumb / den als auff einem wagen
> Der kreis auf dem wir sind mus umb die Sonnen tragen.
> Wen dis was irdisch ist wird mit der zeit vergehn;
> Sol unbewegt dein Lob mitt seinem himmel stehn.«
> (EeB, S. 152)

Schon die Anrede an den Hermetiker Kopernikus – »Du dreymall weiser geist« – und »mehr den grosser Mann« erinnert auffällig an den Beinamen des Hermes (Trismegistos = Dreimal Größter). Und dann folgt die aus dem Sternen-Sonett bekannte Charakterisierung von Nacht und Blindheit, welche zusammen mit dem »neid« die »sinnen«, d. h. die sinnliche Erkenntnis, gebunden hatte. Der »blinde wahn« und »der alten tråum und důnckel« beziehen sich hier auf das alte, eben auch von der Theologie vertretene ptolemeische Weltbild und stützen damit unsere Deutung von Vers 8 des ›Sternen‹-Sonetts. Sie enthalten zugleich ein eindeutiges Bekenntnis zum heliozentrischen Weltbild. Kopernikus' ›sinnliche‹ Erkenntnis hat »den lauff der schnellen erden funden«, d. h. er hat ihren Umlauf um die Sonne entdeckt; und »der kreis auf dem wir sind« ist der Verweis auf diese Umlaufbahn. Diese Formulierungen werden objektiv ausgesagt, nicht als Ansicht des Kopernikus relativiert. Vers 6 (»Und vns recht dargethan was lebt vndt was sich regt«) ist von den Interpreten als »unspezifischer« und »höchst ungenauer« Pleonasmus kritisiert worden (IV Rieder, S. 16; II.44 Kühlmann, S. 131). Doch hat Kühlmann zugleich mit Recht bemerkt, die Formel »was lebt vndt was sich regt« sei »nur zu verstehen als Ausdruck der Korrespondenz zwischen Makro- und Mikrokosmos« (ebda). Gerade dieser Vers hat denn auch von einer Wortumstellung abgesehen die Überarbeitung der zweiten Fassung unverändert überstanden (vgl. EB II, S. 186f.): Am ungezwungensten, scheint mir, läßt sich dies als Verweis auf ein animistisches Verständnis der Sterne verstehen, wie es dem Hermetiker Kopernikus eigentümlich war und wie es auch Arndt propagierte: »Wer da möchte nur eine Viertel=Stunde aller Sternen Bewegung am Himmel sehen / wie sie sich regen / bewegen / und gehen / der würde von grosen Wundern zu sagen wissen / wie lebendig der ganze Himmel wåre.« (II Arndt WC IV, S. 59)

Vielleicht spielt das »Sich Regen« auch auf die von Kopernikus »recht« entdeckte
doppelte Umdrehung der Erde (um die Sonne und um die eigene Achse) an.

   Die Formulierung, der Frauenburger Domherr habe dies »recht dargetan«, enthält eine weitere der Sprechinstanz zuzuordnende Beipflichtung zur Tat des Kopernikus. Von daher ist die Deutung nicht nachvollziehbar, Gryphius meine mit dem
»lauff der schnellen erden« metaphorisch-allegorisch die »Vergänglichkeit und Unbeständigkeit der Erde« (IV Rieder, S. 16) und er relativiere, ja »denunziere« im
Schlußvers die »wissenschaftliche Leistung des Kopernikus« »als der irdischen Vergänglichkeit unterworfene« (ebda., S. 19). »Die Qualität des Poems«, so hebt dagegen Kühlmann mit Recht hervor, »besteht, wie ersichtlich, darin, sowohl die stabile
Mittelpunktstellung der Sonne wie auch die Beweglichkeit und Kreisbahn der Erde –
das entscheidend Neue bei Kopernikus – mit der Grundintention des Gedichts, dem
Personenlob, in einen überraschenden sprachlichen Konnex gebracht zu haben.«
(II.44, S. 136) Nimmt man hinzu, daß das Epigramm in der Ausgabe von 1643 an
der zahlensymbolisch bedeutenden siebenten Stelle steht und im vorausgehenden
zweiten Epigramm ›An die Weisen aus dem Morgenlandt‹ die Konnexion von Christus als »neuer Sonne« hergestellt wird (»Schawt Weise Selen schawt / des Himmels
newen lauf // Euch geht die Sonn' im West doch in der Jungfraw auff.« E I, S. 151),
und bedenkt man, daß Gryphius bei der Überarbeitung seines Kopernikus-Epi-
gramms in der Schlußzeile »Himmel« durch »Sonne« ersetzt (»Soll dein Lob unbe-
wegt mit seiner Sonnen stehn.« E II, S. 187), dann scheint es auch hier nicht abwegig
zu sein, die erkennbare Akzeptanz des heliozentrischen Weltbildes auch in der religiösen Fundierung – im Rückgriff zugleich auf das altchristliche Motiv des »Chri-
stos Helios« (vgl. IV Rieder, S. 17) – zu erblicken: Die Mittelpunktstellung der Sonne ›paßte‹ besser zu Christus, der »Sonne« des Makrokosmos. Und nicht auszuschließen ist auch die Deutung, Kopernikus werde hier zugleich »postfigurativ auf
Christus hin gedeutet« (ebda.): Das wäre dann die höchstmögliche »Heiligspre-
chung« des Frauenburger Domherren.

2)  *Würdigung der ›curiositas‹*: Gerade deshalb sind Zweifel angebracht gegenüber
der These, Gryphius akzentuiere hier nicht so sehr den wissenschaftlichen Fort-
schritt, er qualifiziere vielmehr die Erkenntnis des Kopernikus als Tugendleistung;
für ihn bleibe daher »Naturerkenntnis eingebunden in einen vormodernen Sinnzusammenhang, der letztlich im Rahmen einer das Ich-Welt-Verhältnis prädisponieren-
den christlichen Heilsordnung bewertet« werde (so Kühlmann [II.44, S. 125], über
Mauser [vgl. II.44 Mauser, S. 49ff.]). Die beiden folgenden Epigramme können bezeugen, daß Gryphius nicht nur die Tugendleistung, sondern durchaus den For-
schergeist bei der Erkundung und »Vermessung« von Himmel und Erde zu würdigen
vermochte. Dabei bezieht sich das erste Epigramm vermutlich auf einen nach der
kopernikanischen Theorie gefertigten Himmelsglobus, den Gryphius bei seinem
Danziger Lehrer Peter Crüger gesehen haben dürfte, der zwei solcher Exemplare
besaß (vgl. dazu II.44 Szyrocki 1959, S. 78):

»Uber die Himmels Kugel.

Schaw hir des Himmels Bild / diß hat ein Mensch erdacht /
Der doch auff Erden saß. O übergroße Sinnen /
Die mehr denn iemand schawt, durch forschen nur gewinnen!
Soll diß nicht himlisch seyn was selber Himmel macht?

Uber die Erdkugel

Der Erden rundes Hauß, das Vih und Menschen trâgt /
Jst noch nicht gantz beschawt / doch ist es gantz gemessen.
Was nie der Leib bezwang hat doch der Geist besessen.
Der Land und Wellen Zill hir / auch abwesend / legt.«
    (EB II, S. 206)

Hier würdigt Gryphius also durchaus jene theoretische Neugierde, jene »curiositas«,
die vor allem Hans Blumenberg als spezifisch neuzeitliches Erkenntnisinteresse hervorgehoben hat (II.33 Blumenberg, S. 21; vgl. dazu auch II.44 Kühlmann, S. 151).
Von daher könnte man den auch formal so herausgehobenen Zweizeiler aus dem
ersten Terzett von Gryphius' Sonett ›An die Sternen‹:

»Ihr Bûrgen meiner Lust / wie manche schône Nacht
Hab ich / in dem ich euch betrachtete / gewacht?«

als Sinnbild des den Sternenkosmos nicht nur meditativ betrachtenden oder ästhetisch genießenden, sondern *erforschenden* neuzeitlichen Subjekts interpretieren, das
dem Makrokosmos nun nicht mehr im Gestus mikrokosmischer Unterwürfigkeit
oder auch Überlegenheit, sondern aus dem Impetus wissenschaftlicher Neugierde
mit dem Fernrohr in der Hand, das Gryphius übrigens ebenso wie die Namen Galileis und Keplers in seinen ›Leich-Abdanckungen‹ erwähnt (DF, S. 280 u. ö.), ge-
genübertritt. Dann könnte man die zitierte Passage auch als Sinnbild für den neuzeitlichen *Astronomen* betrachten, der im Bewußtsein der Vorläufigkeit seiner Erkenntnis das überkommene Weltbild zu modifizieren beginnt. – Jedenfalls ist die
zwischen zweitem Quartett und erstem Terzett gestaltete Ambivalenz von irdischer
Blindheit und göttlicher Allweisheit einerseits sowie autonomer Erforschung
menschlicher Abhängigkeiten (zugleich als Akt der Selbstermächtigung, den man
auch in der Akzentuierung des Gegeneinanders von »Ich« und »Sternen«-Welt erkennen kann) andererseits eine bemerkenswerte Illustration zur Ansicht Salviatis
(des Galileischen Sprachrohrs) über das Verhältnis von göttlichem und menschli-
chem Geist:

»Diese Übergänge, zu welchen unser Geist Zeit braucht, die er schrittweise vollführt,
durchläuft der göttliche Intellekt dem Lichte gleich in einem Augenblick oder, was auf
dasselbe hinauskommt, sie sind ihm stets alle gegenwärtig. Daraus ergibt sich mir, daß
unser Erkennen sowohl hinsichtlich der Art als hinsichtlich der Menge des Erkannten
unendlich weit gegen das göttliche zurücksteht. Doch aber verachte ich jenes nicht so
sehr, daß ich es für absolut nichts hielte. Wenn ich vielmehr betrachte, wie viele und wie
wunderbare Dinge die Menschen verstanden, erforscht und ausgeführt haben, so erkenne
und begreife ich nur zu klar, daß der menschliche Geist ein Werk Gottes ist, und zwar
eines der ausgezeichnetsten.« (II Galilei, S. 158)

Die Gryphsche Einschätzung der Vernunft liest sich dazu wie ein in ›moll‹ gestimmtes Echo (und dies ist zweifellos auch der ›Gelegenheit‹, nämlich einer Grab-Rede, geschuldet):

> »Wollten wir die Vernunfft / welche uns durch die ungewissen Fälle dieses Lebens führen sol was genauer beschauen; so würden wir bald gestehen müssen / daß dieselbige nicht auß sich selbst / sondern von einem höhern Ursprung herrühre. Man bedencke aber / ob selbige nicht auch bey den Weisesten ihre Unvollkommenheit zum öfftern blicken lasse?«
> (DF, S. 238; vgl. ebda., S. 280ff.)

3) *Vereinbarkeit von altem und neuem Weltbild unter soteriologischem Aspekt:* Damit bringt Gryphius die ideen- und wissenschaftsgeschichtliche Unsicherheit seiner Zeit auf den Punkt. Die Auslegungen des ›Buchs der Bücher‹ und des ›Buchs der Natur‹ waren je für sich (durch die Konfessionen und die astronomischen Modelle) umstritten und begannen überdies auch einander zu widersprechen. Beide boten dem Individuum Heilswege an, die – wie sich bei Arndt schon abzeichnete – in latenter Konkurrenz zueinander standen und theologisch kaum mehr zu vereinbaren waren. Dabei eröffnete das ›Buch der Natur‹ einerseits neue Chancen für eine Annäherung der Konfessionen auf dem Weg einer gradualistisch gestuften Aufstiegs-Mystik des Geistes zu Gott, wie er – anknüpfend an Bonaventuras (1221–1271) ›Itinerarium mentis in Deum‹ – in Robert Bellarmins verbreitetem Werk ›De ascensione mentis in Deum per scalas rerum creaturam‹ eine katholische Tradition fortsetzte, die vor allem durch Fénelon im unverhüllten Rückgriff auf das neue Weltbild an die Aufklärung weitervermittelt wurde (vgl. dazu IV Kemper I, S. 163ff.). Andererseits war dieser Weg zu Gott über die Natur zugleich der »Königs-Weg« der hermetischen Tradition, die unter Häresieverdacht stand und – wie sich bei Arndt zeigte – nur um den Preis einer Relativierung des christlichen Erlösungsweges »christianisiert« werden konnte.

In dieser schwierigen historischen Situation hat Gryphius offenbar – über Arndt hinaus – bestimmte Aspekte des kopernikanischen Weltbildes rezipiert und als Erkenntnisleistung der Vernunft akzeptiert. Mitermöglicht wurde diese Anerkennung aber durch die Übereinstimmung des heliozentrischen Weltbildes mit neuplatonisch-hermetischen Vorstellungen. Denn die Zentralstellung der Sonne verstärkte eine Verehrung des Lichts und Feuers als Quellen allen Lebens und damit als ›Bild‹ des Göttlich-Guten und die Sehnsucht nach einer Rückkehr in die – jenseits der Fixsternsphäre gelegene – himmlische Heimat, wie Gryphius sie insbesondere auch bei Arndt vorfinden konnte. Von daher hat Gryphius, wie es scheint, die heliozentrische Weltsicht zwar als Korrektur im ›sensus historicus‹ des ›liber naturae‹ betrachtet, jedoch daraus noch keine Notwendigkeit zu einer entscheidenden Änderung in der weltanschaulich-religiösen Positionsbestimmung abgeleitet. Im ›Sternen‹-Sonett wie im ›Kopernikus‹-Epigramm bildet der anagogische Gehalt den Schluß und verweist noch mit dem ewigen Fortleben des Einzelnen auf die Vergänglichkeit des Irdischen. Das ›Buch der Natur‹ gewann indes an Attraktivität gegenüber der in den Kirchen umstrittenen Deutung des ›Buchs der Schrift‹, das überdies dem »blinden Wahn« des geozentrischen Weltbildes anhing. Der Erlösungsweg über den Makrokosmos, wie ihn Johann Arndts ›Wahres Christentum‹ (noch aus geozentrischer Perspektive) anbot, stellte deshalb offenbar auch für den naturwissenschaftlich interessierten Schlesier – ebenso wie für Johann Rist (vgl. II.102 Trepp) – eine verlockende Welt-An-schauung dar. Und von daher kongruieren altes und neues Weltbild für ihn in der Sehnsucht nach der Sternenreise in die immer noch lokalisierbare Transzendenz. Der forschende und betrachtende Blick auf die Sterne ist – wie übrigens auch schon für Ptolemäus (vgl. III Böttcher, S. 273) – Vorbereitung dazu und zugleich Vorwegnah-me der Schau der Seligen. Insofern ist die Gryphsche Versenkung in die eine glück-liche Zukunft verheißende Sternenschar nicht frei von der Haltung mystischer Ent-äußerung.

Hierin zeigt sich zugleich sein anthropologisches Interesse, das angesichts der Unsicherheit alles Irdischen nach Mitteln und Wegen sucht, sich des Göttlichen innerhalb und außerhalb der von seiner Kirche vorgegebenen Bahnen zu ver-sichern. In dieser Hinsicht steht er den neuplatonisch und hermetisch inspirierten Barock-Mystikern nicht fern (vgl. Bd. III, S. 7ff.) und weist wie diese voraus auf eine neu-zeitliche Subjektivität, die sich bei aller schmerzlichen Einsicht in die Wahnhaftigkeit menschlicher Erkenntnis doch im Vertrauen auf den »höhern Ursprung« der Ver-nunft auf der Suche nach Sinn und Zweck des irdischen Daseins sowie dem ewigen Leben des Einzelnen nicht mehr nur dem Glauben und den Autoritäten überläßt, sondern auch in der eigenen ›Betrachtung‹ von ›Gott und Welt‹ ihren Weg sucht und findet.

## h)   Sonett-Kunst (III): »Threnen saltz« (›Gedencket an Loths Weib‹)

Das folgende Sonett von Gryphius hat in den letzten Jahren größere Aufmerksam-keit erfahren und eine Forschungskontroverse um seine angemessene Deutung her-vorgerufen (vgl. IV Kemper I, S. 275ff.; II.44 Kaminski 1998, S. 45ff.; Steiger 2000, S. 68f.; vgl. dazu auch II.44 Häcker). In ihr geht es zugleich um methodische Fragen der Textanalyse und im Zusammenhang damit auch um eine religiöse Positionsbe-stimmung des Autors im poetischen Umgang mit dem ›Buch der Bücher‹. Deshalb greife ich – mit weitgehend neuen Belegen – nochmals auf dieses Gedicht zurück.

1)   *Strukturelemente*: Es gehört zu den frühesten Sonetten des Autors, erschien an fünfter Stelle in den ›Lissaer Sonetten‹ (vgl. LS, S. 7), und Gryphius plazierte es mit leichten inhaltlichen und stilistischen Veränderungen in seiner erweiterten Sonett-sammlung von 1643 an der siebenten Stelle (SeB, S. 33; zur Zahlensymbolik vgl. Kap. 6 i):

> »Gedencket an Loths Weib. Luc. 17. v. 32.
>
> Eh' als der ernste Gott mitt plitz vnd schwefell regen
> Mitt fewer pech vnd sturm hatt Sodom vmbgekehrt
> Eh' erd vnd Himmel kracht vor seines eyvers schwerdt /
> Eh' als er Zeboim lies in die asche legen;
> Eh' als die heisse lufft erklang von donnerschlågen;
> Eh' er auff Adama sein rũsthauß außgelert
> Eh' als Gomorrha noch von flammen auffgezehrt;
> Mus Loth mitt Weib vnd Kind von dannen sich bewegen.

> Jn dem der brandt entsteht / vnd sein besturtzt gemahl
> Mitt vmb gekehrten aug erblickt wie vber all
> Mitt loh' vnd lichter glutt die håuser sind gekrõnet;
> Fůhlt sie das threnen saltz aus ihren augen rint /
> Vnd sie / sie selbst wirdt saltz. Vnd ehr sie sich besinnt /
> Jst durch die weise straff ihr vorwitz ausgesõhnet.«
>     (II SeB, S. 33)

Das Sonett gehört seiner Struktur und Intention nach zu der im 17. und auch noch im 18. Jahrhundert verbreiteten *Bibeldichtung* (vgl. Kap. 2 c–3 und 6 k), in welcher Bücher, Kapitel oder Verse aus der Heiligen Schrift in Poesie übersetzt oder poetisch gedeutet wurden. Gryphius' ›Sonn- und Feiertagssonette‹ z. B. enthalten je ein Sonett auf die allsonntäglich im Kirchenjahr gepredigten Bibeltexte, die Perikopen. Zugleich ist das Sonett wiederum *emblematisch* strukturiert. Die Überschrift ist die ›inscriptio‹, die ›pictura‹ von Sodoms und Gomorras Untergang wird hier in den Quartetten selbst vor die Imagination der Leser gestellt, und am Schluß enthält die Darstellung auch noch eine Deutung (›subscriptio‹) für den »vorwitz« von Lots Weib. Damit verbinden sich erneut Elemente des *mehrfachen Schriftsinns*: Die »inscriptio« enthält als zitierte Antwort Jesu auf die Frage der Pharisäer nach der Ankunft des Reiches Gottes den ›sensus anagogicus‹, die ›pictura‹ (V. 1–11) den ›sensus historicus‹, implizit zugleich die Darstellung göttlichen Handelns an seinen Auserwählten, also den ›sensus allegoricus‹, das Schlußterzett den auf Lots Weib bezogenen ›sensus moralis‹.

2)  *Der biblische Prätext*: Das Sonett verweist zu seinem Verständnis also zunächst nachdrücklich auf die Bibel. Es greift auf eine Stelle zurück, in der Christus selbst eine im Alten Testament erzählte Geschichte deutet und damit einen figuralen Bezug zu seiner eigenen Sendung herstellt. Und dieser Deutung unterlegt das Sonett nochmals – das wäre die hier zu plausibilisierende These – eine kühne eigene Interpretation. Das im Titel zitierte Wort Jesu stammt nicht aus einem kirchlichen Perikopentext, gehört aber zur thematischen Fortsetzung jener Perikope zur Frage nach dem Kommen des Reiches Gottes (Luk. 17, 20–25), die am 1. Adventssonntag, also zur Eröffnung des Kirchenjahres, vorgetragen wurde, und zwar im Wechsel mit Mt. 21, 1–9, worauf Gryphius sein erstes ›Sonn- und Feiertagssonett‹ dichtet (vgl. SFS, S. 135: vgl. dazu Kap. 6 k).

Jesus beantwortet die ›anagogische‹ Frage der Pharisäer nach dem Kommen des Reiches Gottes zunächst im ›sensus moralis‹ (Luk. 17, 20f.): »Das Reich Gottes kommt nicht mit äußerlichen Gebärden; man wird auch nicht sagen: Siehe, hier! Oder: da ist es! Denn sehet, das Reich Gottes ist inwendig in euch.« Anschließend aber setzt er das Gespräch mit den Jüngern fort und verweist zur Illustration der zu erwartenden apokalyptischen Ereignisse typologisch auf die Geschichten der Genesis (Luk.17, 26–33):

> »26. Und wie es geschah zu den Zeiten Noahs, so wird's auch geschehen in den Tagen des Menschensohnes:
> [...] 28. Desgleichen wie es geschah zu den Zeiten Lots: sie aßen, sie tranken, sie kauften, sie verkauften, sie pflanzten, sie bauten;

29. an dem Tage aber, da Lot aus Sodom ging, da regnete es Feuer und Schwefel vom Himmel und brachte sie alle um.

30. Auf diese Weise wird's auch gehen an dem Tage, wenn des Menschen Sohn soll offenbart werden.

31. An dem Tage, wer auf dem Dache ist und sein Hausrat in dem Hause, der steige nicht hernieder, ihn zu holen. Desgleichen wer auf dem Felde ist, der wende nicht um nach dem, was hinter ihm ist.

32. Gedenket an des Lot Weib!

33. Wer da sucht, seine Seele zu erhalten, der wird sie verlieren; und wer sie verlieren wird, der wird ihr zum Leben helfen.«

Jesus versteht das Sich-Umsehen in diesem Kontext offenkundig als Zeichen eines Festhaltens am Irdischen, Materiellen, als Schutz von Leben, Hab und Gut, und in diesem Sinne ist für ihn die Erinnerung an Lots Weib eine Mahnung an ihr ungehorsames und unkluges Verhalten, dem eine verdiente Strafe folgt. Der ›sensus historicus‹, den er hier anagogisch deutet, lautet (Gen. 19, 23–26):

»23. Und die Sonne war aufgegangen auf Erden, da Lot nach Zoar kam.

24. Da ließ der Herr Schwefel und Feuer regnen von dem Herrn vom Himmel herab auf Sodom und Gomorra

25. und kehrte die Städte um und die ganze Gegend und alle Einwohner der Städte und was auf dem Lande gewachsen war.

26. Und sein Weib sah hinter sich und ward zur Salzsäule.«

3) *Traditionelle Deutung des Sonetts*: Im Blick auf diese eindeutigen biblischen Prätexte scheint auch das Gedicht, so lesen es die meisten Interpreten, die gängige Ansicht über die Bestrafung von Lots Weib zu bestätigen. »Zumal in den protestantischen Predigten und Erbauungsschriften«, so hat Mauser herausgefunden, sei »Loth eines der eindrucksvollsten Beispiele des Menschen, der sündig ist und dennoch (ohne eigene Verdienste) als Sünder erlöst wird. Anders Loths Weib. Sie verstößt gegen den Befehl des Herrn und verwirkt damit die Möglichkeit, der Strafe Gottes zu entgehen.« Gryphius habe gegenüber seiner Vorlage diese Strafe sogar noch verstärkt. »Die Tränen und die Erstarrung von Loths Frau werden zum Inbegriff der Sündhaftigkeit der Welt; derjenige aber, der von ›vorwitz‹ frei ist – wie Loth – und dem Willen Gottes ohne Zögern folgt, kann der Erlösung gewiß sein.« (II.44 Mauser, S. 107; indessen folgt auch Lot keineswegs »ohne Zögern«; vgl. Gen. 19, 16ff.) Damit scheint sich in diesem Gedicht eine orthodox-lutherische Gesinnung zu offenbaren (so auch II.44 Steiger 2000, S. 68f.). Dies wäre in der Tat *eine* mögliche Lesart des Gedichts.

4) *Aufbau des Sonetts und Abweichungen vom biblischen Prätext*: Diese muß allerdings einige auffallende Besonderheiten des Sonetts ignorieren. Ein einziger Satz füllt das Oktett. Nach sieben Zeilen mit fünf gleichgeordneten Nebensätzen enthält erst Vers 8 den Hauptsatz: »Mus Loth mit Weib vnd Kind von dannen sich bewegen.« Darin manifestiert sich eine auffällige doppelte Verkehrung: Zum einen wird das göttliche Strafgericht, das dem Auszug der Familie Lots im ›sensus historicus‹ folgt, hier vorangestellt, zugleich indes in die Nebensätze plaziert, obwohl Amplifikation und Gradation der Nebensätze sich dem einen Hauptsatz spannungsvoll ent-

gegenstellen und sich gerade nicht als ›Neben‹-Sache erweisen. Die Haupt-Sache im Haupt-Satz ist die Rettung der Familie Lot vor dem göttlichen Zorn- und Strafgericht. Dieses aber drängt sich in seiner unfaßbaren Grausamkeit in den Vordergrund der Imagination, stärker und ausführlicher, als der biblische Bericht selbst, der an dieser Stelle z. B. nichts von Zeboim und Adama berichtet, von Städten, die in der Nähe von Sodom und Gomorra lagen (vgl. Gen. 10, 19) und deren Untergang sich nur indirekt erschließen läßt (vgl. Gen. 19, 29). Durch die Akkumulation der stets mit »eh' als« eingeleiteten Beispielreihen werden Ausmaß und Gewalt des göttlichen Zorn-Feuers, mit dem er sein »rüsthauß«, also sein Waffenarsenal, »auslert«, noch über den biblischen Bericht hinaus vergrößert und auch lautmalerisch (z. B. durch die Häufung von Spiranten und stakkatohaften stimmlosen Verschlußlauten am Wortanfang und -ende) eindrucksvoll unterstützt. Und kaum ist der Hauptsatz knapp formuliert, beschreibt das erste Terzett – in analoger Aufteilung von längerem Neben- und kürzerem Hauptsatz – den Brand erneut, diesmal im Blick auf die Lots Weib widerfahrende Strafe: Aussagelogik und Bildlogik treten offenkundig in Spannung zueinander, und diese vertieft sich auf anderer Ebene noch dadurch, daß das Gedicht in seinem Aufbau den Leser zweimal nötigt, »mitt vmbgekehrten aug« das Strafgericht zu »betrachten« und damit etwas zu vollziehen, für das Lots Weib anschließend bestraft wird. Er sieht also mit ihren (tränenvollen) Augen! Der Schlußsatz greift mit der Nebensatz-Konstruktion »Vnd ehr sie sich besint« auf die analogen Konstruktionen des Oktetts zurück und verwendet sie insgesamt zum siebenten Mal!

Und hier im Bereich der Terzette finden sich nun drei unaufdringliche, aber für das Textverständnis entscheidende Abweichungen gegenüber dem Bibeltext: Erstens ist Lots Gemahlin »besturtzt« (V. 9), also verwirrt, entsetzt, außer sich, und aus ihren Augen rinnt deshalb »threnen saltz«. Zweitens wird sie nicht zur Salzsäule, sondern zu »saltz«. Und drittens wird ihr »vorwitz« der Rück-Schau durch eine »weise straff« »ausgesöhnet«. Der Bedeutung dieser auffälligen Änderungen ist nun näher nachzugehen.

5)   *Abweichungen vom poetischen Prätext*: Sie finden sich auch nicht in der Vorlage, die Gryphius erst in späteren Ausgaben kenntlich gemacht hat, nämlich in dem aus zwölf Versen bestehenden Gedicht ›Vxoris Loth punitio‹ des Jesuiten Bernhard Bauhusius (vgl. den Text in: II.44 Mauser, S. 107). Die zweite Hälfte von dessen Poem lautet:

> »Iussus ut haec fugeret, fugit cum Lothide Lothus:
>     Neu redeant oculis, lex datur: illa redit:
> Utque coronatam flammis circumspicit urbem,
>     Heu misera! heu oculos sensit habere salem!
> Mox et tota salem Lothis bibit, & sapientem
>     In statuam insipiens femina versa fuit.«

> [»Auf das Geheiß zur Flucht flieht Loth mit seinem Weib:
> Die Augen nicht rückwärts zu kehren, lautet der Befehl: sie wendet sich um:
> Und wie sie die flammengekrönte Stadt genau beschaut,
> Ach die Unglückliche, ach, da fühlt sie Salz in den Augen!

Und bald nimmt (w. trinkt) Loths Weib das Salz ganz in sich auf, und so
wurde die törichte Frau in eine weise Säule verwandelt.«]

Bauhusius spielt in seinem Gedicht ›Vxoris Loth punitio‹ eingangs kurz auf die sexuellen Verfehlungen von Sodom und Gomorrha als Grund für das göttliche Schwefelfeuer an (vgl. dazu auch Gen. 19, 5ff.) und stellt dann die Strafe für Lots Weib als
Folge des Verbots, sich umzusehen, dar. Dabei versucht er die Strafe natürlich-
physiologisch zu erklären: Indem sich Lots Weib nach dem Schwefelfeuer umsieht,
dringen ihr die – durch die Luft übertragenen – giftigen Substanzen in die Augen, sie
zieht das Salz geradezu in sich hinein und wird so als unverständige Frau (»insipiens
femina«) in eine weise Statue (»sapientem / In statuam«) verwandelt. – Bei Gryphius
aber rinnt *Tränensalz* aus den Augen der »besturtzten« Gemahlin Lots, und diese
winzige Modifikation verändert die Deutung des Geschehens und des Sonetts möglicherweise grundlegend. Das Gedicht selbst hilft allerdings hier zunächst nicht weiter. Es scheint mir aber offenkundig, daß uns im Motiv der tränenden Augen dieser
Frau ein Zentralmotiv der Dichtung auch und gerade des jungen Gryphius begegnet.
Dies sei zunächst an einigen Beispielen erläutert.

6) *Tränen der Mütter als Hauptmotiv Gryphscher Dichtung*: Am Tiefpunkt einer
nahezu ununterbrochenen Kette von Unglücksfällen schrieb der siebzehnjährige
Gryphius sein vom Poesieunterricht der Lateinschule mit angeregtes erstes, von
furchtbaren, fast sadistischen Tötungsszenen durchsetztes ›Carmen Heroicum‹ ›Herodis Furiae et Rachelis lachrymae‹ (in Glogau erschienen 1634). Charakteristisch
für diesen poetischen Beginn ist ein verdecktes autobiographisches Motiv. Das Motto des Epos über Herodes, der alle Kinder Bethlehems zu töten befahl – ein Stoff,
der sich (auch bei Johann Klaj; vgl. Kap. 7 c) aktualisierend auf die Situation der
durch das katholische Habsburg zum Martyrium gezwungenen Protestanten beziehen ließ (vgl. II.44 Szyrocki 1959, S. 44) – zitierte Jerem. 31, 15 und Matth. 2, 18:
»Eine Stimme vernahm man in Rama, Jammer, Klagen und großes Weinen. Rahel
beklagte ihre Söhne und wollte keine Worte des Trostes hören, weil sie nicht mehr
lebten.« (HÖ, S. 11; vgl. dazu auch Gen. 35, 17–20) Diesen Bibelvers soll Gryphius'
Vater auf dem Sterbebett im Blick auf seine verfolgte Gemeinde gesprochen haben
(II.44 Szyrocki 1959, S. 43). Schon in den Dedikationsversen appliziert Gryphius
den biblischen Stoff auf die eigene Zeit: »Aus seinem Reich verstoßen irrt Christus in
dieser Zeit wie ein Verbannter umher,… Schon betrauert die Frömmigkeit, wie Rahel dem Tode nah, ihr Pfand. Höhlen und Wälder hallen von ihren klagenden Weisen wider.« (Ebda., S. 15). Das Epos widmete Gryphius seinem Stiefvater Eder, dem
Bruder Paul und dem Fraustädter Schulleiter Jakob Rolle: »Weil ich Weihrauch
nicht habe, bringe ich falsche Gerste, Trauergesänge, die ich mit salzigen Tränen
benetzt habe.« (Ebda., S. 17)

In grauenhaften Szenen werden die Ermordung der Kinder, die Wehklagen und
vergeblichen Rettungsversuche der Mütter dargestellt, vor deren verzweifelten Rufen
»der finstere Gott floh« (ebda., S. 61f.): »Kaum mehr erkannten die Mütter ihre
eigenen Kinder, die sie mit ihren Tränen begossen, deren furchtbare Wunden sie in
das klare Naß tauchten, das ihnen von den Augen rann, und deren Glieder sie vom
Blut reinigten.« (Ebda., S. 63) Das Epos endet mit der Klage Rahels, die, durch die
Verzweiflungsrufe der Mütter aus dem Grab ins Leben zurückgerufen (ebda.,

S. 64ff.), ihrerseits im Anschauen der Mütter – deren Leiden repetierend – in Tränen und Weherufe ausbricht: »Laßt, meine Augen, oh laßt zehrende Ströme von Tränen herabrinnen! Tiefe Liebe lehrte die treuen Mütter, sich im Tode mit den Kindern zu vereinigen.« (Ebda., S. 69)

In Gryphius' erster Dichtung ist so bereits das zentrale autobiographische Motiv angeschlagen, das er in Lyrik, Epik und Drama variieren wird: das vor allem an Mutter-Figuren gebundene Motiv der Klage als Appell an Hilfsbereitschaft und Sorge als höchstem Ausdruck von Mitleid und ›Treu in der Not‹. Die dichterische Klage ist also kein Selbstzweck, sondern soll Mitleid hervorrufen: In dieser Funktion steht Gryphius der jesuitischen Einübung der christlichen Tugenden im Medium poetischer Imagination, wie sie u. a bei Spee begegnet (vgl. Bd. III, S. 159ff.), recht nahe. Von daher ist verständlich, daß Gryphius sich 1634 entschließt, die 1620 in Paris erschienene Tragödie ›Felicitas‹ des Jesuitendichters Nicolaus Caussinus unter dem Titel ›Beständige Mutter / Oder Die heilige Felicitas‹ zu übersetzen. »Felicitas, eine hochadeliche Römerin«, so heißt es in der Inhaltsangabe, »wird wegen der Bekåndnüß JEsu mit sieben Jhrer Kinder gefangen«; weder sie noch ihre Söhne sind von ihrem christlichen Glauben abzubringen, und so sieht sie »mit höchster Beståndigkeit den Tod ihrer sieben Söhne an« und stirbt schließlich selbst den Märtyrertod im Gefängnis (II HF, S. 3). Der heidnische Priester vergleicht dabei ihr Schicksal mit demjenigen einer anderen berühmten Mutter, nämlich Niobes, die aus Stolz über ihre je nach Überlieferung vierzehn oder zwölf Söhne und Töchter die Göttin Latona wegen ihrer nur zwei Kinder verhöhnte und dafür mit dem Tod aller ihrer Kinder bestraft wurde. Aus Schmerz darüber verwandelte sie sich, so berichtet es auch Ovid in den ›Metamorphosen‹, in einen Stein bzw. in Marmor, aus dem trotzdem immer noch Tränen quollen:

> »Beugen kann sich der Nacken nicht mehr, der Arm sich nicht rühren,
> Schreiten nicht mehr der Fuß. Versteint das Geweide, und dennoch
> Weint sie. Und von dem Wirbel umfaßt eines mächtigen Windes,
> Ward sie zur Heimat entführt; dort niedergelassen auf Berges
> Gipfel, zerfließt sie, und heut noch entrieseln die Tränen dem Marmor.«
> (II Ovid M VI, V. 308ff., S. 158)

In Gryphius' Übersetzung der ›Felicitas‹ lautet der Vergleich von Felicitas und Niobe wie folgt:

> »Die Frau der keine gleich' an schön= und reicher Frucht /
> Sol einsam / vnd beraubt der sieben fachen Zucht
> Auffs letzt' in Angst vergehn: was Niobe empfunden /
> Als durch der Töchter Fleisch vnd ihrer Söhne Wunden /
> Der scharffen Pfeile Saat / gedrungen vnd gekracht
> Vnd ihr bestürztes Haus zwölff Leichen voll gemacht /
> Als mit zwölff Zögen ihr das Hertz auß= ward gerissen /
> Vnd sie auff letzte zwey ließ eine Zehren flissen
> Vor Schmerz in Stein erstarrt. Diß sol die Frau' außstehn / ...«
> (II HF, S. 41f.)

In einer Anmerkung dazu hat Gryphius überdies das Schicksal Niobes erläutert und auf die klassischen Belegstellen verwiesen (ebda., S. 69). Daß Niobe für einen Götterfrevel bestraft wurde, wird in dem zitierten Vergleich ausgespart, wertet Niobe immerhin als Vergleichsobjekt zur christlichen Märtyrerin nicht ab. Entscheidend ist nur der unermeßliche Schmerz der Mütter über den Tod ihrer Kinder. Das Recht auf Tränen als Zeichen der Trauer und Mitmenschlichkeit wird hier ebenso ausführlich thematisiert – »Solt’ als ein Mensch mit Recht ich nicht vmb Menschen weinen?« fragt Felicitas, als man ihr die Leichen ihrer Söhne zeigt (ebda., S. 55) – wie in der Gryphschen Übersetzung von Joost van den Vondels 1640 erschienenem Trauerspiel ›Gebrôders‹ unter dem Titel ›Die sieben Brûder / oder die Gibeoniter‹, wo sieben Nachkommen Sauls von den Gibeonitern zur Sühnung von an ihnen begangenem Frevel hingerichtet werden (vgl. 2. Sam. 21) und den betroffenen Müttern ebenfalls ausgiebig Gelegenheit zur Artikulation von Trauer und Klage gegeben wird (SB, S. 99ff.).

Auch sein eigenes Trauerspiel ›Catharina von Georgien. Oder Bewehrte Bestän-digkeit‹ stellt das Mitleid erheischende Martyrium einer Frau ins Zentrum. Die Ewigkeit lobt Catharina im Eingangsmonolog allerdings nicht nur wegen ihres Mär-tyrertodes, sondern wegen ihres konstanten irdischen Schutzverhaltens, als dessen letzte Konsequenz der Märtyrertod erscheint, und die Aufforderung zur Nachah-mung dieser »Beständigkeit« mündet ebenfalls im Appell zur Verteidigung von Gott und Vaterland und »Herd«, also Haus und Familie:

> »Die stritt vnd litt fûr Kirch vnd Thron vnd Herd.
> Ihr / wo nach gleicher Ehr der hohe Sinn euch steht;
>     Verlacht mit jhr / was hir vergeht.
> Last so wie Sie das werthe Blut zu Pfand:
> Vnd lebt vnd sterbt getrost fûr Gott vnd Ehr vnd Land.«
> (CG, S. 16f.)

Hinter dem Begriff »Herd« verbirgt sich, wie die ›Erste Abhandelung‹ zeigt, das entscheidende Motiv für Catharinas Bereitschaft zum Martyrium. Sie begegnet uns zunächst als eine von fundamentaler Daseinsangst geplagte Frau, denn sie hat – wie sie ausführlich erzählt – traumatische Tötungsszenarien in der eigenen königlichen Familie erlebt, sollte von ihrem Schwager, der ihren Gemahl getötet hat, zur blut-schänderischen Ehe gepreßt werden und verlor in den Kriegswirren ihren einzigen Sohn Tamaras, von dessen Schicksal sie nichts weiß und die nun vom Schah seit Jahren in Kerkerhaft gehalten wird. So ruft sie am Schluß ihres Monologs verzwei-felt aus:

> »Erlöser! Ach wie lang zih ich in disem Joch.
> Wie fern von meinem Hoff! Vnd weggeraubter Crone!
> Vnd vmbgekehrtem Reich! Vnd dem verjagten Sohne!
> Mein Kind! Mein Tamaras! Hat dich der Persen Schwerdt
> Hat dich der grimme Brand Armeniens verzehrt!
> Ist noch von Gurgistan ein Steinhauff vberblieben!
> Ist wer den Abas nicht ins Elend hat vertrieben!
> Ist jemand auff der Welt der meine Noth beklag!
> Der / ob ich lebend sey / ob ich verschiden / frag!
> Ich weiß es selber nicht. Mein Leben ist beschlossen;
> Doch schnaub ich in der Angst. Mein Blut ist nicht vergossen:
> Doch bin ich mehr denn Tod / die Erde deckt mich nicht;
> Doch schleust des Kerckers Nacht mein trübes Angesicht.«
> (Ebda., S. 25)

Sie erzählt ferner einen Angsttraum (vgl. dazu II.44 Borgstedt, S. 572ff.), in dem sie bereits ihr Martyrium vorwegnimmt, aber sie ist eben noch keine Märtyrerin. Ihre Gemütslage entspricht eher der Situation der von Glaubensangst und -zweifel getriebenen Sprechinstanz der ›Sonn- und Feiertagssonette‹. Und nun erfährt sie in einer hochdramatischen und -pathetischen, stichomythisch gesteigerten Szene von zwei Gesandten, daß ihr Sohn lebt und als König nach Georgien zurückgekehrt ist. Daraufhin ist ihre Angst wie weggeblasen. Die plötzliche überwältigende Freude wirkt wie ein göttlicher Gnadendurchbruch und erinnert auffällig an das traumatische Rachel-Motiv als autobiographisch fundiertes Ausgangsmotiv der Gryphschen Dichtung. Die um ihre Kinder trauernden Mütter sind In- und Gegenbilder der Pervertierung der Zeit, der Umkehrung des Naturrechts, einer verkehrten, zerstörten Ordnung. Auch Catharina hat sich um ihren Sohn geängstigt, und nun darf sich ihr Gram in Glück verkehren:

> »...Cath. Nun acht ich keiner Schmertzen
> Der Sturm der Angst vergeht! Die Last von meinem Hertzen
> Verfållt auff diese Stund! Ach / Ketten / Noth vnd Stein
> Sind mir ein Kinderspiel / mein Sohn! Wenn dich allein
> Der Blitz nicht hat berůhrt! Mein Sohn nu du entgangen!
> Mein Sohn! Nu du regirst nun bin ich nicht Gefangen!«
> (CG, S. 28)

In diesem Lebens-Zeichen ihres Sohnes erblickt Catharina den Beweis für göttliches Eingreifen. Was sich die Sprechinstanz der geistlichen Sonette so sehr ersehnt, hier ist es für Catharina Wirklichkeit geworden. Der schlummernde Helfer hat sich nicht länger abgewandt, sondern Catharina mitleidig und liebend »angeblicket«, wie sie ekstatisch am Schluß der Szene verkündet, wobei die Verse vom Alexandriner bedeutungsvoll in jambische Vierheber übergehen:

> »Catha. Geh' hin. O höchster Fůrst du schlågst vnd heilst die Wunde /
> Du senckest vns in Pein / doch beutest du die Hand
> Wenn aller Menschen Rath vnd hoffen sich gewand.
> Wolan! Ich will das Joch der Plagen
> Daß du auff meinen Hals gelegt
> Mit vnverzagtem Mutt' ertragen
> Nach dem mein Weinen dich bewegt.
> Nun du / in dem ich hier verstricket
> Mein Reich vnd Kind hast angeblicket.
> Nun klag ich nicht was ich verlohren /
> Weil du dis Pfand erhalten hast.
> Mir ist als wenn ich Neu gebohren
> Ich fůhle keiner Kummer Last.
> Ich will diß Sorgen volle Leben
> Fůr Reich vnd Sohn dir willig geben.«
> (Ebda., S. 29f.)

Damit ist hier schon ihr Entschluß zum Martyrium gefallen, bevor Chach Abbas sie vor die Alternative »Ehbett oder Tod« gestellt hat. Und dieser Entschluß beruht, wie sich hier zeigt, gut lutherisch auf Dankbarkeit für das Heilshandeln Gottes (das Martyrium ist also nicht Teil einer Strategie, sich durch das höchstmögliche gute Werk in der »imitatio Christi« das Heil zu erwerben). Aber der Entschluß ist zugleich unlutherisch, denn er basiert auf dem Dank für eine Art Wiederholung der Heilstat des Erlösers, der den über Catharina hereingebrochenen göttlichen Zorn im Blick auf Vaterland und »Herd« besänftigt hat. Das ist eine angesichts der Zeitläufte ebenso begreifliche wie gefährliche Theologie, die als Wunscherfüllung auch noch auf dem Theater vorgeführt wird, während sie im ›Leben‹, wie die geistlichen Sonette zeigen, offenbar der Wirklichkeit entbehrt.

Unter Rückgriff auf Luk. 23, 28 (»Jesus aber wandte sich um zu ihnen und sprach: ›Ihr Töchter von Jerusalem, weinet nicht über mich, sondern weinet über euch selbst und über eure Kinder.« Und Jesus weint selbst auch über Jerusalem: Luk. 19, 41 ff.) gilt das Tränen-Motiv dem Schicksal des zum Tode verurteilten Königs Karl I. im Trauerspiel ›Ermordete Majestät. Oder Carolus Stuardus König von Groß Britanien‹ (vgl. II.44 Schöne, S. 145), und in der Eröffnungsszene ist es der »Gemahlin des Feld Herren Fairfax« vorbehalten, die Männer aus Mitleid zum Handeln für den gefangenen König aufzufordern:

> »Ein unerhôrte Furcht nimt aller Seelen ein /
> Der Briten Kônig steht in Albion allein!
> Wol dann! Weil euch die Seel' Ihr Mânner gantz entgangen;
> Will ich / Ich schwâchstes Weib mich dessen unterfangen /
> Was Zeit / Mitleiden / Treu / Recht / Tugend / Vnschuld heist.«
> (CS, S. 14)

Ausnahmslos Frauen aus seiner Familie und Umgebung sind es, denen Gryphius seine erste Sonettsammlung widmet (vgl. LS, S. 3), und vorwiegend Frauen sind auch die Adressatinnen seiner ›Leich=Abdanckungen‹, in denen das Motiv der trauernden Frau und Mutter eine bedeutsame Rolle spielt (vgl. die Belege in IV Kemper II, S. 338f.). So ist es ein auffälliger, besonderer und individueller Zug in Gryphius' Werk, daß bei ihm in einem Jahrhundert, das unter dem Regiment von Mars und bei der Allianz von »Thron und Altar« patriarchalisch hierarchisiert war, den vielfach mißachteten und unterdrückten Frauen eine solche vorbildliche Bedeutung für wahrhaft christliches und humanes Verhalten zugesprochen wird.

7) *Vater-Zorn und mütterliche Sohnes-Liebe*: Die entscheidende theologische Aufwertung dieses mütterlichen Liebes-Verhaltens erfolgt durch dessen Parallelisierung, ja Identifizierung mit dem Liebesopfer Jesu, wodurch es als höchstmögliche Form der »imitatio Christi« geadelt wird. Dies geschieht insbesondere in Gryphius' bedeutendem lateinischen Bibelepos ›Olivetum. Libri tres‹ (1646/48). Gleich zu Beginn wird dieser Kern-Gedanke des Epos calvinistisch exponiert: Gottes Zorn über die Sünden des Menschengeschlechts ist gerecht; eigentlich haben alle den Tod verdient. Trotzdem läßt sich der Gottessohn aus mitleidiger Liebe auf die Rettung der Menschen ein und nimmt stellvertretend für sie die verdiente Strafe und damit den Tod auf sich. Damit verhält er sich wie ein Wanderer, der ein neugeborenes, von der hartherzigen Mutter verlassenes Kind erblickt und es aus Mitleid einer Amme überbringt: »Die gleiche Liebe (!) rührte mit wunderbarer Süße das göttliche Herz und entzündete mit heimlichem Feuer das zarte Mark. Nicht weiter vermochte er (= Christus) mehr die Verlorenen und ihre heftigen Qualen zu schauen. Entreißen wollte er sie den grausamen Dämonen der Hölle, denen sie ausgeliefert sind« (HÖ, S. 167). Gegen diesen Entschluß führt nun aber die als reine Jungfrau personifizierte

Rache vor dem göttlichen Thron Klage. Auf dem Grundgewebe ihres Mantels »zeigt
sich Sodom« mit dem »Schwefelsturm« als Zeichen göttlichen Strafhandelns an den
Menschen. Sie beklagt sich vor Gott, daß Christus ihr gerechtes Tun hintertreibt und
fordert den Allmächtigen auf, den »gesamten Erdkreis im Feuer der Rache vergehen« zu lassen. Gottes Antwort fällt (in einem dem calvinistischen Kurfürsten von
Brandenburg gewidmeten Werk) ganz calvinistisch aus: Die Rache wird nur aufge-
schoben und dann im Jüngsten Gericht in aller Strenge vollzogen werden. Gott
opfert seinen Sohn auch *nicht* aus Liebe zu *allen* Menschen, sondern um als Schöpfer
einen Teil seines Werkes zu erhalten und um durch Christus »das seit Anbeginn der
Welt auserwählte Geschlecht mit reinem Blute« zu »sühnen« (ebda., S. 173). Den
Höhepunkt des zweiten Buches bildet eine Szene, in der die himmlische Liebe dem
im Garten Gethsemane durch die Schwere seiner Mission geängstigten Erlöser (vgl.
Mt. 26, 36ff.) erscheint und einen Leidens-Kelch überreicht, dessen Schmuck aus
ziselierten Figuren lauter traurige mitleiderheischende, aber selbst mitleidlose biblische Szenen – so den Verkauf Josefs durch seine Brüder und das Schicksal des
Propheten Jonas – zeigt. Die Liebe fordert Christus auf, den aus »Galle, Tränen und
bitterem Gift« gemischten Zorn-Kelch des allmächtigen Vaters zu trinken: »Sogleich
brannte sein Mark von rasch aufloderndem Feuer, wie wenn jemand Schwefel auf
einen rauchenden Holzstoß wirft und mit siedendem Öl die rötliche Glut mehrt«
(ebda., S. 211).

Doch nun führt Christus Gott in die Mitleids-Versuchung, der er selbst aus Liebe
nicht standgehalten hat, und hier ist er wiederum Rachel und allen Müttern gleich,
die durch ihre Tränen Leid und Unglück von ihren Angehörigen abzuwehren suchen
(Mt. 26, 39 wird hier pathetisch gesteigert):

> »»Als dein Sohn rufe ich dich demütigen Herzens an. Schau mit deinen Augen, mit denen
> du alles siehst, auf diese Tränen, und wenn es eine Hoffnung gibt, daß dein Zorn auf eine
> leichtere Bahn gelenkt und die Schuld des Menschengeschlechts nicht durch mein Ende
> und solch große Qualen gesühnt werden muß, dann nimm diesen Kelch von mir, und
> entreiße mich diesem Tod! Wenn aber dein Wille unabänderlich ist, dann mag eher deine
> tiefe Liebe zu mir, mag eher deine Huld, von der du seit ewiger Zeit für deinen ewigen
> Sohn entbrannt bist, von Grund auf entschwinden und die Gefühle für dein Kind in der
> niemals endenden Nacht des Vergessens versinken, als daß, allmächtiger Vater, dein Sinn
> von diesen meinen Bitten gebrochen wird und wankt!‹ So sprach er, und nachdem der
> Jammer aus der Tiefe seines Herzens gewichen war, brannte Feuer in ihm.« (Ebda.,
> S. 213)

Der unabänderliche Straf-Wille des gerechten Gottes behält in calvinistischer Strenge die Oberhand über seine Liebe zum eigenen Sohn. Dieser erfährt die Situation als
Prüfung, die er – wie der Calvinist als Zeichen seiner Erwähltheit – durchzustehen
hat (vgl. dazu Opitz' ›Trostgedicht‹; Kap. 4 b). Indem Christus die Prüfung annimmt
und sein Lebens-Opfer bringt, verhilft er der rettenden, »feurigen« Liebe zur Geltung. – Der sich hier abzeichnende Konflikt zwischen unabänderlicher göttlicher
Zorn-Gerechtigkeit und einer gerade deshalb erforderlichen, die Strafe sühnenden,
dem Zorn aber auch wider-strebenden Liebestätigkeit bestimmt auch – wie sich
zeigen wird – das Gottesbild vieler Gryphscher Gedichte. Die in den Worten Christi
selbst thematisierte mitleidlose Straf-Gerechtigkeit Gottes hat Gryphius häufig –
zutiefst darüber irritiert – thematisiert. So ist die Ölberg-Szene mit den Klagen Chri-

sti ebenso Vor-Bild seines Gottes-Bezuges wie die liebende Hinwendung zum Gottessohn und zur »imitatio« von dessen Liebes-Handeln.

8) *Autobiographischer Bezug*: Ein entscheidendes Indiz dafür, daß auch das Gedicht über Lots Weib in diesen Kontext gehört, bietet die ›Leich=Abdanckung‹ auf Gryphius' Förderer Schönborner aus der Entstehungszeit des Sonetts. Denn Gryphius appliziert in dieser ›Brunnen-Discurs‹ betitelten Grabrede den einen Tag vor Heiligabend verstorbenen Mäzen mit der von Gott geretteten Figur des Lot und sieht sich selbst als den hilflos im brennenden Sodom zurückbleibenden Waisen:

> »Er (= Schönborner) ist nicht verlohren / sondern voran gesendet / er ist nicht umkommen / sondern abgefordert / wie denn diß der allgemeine Process des Höchsten / daß er jenige / so die Welt nicht mehr vertragen kan / zu sich in Himmel ruft / und ehe Sodom brennen sol / seinen Loth herausser reist wie denn gar ominos, daß diese seligste Seele eben am Tage Loths diß unser Land / das nun schier wie Sodom aussiehet / verlassen... Was kan ich anders zu euch und euer erstarreten Leichen reden / als Ziehet hin! Ziehet hin mein Herr! Mein Freund! mein Vater! Ziehet hin aus Sodom ihr gerechter Loth! Ziehet und verberget euch einen kleinen Augenblick / biß der Zorn fürüber!

> > Zieht und flieht ins Vaterland!
> > Zieht und ruht in euer Kammer!
> >   Zieht und ruht in GOttes Hand!
> > Zieht! verschlafft den Zorn und Jammer /
> >   Der so feurig ietzt entbrant /
> > Zieht verschlafft das scharffe Schwert
> > Das uns Leib und Seel durchfährt.

> Ich aber bin verlassen einsam! Ich / der ich beyder Eltern in meiner Kindheit Blüte / der ich diese Zeit über schier aller Freunde / der ich dieses Jahr der andern Mutter / diesen Monat deß Herrn Brudern / diese Wochen eurer / meines noch eintzigen Schutzes und Beystandes beraubet werde! Ich bin verlassen einsam! Ich habe mein Freuden=Kleid nicht abgezogen; sondern die schwere Hand deß grossen Gottes hat dasselbige mir ... bald nach dem Anfang erster Jahre / vom Leibe in stücken gerissen / daß ich nur seufftzen und winseln muß / zu dem Allmächtigen für und für.« (DF, S. 64f.; vgl. dazu Bar. 4, 19; Kap. 6 1–6)

Gerade weil Gryphius in der Aktualisierung der Geschichte von Lots Errettung sich selbst als hilflos dem göttlichen Zorn ausgesetztes und in ›Sodom‹ zurückgelassenes ›Kind‹ versteht, kommt dem Verhalten von Lots Weib, das sich gegen Gottes Befehl nach ihren Verwandten in Sodom umschaut, solch fundamentale Bedeutung zu. Sie entgeht Gottes gerechtem Zorn nicht, aber vielleicht setzt sie eben mit ihrem Rück-Blick ein Zeichen liebender Verbundenheit, für das sie mit einer »weisen« Strafe »ausgesöhnt« wird.

9) *Lots weinendes Weib in der bildenden Kunst*: Daß Lots Weib weint, ist keine eigenwillige Sicht von Gryphius. Auf einem vermutlich zwischen 1613 und 1615 entstandenen Gemälde von Peter Paul RUBENS (1577–1640) ist Lots Frau mit dem Taschentuch am rechten Auge und den gramvollen Gesichtszügen ebenfalls als Trauernde gestaltet (vgl. Abb. 7 [S. 270]; in III Robinson/Wilson, Nr. 41; vgl. dazu auch II.107 D'Hulst/Vandeven, S. 40ff.; weitere Darstellungen dieser Szene in Anlehnung an Rubens, u. a. von Lucas Vorsterman und Jacob Jordaens, zeigen stets Lots Weib

Abb. 7

als klagend zu ihren Kindern umblickende Mutter; vgl. die dortigen Abb. Nr. 9–16;
zu weiteren – emblematischen – Kontexten der Zeit vgl. II.9 Hesse, S. 185, 193f.).
Und der Grund für ihre Trauer ist auch aus dem biblischen Bericht zu erschließen.
Die Engel fordern Lot auf, all seine »Eidam und Söhne und Töchter, und wer dir
angehört in der Stadt« aus Sodom mitzunehmen und so zu retten (Gen.19, 12): »Da
ging Lot hinaus und redete mit seinen Eidamen, die seine Töchter nehmen sollten:
Macht euch auf und geht aus diesem Ort; denn der Herr wird diese Stadt verderben.
Aber es war ihnen lächerlich.« (Gen. 19, 14) So begleiten ihn nur die beiden Töchter
aus seinem Hause. Deshalb also dreht sich Lots Weib um: aus Liebe zu ihren im
göttlichen Straffeuer sterbenden Angehörigen. So deutet es auch ein Anonymus aus
dem Anfang des 18. Jahrhunderts:

> »Wäre sie nicht selber eine Sodomittin gewesen / sie würde kaum ihre Töchter an So-
> domiter verheyratet haben; Und sie sahe sich wohl um keiner andern Ursache willen
> sogar nach denen sodomitischen Toren um / als aus einem solchen Mitleyden / wie man
> vor seine Vater=Stadt hat. Denn was hätte sie sich sonsten gekümmert / ob der Ort stehe
> oder untergehe / da es GOtt so gefalle / wenn sie nicht väterliche Familien darinnen
> gewußt und das von Kindauf gewohnte Sodom sich immer vorgestellet.« (I Anon.,
> S. 91f.)

10) *Salz – die ›weise‹ Strafe als Belohnung*: Die zweite wichtige Änderung in Gryphius' Gedicht betrifft die Art der Strafe. Daß Lots Weib laut biblischem Bericht in eine *Salzsäule* verwandelt wird, hat ebenfalls vielfache Spekulationen ausgelöst. Es lag nahe, sie mit den Verfehlungen der Sodomiter (vor allem Homophilie; vgl. Gen. 19, 5) in Zusammenhang zu bringen. Eine solche Deutung ließ sich der berühmtberüchtigte ›Hexenhammer‹ (1489) der Dominikanermönche SPRENGER und INSTITORIS nicht entgehen. Sie behandeln die Geschichte im 9. Kapitel des ersten Teils, das der Frage gewidmet ist: »Ob die Hexen durch gauklerische Vorspiegelung die männlichen Glieder behexen, so daß sie gleichsam gänzlich aus den Körpern herausgerissen sind« (II Sprenger/Institoris I, S. 136ff.). Sprenger und Institoris bejahen und begründen dies mit dem »Argumentum a fortiori«: Wenn die Dämonen und Unholde etwas Größeres oder Schlimmeres als das in Frage stehende Übel verrichten können, dann natürlich auch dies. Und als Beispiel für ein solch größeres Bubenstück führen sie Lots Weib an:

> »… größer war die Verwandlung von Lots Weib in eine Salzsäule, Genesis 19, als das Wegnehmen des männlichen Gliedes. Aber diese Verwandlung war wahr und wahrhaftig, und nicht scheinbar. (Da bis heute, wie es heißt, jene Säule noch da ist.) Und es geschah durch einen bösen Engel, wie sie gezwungen waren durch gute Engel, die sie mit Blindheit vorher geschlagen, damit sie die Türe des Hauses nicht finden konnten; wie auch die andern Strafen der Leute von Gomorra, weil die Glosse ebenda sagt, auch sie seien von jenem Laster angesteckt«. (Ebda., S. 137)

Lots Weib blickt also in Sehnsucht nach einer Stadt zurück, in der das Laster der »Sodomiterei« herrscht, und deshalb wird sie – symbolisch nicht unpassend zur Strafe und zur Mahnung für die Nachwelt – in ein Phallussymbol verwandelt (insofern paßt das Beispiel auch als das größere Wunder zum Thema der Vernichtbarkeit des Phallus!). Lots Weib erscheint so als Beispiel für die Macht schwarzer Magie, die im Bereich der Sexualität – und erst recht sexueller Perversität – besonders groß ist, weil Gott den Dämonen und Hexen hier »mehr erlaubt« »wegen der ersten Verderbnis durch die Sünde, die durch den Zeugungsakt in uns kommt« (ebda.).

Gerade im Kontext solcher Spekulationen ist es wichtig, daß im Gryphschen Sonett Lots Weib nicht in eine Salzsäule, sondern in *Salz* verwandelt wird. Warum dies dem Gedicht wiederum eine ganz andere Bedeutungsdimension verleiht, geht u. a. aus der Irritation vor allem der dämonomanischen Literatur darüber hervor, daß Lots Weib in eine Säule aus Salz verwandelt worden sein soll. So erläutert Jean BODIN in seinem Teufelsbuch ›De la dämonomanie de sorciers‹ (1580) – einem Buch, von dem Gryphius im ›Leo Armenius‹ erklärt, daß es »inn aller Hånden« sei und dem er ein Beispiel für ›schwarze Magie‹ entnimmt (LA, S. 115) – die wunderbare Bedeutung des Salzes und erklärt, warum die Teufel davor die Flucht ergreifen:

> »Seiteinmal das Saltz ein bedeutung der Ewigkeit vnd Vnsterblichkeit ist: Auß vrsach / Weil es nimmermehr fault noch vedirbt / auch allerley ding vor verderben vnd fåulung verwaret: …Daher auch im Gesatz Gottes gebotten worden / Saltz auff den Tisch des Heyligthums / vnd in gemein zu allen Opffern zubrauchen. Vnd es scheint es hab Plato / als der diß Gebott von den Hebreern gelehrnet gehabt / auß diesem grund gsagt / daß Saltz seye Gott lieb vnd angenehm.« (II Bodin, S. 81)

Offenbar um angesichts des Salzes als Symbols der »vnverwesenlichkeyt« den Straf-
charakter des Salz-Todes von Lots Weib zu retten, gibt Bodin nun folgende Deutung
der Geschichte:

> »Derhalben irren sich diejenigen / die da gemeint haben / daß des Lots Weib in ein
> Saltzseul seye verwandelt worden. Dan diß ist ein weiß zureden der Hebreer / welche die
> herrlichsten Geheimnussen der Natur gewußt haben / das sie ein Seul von Saltz für ein
> ståtwerende Seul nennen. Vnd im Gesatz Gottes wird gemelt. Ich will mit euch einen
> Bund von Saltz machen / das ist / einen ewigen Bund.« (Ebda.)

Salz soll hier also uneigentlich verstanden werden, nämlich als Metapher für die
Dauer der Säule als eines Mahnmals. Wegen seiner Unverweslichkeit nutzt z. B.
auch Friedrich von LOGAU das Salz als Metapher für die Seele des Menschen: »Saltz
ist sie, daß nicht sein Leib lebend wird zu fauler Pfütze.« (II Logau SSG, S. 175, I, 8,
62). Zugleich steht Salz für ihn metaphorisch für »weises Strafen«: »Die Straffen
sind das Saltz, damit man abewehre, // Daß gute Zucht sich nicht in Fäul und Stanck
verkehre.« (Ebda., S. 602, III, 10, 63)

In solchem Sinne einer Verwandlung in Beständigkeit hat offenbar auch Richard
BAKER die Bedeutung der Salzsäule verstanden, wenn er in einem »Geheim=Ge-
språch: oder Pfeiler der Gedancken / belangend die Barmhertzigkeit Gottes und
Unsterblichkeit der Seelen« die Verwandlung von Lots Weib wiederum als Vergleich
für die wünschenswerte Verwandlung der menschlichen Seele in eine »Säule der Andacht« heranzieht – hier in der Übersetzung von Gryphius (1663):

> »GLeich wie des Loths Ehegemahl veråndert ward in eine Saltz=Seulen: damit ihre Un-
> beståndigkeit stand hafft bleiben / und eben wol verschmeltzen möchte: So wollte ich /
> meine Seele / dafern es nach meinem Wuntsch gehen sollte / daß du in eine Säule von
> Nachdencken und Betrachtungen veråndert werden köntest / damit deiner Unbeständig-
> keit ein Gebis angeleget / du aber gleichwol noch nachdenckend bleiben möchtest.«
> (ÜERB, S. 743)

Die Verwandlung in eine Salzsäule wird hier zum Bildspender für die Grundhaltung
konzentrierter Meditation!

Gryphius selbst deutet in seinem Meditations-Sonett die Sache möglicherweise
ebenfalls in diesem Sinne, bezogen auf das Salz als Zeichen der Unverweslichkeit;
deshalb auch sagte Jesus zu seinen Jüngern: »Ihr seid das Salz der Erde« (Mt. 5, 13).

11) »*Versalzung*« als alchimistischer Prozeß: Doch läßt sich die »Versalzung« von
Lots Weib auch nach Analogie des alchimistischen Prozesses vorstellen. Das Feuer,
in das die Frau blickte, vereinigte sich mit ihrem inneren – in Augen und Herz
ebenfalls vorhandenen – Feuer und löste einen Verbrennungsvorgang aus, bei dem
sich nach alchimistischer Lehre Irdisches und Himmlisches schieden und in die drei
Grundsubstanzen Schwefel, Merkur und Salz auflösten. »Nun laß brennen«, erklärt
z. B. Paracelsus, »so ist / das da brennt: der Sulphur, das da raucht / der Mercurius,
das zu Eschen wird / Sal.« (II Paracelsus O I, S. 27 A) Salz bleibt als irdischer Rest
des Verbrennungsvorgangs übrig. Deshalb kann es in einem ›Rätzel‹ von sich behaupten, es »werd' in alles / was natur nur erzeuget / ausgetheilet.« (I Hoffm. II,
S. 368). Mercurius oder Quecksilber ist das, was vom Körper als Rauch in die Luft
sublimiert, Sulphur oder Schwefel ist das, was restlos oder »rein« (als »Geistiges«)

verbrennt (vgl. III Schipperges, S. 108ff.). Diese drei Prinzipien lagen nach alchimistischem Glauben der ganzen Welt und allen einzelnen Lebewesen zugrunde. Das Gedicht über Lots Weib könnte also auch das alchimistische Verfahren mit dem Ziel der »feurigen« Rückkehr in den himmlischen Aggregatzustand archetypischer Vollkommenheit symbolisieren. Gryphius hat diesen Prozeß auch in anderen Sonetten der Sammlung immer wieder thematisiert. So auch im 50. und letzten Sonett des zweiten Buches (und damit am Übergang von den ›weltlichen‹ zu den ›geistlichen Sonetten‹):

> »ELIAS.
>
> DEr Flammen aus der Brust der Mutter hat gesogen;
>     Der von der heilgen Flamm des Eyvers heiß entbrant
>     Des Fůrsten Grimm verlacht / und dem verfůhrten Land
> Durch Flammen hat entdeckt / wie Kron und Hauß betrogen:
> Der Mann / auff dessen Wort die Flammen abgeflogen
>     Durch die erhitzte Lufft / und die der Kőnig sandt
>     Mit schneller Glutt verzehrt; ist als ihn Gott entbandt
> Auch in dem Feur'gen Sturm aus dieser Welt gezogen.
>     Er fehrt / doch unversehrt / kein feurig Roß und Wagen
>     Letzt den / der Feur im Mund und Hertzen pflag zu tragen /
> Mit dem er Hertzen / mehr denn Marmorhart / zusprengt.
>     Der gantz von Feuer war / muß mit dem Feur hinscheiden:
>     Fragt ihr warumb sein Kleid nichts kan von Flammen leiden?
> Mich wundert / daß es nicht weil er es trug / verseng't.«
>     (G, S. 21)

Der von Gott im feurigen Wagen in den Himmel geholte Elias wird hier zum Modell einer Vorstellung von Sterben als Prozeß der feurigen Verschmelzung mit der Ewigkeit. Es ist deshalb durchaus angemessen, wenn Daniel Casper von LOHENSTEIN in seinem Epicedium auf Gryphius diesem selbst eine »feurige« Unsterblichkeit nach Analogie der Alchimisten zuspricht (vgl. dazu Bd. IV/2, Kap. 7 f–3):

> »Wenn man durch Kolben wil Metall und Kråuter treiben /
> Legt auch ein todter Talg sich an dem Boden an /
> Und wenn ein Trismegist das Ertzt in Gold verklåret /
> Muß schlechtes Kupfer vor in Asche seyn verkehrt.
> Herr Gryphens schlechtes Theil der Leib fault und vermodert
> Zwey drittel aber sind von der Verwesung frey.
> Die Glutt / die in der Seel' als Himmlisch brennt und lodert /
> Setzt die Vergånglichkeit nicht mit den Hůlsen bey.«
>     (II Lohenstein H, S. [407])

12) *Weise Aussöhnung*: Von beiden ›Salz‹-Deutungen her ist auch die dritte Änderung im Gedicht konsequent: Gryphius kann diese ›Strafe‹ in der Schluß-Zeile des Sonetts als »weise« werten und – mit dem letzten Wort – als »Aussöhnung« von Loths Weib mit Gott, der – um nun wieder Bodin zu zitieren – »einen Bund von Saltz« mit ihr gemacht hat, »das ist / einen ewigen Bund« bzw. der ihren unverweslichen Teil (»zwey drittel«) im feurigen Schmelzprozeß bereits in die Ewigkeit geholt hat.

An einer zentralen Stelle seiner Sonettsammlung rehabilitiert Gryphius – dies wäre also die alternative Lesart zur traditionellen Deutung des Sonetts – das Mahnmal einer der legendären biblischen Frauenfiguren, die als wohlfeiles Beispiel für typisch weiblichen Leichtsinn und Ungehorsam auch für die Strafmacht der Dämonen und damit für die weibliche Anfälligkeit für und Gefährdetheit durch schwarze Magie galt. Für Gryphius wird Lots Weib zum Gegenteil: zum Inbegriff mütterlicher, doch auch von Gott ins Herz gepflanzter Nächstenliebe, die der Regung des Herzens selbst da noch folgt, wo die Heimat Sodom heißt und der göttlichen Strafe anheimfällt. Für Gryphius war die eigene Zeit des Dreißigjährigen Krieges selbst ein von Gott heimgesuchtes Sodom, aus dem man aber nicht zu fliehen, sondern in dem man standzuhalten hatte. So wird ihm Lots Weib, das auf übernatürliche Weise – und damit verstehbar als Einwirkung weißer Magie – mit der Unverweslichkeit des göttlichen Bundes belohnt wird, zum weiteren Beispiel jener Reihe von Frauen- und Mutterfiguren, die sich solidarisch erweisen, die in Not und Gefahr Freundschaft und Liebe bezeugen. Obwohl das Gedicht so der Jesus-Deutung der Lot-Geschichte in der zitierten ›inscriptio‹ widerspricht, bewährt es mit seiner Interpretation der Geschichte von Lots Weib Jesu Verheißung aus dem nachfolgenden Vers: Nicht diejenigen werden ihre Seele retten, die sie (wie der gerechte Lot) durch Flucht zu erhalten suchen, sondern »wer sie *verlieren* wird, der wird ihr zum Leben verhelfen.« – Aber damit sind die Besonderheiten dieses auch in seiner unauflöslichen Mehrdeutigkeit außergewöhnlichen Sonetts noch keineswegs erschöpft. Weitere Überraschungen hält es bereit, wenn man es in seiner Stellung im Sonettzyklus betrachtet.

### i)   Das Problem zahlensymbolischer Zyklus-Bildung

Die genauere Interpretation dreier Sonette hat einen Einblick in die Gryphsche Sonett-Kunst, in die stilistischen, formalen und inhaltlichen Hauptmerkmale seiner Sonette und in den breiten, zum Teil unorthodoxen kulturgeschichtlichen Kontext seines Weltbildes vermittelt. Zur Ergänzung folgt nun ein Überblick über die Anordnung der Sammlungen und deren Leitmotivik.

1)   *Zahlensymbolik in den ›Lissaer Sonetten‹*: Zunächst spielt die *Zahlensymbolik* eine gewichtige Rolle. Allerdings ist die Grenze hin zu willkürlichen Ausdeutungen fließend, zumal explizite Autoraussagen zu diesem Bereich fehlen. Szyrocki z. B. hat aus der besonderen typographischen Titel-Anordnung der ›Lissaer Sonette‹ von 1637 (›Andreae / Gryphii / Sonnete‹) auf dreimal sieben Buchstaben mit je drei Silben geschlossen, die zusammen die Zahl 30 und damit – in der Kombination von Trinität, Apokalypse (gespiegelt in der Zahl 7) und Dekalog – die Anzahl der Sonette ergeben (und er hat diese Kombinatorik noch weiter getrieben; vgl. II.44 Szyrocki 1959, S. 84ff.; vgl. dazu auch zustimmend II.44 Kaminski 1998, S. 60ff.). Problematisch werden solche Deutungen, wenn zum einen – wie hier – die thematische Bildung von Sonett-Gruppen nicht überzeugt (zur Kritik an Szyrocki vgl. II.44 Bekker, S. 618; Knöll, S. 39ff.), so daß die weitreichenden Hypothesen von der zahlensymbolischen Repräsentation des Kosmos in der Sammlung auf ungesicherten In-

terpretations-Hypothesen beruhen, und wenn zum anderen gleichwohl das »artificium« des zahlenkompositorisch geordneten ›Baus‹ der Sonettsammlung als Mitbegründung für eine »seherische« Sprecherposition herangezogen wird, die ihrerseits auf den »nach Maß, Zahl und Gewicht geordneten Kosmos des göttlichen Schöpfers« verweise (II.44 Kaminski 1998, S. 65). Gerade diesen ›Bau‹ erlebt die Sprechinstanz ja als einsturzgefährdet! Deshalb scheint mir der Hinweis nicht unwichtig zu sein, daß die Lissaer Sammlung durchnumeriert 31 Sonette enthält (das letzte ist das ›Beschluß Sonnet‹), und diese Zahl entspricht genau den auf Erden verbrachten Lebensjahren Jesu (dieser »war, da er anfing, ungefähr 30 Jahr alt« und erlebte dann noch ein Passah-Fest; vgl. Luk. 3, 23); in dessen Nachfolge stellt sich der Sprecher im letzten Sonett dezidiert, indem er die »Warheit« sagen will, auch wenn sie »schmertzt vnd reist« (LS, S. 22). Dieses Anliegen hat Gryphius auch in den erweiterten Sonett-Büchern verfolgt, ohne dabei die Gliederung der Lissaer Sammlung beizubehalten (kurios und voreilig ist deshalb die Klage, der Autor habe die von seinem Interpreten errechnete Architektur der ›Lissaer Sonette‹ selbst »bewußt zerstört« und sich von der Zahlensymbolik abgewandt; vgl. II.44 Szyrocki 1964, S. 62).

2) *Unsichere Zahlensymbolik in den Sonett-Büchern I/II*: Solche zahlensymbolischen Ordnungsprinzipien erfreuten sich schon in der Antike, bei den Kirchenvätern, im Mittelalter und auch im 17. Jahrhundert allgemein großer Beliebtheit (vgl. II.44 Mauser, S. 27). Die Ordnung und Bedeutung der Zahlen spiegelten die Heils- und Naturordnung wieder: die 1 Gott, die 3 die Trinität, die 4 die Elemente, die 5 die »quinta essentia« oder den Pentateuch, die 6 als »numerus perfectus« die Weltalter in Analogie zum Schöpfungswerk und zu den Werken des guten Handelns (usw.; vgl. dazu III Meyer/Suntrup, Sp. 2ff. u. ö.). Die 7 allerdings war »sowohl im Guten als im Bösen die mächtigste unter den Zahlen.« (II Nettesheim, S. 213). Benjamin Neukirch benötigt 230 Verse, um ›Die glückselige zahl sieben‹ in einem Gelegenheitsgedicht auszudeuten (I Hoffm. I, S. 227–233), und Philipp von Zesen erstellt für die ›Lilien-Zunft‹ seiner ›Deutschgesinneten Genossenschaft‹, deren Zunftsitze er an dieser Zahl orientiert, einen überwältigenden Katalog von der 7 gewidmeten Bedeutungszuschreibungen in der abendländischen Kulturgeschichte (II Zesen GS, S. 360ff.).

Als Gryphius die ›Lissaer Sonette‹ auf fünfzig erweiterte (›Das erste Buch‹, 1643) und auch die zweite Sammlung (›Das Ander Buch‹, 1650) auf 50 Texte begrenzte (vgl. dazu II.44 Szyrocki 1964, S. 61ff.), folgte er also möglicherweise zahlensymbolischen Überlegungen. Allerdings ist es der Forschung (u. a. II.44 Bekker, Mauser, Browning; Knöll) bisher nicht gelungen, eine überzeugende, unwidersprochen gebliebene zahlensymbolische Gesamtdeutung des ersten oder zweiten Sonett-Buches vorzulegen (vgl. dazu jetzt auch II.44 Yu, S. 21ff.). Außerdem besteht ein Zyklus auch noch nicht aus einer Abfolge numerisch erfaßter unterschiedlicher Gruppen oder Themen, sondern aus einer spannungsvoll ›durchgearbeiteten‹ Leitmotivik. Stefanie Knöll diskutiert die verschiedenen Alternativen, die in der Themen- und Gruppen-Einteilung divergieren, und bietet selbst unterschiedliche Gruppierungs-Möglichkeiten zu beiden Sonett-Büchern an, die sie letztlich indes selbst nicht überzeugen. Aber sie verwandelt das unbefriedigende Resultat in eine gewagte Hypothese, nämlich in die »Annahme«, Gryphius habe im ›Ersten Buch‹ noch an der Zahlensymbolik festgehalten, diese aber im ›Anderen Buch‹ auf subtile Weise selbst in Frage gestellt, denn er »sei sich selbst nicht mehr klar gewesen über seinen Standpunkt zur Zahlensymbolik oder seine Meinung in Bezug auf eine Welt, die klar in Gut und Böse trennt.« (II.44, S. 57)

3) *Zauberei mit der Siebenzahl*: Allerdings sollte man angesichts einer bislang nicht plausibilisierten zahlensymbolischen Gesamtdeutung der Sonettsammlungen gleichwohl auf entsprechende *Einzel*- oder *Teil*deutungen nicht verzichten, wenn sie eine bestimmte Interpretation unterstützen können; denn offensichtlich hat Gryphius zahlensymbolische Akzente gesetzt und konnte solche Kenntnisse auch bei seinen Lesern erwarten. Der Anfang des ›Ersten Buches‹ kann zunächst die Schwierigkeit einer zahlensymbolisch grundierten Gruppenbildung der Sonette verdeutlichen. Die ersten sechs Sonette richten sich an ›Gott‹, also an die Trinität, und zwar in der umgekehrten Reihenfolge der göttlichen Personen: auf zwei Sonette ›An Gott den Heiligen Geist‹ folgen vier auf zentrale Lebensstationen Jesu (s. u.); statt eines zu erwartenden Gedichts ›An Gott den Schöpfer‹ folgt an siebenter Stelle aber das Sonett: ›Gedencket an Loths Weib. Luc. 17. V. 32‹ (in der Lissaer Sammlung noch an fünfter Stelle – als »quinta essentia« des alttestamentlichen Pentateuchs ?!). Hier beginnen die Zuordnungsprobleme: Gehört das Sonett noch zur Gruppe der ›Gott‹-Gedichte, indem es das Kommen des Reiches Gottes symbolisiert (so II.44 Browning, S. 305f.), stellt es einen »Übergang« zwischen den Gott-Gedichten und einer Gruppe von ›vanitas‹-Sonetten (VIII–XI) dar (so II.44 Richter, S. 127ff.) oder eröffnet es die Gruppe »vanitas« als Beispiel »für die Vergänglichkeit von Besitz und Leben« (so II.44 Knöll, S. 48)? Das Jesus-Wort des Titels bezieht sich eindeutig auf das Hereinbrechen des Jüngsten Gerichts, in dem die Ordnung der Schöpfung und damit das Werk des Schöpfers zusammenbrechen, und die siebente Stelle verweist daher einsichtig auf die Lieblingszahl des »Buchs mit den sieben Siegeln«, nämlich der Apokalypse (vgl. Apg. 5, 1; vgl. dazu IV Kemper I, S. 275ff.; III Meyer/Suntrup, Sp. 545ff.).

Doch das ist keineswegs alles. Die Zahl 7 war – wie zitiert – »sowohl im Guten als im Bösen die mächtigste unter den Zahlen.« (II Nettesheim, S. 213). Auf 11 Seiten gibt Agrippa von Nettesheim eine dicht gedrängte Aufzählung ihres hohen (Be-)Deutungspotentials in Bibel und Kulturgeschichte (ebda., S. 205ff.), und abschließend zitiert er einige Verse von Linus, dem auch von Opitz direkt nach Zoroaster beanspruchten mythischem Ahnvater der Poesie als ältester Weisheit und ›verborgener Theologie‹ (vgl. II BDP, S. 14):

> »Als der siebente Tag erschien, ward alles vollendet
> Von dem allmächtigen Vater, weshalb die Guten ihn feiern;
> Auch ist die siebente Zahl von allen Dingen der Ursprung
> Und vollkommen vor allem, sowie die Siebenmalsieben.
> Sieben ist daher auch die Zahl der wandelnden Sterne,
> Die sich in ewigen Kreisen am hohen Himmel bewegen.«
> (II Nettesheim, S. 213)

Wie wichtig Gryphius die Zahl 7 war, zeigt sich auch an seinen ›Übersetzungen der Erbauungsschriften Sir Richard Bakers‹. Bei der Übersetzung des ›Vaterunsers‹ insistiert Gryphius gegenüber der Vorlage bei der Einteilung der (nach Baker sechs)

Bitten unter Berufung auf die Auslegungstradition seit Augustin auf den sieben Bitten Jesu (ÜERB I, S. 14f., 247ff.) und übersetzt im übrigen Bakers ›Sieben Buß=Psalm‹ und ›Sieben Trost=Psalm‹ (ÜERB II, S. 267ff., 493ff.). Im Herodes-Epos umschweben die sieben Haupttugenden den Thron Gottes (HÖ, S. 171). – In unserem Zusammenhang am wichtigsten ist die seit alters beglaubigte symbolische Verbindung der Zahl 7 mit dem göttlichen Schöpfungswerk, von dem Gott am siebenten Tag ausruhte und weswegen er diesen Tag ausdrücklich heiligte: »Und Gott segnete den siebenten Tag und heiligte ihn, darum daß er an demselben geruht hatte von allen seinen Werken, die Gott schuf und machte.« (Gen. 2,3) Wenn Gryphius also das Sonett ›Gedencket an Loths Weib‹ in der auf 50 Gedichte erweiterten Leidener Ausgabe an die siebente Stelle rückt, dann erhält es allein von dieser Zahlensymbolik her eine unausgesprochene, latent anklagende Beziehung zum Schöpfer, dessen Zorn- und Straf-Feuer in dem Gedicht siebenfach lodert und auch als »Sinnen-Bild« für sein zerstörerisches Wirken zur Zeit des Dreißigjährigen Krieges gelten kann (und siebenmal wiederholt sich das »eh'« der Nebensatz-Konstruktion; vgl. Kap. 6 h–1, h–4). Das siebente Sonett der Sammlung ist demnach das im Blick auf die Trinität fehlende Gedicht an den Schöpfer!

In der Zahl 7 korrespondieren ferner Makrokosmos und Mikrokosmos: Die sieben Planeten, Pleiaden und Weltalter entsprechen den sieben Öffnungen im Kopf und den sieben Teilen des menschlichen Körpers. Der Mensch selbst besteht aus den drei Teilen der Seele und den vier Elementen des Körpers; die 7 verbindet also Körper und Seele zur Einheit, und das menschliche Leben währet höchstens 10 mal 7 Jahre (II Nettesheim, S. 206ff.). Die 7 bildet zugleich eine Kombination von vier (die Zahl der Elemente) und drei (die Trinität). Die Vollendung der 7 aber ist – worauf schon Linus verweist – die Multiplizierung mit sich selbst. Erstaunlicherweise ergibt die numerische Summe des im Titel des siebenten Sonetts genannten Bibelverses aus dem Lukas-Evangelium (17 + 32) genau die Zahl 49! Dies unterstreicht seine Zentralstellung, denn die Anzahl der Sonette beträgt in beiden Büchern 7 mal 7, also 49 plus 1!

Von hier her also läßt sich möglicherweise dem Geheimnis des zahlensymbolischen Aufbaus der Sonett-Bücher auf die Spur kommen. Denn so erklärt sich schon der Einsatz der Sammlung mit der Anrufung des Heiligen Geistes. Dies zielt auf dessen Ausgießung am Pfingstfest: »dieses Pfingstfest fiel auch straks nach dem siebenmahl siebenden / oder 49sten Tage / das ist in der siebenden Woche / daher es zugleich das Fest der Wochen oder eigentlich sieben Wochen heißt / nåhmlich auf den 50sten Tag von Ostern an zu zehlen / eben wie noch itzund bei uns / zu feiren ein(!).« (II Zesen GS, S. 369) Und Zesen fügt hinzu, die griechische Kirche nenne das Pfingstfest daher auch nach der Zahl 50: Pentekóste (ebda., S. 370). Von daher macht es ›Sinn‹, wenn Gryphius' Sonett-Sammlung an Pfingsten einsetzt und sich in zwei Sonett-Büchern von je 50 Texten heilsgeschichtlich bis zur Apokalypse (dem Buch mit sieben Siegeln) fortbewegt und mit der »ewigen Freude der Außerwehlten‹ (Sonett II, 49) sowie dem Sonett auf ›Elias‹ (II, 50) endet, mit dem zugleich das Alte Testament schließt (Mal. 3, 23f.) und der in der christlichen Typologie daher als ›Typos‹ Christi gilt, mit dessen Geburt denn auch (analog zu Mt. 1) die ›Sonn- und Feiertagssonette‹ (als drittes und viertes Sonett-Buch) beginnen. Dieser Gesamtrahmen wäre nun noch inhaltlich mit einem Blick auf die Leitmotive anzureichern.

j)    »Licht« und »Feuer« als Leitmotive der Sonett-Bücher

1)    *Überblick*: Das Kompositionsproblem läßt sich besser klären, wenn man nicht nur die Gruppen und Themen, sondern auch die *Leitmotivik* miteinbezieht. Das erste Sonett ›An Gott den heiligen Geist‹ beginnt wie in der Lissaer Sammlung mit der Apostrophe: »O Fewer wahrer lieb!« (SeB, S. 29; »O wahrer Liebe Fewr!« LS, S. 5) Dieses göttliche Liebes-Feuer erweist sich zusammen mit dem – dem Feuer inhärenten – ›Licht‹ als entscheidendes Motiv der vier Sonett-Bücher! Es findet seinen Widerhall im »guten Liebesfeuer« des Herzens und verweist damit auf den Aspekt der in der »imitatio Christi« zu verwirklichenden Tugend, und es findet seinen Kontrapost und seine Bewährung im göttlichen Zorn-Feuer, das im siebenten Sonett ›Gedencket an Loths Weib‹ thematisiert wird.

2)    *Zur leitmotivischen Verknüpfung der Sonette I–VII*: Die enge motivische Verknüpfung dieser ersten sieben Gedichte sei kurz illustriert (vgl. dazu auch II.44 Yu, S. 36ff.). Am Schluß des ersten Sonetts bittet die Sprechinstanz im Rückgriff auf Vers 1: »Hilff das ich doch nur schaw’ / Ein fůncklin deiner glutt; so bin ich recht erleuchtet.« (SeB, S. 29) Das zweite Sonett ›An Gott den Heiligen Geist‹ greift dies in der Bitte auf: »Kom reiner Geist / entzünde meine kålt« sowie: »O Helles licht / erleuchte meine nacht.« (Ebda., S. 30, V. 5, 9) Im dritten Sonett ›Vber die Geburt Jesu‹ (vgl. dazu II.44 Schindler, S. 52ff.) wird die aus dem ›Sternen‹-Gedicht bereits bekannte Konstellation entfaltet, nach der das eigentliche »Licht« der Welt in der irdischen ›Nacht‹ geboren sei (Str. 1–3; vgl. V. 14; ebda., S. 30):

>    »NAcht mehr den lichte nacht! Nacht lichter als der tag /
>    Nacht heller als die Sonn’ / in der das Licht gebohren /
>    Das Gott / der licht / in licht wohnhafftig / ihmb erkohren:« …

Thematisiert ist damit also der »descensus« des ewigen (Schöpfungs-)Lichts ins Irdische zur Rettungstat für die Menschen. Die nachfolgenden drei Sonette auf Christus greifen dessen entscheidende Leidensstationen heraus: ›Vber des Herrn gefängnus‹ (»Der hellen Gottheit glantz wird in der schwartzen nacht // In fessell’ eingelegt vns freyheitt zu erlangen.« Ebda., S. 31), das fünfte Sonett klagt ›Vber des Herrn leiche‹ mit dem entscheidenden Motiv der Wiederliebe, aus welcher die ›imitatio Christi‹ resultiert: »Wehn diese liebe nicht zu wiederliebe zwingt?« (V. 12, ebda., S. 32; vgl. dazu die Interpretation in Bd. II, S. 112ff.) Das sechste Gedicht kehrt zum ›gecreutzigten Jesum‹ und damit zur Haupt-Station und zum eindringlichsten Sinnbild des für die Menschheit leidenden Erlösers zurück, und hier bekennt das Ich angesichts des von Jesus erbrachten Opfers im zweiten Quartett:

>    »Hier will ich wen mich ach vnd angst vndt leid vmbringen
>        Wen erd’ vnd meer auffreist / ja wen der donner macht /
>        Mit dunkelrotem plitz auff meinem kopffe kracht /
>        Ja wen der himmel felt / hier wil ich frölich singen.«
>        (SeB, S. 32)

Diese Evokation eines apokalyptischen Zorn-Feuers, dem gegenüber die Sprechinstanz in der Liebe zum gekreuzigten Jesus ein geradezu märtyrerhaftes Opfer zu erbringen bereit ist, erscheint als eine unmittelbare Vorausdeutung auf das nachfolgende Gedicht ›Gedencket an Loths Weib. Luc. 17 v. 32‹ (vgl. Kap. 6 h).

Gott ist hier der zornige Gott, der – in der Zeit des Dreißigjährigen Krieges – wieder im Begriff ist, seine Schöpfung zu zerstören. Es gibt viele Belege dafür, daß Gryphius Gott für einen »zu strengen Richter« hält (vgl. dazu auch die Kollektion in II.44 Wiedemann, S. 453ff.). Lots Weib kehrt sich um und weint ihr »threnen saltz« aus Mutterliebe und Mitleid über die in Sodom zurückgelassenen Kinder. Sie folgt damit doch nur dem ihr von Gott ins Herz gelegten Naturgesetz, das hier seinem Gebot zur Flucht gegenübersteht. Insofern thematisiert dies Sonett an zentraler siebenter Stelle des ›Ersten Buches‹ als vielschichtiges »Sinnen«-Bild das Verhalten der Menschen in den Heimsuchungen der Zeit, ihre Ängste und schier ausweglosen Verstrickungen, in denen nur die Liebe zu Christus – auch um den Märtyrer-Preis der körperlichen Vernichtung – Rettung bedeutet. Und auch Lots Weib wird für ihren »vorwitz« nicht verdammt, sondern durch eine »weise straff« »ausgesöhnet«. Dies siebente Sonett ist so ein guter Beleg für die auch an anderen Werken des Autors zu beobachtende These, daß das Verhalten in der Welt nicht ausnahmslos als schlecht zu beurteilen ist (II.44 Knöll, S. 51), vor allem dann nicht, wenn es von »feuriger« (Nächsten-)Liebe bestimmt wird.

3) *Zur Polarität von ›bösem‹ und ›gutem‹ Feuer*: So ergießt sich ein wahrer Feuer-Strom durch die Sonette (und auch durch die Oden). Dies in einer bis in das Bildfeld und die kompositorische Abfolge hinein polar geordneten Spannungsfolge, die das »böse« Feuer durch das »gute« verzehren will. Das 49. Sonett ist ›An die Welt‹ gerichtet und entfaltet mit Hilfe der Schiffahrts-Allegorie eine schroffe Weltabsage (»Ade / verfluchte welt«; SeB., S. 62), die aus der Freude auf die Himmels-›Ruh‹ (in Analogie zum göttlichen ›Sabbath‹ nach dem Sechstagewerk) resultiert und in eschatologischer Hoffnung kulminiert. Das ist das ›Sieben mal Sieben‹ oder Nonplusultra der Hoffnung der Einzelseele. Ein Nachruf auf seinen Bruder Paul, »Der voll von Gott / doch nichts den Gott allein begehrett,// Der mann den Gott als Goldt dreymall durch glutt bewehret« (SeB, S. 62) – eine Anspielung auf die in der ›Fewrigen Freystadt‹ geschilderten Katastrophen – beschließt dann als 50. Sonett das ›Erste Buch‹. Der Bruder, den, wie es weiter heißt, »Gottes Geist entzündt« (ebda.), ist Vorbild der »imitatio Christi« (V. 13f.), er hat sich deshalb im göttlichen Prüfungsfeuer in ›Gold‹ als alchimistisches Symbol erreichter Vollkommenheit verwandelt und damit ›unverweslich‹ gemacht.

Zwischen den ersten sieben sowie den Schluß-Sonetten erstreckt sich eine lange Reihe von Gelegenheitsgedichten, deren Bezüge auf den jeweiligen konkreten Anlaß noch erschließbar sind. Mit den für diese Gattung typischen Themen – Geburten und Hochzeiten einerseits, Krankheiten und Todesfällen andererseits – sind sie gruppenweise zusammengestellt und lösen sich in einem scheinbar ungeordneten Wechsel ab. Man könnte diese Gruppen zugleich auch den beiden traditionellen Hauptaffekten Lust und Schmerz zuordnen. Beide würden dann in der dauernd wechselnden Entgegensetzung die beiden wichtigsten Aspekte des Liebesfeuers erwecken und darstellen: mitleidige, anschauende und aushaltende Trauer über das selbst erfahrene oder andern zugestoßene Unglück und Leid einerseits sowie beherzten Mut zum Leben, zum Neuanfang andererseits.

4) *Komposition des 2. Sonett-Buches*: In spannungsvoller Korrelation zum heilsgeschichtlichen Beginn des ›Ersten Buches‹ mit dem ›descensus‹ des göttlichen Lichts
und Liebes-Feuers eröffnet das ›Ander Buch‹ mit Tageszeiten-Sonetten. In ihnen
verläuft der Weg des göttlichen Morgen-Lichts, das bereits auf die Wiederkehr der
›Sonne‹ am Jüngsten Tag verweist (»vnd wenn mein End' vnd jener Tag bricht ein /
Daß ich dich meine Sonn / mein Licht môg ewig schawen.« SAB, S. 65, V. 13f.) über
›Mittag‹, wo das ›Licht‹ der Sonne regiert und auf das unsichtbare ›Licht‹ verweist
(ebda., S. 65f.), bis zu ›Abend‹ und ›Mitternacht‹. Analog zum ›christologischen‹
Heilsweg zu Beginn des ›Ersten Buches‹ wird hier also der ›lichttheologische‹ *Heils-
weg des ›liber naturae‹* thematisiert, wie er uns im ›Sternen‹-Sonett begegnet ist. Das
Schluß-Quartett des bekannten ›Abend‹-Sonetts (vgl. dazu ausführlich II.44 Schindler, S. 68ff.) lautet denn auch entsprechend:

> »Dein ewig heller glantz sey vor vnd neben mir /
> Laß / wenn der müde Leib entschlâfft / die Seele wachen
> Vnd wenn der letzte Tag wird mit mir abend machen /
> So reiß mich auß dem thal der Finsternuß zu Dir«
> (SAB, S. 66)

Auch hier also führt der Erlösungsweg über die ›Licht‹-Theologie in das Göttliche
zurück; das Jüngste Gericht – »So wenn der plôtzliche Tag wird anbrechen« und
damit »deß erschrecklichen GOttes Gerichte« (›Mitternacht‹; ebda., S. 67) – ist dabei
das entscheidende Nadelöhr. Nach dem Lob auf einen Gönner, der als tugendhafter
»Nordstern« sein zusammenbrechendes Vaterland stützt (ebda., S. 67f.) und dem
›Einsambkeits‹-Sonett, das mit der Bitte um einen »Geist / den GOt selbst hâlt«,
schließt (ebda., S. 68), fordert das siebente Sonett im Schlußterzett wieder zu kom-
promißloser »imitatio Christi« in der von Sterblichkeit und Angst geprägten dies-
seitigen Welt auf:

> »Was sucht ein bloßer Mensch / wenn IESVS dornen trâgt /
> Begehrt der Kriegsmann Rast / wenn man den Fûrsten schlâgt
> Der Feld Herr / schaw / geht vor / was soll der Knecht nicht wagen.«
> (Ebda., S. 69)

Das nachfolgende Sonett ›An Eugenien‹, eines der wenigen Liebesgedichte von Gry-
phius an eine vielumrätselte Unbekannte (vgl. dazu II. Knöll, S. 41f.; vgl. dazu auch
LS, S. 16f.), behandelt geradezu schulmäßig ein – auch von Fleming genutztes –
Grundaxiom neuplatonischer Liebestheorie, wie es Marsilio Ficino in ›De Amore‹
dargestellt hat (vgl. IV Kemper 1999, S. 58ff.): »WEnn meine Seel in Euch / mein
Licht? Wie kann ich leben?« (SAB, S. 69). »Durch die Liebe stirbt ein jeder, weil sein
Denken seiner selbst vergessend in der geliebten Person weilt«, erläutert Ficino (II L,
S. 65/67). Auch die keusche irdische Liebe ist für Gryphius ein ›Licht‹, das ins ›Licht
des Lebens‹ zurückzuführen vermag. Von daher folgen auch hier wieder Gelegen-
heitsgedichte in entsprechender Strukturierung zum ›Ersten Buch‹ und sind einge-
bunden in die Licht- und Feuer-Theologie. Vermutlich nicht zufällig steht in der
Mitte der Sammlung, an der 25. Stelle, ein Loblied auf die »Freundschafft / die über
Todt / vnd Leben / zeit vnd Stund« als das »stârckste band« zwischen den Menschen
triumphiert (SAB, S. 78f.). Den Abschluß aber bildet wieder die heilsgeschichtliche
Perspektive mit vier Sonetten auf die vier letzten Dinge: auf den ›Todt‹, ›Das Letzte

Gerichte‹, ›Die Hölle‹ und die ›Ewige Freude der Außerwehlten‹ (SAB, S. 90f.; vgl. dazu die Interpretationen von II.44 Ott; Krummacher 1987). Damit wird die individuelle eschatologische Perspektive vom Schluß des ›Ersten Buches‹ nun durch die Imagination des Kollektiv-Ereignisses überboten. Im Sonett über die ›Ewige Freude der Außerwehlten‹, dem 49. Text des zweiten Buches, gelangt zugleich folgerichtig die Licht- und Liebes-Theologie an ihr Ziel, und zwar genau in der Mitte des Gedichts, was wiederum die Zentralstellung der ›Sonne‹ Christus entspricht:

»IESu! Ewig=gläntzend Licht' (tunckel ist der Sonnen kertz!)
Ach! wie funckeln deine Scharen! Sternen fliht! Hier schimmern wir.«
(S II, S. 91)

Darauf aber folgt wiederum ein fünfzigstes und letztes. Es ist ›Elias‹ gewidmet, dem Propheten, »auf dessen Wort die Flammen abgeflogen / durch die erhitzte Lufft« und der, »als ihn GOTT entbandt / auch in dem Fewr'gen Sturm aus dieser Welt gezogen«. »Der gantz von Fewer war / muß mit dem Fewr hinscheiden« (vgl. Kap. 6 h–11). Nicht zufällig ist Elias zugleich jener Prophet, mit dessen beschwörend-apokalyptischer Erwähnung das Alte Testament überhaupt endet (Maleachi 3,23: »Siehe ich will euch senden den Propheten Elia, ehe denn da komme der große und schreckliche Tag des Herrn.« Dieser Tag soll »brennen wie ein Ofen; da werden alle Verächter und Gottlosen Stroh sein.« Mal. 3,19). Der feurige Elias ist so Seher, Sinnbild und Hoffnungsträger für die Rückkehr ins Göttliche im Medium des Lichts und Feuers. In ihm als irdischem Vorboten der Aufstiegsverheißung kulminiert zugleich die Licht- und Feuertheologie der beiden Sonett-Bücher.

Zugleich aber ist er auch Typus oder Vorbote Christi: Tatsächlich stehen die in der Ausgabe letzter Hand von 1663 als drittes und viertes Sonett-Buch angefügten ›Sonn- und Feiertagssonette‹ in der Tradition der um die Person Jesu zentrierten Perikopenliteratur. Deshalb beginnt Buch III auch mit der adventlichen Licht-Theologie (»Kom Licht! Vnd scheine dem / den Nacht und grauen deckt«; SuFS, S. 23) und zugleich mit seiner lebenspendenden Geburt und Taufe (»Und laß mich von der Flamm / mit der du tauff'st entbrennen«; ebda., S. 25). Die Sonette folgen der Gliederung des Kirchenjahres, führen also – vor allem in Buch III – von der Vorfreude über die Geburt Christi bis zum Gedanken seiner Wiederkehr im Jüngsten Gericht. – Es ist tatsächlich überflüssig, die Fülle der »feurigen« Belegstellen in den vier Sonett-Büchern im einzelnen zu verzeichnen: Sie begegnen bei der Lektüre auf Schritt und Tritt. Dabei bedürfen die ›Sonn- und Feiertagssonette‹ allerdings noch einiger Verständnishilfen.

k)    Perikopendichtung über den ›Wort- und Licht-Entzug‹
      (Sonettbücher III und IV)

1)    *Überblick*: Im Unterschied zu Opitz hat Gryphius darauf verzichtet, seine Werke nach den Kriterien von ›geistlicher‹ und ›weltlicher‹ Literatur einzuteilen. Das ist insofern auch sachgemäß, als vor allem viele seiner sog. ›weltlichen‹ Werke – die Märtyrerdramen ebenso wie die Sammlung seiner Oden und Sonette – thematisch vielfältig dem religiösen Bereich angehören. Die beiden ›weltlichen‹ Sonettbücher

sind – wie gesehen – heilsgeschichtlich perspektiviert. Deshalb führen sie auch ohne
Bruch zu den ›Sonn- und Feiertagssonetten‹ hinüber, die in der Ausgabe letzter
Hand (1663) in überarbeiteter Form das dritte und vierte Buch der ›Sonnette‹ (!)
bilden (vgl. II.44 Szyrocki 1963, S. XIV). Zunächst hatte Gryphius sie 1639, also zu
Beginn seines Leidener Aufenthaltes und noch in Nähe zu der vermuteten – für
Gryphius besonders katastrophal verlaufenen – Entstehungszeit (1636/37; ebda.,
S. XIIf.; vgl. dazu II.44 Krummacher 1976, S. 38f.), separat publiziert (›Son- undt
Feyrtags Sonnete.‹; SFS, S. 131ff.). Dabei besteht das erste (später dritte) Buch aus
65 Sonntags- (zumeist Evangelien-)Sonetten, das zweite (später vierte) Buch enthält
34 ›Festags Sonnete‹ (!), hinzu kommt ein ›Beschlus SONNET‹ (SFS, S. 181). Beide
geistlichen Bücher weisen also wie die ›weltlichen‹ zusammen ebenfalls 100 Sonette
auf.

2)  *Traditionelle Deutung der Sonette*: Für Krummacher stehen die Sonette von Gryphius »als eines unter hunderten von Werken« vollkommen »im Überlieferungs-
strom der Perikopenliteratur« (II.44, S. 165; vgl. zu dieser Kap. 2 c–3, 4). Während
der vermuteten Entstehungszeit hätten Gryphius die Bibliotheken seines Bruders
Paul und vor allem Georg von Schönborners zur Einsicht in die traditionelle Peri-
kopenexegese zur Verfügung gestanden (ebda., S. 38f.). Auch für einige Besonderheiten – die Auswahl seltenerer Perikopen, die Verteilung der Feiertage auf beide
Bücher oder die Aufnahme ungewöhnlicher, in Teilen des Luthertums abgeschaffter
Feiertage (darunter auffälligerweise mehrerer Marienfeiertage wie Reinigung Mariae, Verkündigung Mariae, Heimsuchung Mariae oder das Fest Maria Magdalenas)
– führt Krummacher Parallelen in der Perikopenliteratur sowie in Festkalendern
und Kirchenordnungen des zeitgenössischen – in Schlesien besonders konservativen
– Luthertums an (ebda., S. 168ff., 177ff.). So vermag sein traditionsorientierter Blick
in der Gryphschen Ausdeutung der Perikopen nichts Unorthodoxes zu entdecken.
Wenn einmal eine wichtige traditionelle Deutung in den Gedichten fehle, so liege dies
an der gedrängten Form des Sonetts, aber der Autor habe solche Verkürzungen »in
Kauf« nehmen können, »weil er mit der Bekanntheit dieser Deutungen und ihrer
Beziehungen zum Bibeltext rechnen« durfte (ebda., S. 193). Zwar habe Gryphius
»die Form des Sonetts zum ersten Mal für die Perikopendichtung in deutscher Sprache verwendet.« »Mit dem Gebrauch alter exegetischer Motive aber schließt er sich
ganz an die kontinuierliche Tradition der Perikopenauslegung und -dichtung an und
nimmt im Vergleich schon mit Dichtern wie Harsdörffer, Rist oder Schottel eine
bemerkenswert konservative Haltung ein.« (Ebda., S. 226; zur Kritik an Krummachers Position und Verfahren vgl. IV Kemper II, S. 351ff.; jetzt auch II.44 Boneberg).

3)  *Ketzerische Auto-Poetologie*: Da erweckt das ›Beschluß SONNET‹ (in der Fassung von 1639) allerdings einen anderen Eindruck:

> »Umbringt mitt höchster angst, vertäuft in grimme schmertzen,
>      Besturtzt durch schwerdt undt fewr, durch libster freunde todt,
>      Durch blutverwandter flucht und elendt, da uns Gott
> Sein wort, mein licht, entzog: als toller feinde schertzen

Als falscher zungen neidt drang rasends mir zue hertzen,
    Schrib ich, was itz kombt vor, mir zwang die scharffe noth,
    die federn in die faust. Doch lästermäuler spott
Ist als der erste rauch umb hell entbrandte kertzen.
    Ihr neider belt undt nagt, was nicht der windt anficht;
    Was nicht der regen netzt bringt selten reiffe frücht,
Die ros ist immer dar mitt dornen rings umbgeben.
    Manch baum, der itz die äst, hoch in die luft auffreckt,
    lag als ein unnutz kern, zuvor mitt erdt bedeckt,
So, was ihr unterdruckt, wirdt wen ihr todt seidt leben.«
    (SFS, S. 181)

Der Text ist ein autobiographisches Bekenntnisgedicht. Für die im Oktett genannten katastrophalen Einzelheiten finden sich die Belege aus der Entstehungszeit der Sonette (vgl. Kap. 6 b–2). Worauf sich die »feinde«, »lästermäuler« und »neider« und ihre Anfeindungen beziehen, bleibt dagegen unklar, ist aber in unserem Zusammenhang nicht entscheidend. Dieser Epi-Text läßt sich wie eine Leseanweisung des Autors verstehen, der seinen Gedichten offenkundig eine private, aus persönlichen Motiven erwachsene Bedeutung und Funktion zuspricht. Damit aber markiert er einen entscheidenden gattungskonstitutiven Unterschied zu aller kirchlichen und lehrhaften sowie erbaulichen Perikopenliteratur: Diese steht im Umkreis kirchlicher Verkündigung, auch wenn sie in der Hausandacht benutzt wird. Gryphius versteht seine Gedichte dagegen als aus persönlicher »noth« geborene *poetische* Zeugnisse, auf deren vermeintlich mangelnde ästhetische Qualität sich eigentlich nur die Aussagen über den Spott der »lästermäuler« beziehen können. Gryphius hat diesen Aspekt dann in der überarbeiteten Fassung des Schlußsonetts ›Vber seine Sontag- und FeyrtagsSonnette‹ verdeutlicht (»Tritt Leser nicht zu hart auff Blumen Erstes Mertzen.« Usw. G, S. 87) Gattungstypologisch gehören diese Gedichte also nicht zur kirchenorientierten, sondern zur *poesiebestimmten geistlichen Dichtung* (vgl. dazu Kap. 2 c; vgl. Bd. I, S. 50ff.). Und der Autor unterstreicht dies noch dadurch, daß er als erster die Perikopen in der besonderen Kunst-Form des Sonetts zu deuten wagt (zu Logaus Perikopen-Epigrammen vgl. Kap. 5 c–2). Und nur weil sich mit der Form ein hoher Kunst-Anspruch verbindet, kann der Vorwurf der Unreife erhoben werden, dem Gryphius in der Spätfassung noch mit der Verteidigung seines Schlußterzetts Berechtigung zuzugestehen scheint:

»Ihr die ihr nichts mit Lust als frembde Fehler zehlt
Bemüht euch ferner nicht: Ich sag' es was mir fehlt
Daß meine Kindheit nicht gelehrt doch fromm gewesen.«
    (G, S. 88)

Fromm schon, aber auch rechtgläubig? Im scharfen Gegensatz zu der pädagogischen und erbaulichen Funktion der kirchlichen Predigtliteratur greift hier offensichtlich ein durch »scharffe noth« zutiefst verunsicherter Autor zur »Feder«, der das »elendt« empfindet, »da uns Gott / Sein Wort, mein licht, entzog«: Muß das nicht einer Kirche ins Herz treffen, in deren Zentrum die Theologie und Verkündigung des ›Wortes‹ steht? Bezeichnenderweise hat Gryphius in der späteren Version diesen provozierenden Vorwurf gestrichen. Aber die »höchste angst« (Vers 1, später ebenfalls gestrichen) bezieht sich nicht nur auf die Bedrohung von Leib und Leben, sondern eben auch auf den – daraus mit abgeleiteten – ›Wort‹-Entzug durch den Schöpfer. So wird die Beschäftigung mit den Perikopen ein Ringen mit dem biblischen Wort und zugleich um das »Wort«, also Christus. Von daher sind die Sonette in der ganzen Art, wie sie sich mit den Perikopen auseinander setzen, Ausdruck solcher Glaubens-Angst, einer Verzweiflung, die in der poetischen Beschäftigung mit dem biblischen Wort neue Zuversicht gewinnen will. Und das ist das gegenüber der Perikopenliteratur Besondere, Ungewöhnliche und Moderne, daß hier ein Individuum in einer anspruchsvollen poetischen Form seine aus eigener biographischer »angst« erwachsene Glaubens-»noth« ausgerechnet in der Auseinandersetzung mit den als besonders sakrosankt erklärten prominentesten Bibelstellen zu gestalten wagt und dabei einen bemerkenswert herausfordernden Umgang mit dem Gotteswort bezeugt (vgl. dazu auch II.44 Wiedemann, S. 453ff.). Und darin zeigt sich zugleich erneut das eminent anthropologische Interesse dieses Autors. In der Thematisierung heilsbedrohlicher Verlust-Angst als »Zeugnis der Glaubensanfechtung« (ebda., S. 453) erkundet er zugleich die eigene Psyche und stellt die Frage nach dem Sinn seiner Existenz und seines Daseins in der Welt. – Dazu im folgenden zunächst ein genauerer Blick auf eines dieser Sonette.

4)   *Der schlummernde Helfer*: In den ›Sonn- und Feiertag-Sonetten‹ ist in der Reihenfolge des Kirchenjahres je ein Gedicht einem Predigttext gewidmet. Es ist deshalb aufschlußreich zu verfolgen, wie der Autor den jeweiligen biblischen Prätext zu einem Sonett verarbeitet. Ein relativ einfaches Beispiel soll davon einen Eindruck vermitteln: die Perikope zum vierten Sonntag nach Epiphanias, nämlich die Erzählung von der Stillung des Sturms durch Jesus (Matth. 8, 23–27). Der Bibeltext lautet:

> »23. Und er trat in das Schiff, und seine Jünger folgten ihm. 24. Und siehe, da erhob sich ein großes Ungestüm im Meer, also daß auch das Schifflein mit Wellen bedeckt ward; und er schlief. 25. Und die Jünger traten zu ihm und weckten ihn auf und sprachen: Herr, hilf uns, wir verderben! 26. Da sagt er zu ihnen: Ihr Kleingläubigen, warum seid ihr so furchtsam? Und stand auf und bedrohte den Wind und das Meer; da ward es ganz stille. 27. Die Menschen aber verwunderten sich und sprachen: Was ist das für ein Mann, daß ihm Wind und Meer gehorsam sind?«

Was macht Gryphius nun aus diesem Text?

> »Auff den Sontag des schlummernden Helffers /
> oder den IV. nach dem Fest der Weisen.
> Matth. 8.
>
> AUff! Auff / wach auff HErr Christ / schau wie die Winde toben!
>     Wie Mast und Ruder knackt / jtzt sinckt dein Schiff zu grund /
>     Itzt schaumt die wilde Flutt wo Flack und Segel stund
> Vns fehlt's an Stårck und Rath! bald kracht die Lufft von oben /
> Bald schluckt die Tåuff' uns ein! wird dich denn jmand loben
>     Der ins Verderben fåhrt? Ist diß der feste Bund /
>     Der stets uns hoffen hiß / wenn gleich der weite Schlund
> Der Hôllen riß' entzwey? wo hast du hin verschoben
>     Was deine Treu versprach? hilff ehr der Kahn sich trenn't
>     Hilff ehr das schwache Brett an jene Klippen renn't
> Kan denn kein Zeter schrey'n dich aus dem Schlaff erwecken?

> Auff! auff! schilt Flutt und Meer! so bald du auff-wirst-stehn
>  Wird Brausen / Sturm und Wind in einem nun vergehn /
>  Durch dein Wort muß / Was uns mit Nōthen schreckt / erschrecken.«
>     (G, S. 32f.)

Gryphius versetzt die biblische Wundergeschichte in seine eigene Zeit und vergegen-
wärtigt das biblische Geschehen als unmittelbares Erlebnis. Er nimmt inhaltliche
Elemente wie Schiff und Sturm auf und formt sie zu einem dramatischen Geschehen
mit hoher affektiver Beteiligung aus. Dies Verfahren, das er vielfach anwendet,
stimmt mit dem in der Jesuitenfrömmigkeit und -Meditation im Anschluß an Loyolas ›Geistliche Übungen‹ praktizierten intensiven imaginativen Umgang mit den
Lebensstationen Jesu auffallend überein (vgl. Bd. II, S. 85ff., 163ff.). Dabei greift er
auf Elemente der im Barock beliebten Schiffahrt-Allegorie zurück, ohne aber die
Einzelheiten wie Mast, Ruder oder Segel wie bei der Allegorie (oder in Daniel Su-
dermanns bekanntem Adventslied »Es kommt ein Schiff, geladen«; I EGB, S. 64
[Nr. 8]; vgl. Bd. III, S. 63ff.) erklärend auf den Begriff zu bringen. Gemeint sind hier
offenkundig sowohl das Lebens-Schiff als auch – deutlich in der Formulierung »dein
Schiff« – das Schiff der Kirche. Schon darin zeigt sich, daß Gryphius im aktualisie-
renden Nacherleben der biblischen Geschichte diese zugleich im Blick auf die eigene
Zeit des Dreißigjährigen Krieges interpretiert. Aus dem wirklichen Schiff der Bibel
und dem im Zusammenhang damit berichteten Wunder wird hier eine sinnbildliche
Darstellung der eigenen, vom Untergang bedrohten Zeit. Im Nach- und Neuerleben
gewinnt der Bibeltext – als ›pictura‹ der ›Höllen‹-Zeit des 17. Jahrhunderts (in der
Version von 1639 taucht das Motiv von der Gegenwart als ›Hölle‹ gleich zwei Mal
auf; SFS, S. 140) – zugleich aktuellen Charakter. Deshalb ist das ganze Sonett eine
ausgestaltete ›pictura‹ ohne eigene ›subscriptio‹ und enthält somit einen neuen ›sensus historicus‹. Zugleich aber ist dieser eine bildliche Auslegung oder Allegorese
(›subscriptio‹) der biblischen Perikope.

Welchen Sinn aber hat diese bildliche Allegorese? Insofern Gryphius hier Rettung
nur vom Nothelfer Jesus Christus zu erwarten scheint, nimmt er einen gut christlich-
protestantischen Standpunkt ein. Indem er aber offen läßt, ob Christus helfen wird,
spielt er – darin liegt die entscheidende, durch die aneignende Übertragung des
Bibeltextes auf die eigene Gegenwart vorbereitete Pointe des Gedichts – den irdischen Jesus gegen den auferstandenen, erhöhten Christus aus: Er erinnert diesen
an seine *damals* gegebenen Versprechen – »wo hast du hin verschoben / Was deine
Treu versprach?« –, er konfrontiert den in der Gegenwart offenkundig schlummernden Christus mit dem damals beim Unwetter helfenden Jesus, von dem die Perikope
berichtet.

Dabei übernimmt und erweitert er das aus dem biblischen Wortlaut, was eine
unmittelbare Identifikation ermöglicht. Das sind für ihn eigentlich nur die beiden
ersten Verse. Daß die Jünger Jesus wecken, daß dieser sie deshalb als kleingläubig
schilt und das Unwetter trotzdem zum Schweigen bringt: all dies – und das ist die für
die Perikope entscheidende Heils-Botschaft – verschweigt sein Sonett. Was Jesus
getan hat, wird hier lediglich beschworen, »so bald du auff-wirst-stehn«. Damit
unterscheidet sich Gryphius grundlegend von anderen Auslegern dieses Perikopen-
textes. Der lutherische Theologe und Erbauungsschriftsteller Johann Heermann
z. B., den er bei der Anfertigung seiner geistlichen Sonette möglicherweise zu Rate
zog, dichtete in seinem ›KirchSeufftzer‹ u. a.:

»Das aber ist mein Trost HErr Christ /
Daß du bey vns im Schifflein bist /
So sind wir ja auch die Gemein /
Die du erlöst [hast] durchs Creutzes Pein«
(zit. in: II.44 Krummacher 1976, S. 299)

Eine solche Glaubensgewißheit vermochte Gryphius hier aber gerade nicht zu gestalten. Er glich eher dem ungläubigen Thomas und wollte eine Wiederholung des Wunders in seiner Zeit sehen, anstatt sich mit dem einmal Geschehenen und in der Bibel Überlieferten zufrieden zu geben. Geradezu provozierend wird das von Jesus getadelte Motiv des Kleinglaubens zum rhetorisch ausgeschmückten Kernstück dieses Sonetts, und die Rettung bleibt offen. Das ist eingedenk des Autorbekenntnisses, Gott habe »Sein wort, mein licht, entzogen« nicht mit dem Hinweis zu entschärfen, diese »Verkürzung« der heilsgeschichtlichen Botschaft geschehe im Vertrauen auf die richtige, ergänzende Lektüre der mit der traditionellen Perikopenauslegung vertrauten Leser. Noch gegen Ende seiner letzten Leich=Abdanckung ›Mutua Amantium Fuga‹ (DF, S. 649ff.), welcher der rätselhafte letzte Hohelied-Vers: »Flieh, mein Freund, und sei gleich einem Reh oder jungen Hirsch auf den Würzbergen!« (Hl. 8, 14) als Motto zugrunde liegt, bekräftigt Gryphius die tiefe Irritation dieses Sonetts als schmerzliche Glaubens-Erfahrung seiner Zeit:

»Wenn wir aber / höchstgeehrete Zuhörer / in etwas umschauen wollten / würden wir gewiß empfinden / daß unser Erlöser uns zugleich anitzt mit diesen Worten anredete: Ecce fugio; Sihe / Ich fliehe. Die Zeit erinnert uns / daß er damals zu seinem Leyden gegangen / und Jerusalem durch seinen Tod verlassen: Anitzt sitzet er zwar in seiner Herrligkeit zu der Rechten des Allmächtigsten Vaters: Hergegen scheinets / als wenn er uns gar den Rücken wenden / und uns bei annahendem Abend der Welt verlassen wollte. Er ist von uns hinweg mit seinem Wort / und seine Stimme hören wir kaum außer unsern Grentzen: Er eilet hinweg mit seinem Friede; Dannenher so in den Kirchen als Königreichen und Ländern mehr denn überflüssiger Zanck / mehr denn ungewöhnliche Lust zu kriegen / mehr denn unersätliche Begierde alles in Brand und Blut zu setzen / herrschet. Er eilet hinweg mit seinen Wundern / und stellet sich / als damals / da er in dem Schiff entschlaffen. Er eilet hinweg mit seinem Trost / dannenher so vielen von Hertzen bange / derer Seelen unter heißen Angst verschmachten / und keinen Trost annehmen können. Warum wolte denn eine selige Seele Belieben tragen länger hier zu verharren? Warum wollte sie nicht / als einen Widerschall / von sich hören lassen: Ecce fugio; Sihe / mein Liebster / ich fliehe.« (DF, S. 695; vgl. ebda., S. 658f.)

Schon diese Angst, daß Christus sich von den Seinen abgewandt haben könnte, und die – auch in manchen lutherischen Kirchenliedern (vgl. Bd. II, S. 227ff.) – unverhüllt artikulierte Bitte, Christus möchte sein Opfer wiederholen, um Gottes Grimm und Zorn zu besänftigen, zeigt, wie weit sich das Zutrauen zur schlichten lutherischen Heilsbotschaft »Glaubst du, so hast du« verloren hatte. Und Zweifel an Christi Heilszusage (»wo hast du hin verschoben / Was deine Treu versprach?«) sowie eine wie immer geartete Erwartung auf eine Wiederholung des Rettungs-Wunders in der eigenen Zeit (»Auff! Auff! [...] Durch dein Wort muß / was uns mit Nöthen schreckt / erschrecken.«) stellte das »ephapax«, das ›Ein-für-alle-Mal‹ des christlichen Heilsopfers in Frage (vgl. dazu auch II.44 Wiedemann, S. 454).

5) *Originalität*: Gryphius' Perikopendichtung ist ein weites Feld, in dem es – über mancherlei orthodoxe Rückbindungen, die Krummacher aufgewiesen hat, hinaus – Interessantes zu entdecken gibt. Wichtigste Voraussetzung ist dabei jeweils ein genauer Vergleich zwischen biblischem Prätext und seinen motivischen und auch strukturellen Transformationen im Kontext einer vom Autor intendierten Intertextualität (vgl. dazu auch II.78 W.G. Schmidt I, S. 36ff.). Dabei zeichnen sich zwei einander ergänzende Tendenzen ab, welche die poetische Eigenständigkeit dieses Werkes gegenüber der kirchlichen Perikopenliteratur profilieren. Zum einen bezeugen die Sonette ein hohes Maß an Originalität in der durch die Tradition keineswegs vorgegebenen Aneignung, Akzentuierung und Perspektivierung des Bibeltextes. Die Sprechinstanz, die entsprechend dem Epitext des Abschlußsonetts der Autorintention nahesteht, nimmt in der Aneignung des Bibeltextes häufig provozierende Perspektiven ein, eignet sich die geringste Rolle an, die der Bibeltext bietet – etwa die des Hundes im Lehrgespräch zwischen Jesus und dem kanaanäischen Weib (Mt. 15, 21ff.; SuFS. S. 37) oder die des verdorrenden Samens im Gleichnis vom Sämann (Luk. 8, 4ff.; vgl. SuFS, S. 35) –, und entwickelt aus dieser Perspektive neue Fragen an den Text, die sich mit der dortigen Antwort oder dem Scopus der Perikope nicht abfinden (sonst würden die Sonette sie nicht neu stellen). In dem ersten der ›Festtagssonette‹ auf seinen Namenspatron (›Auff den Tag des Apostels Andreae‹; SuFS, S. 66; vgl. Mt. 4, 18ff.; auf Bezüge zu Arndt und Johann Heermann verweist II.44 Krummacher 1964, S. 128) übergeht Gryphius den auf diesseitige Jüngerschaft bezogenen Scopus der Perikope (»Und er sprach zu ihnen: Folget mir nach; ich will euch zu Menschenfischern machen.« Mt. 4, 19) und interpretiert die »imitatio Christi« ganz unlutherisch nur als möglichst baldiges märtyrerhaftes Sterben um des seligen Einsseins mit Christus willen. Die Sprechinstanz nutzt so insgesamt den Spielraum und die Vieldeutigkeit der Poesie, um auch die Grenzen orthodoxer Auslegung zu überschreiten, wenn die eigene »Gethsemaneangst« (II.44 Wiedemann, S. 454) und die daraus als übermächtige Kompensation erwachsende Erlösungssehnsucht dazu nötigen.

6) *Interkonfessionalität und Irenik*: Damit verbindet sich die zweite Tendenz, die sich auch in der Kirchenkritik der zitierten ›Leich=Abdanckung‹ bemerkbar macht: Der Autor nutzt seine geistliche Dichtung nicht, um konfessionelle Einseitigkeiten zu bestärken. Gerade in Perikopen, die traditionellerweise der Markierung der konfessionellen Differenzen dienten, hält sich Gryphius bemerkenswert zurück. Eine Ausnahme scheint die Perikope ›Auff den Tag Petri und Pauli‹ (Mt. 16, 13ff.; vgl. SuFS, S. 76) zu sein. Hier wird die Kirche eindeutig allein auf Christus (und nicht auf den Apostel Petrus und damit auf das päpstliche Bischofsamt) gegründet: »Wehn JEsus hir loß spricht // Wird loß / und wehn er bind / erlangt die Freyheit nicht.« Dies Bekenntnis zeigt indes zugleich die Christus-Fixiertheit des Autors, die *über* kirchlich-dogmatischen Abgrenzungen steht. Das gilt auch für seine Gestaltung des berühmten Samariter-Gleichnisses (Luk. 10, 25ff.; vgl. SuFS, S. 55f.), in dem die Sprechinstanz bezeichnenderweise nicht die Position des Samariters, sondern die des von den Räubern Überfallenen einnimmt, der Christus – in souveräner Mißachtung des Gleichnischarakters von dessen Lehrunterweisung – direkt anruft: »O wahres Lebens Licht! // HErr JEsu willst du auch so wenig nach mir fragen // Als Prister und

Levit!« (Ebda., S. 56) Die in der katholischen Postillen-Literatur gerade an dieser
Perikope demonstrierte Notwendigkeit der guten Werke wird hier auf Christus selbst
und allein bezogen, das lutherische »Glaubst du, so hast du« im verzweiflungsvollen
Appell aber eben auch als ungesichert markiert. Wenn das »Ich« dann zum Schluß
ausruft: »Ich will ins Kirchen-Hauß / da man auff dein Gebot Durch Wort und
Sakrament kann von dem Tod entfreyen«, dann aktualisiert dies die Herberge des
Gleichnisses, aber der Leser muß dabei nicht nur an die Lutherische Kirche denken,
in welcher das sichtbare ›Kirchen-Hauß‹ eine deutlich geringere Rolle spielt als in
der Katholischen Kirche, die sich als ›Corpus Christi mysticum‹ begreift (vgl. dazu
auch IV Kemper II, S. 350ff.). Gryphius' vieldeutige Zurückhaltung wird besonders
deutlich im Vergleich mit satirisch-aggressiveren Gedichten italienischer Humanisten
zum selben Thema. Der dreißig Jahre im Kerker inhaftierte Dominikaner und Hermetiker Tommaso CAMPANELLA (1568–1639; ›Der Sonnenstaat‹) beispielsweise nahm
das Samaritergleichnis zum Anlaß für ein ›Sonetto‹, in dem scheinheilige Mönche
und ein Bischof am beraubten Wanderer vorüberziehen (der Bischof, weil er sich für
die Beute der Diebe interessiert): »Am Ende kam ein deutscher Lutheraner, / (die
Werke leugnend, hält er's mit dem Glauben): / der lud ihn auf, bekleidete und heilte
ihn.« (II Campanella PG, S. 143) Zu solcher polemischen Unverblümtheit und Direktheit, die im Schlußterzett auch die Lutheraner mit der Frage einbezieht, ob der
Glaube nicht letztlich doch vor den Werken verblasse, sind die Gryphschen Perikopensonette der genaue Gegenpol.

   Wäre es Gryphius tatsächlich vorrangig um ein poetisches Bekenntnis zur lutherischen Konfession gegangen, dann hätte er dies an Perikopen demonstrieren können, die den genuinen Standpunkt Luthers und seine reformatorische Erkenntnis
»allein durch den Glauben« thematisieren wie Röm. 5, 1ff. (vgl. SuFS, S. 85f.: ›Hoffnung låst nicht zu Schanden werden.‹). Doch die entscheidende Erkenntnis, wir seien
»gerecht geworden durch den Glauben« (Röm. 5, 1), bleibt in dem Sonett gänzlich
ausgespart. Statt dessen artikuliert sich eher ein stoisch-calvinistisches Glaubensbekenntnis (vor dem Hintergrund der Prädestination; und die Sonette wurden ja auch
zuerst während des Aufenthalts im calvinistischen Leiden publiziert): »Wenn uns die
Feinde nichts als Flamm' und Råder weisen / Denn schaut ein stiller Geist recht
mitten in der Pein / Wie die / die Gott erkist / nicht ewig stehn allein« (usw.; SuFS,
S. 86). Falls der »stille Geist« eine Allusion auf den »Heiligen Geist« der Perikope
sein sollte (Röm. 5,5), dann wäre dies eine häretische säkulare Adaptation.

   Die soeben vorgelegte Studie des katholischen Theologen Patrick Boneberg bestätigt diese Beobachtungen. Er stellt die Gryphschen Perikopensonette in den kon-
troverstheologischen Auslegungshorizont aller drei Konfessionen und zieht dazu
u. a. für das Luthertum Martin Luthers ›Kirchen=Postille‹ und die Perikopenlieder
des reformorthodoxen Augsburger Lutheraners Narciß Rauner (1631–1714) heran,
der, wie sich hier erstmals zeigt, für seine ›Heilige Jesus-Sonntags= und Festfreude‹
(1680) die Gryphschen Epistelsonette benutzt hat, für die calvinistische Position
Abraham Scultetus (1566–1624), den einflußreichen Hofprediger des ›Winterkönigs‹
Friedrich V. (›Außlegung Der Sonntåglichen Evangelischen Texten‹, 1611), für das
katholische Bekenntnis die ›Postilla‹ (in der 6. Auflage von 1614) des berühmt-be-
rüchtigten Jesuiten und Kontroverstheologen Georg Scherer (1540–1605) und die
Liedersammlung ›Catholische Sonn- vnd Feyertågliche Evangelia / vnd darauß ge-

zogene Lehrstück« (1653) des gegenüber den Protestanten relativ toleranten Erzbischofs Johann Philipp von Schönborn (1605–1673; vgl. II.44 Boneberg, S. 126ff.; zum folgenden vgl. ebda., S. 144–335).

Das Ergebnis der exemplarischen Analysen zeigt stets dieselbe Tendenz. Luther z. B. nutzt die Geschichte vom zwölfjährigen Jesus im Tempel (Luk. 2, 41–52), um angesichts des Fehlverhaltens von Maria und Josef die Marien- und Heiligenverehrung der Katholiken anzuprangern, und interpretiert den Tempel, in dem Christus lehrt, als das »Wort Gottes«. Scherer und Schönborn erblicken umgekehrt im Tempel die einzig selig machende Katholische Kirche, in der allein man deshalb auch Christus suchen soll, und die von Jesus unterrichteten Lehrer sind für Scherer der Klerus der Katholischen Kirche; die Perikope bezeugt für ihn zugleich die Notwendigkeit des Priesterstandes. Bei Scultetus ist der Tempel der zu vollziehende und zur Heiligung führende Wille Gottes. Bei Gryphius dagegen ist und bleibt Jesus der zentrale Lehrer, dem allein (und keinem anderen Lehrer) deshalb nachzufolgen ist (V. 9) und der seinen »neuen Tempel« auch »als aller Heyden Trost« »zihrt«, der deshalb niemand verbannt, der ihn sucht (»hir schleußt er nimand aus«; SuFS, S. 30). Erst im Blick auf das polemische Umfeld wird das Sonett mit seinen Auslassungen, Vieldeutigkeiten (im Blick auf den ›Tempel‹), seiner Aktualisierung, seiner Christuszentriertheit und von der Perikope gar nicht gedeckten universalen Heilszusage für alle Suchenden als ein dezidiert anti- und überkonfessionelles, ja irenisches Gedicht lesbar.

Das Gleichnis vom Unkraut unter dem Weizen (Mt. 13, 24–30) diente natürlich in den Konfessionen dazu, dieses Unkraut mit dem ›Bösen‹ der anderen Konfessionen zu identifizieren, mit den »Papisten« bei Luther und Scultetus, mit den lutherischen »Luziferianern« bei Scherer. Gryphius gestaltet sein Sonett als Gebet an Christus, angesichts der »in trüben Schlaff« gefallenen »trägen Menschen / Den du die Frucht zu hütten an vertrauet« – das kann nicht nur als Hinweis auf die Menschen allgemein, sondern auf die »Hüter«, also die ›Hirten‹ in den Konfessionen, verstanden werden! – und angesichts der sich ausbreitenden Irrlehren in allen Konfessionen (»Diß / was man nur auff allen (!) Aeckern schauet // Ist falscher Lehr und Neyd und Ketzer Pracht«; SuFS, S. 33) dem Unheil möglichst rasch ein Ende zu bereiten (»Wenn wirst du dich zu letzter Erndt' auffmachen?«). Dabei wird den schlafenden Gläubigen (»Wir schlaffen fest«) eine Mitschuld an den katastrophalen Zuständen gegeben. Auch dieses Gedicht ist keineswegs prolutherisch, seine Kritik zielt vielmehr auf die Zustände in allen Konfessionen.

Die Perikope vom »guten Hirten als Gegenbild zum Tagelöhner« (Joh. 10, 11–16) diente wiederum der Polemik: Für Luther und Scultetus waren die Papisten die Mietlinge, für Scherer umgekehrt die Protestanten; er legitimierte mit der Aufgabe des »guten Hirten« zugleich die Notwendigkeit der Rückführung der »fremden Schafe« als Ketzer in die Katholische Kirche als Stimme Christi. Gryphius gestaltet sein Sonett erneut als Gebet an den »Ertzhirten« Christus, der allein vor allen – unspezifizierten – Wölfen und »Miedlingen« schützen kann. In kühner Umkehrung der Perikope sucht hier nicht der Hirte seine Schafe, sondern die Sprechinstanz ruft als verirrtes Schaf Christus um Hilfe an (»Ich… irr' ohne Trost umbher // In wüster Welt«; SuFS, S. 42), dieses Schaf artikuliert existenzielle Angst und ist heimatlos auch und gerade wegen der konfessionellen Verfolgung (»hilff daß mich nicht ver-

zehr / Der grimme Lôw«). Und eben weil diese Situation für den Gläubigen jeder
Konfession gilt, ist das Gedicht nicht auf eine Konfession allein beziehbar. Es zeigt
als einzige Lösung aus dieser verfahrenen Situation radikal, aber konsequent eine
ausschließliche Orientierung des Einzel-Ichs an Christus (also ohne Rücksicht auf
irgendeine kirchliche Bindung), und zwar mit dem Bekenntnis zur unbedingten
Nachfolge Jesu selbst (»Ich folge dir«) und mit der Bitte um Christi Wiederkehr und
die individuelle Errettung des Ich.

Bei der »Speisung der Viertausend« (Mk. 8, 1–9) betont Gryphius mit solchem
Nachdruck im letzten Terzett die Notwendigkeit der guten Werke und des »reinen
lebens«, daß der – immerhin reformorthodoxe – Lutheraner Rauner, der gerade bei
seinem Lied auf diese Perikope Motive und Wendungen aus Gryphius' Sonett übernimmt, ihm hier bezeichnenderweise die Gefolgschaft versagt, denn das war nicht
lutherische, sondern eher katholische und übrigens auch calvinistische Lehre:

> »Der gutt's zu thun sich mûht: der Christum fleissig hôrt
>     Vnd ihn mit fester Treu' und reinem Leben ehrt;
> Wird / was er darff und will / mit Vberfluß erlangen!«
>     (SuFS, S. 51)

Man könnte hierin aber auch das Angebot einer irenischen Zusammenführung der
Konfessionen erblicken: Das lutherische »fleißige Hören« soll sich mit der katholischen Werkgerechtigkeit und dem calvinistischen »reinen Leben« zu *einer* christlichen Frömmigkeit vereinigen.

Die für die konfessionelle Rechtfertigungslehre und Ethik bedeutsame Perikope
»Vom Tun des göttlichen Willens« (Mt. 7, 15–23) mit dem zentralen, von Jesus
zweimal gesprochenen Satz: »An ihren Früchten sollt ihr sie erkennen«, die für
Scherer das lutherische »sola fide« widerlegt und auch bei Rauner und Scultetus die
Forderung nach einem »gottesfürchtigen, frommen und heiligen Leben« nach sich
zieht, findet bei Gryphius im Kern eine volle Bestätigung in der Betonung der guten
Werke als entscheidendem Kriterium für die Erwählung durch Christus beim Jüngsten Gericht: »So nûtzen schöne Wortt und kluge Reden nicht // Wenn Gott den
schlimmen Wolff nach seinen Thaten richt // […] / Drum prûfe Mensch die Werck /
schau nicht die Kleider an:// […] / … komm't doch die harte Zeit // In welcher JEsus
spricht: Ich kenn' euch nicht: entweichet.« (SuFS, S. 52)

Die auf die Gräuel und Plagen kurz vor dem Jüngsten Gericht verweisende Perikope »Die große Bedrängnis« (Mt. 24, 15–28) erfährt bei Gryphius erneut eine
Aktualisierung. Was Jesus auf dem Ölberg prophezeit, erfüllt sich für die Sprechinstanz in der eigenen Zeit, wobei das lyrische Ich auch den Verlust der »Redlichkeit«
und »Heiligkeit« sowie die Vermehrung der »Sünde« beklagt und mit deutlichem
Bezug auf die Konfessionsstreitigkeiten fortfährt: »Vnd mancher Wider Christ in
Gottes Tempel lehrt / Vnd schwere Ketzerey sich heckt in allen (!) Landen.« Darauf
folgt wiederum die – die Prophezeiung der Perikope einfordernde – Bitte: »Verkürtze
doch die Zeit« (SuFS, S. 64). Auch dies Gedicht also erblickt Merkmale der pro-
phezeiten Endzeit in allen Kirchen und sehnt sich in einer ebenso charakteristischen
Schlußwendung als Einzel-Ich »zu dir mein Hort«; vgl. zu allen Beispielen II.44
Boneberg, passim).

Gryphius nutzt das Sonett insgesamt als poetisches Medium, um in erkennbarer
Distanz zu einzelkirchlichen Bekenntnissen die eigenen Glaubens-Ängste und -Sor-

gen in origineller Auseinandersetzung mit den biblischen Perikopen *und* ihrer traditionellen Auslegung zu artikulieren. Die ›Sonn- und Feiertagssonette‹ sind so ein Spiegel der religiösen Ängste eines Individuums, dem in einer exorbitanten Krisen-Situation die anerzogenen Glaubens-Maximen frag-würdig werden. Die Sonette zeigen, wie Gryphius versucht, sich in der Auseinandersetzung und subjektiven Aneignung der sanktionierten Bibeltexte in immer neuen Anläufen zwischen Zweifel und Hoffnung religiös zu orientieren. In dieser individuellen Auseinandersetzung mit dem dominanten Glaubens-Gut der Epoche des Konfessionalismus liegen das Mutige und Moderne dieses immer noch unterschätzten Teils seiner Sonett-Kunst.

l)    »Thränen« – Vom Selbstmitleid zur ›compassio‹ (›Oden‹ I–IV)

1)    *Entstehung und Form*: Die Entstehungszeit von Gryphius' ›Oden‹ reicht in seine literarischen Anfänge zurück. Die ›Thränen über das Leiden Jesu Christi‹ sind nach seinem eigenen Bekenntnis »in erster Blüthe der noch kaum zeitigen Jugend dem Papier vertrauet« (O IV, S. 97), also vermutlich während seines Aufenthaltes bei Schönborner (1637/38) entstanden. Gryphius hat sie aber erst 1652 separat publiziert und 1657 mit eigener Vorrede als abschließendes Buch IV in seine ›Oden‹-Sammlung integriert, die im Rahmen seiner ›Deutscher Gedichte Erster Theil‹ veröffentlicht wurde. Von den drei voranstehenden ›Oden‹-Büchern erschien das erste zuvor separat 1643 in Leiden, das zweite zuerst 1650, das dritte erstmals in der Ausgabe von 1657 (vgl. II.44 Szyrocki 1964b, S. VIIff.). Die ersten drei Bücher enthalten je zwölf, das vierte Buch 19 Texte. Von drei ›weltlichen‹ Ausnahmen abgesehen (II, 4: ›Manet unica virtus‹; II, 9: ›Ruhe deß Gemûttes‹; III, 11: ›Fortis ut mors Dilectio‹ [= Hl. 8,6]. Auff seine und seiner Ehegeliebten Vermählung‹) handelt es sich bei allen anderen Texten um *geistliche* Oden. Dabei sind 20 der 36 Texte aus den drei ersten Büchern *Strophenlieder*, die anderen *pindarische Oden* mit teils einfacher, teils mehrfacher Abfolge von ›Satz‹, ›Gegensatz‹ und ›Abgesang‹.

Abweichend von diesen thematisch vielgestaltigen Liedern handelt es sich im vierten Buch um einen strengen Zyklus von durchgängig strophisch komponierten *Passionsliedern*, die in enger Versifizierung des Bibeltextes von der ›Einsetzung des Abendmahls‹ (O IV, S. 103ff.) bis zu ›Deß HErren Begråbnůß‹ (ebda., S. 145ff.) reichen und auch der Gattung der Threnologie entsprechend, die keinen Trost kennt, die Auferstehung ausklammert. Hier ist jedem Lied eine Melodieangabe vorangesetzt, während ein solcher Hinweis in den Texten der ersten drei Oden-Bücher fehlt. Wegen dieser Unterschiede empfiehlt es sich – wie in der Forschung üblich (vgl. II.44 Krummacher 1976, S. 309ff.; IV Scheitler 1982, S. 273ff., 294ff.) –, die Bücher I–III und Buch IV zunächst getrennt zu behandeln. Dennoch stellt sich die Frage nach dem kompositorischen Gesamtzusammenhang.

2)    *Wirkung und Gattungscharakter (Bücher I–III)*: Gryphius' ›Oden‹ haben – schon bei den Zeitgenossen, aber auch in der Forschung – weit weniger Interesse gefunden als die Sonette. Das hängt mit den – im folgenden noch zu erläuternden – gattungsgeschichtlichen und autorspezifischen Besonderheiten dieser Sammlungen zusammen. Während in der Forschung vor allem das vierte Buch angesichts des para-

phrasierenden Umgangs mit dem Bibelwort im Vergleich mit dem deutenden der
›Sonn- und Feiertagssonette‹ als Rückfall und als »untypisch für Gryphius« kritisiert
wurde (III Windfuhr, S. 137; vgl. dazu II.44 Krummacher 1976, S. 311ff., 365), emp-
fanden die Zeitgenossen die Gryphschen Oden offenbar als untypisch für die Gattung des geistlichen Liedes und daher auch als ungeeignet für den Gemeindegesang,
aber es gibt auch kaum Arienkompositionen (eine Ausnahme stellt der Zyklus von
12 Soloarien von Wolfgang Carl Briegel dar [1670]; vgl. dazu IV Scheitler 1982,
S. 277ff.). Unter der Rubrik ›Sterben und ewiges Leben‹ verzeichnet das ›Evangelische Gesangbuch‹ noch heute das einzige – überarbeitete und gekürzte – Lied aus
den ›Oden‹, das als Kirchenlied Anerkennung fand: »Die Herrlichkeit der Erden /
muß Rauch und Asche werden« (vgl. I, 9; G, S. 92ff.). Kurz nach Gryphius' Tod
hatten noch sechs bzw. fünf Lieder aus seinen drei Odenbüchern Aufnahme in einige
Gesangbücher gefunden (vgl. II.44 Mannack 1986, S. 41; IV Scheitler 1982,
S. 274f.), allerdings waren diese keine eigentlichen Kirchengesangbücher, sondern
»Erbauungsbücher mit wenig liturgischen Rücksichten« (ebda., S. 276).

Das kann nicht erstaunen, denn Gryphius' Oden waren nicht als Kirchenlieder
konzipiert und intendiert (nur zwei Lieder, nämlich I, 9 und II, 7, sind überhaupt auf
Melodien des 16. Jahrhunderts singbar; vgl. ebda., S. 276), sondern als *poesiebestimmte geistliche Lieder*, d. h. als stilistisch und inhaltlich anspruchsvolle ›Leselyrik‹
und ›Kunstpoesie‹ in der gelehrt-humanistischen Dichtungstradition (vgl. dazu
Bd. I, S. 50ff.).

Scheitler hat die entsprechenden Merkmale dieser gelehrten Kunst-Intention
überzeugend zusammengetragen (ich kann hier nur summarisch darauf verweisen;
vgl. IV 1982, S. 273ff., 280ff.): Gryphius vermeidet die für das Kirchenlied üblichen,
in der Gelehrtendichtung verpönten Waisen, entwickelt eigene *neue Strophenformen*
mit sehr unterschiedlichen Strophenlängen (zwischen 4 und 14 Zeilen [II, 5]; es gibt
nur vier Lieder mit identischen Strophen: II, 10; III, 5; III, 8; III, 11), dazu eine
Vorliebe für anspruchsvolle *gemischte Versmaße* in den Strophen (›Wechselverse‹,
d. h. Kombinationen von Trochäen und Jamben, Daktylen und Trochäen, vers com-
mune und Alexandrinerzeilen, Kurz- und Langversen), er verwendet häufiger das –
die Sangbarkeit erschwerende – Strophenenjambement, z. T. komplizierte Reimfol-
gen (z. B. in I, 8: aaabccddb), z. T. Reimlosigkeit, in diesem Fall aber verbunden mit
einem formalen Kabinettstück in II, 3 (›Verleugnung der Welt‹; O II, S. 40f.):

> »Die Zeilen jeder Strophe schließen mit den gleichen Wörtern und in der gleichen Abfolge
> dieser Wörter wie in der I. Strophe. Da jeweils das Schlußwort der letzten Zeile der
> vorhergehenden Strophe das Schlußwort der Anfangszeile der nächsten Strophe wird,
> rollt das Band der ›Reimwörter‹ in jeder Strophe um ein Glied weiter und schließt sich in
> der letzten Strophe wieder an die erste an. Zugleich weist das Lied inhaltlich einen ge-
> radezu musikalischen Bau auf, der wie eine Fuge oder ein Sonatensatz aus Exposition (I),
> Durchführung (III–V) und Reprise (Vf.) besteht, wobei das Summationsschema der letz-
> ten Zeile gewissermaßen die Engführung darstellt.« (IV Scheitler 1982, S. 281)

Analog dazu lassen sich vielfach Dispositionen nach dem Gliederungsschema der
*Chrien* nachweisen (z. B. I, 4; I, 12). – Der *Stil* mit zahlreichen rhetorischen Figuren,
Parallelkonstruktionen, Amplifikationen, Periphrasen und intensiver Durcharbei-
tung der Klangform (Alliterationen, Paronomasien usw.) konveniert ebenso mit dem
Anspruch gelehrter Kunst-Dichtung wie das Fehlen kirchenliedtypischer Themati-

sierung der Stationen des Kirchenjahres (es gibt nur zwei Lieder zum Jahresende [II, 12; III, 9] sowie je eins zu Weihnachten [II, 10] und Ostern [III, 8], doch auch diese sind ihrem Charakter nach persönliche Andachts-, aber keine Gemeindelieder). Überhaupt fehlt diesen Oden weitgehend der Bezug zur Liturgie, zur Predigt und zur Gemeindefrömmigkeit allgemein. Als Sprechinstanz der Lieder fungiert zumeist ein ›Ich‹, das zwar auch gnomisch Glaubenswahrheiten vermittelt, jedoch so häufig, wie sich noch zeigen wird, Glaubenszweifel, -nöte und Klagen artikuliert, daß diese als Ausdruck individueller Problematik erscheinen, jedenfalls im kirchlichen Gebrauch eine Gemeinde eher verunsichert als erbaut hätten. An diesem Eindruck ändert auch nichts der *intensive Bibelbezug* der Oden, die vom Titel-Motto (in 11 Fällen; vgl. IV Scheitler 1982, S. 287) über Psalmenparaphrasen (I, 7: Ps. 13; I, 8: Ps. 120; II, 8: Ps. 126; ferner paraphrasiert II, 5 Micha 7, 8–10) bis zu intensiven Allusionen auf Bibelverse in den Texten reichen (mit bemerkenswerter, allerdings zeittypischer Vorliebe für Stellen aus dem Alten Testament). Aber diese Bibelverweise beziehen sich mehrheitlich nicht auf Zentralstellen der christlich-konfessionellen Verkündigung, sondern erweisen sich eher als Fundstellen einer individuellen Bibellektüre. Schließlich hatte Gryphius hier wie auch bei der Themenwahl keine pastoralen Rücksichten zu nehmen.

3) *Leitmotive und Zyklus-Bildung*: Als Haupt- und Leitmotive der drei Bücher nennt Scheitler ohne nähere Erläuterung die Beschäftigung mit der ›vanitas mundi‹ in sechs Liedern (I, 4; I, 5; I, 9; II, 3; II, 4; II, 7), dann die »Klage in Leid« (in den schon genannten Psalmen- und Micha-Paraphrasen), ferner – kontrastierend – »drei oder vier Dank- und Loblieder (I, 11; I, 12; III, 5; eventuell II, 8).« (IV 1982, S. 284) Das läßt auf Wiederholung und Variation, aber noch nicht auf leitmotivische Durchdringung und Zyklusbildung schließen, die ihrerseits aber in der durchgängigen Zahl von je 12 Liedern in den drei ›Büchern‹ indiziert zu sein scheint. Als im Verlauf der einzelnen Lieder wie auch im Verlauf der drei Oden-Bücher zyklisch durchgestaltetes *Hauptthema* erweist sich, scheint mir, der *Weg von Glaubensnot, Erwählungszweifel* und daraus resultierendem *Selbstmitleid* über die – zunehmend *Leiden als Mittel der Heilsgewinnung* begreifende und einsetzende *Selbstvergewisserung, ja –ermächtigung des Subjekts* bis hin zu einer immer nachdrücklicher erschriebenen und bekannten *Gewißheit über den Gewinn der ewigen Seligkeit*. Die genannten Stadien finden sich – allerdings mit unterschiedlicher Gewichtung – in jedem der drei Bücher. Insofern stellen sie eine Art ›dreiaktiges Seelendrama‹ dar, in dem der Pendel jeweils von tiefster Melancholie bis hin zu einer (wenngleich keineswegs manischen) Euphorie ausschlägt, als Kommen und Gehen von Leid und Klage, Hoffnung und Freude in Seele oder Geist. Die Freude überwiegt im dritten Zyklus und ermöglicht aus der Selbstvergewisserung des Heils die *Bereitschaft zur* imitatorischen *compassio mit Christus (Buch IV)*. Damit spannt sich der Bogen zugleich von der selbstbezüglichen zur mitleidigen Liebe – ein Weg, den der Jesuit Friedrich von Spee in seinen erbaulichen Werken ›Güldenes Tugend-Buch‹ und ›Trvtz-Nachtigal‹ als Weg von Glaube und Hoffnung (dem ›amor concupiscentiae‹) zur wahren Liebe (dem ›amor benevolentiae‹) einübend ebenfalls vollzieht (vgl. dazu Bd. III, S. 159ff.; zur Affinität von Frömmigkeit und Dichtung beider Autoren vgl. II.44 Yu, S. 215ff.). – Ich kann diesen zyklischen Charakter der ›Oden‹-Bücher hier nur in wenigen Aspekten verdeutlichen.

4)   *Zyklus Buch I*: Im *ersten Buch* und medias in res gleich im ersten Text, einer
pindarischen Ode, wird diese Spannung in heftigen Pendelschlägen ausgetragen. In
einigen Ausgaben trug die Ode den bezeichnenden Titel ›Der Herr hat mich verlassen‹. Das wäre allerdings das entscheidende ›subiectum‹ bzw. die ›protasis‹ nicht nur
der ersten Ode, sondern des ganzen ersten Oden-Buches. Im ›Satz‹ erscheint die
Personfizierung der »trawrigen Sion« (Zion = Bezeichnung für den Tempelberg bzw.
Jerusalem) als über seine Gottverlassenheit klagendes Weib (mit der Schlußbe-
schwerung der Strophe durch ein Alexandriner-Reimpaar, das insisierende Variation
und Amplifikation ermöglicht):

> »Ach spricht sie / ach der Herr mein Leben /
> Hatt mich in meiner angst verlassen!
> Der den ich liebe / will mich hassen!
> Vnd meinem Erbfeind vbergeben.
> Er fragt nicht mehr nach mir / er läst mich aus der acht!
> Er denckt an Sion nicht / an Sion / die verschmacht.«
>    (O I, S. 3)

Diese geradezu vorwurfsvolle Klage wird im ›Gegensatz‹ zur Anklage gesteigert, und
zwar e contrario (zum Verhalten Gottes) durch das exemplum des Naturrechts, das
jeder Mutter die Sorge für das eigene Kind zur unabweislichen, durch »seel vndt sin«
geradezu psychophysisch eingeprägten Pflicht macht (im folgenden der ganze Wortlaut der zweiten Strophe mit dem auffälligen, dem umarmenden Reim folgenden
Wechsel von jambischen und daktylischen Versen in Verbindung mit Drei- und Vier-
hebern sowie Alexandrinerversen):

> »DVrchsucht das weite landt:
> Suche Sion in den feldern /
> Suche Sion in den wåldern /
> Wo menschen nur bekandt:
> Ob eine mutter sey die auch ihr eigen kindt /
> Aus ihrem hertzen setz’ / ob eine schlag in windt /
> Das starcke recht das sie zue lieben
> Die bittersüße bürde zwingt:
> Das recht das seel vndt sin durchdringt
> Das die natur selbst vorgeschriben.
> Wo ist ein weib die ohn empfinden /
> Ihr eigen fleisch das sie gebohren /
> Des leibes zartte frucht verlohren?
> Fürwar der Geist will schier verschwinden:
> Sie zittert / sie erschrickt / als für der Todten=grufft.
> Im faall der kleine sohn: Ach mutter / mutter / rufft.«
>    (Ebda., S. 3f.)

Damit introduziert Gryphius ein zentrales Motiv aus anderen Werken, das sich nach
unserer Interpretation im Sonett ›Gedencket an Loths Weib‹ bündelt, nun auch als
Leitmotiv in seine ›Oden‹-Bücher. Und hier wird auch deutlich, daß er das moderne
Naturrecht mit der Verpflichtung zur »socialitas« aus der Mutter-Kind-Beziehung
herleitet. Dieser Beweis des Naturrechts richtet sich gegen Gott als »Vater«, der
eigentlich gegenüber seinem Kind ›Sion‹ nicht anders handeln darf als eine irdische
Mutter. Während die zweite Strophe als klagendes Selbstgespräch Sions gedeutet

werden kann, spricht im ›Zusatz‹ der dritten und letzten Strophe, wie sich aber erst
am Schluß erweist, nun Gott selbst, der seine »Vaterrolle« annimmt und Sion seiner
»sorge« versichert, auf die noch mehr Verlaß sei als auf eine naturrechtlich gegründete, vor Fehlverhalten nicht geschützte Fürsorge (tatsächlich hat im 18. Jahrhundert die Problematik des Kindsmords als unerklärlichen ›Widerspruchs‹ gegen die
Stimme der Natur zur entscheidenden Diskussion um die Reform des Strafrechts
geführt; vgl. dazu Bd. VI/3, S. 239ff.):

> »Nein Sion! Wo natur vndt blut ja trigen kann!
> Nimbt eine mutter gleich ihr eigen kindt nicht an:
> So glaube doch! Ich lasse nicht von dir
> Du bleibest mein: ich sorge für vndt für /
> Für dich mein kindt / dis sey der trewe pfandt:
> Ich habe dich gezeichnet in die handt.«
>      (Ebda., S. 4)

Im Gedankengang des Eröffnungslieds sind somit ductus und telos des ganzen Zyklus vorweggenommen. In den nachfolgenden Liedern werden die Gewichte zwischen göttlicher Heilszusage (I, 2; »Ob ich mich auch zuweilen zornig stelle: [...] Im
augenblick wird dennoch alles helle.« O I, S. 5) sowie Klage und Zweifel auf der
anderen Seite (I, 3 als »Thränen«-Gedicht [»DIe augen sindt vom weinen gar ver-
torben« mit abschließender Heilszusage; O I, S. 7) umgewichtet und variiert, wobei
sie sich jeweils mit anderen Motiven verbinden. So die Klage zunächst mit der ›vanitas‹- und ›memento mori‹-Thematik (I, 4: ›Prosopopeia Viri literati è tvmlo‹
[›Letzte rede eines Gelehrten auß seinem Grabe‹] O I, S. 8ff.; I, 5: ›WAs ist die welt‹;
ebda., S. 10f.). Als ›conclusio‹ des ›memento mori‹-Lieds I, 4 wird zugleich die
Bedeutung gelehrten Wissens als Mittel zum Nachruhm angesichts der Unerbittlich-
keit des Todes entwertet, zugleich aber die Tugend als »rechtes Leben« und ›wahres
Christentum‹ im Sinne Johann Arndts eingeführt und dem ›glaubst du, so hast du‹
der lutherischen Orthodoxie entgegengestellt.

> »11. Gott dem wir rechnung vbergeben /
> Schaut kein gelehrtes wissen an.
> Er forschet nur nach vnserm leben /
> Vndt ob wir was er hies gethan:
> Er will zwar weisheit mit viel kronen:
> Doch nur wen sie ihm dient belohnen.«
>      (O I, S. 9f.)

Auf dem Höhepunkt der Klage – nun wieder über Glaubensnot und Erwählungsun-
gewißheit – imaginiert sich die Sprechinstanz – das Motiv aus I, 4 aufgreifend – als
todkrank, »Weil mich mein Gott verlåst« (»Ach! ach mir wird so bang! / Wo bleibet
Gott so lang.« O I, S. 12). Auf die flehentliche Bitte um Erhörung und Erlösung
folgt als exemplum wiederum im ›2. Gegensatz‹ das Kind-Motiv aus dem ersten Lied
(»Es ist dein kindt das man so hönisch itzt verlachet. [...] Dein kindt hertzlibster
Gott! Ist frembder spiell und Spott.« O I, S. 13) Dieses später mehrfach wiederkeh-
rende, aus den Psalmen bekannte Motiv vom Verspottetwerden durch die Feinde,
das für das Luthertum aktuelle Bedeutung besaß, führt über zur Paraphrase von
Psalm 13 in I, 7 (›Domine vsque quo?‹), wobei die Sprechinstanz die Gelegenheit
nutzt, um die ›fiducia‹ seines ›rechten Glaubens‹ in einem Zusatz Christus gegenüber

sogar einzuklagen: »Soll ich Herr / dein antlitz nicht mehr schawen? // Hab ich nicht
o Heilandt! Mein vertrawen // Stets auff dich gegründet fest?« (Ebda., S. 14) Die
nachfolgende Psalmenparaphrase (I, 8: ›Psalmus CXX‹) führt nach einer Vergewis-
serung (»Mein seuftzen / meine bitt' // Erweiche sein gemütt«) erneut über in tiefe
Irritation angesichts des Triumphs der Feinde (ebda., S. 16f.). Und dies führt zu
jenem ›Vanitas‹-Text, der sich bis heute als einziger der Gryphschen Oden als Kirchenlied bewährt hat (I, 9: »Die Herrrlikeit der Erden // Mus rauch vndt aschen
werden«; vgl. O I, S. 17; G, S. 92ff.). Die drei Schlußgedichte des ersten Buches
bewegen das Pendel der Klage und ›vanitas‹ dann mehr und mehr in die Gegenrich-
tung der Zuversicht und des Zutrauens zu Gott, der mit Hilfe erquickt (I, 10) und
Hilfe gewährt (I, 12). So wird eine klare zyklische Durcharbeitung erkennbar, bei der
allerdings das Klagemotiv anteilmäßig etwa zwei Drittel der Texte des ersten Buches
umfaßt.

5) *Zyklus Buch II*: Das zweite Oden-Buch erweist sich als thematische Variation
des ersten. Dabei zeigt sich eine auffällige Analogie zum zweiten Sonett-Buch. Denn
hier wie dort erhalten nun – nach zentralen Motiven aus der Bibel im ersten Buch –
durchgängig Motive aus dem ›Buch der Natur‹ tragende Bedeutung. Das Eröff-
nungsgedicht – eine pindarische Ode wie I, 1 und mit dem Titelmotto aus Ps. 71, 20
(vgl. auch G, S. 94ff.) – kleidet die Klage über seine Gottverlassenheit (»GOTT /
gutter GOtt / nur mir / zu strenger Richter!« O II; S. 33) ganz ein in eine Natur-
motivik, die Erde und Himmel umfaßt (»Ihr immerlichten stäter Himmel Lichter!
[...] Kan die Hell=besternte Nacht! Kann mich nicht die Sonn' erquicken: // Sol
mich jede Morgenrött' jeder Abendstunde drücken« usw. Ebda.; vgl. G, S. 94ff.).
Auch der in Analogie zu I, 1 erfolgende Zuspruch in II, 1 geschieht im Medium der
Anspielung auf den Heilsweg durch die Natur und im Anblick der Sterne: »Er
wendet sich vnd hört nach meinem wimmern / [...] Ich spür' vmb mich sein edle
Wächter schimmern.« (O I, S. 34) Dies führt im ›Zusatz‹ zu der beinahe stolzen, in
der Formulierung einen zentralcalvinistischen Lehrsatz umkehrenden und auf das
›Ich‹ applizierenden ›conclusio‹ (›Dem allmächtigen Gott allein die Ehre!‹ Vgl.
Kap. 1 b–5; Anhang):

> »Der / der vns schützt in noth /
> Erweist an mir die Allmacht seiner Ehren!
> [...]
> Der / der mir vor den Rucken wandte:
> Der mich in seinem grim verbannte:
> Kehret mir den süssen Mund / vnd die lieben Augen zu
> Er erquickt mein Hertz mit trost vnd verspricht mir stille Ruh.«
>     (O II, S. 34)

Die folgende pindarische Ode (II, 2: ›Verlangen nach den Ewigen Hügeln‹; O II,
S. 35ff.) illustriert die Sehnsucht nach Gott im Medium der Naturbetrachtung und
des »Ewiglichten Himmelbaws« der Sternen-Welt (»Wer mag die nicht seelig nennen // Die auf deinen lichtern gehen?« Ebda., S. 37). Die formal virtuose Ode II, 3
kehrt zur ›vanitas‹-Thematik zurück (II, 3: ›Verleugnung der Welt‹), II, 4 inthro-
nisiert nach der Ablehnung irdischer Eitelkeiten die Tugend als »das werthe pfandt /
Das nur deß Himmels gunst außtheilet« und – so endet das Lied –: »Sie lehrt was

irrdisch ist verlachen. // Vnd kann vns gleich den Göttern machen.« (O II, S. 42f.)
Damit wird das Motiv des »rechten Lebens« aus dem ersten Buch aufgegriffen,
bekräftigt und deutlich in den Kontext humanistischen Tugend-Verständnisses überführt.

Die anschließende pindarische Ode (II, 5: eine Paraphrase von Micha 7, 8) stellt
dieses Tugendverständnis auf eine äußerste Probe, indem sie das Sprecher-Ich in die
Situation von Lots Weib versetzt (mit deutlichen motivischen Anspielungen an das
Sonett):

> »Daß der Höchste sich ergrimmet
> Vnd mein Haupt zum zweck bestimmet
> Auff den alle Wetter macht
> Mit schwartzer wolcken zorn vnd dunckel=rottem Blitz
> Mit harter schläge Sturm vnd Schwefel=lichter hitz
> Mit entzünd'ter glutt /
> Vnd der schmertzen flutt /
> Von der Himmel Rüsthauß kracht?
> [...]
> GOTTES eyver fühl ich brennen
> Vnd der scharffen Pfeyle wütten
> Die er auff mich abgeschossen:
> Alß mein frevlen ihn verdrossen/
> Doch ich weiß mein Hertze glaubt!«
>     (O II, S. 44)

Diese Bewährung des Glaubens in verzweiflungsvoller und anscheinend hoffnungs-
loser Situation ist vielleicht auch ein weiterer poetischer Kommentar zur »weisen«
Aussöhnung des ›vorwitzes‹ von Lots Weib. Als weitere Strafe des göttlichen Zorns
schildert das Ich den Entzug des Anblicks der Sterne (»Soll der Hellbestern'te Wagen / Nicht mir armen mehr auffgehn?« Ebda., S. 45). Aber es will alles ertragen:
Hier bestätigt sich die Mausersche These von der ›Leiden-Heil‹-Denkfigur in dieser
Zeit des angefochtenen Luthertums (vgl. Kap. 6 a–6): Das passive Erleiden aller
Plagen und Strafen soll das Heil erbringen. Da stoßen lutherische Passivität, calvinistische Prüfungsfestigkeit und das neustoizistische Modell des ›fortiter stare‹ nicht
spannungsfrei aufeinander:

> »Wol! Ich will die Last der plagen
> Vnd den jammerrreichen spott
> Den der Höchst erzörnte GOTT
> Mir auf beyde Schultern leget
> Mit getroßtem Muth ertragen.
> Daß Er itzt so grimmig schläget
> Hab ich Niemand schuld zu geben /
> Alß dem rohen tollen Leben.
> Das ich tag für tag verübt
> Schlag / straffe / streich / vnd schmeiß. Ich habe mehr verschuldt
> Ich will die Kinder Rutt ertragen mit geduldt«
>     (O II, S. 45; vgl. zur Bedeutung der Rute auch Bd. II, S. 171ff.)

Nach solcher äußersten Bewährungsprobe festigt sich beim Ich trotz anhaltender
Irritation darüber, daß – so in II, 6 –, »man / vnß die wir sein' vnß die er außer-
wehlet // Die er für sein eigen schätzt vnd derer Haar' er zehlet // In dem Elend hålt
gefangen« (O II; S. 47), die – auch in calvinistischem Sinne lesbare – Zuversicht des
eben durch Leiden als Durchstehen der auferlegten Prüfung erworbenen Heilsge-
winns, und das Ich imaginiert sich schon in die ewige Seligkeit hinein (»Frolockt ihr
Sternen / ich bin frey / Die starcken Schlôsser sind entzwey.« Ebda., S. 48)

    Mit der in der Mitte des Zyklus die Klage überwindenden Bewährung im Leid,
aus der die Seele schon die Freuden des Jenseits zu schauen glaubt, bringt sich
immer stärker ein *humanistisch-neuplatonischer Zug* zur Geltung. Das beginnt in II, 7
(»Die erden schaw' ich vnter mir!« O II, S. 49) mit der gänzlich unorthodoxen neuplatonischen Explikation des Leib-Seele-Gegensatzes, wonach nur die Seele unsterblich ist und den Leib als ihr irdisches Gefängnis betrachtet, aus welchem der Tod sie
zur Rückkehr ins Göttliche befreit (so auch in der ›Erklärung des Kupffertitels‹ in
ÜERB I, S. 12):

> »Mein irrdisch Hauß der Leib geht eyn
> Der Nothstall meiner Seelen /
> Der Stock / die Werckstatt herber pein /
> Die enge Marter hôhlen
> Der werthe schatz bleibt vnverletzt:
> Den wir / ob schon der Feind nach setzt /
> Dem Hôchsten widerbringen.«
>     (O II, S. 49)

Nach einer Paraphrase von Psalm 126 (II, 8) behandelt Lied II, 9 das Thema der
›Ruhe deß Gemůttes‹, das – wie gesehen – geschickt schon am Ende von II, 1
eingeführt und theologisch legitimiert worden war. Jetzt aber atmet das Lied selbst
einen ganz humanistisch-neustoizistischen ›Geist‹. Schon mit der ersten Zeile (»WIe
seelig ist der hohe Geist zu schätzen«; O II, S. 53) greift die Ode (wie im ersten Reyen
von ›Cardenio und Celinde‹; vgl. CC, S. 32ff.) auf neuplatonische Begrifflichkeit
zurück. Und mit der Introduktion des ›Geistes‹ verbindet sich zugleich ein Lobpreis
der in I, 4 noch im Angesicht des Todes kritisierten wissenschaftlichen Fähigkeiten
des Menschen – einschließlich der Sternkunde! – zur Erkundung und Beherrschung
des ›Buchs der Natur‹:

> »Er schmůckt sein gantz mit Ehr geziert Gemůtte
> Mit nicht gemeinem glantz der Weißheit auß;
> Er lern't warumb die stoltze welle wůtte;
> Er kenn't die Sternen selbst in ihrem Hauß
> Was in den Lůfften
> Was ob vns schweb;
> Was auß den klůfften
> Der grufft / erheb' /
> Vnd ewig leb'.«
>     (O II, S. 54f.)

Und hier wird der Aufstieg zu Gott – analog zum Sonett ›An die Sternen‹ – nicht
durch den Tod unterbrochen und entwertet, sondern gradualistisch als Aufstieg zur
höchsten Weisheit ersehnt und imaginativ vollzogen:

>> »Ach! kônt' ich / was ich itzund rûhm erlangen /
>> Ach mein verhångnis! Was hålt mich zurûck?
>> Wenn wird mich doch die sûsse Ruh' umbfangen?
>> Die schône Lust / das allerhôchste Glûck.«
>>    (Ebda., S. 55)

Interessanterweise fügt Gryphius nachfolgend – schon am Ende dieses Zyklus und antizyklisch zum liturgischen Beginn des Kirchenjahres – ein Lied ›Vber die Geburt deß HERREN‹ an (II, 10). Darin betont er schulmäßig die lutherische Lehre von der Ubiquität (»Der die Welt sein Hauß kann nennen / Wird in einen Stall verbannt«; O II, S. 56f.) und Omnipotenz des Mensch gewordenen Gottes (»Der an Macht dem hôchsten GOtte // Alß an Wesen gleiche geht«; ebda., S. 57). Dem stellt das Ich nicht etwa die liturgisch gebotene Freude, sondern e contrario das eigene Leid entgegen (»Nur mein hochbetrûbtes Hertz; [...] Schmacht bey dieser Freud vnd zaget.« O II, S. 57) Und das leidende Ich findet die ›Ruhe des Gemûthes‹ erst wieder, als es sich klar macht, daß der Gottessohn seinerseits zum *Leiden* auf die Welt gekommen ist. In solcher Vorstellung einer ›com-passio‹ gewinnt das Ich schließlich seinen Trost. Das ist eine nahezu unüberbietbare Sakralisierung der ›Leiden-Heil‹-Argumentation: Christus kommt nicht auf die Erde, um den Sünder zu erlösen, sondern um der leidenden Kreatur selbst als Leidender nahe zu sein. Gerade dies aber erweckt Wiederliebe und ›compassio‹ des Ich. Damit ist das Programm des vierten Oden-Buches schon vorbereitet.

Wie in den Sonetten fehlt auch hier ein förmliches Gedicht ›An Gott den Vater‹. Die vorletzte elfte Ode (vor dem 12. Lied ›Beschluß des Jahres‹) ist »GOtt dem Heiligen Geiste‹ gewidmet. In dieser pindarischen Ode summieren sich alle Motive, die im Laufe des Zyklus der Hochschätzung des ›Geistes‹ gedient haben. Sie werden nun auf den Heiligen Geist projiziert, in diesem sozusagen ›geheiligt‹ und als ›Ausgießung‹ des »Allmachts Taws« (!) und »Liebe=winds« wiederum auf den menschlichen Geist zurückprojiziert. Und dies mit erstaunlichen Wirkungen, die den kühnen Thesen des Jesuitenpaters Friedrich von Spee über die Unschuld der auf der Folter angeklagten Hexen nicht nachstehen und gegen den Augenschein der kirchlich und staatlich sanktionierten Gerichtsbarkeit die Reinheit des Gewissens proklamieren, welche den Typ des *Märtyrers* auszeichnet:

>> »Viel hat die Hôll! Viel ein Tyrann' erschrecket;
>> Du großer Geist hast sie noch mehr gesterckt
>> Viel hat die Pein der Folter banck gerecket.
>> Man hat in ihrem Hertzen dich vermerckt.
>> Viel sind bedeckt / mit Purpur rottem Blutt /
>> Gewiesen in die glutt:
>> Ihr Fleisch verfiel / doch ihnen wuchs der Mutt /
>> Durch dich / du höchstes Gutt.«
>> (O II, S. 59f.)

Und das Ich erbittet sich am Ende diese Kraft, die eigene »gemûts«-Angst zu überwinden und die Kraft zu tätigem Einsatz in der Welt zu gewinnen: »Ich weiß daß du durch mich kanst alles thun: // Drumb bitt ich HERR: Laß meiner Faust gelingen // Was du befihlst; biß daß mein Fleisch wird ruhn.« (Ebda., S. 60f.)

6)  *Zyklus Buch III*: Das Buch wird eröffnet mit einer großen, vierfach durchgeführten (also zwölfstrophigen) pindarischen Ode, die mit ihrer Aufforderung zum Lobpreis Gottes den Charakter einer Hymne hat (»Halleluja! rûhmet Gott«; O III, S. 69), wobei motivische Rückbezüge auf die früheren Zyklen (etwa auf I, 1 mit der Mutter-Kind-Argumentation: »Wie eine Mutter sich nach mehr den grimmen Leiden // Ob ihrer Frucht ergetzt; [...] So muß die Seele prangen // Wann Gott sich zu ihr wendt«; O III, S. 67f.) auch die sorgfältige, die Einzelzyklen übergreifende motivische Durchkomponierung dokumentieren. Zugleich deutet der Auftakt auf eine thematische Gewichtsverlagerung im dritten Buch. Hatte sich die Perspektive im zweiten Zyklus mehr auf das ›Buch der Natur‹ und schließlich auch auf die Bitte um tatkräftige Mitwirkung in der Welt gerichtet, so behält der dritte diese Richtung, wie sich zeigen wird, zwar bei, akzentuiert gegen Anfang und Ende aber stärker das anagogisch-heilsgeschichtliche Ziel im ›Buch der Seligkeit‹. Deshalb kann der Zyklus indes auch die ›vanitas‹-Themaik wieder aufnehmen wie in III, 2 (›Scire Tuum nihil est‹), wobei nun auch die Sterblichkeit und Zeitlichkeit der Natur von den Jahreszyklen bis zu den Sternen (und »Cometen«!) hervorgehoben und jene eschatologische Lehre expliziert wird, die das Sonett ›Ebenbild unsers Lebens‹ ausgespart hatte:

> »Was hilfft die Wissenschaft? Wenn vor deß HErren Throne
> Die Seel erscheinen muß?
> Da Witz vnd Vnverstand / da Hirten Stab vnd Krone
> Zu gleicher Wage geht /
> Da Pflug vnd Zepter eins! Da alle Weißheit schwindet
> Vnd dieser nur besteht
> Den in deß Lebens Buch der strenge Richter findet;
> Im Buch der Seligkeit.«
>     (O III, S. 74)

Lied III, 3 wiederholt und variiert die Motiv-Konstellation von Lots Weib (»Vmb mich erkracht mit Vngewittern // Der / auff den schwachen Geist zuhart erhitzte GOtt.« O III, S. 75) und verbindet dies mit dem Bildfeld von Christus als dem »schlummernden helfer« (vgl. Kap. 6 k–3): »Der du mit einem Wort // Das tolle schnauben brichst // Der du an iedem Ort // Ein rechtes Vrtheil sprichst // Beweiß' anitzt / daß dich der Schlaff nicht ûberwunden!« (Ebda., S. 76) Doch auch hier wird die im Perikopensonett offen gebliebene Antwort im ›2. Abgesang‹ als Zuversicht gegenüber den Feinden und mit Rückgriff auf die früheren Psalmenbearbeitungen geradezu triumphal verkündet: »Denkt nicht / daß der mổg' vntergehen // Den ihr auff Gott / dem Felß / seht stehen.« (Ebda., S. 77) Und dieser Tenor der Zuversicht auf Gottes Hilfe und des Danks für Errettung und Bewahrung setzt sich auch in den beiden anschließenden Oden fort (III, 4: ›Du erhổrest Gebet / darumb kổmt alles Fleisch zu dir‹; III, 5: »Tu extraxiste me de Ventre Matris meae« [Ps. 22, 10]). Während das Titelmotiv im berühmten Klagepsalm 22 (Ps. 22, 1: »Mein Gott, mein Gott, warum hast du mich verlassen?«) im Sinne früherer Verwendung des Motivs auch bei Gryphius gerade auf die Hilflosigkeit des Kindes verweist und an Gott appelliert, gerade weil dieser es aus dem Mutterleibe gezogen hat, wird das Motiv in diesem Lied umgekehrt zum triumphalen Erweis für die eigene Erwähltheit: »Mehr / das / als ich kaum geboren // Schon zu deinem Kind erkohren.« (O III, S. 79)

In scharfem Kontrast hierzu entwickelt sich zunächst die pindarische Ode III, 6 (›Ziehet hin! Lieben Kinder / ziehet hin! Baruch 4/19‹) – als Mitte des Zyklus wie die anderen gleich plazierten Oden der früheren Bücher ein gedanklicher Höhepunkt in der Selbstbeschreibung der Sprecherposition. Die Ode ist anfangs eine freie Bearbeitung des apokryphen Baruch-Textes mit der Klage des Propheten über die Exilsituation Israels »in Babel im fünften Jahr, am siebenten Tage des Monats, in dem die Chaldäer Jerusalem erobert und mit Feuer verbrannt hatten« (Bar. 1, 2f.). Die verzweiflungsvolle Exilsituation hat Gott als Strafe über sein Volk verhängt (Bar. 4, 10f.), und nur er selbst kann es daraus befreien (Bar. 4, 18). In diesem Kontext fällt das Titelmotto der Ode, das Gryphius auch bei der Leichabdankung auf Schönborner variierend verwendet und dort auf Christus und die eigene Lage nach dem Tod Schönborners bezieht (»Ich aber bin verlassen einsam« Bar. 4, 19; DF S. 64f.; vgl. Kap. 6 h–8). In der vorliegenden Ode ist der Sprecher ein prophetisches Vater-Ich, das die eigenen Kinder wider Herz und Willen »ziehen« lassen muß, weil es ihnen keinen Schutz mehr zu gewähren vermag (»Was wendet ihr euch streng vmb diese Brust! // Der Vberwinder reißt euch / meine lust // In harte Dinstbarkeit / vnd läßt mich einsam sitzen;« O III, S. 80). Nochmals also rückt der Autor seine traumatische Verlassenheitserfahrung im Medium intertextueller Aneignung eines apokryphen Textes in das Zentrum seines Zyklus, und er entnimmt auch den entscheidenden Trost, der *als Leiden* das Herz Gottes rühren soll und damit die Leiden-Heil-Strategie des zweiten Zyklus aufgreift, diesem Text: »Auff Kinder! Seyd getrost vnd schreit mit mir zu GOtt! […] Ich weiß / sein Vater Hertz wird ihm zuletzte brechen!« (O III, S. 81; vgl. Bar. 4, 20f.: »Ich will zu dem Ewigen schreien, solange ich lebe. Seid getrost, Kinder! Schreit zu Gott, so wird er euch aus der Gewalt und Hand der Feinde erlösen;…«). Und diese Hilfe beginnt sich am Schluß bereits zu ereignen (»Mich důnckt / ich spůre schon daß seine Hilff anbricht!« O III, S. 82)

Die folgende elfstrophige Ode III, 7 schließt mit dem Titelvers ›Dimitte me! Ut plangam paulum dolorem meum. Job. 10‹ (vgl. Hiob 10, 20: »Ist denn mein Leben nicht kurz? So höre er auf und lasse ab von mir, daß ich ein wenig erquickt werde.«) thematisch an die vorhergehende Ode an, erweist sich aber inhaltlich zugleich als Fortsetzung der vanitas- und memento mori-Thematik aus den früheren Oden-Büchern. Aber Gryphius nutzt hier die Hiob entlehnte Sprecherposition der *Klage*, um damit auch die *Liebe zu den Wissenschaften* und die daraus resultierende *Trauer über ihre Preisgabe* angesichts des imaginierten eigenen – erneut im neuplatonischen Leib-Seele-Dualismus gestalteten – ›Vntergangs‹ zu artikulieren (wobei die im folgenden erwähnte Muse Uranie auch »als Vorsteherinn der Sternseherkunst« gilt; vgl. I Hederich, Sp. 2478f.):

> »Ihr Bůcher / meine Lust; gehabt euch itzund wol!
> Ihr Musen / meine Wonne!
> Uranie mein Liecht!
> Du aller Kůnste Sonne.
> Was hilfft dein Vnterricht
> Nun mein betrůbter Geist vom Leibe scheiden sol!«
>   (O III, S. 83f.)

Der klagend-demütigen Hiobrolle entsprechend (»Jedoch was klag ich dir / dir ist
mein Leid bekannt«; ebda., S. 84) endet die Ode mit dem in eine rhetorische Frage
gekleideten verstummenden und entsagenden Verweis, daß Gott wisse, »daß ich meinem Ziel mit winseln zugerand« (ebda., S. 85; zum »winseln« vgl. auch O I, S. 7). –
Thematisch wieder passend knüpft die neunstrophige Ode III, 8 (vgl. auch G,
S. 100ff.) an diesen in stummer Klage verharrenden Schluß mit dem – dem Neuen
Testament entnommenen – Titel-Bibelvers ›Quis avolvet nobis lapidem ab ostio mo-
numenti?‹ an, den die drei Frauen ratlos vor dem Grab Jesu sprechen (Mk. 16, 3:
»Wer wälzt uns den Stein von des Grabes Tür?«), bevor sie gewahr werden, daß
dieser Stein bereits »abgewälzt« sei (Mk. 16,4). Entsprechend erweist sich die Ode
bereits mit der ersten Strophe als Osterlied und widerruft das alttestamentliche Klagen Baruchs, Hiobs und des Psalmisten in der ersten Strophe mit der neutestamentlichen Freuden-Botschaft:

> »HAlleluja! Meiner Schmertzen
> Jammer=volle Nacht vergeht.
> Weil das Licht gekränckter Hertzen
> Meine Freuden Sonn aufsteht
> Halleluja! Weg mit klagen!
> Weg mit winseln vnd verzagen!«
> (O III, S. 85)

Gott, so nutzt das Lied den Bibelvers als Metapher, hat endlich den »Stein« von der
Seele gewälzt, aber damit ist keineswegs unmittelbar der Status des ›Gesetzes‹, des
Sünderseins, der Verworfenheit und Unerlöstheit gemeint, woraus Christus mit seinem Opfertod erlöst hat, sondern die *psychische Disposition* der »Sorgen=strengen
Pest«, des eigenen Herzens-»Kummers«, und das Ich hofft nun »Kummerfrey zu
leben«. Gewiß läßt sich die Unerlöstheit als ›locus a causis‹ bzw. als ›causa efficiens‹
dieses Seelen-Kummers (und dieser als ›locus ex effectis‹) erschließen, aber es bleibt
doch erstaunlich, wie wenig davon in diesem ›Osterlied‹ tatsächlich gesagt wird. Und
indem der Stein nur auf den Seelen-Kummer bezogen wird, bleibt der Gedankengang des Gesamtzyklus gewahrt, in dem es ja hauptsächlich um diese Seelen-
Schwankungen der Sprechinstanz geht, und das Lied knüpft zugleich an die Ode
›Vber die geburt deß HERRN‹ (O II, 10) an, wo Christus als Mitleidender (und nicht
als Erlöser) gefeiert wird. So endet das zwar formal, aber keineswegs inhaltlich für
den Gemeindegesang geeignete Lied – an den Anfang anknüpfend – mit dem un-
mißverständlichen Dank für die Befreiung von der Wehmut:

> »Halleluja! Weg mit Klagen!
> Ich bin meiner Wehmuth frey!
> Weg mit winseln und verzagen!
> Mein Erlôser steht mir bey;
> Weil mein Finsternûß vergehet
> Vnd die Freuden=Sonn auffstehet.«
> (O III, S. 87)

Die auf das Strophenlied III, 9 (›Beschluß deß Jahres‹) folgende, in Chor-Strophen
eingeteilte Ode ›Excessus humanae mentis ad Deum‹ zitiert mit dem Titel bereits eine
aus der Scholastik ererbte und im Katholizismus der Zeit verbreitete Tradition des
im Stufenkosmos sich ereignenden ›Itinerarium mentis in Deum‹ (so der Titel eines

Werkes von Bonaventura; vgl. analog Bellarmins ›De ascensione mentis in Deum per scalas rerum creatarum‹; vgl. dazu IV Kemper I, S. 163ff.), doch im Unterschied zu diesem gradualistischen Aufstieg verweilen die beiden – je viermal getrennt und am Schluß vereinigt zu Wort kommenden – Chöre des Gryphschen Liedes von Anfang bis Ende bereits in der Sphäre der Seligen, im »Wohn=Haus hôchster Ehre«, welches, so betont ein Chor, »ich unverdient / erreiche.« Es sind Chöre der Auferstandenen, von denen der Grab-Stein von »Leiden / Vnmuth / Drangsall / Plagen« genommen ist und die – wohlgemerkt als »Reine Geister / die entbrennet / Von dem Licht daß ihr erkennet« (ebda., S. 89f.) – am Schluß ein gattungsbedingtes ›Frohlocken‹ anstimmen, an dessen sentenzhafter – und keineswegs pathetischer – Schlußwendung deutlich wird, daß der tiefsinnige Autor zwar einem ›brevis epilogus‹ genügen, aber den Aufschwung seines Hymnus doch der Nachhilfe eines Komponisten überlassen mußte:

> »Beyde Chor zusammen.
> Wonne! Wonne! ûber Wonne!
> Gottes Lamb ist vnser Sonne;
> Freude / Freud' ohn alles Leiden!
> Niemand kann von Gott vns scheiden.«
> (O III, S. 90)

Interessanterweise plaziert Gryphius dieses Lied, welches das eigentliche Ziel des christlichen Glaubens thematisiert, nicht ans Ende des Zyklus, sondern zwei Gedichte, welche die *Liebe* verherrlichen und damit – gleichsam gestärkt durch den Anblick und die Selbstvergewisserung göttlicher Freuden – nun nochmals im Sinne der korrespondierenden Ode II, 11 (›GOtt dem Heiligen Geiste‹ mit seiner Verleihung der Lebens-Kraft) ins Irdische zurückkehren. Die fünfstrophige Ode II, 11 (›Fortis ut mors Dilectio. Auff seine vnd seiner Ehegeliebten Vermählung) wählt als Obertitel den Hoheliedvers 8,6 (»Denn Liebe ist stark wie der Tod«) und unterstreicht durch die Aufnahme eines autobiographischen Gelegenheitsgedichts in diese Sammlung natürlich die autobiographische Relevanz des Zyklus. Und hier, im Finale, kulminiert nochmals die Korrelation von »Feuer« und »Liebe« als »quinta essentia«, welche alles Sterben überdauern und in der sich »oben« – die göttliche Liebe – und »unten« – die keusche eheliche Liebe – spiegeln:

> »Ihre Glut brennt / wenn wir Erden
> Vnd zur Handvoll Aschen werden.
> [...]
> Lieb ist nichts denn Glut vnd Flammen /
> Wie Gott Licht vnd Feur zusammen.«
> (O III, S. 91)

Das letzte, wieder chorisch gestaltete Lied mit dem Titel ›Was Gott zusammen fûget / sol Niemand scheiden. Halleluja!‹ (O III, S. 92f.; vgl. Mk. 10, 9) spannt den Bogen von der »keuschen« ehelichen, durch Gott, die Liebe selbst, verbundenen und daher auf unauflösliche Treue gegründeten Liebe über den daraus abgeleiteten Gedanken, daß solchermaßen verbundene Ehepartner die Liebe Gottes selbst empfinden müssen, »Der auß Lieb ein Creutz betrat« (ebda., S. 92), bis hin zur Vorstellung, daß diese von Gott ausgehende Liebe mit dem Frieden verbunden ist, aus welchem die Freude als Vorschein himmlischer Seligkeit auf Erden erwächst:

»Friede muß bey Liebe blůhen;
Wo der Fried ist, muß das Leid
Weichen sůsser Frôligkeit /
Wo die Freude will einziehen
Stellt die Erd' vns schon alhier
Ewger Wollust Vorspiel fůr.«
(O III, S. 93)

Damit ist die Liebe in ihrer soteriologischen wie kosmologischen Dimension gewürdigt und am Schluß der drei Zyklen als universale, die Welt potentiell zum Paradies verwandelnde Kraft verherrlicht. Mit diesem Finale seiner drei Oden-Bücher ist Gryphius sowohl für die Orthodoxie als auch für die ›christliche Hermetik‹ anschlußfähig, wie etwa die Position von Lohenstein bestätigen kann, der die göttliche Liebe zur Schöpfung und die kosmische ›Venus‹-Liebe ebenfalls in einen Zusammenhang bringt (vgl. Bd. IV/2, Kap 7).

Bei Gryphius ist diese Apotheose der Liebe allerdings noch nicht der Endpunkt, sondern – so will es die Gesamtkomposition aller vier Oden-Bücher – nur die motivische Voraussetzung für den Übergang zum letzten Buch: Das Ich, das sich durch Liebe aus Klage und Wehmut befreit findet, ist nun seinerseits imstande, sich dem in Liebe zuzuwenden, der »auß Lieb ein Creutz betrat« (O III, S. 92)!

7) *Oden IV – Passionszyklus ›Thrânen ůber das Leiden JEsu Christi‹*: In den 19 strophischen Liedern dieses Zyklus hat Gryphius sich »in Reihenfolge, Auswahl und Verbindung« der von ihm versifizierten Passionsgeschichte, wie Krummacher detailliert nachgewiesen hat, an der Passionsharmonie ›Das leiden vnd Aufferstehung vnsers HERRN Jhesu CHristi aus den vier Euangelien‹ des Luther-Intimus Johannes BUGENHAGEN (1485–1558) orientiert, die im Luthertum des 16. und 17. Jahrhunderts kanonische Geltung – auch als Textgrundlage für die Passionspredigten während der Fastenzeit – besaß (vgl. II.44 Krummacher 1976, S. 316ff., 330f.). Denkbar ist in diesem Zusammenhang, daß die zahlensymbolisch bislang nicht einleuchtend deutbare Zahl 19 auf die Anzahl von 19 Predigten zurückgeht, die im – allerdings nicht einheitlichen – lutherischen Kalender in der sechswöchigen Fastenzeit (vom Sonntag Estomihi bis Palmsonntag) über die Leidensstationen Jesu in Haupt- und Nebengottesdiensten in Ergänzung zu den Sonntagsevangelien nach Vorschrift verschiedener Kirchenordnungen gehalten werden sollten (auch Johann Arndts ›Postilla‹ weist 19 Passionspredigten auf; vgl. ebda., S. 333ff., 336, 340f.).

Krummacher folgert aus der Tatsache, daß Gryphius' Lieder eine »Versifizierung von Bugenhagens Text« sind, sie stünden »überhaupt mitten in der Tradition der lutherischen Passionsliteratur« (ebda., S. 331). So wenig dies zu bestreiten ist, so sehr legen Krummachers gründliche Untersuchungen zur Traditionsverhaftetheit der Lieder mit der Herleitung zentraler Motive aus der christlich-abendländischen Tradition von der Patristik über Augustin bis zu zahlreichen mittelalterlichen und frühneuzeitlichen Bibelkommentaren und Predigtzyklen (vgl. ebda., S. 346ff.) nahe, in Gryphius' Liedern, die sich einer einseitigen konfessionellen Deutung des Passionsgeschehens enthalten und nur das biblische Geschehen selbst in Verse setzen, die Intention zu erkennen, mit diesen Liedern eine *überkonfessionell-christliche Grundanschauung* der Passion *aus irenischem Geiste* zu bieten.

8)  *Vorreden-Poetik – Dichtung im »Blutt deß vnbefleckten Lammes«*: Daß Gryphius sich gerade bei diesem Zentrum christlicher Heilsverkündigung zu Rechtfertigungen gegenüber konfessionellen Angriffen herausgefordert fühlte, zeigt die Vorrede zum vierten Oden-Buch, eine Verteidigungsrede seiner Poesie und der geistlichen Dichtkunst insbesondere: Zur Rechtfertigung im Umgang mit dieser ›Neben‹-Sache in mühsamen Amtsgeschäften führt Gryphius eingangs als Exempla Autoren aus den beiden nicht-lutherischen Konfessionen an: Maphaeo Barberini (1568–1644), Doktor beider Rechte, Lyriker und – 1623 zum Papst gewählt (Urban VIII.) – Vollender des Petersdoms und Mitdichter am römischen Brevier (vgl. III Kelly, S. 297ff.), ferner Thuanus (d. i. Jacques-Auguste de Thou 1553–1617), von den Katholiken des Calvinismus verdächtigter Diener der französischen Könige Heinrich III. und Heinrich IV., zugleich Mitredaktor des Edikts von Nantes (1598), das den Calvinisten begrenzte Religionsfreiheit in Frankeich zusicherte, und Verfasser der von Gryphius gerühmten ›Historiae sui temporis‹ (1604–1608), schließlich Hugo Grotius (1583–1645), irenisch gesinnter reformierter Arminianer und Mitbegründer des neuzeitlichen Naturrechts, dessen Trauerspiele Gryphius lobt. Dieses konfessionspolitisch hochkarätige Dreigestirn wird hier zum Kronzeugen für ein ihnen gemeinsames gelehrtes Schriftstellertum, in das sich Gryphius mit seinem ›Carolus Stuardus‹ und seinen ›Thränen‹ einreiht. Zu letzteren betont er selbst, sie seien »auf das schlechteste (= schlichteste) / vnd so viel möglich / an die Worte der heiligsten Geschichte gebunden«, weil er »hier nichts als die Andacht gesuchet« (O IV, S. 98). Wer »in derogleichen heiligen Wercke«, also in der bibelnahen Poesie und geistlichen Dichtung, »poetische Erfindungen oder Farben« bevorzuge, den verweist Gryphius »zu meinem Oliveto, Golgatha vnd Trauer=Spielen« sowie aus den geistlichen Oden ausdrücklich zu der »verlassenen Zion« (= O I, 1) »oder den hinweggeführten Kindern« (= O III, 6; ebda., S. 98; damit bekundet der Autor erneut seine Hochschätzung gerade dieses Verlassenheits-Motivs). Und mit implizitem Verweis vor allem auf den kunstfeindlichen strengen Calvinismus bekennt er:

> »Denn ich der Meynung gar nicht zugethan / die alle Blumen der Wolredenheit vnd Schmuck der Dichtkunst auß Gottes Kirche bannet / angesehen die Psalmen selbst nichts anders als Gedichte / derer etliche übermassen hoch vnd mit den schönesten Arten zu reden / die himmlischen geheimnüß außdrucken / wie daß ich anderer nicht erwehne / auß dem 19. 104/25/68. mehr denn Sonnen klar zu spüren.« (O IV, S. 98)

*»Gottes Kirche«*: Diese Formulierung verweist im Duktus der gesamten Vorrede nicht auf eine konfessionelle, sondern auf Gottes allgemeine *christliche* Kirche, die ihren Grund im Glauben an den Opfertod des Gottessohnes hat. Und diesen besingen die Gryphschen Musen deshalb ohne konfessionelles ›Sondergut‹. Von daher ließe sich die Plazierung dieses Jugendwerks ans Ende der ›Oden‹-Bücher auch als Hinführung von einem vielfach individuell und subjektiv bewegten Zyklus der Glaubenssuche und Selbstversicherung zum eigentlichen Grund allen Glaubens (in allen Konfessionen) deuten. Dies umso mehr, als Gryphius nachfolgend gerade im Blick auf die ›Thränen‹ das Urteil derer, die »vermeinen«, »es wäre gar nicht erlaubet / daß Musen vmb das Creutz deß HErren singen sollten« (ebda., S. 100), mit der Frage auf die Probe stellt, ob sie auch den Rednern verbieten wollten, »über den Tod deß HErren zu wehklagen«. In diesem Falle, so Gryphius, »verwerffen sie der gantzen sechzehenhundert Jahre berühmteste Lehrer / deren iedweder / nach seinem vnd

seiner Zeiten Vermôgen / mit dem bestúrtzten Hauptmann geschryen hat: Warlich
dieser ist Gottes Sohn gewesen.« (Ebda., S. 100) Warum aber sollen Redner in dieser
Sache mehr Vorzug haben als Poeten? (Ebda.) Den theologisch-platonischen Vorwurf, daß Dichter lügen, appliziert er hier auf die Redner – und bei dieser offenkundigen Polemik gegen die (Kanzel-)Redner erwähnt Gryphius bezeichnender Weise die konfessionelle Zwietracht der »Kirchenhändel«: »Und die Geschichte der
Weltlichen vnd Kirchenhändel bezeugen / wer den grôssesten Schaden thun kônne /
zumal wenn man den glântzenden Mantel der Scheinheiligkeit recht zu brauchen
weiß.« (Ebda., S. 101) Daraus läßt sich kein Programm zu einer genuin lutherischen
Gestaltung der ›Thrânen‹ ablesen. »Etlicher geister vnart« können, erklärt Gryphius,
»so schône Kúnste selbst« nicht »auffheben«. Vielmehr sollten alle in rechter Einschätzung der »Eytelkeit dieses Lebens« »ihre Feder allein in dem Blutt deß vnbefleckten Lammes netzen.« (Ebda., S. 101) Damit wird auf dem Höhepunkt dieser
Vorreden-Poetik die geistliche Poesie nochmals als wichtigste Gattung der Dichtkunst gewürdigt, und als deren Zentrum die Passion ausgewiesen. Auch die Gattung
der ›Threnologie‹ findet hier ihre höchste Erfüllung, und den anderen Werken kann
Gryphius, wie gesehen, den Status des »Heiligen« zuerkennen, weil sie ihre Helden
als Märtyrer und – zumal den hier erwähnten ›Carolus‹ – als Träger des ›imitatio
Christi‹-Modells gestaltet haben. Wenn er nun in den ›Thrânen‹ den ›stilus humilis‹
wählt und die Lieder auf sangbare Kirchenlied-Melodien bezieht, zeigt dies, daß er
mit dem Schluß-Buch der ›Oden‹ tatsächlich die Unterschiede von ›hoher‹ und ›nied-
riger‹ geistlicher Poesie aufzuheben gedenkt.

Abschließend rechtfertigt Gryphius seinen *Rückgriff auf die Deskription* als domi-
nantes Textverfahren mit der tugendhaften Wirkung vorbildlicher Biographien und
mit der *magischen* Wirkung, wie sie die Erscheinung Jesu selbst zu Lebzeiten hervorgebracht hat:

> »…die / welche eines treflichen vnd wolverdieneten Mannes Leben beschreiben / nehmen
> die Abbildungen der Tugenden an ihre Seele / in dem sie selbige rúhmen / gleich einem
> Maaler / der eines Menschen Gestalt zuvor in seine Sinnen wol einfassen muß / ehe er
> denselbigen auff das Tuch entwerffen will. Haben nun irrdische vnd vergângliche Dinge
> die Krafft vnsere Leiber vnd Gemútter zu verândern / was wird der nicht kônnen / der
> den seinen ist ein geruch deß Lebens zum Leben / vnd dessen wehmúttigste Blicke Petrum
> bekehren / vnd den am Creutze lâsternden Môrder vmbkehren?« (O IV, S. 101)

Damit spielt der Autor auf die platonische Tradition der Nachahmung vorbildlicher
Exempel (auch im Trauerspiel) an, indem man – so Harsdörffer – »die Liebe zur
Tugend / durch ein lebendiges gemâhl aufstelle / vor- und einbilde« (zit. in IV
Schings, S. 26). Doch genau diese Absicht verfolgten insbesondere auch die Jesuiten,
und Spees ›Güldenes Tugend-Buch‹ ist im Rekurs auf Loyolas ›Geistliche Übungen‹
ganz auf das Verfahren gegründet, mittels deskriptiv erzeugter »Einbildungen« tu-
gendhafte Bilder in den Gläubigen hervorzurufen und durch sie in ihnen die Tugenden von Glaube, Hoffnung und Liebe einzuüben und zu habitualisieren (vgl. dazu
Bd. III, S. 159ff.). So weist Gryphius also auch hier auf eine interkonfessionelle
Praxis geistlicher Dichtung und im übrigen auch auf die viel diskutierte magische
Wirkung Christi, die auch noch Lavater faszinierte und aus welcher er den ›Natha-
nael‹-Blick des Genies ableitete (vgl. Bd. VI/2, S. 136ff.). Und noch der junge Schiller
greift in seiner ›Theosophie des Julius‹ auf die hier explizierte Theorie zurück, wo-

nach der Künstler und Dichter, aber auch der Betrachter und Leser das, was sie
gestalten und wahrnehmen, sich wirklich aneignen, »daß die Vollkommenheit auf
den Augenblick unser wird, worin wir uns eine Vorstellung von ihr erwecken, daß
unser Wohlgefallen an Wahrheit, Schönheit und Tugend sich endlich in das Bewußtsein eigner Veredlung, eigner Bereicherung auflöset.« (II Schiller, S. 347)

Allerdings bleibt Gryphius im Unterschied zur hoch emotionalen jesuitischen
Frömmigkeitspraxis und zu den meditativen Interessen der lutherischen Passions-
betrachtungen in den Kirchenliedern und Hausandachten den angekündigten Titel-
›Thränen‹ zum Trotz überwiegend bei der poetischen Nacherzählung der Evangelien-
Berichte (vgl. auch IV Scheitler 1982, S. 295f.), wenn er gelegentlich auch, wie vor
allem Scheitler gezeigt hat, diese Berichte durch balladeske Elemente (z. B. direkte
Reden) auflockert. Zugleich entsteht der Eindruck poetischer Kunstlosigkeit durch
Einfachheit der Formen und zahlreiche nicht ausgemerzte Betonungsfehler, also
Verstöße gegen den von Opitz eingeführten natürlichen Akzent (vgl. ebda., S. 299f.).
Von daher versteht sich Windfuhrs Ansicht, Gryphius sei durch Eintritt in den
Dienst der Kirche seinen poetischen Maßstäben »abtrünnig geworden«, wofür ihn
die Kirche aber durch breite Rezeption in den Gesangbüchern belohnt habe (III
Windfuhr, S. 136f.). Indessen ist »die tatsächliche Gesangbuch-Rezeption aus ›Oden
IV‹ noch geringer als diejenige aus ›Oden I–III‹.« (IV Scheitler 1982, S. 300f.) Grün-
de dafür sind das »fast gänzlich fehlende« »Gemeindebewußtsein« und die statt
dessen zumeist in den Einleitungsstrophen erkennbare Tendenz zu persönlicher, subjektiver Deutung und Anteilnahme der Sprechinstanz (ebda., S. 301). Nur selten,
dann aber prägnant, schiebt Gryphius eine eigene Deutung in die poetische Text-
paraphrase ein. Das ist zum Beispiel im Lied Nr. XVI über den Höhepunkt des
Passionsgeschehens, nämlich ›Deß HErren JEsu Creutzigung‹ der Fall (O IV,
S. 139–142). Erzählt wird u. a. die Geschichte von den Kriegsknechten, die nach der
Kreuzigung Jesu seine Kleider verteilen, den ungenähten Rock aber untereinander
verlosen (Joh. 19, 23f.). Bei Gryphius lautet diese Stelle (Str. 8):

> »Die Kleider sind der Hencker Beut /
> Doch wollen die verruchten Leut /
> Nicht seinen Rock zu trennen.
> Den doch in dieser letzten Zeit
> Zureißen / blind von Grimm vnd Neid /
> Die / die sich Christen nennen.«
>         (O IV, S. 141)

Krummacher verweist auf die kirchliche – insbesondere wieder lutherische – Auslegungstradition dieser Stelle, wonach die Kleider zerreißenden Kriegsleute als Ketzer
gedeutet werden, und sieht Gryphius wieder ganz in dieser Tradition (II.44 Krummacher 1976, S. 350ff.). Der Text spricht hier aber umgekehrt von Christen, die noch
schlimmer als die biblischen »Hencker«, welche wenigstens den Rock Christi schon-
ten, nun auch diesen »blind von Grimm und Neid« zerreißen: Das läßt sich kaum
anders verstehen denn als massive Kritik an der Aufspaltung der Kirchen und ihrem
unversöhnlichen Glaubenskrieg mit der Folge des Konfessionalisierungsprozesses.

Vielleicht hat auch und gerade der – von dem zitierten Kommentar her konse-
quente – zumeist neutrale, überkonfessionelle Charakter der ›Thränen‹ eine luthe-
risch-konfessionelle Rezeption erschwert, wenn nicht gar verhindert. Dies wäre dann

ein Zeichen dafür, daß sich irenische Tendenzen – wie sie auch aus der Vorrede ablesbar waren und wie u. a. auch die ›calixtinischen Streitigkeiten‹ in der lutherischen Theologie selbst zeigen (vgl. Kap. 1 b–2) – in der Mitte des Jahrhunderts noch nicht in den Kirchen durchsetzen, wohl aber in einer poesiebestimmten und christlich-humanistisch verantworteten Poesie artikulieren konnten.

m) Lieder für die »*eine* kirch« (›Uebersetzete Lob=Gesånge / Oder Kirchen=Lieder‹)

1) *Entstehung, Form und Gattungscharakter*: 1660 publizierte Gryphius erstmals eine Sammlung von 18 – vermutlich in den 50er Jahren entstandenen – geistlichen Liedern unter dem Titel ›Uebersetzete Lob=gesånge / Oder Kirchen=Lieder‹, die er aber nicht in seine Sammlung von 1663 aufnahm. Er widmete die Kollektion der »unverånderten Augsburgischen Glaubens=bekåntnůß zugethanen Kirchen JEsu Christi. In dem Glogawischen Fůrstenthum.« (ÜLG, S. 60) Mit dieser Widmung zitiert der Autor den Sprachgebrauch für die offizielle Bezeichnung der lutherischen Konfession unter kaiserlicher Iurisdiktion (vgl. Kap. 1 b–2) und wiederholt ihn im Untertitel des letzten Textes, einer Kantate (ÜLG, S. 83).

Ein besonderes Bekenntnis zur lutherischen *Orthodoxie* ist daraus jedenfalls nicht abzulesen. Mit Ausnahme der dreiteiligen Schluß-Kantate, die vermutlich als Reaktion auf die in Glogau 1656 ausgebrochene Pest entstanden ist und als Separatdruck 1657 veröffentlicht wurde, handelt es sich durchweg um *Übersetzungen lateinischer Gesänge*, die in die *vorlutherische Kirchenzeit* zurückreichen, darunter zwei Gesänge von Venantius Honorius Clementianus Fortunatus (um 536–610; Nr. VI u. X; ÜLG, S. 67f., 71ff.) sowie je einer, der Papst Gregor dem Großen (540/590–604; Nr. III; ebda., S. 63f.) oder Bernhard von Clairvaux (1090–1153; Nr. V; ebda., S. 66f.), dem zisterziensischen Prediger der »imitatio Christi«, bzw. Notker Balbulus (ca. 840–912), dem berühmten Dichter und Erfinder der Gattung der Sequenzen, zugeschrieben wird (Nr. XIII; ebda., S. 74ff.).

Diese lateinischen Vorlagen wurden großenteils von den Lutheranern übernommen, hauptsächlich in den Nebengottesdiensten verwendet, aber im Laufe des 17. Jahrhunderts zunehmend zurückgedrängt (vgl. IV Scheitler 1982, S. 304f.). Der Vermutung, daß Gryphius sie eindeutschte, um ihren kirchlichen Gebrauch zu ›retten‹, steht indes die Beobachtung entgegen, daß er sich nur in sechs Fällen an der Melodie der Vorlagen orientierte, daß er z. T. ganz ungebräuchliche, jedenfalls in den lutherischen Gesangbüchern nur wenig bzw. gar nicht verwendete Lieder auswählte und in sieben Fällen »›moderne‹ Melodien eines vierstimmigen Chorsatzes« oder einer Arie verwendete und im übrigend nirgendwo die Melodie notierte (ebda., S. 304). Zwar folgte die Auswahl der ersten 14 Texte der Liturgie des Kirchenjahres (vom 4. Adventssonntag bis Pfingsten) und die letzten drei waren variabel in der Liturgie der Nebengottesdienste einsetzbar (ebda., S. 315f.), doch waren die lateinischen Gesänge ohnehin dem Chor und nicht dem Gemeindegesang vorbehalten, und es ist bislang kein Beleg dafür bekannt geworden, daß diese Gryphschen Übersetzungen in ein protestantisches Gesangbuch übernommen worden wären. Der vom Autor verwendete Begriff ›Kirchen=lid« bezieht sich auch eher auf die altkirchliche

Herkunft denn auf eine Funktion als lutherischer Gemeindegesang (ebda., S. 304f.). Die stilistische ›Aufladung‹ und formale Verdichtung der Texte sind weitere Belege für den Charakter dieses liturgischen Zyklus als allenfalls chorischer und solistischer Kirchen-Gesang, der sich aber zugleich für die erbauliche private Hauslektüre eignen sollte (ebda., S. 317).

2) *Rückkehr zur apostolischen Kirche*: Von der Widmung an die orthodoxe Kirche Glogaus her naheliegend vermutet Scheitler, Gryphius sei es bei seinen – meist die »Erlösungslehre« betreffenden – dogmatischen Ergänzungen der alten Texte vor allem um »die evangelische Reinheit« der Texte aus der »›papistischen‹ Zeit« gegangen (IV 1982, S. 316). Zu dieser These würde auch die in der Präambel der Bekenntnisschriften des Luthertums erhobene Selbsteinschätzung passen, die Kirche Christi gerade vom ›papistischen Unrat‹ gesäubert zu haben und daher auch die ›wahre Kirche‹ zu sein, welche die altkirchlichen Symbole (»nämlich das Symbolum Apostolicum, Symbolum Nicaenum und Symbolum Athanasii«; I FC, S. 517) ausdrücklich anerkennt und daher in die rechtmäßige Nachfolge der von Christus gestifteten und von den ersten Aposteln im wesentlichen verfaßten – daher apostolischen – Kirche tritt. Man kann dies Argument aber auch verschärfen und damit nachgerade umkehren: Gryphius fordert seine Konfession dazu auf, diesen Anspruch wahrer Apostolizität in der erinnernden Aufnahme altkirchlicher Liturgie praktisch einzulösen und damit die eigene dogmatische Abkapselung zu überwinden und zur allen christlichen Konfessionen gemeinsamen Frömmigkeit zurückzukehren, die sich am auffälligsten in der Beibehaltung der Liturgie des Kirchenjahres bekundet. Die folgenden Hinweise sollen diese These plausibilisieren.

Die Auswahl der übersetzten Lieder ist, wie schon angedeutet, keineswegs kanonisch im lutherischen Sinne. Zwar berücksichtigte Gryphius im Luthertum beliebte Cantica wie ein vielfach (u. a. in I Bapst, Nr. LIV) überliefertes Weihnachtslied (Nr. IV ›Resonet in laudibus‹, ÜLG, S. 64–66) oder das von Luther zum besten lateinischen Hymnus erklärte Karfreitagslied ›Rex Christe factor omnium‹ (Nr. XI, ebda., S. 73; vgl. dazu IV Scheitler 1982, S. 310f.). Doch ebenso nahm er Lieder auf, die im Luthertum kaum Verwendung fanden wie des ›Fortunati: Agnoscat omne saeculum‹ (Nr. VI, ÜLG, S. 67f.), des Notker Balbulus Pfingsttropus (s. o.) oder die im 17. Jahrhundert nur im Katholizismus verbreitete Sequenz ›Quaeso anima fidelis‹ (Nr. XVI, ebda., S. 80f.; vgl. IV Scheitler 1982, S. 313). Daneben stehen Lieder, die in beiden Konfessionen beliebt waren wie der in der Katholischen Kirche bis heute in der Palmprozession gesungene Hymnus ›Gloria Laus & Honor‹ (Nr. IX, ebda., S. 70f.) sowie drei Lieder, die auf eine weitere Gemeinsamkeit beider Konfessionen verweisen: auf die Marien-Verehrung. Darauf beziehen sich die Antiphon ›Haec est dies quam fecit Dominus‹ (Nr. II; ÜLG, S. 62), die am Fest Mariä Verkündigung zu singen war (vgl. IV Scheitler 1982, S. 306), sowie das auf Lk. 2, 29–32 bezogene Perikopen-Lied ›Nunc dimittis Servum tuum Domine‹ (Nr. VII, ebda., S. 68f.), das am Fest Mariä Reinigung intoniert wurde (IV Scheitler 1982, S. 309; diesen Feiertag bedenkt Gryphius auch mit einem Sonett ›Auff den Tag der Reinigung Mariae‹ [vgl. SuFS, S. 71]; allerdings steht in beiden Texten nicht Maria, sondern Simeon im Mittelpunkt, der in dem Jesus-Knaben prophetisch den Messias – auch als »Licht der Heiden« – erblickt). Auffällig im Blick auf die Marienverehrung ist insbesondere

das dritte Lied Nr. V: ›Laetabundus exultet fidelis Chorus‹ (ÜLG, S. 66f.), dessen
Vorlage Bernhard von Clairvaux zugeschrieben wird, der bekanntlich einer der bedeutendsten marianischen Theologen war und Maria nicht nur als »mediatrix« – als
Mittlerin zwischen Himmel und Erde –, sondern auch als Miterlöserin (»corredemp-
trix«) feierte, Lehren, die im Luthertum als häretisch abgelehnt wurden. Umso bemerkenswerter, daß zumindest Marias Funktion als »mediatrix« im »wie–so«-Ver-
gleich der relativ freien Übertragung von Gryphius noch durch-›scheint‹:

> »4. Wie das Gestirn den stral außgeust /
> Und glantz her auß der Sonnen fleust
> So eben komt der Sohn und Held /
> Von seiner Mutter auf die Welt.
> 5. Kein Stern wird durch den Stral verletzt
> Durch Glantz der Sonnen nichts entsetzt /
> Noch minder durch gebehrens kraft /
> Der Unbefleckten Jungferschaft.«
> (Ebda., S. 66)

Als apostolische Signale besonders auffällig sind der Vesperhymnus zum Sonntag
Septuagesima ›Dies absoluti praetereunt‹ (Nr. VIII; ÜLG, S. 69f.) mit dem bezeichnenden Untertitel »Auf den Sontag in welchem die Christliche Kirche vor alters die
70. Jåhrige Babylonische Gefångnůß betrachtet« und das strophisch gegliederte, in
Alexandrinerversen verfaßte ›Symbolum Apostolicum‹ ›Credo in unum Deum. Das
Constantinopolitanische Glaubens Bekåntnůß‹ (Nr. XV; ebda., S. 78f.). Der Untertitel des ersteren Liedes ist mehrdeutig. Er kann als plakativer Verweis auf das Elend
des Papsttums im Exil in Avignon (1309–1377) interpretiert werden, wo die Päpste
faktisch unter der Herrschaft der französischen Krone standen und sich mit den
deutschen Königen die letzten Gefechte um die Unabhängigkeit der Kaiserwahl
lieferten (vgl. III Heussi, S. 238ff.), und dies wäre im Sinne der lutherischen Polemik
und später auch der pietistischen Deutung von der »Babylonischen gefångnuß deß
Antichristischen Roms«; vgl. II Spener, S. 10; vgl. ebda., S. 41). Aber der lateinische
Text stammt ja selbst schon aus vorlutherischer Zeit und diente als Buß-Lied, in dem
Gryphius seine eigene Glaubens-Not gespiegelt fand (vgl. Abschnitt 3). Von daher
läßt sich das Lied gerade nicht als lutherische Polemik gegen die Verfallserscheinun-
gen des ›Papismus‹ deuten, vielmehr wird umgekehrt mit der Einlösung der vom
Luthertum prätendierten kirchlichen Tradition ernst gemacht, und zugleich zielt der
Text auf Aktualisierung im Blick auf eine Zeit, in der die Kirchen erneut zum Spiel-
ball der politischen Kräfte zu werden drohten (und das betraf alle Konfessionen!).

Beim ›Apostolicum‹ erweitert Gryphius das Bekenntnis: »Ich gläube […] eine heilige christliche Kirche« (I CM, S. 383) zu dem bezeichnenden Alexandriner-Couplet:

> »Auch glaub ich eine Kirch / die heilig / algemein /
> Von Christus Jůngern lernt recht Apostolisch seyn.«
> (ÜLG, S. 79)

Das ist ein brisanter Zusatz, mit dem Gryphius offensichtlich einen zentralen Gedanken der Reformorthodoxie aufgreift, der sich mit dem Postulat der »imitatio
Christi« verbindet und keineswegs zufällig auch das Zentrum des pietistischen Programms zur Erneuerung der Kirche bilden wird. Schon Philipp Jakob SPENER
(1635–1705) hat in seinem nur 12 Jahre nach Gryphius' Tod erschienenen Grün-

dungsmanifest des Pietismus in Deutschland, nämlich den ›Pia desideria‹, mit Nachdruck auf »die erste Christliche Kirche« verwiesen, um seinem Postulat Nachdruck zu verleihen, die Christen seien »verbunden zu einigem grad der vollkommenheit zu gelangen«: »Es bezeugen aber die Kirchen=historien / daß die erste Christliche Kirche in solchem seligen stande gestanden / daß man die Christen ins gemein an ihrem gottseligen leben gekant / und von andern leuten unterschieden habe« (II Spener, S. 48f.). Und nachfolgend hat vor allem Gottfried ARNOLD (1666–1714) mit seiner ›Wahren Abbildung der Ersten Christen‹ (1696) und der aus diesem gottseligen Beginn abgeleiteten Darstellung der Kirchengeschichte als Verfallsgeschichte bis hin zur eigenen Gegenwart – insbesondere in seiner noch für Goethe bedeutsamen ›Unpatheiischen Kirchen= und Ketzer=Historie‹ (vgl. dazu II.35 Schneider) – die heftigsten Streitigkeiten mit der lutherischen Orthodoxie ausgelöst (vgl. II Arnold EL; vgl. dazu II.5 Schneider, S. 187ff.; Bd. V/1, S. 117ff.). In solchem Kontext wird deutlich, daß die Widmung dieser Lieder-Sammlung nicht einfach als Gryphsche Ergebenheitsadresse an die Orthodoxie zu verstehen ist, sondern zumindest implizit auch mahnenden und fordernden Charakter hat!

Gryphius reaktiviert also mit seiner Auswahl eine der katholischen wie der lutherischen Konfession gemeinsame Tradition, er schafft und offeriert mit seinen Übersetzungen im Medium des liturgischen Gesangs aus humanistischem Geist der Toleranz faktisch und mit unverkennbarem Appellcharakter ein Stück *Gemeinsamkeit zwischen den Konfessionen.*

3) *Das apostolische Bekenntnis des Ich*: Gryphius hat – dies eine weitere These – die ökumenischen Texte der ›Uebersetzeten Lob=gesänge‹ auch im Blick auf die zentralen Anliegen seiner eigenen Frömmigkeit ausgewählt bzw. diese in seine Übersetzungen eingebracht, und er zeigt damit, daß seine besonderen Anfechtungen, Gottes- und Erlösungszweifel, aber auch die spezifischen Heilswege im altkirchlichen Erfahrungsschatz teils vorgesprochen, teils durch Interpolation mit ihm vereinbar und so in ihm aufgehoben sind!

In der Christologie nutzte Gryphius im Blick auf die im Protestantismus umstrittene Zweinaturenlehre (vgl. Anhang Nr. 3) die Chance, sogar die (in der Hermetik bevorzugte) Tübinger Krypsis-These altkirchlich zu rechtfertigen, indem er die unveränderte Geltung der beiden Naturen Christi während seines Erdenwandels betonte (»GOtt wird heut' ein Mensch / und bleibet / Was Er war von ewikeit!« Nr. II; ÜLG, S. 62; oder: »Ob dich das Creutz genagelt helt; / Bewegst du doch die große Welt.« Nr. IX; ebda., S. 73). Zugleich ergriff er die Möglichkeit, die Lehre von Christus als Kosmokrator als altkirchliche Lehre zu bekräftigen und damit zugleich im siebenten Text zum Fest der Reinigung Mariä Christus als zentrales, in die »Zeit« strahlendes »Liecht« zu preisen, womit er den Rahmen für eine auf Christus als Pantokrator bezogene natürliche Theologie im Medium des ›Buchs der Natur‹ andeutet, wie er sie auch im ›Sternen‹-Sonett gestaltet hat und die den Heiden zugänglich ist (dies im Rekurs auf Simeons Aussage, Jesus als Messias sei »ein Licht, zu erleuchten die Heiden«; Lk. 2, 32):

> »3. Du hast / mein GOtt / diß große Liecht
> Der Erden aufgestecket /

>Es hat der Völcker angesicht
Auß tieffem Schlaf erwecket.
Der Glantz von Morgen
Låst nichts verborgen /
Stralt in die Zeit
Auß Ewikeit.
Wer kann den Leit=stern sehen
Und nicht die Zeit verschmåhen?«
(ÜLG, S. 69)

Das nachfolgende Bußlied auf die babylonische Gefangenschaft des Papsttums thematisiert Gryphius' gattungsübergreifendes Leitmotiv der Flucht aus dem Jammertal hin zu Christus und der gleichzeitigen Bitte an den ›schlummernden Helfer‹, erneut soteriologisch einzugreifen. Es ist überdies ein Beispiel für den raschen Wechsel zwischen rhetorisch-pathetischem ›hohem‹ (zu Beginn von Strophe 4) und ›niederem‹ (Kirchenlied-) Stil (in Strophe 5), der einer Nutzung der Lieder im Gemeindegesang offenbar im Wege stand:

>»4. Fliht auß dem Elend! Fliht doch! Fliht darvon!
[…]
5. Kom Christe / zeig' und führ uns diese bahn!
Erinner dich was du vor uns gethan!
Ach Hirte! Wir sind ja die libe Herd;
Vor welche du dich an das Creutz gewehrt.«
(ÜLG, S. 70)

Der anschließende, im Katholizismus bis heute lebendige Hymnus preist Christus aus Anlaß der Palmprozession vor allem dafür, daß er – ein wichtiges Motiv auch in Gryphius' ›Oden‹ (vgl. auch das Sonett ›Vber des Herrn leiche‹ SeB, S. 31f.; vgl. dazu Bd. II, S. 112ff.) – den existenziell geängstigten Menschen als Leidender ebenfalls »in angst begegnet« ist (auch hier verweist der ›hohe Stil‹ eher auf private als auf öffentliche Andacht):

>»2. Israels König! Davids Sohn und Erbe!
Der du / daß dein Volck nicht in angst verterbe /
Ins HErren Nahmen uns in angst begegnet /
Sey hoch gesegnet!«
(Ebda., S. 70)

Die Übersetzung der Sequenz für den Totengottesdienst ›Dies irae‹ bzw. ›Quaeso anima fidelis‹ (Nr. XVI, ÜLG, S. 81f.), die nur im Katholizismus verbreitet war, weil das Luthertum das Requiem abgeschafft hatte (vgl. IV Scheitler 1982, S. 313), gestaltet in Strophe 4 das entscheidende, von der *Reform*orthodoxie übernommene, von Gryphius geteilte, vom Pietismus zur Kernforderung erhobene, von daher deutlich gegen das reformunwillige konservative Luthertum gerichtete Programm:

>»4. Lasset ernste rew verspüren.
Sucht mit Gnad euch außzuziren /
Lernt ein besser Leben führen.«
(ÜLG, S. 80)

4)  *Dank-Kantate nach überstandener Pest*: Dieser Leitspruch ist die motivische Vorbereitung für den 18. und letzten Text, der fast ein Drittel des Umfangs der Sammlung beansprucht und auch ansonsten in mehrfacher Hinsicht aus ihrem Rahmen fällt. Scheitler erscheint er wegen seiner Gattung als *Kantate*, seiner Abgeschlossenheit und seines unmittelbaren casuellen Bezugs auf die Glogauer Pest von 1656 als »Fremdkörper« in der Sammlung (IV 1982, S. 314): ›Thrånen und Danck=lid. An dem Tage der Barmhertzigkeit deß HErren nach überstandener Sterbens=Gefahr Dem Erlöser der Welt Von der unverånderten Augsburgischen Bekåntnüß zugethanen gemeine Glogawischen Fürstenthumbs demüttigst gesungen‹ (1657). Diese Schluß-Kantate bietet also den konkreten Anlaß für die Widmung der ganzen Textsammlung an die Landes-Kirche.

Gryphius hat die ariosen (kantablen), chorischen und rezitativen (für den Sprechgesang bestimmten) Partien zu einem bewegenden Mini-Drama ausgeformt, in welchem die Pestkatastrophe mit ihren Schrecken nochmals pathetisch heraufbeschworen und zugleich theologisch verarbeitet wird. Einleitend verkündet und bekräftigt ein »Würg=Engel« in Alexandrinerversen den Pest-Tod drastisch als gerechte Strafe für die Sünden (»Auf! Auf! Vertreibt die Gift der schuld mit stanck der leichen / [...] / Wer nicht ob Sünden kann erröten / mag erbleichen!« ÜLG, S. 84) Und »Todt / Schmertz /Angst und Furcht« vollziehen anschließend als chorisch agierende Plagegeister diese Strafe (»Auf weil GOttes Zorn ergrimmt: // Und der Rache Zeit bestimmt.« (Ebda.) Ein »Engel deß Bundes« tröstet darauf als eine Art göttlicher Gegen-Spieler die ebenfalls dem Tod geweihten Auserwählten mit dem für Gryphius seit seiner Jugend so bedeutsamen ›Lot‹-Motiv der Flucht aus dem irdischen Jammertal (»Zaget nicht / ihr die der HErr heist weichen! // O wie gut ists auf sein Wort erbleichen!«) und mit anschließendem Bezug auf Jer. 26, 19f. Darauf folgt ein zehnstrophiges Lied ›Thrånen der Noth=Leidenden‹, das Gott rhetorisch-performativ zur Aufgabe seines Zorns bewegen will und in dem Gryphius alle aus seiner Dichtung bekannten Topoi der göttlichen Schreckens-Herrschaft nochmals mit Bezug auf die einschlägigen Bibelstellen kontaminiert (hier Strophe 2 mit Bezug zu Joh. 30, 21 und Joh. 16, 13):

> »HErr ach! kanst du so schrecklich handeln /
> In grausamkeit dich selbst verwandeln?
> Ist kein erbarmen mehr!
> Gedencke doch in wehn du wüttest!
> Auf wehn du deine Pfeil’ ausschüttest!
> Ach zörn’! ach zörne nicht so sehr.«
>     (ÜLG, S. 85)

Nach drei weiteren Strophen mit diesen stets Bibelworte – vor allem aus dem Buch Hiob – zitierenden (An-)Klagen, in denen Gryphius auch eigene Texte zitiert (»Er lacht der jammer=schwangern Zehren! / Der Donner kracht auf meiner Brust.« Ebda., S. 86) folgen zwei Strophen mit der Beschreibung der Pestsymptome, wie Gryphius sie auch in seinem Sonett ›An sich Selbst‹ (G, S. 9; vgl. dazu Bd. II, S. 115f.) beschrieben hat, erst dann erfolgt der Appell an Gott, sich vor allem an das *Leiden* seines Sohnes zu erinnern (Str. 9), das doch eigentlich »ein für alle Mal« (ephapax) die menschliche Schuld hätte tilgen und den Zorn des Vaters stillen sollen. Der »Engel deß Bundes« verkündet anschließend die erhoffte Wirkung der »Thrå-

nen« und bringt die für Gryphius entscheidende Theologie, daß Leiden das Heil
erwirkt, auf den poetischen Punkt:

> »Nunmehr ists genung entweichet /
> Straffen haltet inn' und flieht!
> Weil das Zil der Rach erreichet!
> Und GOtt auf die Thrånen siht
> Die / ob Schuld und Zorn gleich kåmpfen.
> Måchtig seine glut zu dåmpfen.«
>       (ÜLG, S. 87)

Bei dem anglikanischen Ritter Richard BAKER (1568–1645), dessen geistliche Schriften Gryphius aus dem Niederländischen übersetzt hat (vgl. II.44 Kuhn, S. 166), fand
er im Zusammenhang mit dem ›Vaterunser‹ (›Betrachtungen / über die fůnffte Bitte /
Vnd vergib uns unsere Schuld / als auch wir vergeben unsern Schuldigern‹; ÜERB I,
S. 183ff.) eine Antwort auf die Frage, warum wir immer noch (und wieder) um
Vergebung der Sünden beten sollen, wo doch Gott sie ›ephapax‹ in Christus bereits
vergeben habe: Der Glaube müsse sich eben in der Interdependenz der Bitte erweisen: der erstere Teil sei »die Zunge des Glaubens«, der zweite bestehe im Versprechen
des ›guten Werkes‹ der (Nächsten-)Liebe: »Als wir vergeben unseren Schuldigern«
(ÜERB, S. 204f.). Hier werden über das Leiden hinaus die guten Werke selbst als
eine Art Bedingung der Heilszusage interpretiert.

Die Kantate wird beschlossen mit einem zehnstrophigen ›Danck=Lied der Erret-
teten‹ (ebda., S. 87–89) und einer neunstrophigen Lied-Übersetzung von Klgl. 3,
22–25, in dem Jeremias nach allen voraufgegangenen Klagen die »Güte des Herrn«
preist (ÜGL, S. 89f.), wobei Gryphius die erwirkte Gnade des Schöpfers klangma-
lerisch und theologisch gleichermaßen eindrucksvoll pointiert: »Gůtte muß hůtten.«
(Ebda., S. 89) In beiden Schluß-Liedern werden die Strophen ungewöhnlich aus vierzeiligen, vier- und zweihebig wechselnden Daktylen gebildet, wie Gryphius sie bei
Justus Georg Schottel vorgebildet fand (vgl. IV Scheitler 1982, S. 315). – Zweifellos
hat der Autor in dieser geistlichen Kantate zugleich seinem eigenen Glaubensbekenntnis Ausdruck verliehen! Indem er es – mitbedingt durch den aktuellen Anlaß –
ans Ende der altkirchlichen Sammlung plaziert, stellt er sich mit der Glogauischen
Kirche in diese Tradition, eignet umgekehrt aber auch »alle lateinischen Vorbilder
der Innerlichkeit des eigenen Glaubens zu« (III Böckmann, S. 423). Daß ihm die
Kantate besonders wichtig war, zeigt sich auch daran, daß er sie in seine nachfolgend zu besprechende Stegmann-Bearbeitung übernahm (vgl. HSH, S. 253–261).


n)   Poetischer Einsatz für die ›praxis pietatis‹ (›Himmel Steigente
     HertzensSeůfftzer‹)


1)   *Überarbeitung einer Erbauungsschrift*: Zwei Jahre nach Gryphius' Tod veröffentlichte seine Witwe Rosina das Erbauungsbuch ›Himmel Steigente HertzensSeůfftzer.
Ubersehen und mit newen Reimen gezieret‹ und widmete es – einem Vermächtnis
ihres Mannes nachkommend – der Herzogin Maria Elisabeth von Württemberg,
Teck und Oels; »nach hingelegten schweren Ambts=Geschåften« habe ihr Gatte »in
nichts mehr seine vergnůgliche Abwechselung gesucht / als himmlischen Dingen

nach zu sinnen« (II Rosina Gryphius, S. 3). Das Buch sei die Bearbeitung eines bekannten Erbauungsbuches von Josua Stegmann (1588–1632). Seit 1987 liegen dessen Werk ›Ernewerte Hertzen=Seufftzer‹ (Erstdruck unbekannt, ›erneuert‹ und zugleich erweitert 1630 mit zahlreichen weiteren, unveränderten Auflagen) sowie die Gryphsche Überarbeitung als Faksimile-Ergänzungsbände der deutschsprachigen Gryphschen Gesamtausgabe vor. Es versteht sich natürlich, daß für die Herausgeber eigentlich nur die mehr als 100 in dem Erbauungsbuch enthaltenen und von Gryphius teils umgedichteten, teils – in 22 Fällen – unter der Chiffre A. G. neu hinzugefügten eigenen Gedichte und Lieder von Interesse sind. Die Editoren haben die Art der Umarbeitung in einer Liste nach Strophen- und Versanzahl sowie Silbenzahl in den Versen und im jeweiligen Reimschema übersichtlich aufgelistet (II.126 Habersetzer/Szyrocki, S. XI–XV) und gelangen zu dem Resultat, in der Gryphschen Überarbeitung seien die Gedichte »teils Verbesserungen, teils Variationen der Stegmann-Texte, sind Nachdichtung oder Neufassung, wobei ein Teil von ihnen einen nicht geringen dichterischen Wert besitzt und Gryphius' Werk auf dem Gebiet der Erbauungsdichtung wesentlich bereichert.« (Ebda., S. XVII)

Rund ein Dutzend der Gryphschen Lieder ist später in einige Hausgesangbücher aufgenommen worden, vor allem in das Nürnberger Gesangbuch (1677; vgl. dazu im einzelnen IV Scheitler 1982, S. 322ff.), während sie sich mit ihren unliturgischen Themen, ihrem anspruchsvollen mittleren Stil und ihrer den ›Oden‹ verwandten individuellen Thematisierung von Heilsgeschehen und Frömmigkeit für den Kirchengesang nicht eigneten (ebda., S. 336ff.).

2) *Einforderung des ›wahren Christentums‹ bei Stegmann*: Wichtiger als die hier ohnehin nicht leistbare Ermittlung des Gryphschen Anteils und Eigenwerts seiner poetischen Überarbeitungen scheint mir eine Charakterisierung von Intention und Aufbau des Stegmannschen Erbauungsbuches zu sein, um das Gryphsche Interesse an diesem Werk besser einschätzen zu können. In einer Vorrede von 1629 wandte sich Stegmann als vormaliger Theologieprofessor in Rinteln und damaliger Superintendent der Grafschaft Schaumburg vor allem an deren Geistlichkeit und stellte seinem Werk ein Reformprogramm der kirchlichen Frömmigkeit voran, das sich deutlich von Arndt herleitete (»Aber o wahres Christenthumb / wo bleibestu?« II Stegmann, S. 6) und in seinen Grundzügen einen reformorthodoxen, ja vorpietistischen Charakter trägt. Wie Arndt – und wie Gryphius! – erblickt er als Ursache für den hereingebrochenen Zorn Gottes auch über seine Kirche die Sündhaftigkeit und Unbußfertigkeit der Christen. Genau hier liegt die Übereinstimmung im Tenor der von Gryphius übersetzten Bakerschen Erbauungsschriften. Auch bei diesem spielt das Ideal der »imitatio Christi« eine wichtige Rolle: »Denn wie es Anfangs sein Wohlgefallen gewesen uns zu seinem Bilde zu erschaffen: Also ist es Ihm noch hỏchst angenehm / wenn wir uns fỏr und fỏr bemühen Ihm gleich zu werden« (ÜERB, S. 205 u. ö.). »Wir haben«, ruft Stegmann selbstkritisch im Blick auf Luthers in der ›Lehre‹ steckengebliebene Reformation aus, »wol anders wollen glảuben / aber nicht anders wollen leben / das suchet nun der Grimm des Hỏchsten an uns.« (II Stegmann, S. 6) Genau dies war später auch der Vorwurf Speners an die Orthodoxie (vgl. II Spener, S. 28ff. u. ö.; vgl. Bd. V/1, S. 42ff.). »Darumb will nun GOTT der HERR contraria per contraria curiren« (II Stegmann, S. 6), schickt also Teufel, Tod, Hun-

ger, Pestilenz und anderes Unheil als Strafen, um alle eingerissene und von Stegmann ebenso wie später von Spener drastisch attackierte Lasterhaftigkeit und zugleich die Laschheit in der Ausübung der guten Werke als »Wercken der Liebe« und
»Merckmal der Gottseligkeit« anzuprangern (ebda., S. 7). Ganz in Speners Sinne
ermahnt Stegmann die ihm unterstellten Geistlichen, als Hirten ihr Wächteramt über
die Gemeinde und damit die Kirchenzucht ernstzunehmen (II Stegmann, S. 7f.).

Im Rahmen dieses weitreichenden Reformprogramms akzentuiert er den Haupt-
inhalt seines Erbauungsbuches als entscheidende Sofortmaßnahme: Er bietet in der
Haupt-Krisenzeit der Epoche poetische und prosaische Gebete und Meditationen,
um durch Buß- und Reue-Tränen den Willen zur Umkehr einzuleiten und Gott
wieder gnädig zu stimmen. Es gebe »kein besser Mittel«, den »zornigen GOTT« zu
versöhnen und »die Plage abzuwenden / als das wolriechende Råuchwerck des lieben
Gebets« (ebda., S. 7); dieses sei »ein rechtes FriedenMittel / dadurch dem Kriege
gestewret werde«, ja es sei »das rechte aurum potabile, so den Menschen fast unsterblich erhalten kann« (ebda., S. 5), und indem sich Stegmann zugleich auf die
Aussage des verfolgten Ambrosius beruft: »Das Gebet und die Zähren sind meine
Waffen« (ebda., S. 9), erweist er sich deutlich als Mitbegründer der für Gryphius so
bedeutsamen Leiden-Heil-Theologie.

Von daher versteht sich auch der *Aufbau* des Erbauungsbuches. Es ist grundsätzlich für die *häusliche Andacht* bestimmt und bietet in einzelnen Kapiteln Prosa-
Gebete, aber auch Gedichte und Lieder zunächst für die – in ihrem Ablauf sche-
matisch analog strukturierten – Tagesandachten (›Morgen-Gebete‹, ›Abend-Gebete‹,
und zwar gesondert für jeden Wochentag von Sonntag bis Sonnabend) und anschließend zunächst »für die allgemeine Noth der Christenheit«, dann »allgemeine
BußGebetlein / umb Abwendung der grassierenden Landstraffen«, Gebete »umb
Erhaltung der Lehre und Kirche Gottes«, dann wieder Gebete zu einzelnen Katastrophen (»in Kriegszeiten«, in »Thewrung und Hungers-Not«, »in Sterbens=Låuff-
ten«, »in Schwermuth und geistlicher Traurigkeit«). Abschließend folgen Gebete und
Meditationen zur Vor- oder Nachbereitung von liturgischen Handlungen wie Beichte, Abendmahl und eigener Sterbestunde. Stegmanns Lieder in diesem Buch, aber
auch seine anderen zahlreichen Kirchenlieder, zeigen im übrigen den für das Luthertum der Zeit nicht untypischen und auch bei Gryphius erkennbaren Versuch, Christus konkret und aktuell um Hilfe aus der gegenwärtigen Krise zu bitten (»Laß sehn,
daß du seyst vnser Gott, / Der vnser Feinde setzt zu spott [...] Vnd hilfft den Seinen
auß der Noth.« II F/T I, S. 307; vgl. dazu Bd. II, S. 237ff.).

Insgesamt stellt Stegmanns Erbauungsbuch als ein sehr zeittypisches Werk eine
eindrucksvolle seelsorgerliche Leistung dar, die zeigt, was den Geistlichen in der
Krisen- und Katastrophenzeit abverlangt wurde. Es ist in allen Teilen ein aussage-
kräftiger Beleg für das bedrängte Luthertum der Zeit – auch und gerade darin, daß
sich die Einforderung der guten Werke auf das Vorwort beschränkt und das Haupt-
gewicht der Schrift doch wieder auf die innerliche Bewältigung des als Strafe erfah-
renen Unglücks, auf passives Leiden als Bewältigung der Katastrophen gelegt wird
(vgl. Bd. II, S. 171ff.). Der Pietismus meinte es da schon ernster mit der Kirchenzucht. Die Bildung der »ecclesiola in ecclesia« war Ausdruck dieser Haltung, die sich
auch aus dem Schutzraum der häuslichen Andacht herauswagte.

3) *Pragmatisch und theologisch motivierte Texteingriffe*: In den *Prosa*-Text der Stegmannschen Vorlage hat Gryphius verhältnismäßig selten und dann aus zumeist ein-
sichtigen pragmatischen oder theologischen Gründen eingegriffen. Dazu nur je ein
Beispiel. Einsichtig von der hier vorgelegten Interpretation seiner Position scheint es
zu sein, daß er konfessionelle Einseitigkeiten und vor allem direkte Polemiken Stegmanns um-schreibt. Lehrreich ist diesbezüglich seine komplette Überarbeitung des
Stegmann-Kapitels ›Sehnliche Klage bedrångter Christen / so zu abgŏttischer Papi-
stischer Lehr gezwungen werden‹ (II Stegmann, S. 170). Die veränderte Überschrift
bei Gryphius (›Sehnliche Klage bedrengter Christen / so wider Gewissen zur Abgŏttischer fremder Lehre gezwungen werden sollen‹; II HHS, S. 188) verweist auf die
durchgängige Ersetzung und Umschreibung aller Benennungen der katholischen
oder Lutherischen Konfession in Stegmanns Text (also z. B. »Alt=Catholische Kirche« durch »Vralte Kirche«, »Schaafstall der Lutherischen Kirchen« durch »Schaafstall der reinen und wahren Kirchen«, statt »abgŏttischer Opfermesse« »Greuel der
Abgŏtterey«, statt »wir haben das Bǎpstische Egypten einmal verlassen« bei Gryphius: »wir haben die Dinstbarkeit Egypten einmal verlassen« usw.; II Stegmann,
S. 188ff.; HSH, S. 170ff.). Allerdings entschärft Gryphius nicht Stegmanns Vorwürfe in der Sache und die Lehrunterschiede selbst. Die konfessionellen ›Lager‹ bleiben
trotz Namensänderung zweifelsfrei erhalten, und stellenweise findet sich sogar eine
verschärfende Zuspitzung (Stegmann: »so bin ich gelehrt genug zum Himmelreich /
wenn ich nicht gleich alles glǎube was die Kirche glǎubet«; Gryphius: »…was eine
falsch gerühmte Kirche glǎubet«; II Stegmann, S. 173; HSH, S. 190). Die Namens-
verwischungen entspringen daher vermutlich weniger einem irenischen als vielmehr
einem pragmatischen Impuls, der nochmals auf den ›Sitz im Leben‹ dieses für die
Hausandacht bestimmten Werkes verweist: Die zur Überarbeitungszeit des Werkes
in Schlesien an der öffentlichen Ausübung ihrer Frömmigkeit behinderten Lutheraner sollten mit dem Buch in ihrer Privatandacht unterstützt – und zugleich sollten
eben deshalb im Blick auf die katholische Zensur allzu offene Angriffsflächen getilgt
werden.

Das zweite Beispiel betrifft theologisch motivierte Umstellungen bzw. Kürzungen
des Stegmann-Textes. Dessen Gebet ›Umb die Nachfolge Christi in guten Wercken‹
z. B. mündet in die Bitte um einen tugendhaften, gottseligen Lebens-Lauf,

> »daß ich allen Fleiß anwende in meinem Christenthumb / und immerdar fortgehe aus
> dem Glauben zur Tugend / aus der Tugend zu der Bescheidenheit / aus der Bescheidenheit
> zur Mǎssigkeit / aus der Mǎssigkeit zur Gedult / aus der Gedult zur Gottseligkeit / aus
> der Gottseligkeit zur brüderlichen Liebe / aus der brüderlichen Liebe zur gemeinen Lie-
> be / meinen Lauff Christlich ende / meine Nachfolge Christlich vollende…« (II Stegmann,
> S. 293)

Gryphius korrigiert diese Bitte durch Einbezug der bei Stegmann fehlenden dritten
christlichen Kardinal-Tugend, der Hoffnung, und da er diese (in der Reihenfolge
›Glaube, Liebe, Hoffnung‹) ans Ende plaziert, streicht er folgerichtig die im Sinne
der »imitatio« gleichwohl entscheidende Hinwendung der Liebe zur »brüderlichen«
und »gemeinen Liebe« in Stegmanns Text (»…und immerdar fortgehe aus dem Glauben zu der Liebe / aus der Liebe zu der Hoffnung / aus der Hoffnung zu der Bescheidenheit / aus der Bescheidenheit zu der Mǎssigkeit / aus der Mǎssigkeit zu der
Gedult / aus der Gedult zu der Gottseligkeit / aus der Gottseligkeit zu wahrer Be-

ståndigkeit / aus der Beståndikeit (!) in heilige Gemeinschafft mit dir O mein HErr / damit ich meine Pilgrimschafft Christlich vollende / meine Nachfolge selig beschlisse.« HSH, S. 334) Friedrich von Spee hatte dagegen in seinem ›Güldenen Tugend-Buch‹ die Reihenfolge der Tugenden umgekehrt. Auf den Glauben folgte die Hoffnung als noch selbstbezüglicher »amor concupiscentiae« und dann erst die reine selbstlose Liebe (zum Nächsten) wie bei Stegmann als »amor benevolentiae« (vgl. II Spee, GTB, S. 115ff., 267ff.). Die Gryphsche Umstellung zeigt dagegen über ihre theologische Korrektheit hinaus ein hohes eigenes Interesse an individueller »gottseliger« Gemeinschaft mit dem Erlöser.

4) *Lieder eines schuldbeladenen Erlösten*: Dieses Interesse bestimmt auch eindeutig Gryphius' eigene *poetische Zugaben* in Stegmanns Andachtsbuch. Ich hebe drei Aspekte hervor. Da ist *zunächst* das in seinen Liedern erneut zum Teil kraß hervortretende Sündenbewußtsein mit daraus resultierender geradezu verzweifelter Erlösungsunsicherheit (vgl. dazu als Höhepunkt das qualvolle Lied ›Hertzens=Angst eines bußfertigen Sûnders‹; HSH, S. 300ff). Christian Gryphius, der 10 Lieder aus der Stegmann-Bearbeitung als ›Geistliche Lieder‹ in seine Ausgabe des väterlichen Werkes aufnahm (II VG, S. 91–107), ließ bezeichnenderweise die achte Strophe aus den ›Schluß=Reimen‹ zum ›Morgen=Gebet an dem Freytage‹ weg, weil sie in der verzweiflungsvollen Selbstanklage menschlicher Sündhaftigkeit im Übergang zur Aufklärung wohl nicht mehr als erträglich und zeitgemäß erschien: »Beschere das du (= Christus) mich nur gar zu teur erkaufft // Vnd ob ich Schulden / HErr! Mit Schulden überhåufft; // Ob ich in Sûnden=Koth auff Vihisch mich gewûhlet // Vnd mit der schnôden Welt / mein Vater Heil verspielet.« (HSH, S. 61; vgl. VG, S. 94)

Diese in Selbstzweifel -erniedrigung und Hilflosigkeit umschlagende Glaubensangst manifestiert sich theologisch *zweitens* erneut eindrucksvoll in einem sichtlich ›gestörten‹ Verhältnis dieser Gedichte zu dem allmächtigen, seine Geschöpfe unnachsichtig züchtigenden Vater. In dem Lied ›Threnen in großer Hungersnoth‹ faßt die Sprechinstanz des zehnstrophigen Liedes diese Katastrophe als göttlichen »Fluch« auf und versteigt sich zur Anklage gegenüber Gott, weil dieser Fluch zu wahrhaft unmenschlichem Leiden und kannibalischem Verhalten führt, welches hier nur angedeutet, aber im ›Ölberg‹-Epos und in den ›Leich=Abdanckungen‹ am Beispiel einer ihr eigenes Kind aus wütendem Hunger verzehrenden Mutter dargestellt ist (vgl. HÖ, S. 157; DF, S. 248; im folgenden die sechszeiligen, zunächst kreuzgereimten, dann mit Paarreim abgeschlossenen Strophen 5, 7 und 8):

> »Was rûhr ich. Ach! der Menschen Zagen!
>    Das nunmehr unaussprechlich ist.
> Ach wer kann diese Rutt ertragen!
>    Ach Herscher der du alles sihst:
> Ergetzet dich ja unser Sterben:
>    So laß doch so uns nicht verderben!
>
> Des Kindes Hertze wird gebrochen /
>    An der verstarten Mutter=Brust /
> Der Mutter / die / (nur Haut und Knochen)
>    Selbst auff dem Kind' erblassen must!

> Der sucht vor den erhitzten Magen
> Was schwer und schrecklich ist zu sagen.
>
> Ach HErr! Ach! ach daß dich erweiche
> Die grimst' und allgemeine Noth /
> Das gantze Land ist eine Leiche /
> Jst deine Vater Treu den todt /
> Nein nein! Du wirst uns HErr nicht lassen
> Du kanst nicht dein Geschôpfe hassen.«
> (HHS, S. 239)

Gryphius war keineswegs der einzige, der in seinen geistlichen Liedern solche Anklagen gegenüber Gott erhob (vgl. dazu das Kapitel »›Du bist ja GOTT und nicht
ein Stein / wie kanst du denn so harte seyn‹: Das lutherische Frömmigkeitslied nach
1600‹, in Bd. II, S. 227ff.). Natürlich verneint er die rhetorische Frage und schließt
sogleich ein ›Dank=Lid vor den Segen des Hôchsten‹ an (HHS, S. 240ff.). Aber daß
sich ein solches Klagen gegenüber Gott überhaupt zu artikulieren wagte, zeigt, wie
stark vor allem die Lutheraner diese Zeit als Existenz- und Glaubens-Krise erfahren
haben.

Nicht weniger deutlich tritt diese Befremdung, ja Entfremdung gegenüber dem
Schöpfer in dem Lied zutage, in dem Gryphius eine theologisch korrekte Darstellung
der Erlösung des Menschen zu bieten versucht. Die ›Schluß=Reimen‹ zum ›Abend=
Gebet an dem Donnerstage‹ können dieser Erlösung keinerlei Freude abgewinnen.
Das Ich artikuliert eher sein Erschrecken darüber, daß Gott sozusagen die ›Un-
menschlichkeit‹ des ›Isaakopfers‹ beging, mit dem er selbst Abraham nur auf die
Probe gestellt hatte (vgl. Gen. 22, 1ff.), nämlich den eigenen Sohn für ein solch
unwürdiges Geschöpf wie den Menschen leiden und sterben zu lassen (und die Qualen des Gottessohns hatte Gryphius ja in seinem großen Bibel-Epos ›Olivetum‹ eindringlich ad oculos demonstriert; vgl. Kap. 6 h–7; im folgenden Str. 4 aus dem als
Lied gegliederten Gedicht im ›heroischen Alexandriner‹):

> »Du bists / der mich so hoch (da ich dein Feind) geschâtzt /
> Daß du dein einigs Kind vor mich hast auffgesetzt /
> Daß ich durch dessen Dinst / die Freyheit môcht' ererben
> Schenckst du das Leben mir durch sein erschrecklich Sterben.«
> (HHS, S. 113)

Korrekt, formelhaft, aber durch die Antithetik der Motive (»sein Blut« – »meine
Greuel« usw.) als letztlich über alle Maßen unfaßbares Geschehen indiziert, pointiert
die nachfolgende Strophe dieses geradezu als schuldhaft empfundene Heils-Ereignis:

> »Ich werde durch sein Blut von meinen Greuln rein /
> Vnd geh durch seine Schmach ins Reich der Ehren ein.
> Er zahlet meine Schuld / er ist vor mich verhôhnet /
> Er trug den Fluch vor mich / durch ihn bin ich versôhnet.«
> (Ebda.)

Es ist, als erwüchsen dem Ich nicht nur aus der eigenen Schuldhaftigkeit, sondern
erst recht dadurch Schuldgefühle, daß es nicht anders als ausgerechnet durch den
schmach- und qualvollen Tod des Sohnes Gottes gerettet werden sollte. Der daraus
zu erwartende Dank wird daher auch am Schluß nicht zum Ausdruck jubelnder

Freude, sondern lastet wie eine Dankes-Schuld als schwere »Verpflichtung« auf dem
Sprecher, die er konsequenterweise auch gar nicht selbst, sondern nur »in Jesu Na-
men« und angesichts der von strenger Güte überwältigten Nichtigkeit der eigenen
Existenz nahezu formelhaft abzustatten vermag:

> »Dir HErr der Herrligkeit danckt dein verpflichtet Kind!
> Das sich fůr deine Fůss' in JEsu Namen find /
> Vnd in des Geistes Krafft der Abba' ruffen lehret /
> Jn tiffster Nidrigkeit dich seinen Vater ehret.«
>     (Ebda.)

Um so undistanzierter, intensiver und inniger gestaltete sich dagegen *drittens* das
Verhalten der Sprechinstanz zum Erlöser selbst – und auch darin ist Gryphius dem
lutherischen Kirchenlied der Zeit und namentlich auch Stegmann nahe (vgl. Bd. II,
S. 227ff.). Doch auch hier nehmen seine Lieder eine extreme Position ein in der Art
und Weise, wie das Ich dem Erlöser nun geradezu alle Verantwortung für das eigene
Leben aufbürdet: Christus soll alles richten – das zeigt sich vor allem in den insgesamt sechs Gryphschen ›Abendgebeten‹, in denen sich eine kaum bezwingliche Angst
vor den teuflischen Gefahren der Nacht äußert: »Schau wie tobt der Drache / Fůhre
deine Wache / JEsu umb mein Hauß. / Wann es Gifft her schneyet; / Wann er Feur
ausspeyet; / Lesch es selber aus.« (HSH, S. 97) Von daher verwundert auch die Bitte
nicht, Christus möchte im »Ich« leben – ein Motiv, das sich ebenfalls bei Stegmann
und bei anderen lutherischen Autoren der Zeit findet: »Unterdessen leb in mir // Daß
ich einig bleib in dir // Vnd Trotz Angst und Hohn und Schmehen // Meinen Glauben
lasse sehen.« (Ebda., S. 102)


5)   *Arbeit am ›wahren Christentum‹*: Indessen hat Scheitler recht, wenn sie die These
von Gryphius' angeblicher Nähe zur Mystik problematisiert (IV 1982, S. 341).
»Unio mystica« und affekthaft-sinnliche brautschaftliche Intimität sind den Gryphschen Liedern fremd. Wohl aber steht er statt dessen einer über-sinnlichen Licht-
Mystik nahe. Das Zentrum seines Werkes bilden dagegen Sündenbewußtsein, Erlö-
sungsungewißheit, Selbstverzweiflung, Angst vor Gottes Größe und gerechter Uner-
bittlichkeit. Wenn Scheitler Gryphius in den Zusammenhang einer vorpietistischen
Strömung stellt (ebda., S. 345), dann trifft sie etwas Richtiges, insofern der Autor
Anliegen der Reformorthodoxie aufgreift und ernst nimmt, mit der »imitatio Christi« die guten Werke als ›Beweis‹ des Glaubens einfordert und sich nach der »Gottseligkeit« sehnt. Aber aus pietistischer Perspektive bleibt Gryphius erkennbar im
Kampf um den Gnadendurchbruch stecken, ihm fehlt das entscheidende ›Erweck-
kungserlebnis‹, das die Gewißheit der Erlöstheit vermittelt. So ist er ein auf Christus
fixierter Suchender, und gerade in dieser zentralen Konstellation seiner Frömmigkeit
fand er Rückhalt im Luthertum, aber auch in den älteren Quellen katholischer
Frömmigkeit, aus der auch das Luthertum, wie Arndts ›Wahres Christentum‹, aber
auch Stegmanns ›Hertzen=Seufftzer‹ zeigen, schöpfte. Im Blick auf das Wesentliche
der christlichen Frömmigkeit konnte er so zugleich auch ein gemeinsames Fundament des ›wahren Christentums‹ propagieren, ohne sich selbst damit (ebenso wie
Arndt) unorthodoxen Wegen der Wahrheitssuche zu verschließen.
   Als ihn, der sich immer vor einem plötzlichen, unvorbereiteten Tod gefürchtet
hatte (»DAß uns nicht ereile // Mit geschwindem Pfeile // Ein noch schneller Tod«;

HHS, S. 97), der Schlagfluß mitten in einer Sitzung der Landesältesten am 16. Juli 1663 heimsuchte, und zwar im 49. Lebensjahr, in dem sich nun auch die Siebenzahl in seiner Biographie in der Multiplizierung vollendete, da stellte er geistesgegenwärtig in einem ›himmel steigenten Hertzensseüfftzer‹ die symbiotische, zweifelnd-hoffnungsvolle Zentralfrage seines lyrischen Werkes in der Quintessenz von fünf Worten eines Adoneus (mit Auftakt) ein letztes Mal: »Mein JESUS / wie wird mir?« (II Stosch, S. 11).

## 7) »Verschantzte« Schäfer-Welt (Harsdörffer, Klaj, Birken)

### a) »Wol meinende« im ›Irr-Garten‹ der Zeit – Zu den Lebensläufen

1) *Zur historischen Orientierung*: Die lutherisch geprägte Freie Reichsstadt Nürnberg war schon im 16. Jahrhundert durch die Tradition von Fastnachtsspiel und Meistersang ein literarisches Zentrum gewesen (vgl. dazu das Hans Sachs-Kapitel in Bd. I, S. 246ff., 262ff.) und wurde nun mit dem ›Pegnesischen Blumen-Orden‹ zu einem gewichtigen literarischen Ort für die humanistisch-aristokratisch geprägte deutschsprachige Literaturreform. Unter den Mitgliedern des 1644 nach dem Vorbild der ›Fruchtbringenden Gesellschaft‹, aber als spezifischer *Dichterbund* begründeten ›Ordens‹ der ›Pegnitz-Schäfer‹ ragen als dessen Begründer Georg Philipp HARSDÖRFFER (1607–1658) und Johann KLAJ (1616–1656) sowie – als weiteres frühes Mitglied und späterer agiler Ordens-Vorsitzender – Sigmund von BIRKEN (1626–1681) hervor. Doch gerade Werk und Leistung von Harsdörffer und Birken sind bei der derzeitigen Quellenlage und überdies aus lyrikgeschichtlicher Perspektive kaum angemessen zu würdigen. Harsdörffers monumentales im Druck erschienenes deutsches und lateinisches Werk umfaßt mehr als 20 000 Seiten und bietet Orientierung in nahezu allen Wissensgebieten, aber vorwiegend in Prosa, und dies gilt selbst noch für seine zweibändige Kollektion ›Nathan und Jotham‹, die Harsdörffer als ›Geistliche und Weltliche Lehrgedichte‹ tituliert (vgl. II NJ I/II). Birkens nicht weniger monumentales Werk – darunter sein pastorales Tagebuch ›Amaranthen-Garten‹ und seine Gelegenheitspoesie – sind bis heute noch weitgehend unpubliziert: »alles lagert in großen lyrischen Sammelhandschriften in seinem Nachlaß – dem umfänglichsten, der von einem Dichter des 17. Jahrhunderts vorliegt« (II.10 Garber, S. 518). So bleiben die entsprechenden Bände der seit 1988 annoncierten kritischen Birken-Ausgabe (›Werke und Korrespondenz‹) abzuwarten (ein soeben erschienener Band mit dem Briefwechsel zwischen Birken und der Greiffenberg ergänzt die Darstellung ihrer Beziehung in Bd. III, S. 249ff.; vgl. auch die angekündigte Studie von II.10 Stauffer).

Vor allem Birken, aber auch den anderen Pegnitz-Schäfern war kein sonderlicher Nachruhm beschieden. Ihr poetisches Markenzeichen, die sog. ›Klangmalerei‹ als »Nürnberger Manier«, erschien schon seit der Jahrhundertwende als »eine sehr wirksame Vorbereitung zu dem verschrieenen Geschmack des Hoffmannswaldau und Lohenstein« (so 1826 IV W. Müller, S. VII; vgl. dazu auch II.63 Wiedemann 1966, S. 25ff.), und der Titel von Harsdörffers Poetik, der ›Poetische Trichter‹, wurde – gründlich mißverstanden – zur sprichwörtlichen Metapher für das angeblich handwerkliche Dichtungsverständnis barocker Anweisungspoetik. Erst die neuere Barock-Forschung bringt diesen Autoren wieder mehr historisches Interesse und Verständnis entgegen. Allerdings ragen sie – vom Texthybrid der ›Redeoratorien‹ abgesehen – nicht durch lyrikgeschichtliche Innovationen hervor, sondern knüpfen mit ihren ›Markenzeichen‹ an schon bestehende literarische Entwicklungen an, führen sie indes zu einem Höhepunkt. Das gilt zum einen für die Schäferdichtung nach dem Vorbild von Opitz' ›Schäfferey von der Nimfen Hercinie‹ und zum anderen für die klangbetonte formale Virtuosität und ihre entschiedene Hinwendung zur geistlichen Dichtung nach dem Vorbild Zesens. Dazu hier noch ein kurzer Hinweis.

Während sich Gryphius insgesamt noch im Rahmen des von Opitz auch formal vorgegebenen Reformprogramms bewegte, dieses aber mit stilistischer Eleganz, gedanklicher Prägnanz, pathetischer Intensität und grüblerischer Vieldeutigkeit auf ein zuvor nicht erreichtes Niveau zu heben wußte, begannen andere Autoren, sogleich nach Opitz' (und Flemings) Tod, die Opitzschen Vorgaben formal und inhaltlich zu verändern und zu verschieben. So führte Philipp von ZESEN (1619–1689; vgl. Kap. 2; Bd. IV/2, Kap. 5) in seinem ›Hochdeutschen Helikon‹ (zuerst 1640/41), der zweiten, ebenfalls erfolgreichen Poetik nach Opitz, durch die Vorlesungen des Wittenberger Poetologen August Buchner (1591–1661; vgl. II Buchner) angeregt, den *Daktylus* und dessen Umkehrung, den *Anapäst* sowie aus ihnen mit Trochäen und Jamben gemischte ›Wechselverse‹ und die sapphische Oden-Form in die Verskunst der Barock-Poesie ein, und er erprobte diese Innovationen sogleich auch in geistlichen Gedichten.

Diese Experimente erwuchsen aus der auch von den Sprachgesellschaften vertretenen Überzeugung von dem Deutschen als einer der adamitischen Sprache besonders nahen ›Ursprache‹, deren Stammwörter daher wieder aufzufinden und zur Geltung zu bringen seien. Seine Übersetzungen und eigenen Werke bereicherte Zesen durch zahlreiche Neologismen, und seine Gelegenheitsdichtung sowie seine in Sammlungen erschienene Poesie zeichnet sich durch virtuose, häufig verspielt wirkende und klanghörige Vers- und Formkunst aus. Allerdings dürfte vor allem Klaj, der begabteste Lyriker unter den Nürnbergern, der seit 1634 (und damit fünf Jahre vor Zesen) bei Buchner in Wittenberg studiert hat, seine virtuosen Formexperimente zumindest zum Teil auch unabhängig und zeitlich parallel zu Zesen, den er zitierte (vgl. z. B. II Klaj HHJC, S. 104), entwickelt und einige Manuskripte bereits fertig nach Nürnberg mitgebracht haben.

Ein Charakteristikum der Dichter des ›Blumen-Ordens‹, von denen sich Klaj und Birken als Kriegsflüchtlinge in Nürnberg eingefunden hatten, ist die Intensität, mit welcher sie ihr schriftstellerisches Werk im Blick auf die Krisenzeit reflektieren, als bewußte Gegenentwürfe und »Friedensarbeit« in den Dienst der Sozietät stellen (II. Böttcher 1990, S. 23), aber selbst in ihren Schäfer- und Friedensdichtungen vom Bildfeld des Krieges nicht loskommen (vgl. dazu jetzt auch III Kaminski, S. 318ff.). Das rechtfertigt ihre Darstellung am Schluß des vorliegenden Bandes. Zugleich leiten sie mit den spielerisch-concettistischen und utopischen Aspekten ihrer Werke zum nachfolgenden Band über und verdeutlichen, daß auch und gerade die Liebesdichtung dieser Zeit nicht als zeitfernes Arkadien, sondern als zeitbezogenes Heilmittel, ja als ›Krieg‹ im Zeichen der Venus zur Überwindung des Mars zu verstehen ist (zur Dichtung und Biographie auch weiterer Mitglieder des ›Blumenordens‹ vgl. Mannacks breitgestreute Anthologie zur ›Nürnberger Barockdichtung‹; I PS).

2) *Zu Harsdörffers Biographie und Werk*: Georg Philipp HARSDÖRFFER (vgl. Abb. 8, ein Kupferstich von Jakob Sandrart nach einer Zeichnung von Georg Strauch; in: III Bircher, S. 87) entstammte einer vermögenden Familie des Nürnberger Stadtpatriziats und genoß infolgedessen eine standesgemäße Ausbildung. Die reichsstädtisch-patrizisch-lutherische Tradition der Familie zeigt sich auch in der Wahl der beiden einzigen reichsstädtisch-lutherischen Universitäten als Studienorten Harsdörffers. Zunächst besuchte er seit 1623 (wie kurz nach ihm Logau) die zum Nürnberger Territorium gehörige melanchthonisch-liberal geprägte Universität Altdorf zum Studium von Jura, Philosophie, Philologie und Mathematik, seit 1626 die Universität Straßburg, wo Bernegger zu seinen Lehrern zählte und wo er Kontakte mit Rompler von Löwenhalt und Moscherosch knüpfte, deren ›Tannengesellschaft‹ er später angehörte. Seine ausgedehnte Bildungsreise führte ihn ab 1627 für vier Jahre »durch die Schweiz, Frankreich, die Niederlande, England und zu längerem Aufenthalt nach Italien« (II.48 Böttcher 1990, S. 23). Die persönlichen Beziehungen, die er überall knüpfte, und die kulturellen und literarischen Anregungen, die er aufnahm, befähigten ihn nach seiner Rückkehr in die Heimatstadt zur Entfaltung seiner staunenswerten, die Muttersprachlichkeit dieser Länder als Vorbild beherzigenden Aktivitäten als Kulturvermittler im weitesten Sinne, wobei er die meisten seiner Werke vielleicht aus Karriererücksichten unter Pseudonym publizierte (vgl. II.48 Böttcher 1984, S. 299). Und diese Leistung rang sich Harsdörffer, der 1642 als »der Spielen-

de« in die ›Fruchtbringende Gesellschaft‹ aufgenommen wurde, in den ›Nebenstunden‹ ab (vgl. dazu auch I PS, S. 245ff.), denn hauptberuflich war er Jurist, zunächst als Assessor am Untergericht, ab 1637 am Stadtgericht. 1655 widerfuhr ihm die Ehre der Wahl in den inneren Rat der Stadt Nürnberg.

Trotz einer klugen Neutralitätspolitik des gestrengen Nürnberger Rates während des Dreißigjährigen Krieges war die Reichsstadt von dessen Belastungen nicht verschont geblieben. Anläßlich der Verschanzung des schwedisch-deutschen Heeres in der Stadt und derjenigen Wallensteins mit seinem Heer von 60000 Soldaten im Zirndorfer Raum sowie dem Versuch Gustav Adolfs, Wallensteins Verschanzung zu durchbrechen, kam es an der Alten Veste bei Nürnberg im August 1632, also gerade im Jahr nach der Beendigung von Harsdörffers Bildungsreise, »zu den opferreichsten Kämpfen dieses Teutschen

Abb. 8

Krieges« (III Barrudio, S. 408). Die Versorgungsengpässe führten zu massiven Aus-schreitungen vor allem der deutschen Soldaten, wofür die Strafpredigten Gustav Adolfs und der Nürnberger Geistlichkeit beredtes Zeugnis ablegen (ebda., S. 407f.). Überdies hatte die Pest unter der Bevölkerung gewütet, Sitten, Recht und Ordnung waren ständig bedroht. In solchen Zeiten wollte Harsdörffer seiner Vaterstadt auch als Pädagoge und Kulturvermittler dienen. In mehr als 30 großen, zum Teil mehr-bändigen Schriften – darunter vielen Übersetzungen und Bearbeitungen – vermittelte er ohne Berührungsängste vor anderen Weltanschauungen, Kulturen und Religionen bzw. Konfessionen im Dienst des »prodesse et delectare« sowohl für weltliche wie geistliche Zwecke Sachwissen, Handreichungen und Erbauliches (so den ›Poetischen Trichter‹ [1647–53], die ›Mathematisch-philosophischen Erquickstunden‹ [1651/53], den Briefsteller ›Teutscher Secretarius‹ [1655/59; vgl. I PS, S. 214ff.], die allegorischen Tugendlehren ›Nathan und Jotham‹ [1650/51, erw. 1659], die mit Emblemen und Gedichten angereicherten ›Hertzbeweglichen Sonntagsandachten‹ [1649/52; vgl. dazu I PS, S. 140]), er kompilierte Interessantes und Amüsantes aus ›Kunstquellen Denk-würdiger Lehrsprüche und Ergötzlicher Hofreden‹ zur zweibändigen Ausgabe einer auch der rhetorischen Schulung dienenden ›Ars Apophthegmatica‹ (1655/56) mit 6000 Beispielen (vgl. dazu II.48 Braungart, S. 8ff., 13ff.), und er eröffnete aus der pädagogischen Einsicht heraus, daß anschauliche Exempel mehr bewirken können als der didaktische Zeigefinger, eine publizistisch erfolgreiche, aus der europäischen Literatur ins Deutsche vermittelte Reihe mit mehreren hundert ›Geschichterzählun-gen‹ (u. a. ›Der Grosse Schauplatz Jämerlicher Mord-Geschichte‹ [1649/50], ›Schau-Platz Lust- und Lehrreicher Geschichte‹ [1650], ›Geschichtspiegel‹ [1650], ›Mercurius Historicus‹ [1657]; vgl. dazu I PS, S. 210ff.).

Neben diesen – zum Teil in faksimilierten Ausgaben neu zugänglichen – Werken hat sich Harsdörffer mit seinen innovativen achtbändigen ›Frauenzimmer-Gespräch-spielen‹ (1641–1649) zu Lebzeiten besonderen Ruhm erworben. Mit Recht hat Irm-gard Böttcher in dieser Sammlung von 300 ›Spielen‹ einer kleinen Gruppe von je drei Damen und Herren aus Adel und Bürgertum das Zentrum der »Friedensarbeit« dieses Autors lokalisiert: »Vermittlung von Weltkenntnis, Förderung von Urteils- und Willensbildung für ein friedliches, freundlich-gesittetes, politisch und sozial ge-ordnetes, tolerantes, weltbejahendes, doch tugendhaft gottgefälliges Leben.« (II.48 Böttcher 1990, S. 23) Das von Harsdörffer nicht erfundene (vgl. II.48 Zeller, S. 77ff.), aber einfallsreich genutzte didaktische Medium des Konversations-›Spiels‹, das vom Buchstaben- und Silbenspiel über poetische Spiele (mit Akrosticha, Ana-grammen, Metaphern, Rätseln usw.) bis zu Frage- und Rollen-Spielen zu bestimm-ten Wissensgebieten reicht (vgl. dazu ebda., S. 9ff., 28ff.), bot die Möglichkeit zur Erörterung auch kontroverser Probleme und heikler Themen im Disput der Ge-sprächspartner, ohne daß die Fragen am Ende durch eine auktoriale Position ein-seitig beantwortet und entschieden würden: Der Leser sollte sich mit-denkend ein eigenes Urteil bilden.

Bei besonders heiklen Themen wußte sich Harsdörffer aber durchaus bei schein-barer Denkfreiheit des Lesers auktorialer (Persuasions-)Strategien zu bedienen. So bei der »Aufgabe. Ob sich die Erde bewege / und der Himmel still stehe?« (I PS, S. 193ff.) Hier wird der Leser ebenfalls »aus dienstlichen anvertrauen zum Richter« gewählt, um ihn »ermessen« zu lassen, »welche ursachen den andern vorzuziehen«

(ebda., S. 193), aber dann beginnen die Argumente sogleich einschüchternd mit der Position der »H. Schrifft«, die anschließend mit mathematischen und astronomischen Berechnungen gestützt wird, bevor das kopernikanische System (mit Abbildungen) zur Darstellung gelangt und sogleich durch kritische Einwände und durch die Modifikationen anderer Astronomen – vor allem Tycho Brahes – in Frage gestellt wird. Der Schlußsatz des Kapitels nimmt dem Leser das Urteil ab: »Ich sage mit Grotio, daß die unterschiedlichen widerigen Meinungen der Schwachheit menschliches Verstandes beyzumessen / und daß sie durch soviel zweiffelursachen irrig gemachet / bekennen müssen / sie wissen keine Gewißheit.« (Ebda., S. 199) Man darf diese Position durchaus mit dem eklektischen Weltbild Harsdörffers identifizieren. Sie erlaubte diesem die bemerkenswerte Spannweite seiner theoretischen Neugierde, aber auch die Einverträglichkeit mit dem – in Nürnberg liberalen – Geist und Weltbild des Luthertums.

Dessen damalige Hauptrepräsentanten waren Johann Saubert d. Ä. (1592–1646; vgl. zu ihm Bd. II, S. 248f., 256ff. u. ö.) sowie Johann Michael Dilherr (1604–1669; bis 1642 Professor der Rhetorik und Poesie in Jena, »poeta laureatus«, Direktor des Ägidiengymnasiums, Bücherzensor und geistlicher Mittelpunkt, aber nicht Mitglied der ›Pegnitzschäfer‹; vgl. ebda., S. 258; II.63 Wiedemann 1966, S. 10; vgl. I PS, S. 105ff.). Beide Geistlichen meinten es ernst mit Kirchenreform und Kirchenzucht und standen zugleich Künsten und der Poesie aufgeschlossen gegenüber, die sie allerdings in den Dienst der Religion zu stellen suchten. Genau darin kamen ihnen – wie sich zeigen wird – Harsdörffer und die anderen Pegnitzschäfer vor allem in der Theorie entgegen. Ein interessantes, neu zugängliches Zeugnis der Kooperation ist der Band ›Drei-ständige Sonn- und Festtag-Emblemata oder Sinnbilder‹ (1660) mit 81 Sinnbildern von Harsdörffer (vgl. II Dilherr/Harsdörffer; vgl. dazu II.48 Höpel, S. 221ff.; zu Harsdörffers interessanter Emblem-Auffassung in der Verhältnisbestimmung von Bild als »materia« und Sprache/Schrift als »forma« im aristotelischen Sinne vgl. I PS, S. 199ff.; vgl. zu Harsdörffer auch die monumentale Studie von II.48 Krebs).

3) *Zu Klajs Leben und Dichtung*: Johann Klaj, aus Meißen gebürtig, ist das sprachbegabteste Mitglied des Nürnberger ›Ordens‹. Er studierte zunächst in Leipzig, dann ab 1634 in Wittenberg neben Poesie vor allem Theologie, und wegen des »wilden Feld- und Mordgeschreys der Soldaten« führte ihn das »Verhängnis«, so stellt es das erste ›Pegnesische Schäfergedicht‹ 1644 dar, ohne Hochschulabschluß, mittellos und ohne familiäre Bindung »an den Pegnitzfluß« (II Harsdörffer/Klaj, S. 22). Hier wurden Harsdörffer und Dilherr seine Förderer. Letzterer öffnete ihm das Auditorium für die ›Redeoratorien‹ als neue geistliche Spiel-Formen, in denen Klaj in virtuoser Sprachartistik die nach-opitzischen Errungenschaften im Bereich der Metrik und Strophik bedeutenden heilsgeschichtlichen Themen dienstbar machte und zugleich geschickt an die alte Form kirchlich gebundener Fest-Spiele wie des Mysterien-Spiels anknüpfte (›Aufferstehung Jesu Christi‹, ›Höllen- und Himmelfahrt Jesu Christi‹, 1644; ›Herodes der Kindermörder‹, 1645; ›Der leidende Christus / In einem Trauerspiele‹, 1645; ›Freudengedichte Der seligmachenden Geburt Jesu Christi zu Ehren gesungen‹, 1650; vgl. dazu im einzelnen die grundlegende Studie von II.63 Wiedemann 1966; vgl. Abschnitt e). Nur 11 Tage nach der Gründung des

›Blumen-Ordens‹ anläßlich einer Doppelhochzeit hielt er bereits seine ›Lobrede der Teutschen Poeterey‹ (im Druck 1645). 1645 wurde er zum »poeta laureatus« gekrönt und in Zesens ›Deutschgesinnete Genossenschaft‹ aufgenommen.

Doch nun stockte Klajs Produktivität für etwa 3 Krisen-Jahre (vgl. II.63 Wiedemann 1966, S. 12ff.). Genialischer Natur und alkoholischer Inspiration nicht abhold, fand er erst 1647 eine Anstellung an der Lateinschule von St. Sebald, die ihm auch die Heirat ermöglichte (1648). In die Jahre 1649/50 fällt dann die zweite Schaffensphase Klajs mit seinen ›Friedensdichtungen‹. Nachdem Nürnberg 1649 Schauplatz von Nachverhandlungen zum Westfälischen Frieden geworden war und dort am 11. 9. 1649 ein »Interims Rezeß« (II Birken TKB, S. 1) unterzeichnet wurde, feierte Klaj dies Ereignis als pro-protestantisches ›Schwedisches Fried= und Freudenmahl‹ (vgl. II Klaj SFF; Ir, S. 40–70). Als am 16. Juni 1650 ein Friedens-»Haubt=Rezeß« (II Birken TKB, S. 1) mit der Ratifizierung der Verträge durch Kaiser Ferdinand III. verabschiedet und mit einem spektakulären Feuerwerk gefeiert wurde (vgl. dazu die detaillierte Beschreibung Birkens ebda., S. 61ff.), verfaßte Klaj eine bilderreiche, nun der kaiserlichen Seite gewidmete Schrift ›Geburtstag deß Friedens‹ (1650; vgl. dazu auch III Kaminski, S. 516ff.) und publizierte noch im selben Jahr eine beide Festschilderungen vereinigende dritte Schrift ›IRENE / das ist / Vollständige Ausbildung Deß zu Nürnberg geschlossenen Friedens‹ (vgl. II.63 Wiedemann 1966, S. 17f.). 1650 wurde er auf eine Pfarrstelle in Kitzingen (Brandenburg-Ansbach) berufen. Der Ort unterstand der Jurisdiktion des gebildeten und toleranten Würzburger Bischofs Johann Philipp von Schönborn. Hier kam es rasch zu Spannungen mit der kämpferisch eingestellten lutherischen Gemeinde, die Klaj seine guten Beziehungen zum katholischen Würzburg verübelten und eine zu lasche Amtsführung bemängelten (ebda., S. 18ff.).

4) *Zu Birkens Biographie und Schrifttum*: Birkens protestantische Familie mußte 1629 unter dem Druck der Gegenreformation Böhmen verlassen und suchte Zuflucht in Nürnberg, der Heimat von Birkens Mutter (vgl. II.10 Garber, S. 516). Früh verwaist fand auch Birken in Dilherr einen Förderer, der ihm den Besuch am Ägidiengymnasium und an dem von ihm seit 1642 eingerichteten voruniversitären Auditorium publici ermöglichte (ebda.). Sein Studium der Rechte, Philosophie und Theologie in Jena (1642/43) mußte Birken aus Geldmangel abbrechen. Er fand 1645 zwar als ›Floridan‹ Aufnahme in den ›Pegnesischen Blumenorden‹ und als ›Der Riechende‹ in Zesens ›Deutschgesinnete Genossenschaft‹, er wurde durch Harsdörffers Vermittlung seit 1646 als Adlatus von Justus Georg Schottel Prinzenerzieher in Wolfenbüttel und dort zum Dichter gekrönt, aber in der Folge mußte er sich – 1648 zu den Friedensfeiern nach Nürnberg zurückgekehrt, die er eigens beschrieb (vgl. TKB, EBFFS) – doch mit Hauslehrerstellen mühsam über Wasser halten. Wie Zesen erhielt Birken zeitlebens keine feste Anstellung, trotz intensiver Vermittlungen und Kontakte zu allen politisch-konfessionellen Lagern und trotz öffentlicher Anerkennung und Ehrbezeugung, wie seine Nobilitierung und Ernennung zum Pfalzgrafen (1655) und seine Aufnahme in die ›Fruchtbringende Gesellschaft‹ (als ›der Erwachsene‹) bezeugen (vgl. II.10 Garber, S. 517). Als besonders rührig erwies er sich bei der Nachfolge Harsdörffers im Vorsitz des ›Blumenordens‹ seit 1662 (vgl. Abschnitt 5).

Fast zwei Jahrzehnte stellte Birken sein vielseitiges schriftstellerisches Talent –
auch mit Übersetzungen wie etwa von Jacob Baldes ›Satyra contra abusum tabaci‹
(vgl. TT) – unter Beweis und erweiterte den von Opitz eröffneten Gattungsspielraum
beträchtlich. So nutzte er die pastorale Gattung, zu der er mehr als 50 Stücke bei-
trug, einerseits auch für die Casualdichtung im engeren Sinne (so in einem ›Hir-
ten=Gespräche‹ auf den Tod des Herzogs Johann Friedrich von Württemberg und
Teck (II HG) und erweiterte sie andererseits zum stattlichen Buchumfang wie in
›Floridans Lieb- und Lob-Andenken seiner … Margaris im Pegnitz-Gefilde‹ (II
LLA). Darüber hinaus introduzierte er die Gattung aber auch in den Fürstenspiegel
(›Ostländischer Lorbeerhayn‹, 1657 [zu Ehren der Habsburger mit einer Reihe ein-
gestreuter Gelegenheitsgedichte; vgl. OL, S. 259–386, 404ff., 411–436 u. ö.]; ›Guelfi
oder Niedersächsischer Lorbeerhayn‹ 1669 [zu Ehren der Welfen]), entwickelte im
Bereich des Dramas ein pastorales heroisch-dramatisches Schauspiel (›Margenis‹,
1679) und das Genre eines emblematischen Schaustücks, eines Singspiels (›Sophia‹,
1662) und Balletts (›Ballet der Natur‹, 1662). Neben mehreren erfolgreichen pan-
egyrisch-dynastischen Memorialschriften für verschiedene Herrscherhäuser (vgl. den
mit vielen Abbildungen und Herrscherporträts aufwendig gestalteten ›Chur- und
Fürstlichen Sächsischen Helden-Saal‹, II SHS) verdienen seine geistlich-erbaulichen
Schriften besondere Beachtung, die allerdings – mit Ausnahme der 1681 erschienenen Prosaschrift ›Heiliger Sonntags-Handel und Kirchwandel‹ und einer Reihe von
geistlichen Liedern – noch weitgehend der Veröffentlichung harren. Ihre große Zahl
unterstreicht aber ebenso wie Birkens Poetik (›Teutsche Rede-bind und Dicht-Kunst
… mit Geistlichen Exempeln‹, 1679) sein Bekenntnis, daß er, ohne Theologe zu sein,
»mit geistlichen Schrifften ein Diener Gottes, und Erbauer seiner Kirche zu werden
verhoffte« (zit. in II.10 Garber, S. 518). Mit Birkens späterer radikaler christlicher
Fundierung der Dichtkunst ist zugleich der größte Gegensatz zu ihrer ›heidnischen‹
Herleitung bei Opitz erreicht (vgl. Kap. 7 b).

5) *Zum ›Pegnesischen Blumen-Orden‹*: Den Ausgangspunkt des ›Blumen-Ordens‹
bildete offenbar ein Gemeinschaftswerk der beiden Gründer. Nach dem Vorbild von
Opitz' ›Hercinie‹ wurden die Anfänge der Dichtervereinigung im ›Pegnesischen
Schäfergedicht […] von Strefon [= Harsdörffer] und Clajus‹ (1644) in Prosaeklogen
mit lyrischen Einlagen dargestellt. Ihre Gedichte und Lieder werden dabei hauptsächlich aus Anlaß und zu Ehren einer aristokratischen Doppelhochzeit vorgetragen
und haben deshalb trotz »einfältiger« schäferlicher Einkleidung zum Teil einen ›hohen Stil‹, in dem beide Hirten um den Preis für das »schikklichste Gedicht« singen
(II Harsdörffer/Klaj, S. 46), und dieser Wettgesang bietet die schönste Gelegenheit,
die Virtuosität im Gebrauch der neu errungenen Vielfalt der lyrischen Vers-, Gedicht-
und Strophen-Formen vorzuführen. In Birkens (al. Floridans) allein verantworteter,
aber mit Gedichten der anderen ›Pegnitz-Schäfer‹ angereicherter ›Fortsetzung der
Pegnitz-Schäferey‹ (1645) wird berichtet, wie sich im Anschluß an die Doppelhochzeit die Dichtervereinigung im vorgeblichen, aber unentschieden bleibenden Wettkampf der beiden ›Schäfer‹ um den Siegeskranz begründet: Strefon hängt ihn an
einen Baum und erklärt dessen Blumen zum »Bemerke unsrer Hirtengenoßschaft«,
»welche auch forthin die Gesellschaft der Blumen Schäfere heißen mag.« (II Birken
FPS, S. 32; vgl. I PS, S. 69) Ferner gehört zum Gründungsmythos eine besondere

Affinität zum Gott Pan, der – aus dem türkisch besetzten Griechenland nach Nürnberg exiliert – den Hirten erscheint und sie in einer Grotte zugleich als Dank für ihre Verehrung mit seiner Pans-Flöte beschenken läßt. Diese wird als Sinn-Bild der Pegnitz-Schäfer akzeptiert, zusammen mit dem Spruch »Mit Nutzen erfreulich«. Strefon selbst gibt diesem Sinnbild in einem Epigramm eine vieldeutige Interpretation, die es ermöglicht, Pan auch als »Merkzeichen« des pantheistisch-hermetischen Weltbildes zu verstehen, das im ›Pegnesischen Schäferlied‹ denn auch an zentraler Stelle expliziert wird (vgl. Abschnitt c):

> »Ihr Hirten / *freuet* euch / der alles hâlt in allen
>     Der große Pan *erfreut* euch mit dem Gnadenschutz /
> Die Schâfer=Freudenfest ihm ebenfalls gefallen.
>     Die *Freude* sonder Reu ist wahrer Tugend *Nutz*.«
>     (Zit. in II Birken FPS, S. 67)

Die Satzung von 1644 erwähnt, der Nürnberger Rat habe »diesem löblichen Blumen-Orden« »unweit Krafftshof, ein Stück von dero Reichs-Wald zu einem Irr-Hayn, darinnen die Herren Gesellschaftere nach Belieben zusammen kommen und sich ergötzen könnten, eingeraumt«, und in diesem »Irr-Wald« dürfe jedes Mitglied »zu seiner Ergötzung eine Hütte besitzen« und »bey dem Eingang des Irrgartens« mittels »Auffschrifft« auf seine Hütte bzw. seine Anwesenheit aufmerksam machen (I PS, S. 7). Die erstrebte, aber allenthalben von ›Merk-Zeichen‹ des Krieges bedrohte arkadische Lustbarkeit war fromm reglementiert. Der erste Artikel der Satzung schrieb vor, daß durch die »Poetische Gedichte« der Mitglieder »des Drey-Einigen GOttes Name und Ehre, auf eine rechtschaffene und ungeheuchelte Art gepriesen« und »ausgebreitet« werden solle (PS I, S. 5). Paragraph II forderte einen »unsträflichen Wandel« der Ordensmitglieder ein, durch den »sie es miteinander wol meinen«, sich untereinander keinerlei Leids antun und in ihren Schriften »nichts wider Zucht und Erbarkeit laufendes, wodurch jemand geärgert werden könnte, einfließen« lassen sollten (ebda., S. 5f.). Das war – wie die gegenseitige Förderung der Mitglieder und der religiöse Charakter ihrer Poetik und Poesie bezeugt – durchaus ernst gemeint und wirkt wie die Applikation des Reformprogramms der Orthodoxie auf diesen lutherisch geprägten, aber zumindest in der Anfangsphase ›panisch‹ gestimmten ›Orden‹. Daß Harsdörffer und Klaj mit ihm ein lutherisches Konkurrenzunternehmen zu der calvinistisch ›regierten‹ ›Fruchtbringenden Gesellschaft‹ ins Leben rufen wollten, ist wenig wahrscheinlich. Dazu hat Harsdörffer viel zu engagiert in Ludwig von Anhalt-Köthens Organisation mitgewirkt und selbst als Vorsitzender wohl aus baldigem Desinteresse am ›Blumen-Orden‹ zu wenig Mitglieder (insgesamt nur 14, unter ihnen Johann Rist) in diesen aufgenommen (vgl. dazu II.48 van Ingen, S. 196). Erst ab § III der Satzung folgen die Gebote zur Pflege der »teutschen Mutter-Sprach in ihrer natürlichen Art« und zur Beachtung der poetologischen Vorschriften.

Als Birken vier Jahre nach Harsdörffers Tod die Präsidentschaft übernahm (und im Laufe der Jahre 58 neue Mitglieder aufnahm), nutzte er die Gelegenheit der Grabfeierlichkeiten für den in der Passionszeit 1669 gestorbenen Mentor Dilherr, um dem Orden die vielgestaltige »Passions-Blume zur andern Gesellschafts-Devise« zu »erkiesen«, welche »eine stumme Predigerin des Leidens JEsu« darstelle (I PS, S. 11f.; vgl. II Omeis, S. 45). Dieser Ersatz des Pans-Kults zeigt eine deutliche Wand-

lung des älteren Birken gegenüber der Gründerzeit des ›Ordens‹. Diese Tendenz
verstärkt Birken in seiner Poetik von 1679, und wenn van Ingen in dieser Phase des
Blumen-Ordens von einer Verbindung von »Sprachpflege« »mit einer pietistisch geprägten Frömmigkeit« spricht (II.48, S. 197), so erinnert dies in der Tat an die
Gleichzeitigkeit des Pietismus (Speners ›Pia desideria‹ waren 1675 in Frankfurt erschienen; vgl. Bd. V/1, S. 40f. u. ö.), doch im Gegensatz zu dessen Literaturfeindlich-
keit erhob Birken, wie sich nun zeigen soll, die Poesie geradezu zum Medium der
göttlichen Inspiration.

b)   »Hall und Schall«: Die »göttliche Kunst« auf Kriegs-Fuß (Zur Poetik)

Harsdörffer, Klaj und Birken griffen in ihren Poetiken Zesens Tendenz auf, Opitz'
Ansatz, der die Poesie aus der griechisch-heidnischen Tradition hergeleitet und die
christliche Tradition (mit David und Salomon) nicht erwähnt hatte, geradezu um-
zukehren und die Poetik sowie die Poesie mehr und mehr in den Dienst des Christentums und damit der geistlichen Dichtung zu stellen. Deren zahlreichen Gattungen mit Bibel-, Passions- und Heiligen-Dichtungen aller Art, mit der Predigt-, Po-
stillen-, Gebets- und Andachtsliteratur sowie dem riesigen Komplex geistlicher Lyrik
und Kirchenlied-Dichtung hatte Opitz in seiner Poetik keine Aufmerksamkeit geschenkt. – Zugleich aber wies Klaj die Dichtung auch als kriegerische Vers-Kunst
aus.

1)   *Harsdörffers geistliche Poetik*: Das Haupt des ›Blumen-Ordens‹ verfaßte mit
seinem ›Poetischen Trichter‹ (3 Teile 1647–53) eine »Poetik geistlicher Dichtung«
(II.48 Fechner; vgl. auch II.48 Hess, S. 25ff., 37ff.), in welcher er das Gotteslob als
höchstes Ziel der Poesie proklamierte. Gleich zu Beginn seiner stark mit Beispielen
aus der geistlichen Poesie ausgestatteten Poetik betonte er, allein schon diese – zugleich an den ›gemeinen Mann‹ adressierten – Lieder »zur Erweckung hertzbrün-
stiger Andacht« seien »Ursache« genug, die uns »zu unser Poesie treiben solte« (II
Harsdörffer PT, S.):(vĭ). Bereits die Ursprünge und Anfänge der Poesie standen für
ihn im Zeichen des Gotteslobs (ebda. I, S. 2f.). Die Heiden allerdings seien bei ihrem
mythologischen »Fabelwerck« vom Teufel betrogen worden, weshalb ein christlicher
Poet diese Tradition nicht mehr benutzen und sich – eingedenk der Gottesverehrung
als höchsten Ziels der Poesie – aller schändlichen Buhlgedichte enthalten sollte (ebda., I, S. 2f., 7; III, S. aiij v; vgl. dazu auch II.48 Berns, S. 36ff.). Im übrigen behan-
delte Harsdörffer natürlich auch die nach-opitzschen Verserrungenschaften (mit
Daktylus und Anapäst sowie daraus gebildeten ›Wechselversen‹) in tabellarischer
Übersichtlichkeit (vgl. PT, S. 61ff., 80ff.).
     Der zweite Teil bietet eine ›inventio‹- und Gattungslehre, der dritte befaßt sich
zunächst im Anschluß an Schottel mit den Gründen für die Veränderung der Sprache (vgl. dazu auch II Schottel AATH I, S. 135ff.; vgl. auch I PS, S. 99ff.), kritisiert
Zesens übertriebene Eindeutschungsmanier (PT III, S. 12ff.; vgl. auch I PS, S. 88ff.)
und bietet dann hauptsächlich ein umfangreiches Verzeichnis mit alphabetisch geordneten Begriffen als Hilfe für ›poetische Beschreibungen / verblümte Reden und
Kunstzierliche Ausbildungen‹ (von »Aal« bis »Zwilling«; PT III, S. 113–504). Den

Abschluß der gesamten Poetik bilden dann zur Demonstration der höchsten Aufgabe und Erfüllung der Poesie in der geistlichen Dichtkunst zehn Beispiele für die damals beliebte – auch von Hoffmannswaldau und Lohenstein erprobte – Gattung der ›Geistlichen Geschichtreden‹, und zwar als nachahmende Übersetzung aus den Werken verschiedener Autoren (›Der gefallene Adam‹, ›Der reuige Kain‹, ›Der gehorsame Abraham‹ bis hin zur ›weinenden Rachel‹; PT III, S. 505–540).

2) *Sakralisierung von Dichtkunst und Dichter bei Klaj und Birken*: Der Gegensatz zu Opitz, der bei Harsdörffer weltanschaulich und poetologisch erkennbar ist, aber moderat bleibt, findet seinen Höhepunkt in den beiden den ›Poetischen Trichter‹ zeitlich umrahmenden Poetiken von Klaj (›Lobrede der Teutschen Poeterey‹) und Birken (›Teutsche Rede-bind und Dicht-Kunst‹, 1679), wobei schon der Untertitel ›mit geistlichen Exempeln‹ auf Birkens Tendenz verweist, den Musentempel ganz in ein christliches Kirchenhaus zu verwandeln. Mit drei zusammenhängenden Argumenten zielen die Autoren darauf ab, die von Opitz der Poesie zugesprochene Würde mit ihrer Christianisierung noch zu übertrumpfen. Zunächst kehren beide die Opitzsche Version der poetischen *Genealogie* um. Diese beginnt unhintergehbar bei Adam und Eva, die »ohnezweifel« »GOtt ihrem Schôpfer Lob-gesungen« (II Birken TRDK, unpag.), bei Klaj stehen Moses, Deborah, Judith, David und Salomon am Beginn (II LTP, S. [388], [390f.]), die Genealogie beider Autoren favorisiert an Alter und Würde also die biblische Poesie vor der heidnischen und sucht im Anschluß an Schottel zu erweisen, »daß keineswegs die Griechen / wie zwar von ihnen gerühmet wird / sondern die Ebreer und Israeliten / die ersten Poeten gewesen / und zwar nur GOtt zu Ehren Lieder gesungen.« Die griechische Kunst dagegen »hat der Hôllen Fûrst / als jederzeit Gottes Affe« »von dem Profeten Mose und der Miriam abgesehen / und nachgedichtet.« Deshalb dürfen die christlichen Dichter auch keine heidnische Götternamen gebrauchen (II Birken TRDK, S. 62ff.). »Die Poesy«, betont Birken, »ist freilich die Kunst / so mit den Gottes-Liedern angefangen« (ebda., S. ):( ):(iij r), und seine Beispiele sollen verdeutlichen, daß sie diese Funktion bei allen Völkern und Kulturen – auch im Mißbrauch des After-Gottesdienstes – gehabt hat (vgl. dazu III Dyck 1977, S. 13ff.).

Eine aus der Heiligen Schrift hergeleitete Poesie ist natürlich *zweitens* eine »Schwester der Natur / Sûssigkeit der Vnsterblichen / Bûrgerin des Himmels«, kurz: »*Gôttliche Kunst*« (II Klaj LTP, S. [387]), und dies gilt – wieder im Rückgriff auf Schottel – auf Grund ihres bis an den Turmbau zu Babel und damit unmittelbar an die hebräische heranreichende deutsche Dichtkunst: »Es mûsse etwas Gôttliches und ewigwârendes darinnen verborgen seyn / dadurch wir nâher zu GOtt dem Anfang aller Dinge schreiten.« (Ebda., S. [397]) Dies aber impliziert natürlich *drittens* auch eine *inspirative Partizipation* des *Dichters* am *Heiligen Geist*. Während Opitz den traditionellen Inspirationstopos mit der göttlichen Herkunft des Geistes, »Welchen Plato einen Gôttlichen furor nennet«, dezidiert als eine »natûrliche regung« definierte, damit an der Verfügbarkeit des Magiers über die Kräfte des Numinosen festhielt (vgl. III Petzold, S. VIIff., XI), folgerichtig in dem berühmten Ovid-Vers »Est Deus in nobis, agitante calescimus illo« »Gott« als »Geist« übersetzte und Dichten damit als autonome poetische Inspiration begriff (II Opitz BDP, S. 70f.), erblickt Klaj in diesem Vers, den er ebenfalls zitiert, eine »geistliche Entzûckung« als Deutung der

These, »es müsse ein guter Poet von einer höhern Gewalt angetrieben werden /
Göttliche Regungen und himmlische Einflüsse haben« (II Klaj LTP, S. [388]; vgl.
dazu auch III Wiedemann 1968, S. 91 ff.). Analog wird für Birken dem Poeten die
»Dichtfähigkeit« aus dem himmlischen »Parnassus« selbst als »Geistes-Flut« oder
»Feuer-Flut des himlischen Geistes« zuteil (II TRDK, S.):( ):(V r), und konsequenterweise spricht auch Birken mit dem Ovid-Vers dem Dichter die – problemlos mögliche – Teilhabe am göttlichen Geist selbst zu:

> »Gott weht und webt in uns / von dem wir brennend werden:
> sein Odem ist die Flamm / die unsre Sinne speist.«
> (Ebda., S. 169)

Was aber impliziert dieser Anspruch eines gotterfüllten Sprechens anderes als eine
dem Prophetenstatus analoge Heiligung des geistlichen Dichters? Wie ernst diese
Partizipation am göttlichen Geist im Umkreis Birkens genommen wurde und welche
Formen der Selbstvergottung im Medium der Poesie dessen Ausdruck und Folge
waren, belegen u. a. das von Birken edierte häretische Werk der Catharina Regina
von Greiffenberg oder der messianische Selbstanspruch Quirinus Kuhlmanns, der
zeitweise Kontakt zu Birken suchte (vgl. III Wiedemann 1968, S. 91 ff.; Bd. III,
S. 245 ff., 279 ff.).

3) *Geistliche Lieder als Spitze der Gattungshierarchie*: Magnus Daniel OMEIS
(1646–1708), ein späterer Nachfolger von Birken im Vorsitz des Blumen-Ordens,
übernimmt in seiner ›Gründlichen Anleitung Zur Teutschen accuraten Reim= und
Dicht=Kunst‹ im wesentlichen die Klajsche und Birkensche Genealogie und faßt die
gottesdienstliche Funktion der Poesie bei den Alten in folgender Überschau zusammen:

> »Gleichwie nun bei den Ebreern die Hohenpriester / bei den Babyloniern und Persern die
> Magi oder Weisen / bei den Aegyptiern und Griechen die Hierophantae, bei den India-
> nern die Brachmanen / und bei den Römern die Pontifices, den fastis und Jahr-Büchern
> vorgesetzt waren: also haben bei den alten Teutschen ihre Priester /die Barden und
> Widoden / sich der alten Geschichten und Helden-Thaten ihres Volkes fleissig angenom-
> men / und derer Andenken durch Lieder fortgepflanzet / auch damit ihren Gott geprie-
> sen.« (II Omeis, S. 7; zur Tradition der Barden und zur Etymologie der Witdoden vgl.
> auch II Klaj LTP, S. [412 ff.])

Während die Poesie bei Opitz durch Bezug zur Magie eine eigene Dignität erhalten
sollte, pluralisieren und relativieren Omeis und Birken dieses Argument zu einer
allenthalben praktizierten religiösen Funktion der Dichtkunst, und daraus leiten sie
deren gegenwärtige Aufgabe ab, wahrer, d. h. christlicher Gottesdienst in der Tradition ›Jerusalems‹ zu sein. Seine Poetik, erklärt Birken, ziele darauf ab, »daß diese
Edle Kunst zur Ehre dessen / von dem sie einfliesset / möchte verwendet« und jeder
Leser durch die beigefügten »Geistlichen Lieder / zur Andacht angefeuret« werden
(II Birken TRDK, unpag.). Deshalb stehen die geistlichen Lieder – unterteilt in Lehr-
und Gebetslieder – an der Spitze der gesamten Gattungshierarchie (ebda., S. 189 ff.).
Sie brauchen nicht nur im niedrigen Stil verfaßt zu sein, zumal sie auch in den
Hausandachten Verwendung finden sollen; denn Gott habe nicht verboten, auch
»zierlich von und vor ihm zu reden« (ebda., S. 190, 196). Ihrer zentralen Funktion

nach ist Poesie damit als Organ der Religion bestimmt, ja als Religion selbst, wenn immer diese als Gottesverehrung, als »therapeia theou«, zu begreifen ist: eine bemerkenswerte Entwicklung, wenn man Birkens Position mit Gryphius' Vorrede zu seinen ›Thränen über das Leiden Jesu Christi‹ vergleicht, in der dieser die geistliche Poesie noch gegen theologische Zeloten glaubt verteidigen zu müssen, die »vermeynen«, »es wåre gar nicht erlaubt / daß Musen vmb das Creutz deß HErren singen solten.« (II Gryphius O IV, S. 100; vgl. Kap. 6 a–7).

4) *Heidnische und christliche Häresie*: Daß solch geistliche Vorbehalte indessen nicht unberechtigt waren (vgl. dazu IV Röbbelen), zeigt Birkens poetologische Usurpation des Gottesdienstes: Sie überschreitet nämlich ebenso die Grenze zur Häresie wie die Opitzsche Poetik. Dies insbesondere bei ihrem Dichterselbstverständnis und bei ihren neuplatonischen Implikationen. Wenn Birken erklärt, so wie sich die göttliche Feuer-Flut in den Dichter ergieße, »also soll die Dichtkunst / weil sie vom Himmel einfließet / wieder gen Himmel steigen und GOtt zu Ehren verwendet werden« (II Birken TRDK, S.):( ):(v r), so enthält diese Vorstellung zugleich die auch von Opitz postulierte Bewegung des Aufstiegs in die platonisch-neuplatonische Ideen-Welt (so auch III Wiedemann 1968, S. 91ff.), und es fragt sich, ob Klajs und Birkens Poesie-Konzeption nicht zugleich der sprachmusikalischen Dichtungsauffassung der Pegnitz-Schäfer, vor allem Klajs, wonach die Sprachmusik den Schöpfungs-ordo im Gleich-Klang versinnlicht und veranschaulicht (vgl. ebda., S. 95), einen neuplatonischen Deutungshorizont verleiht und ferner auch Böhmes sprachmagische und Zesens sprachalchimistische Theorien von der Wiederannäherung an das adamitische Sprechen miteinbegreift. Die frühere, von Wolfgang Kayser pointierte These, die »Grundlagen« für die ›Klangmalereien‹ Zesens und der Nürnberger hätten nichts mit Jacob Böhmes Sprachlehre zu tun (»In der mystischen Sprachlehre liegen sie gewiß nicht.« II.48 Kayser, S. 149), ist inzwischen relativiert und im Blick auf die einzelnen ›Pegnitz-Schäfer‹ differenziert worden:

> »Sicher ist, daß sich fast alle Hochbarocken irgendwie mit der Idee der Natursprache auseinandergesetzt und Teile des Böhmeschen Gedankenguts adaptiert haben, sei es in so reservierter Form wie im Fall Harsdörffers, dem die Inspirationslehre wesensmäßig fernelag, oder sei es in so entschiedener Weise wie im Fall Klajs. […] Ganz allgemein waren es die Idee einer in der eigenen Sprache verborgenen ›Ursprache‹ und die damit verbundene Forderung, genauer zu hören, die die Dichter frappierten.« (II.63 Wiedemann 1966, S. 62; zu Böhme und seiner Sprachauffassung vgl. Bd. III, S. 136ff., 150ff.; vgl. dazu ferner II.12 G. Böhme, S. 166ff.; III Emrich, S. 63ff.; zu Böhme vgl. auch II.12 Deghaye, van Ingen, Geissmar, Rusterholz; zu Zesens sprachalchimistischen Spekulationen vgl. II Zesen RM; III Cersowsky, S. 37ff.).

Birken hat die poetische Sprachmagie der Greiffenberg in der Einleitung zu ihrer Lyrik-Sammlung ausdrücklich seinem Verständnis der vom Himmel stammenden und deshalb als Geist und nicht als Wort wieder himmelanstrebenden Dichtkunst subsumiert: »Sie flammet in himmlischer Liebesglut gegen ihren ewigen Seelen-Liebhaber / deme zu Ehren sie allhier / nicht Worte / sondern lauter Geistesfunken ausseuffzet.« (II Birken VAEL, unpag.). So bieten Opitz, Klaj und Birken, wie mir scheint, wegen ihres Verständnisses der Poesie als »göttlicher Wissenschaft« (vgl. dazu auch II Klaj LTP, S. [389]) auch den hermetisch – mystisch und magisch –

interessierten Poeten eine einerseits heidnische, andererseits christliche Basis theo-
retischer Selbstverständigung, mit dem Inspirationstopos auch eine Möglichkeit
dichterischer Individuation an, doch die Nürnberger thematisieren nicht die sich aus
der Identifizierung von Poesie und Religion ergebenden Probleme.

Diese werden im Blick auf Klajs und Birkens Position freilich gerade da sichtbar,
wo – zu Beginn der Aufklärung – ein orthodoxer Geistlicher wie Gottfried Ephraim
SCHEIBEL die Poesie nun seinerseits bei ihrem heiligen Status behaftet, sie als »die
vom Gõttl. Ebenbilde uns überbliebene Krafft« bezeichnet (II Scheibel, S. 18) –
wobei er die »imago Dei« heftig vom magischen Weisheitsbegriff abgrenzt (ebda.,
S. 15f.) – und die Poeten nun rigoros an ihre dogmatisch lizensierten christlichen
Pflichten gemahnt. Die Dichtkunst – das wird hier deutlich – mußte sich im 18. Jahrhundert aus der kirchlichen Einbindung auch wieder befreien, wenn sie ein eigenständiges Organ der Welt-Betrachtung und bürgerlicher Selbstverständigung werden
wollte (vgl. dazu Bd. VI/2, S. 36ff., 172ff., 182ff. u. ö.); die Möglichkeit dazu hat ihr
aber auch schon eine Reihe von anderen Poetiken im 17. Jahrhundert durch unterschiedliche Formen von Distanz gegenüber Religion und Theologie offen gehalten
(vgl. dazu III Kemper 1995, S. 86ff.).

5)  *Dichtung als Kriegs-Kunst*: Nach den bisherigen Aspekten überraschend, aber
nach 27 Jahren Krieg doch nicht ganz unerwartet bringt Klaj die Dichtung auch
noch als Kriegs-Kunst »in Stellung«. In seiner von Nicola Kaminski nicht herangezogenen Poetik findet sich expressis verbis der von ihr meist nur indirekt – sogar
aus Aposiopesen und »beredtem Schweigen« – konstruierte enge Zusammenhang
von Kunst und Krieg, und dies als ein wechselseitiges Bedingungsverhältnis. Die in
der ›Lobrede‹ gleich eingangs einbekannte Liebe zur »Wunderkrãfftigen / Wortmäch-
tigen und Quelreichen« Muttersprache und die – Schottel entlehnte – Überzeugung
von ihrem bis zum Turmbau zu Babel zurückreichenden würdigen Alter, das mit den
Ursprüngen der Dichtkunst als Barden- und Druiden-Gesang zusammenfällt
(wohingegen Griechen und Lateiner spätere Nachahmer sind; LTP, S. [390]f.), bilden
die Grundlage für die vehement vorgetragene Kriegs-Erklärung gegen die ›Überfremdung‹ der Muttersprache.

Sie erfolgt, indem Klaj zwei Personifizierungen der Poesie ins ›Bild‹ setzt. Zunächst die einer schäferlichen Friedens-Dichtung für »die jungen Studenten«. Diese
sollen sich die Poesie »einbilden als eine wunderschõne blühende Jungfer / welche
gantz verzükket mit uneingeflochtenen fliegenden Haaren / lieblichen Augenblikken
in eine Laute singet« (usw.) – ein fast wörtliches Zitat von Opitz' Sappho-Porträt (II
BDP, S. 62; vgl. Kap. 2 f–4), das Klaj nun mit einem Gegen-Bild konfrontiert:

> »Dapfer und unverzagte Kriegshelden stellen ihnen die Poeterey vor als eine großmütige
> Fürstentochter / deren Haubt mit einem güldenen Helmen staffieret / auf welchem ein
> von den Musen gewundener und gebundener Lorbeerkrantz grünet / ihre Rüstung stralet
> von dem Glantz der Sonnen / wann sie ihre schimmernde Lantzen aufschwingt / und die
> Rede aus ihrem Munde loßbricht /verhärtet sie den weichen Menschen in einen rauhen
> Felsen / daß er keine Gefahr mehr scheuet.« (LTP, S. [405])

Das erinnert an die in voller Rüstung dem Haupt des Zeus entsprungene Pallas
Athene, Göttin der Weisheit, der Wissenschaften und der Kriegskunst, die in zahlreichen Statuen und Abbildungen stets in Rüstung und mit behelmtem Haupt dar-

gestellt wird. Wenn sich mit dieser Bild-Konfrontation zugleich eine Lossagung von Opitz verbindet – Kaminski verweist auf den analogen und zeitgleichen Fall, daß Opitz, dem in der ›Fruchtbringenden Gesellschaft‹ mit dem Lorbeerkranz »Gekröhnten«, dieser Kranz im Titelkupfer zu Schottels ›Teutscher Vers- und Reimkunst‹ (1645) entwendet und auf Schottels Haupt übertragen wird (vgl. III Kaminski, S. 83) –, dann würde dies implizieren, daß Klaj und vermutlich auch die anderen Nürnberger Opitz' ›Poeterey‹ eher im Sappho-Porträt gespiegelt finden, also gerade nicht im Bild der Pallas Athene. Unter deren Regiment aber entfaltete die Dichtkunst kriegerische Qualitäten:

> »Es redets die Erfahrung / daß / was das Brummen der Paukken / das Schallen der Trompeten / das Versprechen der Beuten / das Vertrösten der Belohnungen / das Prachten der Siege nicht vermag / das thut die dapfere Verskunst. Wie dann unsere Heldenvorfahren ihr Lermenûmschlagen und Stûrmen Gesangsweise mit schreklichdringenden Tone herausgestoßen: Daher sagt unsere Haubtsprache beym Suchenden (= Schottel) selber:
>
> > Ey hôrt den Rômermann von mir so herrlich sprechen /
> > Bloß mein Getôn / mein Laut / kunt jede Feinde brechen /
> > Die Tugend nam aus mir den Donner in die Hand /
> > Da schwang sich das Gewehr / da bebten Leut und Land.
> > Schau den bemahlten Schild in festen Hånden drônen /
> > Den Pral die Lôwenstimm / das Feldgeschrey / das Tônen
> > Sich wirbelt hoch hinauf bis zu der Wolken Gang /
> > Dem Rômer wider mich wurd angst und Hasenbang.«
> > (LTP, S. [405]f.)

Wahrscheinlich habe Gott, so kolportiert Klaj eine Anekdote, bei der Verweisung Adams und Evas aus dem Paradies »ihr Vrtheil in dieser grausamlautenden Sprache gesprochen« (ebda., S. [406]). Die nachfolgenden Beispiele für die wunderbare Kraft, mit welcher die Poesie den Mut der Soldaten zu stärken vermochte, gipfeln in der Berufung auf Tacitus' ›Germania‹, »daß nach Armins Tode die Deutschen von desselben Lob und Thaten Lieder gehabt und die gesungen / wenn sie in Streit gezogen / daß also / vermittelst der Gôttlichen Dichtkunst / das Rômische Kaisertum auf die Teutschen gebracht worden.« (Ebda., S. [406]) Nach solcher ätiologischer Rückversicherung bläst Klaj nun zur aktuellen Schlacht, indem er den »Edlen Teutschen« zuruft: »Ey / so ermannet euch doch jetzo ihr Tugendeiferige Teutschen / mißgônnet euren Nachkommen nicht / was Gott durch eure Vorfahren auf euch gebracht. Es thu ein jeder ein Stûk seines Fleißes darzu / daß diese unsere Sprache bey unserer Dapferkeit / worinn wir alle Welt übertreffen / die rûhmliche Oberstelle erhalten môge.« (Ebda., S. [410]) – Von diesem agonalen Poesie-Verständnis her wird allerdings auch begreiflich, daß Klaj in seinen Dichtungen nicht nur gegen die Fremdwörter, sondern gegen den Dreißigjährigen Krieg selbst zu Felde zog.

## c)  Liebe gegen Krieg im ›Schäfergedicht‹ (Harsdörffer/Klaj)

1) *Hinweise zur Gattungstradition*: Mit ihrem ›Pegnesischen Schåfergedicht‹ (1644) knüpften Harsdörffer und Klaj in mehrfacher Hinsicht an die von Opitz mit der ›Schåfferey von der Nimfen Hercinie‹ in Deutschland begründete Gattung der Schä-

ferpoesie an, die bis auf die Antike – mit Theokrits realitätsnahen ›Eidyllia‹ und Vergils idealisierenden ›Bucolica‹ und ›Georgica‹ – zurückreicht (vgl. zur ›Hercinie‹ und der Tradition Bd. IV/2, Kap. 2 c; zu Harsdörffers eigener amüsanter und ergiebiger Herleitung und Charakterisierung der ›Hirtenspiele‹ vgl. I PS, S. 79ff.; zu seinem darin zitierten bekannten Lied ›Friedenshoffnung... Der Kriegsmann will ein Schäfer werden‹ vgl. II.48 Springer-Strand). Opitz hatte mit der ›Hercinie‹ eine neue Mischform aus Prosa (Schäferroman) und Lyrik (dem eklogisch-lyrischen Wechselgesang der Hirten bei Vergil) geformt und ihr drei elementare Funktionen zugewiesen, die in der Tradition bereits vorgebildet waren: *erstens autobiographische Elemente*: Die Autoren begegnen sich unter der Maske von Hirten und diskutieren während des Spaziergangs aktuelle Probleme oder erzählen aus ihrem Leben. *Zweitens* die Öffnung zur *Gelegenheitsdichtung* (in der ›Hercinie‹ geht es um die Ehrung des Hauses Schaffgotsch) und im Zusammenhang damit *drittens* die *Panegyrik* (in zum Teil aufwendigen Beschreibungen von Denkmälern, Ehrensäulen, Tempeln oder Grotten, die während des Spaziergangs inspiriert werden; vgl. II.50 Garber, S. 5*; vgl. dazu auch II. 50 Schilling).

Opitz hatte seine in drei thematische Schwerpunkte gegliederte ›Hercinie‹ durch ein spannendes Thema, nämlich die verschiedenen Liebestheorien der Zeit, verbunden: Im ersten Teil wurden diese vorgestellt und diskutiert, im zweiten führte eine gefährliche Nymphe (als Personifizierung der ›natürlichen Magie‹) in die Unterwelt des schlesischen Riesengebirges, wobei die panegyrische Aufgabe gelöst wurde, und der dritte Teil gestaltete als Höhepunkt eine veritable Hexenszene als Beispiel für die der natürlichen Liebesmagie entgegenstehenden schwarzen Magie. Der Reiz der Opitzschen ›Schäfferey‹ bestand u. a. in der ›realistischen‹ Darstellung, d. h. in der konkreten Beschreibung der Welt des Riesengebirges, in der kontroversen Diskussion um die Glaub-Würdigkeit des dargestellten magischen Spektakels, das seinerseits überaus ›realistisch‹, d. h. fachkundig auf Grund genauer Kenntnis der Praktiken und Riten schwarzmagischer Zauberei, beschrieben wird.

2)  *Nachahmung und ›aemulatio‹ von Opitz*: Die ›Pegnitz-Schäfer‹ übernehmen das Opitzsche Vorbild in seinen thematischen, funktionalen und strukturellen Kernelementen. Auch ihre ›Schäfferey‹ vereinigt Prosa und Lyrik, und beide Schäferdichtungen enthalten je drei Hauptteile mit einem (auto-)biographischen Eingang, einem panegyrischen Teil – im ›Gründungs-›Gedicht‹ bezogen auf die drei an einer Doppelhochzeit beteiligten aristokratischen Familien durch Beschreibung von ehrenvollen Memorial-Orten, in der ›Fortsetzung‹ auf die Verehrung der im Dreißigjährigen Krieg verstorbenen Helden – sowie einen ausführlichen dritten Teil, der – hier erfüllt das Gedicht im ersten Fall seine casuelle Funktion – Hochzeitslieder bietet, in denen wie bei Opitz verschiedene Liebesauffassungen zur Debatte gestellt werden, während in der ›Fortsetzung‹ im Anschluß an den Grotten-Besuch das Zusammentreffen mehrerer ›Ordens‹-Mitglieder die Stiftung des Ordens durch Annahme der Pansflöte als Sinnbild und zugleich einen fröhlichen Sängerwettstreit der Hirten ermöglicht. Beide Schlußteile dienen dem Nachweis des hohen poetischen Leistungsniveaus seiner Mitglieder, und hier übertreffen sie mit der Vielfalt der aufgegriffenen Gattungen und der spielerischen Virtuosität ihrer Vers- und Klangkunst den ›Vater der deutschen Dichtung‹ bei weitem. – Diese formale ›aemulatio‹ wird von einer inhalt-

lichen begleitet: durch die Einbeziehung der Kriegsrealität (anstelle eines – wenn auch realen, aber im Blick auf die zeitgenössische Aktualität der Geschichte zeitfernen – Ausschnitts aus der Natur bei Opitz). Gegenüber früheren, zu idyllischen Interpretationen des ›Schäfergedichts‹ ist diese Perspektive zu verdeutlichen (vgl. dazu auch III Kaminski, S. 318ff.). Die damit gegebene spannende Aufgabe bestand darin, die Darstellung des Kriegsgeschehens in einen sinnvollen Zusammenhang mit dem panegyrischen Anliegen und der Doppelhochzeit zu bringen.

3) *Kriegsbedrohtes ›Schäfergedicht‹*: Mit Recht hat Garber auf die Besonderheit der Naturdarstellung in den Schäfergedichten verwiesen: Diese verbinden traditionelle Elemente des ›locus amoenus‹ mit genauer Naturbeschreibung, und so läßt sich der Spaziergang der Schäfer am Ufer der Pegnitz in seinen einzelnen Stationen anhand von alten Bildern und Stichen rekonstruieren und illustrieren (vgl. II.50 Garber, S. 11*ff., nach S. 40*). Indessen ›schäferlich‹ ist das durchwanderte Gefilde keineswegs, sondern eher »industriedurchsetzt« (II.48 Berns, S. 75) und überdies kriegsgeprägt. Das Titelbild des ›Pegnesischen Schäfergedichts‹ setzt bereits die amöne Landschaft mit im See sich spiegelnden Bäumen in der Bildmitte und dem realen Vorfeld Nürnbergs in der linken Bildhälfte in spannungsvollen Kontrast (vgl. II Harsdörffer/Klaj, S. 18). Das Feld vor der Stadt besteht aus kahlen Wiesen und Feldern, die Stadt selbst ist umgeben von einem festgefügten Ring von Bäumen, die sich wie ein undurchdringlicher Schutzwall um die Stadt legen und die vorn und hinten von zwei vorragenden Wach- und Basteitürmen flankiert werden, fahnengeschmückte Kirch- und Wehrtürme rücken in einen optisch-funktionalen Zusammenhang ein (und die – keineswegs romantische – Ruine eines Wachturms macht sich genau zwischen den beiden ›idyllischen‹ Bäumen in der Bildmitte breit).

Genau diesen Eindruck greift der einleitende autobiographische Teil der Ekloge auf. Klajus beklagt sich zunächst darüber, daß er seine alte Meißner Heimat, die »ein Lusthauß der Feldnymfen / eine Herberge der Waldgötter« gewesen sei, habe verlassen müssen, nachdem das »rasende Schwert« und »das wütende Getümmel der Waffen« dort »alle Kunst und Gunst verjaget« und die Landschaft verwüstet habe: »alle Dörfer / Mayerhöf / Forwege und Schäfereyen sind verödet / Auen und Wiesen verwildert / das Gehöltze durch die Wachfeuer verösiget (=verödet) / Obst- und Blumengärten zu Schantzen gemachet worden.« Statt der »Dorfschalmeyen und Hirtenlieder« habe man nur noch »das wilde Feld- und Mordgeschrey der Soldaten« vernommen (ebda., S. 22). Nach einem Zwischenspiel mit dem Echo, welches das »Unglück« des Kriegsflüchtlings in »Glück« umdeutet, läßt er das Nürnberger Panorama auf sich wirken – und es entspricht genau dem Titelbild: »Die große Statt war aller Orten mit prächtigen Palästen köstlich an- und ausgebauet / mit festen Mauren / starkken Basteyen / weitümfangen und in die Runde mit hochaufgeführten Thürnen bezirket / so viel er in der Ferne abnehmen kunte.« (Ebda., S. 24) Im unmittelbar folgenden Sonett preist Klajus Nürnberg als »des Kriegesgottes Zelt« (hier nur die Quartette):

> »Du schöne Käiserin / du Ausbund Teutscher Erden /
> Prinzessin dieses Lands / des Kriegesgottes Zelt /
> Der Pallas Ehrenthron / du Sonne dieser Welt/
> Du / derer noch kein Feind hat können Meister werden.

Ob er dich gleich ümringt mit Wagen und mit Pferden /
Wie hat doch dich geliebt der große Nordenheld /
Eh' als er abgereist hin in das Sternenfeld /
Dich ehrt das ganze Reich und aller Völker Heerden.«
(Ebda., S. 24f.)

Das Gedicht erinnert in der zweiten sowie sechsten und siebenten Zeile an Gustav II.
Adolf von Schweden, der 1632 sein großes Heer zum (erfolglosen, verlustreichen)
Stellungskrieg mit Wallenstein in Nürnberg stationierte und die Stadt bei dieser
Gelegenheit »verschanzte« (vgl. Kap. a–2), aber noch im November desselben Jahres
in der Schlacht bei Lützen starb. Gerade dies Ruhmes-Exempel verweist unausge-
sprochen auf die Bedrohtheit und Vergeblichkeit aller »verschanzten« Sicherheit,
und so wünschen die Terzette der Stadt denn auch als höchstes Ziel ein unbedrohtes
Leben in »Fried und Ruh«.

Damit deutet sich die Grundidee des Gedichts an: Der grausame Krieg muß
überwunden werden durch den Frieden, und dieser äußert sich in allen Formen der
Liebe, die auch bei diesem Anlaß der Doppelhochzeit als wichtiges Anti-Kriegs-
Signal gefeiert wird (vgl. dazu auch Kap. 4 k). Von dieser Hoffnung her gewinnt das
Gedicht den Mut, im ersten Teil das Kriegselend in einer allegorischen Figur zu
verdeutlichen, nämlich in der »Melancholischen Schäferin Pamela, die ihr sicherlich
einbildete / sie were das arme und in letzten Zügen liegende Teutschland« (ebda.,
S. 31). Im dritten Teil wird die – auch Frieden schaffende – Gegenkraft der Liebe als
kosmisch wirkende Mars-Bezwingerin gefeiert. Und wie um diese Gegen-Kraft als
notwendiges Heil-Mittel der Zeit heraufzubeschwören, geben die Hirten die angeblich in »Raserey« geäußerten poetischen »Schwarmreden« des in Pamela personifizierten Deutschlands wieder. Diese klagt zunächst in der neuen anapästischen Versform (»Ein jeder den Nächsten zu würgen begehrt / So flinkert / so blinkert das
rasende Schwert«; ebda., S. 31) und fällt dann in vierhebige Trochäen (»Welche meine Schmertzenflamme // Treiben / sind von Teutschem Stamme: [...] Meine Söhne /
jhr seid Brüder // Leget eure Degen nieder!« Ebda., S. 31f.). In einem anschließenden
›heroischen‹ (vierzeiligen) trochäischen Achtheber als Form äußersten ernsthaften
Sprechens klagt sie nochmals darüber, daß sie als »Mutterland« »meiner Söhne
Schand beflekken« und »Greul bedekken«: »Muß ich dann zum Raube werden / als
des Krieges Jammerbeute // Und zwar nicht durch fremde Waffen / sondern meiner
Landesleute.« (Ebda., S. 32) Und sie endet mit einem Alexandriner-Couplet an die
beiden Hirten: »Ihr nicht so meine Söhn' / erweichet euren Sinn // Bedenket wer ihr
seyd und wer ich Arme bin.« (Ebda.) Die beiden sind »bestürtzt ob dem / daß die
Klugheit in einen so verrükten Gehirn Stat gefunden« (ebda.).

Neben der in diesen Schäfergedichten stets wichtigen Demonstration formaler
Könnerschaft ist hier die bei Weckherlin noch ganz undenkbare Vorstellung eines
alle Konfessionen und Kriegsparteien übergreifenden und einschließenden »Mutter-
landes«, das sich durch diesen »Teutschen Krieg« selbst zerstört, ein gewichtiges
poetisches Signal, das keineswegs zufällig auf Nürnberger Boden ertönt (der Nürnberger Rat achtete offenbar so streng auf Neutralität, daß Harsdörffer, obwohl
Beamter am Stadtgericht, 1648 wegen eines Lobgedichts auf Wrangel, einen der
Generäle von Gustav Adolf, »einige Tage Haft und einen Verweis über sich ergehen
lassen mußte«, weil darin »nach Ansicht des Rats die Kaiserlichen zu schlecht weg-

gekommen waren.« II.63 Wiedemann 1966, S. 9). Pamela, die hier zu recht an den »Opitzgeist« erinnert, der die Bedeutung der Muttersprache zu Bewußtsein gebracht habe, fordert die Hirten auf, ihr »ein Todenlied« zu singen (ebda., S. 33). Das ist der ›Tief-Punkt‹ des Gedichts, und deshalb beginnt es – zunächst noch vergeblich –, an dieser Stelle in Richtung auf den Gegenpol umzuschlagen: Statt des verlangten Liedes singt Strefon ihr nämlich ein vierstrophiges ›Hoffnungslied‹, das nach dreimaligem identischem Schlußvers: »Hoff' / da nichts zu hoffen ist!« in der Schlußstrophe in das Bekenntnis mündet: »Ich hoff' / als ein frommer Christ / Da auch nichts zu hoffen ist.« (Ebda., S. 34) Diesen – für christliche Ohren bemerkenswert inhaltslosen – Trost weist Pamela zurück und fürchtet im übrigen, jeder Friede »werde bald wider zu Wasser werden« (ebda., S. 34).

Gleichzeitig erfolgt hier der Höhepunkt in der Wahrnehmung der »akustischen Reize der Natur« auf dem Spaziergang der Hirten (II.50 Garber, S. 13*). Sie erreichen nämlich die »Dratmüle«, wo ihnen wegen des unbeschreiblichen Lärms »die Ohren dermaßen getäubet« werden, daß sie sich nur noch mittels (poetischer) Zettel verständigen können. Ähnlich ergeht es ihnen noch bei eine »Papyrmüle«, und dann treffen sie auf einem »mit Schranken eingefangenen« »Platz« auf einen Hof, auf dem Pferde für militärische Einsätze dressiert werden (»Soldat du hast dem Pferd das Leben offt zu dancken // Von solcher Meisterkunst ist diese Heide reich.« Ebda., S. 37) Und als sie endlich an einer idyllischen Lindenallee entlang spazieren und Klaj bei der Gelegenheit eine seiner kunstvollen klangorientierten Oden in sapphischer Strophenform zum besten gibt (ebda., S. 37f.), da fällt bei der Beschreibung des an Obst, Gemüse und Wild reichen »Nordgaws« der Blick auch auf »diesen Felsen« »und die vor mehr als tausend Jahren hierauf erbaute Burg«, also auf die »alte veste«, den Schauplatz von Gustav Adolfs vergeblichem Eroberungsversuch des Wallensteinschen Lagers. Kein Wunder deshalb, daß sich das Gespräch wendet und nun Strefon darüber klagt, »daß seyther die Teutschen einander selbst in die Haar gerathen« (ebda., S. 39). – Der Spaziergang erweist sich so als eine immer wieder an den Krieg erinnernde und durch ihn gestörte Idylle, und es ist bis hierhin eine besondere Leistung dieses Werkes, der Vergilschen Idyllisierung der Schäferwelt einen an Theokrit geschulten zeitgenössischen Realismus entgegenzustellen.

4) *Kriegsvertreibender Liebes-Gesang*: An dieser Stelle setzen nun allerdings Allegorisierung und Mythologisierung ein. Denn nun begegnet den Hirten anstelle eines hier noch aus Vorsicht verpönten heidnischen Gottes das »geflügelte Gerüchte« mit einer »Trompete«, auf der es eine vierstrophige klangorientierte Ode (in einer beschwingten daktylisch-zweihebigen Schweifreimstrophe im Versmaß des Adoneus, dem Schlußvers der sapphischen Odenstrophe: -vv-v) begleitet und das Thema für die folgenden beiden Teile des Gedichts vorgibt (Str. 2):

> »Lasset verweilen /
> Venus wil heilen /
> Doppeltes Lieben
>    Doppelte Flammen
>    Schlagen zusammen
> Sonder Betrüben.«
>    (Ebda., S. 40)

Zunächst führt das Gerücht die Hirten in einen »Tempel der Ehrengedächtnis« und bietet dem Paar die Gelegenheit, die panegyrischen Pflichten des Gedichts zu absolvieren. In 12 Epigrammen – hier in der ursprünglichen Funktion von Grab-Aufschriften – werden die Vorfahren der an der Doppelhochzeit beteiligten Geschlechter als vorbildliche »redliche / wolverdiente alte Teutsche« gerühmt (ebda., S. 42ff.): Wahre Liebe hat also wahre Tugend nachgerade »im Blut«! Nach dem Besuch eines Gartens, der am Beispiel von zum Teil rätselhaften Kürbis-Aufschriften das schon für Opitz' ›Hercinie‹ wichtige Motiv des In- und Miteinanders von »Natur und Kunst« demonstriert (vgl. dazu auch II.89 Tschopp), stellt das Gerücht noch einen Preis für das »schiklichste Gedicht« aus Anlaß der Hochzeit in Aussicht, bevor es entschwindet (ebda., S. 46).

Die nachfolgenden Lieder sind keine Epithalamia im Gattungssinne. Auf zwei scherzhafte Streitlieder über die Frage »Was ist die Lieb?« und über den Gegensatz »zwischen Bulen- und Ehelichen Lieben«, wobei Strefon stets die positiven Aspekte von Liebe und Ehe, Klaj deren Nachteile in einem Wechselgesang vortragen (die Motive stammen, wie der Text selbst vermerkt, von Tasso und Lope de Vega; ebda., S. 47f.), stimmen beide in einen langen Lobpreis der Liebe ein, der als gehaltlicher Höhepunkt des Gedichts gelten darf. Es handelt sich um eine Ode in 20 vierzeiligen Strophen im ›vers commun‹ (jambischen Fünfhebern mit Zäsur nach der zweiten Hebung) in Paarreimen von weiblich-männlichem Ausgang. Zunächst singen Klaj und Strefon im Wechsel je acht Strophen, bei den letzten vier Strophen je eines der Reimpaare. Inhaltlich handelt es sich dabei interessanterweise um die Explikation der kosmischen Macht der Liebe, die alles beseelt, durchdringt und beherrscht, so daß der ganze Kosmos einschließlich der ›drei Reiche der Natur‹ als belebt erscheint. Ganz unverhüllt setzen beiden Hirten hier einträchtig die aus der hermetisch-neuplatonischen Philosophie bekannte Liebestheorie in Verse, wie sie auch bei Opitz und Fleming begegnete – und sie zitieren sogar Passagen aus deren Gedichten (vgl. Bd. II, S. 67ff.) – und wie sie später auch bei Hoffmannswaldau und Lohenstein auftaucht und dort ausführlicher analysiert wird (vgl. Bd. IV/2; im folgenden die Strophen 1–3, 11, 12 und 16):

> »Kl.  Wie lebt doch der bey Menschen auf der Erden /
> Der niemand liebt / und nicht geliebt will werden?
>   Diß Gantze hier / Gott / Thiere / Kräuter / Stein /
>   Das sol und muß der Liebe dienstlich seyn.
> St.  Den lieben Gott hat Lieben hoch bewogen /
>   Daß er gewölbt die blauen Himmels Bogen /
>   Und aufgeführt der runden Erden Zelt /
>   Auf welcher lebt der Mensch / die kleine Welt.
> Kl.  Von obenher liebäugelt in die Ferne /
>   Und lacht uns an das blanke Heer der Sterne /
>   Der Sonnen Rad wirfft sein Goldgülden Liecht
>   Auf Cynthien / der lieben Angesicht.
>   [...]
> Kl.  Es lieben sich die Bergsäfft und Metallen /
>   Sie färben sich einander zu gefallen.
>   Magnet der liebt den Stahl / des Eisens Kern /

> Zeucht ihn an sich durch stumme Krafft von fern.
> St. Der schöne Mensch / wie sol doch der nicht lieben?
>     Wie wird er nicht zum Lieben angetrieben?
>     Wie Göttlich ist geschmükkt der Seelen Haus
>     Die Liebe blitzt aus beyden Fenstern aus.
> [...]
> St. Gleichwie ein Liecht dem andern Liecht kann geben /
>     So hat die Lieb von Gegenliebe Leben /
>         Daß Menschen / Lufft / Glut / Bäume / Steine / Meer
>         Noch sind / das kömt von Gegenliebe her.«
>             (II Harsdörffer/Klaj, S. 49–51)

Das ›Pegnesische Schäfergedicht‹ ist somit ein weiterer gewichtiger Beleg für die These, daß die Zeitgenossen die kosmische und latent pantheistische Liebestheorie als entscheidendes Heil-Mittel gegen das Zerstörungswerk des Mars auf den Plan rufen, daß sich Mars und Venus in agonaler Interdependenz gegenüberstehen (so schon Klaj ebda., S. 35). Von daher steht auch der These »Ex bello ars« die Gegenthese »Ex amore ars« gegenüber. Die Hirten unterstreichen dies in der Folge durch die Verbindung von Liebe und Freude; aus dieser Affektlage entwickelt sich im Zusammenhang mit Harsdörffers Spiel-Verständnis und seiner Freude an der ›ars combinatoria‹ (vgl. dazu auch II.48 Zeller, S. 11f., 15, 155ff.; Helmer, S. 72ff.) eine Reihe von poetischen Kabinettstücken, welche die weit über Opitz hinausreichende Virtuosität der Form-Kunst der Pegnitz-Schäfer zu Ehren der Hochzeits-Gesellschaft unter Beweis stellen. Hier werden nicht nur unterschiedliche Verse und Strophen, sondern auch analoge Motive (wie die Tageszeiten mit den Elementen) verbunden, und wegen der Vierzahl der beiden Brautpaare gibt es poetische Zahlenspiele mit der vier, darunter – hier als Beispiel – einen vierzeiligen Alexandriner-Wechselgesang, bei dem in jedem Vers ein Buchstabe des Wortes V.I.E.R in prononcierter Hebung erscheint:.

> »Was ihr *V*erlangen heischt / erwünsch ich allen Vieren.
> Klaj. Daß sie viel lange *J*ahr' in gutem Frieden seyn.
> Stref. Daß sie der *E*hrenstand mög' ehest hoch bezieren.
> Klaj. Es regne *R*eiches Gut zu ihren Fenstern ein.«
>             (II Harsdörffer/Klaj, S. 61)

## d)  Mit poetischen Waffen Frieden schaffen (Birkens ›Fortsetzung‹)

1) *Tabubruch – Initiation in die heidnische Götterwelt*: Das Titelbild von Birkens ›Fortsetzung Der Pegnitz=Schäferey‹ wird beherrscht von einer großen, an einem Baum hängenden, siebenröhrigen Pansflöte als entscheidendem Sinnbild des ›Blumen-Ordens‹. Die ›Fortsetzung‹ erzählt ausführlich, wie es zu dessen Entstehung und zur Annahme dieses Merkzeichens kommt. Dazu muß Birken im ›Vorbericht‹ den Rückgriff auf die heidnische Mythologie – ganz im Gegensatz zu seiner späteren Position – mit dem schon von Opitz gebrauchten Argument verteidigen, die Götternamen repräsentierten auch für die Alten nur allgemeine Sachverhalte. Dafür gibt er folgendes erstaunliche Beispiel: »Mit dem Pan ... haben sie dieses Ganze (to pan, universum) das ist / alles / was in der Natur befindlich / verstanden« (FPS, S.) (iiij r).

Das ist keine allegorische Entschärfung, sondern die Einladung zu einem pantheistischen Verständnis. Berns hat – ohne Bezug zum hermetischen Kontext – die Herkunft dieses Interesses an Mythologie und speziell an diesem untergeordneten Naturgott Pan rekonstruiert. Durch Natale Conti alias Natalis COMES (gest. 1582; ›Mythologiae, sive explicationis fabularum, libri decem‹, 1551) und vor allem Francis BACON (1561–1626; ›De sapientia veterum liber‹, 1609) war die antike Mythologie im Rahmen der durch die Renaissance angeregten Suche nach der ›ältesten Weisheit‹ neu interessant geworden als ein Schauplatz von Geschichten, der Weisheiten erzählt und bewahrt hat, die sich weder in den Wissenschaften noch in der Bibel finden lassen. Und Pan erschien den Mythologie-Forschern schon allein wegen seines symbolträchtigen Namens als besonders interessant (vgl. II.48 Berns, S. 47ff., 54ff.). Von daher wundert es nicht, daß bereits Schottel (selbst Mitglied des ›Pegnesischen Blumenordens‹) den bocksfüßigen Gott 1643 in einem Singspiel vorgestellt und Harsdörffer ein ›Gesprächsspiel‹ 1645 dem ›Pan‹ gewidmet und seinem christlichen Singspiel ›Seelewig‹ vorangestellt hat (vgl. II Harsdörffer FG IV [1644], S. 59–64).

So spielt dieser Naturgott im Mittelteil des Gedichtes die Hauptrolle. Denn er begegnet Floridan und Klaj mit seiner »sibenrörigen Schilfpfeiffe«, leitet sie in die Grotte, die u. a. mit zahlreichen Darstellungen der antiken Götterwelt ausgeschmückt ist, die den Darstellungen von Conti und Bacon ebenfalls entsprechen, er zeigt sich ihnen besonders als Schutzgott gewogen, schenkt ihnen seine Pfeife, und später deutet auch Strefon Pan als den, »der alles hält in allen / der große Pan erfreut euch mit dem Gnadenschutz« (ebda., S. 67). Seinen »Friedens-Segen« hatte Pan den Grottenbesuchern zuvor versprochen (ebda., S. 57), und daraufhin baten Floridan und Klaj ihn in »Pans Loblied« (ebda., S. 59f.) zugleich um Beistand im Krieg: »So / wann uns wolt verdringen // Der tolle Mars / der morderhitzte Gast // Wann daß er uns wolt rauben Schaf und Rast // Laß deine Mannheit für uns ringen.« Ob sich darin – vielleicht als Selbstschutz – eine »Christianisierung« Pans andeutet (II.48 Berns, S. 73), muß offen bleiben, im Spiel des ›Schäfergedichts‹ wird seine Rolle als Natur-Gott jedenfalls nicht allegoretisch »gebrochen«.

2) *Hermetische Grundierung – Pan und Poesie*: Daß dieser Rückgriff auf Pan nicht nur ein unverbindliches Spiel mit humanistischem Bildungsgut ist, sondern ein ernsthafterer Rückgriff auf hermetisches Gedankengut, wie er sich auch in der poetischen ›Verkündigung‹ der hermetischen Liebestheorie im ersten ›Schäfergedicht‹ bereits abzeichnete, wird deutlich an Floridans Verweis auf Harsdörffers schon erwähnte Deutung des ›Pan‹ in den ›Frauenzimmer Gesprächsspielen‹ (II FG IV [1644], S. 59–64). Dort wird er in der üblichen Methode des Vortrags unterschiedlicher Gelehrtenmeinungen doch eindeutig hermetisch ›aufgeladen‹, wobei Harsdörffer, wie Berns exakt nachgewiesen hat, in allen Einzelheiten vor allem Bacon verpflichtet ist (II.48, S. 59ff.): »Etliche wollen«, berichtet der ›belesene Student‹ Reymund (Harsdörffers Sprachrohr) zu Beginn, »Pan sey von Mercurio erzeugt worden«: »Er ist der Jäger /Hirten und Bauerleut Gott / ein Herr der Berge / und nach dem Mercurio der Götter Botschafter. Vnter seinem Gehorsam sind die Nymfen / welche stetig ihren Reyendanz um ihn herführen.« (Ebda., S. 60) Seine Gestalt – halb Mensch, halb Bock – indiziert (ähnlich wie die Figur des Centauren) »die himmlische und irdischen Dinge / in welchen die Welt bestehet.« (Ebda., S. 62) Von daher versteht sich

die Pansflöte ebenfalls als Sinnbild für die welt-schaffende Kraft des Pan: »Durch das Pfeiffenwerck mit sieben Röhren ist angedeutet der sieben Planeten Wirkung / Kraft und Tugenden / welcher Zusammenstimmunge das Wachsthum der Erden beyzumessen.« (Ebda.) Die Pansflöte ist von daher das poetisch-musikalische Instrument zur Spiegelung, Auslegung und Deutung des ›Buchs der Natur‹, wobei Mercurius zuvor mit dem »Wort Gottes« und damit dem biblischen Wort, gleichgesetzt worden war (ebda., S. 61; vgl. dazu Kap. 1 f–6): »Daß er (= Pan) auch der nechste nach dem Mercurio seye / ist dahin zu verstehen / daß die Welt nächst dem Wort Gottes unser bester Prediger / wie dann der geistliche Poet und Profet singt: Die Himmel erzählen die Ehre Gottes / und seiner Hände Werke weisen das Gestirne. Ps. 19, 2.« (Ebda., S. 63)

Wenn die Nürnberger also die Rolle der Schäfer ›spielen‹, dann gehört zu diesem ›Spiel‹ auch das Selbstverständnis einer poetischen Jüngerschaft Pans, und dies gilt ausdrücklich auch für den Theologen Klaj, der als Schäfer Klajus den Klee zur eigenen Ordens-Blume wählt und sein Dichtertum als nachahmende Pans-Feier begreift. Dies in einem Lied mit drei kunst- und klangvoll gebauten, stark binnengereimten sowie in den achthebigen Anfangs- und vierhebigen Schlußversen identisch gereimten Strophen, wobei das trochäische Versmaß der weitausholenden umarmenden Verse im jeweiligen Kreticus der beiden Mittelverse lautmalerisch eindrucksvoll »gepunktet« wird, so daß die Verse selbst im Großen und Kleinen das Ganze der Pans-Welt spiegeln:

> »Klajus – der Klee.
> »Wie der Bokkgefüste Pan dieses Gantze deutet an
>     Welt und See /
>     Feld und Klee /
> Alles / was man nennen kann:
> Also / was ein Dichter kann / ist diß Gantze üm und an
>     Glut und Luft
>     Fluht und Gruft
> Und der horngefüste Pan.
> Weil der hufgefüste Pan Klee mit Tritten pflantzen kann /
>     Nimt mit Ruhm
>     Klee zur Blum
> Vnser Schäfer Klajus an.«
>     (FPS, S. 66)

Die spielerische Leichtigkeit des Textes soll das Gewicht der hier gestifteten Konnexion zwischen *Pan und Poesie* nicht relativieren. Am Rand des Gedichts ist nochmals als Begründung vermerkt: »to pan, Alles / weil Pan dieses Gantze bedeuten soll. Verulam [d. i. Francis Bacon von Verulam]« (vgl. dazu Kap. 1 f–5, 6).

Als ein Zeichen dieses Ernstes ist es zu werten, daß die Pans-Jünger, wie schon erwähnt, ihren ›Gott‹ auch um Beistand im Krieg bitten. Und diese Aufarbeitung des Krieges ist das zweite große Thema der ›Fortsetzung‹.

3) *Krieg als »Mord«*: Birkens ›Fortsetzung Der Pegnitz=Schäfferey‹ vereinigt – so der Untertitel – ›Lust=Gedichte‹ und ›Helden Lob=Gedächtnisse‹ der seit Kriegsbeginn verstorbenen Heerführer. Der Kerngedanke, der beides spannungsvoll verei-

nigt, ist erneut das medizinische Axiom, daß man für ein Gift wie Furcht, Trübsal
und Trauer eben ein Gegengift brauche, nämlich die ›Lust‹ oder Fröhlichkeit der
Hirtenlieder: »Des Gifftes Gegengifft der Sorgen / die uns tôden // Der Froheit
Fakkelkien / O welch ein teures Gut« (II Birken FPS, S. 10). Von daher wird zunächst erneut dem Kriegs-›Gift‹ in verschiedenen Variationen und Dosierungen brei-
ter Raum gewährt. Nach einem ›geistlichen‹ Eingang mit einem Morgenlied auf eine
Kirchenlied-Melodie (›Wie schön leucht uns der Morgenstern‹) holen den Schäfer
Floridan mitten in der Betrachtung eines ›locus amoenus‹ die Gedanken an den
»betaurlichen Zustand seines Vatterlandes« ein (ebda., S. 7). Die Pegnitz erinnert ihn
plötzlich an seinen Heimatfluß, die Eger, sowie an die Saale und den Studienort
Jena, die er verlassen mußte – und Jena widmet er eine lange Elegie (ebda., S. 8–13).
Floridan mystifiziert seine Biographie, um deren Erzählung ihn der hinzu kommen-
de Klaj bittet, indem er den eigentlich aus Geldmangel abgebrochenen Aufenthalt in
Jena in einen Rückkehrbefehl des ihm begegnenden »Himmelsboten« Mercurius
umwandelt, dessen antike Existenz Floridan sachkundig durch Verweise auf Horaz
(Carm. I, 10; II Horaz SG, S. 28f.) und Ovids ›Metamorphosen‹ (Buch II, V. 708ff.;
II M, S. 72ff.) dokumentiert (FPS, S. 17ff.) und dessen Aufforderung Floridan als
»unwiderruflich Gesatz« empfindet (vgl. dazu auch Klajs Deutung des Merkur als
ursprünglich deutscher Gott »Teut«; Kap. 1 f–5).

In diesem ersten autobiographischen Teil gelangt der Krieg durch beide Hirten in
Vers und Prosa in seiner häßlichsten Gestalt zur Sprache; so in den ›Kriegsthrenen‹
und der in acht zehnzeilige Alexandriner-›Gesprächreime‹ eingeteilten ›Kriegeskla-
ge‹, welche die Trauer der Pamela erneuert: »...die grimmen Krieger siegen // Jn
ihrem Mutterland / vergießen Brüderblut // Vnd wüten wider sich / daß nie kein
Tiger thut.« (FPS, S. 38) Und mit deutlichem Bezug auf das Titelbild ruft Klaj:
»Ach! hengt die Flôten auf // Ihr Hirten / brecht kein Rohr. Was ist / das euch
erfreuet // Nun eure Felder gar mit Knochen überschneiet // An Scheddeln trächtig
sind?« (Ebda.) Dadurch erhält die im Titelbild am Baum aufgehängte Flöte die
Bedeutung einer funktionslos gewordenen, aus Trauer verstummten Flöte. Floridan
wiederum nutzt die Akkumulationsmöglichkeiten des jambischen Alexandriners, um
das Kriegs-Handwerk selbst als Merkmal schlimmster moralischer Verworfenheit zu
brandmarken:

>»Ich kann und soll ja nicht diß Kriegen Kriegen nennen /
>Ein freyer Diebstahl ists / Mord / Rauben / Metzeln / Brennen /
>Die keine Folter strafft / kein Galgen / Baum / noch Rad:
>Das Land besoldt den Feind / die Beute den Soldat.«
>(Ebda., S. 39)

4) *Krieg als Tugend-Übung*: An diesem – in der zeittypischen Klage nur zu ver-
ständlichen – Tiefpunkt des Gedichts vollzieht sich nun eine entscheidende gedankliche Wendung durch das Erscheinen Pans. Er fordert sie auf, nicht nur den »Krie-
gergreul« »zu verfluchen«, sondern den Krieg auch als ›moralische Anstalt‹ anzu-
erkennen: »Die Tugend würket auch in Waffen // Mit Waffen muß man Frieden
schaffen.« (Ebda., S. 41) Die Begründung des Krieges wird hier ganz von den inhaltlichen (vor allem den konfessionellen) Begründungsstrategien gelöst. Es bleibt
ein formaler Begriff von Tugendhaftigkeit, der sich allenfalls durch persönliche Tap-

ferkeit als Kennzeichen individuellen Heldentums konkretisieren läßt. Infolgedessen werden sie von Pan in die Grotte und von dort in eine Höhle geleitet, in welcher die Ehrensäulen von 24 Kriegshelden aus dem Dreißigjährigen Krieg mit jeweils zugehörigem Epigramm aufbewahrt sind, und diese ›Grabschriften‹ werden – orientiert am Todesdatum – in chronologischer Folge vorgelesen. Dabei handelt es sich interessanterweise um die Kriegshelden auf protestantischer Seite (also jene Heerführer, deren Lob großenteils schon Weckherlin sang; vgl. Kap. 3): Prinz Moritz von Oranien, Ernst Graf zu Mansfeld, Christian Fürst zu Anhalt, König Gustav II. Adolf von Schweden, Friedrich Pfalzgraf bei Rhein (usw.), aber auch – für Weckherlin ganz undenkbar – die Helden des katholischen Lagers: »Ambrosy Spinula«, Graf von Tilly (der »Schlächter« von Magdeburg) sowie Albrecht Wentzel Graf zu Wallenstein.

5) *Poetische Friedens-Arbeit*: Das macht dies Gedicht besonders interessant: Nachdem es zuvor deutlich genug zum Ausdruck gebracht hat, was der Krieg ›eigentlich‹ ist, tritt es nun – angeleitet vom Gott Pan – noch während der Kriegszeit in eine Phase der Annäherung im Sinne einer auf Neutralität basierenden poetischen Aussöhnungsarbeit der gegnerischen Parteien ein, und dies als Vorbedingung eines haltbaren Friedens! Mit poetischen Mitteln wird hier nach einer Form würdigen Gedenkens gesucht, welche die Kriegsgegner symbolisch in einem Raum unter dem nur persönlichen Lob der Tapferkeit zu vereinigen erlaubt. Das ist, wenn man an die unendlichen Schwierigkeiten denkt, die der Aussöhnung von Kriegsgegnern auch in den nachfolgenden Jahrhunderten im Wege standen, ein achtenswerter Versuch, eine Versöhnung zu erschreiben, die als höherrangiger Wert erscheint und die Klagen über das Kriegs-Leid im poetischen Vor-Feld zurückläßt.

Unter diesem Aspekt impliziert die Überreichung und Annahme der Pans-Flöte als Kennzeichen der Pegnitz-Schäfer nun die Verpflichtung, diese Friedensarbeit unter dem Merkspruch »Mit Nutzen erfreulich« in den Hirtenliedern als fröhliches »Gegengifft« zum Krieg fortzusetzen. Und wieder vollführen die Hirten, zu denen sich vor allem noch Strefon gesellt, bemerkenswerte poetische Kunststücke. So dichtet Strefon ein Alexandrinergedicht über die ›Einsamkeit‹, zerreißt es in der Mitte (d. h. nach der Mittelzäsur) in zwei Teile, die der Wind zufällig in die Hände zweier anderer Pegnitz-Schäfer weht, welche jeweils die fehlende Hälfte wiederum zu einem Gedicht ergänzen. Oder die Hirten versuchen in einem Wettstreit, den Anfangsbuchstaben ihres Kunst-Namens so oft wie möglich in einem vierzeiligen Epigramm unterzubringen – und alle schaffen es auf wundersame Weise 41 mal. Angesichts solch concettistischer Kraft-Anstrengung bleibt der Inhalt eher auf der Strecke, aber das Amusement des poetischen Spiels, das im dritten Teil dieses anfangs so kriegsanklägerischen Gedichts die Oberhand behält, soll bereits ein Vor-Schein jener Fröhlichkeit sein, die ein wirklicher Friede zur Folge hat.

e)     »Christus der Krieger / Höllen Besieger«: Klajs ›Redeoratorien‹

1)  ›*Redeoratorien*‹ *als Hybride*: Klajs sechs ›Redeoratorien‹ setzen diese Tendenzen
nun im ›geistlichen‹ Gewande bruchlos fort. Und da die Dichtkunst für ihn ohnehin
»nicht durch Menschliche Wirkungen / sondern durch sonderbare Himmelsgnade
eingegossen« wird, ist sie für ihn zugleich »des Höhesten Tochter«, und deshalb
»verkündiget sie jederzeit seine Wunder.« (LTP, S. [403]f.) Die beiden ersten Oratorien von 1645 (›Herodes der Kindermörder‹ und ›Der leidende Christus‹) waren –
das merkt Klaj selbst an – freie Bearbeitungen zweier neulateinischer Dramen von
Heinsius und Hugo Grotius, für die anderen Werke hat er sich – einem Ratschlag
Harsdörffers folgend (II Klaj HK, S. [194]) – Anregungen aus der humanistischen
(übrigens auch aus der jesuitischen) Tradition für eine eigene Konzeption zusam-
mengesucht und diese Anregungen auch jeweils in umfangreichen und gelehrten
Anmerkungen offen gelegt. Das war zugleich als Hilfe für die möglichen nicht-ge-
lehrten Leser gedacht, so wie auch die ersten Hörer dieser Redeoratorien aus einem
gemischten Publikum bestanden, auf dessen Fassungsvermögen er öfter mit dem
Rückgriff auf den ›stilus humilis‹ und eine unkomplizierte Theologie Rücksicht nehmen mußte. Hybrid also waren diese ›Redeoratorien‹ in einem zweifachen Sinne: in
ihrem öffentlichen Gebrauch – sie wurden von Klaj zunächst in Dilherrs Auditorium, später in noch größeren Räumen selbst rezitiert und nur in einigen chorischen
Partien durch Musik ergänzt (vgl. II.63 Wiedemann 1968, S. 17*ff.) – und in ihrem
Gattungscharakter. Auch wenn Klaj die genannten ›Stücke‹ ›Trauerspiele‹ nennt und
in vier ›Handlungen‹ unterteilt, haben sie nicht weniger ›epischen‹ und lyrischen
Charakter, und zwar mit dem Poeten als Erzähler, der die Geschichten jeweils im
Rückgriff auf den biblischen Wortlaut in Alexandrinerversen oder in Prosa wieder-
gibt (bzw. der gelegentlich die Bibelstellen selbst in Prosa zitiert) und dabei dann
einzelne Figuren des Geschehens mit eigenen lyrischen Redeanteilen zu Wort kommen läßt, wobei er sich um eine große Variabilität der Vers- und Formensprache
bemüht. Bei der Frage nach Herkunft und Entstehung dieses neuen Gattungstyps
wurden zwei Hypothesen plausibilisiert: Ein Vorbild könnte Dilherr gewesen sein,
der seit seiner öffentlichen Lehrtätigkeit in Nürnberg 1642 in dem für ihn erbauten
Auditorium in Kooperation mit Musikern der Stadt musikalisch-rhetorische The-
menabende organisierte und so z. B. eine öffentliche Aufführung zur Geschichte der
›edlen Music‹ bot (vgl. II.63 Wiedemann 1968, S. 7*ff.). Andererseits kann Klaj die
Idee zu seinen Oratorien schon aus Wittenberg mitgebracht haben. Denn wie seine
Alexandriner-Übersetzung von Augustus Buchners lateinischer gebundener Weih-
nachts-Rede über den Hirten ›Joas‹ zeigt (vgl. FD, S. [183]ff), hatte man auch in
Wittenberg begonnen, Ereignisse des Kirchenjahres mit poetischen Rede-Übungen
zu begehen (vgl. II.63 Keller, S. 17ff.). Interessant ist, daß es sich hier um eine
geistliche *Ekloge* handelt. Dies führt zu den Schäfergedichten des ›Blumenordens‹ als
(weiterer möglicher) formaler und struktureller Anregung für die ›Redeoratorien‹,
denn diese Gedichte setzen sich ja ebenfalls aus narrativen und vielgestaltigen lyrischen Passagen sowie einzelnen Dialogen zusammen, sie wurden als Anlaßdichtung
(mit Musik) aufgeführt und boten ein Forum zur Demonstration poetischer Virtuosität.

2) ›*Aufferstehung Jesu Christi*‹ *als geistliches Schäfergedicht*: Daß Klaj das Schäfergedicht aber auch inhaltlich und motivisch beerbt hat, zeigt sich am deutlichsten an seinem ersten und qualitativ besten Text, der ›Aufferstehung Jesu Christi‹ (längere Auszüge daraus auch in I PS, S. 114–127). Schon der Untertitel ›in ietzo neuůbliche hochteutsche Reimarten verfasset‹ zeigt den Ehrgeiz, die bereits in den Schäfergedichten demonstrierten neuen prosodischen und strophischen Möglichkeiten und die Klangvirtuosität in die geistliche Dichtung zu übertragen. Zugleich nutzt Klaj die Möglichkeiten des Auferstehungsstoffes, um Maria Magdalena als schäferliche Freundin Jesu am leeren Grabe erscheinen und ihren Geliebten mit den Worten des Hohen Liedes preisen und sehnsüchtig suchen zu lassen (auf diese poetische Adaptation des Hohen Liedes weist Klaj in seinen Anmerkungen selbst hin (AJC, S. [17]f., [19]f., [39]), und Jesus selbst erscheint – wie von Maria Magdalena erwartet – in der Gestalt eines Gärtners (ebda., S. [21]ff.). Hier wird also die geistliche bukolische Tradition fruchtbar einbezogen. Hinzu kommen weitere Analogien zum weltlichen Schäfergedicht: der topische Beginn bei Sonnenaufgang, die Initiation in die Höhle oder Grotte bzw. hier in das Grab, die mythologischen Figuren, welche diese Initiation begleiten und kommentieren – hier die Engel anstelle des ›Gerüchtes‹ bzw. Pans und der Satyrn (ebda., S. [14]ff.) sowie der panegyrische Schlußteil mit den Berichten vom Erscheinen des Auferstandenen vor seinen Jüngern und dem ungläubigen Thomas sowie dem Sieges-Jubel über die Bezwingung des Todes und die gelungene Erlösung im ›Siegslied‹ und ›Schluß‹-Gesang (ebda., S. [29]ff.).

3) *Der »große Waffengott« als »Friede=Fůrst«*: Die größte gesamtthematische und einzelmotivische Übereinstimmung zwischen Schäfergedichten und allen Redeoratorien besteht aber in der *Krieg-Frieden-Thematik*. Der Grundgedanke von Birkens ›Fortsetzung‹, daß der Frieden »mit Waffen« errungen werden muß und daß daher Tapferkeit im Krieg ein höchst ehrenwertes Verhalten ist, findet in der geistlichen Perspektive auf Christus seine höchste Rechtfertigung. Schon in der ›Aufferstehung Jesu Christi‹ wird dieser als »Krieger« charakterisiert. Bereits die Eröffnungsode in »sapphischer Manier«, also in der sapphischen Oden-Strophe mit dem Adoneus als zweihebigem Schlußvers (vgl. dazu Kap. 2 f–4) ist ein Preis des »Siegsfůrsten« (»Nunmehr ist unser der blutige Krieg / Wahlstat vnd Sieg«):

> »Singet und klinget in Christlichen Landen /
> Christus ist heute von Toden erstanden /
> Christus hat heute den Teufel besiegt /
>        Satan erliegt.
> Die Cherubinen nun Sternen ab fliegen /
> Singen und sagen von Kriegen vnd Siegen /
> Das Deamantine Himmlische Zelt
>        Freude vermeldt.«
> (AJC, S. [9])

Dieser Fanfarenstoß markiert den Beginn des roten Fadens durch alle Redeoratorien, in denen die Grundeinsicht variiert wird: Jesus mußte gegen Satan und die Hölle »kriegen«, um den Menschen wieder Frieden zu schaffen. Dieser war ohne Christi »Kampf« und »Helden-Tod« nicht zu erringen. Schon die Themenwahl für die ›Redeoratorien‹ folgt offenbar dem Interesse, die Interdependenz von Krieg und

Frieden in immer neuen Variationen zu veranschaulichen. Das gilt natürlich für die
›Höllen- und Himmelfahrt Jesu Christi‹ (1644) – das ganze Teufelsheer rüstet sich zur
Schlacht vor der Ankunft Christi und wird vernichtend geschlagen, woraufhin erst
der »fromme Friede« »seine Stralen schiessen« lassen kann (HHJC, S. [73]). Die
folgende poetisch-panegyrische Sieges-Feier enthält mit ausführlichen Naturbe-
schreibungen im klangorientierten Stil mit wechselnden Versmaßen und Strophenformen ganz säkulare Passagen, die jedes weltliche Schäferlied zieren würden (ebda.,
S. 73–78), und nach dem Abschied Christi bereiten sich die Sternenbewohner auf den
Sieger vor: »Es komt der Heere Herr / der sich durch Krieg låst hören // Der große
Waffengott / der König aller Ehren« (usw.; ebda., S. [81]), und das Oratorium endet
in einer – vom Publikum mitzusingenden – Hymne, deren martialisch-alttestament-
liche »narratio« den Kriegs-Mann Christus als Schlacht-Herrn feiert:

> »König David tausend legt /
> Christus zehen tausend schlågt /
> Du bist der Siegesfürst / der Farao gestürtzet /
> Vnd ihn den Lebensrest im Wasser abgekürtzet /
> Du hast geschlagen
> Mann / Roß und Wagen /
> Farao mit seinem Heer
> Liegt ersåuft im rohten Meer.«
> (Ebda., S. [83])

Die grausame Geschichte von ›Herodes dem Kindermörder‹ bot die vom Erzähler
(wie auch von Gryphius beim Rückgriff auf denselben Stoff; vgl. Kap. 6 h–6) genutzte Möglichkeit, das Schicksal der getöteten Kinder und die Leiden der Mütter
auf Deutschland zu beziehen (»hauset nicht eben eine solche wütende Kriegsgurgel
in unserm Teutschen Vaterlande«; HK, S. [160]), so daß ›Teutschland‹ selbst auftreten und um Frieden bitten kann (»O Schwert laß seyn / es ist genug / fahr wieder in
die Scheiden // In meinem Teutschland ist nichts mehr zu würgen und zu schneiden«;
ebda., S. [162]). So folgt die Bitte an den »dreymalgrossen Himmelvogt« auf dem
Fuße, den (nun allegorisch zu verstehenden) ›Herodes‹ »zu nichte« zu »machen«
(ebda.). – Das ›Trauerspiel‹ ›Der leidende Christus‹ zeigt diesen natürlich als den
allertapfersten Helden, der Tod und Hölle besiegt, der ›Engel= und Drachen=Streit‹
inszeniert von Anfang bis Ende ein Schlacht-Szenario, denn der Stoff handelt von
Luzifers Aufstand gegen Jehova, der mit Hilfe der Erzengel als himmlischer Feld-
herren Luzifer in die Hölle stürzt. Die Schlachtbeschreibungen gleichen völlig weltlichen Scharmützeln (vgl. EDS, S. [310]ff.), und die poetische Sprache überanstrengt
sich im Versuch der akustischen Wiedergabe des Kampfgetöses (»daß alles wallt /
hallt / schallt« usw.; EDS, S. [292]). – Den Leser erwartet auch beim letzten Text
›Freudengetichte der seligmachenden Geburt Jesu Christi‹ zunächst kein friedliches
Panorama von der Geburt des »Friede=Fürsten«. Denn Klaj hat – guten Gewissens
nach den vielen Demonstrationen der These, daß Waffen notwendig sind, um Frieden zu schaffen – sein Redeoratorium aus dem Friedensjahr 1650 Karl Gustav
Wrangel, dem General in schwedischen Diensten, gewidmet, und das ermöglicht
ihm, in einer langen Dedikation zunächst die Heeresordnung der himmlischen Heer-
scharen zu beschreiben, welche sich zur Ehrenbezeugung für den Mensch gewordenen Erlöser hierarchisch in Reih und Glied zusammenfinden müssen (FGJ,

S. [335]ff.; vgl. dazu auch die sorgfältig kommentierte Ausgabe in II.63 Keller, S. 65–209). Aber die Botschaft heißt nun doch: Friede auf Erden. Auch Kaiser Augustus hat nach 56 Kriegsjahren den Wunsch nach Frieden, der nur noch durch »Teutschland« bedroht zu werden scheint (FGJ, S. [350]f.). Aber das himmlische Kind fällt wie ein siegreicher Held in das kriegsmüde Menschenheer ein (»Des Krieges kriegen wird auf Erden // Gantz stůrmisch eingeåschert werden«; ebda., S. [364]) und wird dadurch »Ein Fůrst / der Friede liebt und hegt« (ebda.). Dies Redeoratorium ist von daher ein Übergang zu Klajs ›Friedensdichtungen‹.

Die um ein Vielfaches vermehrbaren Beispiele verdeutlichen, wie zeitverhaftet gerade die geistlichen ›Redeoratorien‹ mit ihrer kriegerischen Friedenssehnsucht sind. Wie Weckherlins Dichtungen erschöpfen sie sich aber ganz in diesem Zeitbezug. Die formale Meisterschaft wirkt nicht kompensierend, sondern verstärkt diesen Trend, weil sie sich in den Dienst einer sinnlichen Vergegenwärtigung des geistlichen Kriegs-Gebarens stellt. Und die Verse unterbieten sehr häufig auch noch das Niveau der hier zuletzt zitierten Beispiele. Daß Klaj auf kleinere Verlage ausweichen mußte, daß die Begleitgesänge der Verehrer rarer wurden und Harsdörffer verstummte (vgl. II.63 Wiedemann 1965, S. 14*, 18*), zeigt, daß diese geistliche Dichtung nicht nur unter Gesichtspunkten heutigen Geschmacks, sondern auch gemessen an damaligen Exempeln rasch ihren Kredit verspielte. Mit seinen geistlichen Kriegs-Spielen hat Klaj selbst zu seiner rezeptionsgeschichtlichen ›Niederlage‹ nach dem großen Frieden beigetragen.


## f)   »Gott du großer Kriegszerbrecher« – Klajs ›Friedensdichtungen‹

1) *Zum Charakter der Friedensfeiern*: Die Friedensfeierlichkeiten im patrizisch-bürgerlichen Nürnberg hatten nicht den aufwendigen aristokratischen Charakter der ›trionfi‹, deren Beschreibung zum Beispiel Weckherlin mit der Abfolge der Festzüge und der Huldigungen an die adligen Teilnehmer die Reihenfolge der Darstellung schon vorgegeben hatte (vgl. Kap. 3 b). Höhepunkte in Nürnberg waren jeweils die aufwendigen Festessen im großen Ratshaussaal, das Klaj denn auch in allen Einzelheiten in der Folge von sechs Gängen und der Liste aller Teilnehmer in Alexandriner-Versen beschreibt (während Weckherlin für die Schilderungen die ungebundene Rede gewählt hatte; vgl. Ir, S. [50]ff., [60]ff., [83]ff.; GF, S. [124]ff.), ferner einige Spektakel und Festlichkeiten im Freien wie das »schwedische Feuerwerk« (Ir, S. [91]ff.), ein über einen längeren Zeitraum andauerndes ›Armbrust=Schiessen‹ auf der Hallerwiese (GF, S. [169]ff.) und schließlich als weiterer Höhepunkt ein großes, vom katholischen Verhandlungsführer Graf Octavio Piccolomini zum Vertragsabschluß am 4. Juli 1650 ausgerichtetes Bankett in einer aufwendig ausgestatteten Zeltstadt, von Klaj als ›Tempel deß Friedens‹ apostrophiert (GF, S. [138]ff.; genauere Angaben zur Gesamtanlage des Festplatzes, auf welchem dem ›Friedenstempel‹ gegenüber noch das kaum weniger große ›Castell deß Unfriedens‹ errichtet worden war, zwischen denen die Allegorie des Friedens stand, vgl. II.63 Wiedemann 1968, S. 25*f.; vgl. dazu auch die Schautafeln in GF, S. 160/161; ebenso in I PS, S. 168ff.). Diese Höhepunkte waren gewiß als barocke ›Gesamtkunstwerke‹ konzipiert (auch mit der aufwendigen bildlich-emblematischen Ausstattung des Rathaussaales und

der Festzelte, mit rhetorischen Darbietungen, musikalischen Aufführungen, Tanzeinlagen und Feuerwerk). Damit erzeugten sie den überwältigenden Eindruck eines ›Pansensualismus‹ (II.63 Wiedemann 1968, S. 24*) – und Klaj hatte offenbar den Ehrgeiz, diesen in seinen Friedensdichtungen nachzuahmen.

2)   *Zum Charakter der ›Friedensdichtungen‹:* Klaj gab sein Bestes – schon daß er sogar die Pflichtaufgaben wie die Aufzählung aller den Vertrag unterzeichnenden Länder und Territorien, die auch noch einen eigenen Redeanteil erhalten (GF, S. [140]ff.), in Alexandriner-Verse setzte (vgl. GF, S. [124f.]), zeigt seinen Ehrgeiz, die pflichtmäßigen und nützlichen Seiten seiner Festdarstellung ganz im ›delectare‹ aufgehen zu lassen, die historischen Feiern in seinem eigenen Kunst-Werk als dem bleibenden Werk des Poeten zu erhöhen und so der Erinnerung aufzubewahren als das wahrhafte ›epochale‹ Ereignis der Epoche. Und sein Einfallsreichtum ist bemerkenswert. Das ganze Ereignis wird seiner Bedeutung entsprechend motivisch universalisiert: Himmel und Erde nehmen daran teil, von Dankgebeten an Gott und Christus über Gesänge der Engel bis zur Personifizierung aller möglichen Naturkräfte (wie der Göttinnen Flora, Ceres usw.), aber natürlich kommen auch der Krieg (als Bellona und Mars) und der Frieden (als Irene) sowie die Concordia als ›Personen‹ zu Wort, sie treten einzeln auf, tragen aber auch nochmals wortmächtig ihren Streit aus, es treten Chöre in unterschiedlicher Besetzung auf (z. B. verschiedene Berufsgruppen, die beschreiben, daß und wie sie durch den Friedensschluß nun wieder ihrem Handwerk und Gewerbe nachgehen können; Ir, S. [88]ff.), es streiten die Jahreszeiten miteinander um den Vorzug – und hier gewinnt der Sommer, weil in seine Zeit der Friedensschluß fällt; GF, S. [111]ff.), und diese Naturszenen wechseln ab mit Beschreibungen der Nürnberger Feierlichkeiten selbst.

Ein weiteres Mal führt Klaj seine ganze lyrische Virtuosität – eine Fülle von Vers- und Strophenformen – und seine beeindruckende Klangvirtuosität ins ›Feld‹, wobei sich die klangorientierten Oden auf die Jahreszeiten mit Recht einen Stammplatz in Anthologien ›barocker‹ Lyrik gesichert haben (GF, S. 111ff.; ein Beispiel daraus in Kap. 2 f–6; I PS, S. 165ff.). Aber dies zeigt bereits, daß das Ganze dieser Kunst-Werke nicht zu ›retten‹ ist. Im Bemühen um ›variatio‹ wirkt der Aufbau diffus, die einzelnen Partien sind motivisch nur unzulänglich (durch erzählende Partien) miteinander verknüpft; oft erscheinen die Szenen- und Personenwechsel abrupt, man liest sich durch ein Kaleidoskop mit qualitativ und quantitativ höchst unterschiedlichen Facetten und Funktionen.

3)   *Kriegerischer Frieden:* Sehr charakteristisch ist indes auch für diese Dichtungen wiederum das durchgängig gegenwärtige Kriegs-Motiv. Klaj sichert ihm Priorität, indem er seine ›Friedensdichtung‹ zu einem Zeitpunkt einsetzen läßt, wo noch kein Friede ist. Das ermöglicht ihm zunächst, nochmals das ganze Kriegs-Elend darzustellen, und dies einleitend im Gebet des personifizierten Deutschland (hier nur die erste von sieben Strophen):

> »GOtt / du bester Kriegszerbrecher /
> mache Fried / Fried / es ist Zeit:
> Mein Reich wird ja stündlich schwächer

> Durch den Länderfresserstreit.
> Ach ich bin deß Krieges müde /
> Friedenmacher mache Friede.«
> (Ir, S. [10])

Die Macht des Krieges muß »zerbrochen« werden, der Friede muß kämpfen und tut dies auch in den Dialogen mit Mars, und zwar unter der bezeichnenden Überschrift »Kriegeskrieg / Friedenssieg« (Ir, S. [21]ff.; dies große Dialoggedicht auch schon in SFF, S. B i ff.). Das ist die aus den ›Redeoratorien‹ bekannte Perspektive. Im ›Geburtstag deß Friedens‹ wiederholt sich dieser Ausgangspunkt. Erzählt wird die Geschichte Deutschlands mit einer ausführlichen Lagebeschreibung des desolaten gegenwärtigen Zustandes (GF, S. 105ff.), und auch später kommt diese Sicht auf das zerstörte Vater- oder Mutterland immer wieder zur Geltung, z. B. auch in einer Parodie auf Opitz' Bildungs-Ode ›Ich empfinde fast ein grawen‹ (II BDP, S. 33f.; GF, S. [123]f.; vgl. dazu auch III Kaminski, S. 520ff.):

> »Worzu dient das Scharmiziren
> als zu lauter Vngemach?
> Vnterdeß muß Pindus Bach
> Nichts als Blut und Leichen führen.
> Wann der Krieg soll Meister werden /
> Geht Kunst auf ihr Ende hin /
> Und wir müssen ohne Sinn
> Kommen in die Nacht der Erden.«
> (GF, S. [123])

Und die Wahl des Schluß-Gedichts, einer poetischen Übertragung des Dankpsalms 148, ermöglicht Klaj seine Vorstellung vom kriegerischen Friedens-Fürst zur Geltung zu bringen (vgl. Ps. 148, 2: »Lobet ihn, alle seine Engel; lobet ihn, all sein Heer!«):

> »Lob GOtt / heb deine Stimm empor /
> du Liechtbeflammter Engelchor /
> du wolgerüstes Krieges=Heer
> lob deinen Feldherrn mehr und mehr.
> Alleluja.«
> (GF, S. [179])

4) *Kleinere geistliche Lyrik-Zyklen*: Mit dem Dedikationsdatum 1. Januar 1648 veröffentlichte Klaj insgesamt 11 ›Weihnacht=Gedichte‹, die – mit einer Ausnahme, dem Lied ›In der Christnacht‹ (WG, S. [246]ff.) – Übersetzungen bzw. Überarbeitungen von Liedern anderer Autoren sind, darunter vor allem von Jacob Balde (›Paraphrasis Lyrica in Philomelam D. Bonaventurae‹, 1645; vgl. dazu ausführlich II.63 Keller, S. 27ff.). In der Dedikation bekennt Klaj, er habe angesichts seiner »Melancholey« über den »sausenden und brausenden Kriegssturm« bei dem fröhlichen Gedenken an die Geburt des Erlösers Zuflucht gesucht (WG, S.[218]ff.). – Die zweite Sammlung besteht aus fünf ›AndachtsLiedern‹ (1646), die offenbar für die Privatandacht bestimmt sind und deshalb auch von einem ›MorgenLied‹ eröffnet und einem ›AbendLied‹ beschlossen werden (Al, S. [265]ff., [287]ff.). Sie umrahmen allerdings drei Lieder, welche wiederum Klajs Hauptthema variieren: das zweite Lied

›KriegsTrost‹ mit einer Klage über das verwüstete Deutschland und einer Darstellung von Kannibalismus aus Hunger als Zeichen völliger Pervertierung der göttlichen und natürlichen Ordnung (ebda., S. [272]f.), das dritte Lied, das sich vor »deß Wetters Flammen« in der »sanften Seitenhöhle« Christi zu verbergen sucht (›Ich ruhe in den Felßlöchern‹; ebda., S. [277]ff.) und das vierte ›Lied von dem himlischen Pelican / Jesu Christo‹, der allein vor der Wut des ›geistlichen‹ Mars, nämlich des Teufels, retten kann (ebda., S. [280]ff.).

Noch in einem ›Weihnachtsgedicht‹ mit dem Titel ›Liebesmacht‹ wagt die Sprechinstanz ihre Liebesbeziehung zum Mensch gewordenen Erlöser nur im Bild eines geistlichen ›Sieges‹ auszusagen: »Deine Flammen mich bekriegen // mich gewinnen / übersiegen« (WG, S. [251]). Selbst beim großen Thema Liebe blieb die »göttliche Dichtkunst« dieses Autors auf Kriegsfuß. Als der Friede zu wirken begann, ist Klaj als Poet und Redner verstummt. Seine Dichtung setzt einen ›epochalen‹ Schlußpunkt unter die von Kriegs- und Krisen-Zeit bestimme Dichtung. Mit dem Sieg, den auch seine Feder dem Frieden miterstritten hatte, wurden die poetischen »Verschantzungen« hinfällig, aber die Pans-Flöten und Liebes-Gesänge stimmten nun andere Schäfer an. Allein schon Reichtum und Vielfalt der im folgenden Band zu inspizierenden Liebeslyrik scheint Klajs Erfahrung zu bestätigen, die er in seinem Dedikationsgedicht zum ›Schwedischen Fried= und Freudenmahl‹ (1649) formuliert:

> »[…] Krieg hemmt der Verse Lauf /
> Fried / und der / der Fried liebt / hülfft Versen wieder auf.«
> (SFF, o. S.)

# Anhang

## Kleine Konfessionskunde: Die wichtigsten Glaubensartikel und Lehrdifferenzen

Die folgende kleine Konfessionskunde für die Zwecke dieses Bandes (eine Überarbeitung und Ergänzung von Passagen aus III Kemper 1985) kann sich angesichts der hochkomplexen und bis in feinste Nuancierungen ausdifferenzierten Materie der Glaubensartikel nur auf einige Stichworte und knappe Erläuterungen beschränken. Doch gerade an den gröberen Markierungen läßt sich studieren, wie durch solche Diskurse mentale, kulturelle und soziale Differenzen hergestellt und performativ im Blick auf drei unterschiedliche konfessionelle Kulturen umgesetzt wurden.

1) *Vom Lutherschen Glauben zum orthodoxen Wissen*: Auf der obersten Stufe wogte der Kampf zwischen den Gelehrten der Universitäten, die zum Teil auf eigens für diese Auseinandersetzung geschaffenen Lehrstühlen saßen. Der bedeutendste katholische Kontroverstheologe jener Zeit war der Jesuit Kardinal Robert BELLARMIN (1542–1621), der ebenso wie seine Mitstreiter aus anderen – ebenfalls erneuerten – Orden für die Auseinandersetzung mit den neuen ›Ketzern‹ auf die hochdifferenzierte aristotelisch-scholastische Philosophie und Begrifflichkeit und zugleich auf die große Tradition von Schriften zur Heidenbekehrung – etwa Thomas von Aquins ›Summae contra gentiles libri quattuor‹ (vgl. dazu IV Kemper I, S. 152ff.) zurückgreifen konnte. Gegen Bellarmins Hauptwerk ›Disputationes de controversiis christianae fidei adversus huius temporis haereticos‹ (1586–1593; eine unvollständige deutsche Übersetzung von Gumposch liegt in 14 Bänden vor; vgl. dazu IV Kemper I, S. 169ff.) richteten sich mehr als hundert protestantische Gegenschriften. In Niveau und systematischem Format am nächsten kam ihm noch der Lutheraner Johann GERHARD (1582–1637) mit seiner ›Confessio catholica‹ (1633–1637) und seinen ›Loci theologici‹ (1610–1622), einer neunbändigen Dogmatik (vgl. zu Gerhard IV Kemper I, S. 225ff.). Es war ein gewichtiger Nachteil des Protestantismus, daß er nach dem Tode Luthers (1546), Melanchthons (1560) und Calvins (1564) keine adäquaten Führungsgestalten mehr hervorgebracht hat. Dieser Mangel mußte durch Normierung der Lehre Luthers, »so wie die Epigonen ihn verstanden«, kompensiert werden (III Heussi, S. 350).

Deshalb entwickelte sich die lutherische Theologie – vom katholischen Gegner in die Enge getrieben – immer stärker weg von der anfangs vorherrschenden *Bibelexegese* und *Verkündigung* hin zur *Dogmatik* und damit zugleich zur sogenannten ›*altprotestantischen Orthodoxie*‹, bei der sich Luthers ursprünglich befreiende Erkenntnis des »glaubst du, so hast du« zum dogmatischen *Wissen von Glaubensartikeln* zu verfestigen drohte: Aus der »fiducia«, dem Vertrauen auf Gottes Heilszusage, wurde die »doctrina«, das Wissen der »rechten Lehre«. Die von den Reformatoren in Glaubenssachen noch so sehr inkriminierte *Vernunft* zog unter Einbeziehung der Metaphysik um 1600 sowohl in die lutherische wie in die reformierte Theologie ein und suchte Luthers Erbe zu sichern und zu retten, was die Bibel allein nicht zu entscheiden vermochte (vgl. dazu III H. E. Weber, S. 3ff., 14ff.; Sparn, S. 6ff.; Ratschow I, S. 14ff. u. ö.). Der Glaube verschanzte sich hinter den Dogmen, und diese wuchsen zu einer immer größeren Mauer an, je stärker die theologischen Gegner sie mit ihren bohrenden Fragen traktierten und zur weiteren Einigelung und damit auch zu immer stärkerem Verlust der dogmatischen Bewegungsfreiheit führten.

Innerhalb des Luthertums wurde diese Gefahr selbst auch gesehen. Deshalb entwickelte sich eine Reformbewegung, die in der Kirchengeschichtsschreibung eine Zeitlang unter dem – inzwischen von einigen Kirchenhistorkern bestrittenen – Begriff der *Reformorthodoxie* gefaßt wurde (vgl. Bd. II, S. 249ff.; zur Kritik am Begriff vgl. II.44 Loos, S. 695f.). Diese legte – inspiriert durch Johann ARNDT und sein wirkungsmächtiges ›Wahres Christentum‹ (vgl. Kap. 6 e, f) – u. a. mit dem Ideal der »imitatio Christi« den Akzent stärker auf die *Erneuerung der Frömmigkeit* des Einzelnen und der Gemeinde.

2) *Heilige Schrift*: Das beste Beispiel für die Dogmatisierung des Glaubens im Luthertum ist die Lehre vom ›Buch der Bücher‹. – Mit den drei Schlagworten »sola scriptura«, »sola gratia« und »sola fide« (allein aus der Schrift, aus Gnade und aus Glauben – und dies bezogen auf den »solus Christus«) hatten die Lutheraner zunächst einprägsame und einleuchtende Lehr- und Bekenntnisformeln in der Hand (vgl. Bd. I, S. 100ff., 147ff.). Indessen enthüllten sich nur allzu rasch deren problematische Seiten. Das galt zunächst und vor allem für Verständnis und Gebrauch der *Heiligen Schrift*. Diese war für die Protestanten in Glaubens- und Bekenntnisfragen die entscheidende Offenbarungsquelle Gottes, stand also auch *über* dem ›Buch der Natur‹, das nur von der Bibel her recht ›gelesen‹ werden konnte, und war erst recht über die von der Katholischen Kirche neben der Bibel hoch geschätzte mündliche und schriftliche Tradition erhaben. Die Wahrheit jeder Verkündigung und Lehre mußte sich an der Heiligen Schrift als dem ausschließlichen Kriterium messen lassen. Für Luther war die Bibel »durch sich selber die allergewisseste, die leichtest zugängliche, die allerverständlichste, die, die sich selber auslegt, die alle Worte aller bewährt, urteilt und erleuchtet«. »Die Heilige Schrift ist ihre eigene Auslegerin«, lautet daher der hermeneutische Grundsatz der Protestanten.

Deshalb lehnte LUTHER auch die im Mittelalter mehr und mehr in Mode gekommene, ursprünglich an der Auslegung des Hohenliedes entwickelte *allegorische Schriftauslegung* ab, wonach jede Schriftstelle im Prinzip einen vierfachen Sinn haben konnte. Für ihn mußte es der Buchstabensinn »alleine thun«, weil sonst der auslegerischen Willkür Tür und Tor offenstanden. Es spricht für die Souveränität der Bellarminschen Position, daß er diese Argumentation Luthers ausdrücklich anerkannte: »Bei dieser Bewandtnis kommen wir und die Gegner darin überein, man müsse bloß aus dem buchstäblichen Sinn wirksame Beweise schöpfen. Denn derjenige Sinn, welcher unmittelbar den Worten entnommen wird, ist zuverlässig der Sinn des H. Geistes.« (Zit. in: IV Kemper II, S. 221) Gleichwohl erwies sich die allegorische Schriftdeutung in allen drei Konfessionen als unausrottbar. Vor allem die moralische Ausdeutung der Bibelstellen erfreute sich in der kirchlichen Praxis – auch bei Luther selbst – einer großen Beliebtheit. Darüber hinaus hat dies Verfahren auch breite – noch keineswegs hinreichend untersuchte – Spuren in der gelehrten Barockpoesie hinterlassen.

Mit ihrem scheinbar einfachen Schriftprinzip gerieten die Protestanten alsbald in die allergrößten Schwierigkeiten. Von Anfang an war – bis in theologische Akzentuierungen der Bibelübersetzung hinein – die Vorliebe Luthers für bestimmte Werke und Stellen aus der Heiligen Schrift (vor allem für die Briefe des Paulus, allen voran den Römerbrief) auf Kosten anderer Werke des Kanons erkennbar. Dies nötigte zu der – im Luthertum selbst nicht unumstrittenen – Unterscheidung von »fundamentalen und weniger fundamentalen« Bibelstellen (III A. Adam, S. 408) und verstieß gegen die Reinheit des Schriftprinzips. Im Zusammenhang mit dem Zwang zur dogmatischen Entfaltung ihrer Glaubenserfahrung gerieten die neuen Konfessionen sodann rasch in eine Situation, in der sie um der Widerspruchsfreiheit ihrer Lehre willen die Reinheit des Schriftprinzips – wie sich sogleich an der Christologie zeigen wird – nicht mehr durchzuhalten vermochten. Dennoch entwickelte die lutherische Orthodoxie ihr Schriftverständnis – je stärker sie sich angefochten fühlte, desto mehr – in Richtung auf die *absolute Unanfechtbarkeit* der *Verbalinspiration*, deren biblische Begründung (vgl. u. a. 2. Kor. 3, 4–18; 2. Petr. 1, 20; 2. Tim. 3, 16) wenig stichhaltig ist (vgl. III Diem 1960, S. 153ff.; 1963, S. 170ff.). In Johann Andreas QUENSTEDTs (1617–1688) wahrhaft monumentaler ›Theologia Didactico-Polemica sive Systema theologicum‹ (1685), einer Summe orthodoxen lutherischen Denkens, sind sogar noch die einzelnen Laute der Bibel vom Heiligen Geist diktiert, irgendwelche Fehler oder Irrtümer in Wortlaut, Stil oder Kanonizität absolut ausgeschlossen (vgl. III Zilsel; S. 409; Ratschow I, S. 77ff.; vgl. II.101 Baur, S. 119ff.). So wurde die Bibel ausgerechnet zu einem Zeitpunkt zum »papierenen Papst« der Lutheraner, als sich – im Zusammenhang mit der auch von Baruch de SPINOZA (1632–1677; ›Tractatus Theologico-Politicus‹, 1670) angestoßenen Kanon-Diskussion und im Kontext des sich herausbildenden neuzeitlichen Weltbildes – die kritischen Fragen nach ihrer Wahrheit als verbindlicher Offenbarungsquelle Gottes immer unabweislicher stellen mußten (vgl. Bd. V/1, S. 22f. u. ö.).

Im *Calvinismus* dagegen, aus dessen Gottes*furcht* angesichts der unumschränkten göttlichen Freiheit und Prädestination eine Vorliebe für das *Alte Testament* als göttlich geoffenbartes Gesetz (und im Gottesdienst für die Psalmen in den Übertragungen des *Hugenottenpsalters* [vgl. dazu Bd. II, S. 200ff.]) erwuchs, galt die Bibel selbst zwar – so CALVIN – als eine Schrift von hoher Autorität und als »regula pietatis«, doch unfehlbare Wahrheit vermittelte sie dem Leser oder Hörer nicht aus ihrer Buchstäblichkeit, sondern nur bei gleichzeitiger »innerer Bezeugung des heiligen Geistes«, also einem inspirativen Ereignis im Hörer und Leser selbst (vgl. I Hirsch, S. 105f.).

3) *Christologie, Kirche und Sakramente*: Im Zentrum der Gemeindefrömmigkeit, der geistlichen Lieder und der theologischen Debatten stand im 17. Jahrhundert Christus als Retter und Erlöser (vgl. Bd. II, S. 227ff.; Bd. III, S. 136ff., 252ff. u. ö.), während im nachfolgenden Jahrhundert durch die Entdeckungen der ›new science‹ und die Philosophie der Aufklärung die Lehre von Gott dem Schöpfer und von den Gottesbeweisen in den Vordergrund rückten (vgl. Bd. V/1, S. 47ff.; Bd. V/2,

S. 47ff.). – Die gesamte Trinitätslehre und auch die Christologie hatten sich im Lauf der Dogmengeschichte zu einer hochkomplizierten Materie entwickelt – kein Wunder angesichts der Aufgabe: Die drei Personen der Trinität – »Gott Vater, Gott Sohn, Gott heiliger Geist« – sollten voneinander zu unterscheiden und doch in *einem* göttlichen Wesen vereinigt sein, d. h. »ein ewiges, einiges, unzertheilt göttliches Wesen und doch drei unterschiedene Personen in einem göttlichen Wesen, gleich mächtig, gleich ewig« (I AC, S. 77; Art. I. Von Gott). *Gleich mächtig und gleich ewig*, um die Häresie einer *Theogonie*, d. h. einer emanativen Genese von Sohn und Geist aus dem ›Vater‹ auszuschließen, wie sie beispielsweise Jacob Böhme (vgl. Bd. III, S. 138ff.) oder auch Lohenstein vorgetragen haben (vgl. Bd. IV/2), und die *Person* Christi war darin wiederum aus zwei unterschiedenen und doch vereinigten Naturen – nämlich seiner göttlichen und menschlichen – so zusammengesetzt zu denken, daß Christus weder (durch zu große Vermischung der beiden Naturen) zu einem Gottmenschen wurde, der damit weder wahrer Gott noch wahrer Mensch wäre, sondern *monophysitisch* nur ein göttliches Wesen mit »himmlischem Leib« (wie bei Schwenckfeld und Weigel) noch – durch zu große Trennung der Naturen – faktisch in zwei Personen – Gott und Mensch – auseinanderfiel, der zunächst ganz Gott, dann auf Erden ganz Mensch und nach der Auferstehung wieder ganz Gott wäre. Eine solche Ansicht unterstellte Luther bereits seinem ersten Schweizer Kontrahenten, dem Hauptreformator Huldrych ZWINGLI (1484–1531), und denselben Lehr-Verdacht hegte – Luthers Ablehnung Zwinglis zitierend – die ›Formula Concordiae‹ gegen die calvinistischen ›Sacramentirer‹, »daß si wol die ganze Person nennen, aber gleichwol bloß die eine Natur darunter verstehen, und die andere Natur gänzlich ausschließen, als hätte die bloße menschliche Natur für uns gelitten« (I FC, S. 682; Teil II, Art. VIII. ›Von der Person Christi‹). Während diese Lehre aber allen hermetischen Spekulationen über das Eingehen des Göttlichen ins Irdische und Menschliche durch und in Christus einen Riegel vorschob, gab die lutherische und katholische Auffassung solchen Spekulationen Auftrieb. Denn diese orientierte sich an der auf dem *Konzil von Chalzedon* (451 n. Chr.) gefundenen Lösung, wonach Christus »ein und derselbe« sei, »wahrer Gott und wahrer Mensch«, »der in zwei Naturen unvermischt, unverwandelt, ungetrennt und ungesondert besteht.« (I Neuner/Roos, S. 129f.; Nr.178) – Mit einer solch diffizilen Begriffsdistinktion, welche die Gefahr des Monophysitismus bannen sollte, gerieten die Theologen allerdings in eminente Schwierigkeiten, zunächst im Blick auf die Frage nach Christi göttlicher Natur während seines irdischen Lebens und vor allem Sterbens, sodann im Blick auf seine menschliche Natur nach seiner Auferstehung und Rückkehr zum Vater.

Vor allem war es schwierig, mit einem dogmatisch derart rektifizierten Begriffsgebilde namens »Christus« religiös-personal zu verkehren. Auf das letztere aber kam es LUTHER entscheidend an. Er wollte die Nähe Christi – auch und vor allem im Sakrament. Nach der traditionellen Kirchenlehre, die in diesem Fall auch die Calvinisten übernahmen, war Christus aber nach Beendigung seines Heilswerkes gen Himmel gefahren und saß nun – entsprechend seiner begrenzten menschlichen Natur – »zur Rechten Gottes« an einem bestimmten Ort im Himmel bis zu seiner Wiederkehr im Jüngsten Gericht.

Bis dahin verstand sich *die Katholische Kirche* selbst als *mystischer Leib Christi* und legte eben deshalb den größten Wert auf die apostolische Sukzession mit dem

Primat des Papstes und der *Priesterweihe* als einem der *sieben Sakramente* (neben Taufe, Firmung, Eucharistie, Buße, letzter Ölung und Ehe; vgl. I Neuner/Roos, S. 363ff.); das Heilshandeln Gottes hing an den sichtbaren Zeichen der Sakramente, und daher war nur der geweihte Klerus zu deren Austeilen autorisiert. So wiederholten die Priester in der Messe – unblutig – das Opfer Christi in der Wandlung und teilten den solchermaßen magisch hergestellten Leib Christi den Gläubigen im Sakrament des Altars mit. In diesem Sakrament, so lehrte das Tridentinum, war Christus als wahrer Gott und Mensch »wahrhaft, wirklich und substanzhaft« gegenwärtig (DH 1636; vgl. DH 1642). Deshalb blieben Brot und Wein auch nach ihrer Konsekrierung noch Leib und Blut Christi und wurden innerhalb der Kirche im Tabernakel verwahrt, so daß jede katholische Kirche selbst zum Ort der unmittelbaren und sichtbaren Anwesenheit Christi und der Begegnung mit ihm wurde (vgl. auch II.44 Boneberg, S. 124f.).

Eine solche Wiederholung und Indienstnahme Christi durch die Kirche empfand LUTHER als eine unerträgliche Beeinträchtigung von dessen ein für allemal historisch geleisteter Opfertat am Kreuz. »Solus Christus« war und blieb zugleich für ihn der Herr seiner Gemeinde. Deshalb verwarf Luther alle kirchlichen Stellvertretungstheorien und reduzierte die Zahl der Sakramente auf Taufe und Abendmahl, weil diese allein von Christus eingesetzt worden seien. Gegen die Sakralisierung des Priesterstandes brachte er die Lehre vom »allgemeinen Priestertum aller Gläubigen« neu zur Geltung. Die Geistlichen waren nicht mehr Geweihte, sondern von der Gemeinde gewählte und in besonderer Gnade Gottes stehende Gemeindeleiter, welche der »viva vox evangelii« zur Sprache verhalfen. Die Kirche war ein Versammlungsort der Gemeinde und wurde daher geschlossen, solange sie dieser Funktion nicht diente.

Diese Überzeugungen übernahm der *Calvinismus*. Er radikalisierte einerseits die Tendenz, die Gotteshäuser – im extremen Gegensatz zum Glanz der katholischen Barock-Kirche als der sichtbaren Repräsentanz des Göttlichen – mit Berufung auf das Bilderverbot des Pentateuchs von aller Kunst zu reinigen, aber zugleich wurde die Kirche doch zum entscheidenden Ort der Verkündigung des Wortes Gottes aufgewertet. Im Zusammenhang damit erhielten die Geistlichen stärkeres institutionelles Gewicht, ihnen wurde eine Lehrautorität zugebilligt, die sich allerdings durch kollegiale Gremien kontrollieren lassen mußte. Christus war auch hier der einzige Hirte, aber seine Gemeinde brauchte in seiner Abwesenheit seit der Himmelfahrt unabdingbar die Ämter (Pastoren, Doktoren, Älteste und Diakone), um Gottes Wort zu verkündigen, Sakramente zu spenden und die Kirchenzucht auszuüben. Gott, argumentierte Calvin, habe seit jeher »zur Sammlung oder Konstituierung sowie zur Regierung und Erhaltung der Kirche« Diener (»ministri«) benötigt und brauche sie, solange die Kirche auf Erden existiere (zit. in: II.44 Boneberg, S. 118). Da Christus im Himmel war, war er auch nicht im Abendmahl anwesend. Dieses war ein reines Erinnerungsmahl.

Damit aber wollte sich LUTHER keineswegs abfinden. Ihm ging es um wirkliche Kommunikation mit dem Erlöser, auch um dessen Realpräsenz, also um seine *leibhaftige Anwesenheit im Abendmahl*, wie sie auch der biblische Buchstabensinn der Einsetzungsworte (»Dies ist mein Leib«, »mein Blut«; vgl. Mk. 14, 22–24) zu glauben nahelegte. Deshalb entwickelte er die berühmt-berüchtigte *Ubiquitätslehre* (vgl.

Bd. I, S. 182ff.), von der sich schon Melanchthon und ebenso die Calvinisten distanzierten (vgl. I Hirsch, S. 46; Bd. I, S. 134). Luther faßte die Einheit der Naturen in Christus so, »daß das, was des Menschen ist, mit Recht von Gott, und wiederum, was Gottes ist, vom Menschen gesagt werde« (I Hirsch, S. 40), daß also der menschlichen Natur auch die göttlichen Eigenschaften der Ubiquität (Allenthalbenheit) und Omnipotenz (Allmacht) zugesprochen werden. Freilich fügte er gleich einschränkend hinzu, Christus lasse »sich nicht so greifen und tappen... Dann aber ist er dir da, wenn er sein Wort dazu tut und bindet sich damit an und spricht: hie solltu mich finden.« (Ebda., S. 35f.) So konnte Luther die Realpräsenz Christi im Abendmahl behaupten, ohne doch die magisch-sakramentale katholische Wandlungs- und Wiederholungslehre übernehmen zu müssen. Zugleich hatte er aus Christus eine vollständige Person gemacht, deren menschliche Natur man sich im religiösen Umgang auch nicht mehr länger oben im Himmel sitzend vorzustellen brauchte.

Was aber machten die Lutheraner nun mit dem biblischen Buchstabensinn der *Himmelfahrt,* an dem Katholiken und Calvinisten so eisern festhielten? Der gegenüber dem Luthertum an sich irenisch gesinnte, einflußreiche reformierte Heidelberger Theologe David PARAEUS (1548–1622) gab hierauf gleich in der Vorrede zu seiner summarischen ›Erklärung Der wahren Catholischen Lehr / so in der Chur Pfaltz bei Rhein / vnnd andern vom Bapstlichen Sawerteig gesäuberten Kirchen / beständig vnd einmütiglich auß Gottes Wort geübet ward‹ (1615) entrüstet zur Antwort:

> »weil die Himmelfahrt sich mit der Allenthalbenheit / vnd mit der leiblichen Gegenwart im Brot auff Erden / nicht wo reimen wolte: so muste / gen Himmel fahren / ... vnerhorter weise / Allegorisch außgeleget seyn / vnd heissen / die Menschheit Christi sey verschwunden / in Gott erhöhet / vnd allenthalben worden.« (II Paraeus, o. S.)

Paraeus hatte recht. Während die Lutheraner den Calvinisten deren allegorische Auslegung der Abendmahlsworte (»dies ist« als »dies bedeutet«) und deren Verständnis des Abendmahls als bloßen *Erinnerungsmahls* an die irdische Opfertat des nunmehr im Himmel thronenden Erlösers verübelten (wobei sich die Calvinisten aber auf die Version der Abendmahlsworte Luk. 22, 19 berufen konnten: »das tut zu meinem Gedächtnis.«), mußten sie selbst tatsächlich um der Ubiquitätsvorstellung willen die Himmelfahrt ebenso im ›übertragenen Sinne‹ verstehen wie das »Sitzen zur Rechten Gottes«. So in den erzkonservativen sächsischen ›Confutationes ... etlicher Secten vnd Jrrthumen‹ (1559):

> »Vnd ist die weise also zu reden (Er sitzet zur rechten Hand Gottes) genommen aus gemeiner gewonheit / wie wir teglich pflegen in gemeinem Brauch zu reden / Damit dem einfeltigen Man deste klerer zu weisen / vnd verstehen zu geben / die gleiche allgemeine Herrligkeit des Sons mit dem Vater.« (II Johann Friedrich, S. 2 i r)

Die Frage, wo Christus nach der Auferstehung denn nun eigentlich sei, quälte insbesondere Andreas Gryphius, der Christi erneute Hilfe in den Not-Zeiten einforderte und fürchtete, er sei seit der Auferstehung aus dieser Welt »geflohen«, was in der Sache der Lehre des Calvinismus entsprach. Natürlich ließ es sich die katholische Polemik nicht nehmen, auch und gerade an diesen damals wichtigen protestantischen Kontroversen die Frage nach dem Funktionieren des Schriftprinzips aufzuwerfen (vgl. III Kemper 1985, S. 152).

Als noch prekärer und theologisch kaum befriedigend lösbar erwies sich die Frage nach Existenz und Wirkung der göttlichen Natur Christi während seines Lebenswandels, also im Stande der Erniedrigung, und vor allem während seines Leidens und Sterbens – eine insbesondere auch für christliche Mystiker wie Catharina Regina von Greiffenberg (vgl. Bd. III, S. 255ff.) und christliche Hermetiker wie Lohenstein spannende Frage. Das in allen Katechismen der Konfessionen bis heute gelehrte ›Symbolum Apostolicum‹ bekennt im zweiten Artikel ›Von der Erlösung‹ durch Jesus Christus: »Gelitten unter Pontio Pilato, gekreuziget, gestorben und begraben« (vgl. I KK, S. 357). Indes läßt sich das nicht eigentlich nur von der menschlichen Natur sagen? Wenn aber Christus auch hierbei »wahrer Gott und wahrer Mensch« ist, kann er dann im Blick auf seine göttliche Natur wirklich gestorben sein? Hier gab es endlose Diskussionen und Distinktionen. Die Konkordienformel gestand faktisch ihre Ratlosigkeit in dieser Frage ein, indem sie sich in einem Klammereinschub auf den »einfältigen christlichen Glauben« berief:

> »Um dieser persönlichen Vereinigung willen, welche ohne solche wahrhaftige Gemeinschaft nicht gedacht werden, noch sein kann, hat nicht die bloße menschliche Natur für der ganzen Welt Sünde gelitten, deren Eigenschaft ist leiden und sterben, sondern es hat der Sohn Gottes selbst wahrhaftig, doch nach der angenommenen menschlichen Natur gelitten, und ist (vermüge unsers einfältigen christlichen Glaubens) wahrhaftig gestorben, wiewohl die göttliche Natur weder leiden noch sterben kann;...« (I FC, S. 678; Teil II, Art. VIII)

Kein Wunder, daß es auch nachfolgend im 17. Jahrhundert in der Frage nach der Seinsweise der göttlichen Natur Christi im Stande seiner Erniedrigung zu heftigen Auseinandersetzungen auch innerhalb des Luthertums kam. Die Gießener Theologische Fakultät vertrat die ›Kenosis‹- oder *Verzichtthese*, indem sie behauptete, Christus habe sich »in den Tagen seines Fleisches des Gebrauchs der göttlichen Eigenschafften entäussert« (II Walch I, S. 209). Dieser Auffassung schlossen sich die meisten Lutheraner im 17. Jahrhundert an mit dem Zusatz aus der ›Formula Concordiae‹, Christus habe seine göttlichen Fähigkeiten gelegentlich »erzeiget«, wenn es ihm »gefallen« habe (I FC, S. 546f.; Teil I, Art. VIII). Dagegen vertrat die Tübinger Fakultät eine ›Krypsis‹- oder *Verhüllungsthese*, die besagte, Christus sei »im Stand der Erniedrigung allezeit allgegenwärtig und allwissend gewesen« und habe bei seinem ununterbrochenen Königsamt »solche Allmacht gegen alle Creaturen und bei der Regierung der Kirche würcklich und allezeit, wiewohl auf eine verborgene Weise ausgeübet« (II Walch I, S. 210; vgl. Bd. III, S. 256). Interessanterweise teilten die Mystiker und christlichen Hermetiker häufig diese – im Luthertum relativ isolierte – Position, weil sie darin das Eingehen des Göttlichen ins Irdische und die daraus resultierende Uneigentlichkeit des ›Sterbens‹, das sie als ›Transmutation‹ verstanden, gewährleistet sahen.

4) *Erbsündenlehre/Anthropologie*: Die für den Humanismus zentrale Frage nach der Bedeutung des Menschen war in den Konfessionen besonders umstritten und hing im wesentlichen ab von der Interpretation der biblischen Geschichte vom Sündenfall. In der *katholischen Theologie* fand man mit Hilfe des scholastischen *natura-gratia-Schemas* eine moderate Lösung: Adam war im Paradies im vollkommenen *Natur- und Gnadenstand*. Durch den Sündenfall verlor er die ›Gnade‹, also die über-

natürlichen Gaben, aber seine Natur (mitsamt einer Fähigkeit zur natürlichen Gotteserkenntnis) blieb unversehrt (vgl. III Kühn, S. 35ff.; vgl. dazu auch die Auseinandersetzung mit der katholischen Erbsündenlehre in I AC, S. 79f.; Art. II. ›De peccato originali‹). Mit der Vorstellung einer relativ unversehrten Natur des Menschen, der damit gegebenen Möglichkeit zu einer natürlichen Gotteserkenntnis und seinem freien Willen als eines von Gott gegebenen »bonum« blieb die Katholische Kirche für den Humanismus anschlußfähig (vgl. dazu auch IV Kemper II, S. 166ff.; Bd. I, S. 91ff.).

Anders dagegen das *Luthertum*. Für LUTHER hatte Adam im Sündenfall die Gottebenbildlichkeit, den freien Willen und die Unversehrtheit seiner physischen Natur und damit auch jede Möglichkeit zu ›natürlicher Gotteserkenntnis‹ radikal verloren (vgl. I Hirsch, S. 147ff.), und dieser psychophysische Defekt mit den Folgen radikaler Sündhaftigkeit des Menschen vererbte sich durch alle Generationen. Auch die Rechtgläubigen blieben der Erbsünde unterworfen, doch wurden ihnen – durch Unterstützung der Taufe – ihre Sünden im Blick auf den Gewinn der Seligkeit nicht mehr zugerechnet (vgl. I AC, S. 83, unter Berufung auf Augustinus und Luther). Allerdings machte der vom Humanismus geprägte und auf Verständigung mit den Katholiken bedachte MELANCHTHON im Artikel XVIII (›Vom freien Willen‹) einen Rückzieher mit dem Eingeständnis,

> »daß die Vernunft etlichermaß einen freien Willen hat. Denn in den Dingen, welche mit der Vernunft zu faßen, zu begreifen sein, haben wir einen freien Willen. [...] Denn dieweil nach Adams Fall gleichwohl bleibt die natürliche Vernunft, daß ich Böses und Gutes kenne in den Dingen, die mit Sinnen und Vernunft zu begreifen sein, so ist auch etlichermaß unsers freien Willens Vermögen ehrbar oder unehrbar zu leben.« (I AC, S. 218)

Die Konkordienformel indes stellte kompromißlos die radikale Erbsündenlehre wieder her:

> »Daß die Erbsünde (an der menschlichen Natur) nicht alleine sei ein solcher gänzlicher Mangel alles Guten in geistlichen, göttlichen Sachen, sondern daß sie zugleich auch sei anstatt des verlornen Bildes Gottes in dem Menschen eine tiefe, böse, gräuliche, grundlose, unerforschliche und unaussprechliche Verderbung der ganzen Natur und aller Kräften, sonderlich der höchsten, fürnehmsten Kräften der Seelen im Verstande, Herzen und Willen, daß dem Menschen nunmehr nach dem Fall angeerbt wird eine angeborne böse Art und inwendige Unreinigkeit des Herzens, böse Lust und Neigung, daß wir alle von Art und Natur solch Herz, Sinn und Gedanken aus Adam ererben, welches nach seinen höchsten Kräften und Licht der Vernunft natürlich stracks wider Gott und seine höchste Gebot gesinnet und geartet, ja eine Feindschaft wider Gott ist, was sonderlich göttliche, geistliche Sachen belanget. Dann sonst in natürlichen äußerlichen Sachen, so der Vernunft unterworfen, hat der Mensch noch etlichermaßen Verstand, Kraft und Vermügen, wiewol gar sehr geschwächet, welches doch alles auch durch die Erbsünde vergiftet und verunreiniget wird, daß es für Gott nichts taug.« (I FC, S. 576; Teil II, Art. 1)

Von daher kann und muß dem natürlichen Menschen der freie Wille als Befähigung auch zum guten Handeln abgesprochen werden: »Daher der natürliche freie Wille seiner verkehrten Art und Natur nach allein zu demjenigen, das Gott misfällig und zuwider ist, kräftig und thätig ist.« (Ebda., S. 589; Teil II, Art. II. De libero arbitrio.)

CALVIN übernahm einerseits in voller Strenge die Lutherische Erbsündenlehre. Für ihn hatte Gott sogar den Sündenfall Adams vorherbestimmt, und die von daher vererbte Schwäche und Sündenbereitschaft des Menschen, die diesen zugleich vor Gott demütigen sollen, sogar noch dem Teufel als Betätigungsfeld überantwortet (vgl. I Hirsch, S. 169f.). Andererseits aber sollten gerade die von Gott Erwählten an der Schöpfungs- und Paradiesgeschichte ihre ursprüngliche Berufung erkennen und durch ein *heiligmäßiges Leben* sich diesem Ziel wieder anzunähern suchen:

> »Denn gleichwie Gott uns am Anfang nach seinem Bilde geschaffen hat, daß er unsern Sinn sowohl zum Streben nach der Tugend wie zur Betrachtung des ewigen Lebens erhöbe: also ist es, auf daß ein solcher Adel unsers Geschlechts, der uns von den Tieren unterscheidet, nicht durch Leichtfertigkeit erdrückt werde, der Mühe wert zu erkennen, wir seien deshalb mit Einsicht und Verstand begabt, daß wir durch Führung eines heiligen und ehrbaren Lebens nach dem uns gesetzten Ziel einer ewigen Seligkeit (beatae immortalitatis) uns strecken möchten.« (I Hirsch, S. 166)

Ohne gute Werke konnte der Glaube für Calvin nicht gedacht werden: »Wir können nicht geschenkweise gerechtfertigt sein einzig durch den Glauben, wenn wir nicht auch heilig leben.« (Zit. in: II.44 Boneberg, S. 121) Und hierbei sollte der Heilige Geist den einzelnen Gläubigen auch auf dem Weg einer »imitatio Christi« voranbringen (ebda.). Damit wird schon an dieser Stelle der enorm disziplinierende und aktivierende Charakter der Calvinschen Lehre deutlich.

5) *Prädestination*: Daß der Theologenstreit sogar im Blick auf einzelne Glaubensartikel von hoher kultur- und sozialgeschichtlicher Bedeutung war, läßt sich am Kernstück des Glaubens, nämlich der Frage nach dem ›Gewinn der Seligkeit‹ besonders gut zeigen. Gegenüber dem katholischen »Gnadenerwerbsverfahren« hatte LUTHER aus Sorge um die Gewißheit des je eigenen Erwähltseins das *sola gratia* betont: Gott handelt und schenkt die Gnade ohne jedes menschliche Verdienst. Aber der Reformator hatte dies doch zugleich noch an das *sola fide* des Menschen gebunden. Bedeutung und Stellenwert dieses menschlichen Anteils am Gnadenzuspruch war umstritten. Wenn der Glaube eine wichtige Bedingung oder Voraussetzung für Gottes Heilshandeln war, dann stellte sich die Frage, wie denn ein ›richtiger‹ Glaube auszusehen habe, damit Gott sich gnädig erweise, und schon konnte darüber die Unsicherheit über die eigene Erwähltheit, die Luther hatte beseitigen wollen, wieder einkehren. Wenn man umgekehrt betonte, daß Gott auch den Glauben wirke, dieser also kein Werk des Menschen sei – konnte man dann konsequenterweise auf diesen problematischen Glaubensbegriff als Bedingung für die Erwählung nicht auch ganz verzichten?

Diesen Weg ging CALVIN. Seiner ›Institutio religionis christianae‹ lag die zentrale Idee von der *unumschränkten göttlichen Freiheit* – zugleich als unermeßliche Selbstverherrlichung Gottes – zugrunde. Gott ist absolut frei auch gegenüber seiner Schöpfung. Damit war allen Weltbildern der Boden entzogen, die einen inneren oder äußeren – kausalen oder emanativen – Zusammenhang zwischen Schöpfer und Schöpfung bzw. Entsprechungen zwischen ›oben‹ und ›unten‹ oder Gradationen des Auf- und Abstiegs zwischen Himmel und Erde bzw. Mikro- und Makrokosmos hypostasierten. Gott läßt sich nicht zwingen und bewegen, weder *zur* Schöpfung noch danach durch die Liebe oder den Glauben seiner Geschöpfe an ihn. Vielmehr hat Gott die Schöpfung zu seiner Verherrlichung geschaffen, ebenso das Gute und Böse, um seine göttliche Ehre zu demonstrieren.

In diesem Zusammenhang entfaltet Calvin auch die Prädestinationslehre, »nämlich daß Gott in seinem ewigen und unveränderlichen Rat ein für allemal festgesetzt habe, welche er einmal zum Heile annehmen, welche hinwiederum zum Verderben bestimmen wollte« (I Hirsch, S. 171). Im Blick auf die Erwählten geschieht dies aus unergründlicher Barmherzigkeit (also »ohne alle Rücksicht auf menschliche Würdigkeit«), bei den Verworfenen in der gerechten Ausübung seines Gerichts. Gottes Ratschluß ist unerforschlich. Ein »hinreichend klares und sicheres Zeugnis, daß wir ins Buch des Lebens geschrieben sind«, erblickte Calvin in der »Berufung« zum Glauben, in der »Rechtfertigung«, in der »Heiligung durch seinen Geist«, und er sah die Erwähltheit dann als gegeben an, »wenn wir mit Christus Gemeinschaft haben« (ebda., S. 171f.). Die für die Weiterentwicklung der calvinistischen Dogmatik bedeutsamen *Dordrechter Beschlüsse* (1618/19) modifizierten die Antwort auf die Frage nach der Heilsgewißheit des einzelnen dahingehend, daß »die Erwählten je zu ihrer Zeit, wiewohl in mancherlei Graden und in ungleichem Maße«, in ihrer Erwähltheit »gewisser gemacht« würden, und zwar »indem sie die unfehlbaren in Gottes Wort bestimmten Früchte der Erwählung, als da sind wahrer Glaube an Christus, kindliche Furcht Gottes, gottgemäßer Schmerz über die Sünden, Hunger und Durst nach der Gerechtigkeit usw. in sich mit geistlicher Freude und heiligem Vergnügen wahrnehmen« (ebda., S. 376). Nicht zu Untätigkeit und Laschheit angesichts des in aller Ewigkeit schon verhängten Schicksals führte also der Glaube an die Prädestination, sondern – getrieben von der Frage nach der Heilsgewißheit – zu einem rastlosen Prozeß der Frömmigkeitsvertiefung und der Lebensbewährung als dauernder (Selbst-)Bestätigung der Erwähltheit. Entscheidend für die krisengeschüttelten Jahrzehnte um 1600 bleibt dabei, daß innerhalb des Calvinismus kein historisches Ereignis als Indikator für eine Änderung des göttlichen Erwählungswillens interpretiert werden konnte. Auch Katastrophen waren Prüfsteine der Glaubensfestigkeit, und zugleich durfte man sich solcher Plagen – ohne Furcht vor Gottes Strafe, wohl aber zu seiner Ehre und Verherrlichung – erwehren (vgl. Bd. II, S. 204ff.). Und der Verherrlichung von Gottes Ehre als wichtigstem Anliegen calvinistischer Frömmigkeit konnte natürlich auch die wissenschaftliche Lektüre des ›Buchs der Natur‹ dienen, um über der Entdeckung der Gesetze oder auch der ›Wunder‹ der Schöpfung den Schöpfer zu loben!

Ganz anders dachten wiederum die Lutheraner über die Prädestination. Balthasar MENTZER (1565–1627), als Professor in Marburg und Gießen ein Hauptpolemiker der lutherischen Orthodoxie, hielt es in seinem ›Bericht / Von vier vornemen Stücken der christlichen Lehr‹ (1612) – unter Anspielung auf Paragraph I der Reichspolizeiordnung! – für »Gotteslästerlich zu sagen / daß GOTT einigen Menschen nach seinem blossen Rath vnnd willen solte erschaffen zum Hellischen Verdammniß« (II Mentzer, S. 324f.). Sein Gießener Fakultätskollege Johannes WINKELMAN (1551–1626) entsetzte sich in seiner ›Tröstlichen Lehr / Von der Gnadenwahl‹ (1612) ebenfalls über diese calvinistische Lehre, weil sie Gottes Eigenschaft der *Güte* zuwider sei. »GOtt will, daß *alle* Menschen seelig werden / und zur Erkantnuß der Warheit kommen / 1. Tim. 2.v.4 und will nicht daß jemandes verlohren werde / sondern jedermann sich zur Busse bekehre / 2. Petr. 3.v.9«. (II Winckelman, S. 50) Doch diese ›humanere‹ Gottesvorstellung der Lutheraner, die mit der katholischen Auffassung übereinstimmte, führte gerade in den Krisenjahrzehnten des 16. und

17. Jahrhunderts zu tiefreichenden Irritationen; denn in dieser Zeit erwies sich der ›gütige‹ Gott für die Lutheraner (nicht ebenso für die Katholiken) als ein anhaltend zorniger, und er mußte die Lutheraner – wie auch an Gryphius zu sehen – mit ihrer Lehre, daß der Mensch durch Unbußfertigkeit und unrechten Glauben sein Heil auch wieder verwirken könne, durch diese Katastrophen in die größten Gewissensqualen stürzen (vgl. Bd. II, S. 17ff., 34ff., 171ff., 227ff.).

Ein wesentliches Anzeichen hierfür ist die um 1600 massiv einsetzende *Erbauungsliteratur im Luthertum*, ein Phänomen, das im Calvinismus kein Analogon hat. Die Furcht vor Gottes Zorn und die Erkenntnis der eigenen Sündhaftigkeit trieben die Lutheraner geradezu in die Arme Christi, durften sie doch auf die reale leibliche Gegenwart und Allmacht des Erlösers hoffen. Eben deshalb aber erbaten sie sich von diesem ganz konkrete Hilfe und Beistand, während die Calvinisten eine solche »leibhaftige« Unterstützung erst gar nicht erwarten konnten und deshalb auch keine theologische Rechtfertigung für das Unterlassen eigener Anstrengungen bei Katastrophen und Gefahren hatten. Letztlich also haben diese Lehren durch ihren Einfluß auf die psychische Disposition gegenüber den Krisenerscheinungen auch Einfluß auf das Sozialverhalten innerhalb der Konfessionen gehabt, wobei das Luthertum – wie das Erbauungsschrifttum zeigt – zwar ein sehr hohes ›Trostpotential‹ – ständig genährte Hoffnung auf Heilserwerb, auf Änderung von Gottes Zorn und auf Beistand Christi –, aber eben dadurch auch einen gering entwickelten theologischen Anreiz zur Entfaltung der Eigenkräfte besaß.

6)   »*Gute Werke*« / *Ethik*: Das zeigt sich auch am letzten – sozialgeschichtlich wichtigsten – Kontroverspunkt um die *guten Werke*. Während das *Tridentinum* bei der Neuformulierung der Rechtfertigungslehre sein theologisches Meisterstück abgelegt hatte, indem es sowohl die »gratia praeveniens« (die vorhergehende Gnade Gottes) als auch die auf dem freien Willen basierende Mitarbeit des Menschen als gleichermaßen notwendige Bedingungen der Heilsgewinnung festlegte (wobei unterschiedliche Akzentuierungen – je nach Betonung des Gewichts und Anteils von Gottes Gnade oder der menschlichen Mitarbeit – im Katholizismus möglich waren und vertreten wurden; vgl. I Neuner/Roos, S. 496ff.), erhielten die »guten Werke« im *Luthertum* keine dogmatische Verbindlichkeit im Rechtfertigungsprozeß. LUTHER hatte sie als irrelevant für den Heilserwerb bezeichnet, wenn er sie auch als selbstverständliche, aus Freude und Dankbarkeit über das Gnadengeschenk der Erlösung erfolgende »Früchte« des Glaubens erwartete (vgl. Bd. I, S. 205ff.). Alsbald indessen stellten sich – schon in den verbreiteten ›Reformationsdialogen‹ (1524) des Hans Sachs (1494–1576) – die Klagen über das Ausbleiben der »guten Werke« im Luthertum ein (vgl. ebda., S. 252ff.). Notwendig waren sie für den Heilserwerb nicht, aber sie durften eigentlich auch nicht fehlen.

Das Problem ist dogmatisch nicht überzeugend gelöst worden und hat deshalb zu den unterschiedlichsten Lösungsversuchen geführt. Den ›wiedergeborenen‹ Spiritualisten und ›Linken‹ war die ethisch-moralische ›Laschheit‹ der Lutheraner ein ständiger Stein des Anstoßes; doch auch die orthodoxen Erbauungsschriften suchten in einem appellativen Trommelfeuer jene Werk-Tätigkeit anzumahnen, deren Ausbleiben vom konfessionellen Gegner propagandistisch als Beweis für die Falschheit des lutherischen Glaubens angeprangert wurde. Und viele ›dissenter‹-Bewegungen im

Reich von den Wiedertäufern (vgl. Bd. I, S. 227ff.) bis zu den Pietisten (vgl. Bd. V/1) und außerhalb des Reiches vom europäischen Calvinismus bis zum Puritanismus haben sich als Begründung für ihren eigenen Weg eine Intensivierung der Frömmigkeit und eine strengere Befolgung der biblischen Gebote (einschließlich der Bergpredigt) innerhalb der Gemeinden und der kirchlichen Ordnungen zum Ziel gesetzt (zur konfessionellen Differenz in der Bewertung der *Lüge* – Ablehnung aller Formen des Lügens einschließlich der Notlüge, aber Beachtung mildernder Umstände und Zulassung der Mentalreservation im Katholizismus, dagegen Erlaubnis der Not- und Scherzlüge unter besonderen Umständen im Luthertum – vgl. II.44 Bogner, S. 599ff.).

Die *calvinistische Frömmigkeit* war insgesamt strenger – auch im Kultus asketischer – und rationaler als die lutherische und katholische. Als Erwählter fühlte sich der Calvinist zugleich als Werkzeug in Gottes Hand, der rigoros und notfalls mit Härte gegen sich und andere alles zur Ehre Gottes zu unternehmen hatte. Daraus resultierte die große zielstrebige Aktivität der Calvinisten, die im Einsatz für Gott zugleich den Beweis für die eigene Erwählung erblickten (vgl. III Heussi, S. 316; zu weiteren Aspekten vgl. Kap. 1 b).

# Verzeichnis der zitierten Literatur

## I. Anonyma, Lexika und Quellensammlungen

Anon.: Das Leben Loths Weibes. In: Neu=eröffnetes Museum oder allerhand deutliche Anmerkungen. T. 4. Leipzig 1714.

AC: Apologia Confessionis Augustanae. Apologia der Confession aus dem Latin verdeutscht durch Justum Jonam. In: I J. G. Müller (Hg.): Die symbolischen Bücher der evangelisch-lutherischen Kirche (s. d.), S. 71–291.

AG: Auserlesene Gedichte von Georg Philipp Harsdörffer, Johann Klaj, Sigmund von Birken, Andreas Scultetus, Justus Georg Schottel, Adam Olearius und Johann Scheffler. Hg. v. Wilhelm Müller. Leipzig 1826 (= Bibliothek deutscher Dichter des siebzehnten Jahrhunderts. Bd. IX).

Babst: Das Bapstsche Gesangbuch von 1545. Faksimiledruck mit einem Geleitwort. Hg. v. Konrad Ameln. 3. Aufl. Kassel Basel London New York 1988.

GW: Becker, Hansjakob u. a. (Hgg.): Geistliches Wunderhorn. Große deutsche Kirchenlieder. München 2001.

CA: Die Augsburgische Confession oder Bekenntnis des Glaubens etlicher Fürsten und Städte, überantwortet Kais. Majestät zu Augsburg. Anno 1530. Confessio Fidei exhibita Invictissimo Imperatori Carolo V. Caesari Augusto in Comitiis Augusta. Anno MDXXX. In: I J. G. Müller (Hg.): Die symbolischen Bücher der evangelisch-lutherischen Kirche (s. d.), S. 33–70.

Camena (d. i. Corpus Automatum Multiplex Electorum Neolatinitatis Auctorum): Das Camena-Projekt Neulateinische Dichtung aus dem deutschen Sprachraum im Internet. Ein DFG-Projekt des Germanistischen Seminars der Universität Heidelberg in Zusammenarbeit mit Rechenzentrum und Universitätsbibliothek der Universität Mannheim. Redaktion: Wilhelm Kühlmann, Germanistisches Seminar, Universität Heidelberg. Internet-Adresse: *http://www.uni-mannheim.de/mateo/camena.html*

CHD: Das Corpus Hermeticum Deutsch. Übersetzung, Darstellung und Kommentar in drei Teilen. Im Auftrag der Heidelberger Akademie der Wissenschaften bearbeitet u. hg. v. Carsten Colpe u. Jens Holzhausen. Teil I. Die griechischen Traktate und der lateinische ›Asklepius‹, übs. u. eingel. v. Jens Holzhausen. Stuttgart-Bad Cannstatt 1997 (= Clavis Pansophiae. Bd. 7,1).

Cysarz, Herbert (1964a): (Hg.): Vor- und Frühbarock. Darmstadt 1964. Unveränderter reprograf. Nachdruck d. Ausgabe Leipzig 1937 (= Deutsche Literatur ... in Entwicklungsreihen. Reihe Barock. Barocklyrik. Bd. 1).

– (1964b): (Hg.): Hoch- und Spätbarock. Darmstadt 1964. Unveränderter reprograf. Nachdruck d. Ausgabe Leipzig 1937 (= Deutsche Literatur ... in Entwicklungsreihen. Beihe Barock. Barocklyrik. Bd. 2).

Dünnhaupt, Gerhard: Personalbibliographien zu den Drucken des Barock. 2., verb. u. wesentl. vermehrte Aufl. des ›Bibliographischen Handbuchs der Barockliteratur‹. 6 Bde. Stuttgart 1990–1993. (= Hiersemanns Bibliographische Handbücher).

Düwel, Klaus (Hg.): Gedichte 1500–1600. Nach den Erstdrucken und Handschriften in zeitlicher Folge. München 1978 (= Epochen der deutschen Lyrik. Bd. 3).

EGB: Evangelisches Gesangbuch. Ausgabe für die Evangelische Landeskirche in Württemberg. Stuttgart 1996.

EKL: Evangelisches Kirchenlexikon. Kirchlich-Theologisches Handwörterbuch. Hg. v. Heinz Brunotte und Otto Weber. 4 Bde. 2., unveränd. Aufl. Göttingen 1961.

FC: Die Concordien=Formel. Formula Concordiae. In : I J. G. Müller (Hg.): Die symbolischen Bücher der evangelisch-lutherischen Kirche (s. d.), S. 513–730.

FG I: Der Fruchtbringenden Gesellschaft geöffneter Erzschrein. Das Köthener Gesellschaftsbuch. Wappen des zweiten und dritten Bandes. Die Weimarer Gemälde der Fruchtbringenden Kräuter. Hg v. Claus Conermann. Weinheim 1985.

FG II: Klaus Conermann: Die Mitglieder der Fruchtbringenden Gesellschaft 1617–1650. 527 Biographien. Transkription aller handschriftlichen Eintragungen u. Kommentare zu den Abbildungen u. Texten im Köthener Gesellschaftsbuch. Weinheim 1985.

FG III–V: Briefe der Fruchtbringenden Gesellschaft und Beilagen: Die Zeit Fürst Ludwigs von Anhalt-Köthen 1617–1650. 3 Bde. Hg. v. Claus Conermann. Tübingen 1992–2003. Bd. I. 1617–1626. Bd. II. 1627–1629. Bd. III. 1630–1636. (= Die deutsche Akademie des 17. Jahrhunderts Fruchtbringende Gesellschaft. Reihe I. Abt. A: Köthen. Bde. 1–3).

Friese, Wilhelm (Hg.): Nordische Barocklyrik. Tübingen und Basel 1999.

GK: Der große Katechismus, deutsch. D. Martin Luther. In: I J. C. Müller: Die symbolischen Bücher (s. d.), S. 373–512.

Grass, Günter und Peter Rühmkorf lesen: komm, Trost der Nacht. Barocklyrik. CD. Produktion NDR 1998. www.hoerverlag.de

Grimm, Jacob und Wilhelm: Deutsches Wörterbuch. 33 Bände. Nachdr. d. Erstausgabe 1854. München 1984.

Haufe, Eberhard (Hg.): Wir vergehn wie Rauch von starken Winden. Deutsche Gedichte des 17. Jahrhunderts. 2 Bde. München 1985.

Hederer, Edgar (Hg.): Deutsche Dichtung des Barock. 3., durchges. Auflage. München 1961.

Hederich, Benjamin: Gründliches mythologisches Lexikon (1770). Reprint Darmstadt 1967.

Henkel, Arthur / Schöne, Albrecht (Hgg.): Emblemata. Handbuch zur Sinnbildkunst des XVI. und XVII. Jahrhunderts. Stuttgart 1967.

Hirsch, Emanuel (Hg.): Hilfsbuch zum Studium der Dogmatik. Die Dogmatik der Reformatoren und der altevangelischen Lehrer quellenmäßig belegt und verdeutscht. 4. Aufl. Berlin 1964.

Historia von D. Johann Fausten. Text des Druckes von 1587. Kritische Ausgabe. Mit den Zusatztexten der Wolfenbütteler Handschrift und der zeitgenössischen Drucke. Hg. v. Stefan Füssel u. Hans Joachim Kreutzer. Stuttgart 1988 (= Reclam).

HK [=Heidelberger Katechismus]: Catechismus Oder Christlicher Vnderricht / wie der in Kirchen vnd Schulen der Churfürstlichen Pfaltz getrieben wirdt. Heydelberg 1563. Reprint-Ausg. Zürich 1983.

Hoffm. I: Benjamin Neukirchs Anthologie Herrn von Hoffmannswaldau und andrer Deutschen auserlesener und bißher ungedruckter Gedichte erster theil. Nach dem Druck vom Jahre 1697 mit einer kritischen Einleitung und Lesarten. Hg. v. Angelo George de Capua u. Ernst Alfred Philippson. Tübingen 1961. (= Neudrucke deutscher Literaturwerke NF 1).

Hoffm. II: Benjamin Neukirchs Anthologie Herrn von Hoffmannswaldau und andrer Deutschen auserlesener und bißher ungedruckter Gedichte anderer Theil. Nach dem Erstdruck vom Jahre 1697 mit einer kritischen Einleitung und Lesarten. Hg. v. Angelo de Capua u. Ernst A. Philippson. Tübingen 1965. (= Neudrucke deutscher Literaturwerke NF 16).

Hoffm. III: Herrn von Hoffmannswaldau und anderer Deutschen auserlesener und bißher ungedruckter Gedichte dritter Theil. Nach dem Erstdruck vom Jahre 1703 mit einer kritischen Einleitung und Lesarten. Hg. v. Angelo George de Capua u. Erika Alma Metzger. Tübingen 1970. (= Neudrucke deutscher Literaturwerke NF 22).

Hoffm. IV: Benjamin Neukirchs Anthologie Herrn von Hoffmannswaldau und andrer Deutschen auserlesener und bißher noch nie zusammen-gedruckter Gedichte Vierdter Theil. Nach dem Druck vom Jahre 1704 mit einer kritischen Einleitung und Lesarten. Hg. v. Angelo George de Capua u. Erika Alma Metzger. Tübingen 1975. (= Neudrucke deutscher Literaturwerke NF 24).

Hoffm. V: Benjamin Neukirchs Anthologie Herrn von Hoffmannswaldau und andrer Deutschen bißher noch nie zusammen-gedruckter Gedichte Fünffter Theil. Nach dem Druck vom Jahre 1705 mit einer kritischen Einleitung und Lesarten. Hg. v. Erika A. Metzger u. Michael M. Metzger. Tübingen 1981. (= Neudrucke deutscher Literaturwerke NF 29).

Hoffm. VI: Benjamin Neukirchs Anthologie Herrn von Hoffmannswaldau und andrer Deutschen auserlesener und bißher ungedruckter Gedichte Sechster Theil. Nach dem Druck vom Jahre 1709 mit einer kritischen Einleitung und Lesarten. Hg. v. Erika A. Metzger u. Michael M. Metzger. Tübingen 1988. (= Neudrucke deutscher Literaturwerke NF 38).

Hoffm. VII: Benjamin Neukirchs Anthologie Herrn von Hoffmannswaldau und andrer Deutschen auserlesener und bißher ungedruckter Gedichte Siebender Theil. Nach dem Druck vom Jahre 1727 mit einer kritischen Einleitung und Lesarten sowie einem Anhang Poetischer Staarstecher (1730). Hg. v. Erika A. Metzger u. Michael M. Metzger. Tübingen 1991. (= Neudrucke deutscher Literaturwerke NF 43).

Jenny, Markus (Hg.): Luther, Zwingli, Calvin in ihren Liedern. Zürich 1983.

KK: Enchiridion. Der kleine Katechismus D. Martini Lutheri für die gemeine Pfarrherrn und Prediger. In: I J. C. Müller (Hg.): Die symbolischen Bücher (s. d.), S. 347–371.

KP: Der Kleine Pauly. Lexikon der Antike. Auf der Grundlage von Pauly's Realencyclopädie der classischen Altertumswissenschaft unter Mitwirkung zahlreicher Fachgelehrter bearb. u. hg. v. Konrat Ziegler u. Walther Sontheimer. 5 Bde. München 1975 (= dtv).

Kühlmann, Wilhelm/Robert Seidel/Hermann Wiegand (Hgg.): Humanistische Lyrik des 16. Jahrhunderts. Lateinisch und Deutsch, ausgewählt, übersetzt, erläutert v. W. K., R. S. und H.W. Frankf./M. 1997 (= Bibliothek der frühen Neuzeit. 1. Abteilung. Bd. 5).

LL: Literatur Lexikon. Autoren und Werke deutscher Sprache. Hg. v. Walther Killy. 12 Bde. Gütersloh/München 1988–1992.

Lorenz, Gottfried (Hg.): Quellen zur Vorgeschichte und zu den Anfängen des Dreißigjährigen Krieges. Darmstadt 1991 (= Ausgewählte Quellen zur deutschen Geschichte der Neuzeit. Freiherr vom Stein-Gedächtnisausgabe Bd. XIX).

Luck, Georg: Magie und andere Geheimlehren in der Antike. Mit 112 neu übersetzten und einzeln kommentierten Quellentexten. Stuttgart 1990.

Maché, Ulrich/Volker Meid (Hgg.): Gedichte des Barock. Stuttgart 1980.

Marg, Walter (Hg.): Griechische Lyrik in deutschen Übertragungen. Eine Auswahl mit Anm. u. Nachwort. Stuttgart 1964.

Müller, J. T. (Hg.): Die symbolischen Bücher der ev.-luth. Kirche, deutsch und lateinisch. Neue sorgfältig durchges. Ausgabe. Besorgt von J. T. Müller, 9. Aufl. Gütersloh 1900.

Neukirch, Benjamin (Hg.): (Anthologie): Herrn von Hoffmannswaldau und andrer Deutschen auserlesene und bißher ungedruckter Gedichte s. unter I Hoffm. I–VII.

Neumann, Gerhard (Hg.): Deutsche Epigramme. Stuttgart 1980 (= Reclam).

Neuner, Josef/Heinrich Roos (Hg.): Der Glaube der Kirche in den Urkunden der Lehrverkündigung. 8. Aufl. neubearbeitet von Karl Rahner und Karl-Heinz Weger. Regensburg 1971.

PP: Kühlmann, Wilhelm und Hermann Wiegand (Hgg.): Parnassus Palatinus. Humanistische Dichtung in Heidelberg und der alten Kurpfalz. Lateinisch – Deutsch. Heidelberg 1989.

PS: Die Pegnitz-Schäfer. Nürnberger Barockdichtung. Hg. v. Eberhard Mannack. Stuttgart
    1968 (= Reclam).

Pyritz, Hans/Pyritz Ilse: Bibliographie zur deutschen Literaturgeschichte des Barockzeital-
    ters. Begründet von Hans Pyritz. Fortgeführt v. Ilse Pyritz. 3 Bde. Bern München
    1985/1991/1995. Bd. 1. Kultur- und Geistesgeschichte. Poetik. Gattungen. Traditionen.
    Beziehungen. Stoffe. Bearb. v. Reiner Bölhoff. 1991. – Bd. 2. Dichter und Schriftsteller.
    Anonymes. Textsammlungen. 1985. – Bd. 3. Gesamtregister. Bearb. v. Reiner Bölhoff.
    1994.

Raabe, Paul (Redaktion): Sammler Fürst Gelehrter. Herzog August zu Braunschweig und
    Lüneburg 1579–1666. Niedersächsische Landesausstellung in Wolfenbüttel 26. Mai bis
    31. Oktober 1979. Herzog August Bibliothek. Braunschweig 1979 (= Ausstellungskata-
    loge der Herzog August Bibliothek Nr. 27).

Rahner, Karl u. Herbert Vorgrimler: Kleines theologisches Wörterbuch. Freiburg i. Br. 1964
    (Herder-Bücherei Bd. 108/109).

RGG: Die Religion in Geschichte und Gegenwart. Handwörterbuch für Theologie und
    Religionswissenschaft. 3., völlig neu bearb. Aufl. hg. v. Kurt Galling. 6 Bde. Tübingen
    1957–1965.

RL: Reallexikon der deutschen Literaturwissenschaft. Neubearbeitung des Reallexikons der
    deutschen Literaturgeschichte. Gemeinsam mit Georg Braungart, Harald Fricke, Klaus
    Grubmüller, Friedrich Vollhardt und Klaus Weimar hg. v. Jan-Dirk Müller. 3 Bde. Berlin
    New York 1997–2003.

Rühm, Gerhard (Hg.): Die Pegnitz-Schäfer Georg Philipp Harsdörffer Johann Klaj Sig-
    mund von Birken. Berlin 1964.

Schnur, Harry C. (Hg.): Lateinische Gedichte deutscher Humanisten. Lateinisch und
    deutsch. Stuttgart 1967 (= Reclam).

Schöne, Albrecht (Hg.): Das Zeitalter des Barock. Texte und Zeugnisse. 3. verb. Aufl. Mün-
    chen 1988 (= Die deutsche Literatur. Texte und Zeugnisse. Bd. 3)

SPO: Der Statt Straßburg Policey Ordnung. O. O. 1628.

SH I/II: [Bd. I] Stuttgarter Hoffeste. Texte und Materialien zur höfischen Repräsentation im
    frühen 17. Jahrhundert. Hg. v. Ludwig Krapf u. Christian Wagenknecht. Tübingen 1997.
    [Bd. II] Ergänzungsband: Esaias van Hilsen / Matthäus Merian: Repraesentatio der
    Fvrstlichen Avfzvg und Ritterspil. Tübingen 1979 (= Neudrucke deutscher Literaturwer-
    ke NF 26/27).

Szyrocki, Marian (Hg.): Poetik des Barock. Stuttgart 1977.

Taddey, Gerhard (Hg.): Lexikon der deutschen Geschichte. Personen – Ereignisse – Insti-
    tutionen. Von der Zeitwende bis zum Ausgang des 2. Weltkrieges. 2. überarb. Aufl.
    Stuttgart 1983.

Verweyen, Theodor/Günther Witting (Hg.): Deutsche Lyrik-Parodien aus drei Jahrhunder-
    ten. Stuttgart 1983.

Wackernagel, Philipp (Hg.): Das deutsche Kirchenlied von der ältesten Zeit bis zu Anfang
    des XVII. Jahrhunderts. 5 Bde., Leipzig 1864–1877. Unveränd. Nachdr. Hildesheim
    1964.

Wagener, Hans (Hg.): Deutsche Liebeslyrik. Stuttgart 1982 (= Reclam).

Wagenknecht, Christian (Hg.): Gedichte 1600–1700. Nach den Erstdrucken in zeitlicher
    Folge. München 1969 (= Epochen der deutschen Lyrik Bd. 4).

Waldberg, Max (Hg.): Venus-Gärtlein. Ein Liederbuch des XVII. Jahrhunderts. Halle 1980.

Zedler, Johann Heinrich: Grosses vollständiges Universal-Lexikon aller Wissenschaften und
    Künste. 64 Bde. u. 4 Supl.-Bde. Halle-Leipzig 1732–1754. Nachdruck Graz 1961–1964.

## II. Zu einzelnen Autoren

1 ABSCHATZ, HANS ASSMANN VON: Poetische Übersetzungen und Gedichte. Faksimiledruck nach der Gesamt-Ausgabe v. 1704 mit der Vorrede von Christian Gryphius. Hg. v. Erika Alma Metzger. Bern 1970 (= Nachdrucke deutscher Literatur des 17. Jahrhunderts).

*Metzger, Erika* (1970): Vorwort. Ebda., S. 9–40.

– (1988): Abschatz, Hans Aßmann Frhr. von. In: I LL (s. d.). Bd. I. 1988, S. 35f.

2 ALCIATUS, ANDREAS: Emblematum Libellus. Reprograf. Nachdr. d. Originalausgaben Paris 1542. Darmstadt 1975.

ANGELUS SILESIUS: S. SCHEFFLER, JOHANNES

3 ARNDT, JOHANN: WC: Sämtliche geistreiche Bücher Vom wahren Christentum,... Von neuem sorgfältig übersehen, mit nöthigen Anmerkungen gottseliger Theologen bewähret, und nützlichen Summarien über jedes Capitel,... Hg. v. Christoph Matthäus Pfaff. ... Tübingen 1733.

*Geyer, Hermann:* Verborgene Weisheit: Johann Arndts ›Vier Bücher vom wahren Christentum‹ als Programm einer spiritualistisch-hermetischen Theologie. 3 Teile. Berlin New York 2001.

*Röbbelen, Ingeborg*: Arnd(t), Johann. In: I EKL (s. d.). Bd. I, Sp. 220f.

*Schneider, Hans*: (1991): Johann Arndts Studienzeit. In: Jahrbuch d. Gesellschaft f. Niedersächsische Kirchengeschichte 89. 1991, S. 133–175.

– (1995): Johann Arndt als Paracelsist. In: Peter Dilg u. Hartmut Rudolph (Hgg.): Neue Beiträge zur Paracelsus-Forschung. Rottenburg-Stuttgart 1995, S. 89–109.

– (2002): Johann Arndt und die Mystik. In: Dietrich Meyer u. Udo Sträter (Hgg.): Zur Rezeption mystischer Traditionen im Protestantismus des 16. bis 19. Jahrhunderts. Köln 2002, S. 59–90.

4 ARISTOTELES: DBS: Drei Bücher über die Seele. Übs. u. erl. v. J. H. v. Kirchmann. Berlin 1871.

– M: Metaphysik. Schriften zur Ersten Philosophie. Übs. u. hg. v. Franz F. Schwarz. Stuttgart 1970.

– NE: Nikomachische Ethik. Übersetzung u. Nachwort v. Franz Dirlmeier. Anmerkungen v. Ernst A. Schmidt. Stuttgart 1969.

– P: Poetik. Übersetzung, Einleitung u. Anmerkungen v. Olof Gigon. Stuttgart 1961.

5 ARNOLD, GOTTFRIED: Die Erste Liebe. Hg. v. Hans Schneider. Leipzig 2002 (= Kleine Texte des Pietismus. Bd. 5).

*Schneider, Hans*: Nachwort. Ebda., S. 187–206.

6 AUGUSTINUS, AURELIUS: Bekenntnisse. Mit einer Einleitung v. Kurt Flasch übers., mit Anm. vers. u. hg. v. Kurt Flasch u. Burkhard Mojsisch. Stuttgart 1998.

7 BALDE, JACOB: Opera poetica omnia. 8 Bde. Neudruck d. Ausgabe München 1729, hg. u. eingel. v. Wilhelm Kühlmann u. Hermann Wiegand. Frankf./M. 1990 (= Texte der Frühen Neuzeit 1).

– Deutsche Dichtungen. ›Ode nova dicta Hecatombe de vanitate mvndi‹ 1637. ›Ehrenpreiß‹ 1640. Photomech. Nachdr. mit Bibliographie u. textkrit. Apparat von Rudolf Berger. Maarssen 1983 (=Geistliche Literatur der Barockzeit Bd. 3).

– Urania Victrix – Die Siegreiche Urania. Liber I–2 – Erstes und Zweites Buch. In Zusammenarbeit mit Joachim Huber u. Werner Straube eingel., hg., übs. u. kommentiert v. Lutz Claren, Wilhelm Kühlmann, Wolfgang Schibel, Robert Seidel u. Hermann Wiegand. Tübingen 2003 (= Frühe Neuzeit Bd. 85).

*Galle, Jürgen*: Die lateinische Lyrik Jacob Baldes und die Geschichte ihrer Übertragungen. Münster 1973.

*Kühlmann, Wilhelm*: Balde, Jacob. In: I LL (s. d.), Bd. 1. 1988, S. 296–298.

*Westermayer, Georg*: Jacobus Balde (1604–1668). Sein Leben und seine Werke. München 1868. Neu hg. v. Hans Pörnbacher u. Wilfried Stroh. Amsterdam u. Maarssen 1998 (= Geistliche Literatur der Barockzeit. Sonderband 3).

*Valentin, Jean-Marie* (Hg.): Jacob Balde und seine Zeit. Akten des Ensisheimer Kolloquiums 15.–16. Okt. 1982. Bern Frankf./M. u. a. 1986 (= Jahrbuch für Internationale Germanistik. Reihe A Bd. 16).

8  BAUMGARTEN, ALEXANDER GOTTLIEB: Meditationes philosophicae de nonnullis ad poema pertinentibus. Philosophische Betrachtungen über einige Bedingungen des Gedichtes (1735). Übs. u. m. e. Einleitung hg. v. H. Paetzold. Lateinisch – Deutsch. Hamburg 1983.

9  BIDERMANN, JAKOB: Cenodoxus. Deutsche Übersetzung v. Joachim Meichel. Hg. v. Rolf Tarot. Stuttgart 1965.

*Hesse, Günter*: Die Kunst der Imagination. Jacob Bidermanns Epigramme im ikonographischen System der Gegenreformation, in: Text und Bild. Bild und Text. DFG-Symposion 1988. Hg. v. Wolfgang Harms. Stuttgart 1990, S. 183–195.

10  BIRKEN, SIGMUND VON: FPS: Fortsetzung Der Pegnitz=Schåferey / behandlend / unter vielen andern rein=neuen freymuthigen Lust=Gedichten und Reimarten / derer von Anfang des Teutschen Krieges verstorbenen Tugend=berůmtesten Helden Lob=Gedåchtnisse, abgefasset und besungen durch Floridan / den Pegnitz=Schåfer. Mit Beystimmung seiner andern Weidgenossen. In: II Harsdörffer/Birken/Klaj: Pegnesisches Schäfergedicht (s. d.), S. i r–104.

–  HG: Hirten=Gespråche / Betitelt Amyntas. Vber deß Durchleuchtigen / Hochgebohrnen Fůrsten und Herrn / Herrn Johann=Friderichs / Herzogen zu Wůrtenberg und Teck / [..] hôchst=schmertzbaren Todes=Hintritt. Ulm 1659 (Sigle 24: L. III. 47. fol. R.).

–  LLA: Floridans Lieb / und Lob-Andenken seiner Seelig-entseelten Margaris im Pegnitz-Gefilde / bey frôlicher Frůlingszeit / traurig angestimmt. O. O. O. J.

–  OL: Ostlåndischer Lorbeerhayn / Ein Ehrengedicht / Von dem Hôchstlôbl. Ertzhaus Oesterreich: Einen Fůrsten=Spiegel / in XII. Sinnbildern / und eben so vielen Keyser= und Tugend=Bildnissen […] Samt einem Anhang von Ehrengedichten / an Fůrsten / Grafen und Herren. Nürnberg 1657.

–  SHS: Chur- und Fůrstlicher Såchsischer Helden-Saal Oder Kurze / jedoch ausfůhrliche Beschreibung der Ankunft / Aufnahme Fortpflanzung und vornemster Geschichten Dieses hochlôblichen Hauses / samt Dessen Genealogie / Wappen und Kupfer-Bildnissen als eine Såchsische Chronik / zusammengetragen und vorgestellet. Die zweyte Auflage. Nürnberg 1678.

–  TKB: Teutschlands Krieges=Beschluß / und Friedens Kuß / beklungen und besungen In den Pegnitzgefilden von dem Schåfer Floridan [Nürnberg 1650].

–  TRDK: Teutsche Rede-bind und Dicht-Kunst/ oder Kurze Anweisung zur Teutschen Poesy/ mit Geistlichen Exempeln, Nůrnberg 1679. Faks.-Nachdr. Hildesheim und New York 1973.

–  TT: Die Truckene Trunkenheit. Mit Jakob Baldes ›Satyra Contra Abusum Tabaci‹. Hg. v. Karl Pörnbacher. München 1967.

–  VAEL: Vor-Ansprache zum edlen Leser, in: II Catharina Regina von Greiffenberg: Geistliche Sonette, Lieder und Gedichte (s. dort), unpag.

–  Werke und Korrespondenz. Prosapia / Biographia, hg. v. Dietrich Jöns u. Hartmut Laufhütte. Tübingen 1988.

*Garber, Klaus*: Birken, Sigmund von. In: I LL (s. d.), Bd. I. 1988, S. 516–519.

[*Stauffer, Hermann*: Sigmund von Birken (1626–1681). Morphologie seines Werks. 2 Bde. Tübingen 2005. Verlagsankündigung.]

11 BODIN, JEAN: Vom aussgelasnen wütigen Teuffelsheer. Übers. v. Johann Fischart. Vorwort Hans Biedermann. Graz 1973.

12 BÖHME, JACOB: A: Aurora oder Morgenröthe im Aufgang. In: J. B.: SS (s. d.). Bd. 1. Stuttgart 1955.
   - IV: De incarnatione verbi, oder Von der Menschwerdung Jesu Christi (1620). In: J. B.: Sämtliche Schriften (s. d.). Bd. 4. Abschn. V. 1957.
   - SS: Sämtliche Schriften. Faksimile-Neudruck der Ausgabe von 1730 in 11 Bdn. Neu hg. v. W.-E. Peuckert. Stuttgart 1955ff.
   *Böhme, Gernot*: Jacob Böhme (1575–1624). In: Ders. (Hg.): Klassiker der Naturphilosophie. Von den Vorsokratikern bis zur Kopenhagener Schule. München 1989, S. 158–170.
   *Deghaye, Pierre*: Die Natur als Leib Gottes in Jacob Böhmes Theosophie. In: Garewicz / Haas (Hgg.): Gott, Natur und Mensch (s.d.), S. 71–111.
   *Ingen, Ferdinand van*: Jacob Böhmes Begriff der Imagination. In: Daphnis 22. 1993, S. 515–530.
   *Garewicz, Jan / Alois Maria Haas (Hgg.)*: Gott, Natur und Mensch in der Sicht Jacob Böhmes und seiner Rezeption. Wiesbaden 1994 (= Wolfenbütteler Arbeiten zur Barockforschung Bd. 24).
   *Geissmar, Christoph*: Das Auge Gottes. Bilder zu Jakob Böhme. Wiesbaden 1993 (=Wolfenbütteler Arbeiten zur Barockforschung Bd. 23).
   *Rusterholz, Peter*: Jakob Böhmes Naturbild und der Stilwandel der Dichtung vom 17. zum 18. Jahrhundert. In: Garewicz / Haas (Hgg.): Gott, Natur und Mensch (s. d.), S. 209–221.

13 BREHME, CHRISTIAN: Allerhandt Lustige / vnd nach Gelegenheit der Zeit vorgekommene Gedichte 1637 mit e. Nachw., Bibliographie u. e. Neudruck der ›Weltlichen Gedichte‹ (1640). Hg. v. Anthony J. Harper. Tübingen 1994 (= Weltliche Liederdichter des 17. Jahrhunderts).
   *Harper, Anthony J.*: Nachwort. Ebda., S. 3*–44*.

14 BROCKES, BARTHOLD HEINRICH: IVG-NL: Irdisches Vergnügen in Gott. Naturlyrik und Lehrdichtung. Ausgewählt u. hg. v. Hans-Georg Kemper. Stuttgart 1999 (= Reclam).
   *Kemper, Hans-Georg*: Brockes und das hermetische Schrifttum seiner Bibiothek. In: H.-G.K., Uwe-K. Ketelsen u. Carsten Zelle (Hgg.): Barthold Heinrich Brockes (1680–1747) im Spiegel seiner Bibliothek und Bildergalerie. 2 Bde. Wiesbaden 1998. Bd. 1, S. 233–269.

15 BUCHNER, AUGUST: Kurzer Weg=Weiser zur Deutschen Tichtkunst/ Aus ezzlichen geschriebenen Exemplaren ergänzt…izo zum ersten mahl hervorgegeben durch Georg Gôz. Jena 1663.

16 CAMPANELLA, TOMMASO: PG: Philosophische Gedichte. Italienisch-deutsch. Ausgewählt, übersetzt u. hg. v. Thomas Flasch. Mit e. einl. Essay u. Kommentar v. Kurt Flasch. Frankf./M. 1996.
   - S: Sonnenstaat. In: Der utopische Staat. Morus, Utopia. Campanella, Sonnenstaat. Bacon. Neu-Atlantis. Übs. u. m. e. Essay ›Zum Verständnis der Werke‹, Bibliographie u. Kommentar hg. v. Klaus J. Heinisch. O. O. (Reinbek) 1960, S. 111–169.
   *Flasch, Kurt* (1996a): Poesie – Philosophie – Politik: Tommaso Campanalla. In: T. C.: PG (s. d.), S. 11–95.
   - (1996b): Tommaso Campanella: Esposizioni – Erklärungen. Kommentiert von K. F. Ebda., S. 173–277.

17 CATULL (CATULLUS, GAIUS VALERIUS): Gedichte. Eingel. u. übersetzt v. Rudolf Helm, Stuttgart 1969.
   *Holzberg, Niklas*: Catull. Der Dichter und sein erotisches Werk. München 2002.

18 CICERO, MARCUS TULLIUS: De oratore. Über den Redner. Lateinisch/Deutsch. Übers. u. hg. v. Harald Merklin. 3. Aufl. Stuttgart 1997.

19  CROLLIUS, OSWALD:
    *Kühlmann, Wilhelm*: Oswald Crollius und seine Signaturenlehre: Zum Profil hermetischer
    Naturphilosophie in der Ära Rudolphs II. In: III August Buck (1992) (Hg.): Die okkulten
    Wissenschaften (s. d.), S. 103–123.

20  CZEPKO VON REIGERSFELD, DANIEL: CB: Consolatio ad Baronissam Cziganeam. In: D. v. C:
    Geistliche Schriften, hg. v. Werner Milch. Unveränd. fotomechan. Nachdruck d. Ausgabe
    Breslau 1930. Darmstadt 1963, S. 31–173.
    – SMS: Sexcenta Monodisticha Sapientum. Ebda., S. 201–277.

21  DACH, SIMON: Simon Dach und der Königsberger Dichterkreis. Hg. v. Alfred Kelletat.
    Stuttgart 1986 (= Reclam).
    *Schöne, Albrecht*: Kürbishütte und Königsberg. Modellversuch einer sozialgeschichtlichen
    Entzifferung poetischer Texte. Am Beispiel Simon Dach. München 1975.

22  DILHERR, JOHANN MICHAEL / GEORG PHILIPP HARSDÖRFFER: Drei=ständige Sonn= und Fest-
    tag=Emblemata, oder Sinn=bilder. Mit einem Nachwort v. Dietmar Peil. Hildesheim
    Zürich New York 1994 (= Emblematisches Cabinet).

23  DIPPEL, JOHANN CONRAD: FF: Fatum Fatuum, das ist Die thörige Nothwendigkeit / oder
    Augenscheinlicher Beweiß / Daß alle / die in der Gott=Gelehrtheit / und Sitten=Lehre der
    vernünftigen Creatur die Freyheit des Willens disputieren / durch offenbahre Folgen ge-
    halten sind / die Freyheit in den Wesen GOttes selbst aufzuheben / oder des Spinosae
    Atheismum fest zu setzen. Wobey zugleich die Geheimnüsse der Cartesianischen Philo-
    sophie entdecket und angewiesen / wie absurd diese Gauckeley sich selbst vernichtige /
    und was für Schaden dardurch im gemeinen Wesen gestifftet worden. In: Ders.: Eröffneter
    Weg zum Frieden mit GOtt und allen Creaturen / Durch die publication aller bis hieher
    edirter Schrifften Christiani Democriti, nebst einer kurzen allgemeinen Vorrede des Auc-
    toris. Amsterdam 1709, S. 1115–1231.
    – WW: Weg=Weiser Zum Liecht und Recht in Der åussern Natur. Oder Entdecktes Ge-
    heimnůß / des Segens / und des Fluchs In denen Natůrlichen Cörpern / Zum warhafften
    Grund der Artzeney Kunst in Liebe mitgetheilet: Samt einer Vorrede / Worinnen des
    Christiani Democriti Fata Chymica, Zur nothigen Nachricht Offenhertzig communiciret
    werden. O. O. O. J. (1704?).

24  DORNAU, CASPAR:
    *Seidel, Robert*: Späthumanismus in Schlesien: Caspar Dornau (1577–1631). Leben und
    Werk. Tübingen 1994.

25  EDELMANN, JOHANN CHRISTIAN:
    *Stockinger, Hermann E.*: Die hermetisch-esoterische Tradition unter besonderer Berücksich-
    tigung der Einflüsse auf das Denken Johann Christian Edelmanns (1698–1767). Hildes-
    heim 2004 (= Philosophische Texte und Studien. Bd. 73).

26  EMPEDOKLES:
    *Jantzen, Jörg*: Peri physeos. In: Franco Volpi / Julian Nida-Rümelin (Hgg.): Lexikon der
    philosophischen Werke. Stuttgart 1988, S. 511.

27  EPIKUR: Wege zum Glück. Griechisch-Lateinisch-Deutsch. Hg. u. übs. v. Rainer Nickel.
    Düsseldorf/Zürich 2003.
    *Dörrie, Heinrich*: Epikuros. In: I KP (s. d.), Bd. 2, Sp. 314–318.
    *Nickel, Rainer*: Einführung. In: Epikur: Wege zum Glück (s. d.), S. 281–315.

28  ERASMUS VON ROTTERDAM: LT: Das Lob der Torheit. Übs. u. hg. v. A. J. Gail. Stuttgart
    1973 (= Reclam).
    – QP: Dialogus, Iulius exclusus e coelis. Institutio principis Christiani. Querela Pacis. Über-
    setzt, eingel. u. m. Anm. vers. v. G. Christian. Darmstadt 1968 (= Erasmus-Studienaus-
    gabe Bd. V).

29  FICINO, MARSILIO: L: Über die Liebe oder Platons Gastmahl. Lateinisch-Deutsch. Übers. v.
    Karl Paul Hasse. Hg. u. eingel. v. Paul Richard Blum. Hamburg 1984.
    – PT: Platonica Theologia de Immortalitate Animorum ad Laurentium Medicem virum
    magnanimum. In: Marsile Ficin: Théologie Platonicienne de l'immortalité des âmes. Texte
    critique établi et traduit par Raymond Marcel. Tome I–II. Paris 1964. Tome III. Paris
    1970.
    *Beierwaltes, Werner*: Marsilio Ficinos Theorie des Schönen im Kontext des Platonismus.
    Vorgetragen am 28. Juni 1980. Heidelberg 1980.

30  FISCHART, JOHANN:
    *Bachorski, Hans-Jürgen*: Fischart, Johan, gen. Mentzer. In: I LL. Bd. 3. 1989, S. 384–387.

31  FLEMING, PAUL: ALG: Ausgewählte lateinische Gedichte von Paul Fleming. Übersetzt u.
    mit einer Einleitung versehen v. C. Kirchner. Halle a. d. S. [1901]
    – DG: Deutsche Gedichte. Hg. v. Volker Meid. Stuttgart 1986 (= Reclam).
    – TP: Teütsche Poemata. Reprograf. Nachdr. d. Ausg. Lübeck [1642], Hildesheim 1969.

32  GALENOS: Die Werke des Galenos. Bd. I. Gesundheitslehre Buch 1–3. Übersetzt u. zeitgemäß
    erläutert v. E. Beintker. Stuttgart 1939.

33  GALILEI, GALILEO: Sidereus Nuncius. Nachricht von neuen Sternen. Dialog über die Welt-
    systeme. Vermessung der Hölle Dantes. Marginalien zu Tasso. Hg. u. eingeleitet v. Hans
    Blumenberg. Frankf./M. 1965.
    *Blumenberg, Hans*: Das Fernrohr und die Ohnmacht der Wahrheit. Ebda., S. 7–75.

34  GOCKEL, BALTHASAR: Heidnische poeterey/ Christlich corrigiert vnd verbessert/ also vnnd
    der gestalt/ daß der Götter Namen I. dem rechten wahren GOtt nicht sollen gegeben
    werden. 2. Deren nicht soll zu jhrer vnd anderer Ehre vnd Ruhm gedacht werden: Son-
    derlich 3. Kein Christ bey deren schweren soll: … Tübingen 1647. Als Faks. Druck ange-
    hängt an III Joachim Dyck (1977): Athen und Jerusalem (s. d.), S. 143–178.

35  GOETHE, JOHANN WOLFGANG: F: Faust. Eine Tragödie. In: Goethes Werke. Bd. III. Text-
    kritisch durchgesehen u. m. Anm. vers. v. Erich Trunz. 9. Aufl. Hamburg 1972.
    – GmG: Eckermann, Johann Peter: Gespräche mit Goethe in den letzten Jahren seines
    Lebens. Nach dem ersten Druck, dem Originalmanuskript des dritten Teils und Ecker-
    manns handschriftlichem Nachlaß hg. v. Heinrich Hubert Houben. 25. Originalaufl., mit
    146 Abbildungen, darunter 7 Handschriftenfaksimiles. Wiesbaden 1959.
    *Schmidt, Jochen*: Goethes Faust. Erster und zweiter Teil. Grundlagen – Werk – Wirkung.
    München 1999.
    *Schneider, Hans*: »Mit Kirchengeschichte, was hab' ich zu schaffen?« Goethes Begegnung
    mit Gottfried Arnolds ›Kirchen- und Ketzerhistorie‹. In: Goethe und der Pietismus. Hg. v.
    Hans-Georg Kemper u. H. S. Halle/Tübingen 2001, S. 79–110 (=Hallesche Forschungen
    Bd. 6).

36  GOTTSCHED, JOHANN CHRISTOPH: Versuch einer Critischen Dichtkunst. Unveränd. photo-
    mech. Nachdr. der 4., vermehrten Aufl., Leipzig 1751. Darmstadt 1962.
    *Gawlick, Günter*: Johann Christoph Gottsched als Vermittler der französischen Aufklärung,
    in: Wolfgang Martens (Hg.): Zentren der Aufklärung III. Leipzig. Aufklärung und Bür-
    gerlichkeit. Heidelberg 1990, S. 179–204. (=Wolfenbütteler Studien zur Aufklärung 17).

37  GRACIÁN, BALTASAR: Hand-Orakel und Kunst der Weltklugheit. Deutsch von Arthur Scho-
    penhauer. Bremen 1982.

38  GRASS, GÜNTER: Das Treffen in Telgte. Eine Erzählung. Darmstadt und Neuwied 1979.

39  GREFLINGER, GEORG: Der Deutschen Dreyßigjähriger Krieg. 1657. Kommentiert u. m. e.
    Nachw. v. Peter Michael Ehrle. München 1983 (= Literatur-Kabinett Bd. 2).
    *Ehrle, Peter Michael*: Kommentar. Ebda. S. 155–270.

40  GREIFFENBERG, CATHARINA REGINA VON: GS: Geistliche Sonette, Lieder und Gedichte. In:
    C. R. v. G.: SW (s. d.). Bd. I, S. 1–429 (auch als Einzelausgabe mit einem Nachwort zum

Neudruck von Heinz-Otto Burger. Reprogr. Nachdr. der Ausg. Nürnberg 1662. Darmstadt 1967).

– SW I–X: Sämtliche Werke in zehn Bänden, hg. v. Manfred Bircher u. Friedhelm Kemp. Millwood, N.Y. 1983.

41 GRIMMELSHAUSEN, HANS JACOB CHRISTOPH: ST: Der abenteuerliche Simplicissimus Teutsch. Nachwort v. Volker Meid. Stuttgart 2001. (= Reclam).

*Merzhäuser, Andreas*: Satyrische Selbstbehauptung. Innovation und Tradition in Grimmelshausens ›Abentheurlichem Simplicissimus Teutsch‹. Göttingen 2002.

42 GROTIUS, HUGO: JBP: De jure belli ac pacis. Libri tres. Drei Bücher vom Recht des Krieges und des Friedens. Paris 1625 nebst einer Vorrede v. Christian Thomasius zur ersten deutschen Ausgabe des Grotius vom Jahre 1707. Neuer deutscher Text u. Einleitung v. Walter Schätzel. Tübingen 1950. (= Die Klassiker des Völkerrechts. Bd. 1).

– VRC: De veritate religionis Christiana. Ed. accuratior, quam recensuit, notulisque adjectis illustravit Joannes Clericus. Amstelodami 1709 (1. Aufl. 1627).

*Wolf, D.*: Die Irenik des Hugo Grotius nach ihren Prinzipien und biographisch-geistesgeschichtlichen Perspektiven. Marburg 1969.

43 GRUTER, JANUS:
*Wiegand, Hermann*: Gruter, Gruterus, Janus. In: I LL (s. d.), Bd. 4. 1989, S. 397f.

44 GRYPHIUS, ANDREAS: CC: Cardenio und Celinde. Oder Unglücklich Verliebete. Trauerspiel. Hg. v. Rolf Tarot. Stuttgart 1968. (= Reclam).

– CG: Catharina von Georgien. Trauerspiel, hg. v. Alois M. Haas. Stuttgart 1975. (= Reclam).

– CS: Carolus Stuardus. Trauerspiel. Hg. v. Hans Wagener. Stuttgart 1972. (= Reclam).

– D: Dichtungen. Hg. v. Karl-Otto Conrady. O.O. (Reinbek) 1968 (= Deutsche Literatur Bd. 19).

– DF: Dissertationes Funebres. Oder Leich=Abdanckungen / Bey Vnterschiedlichen hoch= und ansehnlichen Leich=Begångnüssen gehalten. Auch nebenst seinem letzten Ehren=Gedåchtnüß und Lebens=Lauff. Leipzig 1666.

– Dr: Andreas Gryphius: Dramen. Hg. v. Eberhard Mannack. Frankf./M. 1991 (= Bibliothek der frühen Neuzeit. Bd. 3).

– EeB: Andreae Gryphii Epigrammata. Das erste Buch [1643]. In: OE (s. d.), S. 149–167.

– EB I: Andreae Gryphii Epigrammata Oder Bey=Schrifften [1663]. Das 1. Buch. In: OE (s. d.), S. 169–186.

– EB II: Andreae Gryphii Bey=Schrifften. Das ander Buch. Ebda., S. 186–201.

– EB III: Andreae Gryphii Bey=Schrifften Das dritte Buch. Ebda., S. 201–217.

– FF: Fewrige Freystadt / Andreae Gryphii. O. O. O. J. (1637).

– FS: Andreae Gryphii Festags Sonnete. In: A. G.: S (s. d.), S. 163–184.

– G: Gedichte. Eine Auswahl. Text nach der Ausgabe letzter Hand von 1663. Hg. v. Adalbert Elschenbroich. Stuttgart 1968 (= Reclam).

– GD: Die geliebte Dornrose. Scherzspiel. In: A. G.: Verliebtes Gespenst. Gesangspiel. Die geliebte Dornrose. Scherzspiel. Hg. v. Eberhard Mannack. Stuttgart 1985 (= Reclam).

– HF: Beståndige Mutter / Oder Die Heilige FELICITAS, Auß dem Lateinischen NICOLAI CAUSINI, Trauer=Spiel. Bd. VI, S. 1–70.

– HÖ: Herodes. Der Ölberg. Lateinische Epik. Hg., übersetzt u. kommentiert v. Ralf Georg Czapla. Berlin 1999 (= Bibliothek seltener Texte in Buchausgaben. Bd. 4).

– HSH: Himmel Steigente Hertzensseüfftzer. Übersehen und mit newen Reimen gezieret (1665). Hg. v. Karl-Heinz Habersetzer u. Marian Szyrocki. Bd. 1. Tübingen 1987 (= Gesamtausgabe der deutschsprachigen Werke. Ergänzungsband 2/1).

– K: Kirchhofs-Gedanken. In: A. G.: G (s. d.), S. 109–123.

– LKEK: Lateinische Kleinepik, Epigrammatik und Kasualdichtung, hg., übersetzt u. kommentiert v. Beate Czapla u. Ralf Georg Czapla. Berlin 2001 (= Bibliothek seltener Texte Bd. 5).
– LS: [Lissaer Sonette] Andreae Gryphii, Sonnete. In: A. G.: S (s. d.), S. 1–26.
– OE: Oden und Epigramme. Hg. v. Marian Szyrocki. Tübingen 1964 (= Gesamtausgabe der deutschsprachigen Werke. Hg. v. Marian Szyrocki und Hugh Powell. Bd. II).
– O I: Andreae Gryphii Oden. Das erste Buch. Ebda., S. 1–27.
– O II: Andreae Gryphii Oden. Das Ander Buch. Ebda., S. 29–63.
– O III: Andreae Gryphii Oden. Das Dritte Buch. Ebda., S. 65–93.
– O IV: Andreae Gryphii Thrånen über das Leiden JEsu Christi. Oder seiner Oden Das Vierdte Buch. Ebda., S. 95–147.
– P: Großmütiger Rechtsgelehrter oder Sterbender Aemilius Paulus Papinianus. Trauerspiel. Text der Erstausgabe, besorgt v. Ilse-Marie Barth. Mit einem Nachwort v. Werner Keller. Stuttgart 1965. (= Reclam).
– S: Sonette. Hg. v. Marian Szyrocki. Tübingen 1963 (= Gesamtausgabe der deutschsprachigen Werke. Hgg. v. M. S. u. Hugh Powell. Bd. I).
– SAB: Andreae Gryphii Sonnette. Das Ander Buch. Ebda., S. 63–92.
– SB: Die sieben Brüder / Oder die Gibeoniter / Aus Vondels Niederlåndischen in das Hoch=Deutsche übersetzet. Trauer=Spiel. Bd. VI, S. 1–70.
– SDB: Andreae Gryphii Sonnette. Das Dritte Buch. Bd. I, S. 185–222.
– SeB: Andreae Gryphii Sonnete. Das erste Buch [1643]. Ebda., S. 27–62.
– SFS: Andreae Gryphii Son- undt Feyrtags Sonnete. [1639]. Ebda., S. 131–184.
– SN: Andreae Gryphii Sonnete. [Aus dem Nachlaß]. Ebda., S. 93–130.
– SuFS: Sonn- und Feiertagssonette [Fassung 1663]. In: A. G.: G (s. d.), S. 23–88.
– SVB: Andreae Gryphii Sonnette. Das Vierdte Buch. Vber die Fest=Tage. In: A. G.: S (s. d.), S. 223–244.
– ÜERB: Die Übersetzungen der Erbauungsschriften Sir Richard Bakers. Hg. v. Hugh Powell. 2 Bde. Tübingen 1983 (= Gesamtausgabe der deutschsprachigen Werke. Ergänzungsbände 3/1 u. 3/2).
– ÜLG: Übersetzete Lob=Gesånge / Oder Kirchen=Lieder. 1660. In: VG (s. d.), S. 59–90.
– VG: Vermischte Gedichte. Hg. v. Marian Szyrocki. Tübingen 1964 (= Gesamtausgabe der deutschsprachigen Werke. Hg. v. M. S. u. Hugh Powell. Bd. 3).
– W: Der Weicherstein. In: A. G.: VG (s. d.), S. 41–57.

*Arnold, Heinz Ludwig*: Zeittafel. In: Text + Kritik 7/8. 2., revidierte und überarbeitete Aufl. 1980, S. 106–111.

*Bekker, Hugo*: Gryphius' Lissa-Sonnets. In: Modern Language Review 63. 1968, S. 618–627.

*Bogner, Ralf Georg*: Die Not der Lüge. Konfessionelle Differenzen in der Bewertung der unwahren Rede am Beispiel von Andreas Gryphius' Trauerspiel ›Catharina von Georgien‹. In: Borgstedt/Kiesant (Hgg.): Text und Konfession (s. d.), S. 595–611.

*Boneberg, Patrick G.*: »Hir schleust er nimand aus.« Interkonfessionalität in den Perikopensonetten von Andreas Gryphius. Marburg 2005.

*Borgstedt, Thomas*: Angst, Irrtum und Reue in der Märtyrertragödie. Andreas Gryphius' ›Catharina von Georgien‹ vor dem Hintergrund von Vondels ›Maeghden‹ und Corneilles ›Polyeucte Martyr‹. In: Borgstedt/Kiesant (Hgg.): Text und Konfession (s. d.), S. 563–594.

*Borgstedt, Thomas und Kurt Kiesant* (Hgg): Text und Konfession. Neue Studien zu Andreas Gryphius. Beiträge zur ersten Tagung der Internationalen Andreas Gryphius-Gesellschaft. In: Daphnis 28. 1999, S. 479–760.

*Browning, Robert M.*: Towards a determination of the cyclic structure of the secular sonnets of A. Gryphius. In: Daphnis. Bd. 14. 1985, S. 303–324.

*Czapla, Ralf Georg*: Erläuterungen. In: A. G.: HÖ (s. d.), S. 272–325.

*Flemming, Willi*: Andreas Gryphius. Eine Monographie. Stuttgart Berlin Köln Mainz 1965.

*Fricke, Gerhard*: Die Bildlichkeit in der Dichtung des Andreas Gryphius. Materialien und Studien zum Formproblem des deutschen Literaturbarock. Unveränderter reprograf. Nachdr. d. Ausg. Berlin 1933. Darmstadt 1967.

*Habersetzer, Karl-Heinz*: Auswahlbibliographie zu Andreas Gryphius. In: Text + Kritik 7/8. 2., revidierte u. erw. Aufl. 1980, S. 112–128.

*Häcker, Roland*: Ein Gedicht von Gryphius [»Gedencket an Loths Weib. Luk. 17 v. 32.«]. In: http:// www.roland-haecker.de – Link: Fachdidaktik, S. 8–12.

*Hemmerich, Gerd*: Metaphysische Leidenschaft. Zur Lyrik von Andreas Gryphius und John Donne. In: Text + Kritik 7/8. 1965, S. 18–23.

*Jöns, Dietrich Walter*: Das »Sinnen-Bild«. Studien zur allegorischen Bildlichkeit bei Andreas Gryphius. Stuttgart 1966.

*Kaminski, Nicola*: (1992): Der Liebe Eisen=harte Noth. ›Cardenio und Celinde‹ im Kontext von Gryphius' Märtyrerdramen. Tübingen 1992.

– (1998): Andreas Gryphius. Stuttgart 1998 (= Reclam).

*Kemper, Hans-Georg*: Beglaubigung und Bekämpfung der schwarzen Magie. »Welt als Schlüssel zu den Strukturen« von Gryphius' ›Cardenio und Celinde‹. In: Festschrift Walter Haug und Burghart Wachinger. Hg. v. Johannes Janota u. a. Tübingen 1992, S. 893–913.

*Kenkel, Konrad O.*: »Was liefert dir die Welt? Rauch, Nebel und Gedichte«. Die Lyrik des Andreas Gryphius. In: Text + Kritik 7/8. 2., revidierte u. erweiterte Auflage 1980, S. 85–93.

*Kiesant, Knut*: Andreas Gryphius und Brandenburg – Nur eine biographische Episode? In: Borgstedt/Kniesant (Hgg.): Text und Konfession (s. d.), S. 675–689.

*Klin, Eugeniusz*: Zeitkritik und Friedensbotschaft im ›Piastus‹ von Andreas Gryphius. In: III Czarnecka/Solbach/Szafarz/Kiesant (Hgg.): Memoria Silesiae (s. d.).

*Knöll, Stefanie*: Gryphius' Erstes und Zweites Sonettbuch: Neue Gedanken zu einer zahlen-symbolischen Interpretation. In: Wolfenbütteler Barock-Nachrichten 26. 1999, S. 37–59.

*Krummacher, Hans-Henrik*: (1964): Andreas Gryphius und Johann Arndt. Zum Verständnis der ›Sonn- und Feiertags-Sonette‹. In: Formenwandel. Festschrift zum 65. Geburtstag von Paul Böckmann. Hamburg 1964, S. 116–137.

– (1965): Zur Kritik der neuen Gryphius-Ausgabe. In: ZfdPh 84. 1965, S. 183–246.

– (1976): Der junge Gryphius und die Tradition. Studien zu den Perikopensonetten und Passionsliedern. München 1976.

– (1987): »De quatuor novissimis«. Über ein traditionelles theologisches Thema bei Andreas Gryphius. In: August Buck u. Martin Bircher (Hgg.): Respublica Guelpherbytana. Wolfenbütteler Beiträge zur Renaissance- und Barockforschung. Festschrift für Paul Raabe. Amsterdam 1987, S. 499–577.

*Kühlmann, Wilhelm*: Neuzeitliche Wissenschaft in der Lyrik des 17. Jahrhunderts. Die Kopernikus-Gedichte des Andreas Gryphius und Caspar Barlaeus im Argumentations-zusammenhang des frühbarocken Modernismus. In: Jb. d. dt. Schillerges. 23. 1979, S. 124–153.

*Kuhn, Hans*: Andreas Gryphius am Schreibtisch. In: Wolfenbütteler Barock-Nachrichten 31. H. 2. 2004, S. 149–180.

*Laurien, Ingrid*: Zu den drei biographischen Texten über Andreas Gryphius. In: Text + Kritik 7/8. 2., revidierte u. überarbeitete Aufl. 1980, S. 32f.

*Lohse, Nikolaus*: »Diss Leben kömmt mir vor alss eine renne bahn.« Poetologische Anmer-kungen zu einem Sonett-Zyklus des Andreas Gryphius. In: ZfdPh 110. H. 2. 1991, S. 161–180.

*Loos, Helmut*: ›Catharina von Georgien‹. Unio mystica und virtus heroica – Leitbegriffe einer Interpretation. In: Borgstedt/Kiesant (Hgg.): Text und Konfession (s. d.), S. 691–727.

*Manheimer, Victor*: Die Lyrik des Andreas Gryphius. Studien und Materialien. Berlin 1904.

*Mannack, Eberhard:* (1986): Andreas Gryphius. 2., vollständig neubearb. Aufl. Stuttgart 1986 (= Sammlung Metzler Bd. 76).

– 1991: Kommentar. In: A. G.: Dr (s. d.), S. 851–1317.

*Mauser, Wolfram*: Dichtung, Religion und Gesellschaft im 17. Jahrhundert. Die ›Sonnete‹ des Andreas Gryphius. München 1976.

*Metzger, Erika A. und Metzger, Michael M.*: Reading Andreas Gryphius. Critical Trends 1664–1993. Columbia 1994.

*Michelsen, Peter*: Die Zeit der Gewalt. Andreas Gryphius: ›Ermordete Majestät. Oder Carolus Stuardus‹. In: Walter Hinck (Hg.): Geschichte als Schauspiel. Deutsche Geschichtsdramen. Interpretationen. Frankf./M. 1981, S. 48–66.

*Ott, Günter*: Die ›Vier letzten Dinge‹ in der Lyrik des Andreas Gryphius. Untersuchung zur Todesauffassung des Dichters und zur Tradition des eschatologischen Zyklus. Frankf./M. 1985.

*Pilling, Claudia*: Geschichte statt Heilsgeschichte. Andreas Gryphius' ›Catharina von Georgien‹. In: Thomas Althaus u. Stefan Matuschek (Hgg.): Interpretationen zur neueren deutschen Literaturgeschichte. Münster Hamburg 1994, S. 1–15.

*Richter, Karl*: Vanitas und Spiel. Von der Deutung des Lebens zur Sprache der Kunst im Werk von Gryphius. In: Jb. d. dt. Schillerges. 16. 1972, S. 126–144.

*Rusterholz, Sybille*: Rostra, Sarg und Predigtstuhl. Studien zu Form und Funktion der Totenrede bei Andreas Gryphius. Bonn 1974 (= Studien zur Germanistik, Anglistik und Komparatistik. Bd. 16).

*Schindler, Marvin*: The Sonnets of Andreas Gryphius. Use of the Poetic Word in the Seventeenth Century. Gainesville 1971 (= University of Florida Press).

*Schings, Hans-Jürgen*: Die patristische und stoische Tradition bei Andreas Gryphius. Untersuchungen zu den Dissertationes Funebres und Trauerspielen. Köln und Graz 1966.

*Schmidt, Jochen*: Die Opposition von contemplatio und curiositas. Ein unbekanntes Denkmuster, seine Tradition und seine poetische Gestaltung durch Andreas Gryphius im Sonett ›An die Sternen‹. In: DVjs. 77. 2003, S. 61–76.

*Schöne, Albrecht*: Ermordete Majestät. Oder Carolus Stuardus König von Groß Britannien. In: Gerhard Kaiser (Hg.): Die Dramen des Andreas Gryphius. Eine Sammlung von Einzelinterpretationen. Stuttgart 1970, S. 117–169.

*Seelbach, Ulrich /Martin Bircher*: Autographen von Andreas Gryphius. In: Daphnis 23. 1994, S. 109–179.

*Spahr, Blake Lee*: Andreas Gryphius. A modern perspective. Columbia 1993.

*Steiger, Johann Anselm*: (1997): Die poetische Christologie des Andreas Gryphius als Zugang zur lutherisch-orthodoxen Theologie. In: Daphnis 26. 1997, S. 85–112.

– (2000): Schule des Sterbens. Die ›Kirchhofgedanken‹ des Andreas Gryphius (1616–1664) als poetische Theologie im Vollzug. Heidelberg 2000.

*Steinhagen, Harald*: Wirklichkeit und Handeln im barocken Drama. Historisch-ästhetische Studien zum Trauerspiel des Andreas Gryphius. Tübingen 1977.

*Szyrocki, Marian* (1959): Der junge Gryphius. Berlin 1959.

– (1963): Einleitung. In: A. G.: S (s. d.), S. IX–XXII.

– (1964a): Andreas Gryphius. Sein Leben und Werk. Tübingen 1964.

– (1964b): Einleitung. In: A. G.: OE (s. d.), S. VII–XIX.

*Trunz, Erich*: Andreas Gryphius' Gedicht ›An die Sternen‹. In: Deutsche Lyrik von Weckherlin bis Benn. Interpretationen. Hg. v. Jost Schillemeit. Frankf./M. u. Hamburg 1963, S. 19–27.

*Verweyen, Theodor*: ›Thränen des Vaterlandes / Anno 1636‹ von Andreas Gryphius – Rhetorische Grundlagen, poetische Strukturen, Literarizität. In: Traditionen der Lyrik. Festschrift für Hans-Henrik Krummacher. Hg. v. Wolfgang Düsing u. a. Tübingen 1997, S. 31–45.

*Vieregg, Axel*: »Diß leben kömmt mir vor alß eine renne bahn«. Vom Sinnbild zum sinnlichen Bild in Gryphius' ›Abend‹-Sonett. In: Hansgerd Delbrück (Hg.): Sinnlichkeit in Bild und Klang. Festschrift für Paul Hoffmann. Stuttgart 1987, S. 139–152.

*Wentzlaff-Eggebert, Friedrich-Wilhelm* und *Erika Wentzlaff-Eggebert*: Andreas Gryphius 1616–1664. Darmstadt 1983.

*Weydt, Günther*: Sonettkunst des Barock. Zum Problem der Umarbeitung bei Andreas Gryphius. In: Jb. d. dt. Schillerges. 9. 1965, S. 1–32.

*Wiedemann, Conrad*: Andreas Gryphius. In: III Steinhagen / von Wiese (Hgg.): Deutsche Dichter des 17. Jahrhunderts (s. d.), S. 435–472.

*Yu, Young-Hee*: Feurige Dichtkunst. Die Lyrik von Andreas Gryphius und Friedrich von Spee im Spannungsfeld der Feuertheorien des 17. Jahrhunderts. Frankf./M. 2005.

*Zimmermann, Christian von*: Andreas Gryphius' ›Threnen des Vatterlandes / Anno 1636.‹ Überlegungen zu den rhetorischen Grundlagen frühneuzeitlicher Dichtung. In: Daphnis 28. 1999, S. 227–244.

45  Gryphius, Christian: Poetische Wälder. Die andere Auflage. Faksimiledruck der Ausgabe von 1707. Hg. u. eingel. v. James N. Hardin u. Dietrich Eggers. Bern Frankf./M. New York 1985 (= Nachdrucke der deutschen Literatur des 17. Jahrhunderts Bd. 24).

46  Gryphius, Rosina: Zueignungs-Schrifft. In: Andreas Gryphius: HSH (s. d.), S. 3f.

47  Günther, Johann, Christian: G: Gedichte. Auswahl und Nachwort v. Manfred Windfuhr. Stuttgart 1975.

48  Harsdoerffer, Georg Philipp: AA: Ars Apophthegmatica. Das ist: Kunstquellen Denckwürdiger Lehrsprüche und Ergötzlicher Hofreden. 2 Bde. Neudruck der Ausgabe Nürnberg 1655/1656. Hg. u. eingel.v. Georg Braungart. Frankf. a. M. 1990 (= Texte der frühen Neuzeit).

–  FG: Frauenzimmer Gesprächspiele. Hg. v. Irmgard Böttcher. 8 Teile. Tübingen 1968/69 (= Deutsche Neudrucke. Reihe Barock. Bde. 13–20).

–  NJ: Nathan und Jotham: das ist Geistliche und weltliche Lehrgedichte. 2 Bde. Neudruck d. Ausgabe Nürnberg 1659. Hg. u. eingel. v. Guillaume van Gemert. Frankf. a. M. 1991 (= Texte der Frühen Neuzeit).

–  PT: Poetischer Trichter. Die Teutsche Dicht= und Reimkunst/ ohne Behuf der Lateinischen Sprache/ in VI. Stunden einzugiessen. Nůrnberg 1650. Reprogr. Nachdr. Darmstadt 1975.

*Battafarano, Italo Michele* (Hg.): Georg Philipp Harsdörffer. Ein deutscher Dichter und europäischer Gelehrter. Bern Berlin u. a. 1991 (= IRIS Bd. 1).

*Böttcher, Irmgard* (1984): Der Nürnberger Georg Philipp Harsdörffer. In: III Steinhagen/von Wiese (Hgg.): Deutsche Dichter des 17. Jahrhunderts (s. d.), S. 289–346.

–  (1990): Harsdörffer, Georg Philipp. In: I LL (s. d.), Bd. 5. 1990, S. 23–26.

*Berns, Jörg Jochen*: Gott und Götter. Harsdörffers Mythenkritik und der Pan-Theismus der Pegnitzschäfer unter dem Einfluß Francis Bacons. In: Italo Michele Battafarano (Hg.): Georg Philipp Harsdörffer (s. d.), S. 23–81.

*Braungart, Georg*: Einleitung. In: G. P. H.: AA (s. d.). Bd. I, S. 1–35.

*Fechner, Jörg-Ulrich*: Harsdörffers ›Poetischer Trichter‹ als Poetik geistlicher Dichtung. In: Italo Michele Battafarano (Hg.): Georg Philipp Harsdörffer (s. d.), S. 143–162.

*Helmer, Karl*: Weltordnung und Bildung. Versuch einer kosmologischen Grundlegung barocken Erziehungsdenkens bei Georg Philipp Harsdörffer. Frankf. a. M. Bern 1982 (= Paideia. Bd. 7).

*Hess, Peter Andreas*: Poetik ohne Trichter. Harsdörffers ›Dicht- und Reimkunst‹. Stuttgart 1986 (= Stuttgarter Arbeiten zur Germanistik Nr. 165).

*Höpel, Ingrid*: Harsdörffers Theorie und Praxis des dreiständigen Emblems. In: Italo Michele Battafarano (Hg.) Georg Philipp Harsdörffer (s. d.), S. 195–234.

*Ingen, Ferdinand van*: Georg Philipp Harsdörffer und die Pegnitz-Schäfer Johann Klaj und Sigmund von Birken. In: III Grimm / Max (Hgg.): Deutsche Dichter. Bd. 2 (s. d.), S. 195–211.

*Kayser, Wolfgang*: Die Klangmalerei bei Harsdörffer. Ein Beitrag zur Geschichte der Literatur, Poetik und Sprachgeschichte (!) der Barockzeit. 2., unveränd. Aufl. Göttingen 1962 (= Palaestra Bd. 179).

*Krebs, Jean-Daniel*: (1983): Georg Philipp Harsdörffer (1607–1658). Poétique et poésie. 2 Bde. Frankf./M. u. a. 1983.

– (1995): Georg Philipp Harsdörffers geistliche Embleme zwischen katholisch-jesuitischen Einflüssen und protestantischen Reformbestrebungen. In: III Dieter Breuer: (1995a) (Hg.): Religion und Religiosität (s. d.), S. 539–552.

*Springer-Strand, Ingeborg*: »Der Kriegsmann will ein Schäfer werden« oder: Krieg, Frieden und Poesie in Harsdörffers ›Friedenshoffnung‹. In: IV Volker Meid (1982) (Hg.): Gedichte und Interpretationen (s. d.), S. 246–254.

*Zeller, Rosmarie*: Spiel und Konversation im Barock. Untersuchungen zu Harsdörffers ›Gesprächspielen‹. Berlin New York 1974.

49 HARSDÖRFFER, GEORG PHILIPP UND JOHANN KLAJ: Pegnesisches Schäfergedicht. In: I PS (s. d.), S. 18–70.

50 HARSDÖRFFER, GEORG PHILIPP – SIGMUND VON BIRKEN – JOHANN KLAJ: Pegnesisches Schäfergedicht 1644–1645. Hg. v. Klaus Garber. Tübingen 1966 (= Deutsche Neudrucke. Reihe: Barock. Bd. 8).

*Garber, Klaus*: Nachwort des Herausgebers. Ebda., S. 1*–35*.

*Schilling, Michael*: Gesellschaft und Geselligkeit im ›Pegnesischen Schaefergedicht‹ und seiner ›Fortsetzung‹. In: III Wolfgang Adam (Hg.): Geselligkeit und Gesellschaft im Barockzeitalter (s. d.). Teil 1, S. 473–482.

51 HEINSIUS, DANIEL: Nederduytsche Poemata. Faksimiledruck nach der Erstausgabe von 1616. Hg. u. eingel. v. Barbara Becker-Cantarino. Bern u. Frankf./M. 1983 (= Nachdrucke der Deutschen Literatur des 17. Jahrhunderts).

52 HELMONT, FRANCISCUS MERCURIUS VAN: Quaedam praemeditatae & consideratae Cogitationes super Quatuor priora Capita Libri Primi Moyses, GENESIS nominati. Amstelodami 1697.

53 HERBERT, GEORGE:

*Kuhfuß, Svenja*: Der Priester als Poet. George Herberts ›The Temple‹ im Spannungsfeld von Kirche und Individualität. Tübingen 2001 (= Studien zur englischen Philologie N. F. Bd. 36).

54 HERDER, JOHANN GOTTFRIED: LL: Lieder der Liebe. In: J. G. H.: Volkslieder. Übertragungen. Dichtungen. Hg. v. U. Gaier. Frankf./M. 1990, S. 431–521 (= J. G. H.: Werke in zehn Bänden. Hg. v. Günter Arnold u. a. Bd. 3).

– VL: Volkslieder, 1778/79. Ebda., S. 69–430.

*Brummack, Jürgen*: ›Romantischer Klassizismus‹. Herder und das griechische Epigramm. In: Hansgerd Delbrück (Hg.): Sinnlichkeit in Bild und Klang. Festschrift für Paul Hoffmann. Stuttgart 1987, S. 153–176.

55 HESSUS, HELIUS EOBANUS

*Gräßer, Ingeborg*: Die Epicedien-Dichtung des Helius Eobanus Hessus. Lyrische Totenklage zur Zeit des Humanismus und der Reformation. Frankf./M. Berlin u. a. 1994 (= Bochumer Schriften zur deutschen Literatur Bd. 40).

*Gräßer-Eberbach*, Ingeborg: Helius Eobanus Hessus. Der Poet des Erfurter Humanistenkreises. Erfurt 1993.

56 HILLE, CARL GUSTAV VON: Der Teutsche Palmbaum. Das ist / Lobschrift Von der Hochlöblichen / Fruchtbringenden Gesellschaft Anfang / Satzungen / Vorhaben / Namen / Sprüchen / Gemåhlen / Schriften und unverwelklichem Tugendruhm. ... Nürnberg 1647. Reprint der Originalausgabe. Hg. v. Martin Bircher. München 1970 (= Die Fruchtbringende Gesellschaft. Quellen und Dokumente in vier Bänden. Bd. 2).

57 HOCK (oder HÖCK), THEOBALD: Schönes Blumenfeld (1601). Neuausgabe v. Max Koch. Halle/Saale 1899.
*Czucka, Eckehard*: Poetologische Metaphern und poetischer Diskurs. Zu Theobald Höcks ›Von Art der deutschen Poeterey‹ (1601). In: Neophilologus 71. 1987, S. 1–27.
*Kühlmann, Wilhelm*: Hock, Theobald. In: I LL (s. d.). Bd. 5. 1990, S. 375f.

58 HOFFMANN VON HOFFMANNSWALDAU, CHRISTIAN: CS: Curriculum studiorum und andere gedruckte Werke. Hg. u. mit e. Nachwort versehen v. Franz Heiduk. Hildesheim Zürich New York 1993. (= Gesammelte Werke Bd. II).
– DUG: Deutsche Übersetzungen und Getichte. Hg. u. mit einem Nachwort versehen von Franz Heiduk. Teil 1. Hildesheim Zürich New York 1984. Teil 2. Hildesheim Zürich New York 1984 (= Gesammelte Werke Bd. I. Teile 1, 2).
– G: Gedichte. Auswahl und Nachwort v. Manfred Windfuhr. Stuttgart 1969 (= Reclam).
*Noack, Lothar*: Christian Hoffmann von Hoffmannswaldau (1616–1679). Leben und Werk. Tübingen 1999 (= Frühe Neuzeit Bd. 51).

59 HORAZ (QUINTUS HORATIUS FLACCUS): AP: Ars Poetica. Die Dichtkunst. Lateinisch und deutsch. Übersetzt u. m. e. Nachw. hg. v. Eckart Schäfer. Stuttgart 1972 (= Reclam).
– G: Die Gedichte des Horaz. Gesamtausgabe. Oden. Carmen Saeculare. Epoden. Ungekürzte Neuaufl. der von Rudolf Alexander Schröder ins Deutsche übertragenen Gesamtausgabe. Essen o. J.
– SG: Sämtliche Gedichte. Lateinisch/Deutsch. Mit den Holzschnitten der Straßburger Ausgabe von 1498. Mit e. Nachw. hg. v. Bernhard Krytzler. Stuttgart 1992 (= Reclam).

60 JOHANN FRIEDRICH HERZOG VON SACHSEN: Confutationes / Widerlegungen vnd verdammung etlicher ein zeit her ... eingeschlichenen / vnd eingerissenen Corruptelen / Secten vnd Irrthumen / Wie dieselben vnterschiedlich / vnd in Specie / warhafftig angezeigt werden. Jhena 1559.

61 KAYSER, JOHANNES: Parnassus Clivensis oder Clevischer Musen=Berg und Seine darauff gewachsene Poetische Frůchte [...] Cleve 1698. Zweyter Theil. Cleve 1698. Des Parnassi Clivensis oder Clevischen Musen=Bergs Dritter Theil. O. O. 1704. Reprint Buchhandlung H. Fingerhut Kleve 1980.
*Bornemann Ulrich*: Johann Kayser: ›Parnassus Clivensis‹. Barockdichtung im deutsch-niederländischen Grenzgebiet. In: Daphnis 16. 1987, S. 403–422.
*Gies, Leo*: Parnassus Clivensis. In: Kalender für das Klever Land auf das Jahr 1960, S. 116–121.

62 KEPLER, JOHANNES:
*Hübner, Jürgen*: Die Theologie Johannes Keplers zwischen Orthodoxie und Naturwissenschaft. Tübingen 1975.

63 KLAJ, JOHANN: AJC: Aufferstehung Jesu Christi Jn ietzo neuůbliche hochteutsche Reimarten verfasset / und in Nůrnberg bey hochansehnlicher Volkreicher Versammlung abgehandelt. Nůrnberg 1644. In: J K: RO (s. d.), S. [1]–[55].
– AL: Andachts Lieder. Nůrnberg 1646. In: J. K.: FD (s. d.), S. [263]–[289].
– EDS: Engel= und Drachen=Streit. In: J. K.: RO (s. d.), S. [281]–[331].
– FD: Friedensdichtungen und kleinere poetische Schriften. Hg. v. Conrad Wiedemann. Tübingen 1968 (= Deutsche Neudrucke. Reihe: Barock. Bd. 10).

- GF: Geburtstag deß Friedens. 1650. In: J. K.: FD (s. d.), S. [97]–[182].
- GJC: Freudengedichte Der seligmachenden Geburt Jesu Christi / Zu Ehren gesungen. Nůrnberg o. J. In: J. K. RO (s. d.), S. [333]–[375].
- HHJC: Hôllen= und Himmelfahrt Jesv Christi / nebenst darauf erfolgter Sichtbarer Auß-giessung Gottes deß Heiligen Geistes. Jn jetzo kunstůbliche Hochteutsche Reimarten verfasset / und in Nůrnberg Bey Hochansehnlichster Volkreicher Versammlung abgehandelt. Nůrnberg 1644. In: J. K.: RO (s. d.), S. [57]–[127].
- HK: Herodes der Kindermôrder / Nach Art eines Trauerspiels ausgebildet und Jn Nůrnberg Einer Teutschliebenden Gemeine vorgestellet. Nůrnberg 1645. In: J. K.: RO (s d.), S. [129]–[200].
- Ir: Irene / das ist/ Vollstândige Außbildung Deß zu Nůrnberg geschlossenen Friedens 1650. Nůrnberg (1650). In: J. K. FD (s. d.), S. [1]–[96].
- J: Augusti Buchneri Joas Der heiligen Geburt Christi zu Ehren gesungen. Auß dem Lateinischen ins Deutzsche (!) versetzt. Wittenbergk 1642. In: J. K.: FD (s. d.), S. [183]–[190].
- LC: Der Leidende Christus / In einem Trauerspiele vorgestellet. Nůrnberg 1645. In: J. K. RO (s. d.), S. [201]–[280].
- LTP: Lobrede der Teutschen Poeterey / Abgefasset und in Nůrnberg Einer Hochansehnlich=Volkreichen Versamlung vorgetragen. Nůrnberg 1645. In: J K.: RO (s. d.), S. [377]–[416].
- RO: Redeoratorien und ›Lobrede der Teutschen Poeterey‹. Hg. v. Conrad Wiedemann. Tübingen 1965 (= Deutsche Neudrucke. Reihe: Barock).
- SFF: Schwedisches Fried= und Freudenmahl / zu Nůrnberg den 25. des Herbstmonats / im Heiljahr 1649 gehalten / in jetzo neu=ûblichen Hochteutschen Reimarten besungen. Nůrnberg 1649.
- TLE: Trauerrede ûber das Leiden seines Erlôsers. Nůrnberg 1650. In: J. K.: FD (s. d.), S. [291]–[346].
- WG: Weihnacht Gedichte. O. O. O. J. Ebda., S. [217]–]262].
- WL: Weihnacht=Liedt. Der heiligen Geburt Christi zu ehren gesungen. Im Jahr 1644. In: J. K.: FD (s. d.), S. [191]–[214].

*Keller, Martin*: Johann Klajs Weihnachtsdichtung. Das ›Freudengedichte‹ von 1650 mit einer Einführung seinen Quellen gegenübergesetzt und kommentiert. Berlin 1971 (= Philologische Studien und Quellen H. 53).

*Wiedemann, Conrad* (1965): Nachwort des Herausgebers. In: J. K.: RO (s. d.), S. 1*–19*.
- (1966): Johann Klaj und seine Redeoratorien. Untersuchungen zur Dichtung eines deutschen Barockmanieristen. Nürnberg 1966 (= Erlanger Beiträge zur Sprach- und Kunstwissenschaft. Bd. 26).
- (1968): Nachwort des Herausgebers. In: J. K.: FD (s. d.), S. 1*–27*.

64 KLOPSTOCK, FRIEDRICH GOTTLIEB: Oden: Auswahl und Nachwort v. Karl Ludwig Schneider. Stuttgart 1980 (= Reclam).

65 KÖPF, GERHARD: Der Kühlmonarch. Nebst einer einleitenden Durchleuchtung der poetologischen Rumpelkammer. In: III Lüdke/Schmidt: Verkehrte Welten (s. d.), S. 100–118.

66 KUHLMANN, QUIRINUS: Der Kühlpsalter. Bd. I: Buch I–IV. Bd. II: Buch V–VIII. Paralipomena. Hg. v. Robert L. Beare. Tübingen 1971.
- Der Kühlpsalter. 1.–15. und 73.–93. Psalm. Im Anhang: Fotomechanischer Nachdruck des Quinarius (1680). Hg. v. Heinz Ludwig Arnold. Stuttgart 1973 (= Reclam).

67 LANGE, SAMUEL GOTTHOLD: Horatzische Oden und eine Auswahl aus des Quintus Horatius Flaccus Oden fünf Bücher (übersetzt von S. G. Lange). Faksimiledruck nach den Ausgaben von 1747 und 1752. Mit einem Nachwort v. Frank Jolles, Stuttgart 1971.

68 LEIBNIZ, GOTTFRIED WILHELM: M: Monadologie. In: G. W. L.: Vernunftprinzipien der Natur und der Gnade. Monadologie. Hg. v. H. Herring. Hamburg 1956, S. 26–69.

– T: Die Theodizee. Übersetzung v. A. Buchenau. Einführender Essay v. M. Stockhammer. 2. Aufl. Hamburg 1968.

69  LESSING, GOTTHOLD EPHRAIM: Hamburgische Dramaturgie. Hg. u. kommentiert v. Klaus L. Berghahn. Stuttgart 1995 (= Reclam).

70  LEUBSCHER, M. JOHANNES THEODOR: Andreas Gryphius. In: Text + Kritik 7/8. 2., revidierte u.erweiterte Aufl. 1980, S. 13–23.

71  LIPSIUS, JUSTUS: Von der Bestendigkeit [De constantia]. Faks.-Druck der deutschen Übersetzung des Andreas Viritius nach der zweiten Auflage von ca. 1601. Mit den wichtigsten Lesarten der ersten Auflage von 1599. Hg. v. Leonard Forster. Stuttgart 1965.

*Oestreich, Gerhard*: Antiker Geist und moderner Staat bei Justus Lipsius (1547–1606). Der Neustoizismus als politische Bewegung. Hg. v. Nicolette Mout. Göttingen 1989.

72  LOGAU, FRIEDRICH VON: RaW: Reimensprüche und andere Werke in Einzeldrucken. Hg. u. mit e. Nachwort versehen v. Ulrich Seelbach. Tübingen 1992.

– SG: Sinngedichte. Hg. v. Ernst-Peter Wieckenberg. Stuttgart 1984 (= Reclam).

– SSG: Sämmtliche Sinngedichte. Hg. v. Gustav Eitner. Tübingen 1872 (= Bibliothek des Litterarischen Vereins in Stuttgart Bd. CXIII).

*Eitner, Gustav*: Schlußwort des Herausgebers. In: SSG (s. d.), S. 694–748.

*Elschenbroich, Adalbert*: Friedrich von Logau. In: III Steinhagen/von Wiese (Hgg.): Deutsche Dichter (s. d.), S. 208–226.

*Palme, Andreas*: »Bücher haben auch jhr Glücke«. Die Sinngedichte Friedrich von Logaus und ihre Rezeptionsgeschichte. Erlangen u. a. 1998.

*Seelbach, Ulrich*: Nachwort des Herausgebers. In: RaW (s. d.), S. 1*–68*.

*Verweyen, Theodor* (1988): Friedrich von Logau. In: III Grimm/Max (Hgg.): Deutsche Dichter. Bd. 2 (s. d.), S. 163–173.

– (1989): Friedrich von Logau. Ein unbekanntes Gedicht und Hinweise zur Biographie des Autors. In: Euphorion 83. 1989, S. 246–260.

*Wieckenberg, Ernst-Peter*: (1982): Logau: Moralist und Satiriker. In: IV Volker Meid (1982) (Hg.): Gedichte und Interpretationen (s. d.), S. 257–266.

– (1984): Nachwort. In: SD (s. d.), S. 285–311.

73  LOHENSTEIN, DANIEL CASPER VON: H: Hyacinthen. In: D. C. v. L.: Lyrica. Die Sammlung ›Blumen‹ (1680) und ›Erleuchteter Hoffmann‹ (1685) nebst einem Anhang: Gelegenheitsgedichte in separater Überlieferung. Hg. u. mit e. Nachwort vers. v. Gerhard Spellerberg. Tübingen 1992, S. [377]–[478].

74  LOTICHIUS SECUNDUS, PETRUS

*Kühlmann, Wilhelm*: Pagane Frömmigkeit und lyrische Erlebnisfiktion. Präsenz und Funktion des antiken Mythos in Petrus Lotichius' Secundus Elegie ›Ad Lunam‹. In: Bodo Guthmüller u. Wilhelm Kühlmann (Hgg.): Renaissancekultur und antike Mythologie. Tübingen 1999, S. 149–166.

75  LUDWIG VON ANHALT-KÖTHEN, FÜRST: Der Fruchtbringenden Gesellschaft Nahmen / Vorhaben / Gemählde und Wörter. Mit Georg Philipp Harsdörffers ›Fortpflantzung der Hochlöblichen Fruchtbringenden Gesellschaft‹. Hg. v. Martin Bircher. München 1971(= Die Fruchtbringende Gesellschaft. Quellen und Dokumente in 4 Bdn. Bd. 1).

76  LUKREZ: Über die Natur der Dinge. Hg. v. Georg Klaus. Berlin (Ost) 1957.

77  LUTHER, MARTIN: ARSL: An die Ratherren aller Städte deutschs Lands, daß sie christliche Schulen aufrichten und halten sollen. In: D. Martin Luthers Werke. Kritische Gesamtausgabe. Weimar 1883ff. Unveränd. Nachdruck Graz 1864ff., Bd. 15, S. 9–53.

*Althaus, Paul*: Der Schöpfungsgedanke bei Luther. München 1959.

*Wolf, Herbert*: Martin Luther. Eine Einführung in germanistische Luther-Studien. Stuttgart 1980.

78  MACPHERSON, JAMES:
*Schmidt, Wolf Gerhard*: ›Homer des Nordens‹ und ›Mutter der Romantik‹. James Macphersons ›Ossian‹ und seine Rezeption in der deutschsprachigen Literatur. Bd. 1. James Macphersons ›Ossian‹, zeitgenössische Diskurse und die Frühphase der deutschen Rezeption. Berlin New York 2003.
79  MARTIAL (MARCUS VALERIUS MARTIALIS): Epigramme. Ausgewählt, übersetzt u. erläutert v. Harry C. Schnur. Stuttgart 1992 (= Reclam).
*Schnur, Harry C.*: Einführung. Ebda., S. 5–14.
80  MAYR, ANDREAS:
*Hager, Stephan*: »Miessig sein, ist nit mein Freudt«. Beamtenethos und Poesie im dichterischen Schaffen des niederbayerischen Pflegrichters Andreas Mayr im Kontext des oberdeutschen Literatursystems der frühen Neuzeit. In: Verhandlungen des Historischen Vereins für Niederbayern. Bd. 127/128. Landshut 2001–2002 (gedruckt Dez. 2003), S. 51–162.
81  MELANCHTHON, PHILIPP: Glaube und Bildung. Texte zum christlichen Humanismus. Lat./ Dt. Ausgew., übs. u. hg. v. Günther R. Schmidt. Stuttgart 1989.
*Schmidt, Günther R*: Einleitung. Ebda., 3–27.
82  MENTZER, BALTHASAR: Christlicher / In Gottes Wort wol begrünter Bericht / Von vier vornemen Stücken der christlichen Lehr / Nemlich: I. Von der Person unnd Ampt unseres HErrn und Heylandes Jesu Christi. II. Von der heiligen Tauffe. III. Von dem Hochwürdigen Abendmal deß HErrn. IV. Von der Ewigen Gnadenwahl der Kinder Gottes zum ewigen Leben. Giessen 1612.
83  MORHOF, DANIEL GEORG: Unterricht von der teutschen Sprache und Poesie. Hg. v. Henning Boetius. Reprogr. Nachdr. d. 2. Aufl. 1700. Bad Homburg v.d.H. Berlin Zürich 1969.
84  MÜHLPFORT, HEINRICH: Poemata. Neudruck der Ausgabe Breslau und Frankfurt am Main 1686. Hg. u. eingel. v. Lutz Claren u. Joachim Huber. Frankf. a. M. 1991 (= Texte der Frühen Neuzeit).
  –  Teutsche Gedichte. Poetischer Gedichte Ander Theil. Neudruck d. Ausgabe Breslau und Frankfurt am Main 1686/87. Hg. u. eingel. v. Heinz Entner. Frankf. a. M. 1991 (= Texte der Frühen Neuzeit).
85  NETTESHEIM, HEINRICUS CORNELIUS AGRIPPA VON: Die magischen Werke. Wiesbaden 1982.
86  NEUMARK, GEORG: Der Neu=Sprossende Teutsche Palmbaum. Oder Ausführlicher Bericht / Von der Hochlöblichen Fruchtbringenden Gesellschaft Anfang / Absehn / Satzungen / Eigenschaft / und deroselben Fortpflantzung... (Nürnberg und Weimar 1668). Reprint der Originalausgabe. Hg. v. Martin Bircher. München 1970 (= Die Fruchtbringende Gesellschaft. Quellen und Dokumente in vier Bänden. Bd. 3).
87  NOVALIS: CE: Die Christenheit oder Europa (1799), in: Ders.: Schriften. Bd. III. Das philosophische Werk II. Hg. v. Richard Samuel in Zusammenarbeit mit Hans-Joachim Mähl und Gerhard Schulz. Darmstadt 1968, S. 507–524.
  –  VBB: Vermischte Bemerkungen und Blüthenstaub, in: Ders.: Schriften. Bd. II. Das philosophische Werk I. Hg. v. Richard Samuel in Zusammenarbeit mit Hans-Joachim Mähl und Gerhard Schulz. Darmstadt 1965, S. 412–470.
88  OMEIS, MAGNUS DANIEL: Gründliche Anleitung Zur Teutschen accuraten Reim= und Dicht=Kunst. Andere Auflage, Nürnberg 1712.
89  OPITZ, MARTIN: A: Aristarch oder Wider die Verachtung der deutschen Sprache (1617). In: M. O.: BDP (s. d.), S. 77–94.
  –  AAJ: Auf den Anfang deß 1621. Jahrs. In: M. O.: GP (s. d.), S. 272–278.
  –  An Nüßler, in: M O.: W P II (s. d.), S. 315–320.
  –  BDP: Buch von der Deutschen Poeterey (1624). Mit dem ›Aristarchus‹ (1617) und den Opitzschen Vorreden zu seinen ›Teutschen Poemata‹ (1624 und 1625) sowie der Vorrede zu seiner Übersetzung der ›Trojanerinnen‹ (1625). Hg. v. Herbert Jaumann. Stuttgart 2002 (= Reclam).

- G: Gedichte. Eine Auswahl. Hg. v. Jan-Dirk Müller. Stuttgart 1970 (= Reclam).
- GP: Geistliche Poemata 1638. Hg. v. Erich Trunz. 2., überarb. Aufl. Tübingen 1975.
- GW: Gesammelte Werke. Kritische Ausgabe. Hg. v. George Schulz-Behrend. Stuttgart
  1968 ff. (= Bibliothek des literarischen Vereins Stuttgart). Band I: Die Werke von 1621 bis
  1621. 1968. – Bd. II: Die Werke von 1621 bis 1626. 2 Teile. 1978/1979. – Bd. III: Die
  Übersetzung von John Barclays Argenis. 2 Teile. 1970. – Band IV/1: Die Werke von Ende
  1626 bis 1630. 2 Teile. 1989/1990.
- Jugendschriften vor 1619. Faksimileausgabe des Janus Gruter gewidmeten Sammelbandes
  mit den handschriftlichen Ergänzungen und Berichtigungen des Verfassers. Hg. v. Jörg-
  Ulrich Fechner. Stuttgart 1970.
- LGC: Lobgesang: Vber den frewdenreichen Geburtstag vnsers HErren vnd Heylands Jesu
  Christi. In: M. O.: GP (s d.), S. 244–272.
- LKM: Lob des Krieges Gottes Martis. In: M. O.: WP I (s. d.), S. 129–188.
- LTP: Leservorrede zu: Teutsche Poemata (1624). In: M. O.: BDP (s. d.), S. 95–100.
- PD: Die Psalmen Davids Nach den Frantzösischen Weisen gesetzt. Hg. v. Eckhard Gru-
  newald u. Henning P. Jürgens. Hildesheim Zürich New York 2004. Nachdruck der Aus-
  gabe Danzig 1637.
- SHL: Salomons Deß Hebreischen Kŏniges hohes Liedt: Von Martin Opitzen in Teutsche
  Gesånge gebracht. In: M. O.: GP (s. d.), S. 7–34.
- SNH: Schäfferey / Von der Nimfen Hercinie. In: M. O.: WP II (s. d.), S. 397–464.
- TWK: Trostgedicht In Widerwertigkeit deß Kriegs. In: M. O.: GP (s. d.), S. 334–408.
- V: Vesvvivs. Poema Germanicum. In: M. O.: WP I (s. d.), S. 31–84.
- VG: Vielguet. Ebda., S. 85–102.
- WP I: Weltliche Poemata 1644. Erster Teil. Unter Mitwirkung v. Christine Eisner hg. v.
  Erich Trunz. 2., überarb. Aufl. Tübingen 1975.
- WP II: Weltliche Poemata 1644. Zweiter Teil. Mit einem Anhang: Florilegium variorum
  epigrammatum. Unter Mitwirkung von Irmgard Böttcher und Marian Szyrocki. Hg. v.
  Erich Trunz. Tübingen 1975.
- WPV: Vorrede. In: M. O.: WP I (s. d.), unpag.
- Z: Zlatna Oder Getichte Von Ruhe deß Gemŭthes. In: M. O.: WP I, S. 189–232.

*Becker-Cantarino*, *Barbara* (1974): Satyra in nostri belli levitatem: Opitz' ›Lob des Krieges
  Gottes Martis‹. In: DVjs. 48. 1974, S. 291–317.
- (1982a): (Hg.): Martin Opitz. Studien zu Werk und Person. Amsterdam 1982 (= Daphnis
  Bd. 11. H. 3).
- (1982b): Vesuvius. Poema Germanicum. Opitz und der Dreißigjährige Krieg. Ebda., S. 65
  (501)–82 (518).
- (1990): Daniel Heinsius' ›De contemptu mortis‹ und Opitz' ›Trostgedichte‹. In: B-C./Fech-
  ner (Hgg.): Opitz und seine Welt (s. d.), S. 21–36.
*Becker-Cantarino*, *Barbara* und *Jörg-Ulrich Fechner* (Hgg.): Opitz und seine Welt: Fest-
  schrift für George Schulz-Behrend. Amsterdam Atlanta 1990 (= Chloe. Beihefte zum
  Daphnis Bd. 10).
*Béhar*, *Pierre:* Martin Opitz. Weltanschauliche Hintergründe einer literarischen Bewegung,
  in: GRM NF 34 (1984), S. 44–53.
*Berent*, *Eberhard*: Die Auffassung der Liebe bei Opitz und Weckherlin und ihre geschicht-
  lichen Vorstufen. Paris 1970.
*Berghoeffer*, *Christian Wilhelm:* Martin Opitz' Buch von der deutschen Poeterey. Diss. Phil.,
  Göttingen und Frankfurt/M. 1888.
*Bircher*, *Martin*: Bücher aus dem Besitz von Martin Opitz. In: Barbara Becker-Cantarino
  (1982 a) (Hg.): Martin Opitz (s. d.), S. 689–698.

*Borgstedt, Thomas/Walter Schmitz* (Hgg.): Martin Opitz (1597–1639). Nachahmungspoetik und Lebenswelt. Tübingen 2002.

*Borgstedt, Thomas*: Nachahmung und Nützlichkeit: Renaissancediskurse, ›Poeterey‹ und Monumentsonette. Ebda., S. 53–72.

*Braungart, Georg*: Opitz und die höfische Welt. In: Borgstedt / Schmitz (Hgg.): Martin Opitz (s. d.), S. 31–37.

*Conermann, Klaus* und Andreas Herz unter Mitarbeit von Olaf Ahrens: Der Briefwechsel des Martin Opitz. Ein chronologisches Repertorium. In: Wolfenbütteler Barock-Nachrichten 28, 2001, S. 3–133.

*Drux, Rudolf*: Martin Opitz und sein poetisches Regelsystem. Bonn 1976.

*Entner, Heinz:* Der Weg zum ›Buch von der Deutschen Poeterey‹. Humanistische Tradition und poetologische Voraussetzungen deutscher Dichtung im 17. Jahrhundert. In: Studien zur deutschen Literatur im 17. Jahrhundert, Berlin 1984, S. 11–144; 439–457.

*Fechner, Jörg-Ulrich*: Martin Opitz' ›Trostgedichte‹ in der Nachfolge von Petrarcas ›De remediis utriusque fortunae‹. In: Becker-Cantarino/ F. (Hgg): Martin Opitz und seine Welt (s. d.), S. 157–172.

*Forster, Leonard*: Martin Opitzens ›Schäfferey von der Nimfen Hercinie‹: Eine nicht nur arkadische Pionierarbeit. In: Richard Brinkmann / Karl-Heinz Habersetzer / Paul Raabe u. a. (Hgg.): Theatrum Europaeum. Festschrift f. Elida Maria Szarota. München 1982, S. 241–251.

*Garber, Klaus* (1976): Martin Opitz – »der Vater der deutschen Dichtung«. Eine kritische Studie zur Wissenschaftsgeschichte der Germanistik. Stuttgart 1976.

– (1982): Martin Opitz' Schäfferei von der Nimphe Hercinie. Ursprung der Prosaekloge und des Schäferromans in Deutschland. In: Daphnis 11. 1982, S. 547–603.

– (1984): Martin Opitz. In: III Steinhagen/von Wiese (Hgg.): Deutsche Dichter (s. d.), S. 116–184.

– (1990): Opitz, Martin. In: I LL (s. d.). Bd. 8. 1990, S. 504–509.

*Gellinek, Janis Little*: Die weltliche Lyrik des Martin Opitz. Bern München 1973.

*Grimm, Gunter E.*: Martin Opitz. In: III Grimm/Max (Hgg.): Deutsche Dichter (s. d.), S. 138–155.

*Harasimowicz, Jan:* Strobel, Opitz, Gryphius und die ›Europäische Allegorie‹ im Museo del Prado in Madrid. In: Borgstedt/Schmitz (Hgg.) Martin Opitz (s. d.), S. 250–271.

*Hempfer, Klaus W.*: Die Pluralisierung des erotischen Diskurses in der europäischen Lyrik des 16. und 17. Jahrhunderts (Ariost, Ronsard, Shakespeare, Opitz), in: GRM NF 38. 1988, S. 251–264.

*Ingen, Ferdinand van*: Niederländische Leitbilder. Opitz – Grotius. In: Borgstedt / Schmitz (Hgg.): Martin Opitz (s. d.), S. 169–190.

*Jaumann, Herbert*: (2002a): Anmerkungen. In: M. O.: BDP (s. d.), S. 123–184.

– (2002b): Nachwort. Ebda., S. 191–213.

*Kemper, Hans-Georg*: Platonismus im Barock. Martin Opitz' Rede über die Dignität der Dichtkunst im ›Buch von der Deutschen Poeterey‹ (Kap. I–IV). In: »…auf klassischem Boden begeistert«. Antike-Rezeptionen in der deutschen Literatur. Hg. v. Olaf Hildebrand/Thomas Pittrof. Freiburg i. Br. 2004. (= Rombach Wissenschaften. Reihe Paradeigmata. Bd.1. Festschrift für Jochen Schmidt zum 65. Geburtstag).

*Kestin, Joachim*: Die poetischen Hohelied-Aneignungen bei Friedrich von Spee und Martin Opitz. Tübingen 2000 (Staatsexamensarbeit. Masch.).

*Köbele, Susanne*: Weil die Liebe gleichsam der Wetzstein ist. In: Germanica Wratislaviensia 88. 1989, S. 74–84.

*Kühlmann, Wilhelm*: (1978): Militat omnis amans. Petrarkistische Ovidimitatio und bürgerliches Epithalamion bei Martin Opitz, in: Daphnis 7. 1978, S. 199–214.

– (2001): Martin Opitz: Deutsche Literatur und deutsche Nation. Heidelberg 2001.

*Maner, Hans-Christian*: Martin Opitz in Siebenbürgen (1622–1623) – Traum und Wirklichkeit fürstlicher Machtpolitik unter Gabriel Bethlen. Darstellung und Rezeption. In: Borgstedt/ Schmitz (Hgg.): Martin Opitz (s. d.), S. 154–168.

*Mannack, Eberhard*: Opitz und seine kritischen Verehrer. Ebda., S. 272–279.

*Max, Hugo*: Martin Opitz als geistlicher Dichter. Heidelberg 1931.

*Müller, Jan-Dirk*: [Anhang]. In: M. O.: G (s. d.), S. 183–213.

*Ötvös, Péter* (2001a): Selbstverteidigung, Selbstzitat und Selbstzensur bei Martin Opitz. In: Márta Nagy und László Jónácsik in Zusammenarbeit mit Edit Madas und Gábor Sarbak (Hgg.): »swer sinen vriunt behaltet, daz ist lobelich«. Festschrift für András Vizkelety zum 70. Geburtstag. Budapest 2001, S. 303–307.

– (2001b): Martin Opitzens kleine Welt in Siebenbürgen. In: Gerhard Kosellek (Hg.): Die oberschlesische Literaturlandschaft im 17. Jahrhundert. Bielefeld 2001, S. 205–220.

*Paulus, Julian und Robert Seidel*: Opitz-Bibliographie 1800–2002. Heidelberg 2003.

*Roloff, Hans-Gerd*: Martin Opitz – 400 Jahre! Ein Festvortrag. In: Borgstedt / Schmidt (Hgg.): Martin Opitz (s. d.), S. 7–30.

*Schulz-Buschhaus*, Ulrich: Emphase und Geometrie. Notizen zu Opitz' Sonettistik im Kontext des europäischen ›Petrarkismus‹. In: Borgstedt/Schmitz (Hgg.): Martin Opitz (s. d.), S. 73–87.

*Solbach, Andreas*: Rhetorik des Trostes: Opitz' ›Trostgedichte in Widerwertigkeit deß Krieges‹ (1621/33). In: Borgstedt/Schmitz (Hgg.): Martin Opitz (s. d.), S. 222–235.

*Szyrocki, Marian*: Martin Opitz. 2. Aufl. Berlin 1974.

*Trunz, Erich*: Nachwort 1975a: Nachwort des Herausgebers. In: M. O.: G P (s. d.), S. 1*–28*.

– Nachwort 1975b: Nachwort des Herausgebers, in: M. O.: WP II (s. d.), S. 1*–113*.

– (1990): Das Opitz-Porträt des Jacob van der Heyden von 1621. In: Becker-Cantarino/ Fechner (Hgg.) Martin Opitz und seine Welt (s. d.), S. 527–539.

*Tschopp, Silvia Serena*: Die Grotte in Martin Opitz' ›Schäfferey von der Nimfen Hercinie als Kreuzungspunkt bukolischer Diskurse. In: Borgstedt / Schmitz (Hgg.): Martin Opitz (s. d.), S. 236–249.

*Witkowski, Georg (Hg.)*: Martin Opizens ›Aristarchus sive de contemptu linguae Teutonicae‹ und ›Buch von der Deutschen Poeterey‹. Leipzig 1888.

90 OSIANDER, LUCAS: Theologisches Bedencken / Vnd Christliche Treuhertzige Erinnerung / welcher Gestalt Johann Arndten genandtes Wahres Christenthumb / nach Anleitung deß H. Worts Gottes / vnd der reinen Evangelischen Lehr vnd Bekandtnussen / anzusehen vnd zu achten seye / Allen Gottseligen Christen denen jetztgemeldtes Christenthumb zur Hand kommen / zu notwendiger Nachrichtung / gestelt vnd publiciert. Tübingen 1623.

91 OVID (d. i. PUBLIUS OVIDIUS NASO): A: Amores. Liebesgedichte. Lateinisch/Deutsch. Übs. u. hg. v. Michael von Albrecht. Stuttgart 1997 (= Reclam).

– AA: Ars amatoria. Liebeskunst. Lateinisch / Deutsch. Übers. u. hg. v. Michael von Albrecht. Stuttgart 1992. (= Reclam).

– GV: Gedichte aus der Verbannung. Eine Auswahl aus ›Tristia‹ und ›Epistulae ex Ponto‹. Lateinisch/Deutsch. Übs. v. Wilhelm Willige. Hg., erl. u. m. e. Nachw. v. Niklas Holzberg. Stuttgart 1995 (= Reclam).

– H: Heroides. Briefe der Heroinen. Lateinisch/Deutsch. Übersetzt u. hg. v. Detlev Hoffmann, Christoph Schliebitz u. Hermann Stocker. Stuttgart 2000 (= Reclam).

– M: Metamorphosen. Übers. v. Erich Rösch. Mit e. Einführung v. Niklas Holzberg. München 1990 (= Bibliothek der Antike).

*Döpp, Siegmar*: Werke Ovids. Eine Einführung. München 1992.

*Holzberg, Niklas*: Ovid. Dichter und Werk. München 1997.

92 PARACELSUS, THEOPHRASTUS: LN: Vom Licht der Natur und des Geistes. Eine Auswahl. In Verbindung mit K.-H. Weimann. Mit einer Einführung hg. v. K. Goldammer. Stuttgart 1979.

– O I/II: Opera Bücher vnd Schrifften / so viel deren zur Handt gebracht: … vnd durch Ioannem Hvserum Brisgoivm in zehen vnterschiedliche Theil / in Truck gegeben. Jetzt von newem mit vleiß vbersehen / auch mit etlichen bißhero vnbekandten Tractaten gemehrt / vnd vmb mehrer Bequemligkeit willen in zwen vnterschiedliche Tomos vnd Theil gebracht. Straßburg 1603–05.

– SW: Sämtliche Werke. Nach der zehnbändigen Huserschen Gesamtausgabe (1589–1591) zum erstenmal in Neuzeitliches Deutsch übersetzt. Mit Einleitung, Biographie, Literaturangaben und erklärenden Anmerkungen versehen v. B. Aschner. 4 Bde. Jena 1926–1932.

93 PARAEUS, DAVID: Summarische Erklärung Der wahren Catholischen Lehr / so in der Chur Pfaltz bei Rhein / vnnd andern vom Bapstlichen Sawerteig gesäuberten Kirchen / beständig und einmütiglich auß Gottes Wort geübet wird / von den fürnembsten jetziger zeit strittigen Religions=Artickeln: In kurtze Puncten gründlich verfasset / vnd mit Zeugnissen der heiligen Schrifft befestiget. Gestellet vnd auffs new vbersehen. Amberg 1615.

94 PETRARCA, FRANCESCO: Canzoniere. Zweisprachige Gesamtausgabe. Nach einer Interlinearübersetzung von Geraldine Gabor, in deutsche Verse gebracht von Ernst-Jürgen Dreyer. München 1993.

*Hoffmeister, Gerhart*: Petrarca. Stuttgart Weimar 1997.

*Stierle, Karlheinz*: Petrarca. Fragmente eines Selbstentwurfs. Essay. Aus dem ›Canzoniere‹. Zweisprachige Ausgabe. München Wien 1998.

– Francesco Petrarca. Ein Intellektueller im Europa des 14. Jahrhunderts. München Wien 2003.

95 PICO, GIOVANNI DELLA MIRANDOLA: De dignitate hominis. Lateinisch und deutsch. Eingel. v. E. Garin. Bad Homburg v. d. H. Berlin Zürich 1968.

96 PINDAR: Oden. Griechisch/Deutsch. Übs. u. hg. v. Eugen Dönt. Stuttgart 2001 ( Reclam).

97 PLATON: P: Politeia. In: P.: Sämtliche Werke. Bd. 3. Phaidon, Politeia. In der Übersetzung v. Friedrich Schleiermacher mit der Stephanus-Numerierung hg. v. Walter F. Otto, Ernesto Grassi, Gert Plamböck. Hamburg 1959, S. 67–310.

– T: Timaios. In: P.: Sämtliche Werke. Bd. 5. Politikos, Philebos, Timaios, Kritias. Nach der Übersetzung von Friedrich Schleiermacher und Hieronymus Müller mit der Stephanus-Numerierung hg. v. Walter F. Otto, Ernesto Grassi, Gert Plamböck. Hamburg 1959, S. 141–213.

– TE: Das Trinkgelage oder über den Eros. Übertragung, Nachwort u. Erläuterungen v. Ute Schmidt-Berger. Mit e. Wirkungsgeschichte v. Jochen Schmidt u. griechischen Vasenbildern. Frankf. a. M. 1985.

*Landmann, Michael*: Die Weltschöpfung im Timaios und in der Genesis. In: Antaios 7. 1966, S. 476–500.

*Schmidt, Jochen*: Wirkungsgeschichte: Die platonische Liebe in der europäischen Philosophie und Literatur. In: P.: TE (s. d.), S. 160–187.

98 PLOTIN: SW: Die Stufen der Wirklichkeit. In: P.: Auswahl u. Einleitung v. Richard Harder. Frankfurt/M. u. Hamburg 1958 (= Fischer Bücherei 203).

– ÜS: Über das Schöne. In: P.: Ausgewählte Schriften. Hg., übs. u. komm. v. Christian Tornau. Stuttgart 2001, S. 47–60 (= Reclam).

*Tornau, Christian*: Kommentar. Ebda., S. 333–431.

99 PROPERZ (SEXTUS PROPERTIUS): Sämtliche Gedichte. Lateinisch/Deutsch. Übs. u. hg. v. Burkhard Mojsisch, Hans-Horst Schwarz, Isabel J. Tautz. Stuttgart 1993 ( Reclam).

100  PUFENDORF, SAMUEL: Die Verfassung des deutschen Reiches. Übersetzung, Anmerkungen u.
          Nachwort v. H. Denzer. Stuttgart 1976 (= Reclam).
101  QUENSTEDT, JOHANN ANDREAS:
          *Baur, Jörg*: Die Vernunft zwischen Ontologie und Evangelium. Eine Untersuchung zur
          Theologie Johann Andreas Quenstedts. Gütersloh 1962.
102  RIST, JOHANN: BARTH: Baptistae Armati, Vatis Thalosi. Rettung der Edlen Teütschen
          Hauptsprache. ... Jn unterschiedenen Briefen ... für die Augen gestellet. In: J. R.: SW
          (s. d.), Bd. VII. 1982, S. 67–149.
      –  FWT: Das Friedewünschende Teütschland / Jn einem Schauspiele öffentlich vorgestellet
          und beschrieben. In: J. R.: SW (s. d.). Bd. II. 1972, S. 1–203.
      –  NTP: Neuer Teutscher Parnass. Nachdr. d. Ausg. Lüneburg 1652. Hildesheim New York
          1978.
      –  PP: Philosophischer Phoenix. Das ist: Kurtze / jedoch Gründliche vnnd Sonnenklare
          Entdeckunge der waren vnd eigentlichen Matery deß Aller-Edelsten Steines der Weisen.
          In: J. R.: SW (s. d.). Bd. VII. 1982. S. 1–29.
      –  RP: Nothwendige Rettung vnnd rechtmässige Vertheidigung des Philosophschen Phoenix.
          Ebda., S. 31–65.
      SW: Sämtliche Werke. Hg. v. Eberhard Mannack. Bd. 1ff. Berlin/New York 1967ff.
      *Trepp, Anne-Charlott*: Im ›Buch der Natur‹ lesen: Natur und Religion im Zeitalter der Kon-
          fessionalisierung und des Dreißigjährigen Krieges. In: III A.-C. T. / Lehmann (Hgg.):
          Antike Weisheit (s. d.), S. 103–143.
103  ROLLENHAGEN, GABRIEL: Sinn-Bilder. Ein Tugendspiegel. Bearb., mit e. Nachw. vers. u. hg.
          v. Carsten-Peter Warncke. Dortmund 1983. [Zuerst 2 Bde. 1611/1613]
104  ROMPLER VON LÖWENHALT: Des Jesaias Romplers von Löwenhalt erstes gebüsch seiner
          Reim-getichte 1647 mit einem Nachwort, Kommentaren u. bibliogr. Anhang. Hg. v. Wil-
          helm Kühlmann u. Walter E. Schäfer. Tübingen 1988.
          *Kühlmann, Wilhelm und Walter Schäfer*: Anhang. Ebda., S. 1*–117*.
105  RONSARD, PIERRE DE: Oeuvres complètes. Texte de 1578 publié avec complements, tables et
          glossaire par Hugues Vaganay. Avec une introduction par Pierre de Nolhac. Tome cin-
          quiéme. Les Élégies, Éclogues et Mascarades. Paris 1923.
106  ROTTH, ALBRECHT CHRISTIAN: Vollständige Deutsche Poesie (1688). 2 Bde. Hg. v. Rosmarie
          Zeller. Tübingen 2000 (= Deutsche Neudrucke. Reihe Barock. Bd. 41).
107  RUBENS, PETER PAUL:
          *D'Hulst / M. Vandeven*: Rubens. The Old Testament. Translated from the Dutch by P. S.
          Falla. New York 1989 (= Corpus Rubenianum Ludwig Burchard Part III).
108  RÜHM, GERHARD: Persönliches zur deutschen Barockdichtung. In: III Lüdke/Schmidt (Hgg):
          Verkehrte Welten (s. d.), S. 92–99.
109  SCALIGER, JULIUS CAESAR: Poetices libri septem. Faks. Neudr. d. Ausg. Lyon 1561 mit einer
          Einl. v. August Buck. Stuttgart Bad Cannstatt 1964.
110  SCHEDE, PAUL (GEN. MELISSUS):
          *Kühlmann, Wilhelm*: Poetische Hexenangst. Zu zwei Gedichten des pfälzischen Humanisten
          Paul Schede Melissus (1539–1602) und ihrem literarischen Kontext. In: Hermann Wie-
          gand (Hg.): Palatinatus semper illustrandus. Beiträge zur Geschichte, Literatur, Volks-
          kunde und Geographie der Kurpfalz. Festschrift zum 65. Geburtstag v. Hansjörg Probst.
          Sigmaringen 1997, S. 131–148 (= Mannheimer Geschichtsblätter NF Bd. 4).
111  SCHEFFLER, JOHANNES (ANGELUS SILESIUS): CW: Cherubinischer Wandersmann. Kritische
          Ausgabe, hg. v. Louise Gnädinger. Stuttgart 1984 (= Reclam).
      –  Held I–III: Sämtliche poetische Werke in 3 Bdn., hg. u. eingel. v. Hans Ludwig Held, neu
          überarbeitete 3. Aufl. München 1952. Neuauflage Wiesbaden 2002.

– HS: Heilige Seelen-Lust oder geistliche Hirtenlieder der in ihren Jesum verliebten Psyche. Ebda., Bd. II, S. 31–370.

– SB: Sinnliche Beschreibung der vier letzten Dinge. Ebda., Bd. III, S. 223–312.

112 SCHEIBEL, GOTTFRIED EPHRAIM: Die Unerkannte Sünden Der Poeten Welche man Sowohl in ihren Schrifften als in ihrem Leben wahrnimmt. Nach den Regeln des Christenthums und vernünfftiger Sittenlehre geprüfet. Leipzig 1734.

113 SCHEIN, JOHANN HERMANN:
*Hermelink, S.*: Schein, Johann Hermann. In: I RGG (s. d.). Bd. 5. 1961, Sp. 1394f.

114 SCHERFFER VON SCHERFFENSTEIN, WENCEL: Geist- und weltlicher Gedichte Erster Teil. Brieg 1652. Hg. u. mit e. Nachwort vers. v. Ewa Pietrzak. Tübingen 1997 (= Rara ex Bibliothecis Silesiis Bd. 6).
*Pietrzak, Ewa*: Nachwort. Ebda., S. 1*–117*.
*Szyrocki, Marian*: Scherffer von Scherffenstein, Wenzel. In: I LL (s. d.). Bd. 10. 1991, S. 196–198.

115 SCHILLER, FRIEDRICH: Philosophische Briefe. In: F.S.: Erzählungen / Theoretische Schriften. Hg. v. Gerhard Fricke u. Herbert G. Göpfert. 5., durchges. Aufl. München 1975, S. 336–358 (= Sämtliche Werke Bd. 5).

116 SCHIRMER, DAVID: SR: Singende Rosen oder Liebes- und Tugend-Lieder 1654. Hg. u. m. e. editor. Anhang versehen v. Anthony J. Harper. Tübingen 2003 (= Weltliche Liederdichter des 17. Jahrhunderts).
– PRG: Poetische Rosen-Gepüsche 1657. Hg. u. m. e. editor. Anhang versehen v. Anthony J. Harper. Tübingen 2003 (= Weltliche Liederdichter des 17. Jahrhunderts).
*Harper, David J.*: Anhang. In: D. S.: Singende Rosen (s. d.), S. 3*–125*.
*Prätorius, Bernd*: Schirmer, David. In: I LL (s. d.). Bd. 10. 1991, S. 249f.

117 SCHOCH, JOHANN GEORG:
*Prätorius, Bernd*: Schoch, Johann Georg. In: I LL (s. d.). Bd. 10. 1991, S. 349.

118 SCHOTTELIUS, JUSTUS GEORG: AATH: Ausführliche Arbeit Von der Teutschen HaubtSprache 1663. Hg. v. Wolfgang Hecht. 2 Teile. Tübingen 1967 (= Deutsche Neudrucke. Reihe: Barock. Bde. 11/12).
– TVRK: Teutsche Vers= oder Reim=Kunst darin Vnsere Teutsche Muttersprache, So Viel dero süßeste Poesie betrifft, in eine richtige Form der Kunst Zum ersten male gebracht worden. Franckfurt am Mayn 1656.
*Berns, Jörg Jochen*: Justus Georg Schottelius. In: III Steinhagen / von Wiese: Deutsche Dichter (s. d.), S. 415–434.

119 SELNECKER, NIKOLAUS: CKA: Christliche Kurtze Antwort auff die lesterung vnd Sacramentirische schmähschrift Lamberti Danai, jtzt Anno 1581 in Druck zu Genff gegeben. Etliche Christliche Gebet wider die Schwermer / aus dem Psalter Dauids. Leipzig 1581.
– SCP: Speculum Coniugale et Politicum. Ehe und Regentenspiegel (1589). 2. Aufl. Eißleben 1600.

120 SHAKESPEARE, WILLIAM: Dreißig Sonette. Englisch/Deutsch. Übertragen von Paul Hoffmann. Tübingen 2002.

121 SPEE, FRIEDRICH VON: CC: Cautio Criminalis oder Rechtliches Bedenken wegen der Hexenprozesse. Mit acht Kupferstichen aus der ›Bilder-Cautio‹. Aus dem Lateinischen übertragen u. eingeleitet v. Joachim Friedrich Ritter. München 1982.
– GTB: Güldenes Tugend-Buch. Hg. v. Theo G. M. van Oorschot. München 1968 (= F. Spee. Sämtliche Schriften. Histor.-krit. Ausgabe in 3 Bdn. Bd. 2).
– TN: Trvtz-Nachtigal. Kritische Ausgabe nach der Trierer Handschrift. Hg. v. Theo G. M. van Oorschot. Stuttgart 1985 (= Reclam).
*Eicheldinger, Martina*: Friedrich Spee – Seelsorger und poeta doctus. Die Tradition des Hohenliedes und die Einflüsse der ignatianischen Andacht in seinem Werk. Tübingen 1991 (= Studien zur deutschen Literatur Bd. 110).

*Franz, Gunther* (Hg.): Friedrich Spee. Dichter, Seelsorger, Bekämpfer des Hexenwahns. Kaiserswerth 1591 – Trier 1635. Katalog derAusstellung in Düsseldorf 1991. Trier 1991.

122 SPENER, PHILIPP JAKOB: Pia desideria: oder Hertzliches Verlangen / Nach Gottgefälliger Besserung der wahren Evangelischen Kirchen . Hg. v. K. Aland. 3., durchges. Aufl. Berlin 1964.

123 SPENSER, EDMUND: The Poetical Works of Edmund Spenser in Three Volumes. Vol. I. Spenser's Minor Poems. Hg v. Ernest de Sélincourt. Oxford 1910, S. 369–434.

124 SPRENGER, JAKOB / INSTITORIS, HEINRICH: Der Hexenhammer (Malleus maleficarum). Aus dem Lateinischen übertragen u. eingeleitet v. J. W. R. Schmidt. 3 Teile. München 1982.

125 STAHL, GEORG ERNST: Über den mannigfaltigen Einfluß von Gemütsbewegungen auf den menschlichen Körper. Halle 1695.

126 STEGMANN, JOSUA: Ernewerte Hertzen=Seufftzer (1663). Hg. v. Karl-Heinz Habersetzer u. Marian Szyrocki. Tübingen 1987 (= Andreas Gryphius: Gesamtausgabe der deutschsprachigen Werke. Ergänzungsband 2/2).
*Habersetzer, Karl-Heinz* u. *Marian Szyrocki*: Einleitung. Zur Druckgeschichte und Überarbeitung der ›Ernewerten Hertzen=Seufftzer‹. Ebda., S. VII–XVII.

127 STIEFF, CHRISTIAN: Andreae Gryphii Lebens-Lauff. In: Text +Kritik 7/8. 2., revidierte u. erweiterte Aufl. 1980, S. 25–31.

128 STOLTZIUS VON STOLTZENBERG, DANIEL: Chymisches Lustgärtlein (1624). Reprograf. Nachdruck Darmstadt 1975.

129 STOSCH, BALTZER SIEGMUND VON: Danck= und Denck=Seule des Andreae Gryphii. In: Text + Kritik 7/8. 2., revidierte u. erweiterte Aufl. 1980, S. 3–11.

130 THEOKRIT: Sämtliche Dichtungen. Aus dem Griechischen übertragen u. hg. v. Dietrich Ebener. Frankf./M. 1989.

131 TIBULL (ALBIUS TIBULLUS): Elegische Gedichte. Lateinisch/Deutsch. Übs. u. hg. v. Joachim Lilienweiß, Arne Malmsheimer u. Burkhard Mojsisch. Stuttgart 2001 ( Reclam).

132 TITZ, JOHANN PETER: Zwey Bûcher Von der Kunst Hochdeutsche Verse und Lieder zu machen. Dantzig 1642.

133 TSCHERNING, ANDREAS:
*Borcherdt, Hans Heinrich*: Andreas Tscherning. Ein Beitrag zur Literatur- und Kultur-Geschichte des 17. Jahrhunderts. München-Leipzig 1912.
*Prätorius, Bernd*: Tscherning, Andreas. In: I LL (s. d.). Bd. 11. 1991, S. 431f.

134 UHSE, ERDMANN: Wohl-informirter Redner, worinnen die Oratorischen Kunst-Griffe vom kleinesten bis zum grösten, durch Kurtze Fragen Und ausführliche Antwort vorgetragen werden. 1709. Photomech. Reproduktion. Kronberg Ts. 1974 (= Scriptor Reprints).

135 VALLA, LORENZO: Von der Lust oder vom wahren Guten. De voluptate sive de vero bono. Lateinisch-deutsche Ausgabe hg. u. übs. v. Peter Michael Schenkel. Eingeleitet v. Eckhard Keßler. München 2004 (= Humanistische Bibliothek. Reihe II. Texte. Bd. 34).

136 VENATOR, BALTHASAR: Gesammelte Schriften (Lateinisch-Deutsch). Hg. v. Georg Burkard u. Johannes Schöndorf. 2 Bde. Heidelberg 2001. (= Bibliotheca Neolatina Bd. 9).
*Kühlmann, Wilhelm*: Geleitwort. Ebda., Bd. I, S. IXf.

137 VERGIL: A: Aeneis. 12 Gesänge. Unter Verwendung der Übertragung Ludwig Neuffers übers. u. hg. v. Wilhelm Plankl. Stuttgart 1968 (= Reclam).
– E: Hirtengedichte (Eklogen). Übs. u. erl. v. Harry C. Schnur. Stuttgart 1976 ( Reclam).
– SW: Sämtliche Werke. Hirtengedichte. Landbau. Katalepton. Aeneis. Hg. u. übs. v. Johannes u. Maria Götte. München 1972.

138 WACKENRODER, WILHELM HEINRICH / LUDWIG TIECK: Herzensergießungen eines kunstliebenden Klosterbruders. Nachwort von Richard Benz. Stuttgart 1987 (= Reclam).
*Bollacher, Martin*: Wackenroder und die Kunstauffassung der frühen Romantik. Darmstadt 1983. (=Erträge der Forschung Bd. 202).

139 WALCH, JOHANN GEORG: Historische und Theologische Einleitung in die Religions-Streitig-
keiten der Evangelisch-Lutherischen Kirchen. Von der Reformation an bis auf ietzige
Zeiten. 5 Bde. Jena 1730–1739.

140 WECKHERLIN, GEORG RODOLF: G I–III: Gedichte. 3 Bde. Hg. v. Hermann Fischer. Repro-
graf. Nachdruck der Ausgabe Tübingen 1894, 1895, 1907. – 2. unveränderte Aufl. Darm-
stadt 1968.
G-W: Gedichte. Ausgewählt und hg. v. Christian Wagenknecht, Stuttgart 1972 (= Reclam).
– GWG I: G.R.W.: Gaistliche und Weltliche Gedichte (Amsterdam 1641). In: G I (s. d.),
S. 289–520.
– GWG II: G.R.W.: Gaistliche und Weltliche Gedichte (Amsterdam 1648). In: G II (s. d.),
S. 3–461.
– O I: G.R.W.: Oden und Gesänge (1618). In: G I (s. d.), S. 87–188.
– O II: G.R.W.: Das ander Buch Oden und Gesäng (1619). Ebda., S. 189–288.
– T: G. R. W.: Triumf NEwlich bey der F. kindtauf zu Stutgart gehalten. In: I SH I (s. d.),
S. 5–186.
Borgstedt, Thomas: Georg Rodolf Weckherlins ›Buhlereyen‹-Zyklus und sein Vorbild bei
Edmund Spenser. In: arcadia 29. 1994, S. 240–266.
Breuer, Dieter: Georg Rodolf Weckherlin. In: III Grimm/Max (Hgg.): Deutsche Dichter 2
(s. d.), S. 119–127.
Eitle, Max: Studien zu Weckherlins ›Geistlichen Gedichten‹. Diss. Tübingen 1911.
Fischer, Hermann: Vorrede. In: G.R.W.: G II (s. d.), S. Vf.
Forster, Leonard Wilson (1944): Georg Rudolf Weckherlin. Zur Kenntnis seines Lebens in
England. Basel 1944 (= Basler Studien zur deutschen Sprache und Literatur 2).
– (1979): Georg Rudolf Weckherlin. In: III M. Bircher (Hg.): Deutsche Schriftsteller im
Porträt (s. d.), S. 176f.
Lentz, Hans: Zum Verhältnis von Versiktus und Wortakzent im Versbau G. R. Weckherlins.
München 1966 (= Studien und Quellen zur Versgeschichte Bd. 1).
Meid, Volker (1982): Ein politischer Deutscher. Zu Weckherlins Sonett ›An das Teutsch-
land‹. In: IV V. M. (1982) (Hg.): Gedichte und Interpretationen (s. d.), S. 149–158.
– (1992): Georg Rudolf Weckherlin. In: I LL (s. d.). Bd. 12. 1992, S. 170–172.
Ribbat, Ernst: Georg Rodolf Weckherlin. In: III Steinhagen/von Wiese (Hgg.): Deutsche
Dichter des 17. Jahrhunderts (s. d.), S. 74–89.
Wagenknecht, Christian (1971): Weckherlin und Opitz. Zur Metrik der deutschen Renais-
sance-Poesie. München 1971.
– (1972): Nachwort. In: G. R. W.: G-W (s. d.), S. 259–264.
Weimar-Kluser, Silvia: Die höfische Dichtung Georg Rudolf Weckherlins. Bern/Frankf./M.
1971.

141 WERNICKE, CHRISTIAN:
Verweyen, Theodor: Christian Wernicke. In: III Grimm/Max (Hgg.): Deutsche Dichter
(s. d.), S. 428–435.

142 WINCKELMAN, JOHANN: Die trôstliche Lehr / Von der Gnadenwahl oder Erwehlung der
Kinder GOttes zum ewigen Leben. In Frage und Antwort kûrtzlich verfasset / einfeltigen
Christen zum Unterricht und Trost. Giessen 1612.

143 ZESEN, PHILIPP VON: DH: Deutscher Helicon (1641). Bearbeitet von Ulrich Maché. In: SW
(s. d.). Bd. IX. 1971.
– FL: FrûhlingsLust oder Lob= und Liebes=Lieder. In: SW (s. d.). Bd. I/1. Bearbeitet v.
Ferdinand van Ingen. 1980, S. 35–200.
– GS : Gesellschaftsschriften. Bearbeitet v. Karl F. Otto Jr. In: SW (s. d.). Bd. XII. 1985,
S. 179–419.

– HDH I/II: Hoch=Deutscher Helikon (1656). Bearbeitet v. Ulrich Maché. 2 Bde. In: SW
   (s. d.). Bde. X/1 und X/2. 1977.
– L: Lustinne / Das ist / Gebundene Lust=Rede von Kraft und Wůrkung der Liebe. In: SW
   (s. d.). Bd. I/1. Bearbeitet v. Ferdinand van Ingen. 1980, S. 235–258.
– RM: Rosen=mand: das ist in ein und dreissig gesprächen Eröffnete Wunderschacht zum
   unerschåtzlichen Steine der Weisen. Hamburg 1651. In: SW (s. d.), Bd. XI. Bearbeitet v.
   Ulrich Maché. 1974, S. 79–245.
– SH/RH: Schöne Hamburgerin / Die reinweiße Hertzogin. In: SW (s. d.). Bd. I/2. Bearbeitet v. Ferdinand van Ingen. 1993, S. 223–281.
– SW: P.v.Z.: Sämtliche Werke unter Mitwirkung v. Ulrich Maché u. Volker Meid hg. v.
   Ferdinand van Ingen. Berlin New York 1971–2003.
*Maché, Ulrich*: Zesens Bedeutung für die Entwicklungsgeschichte der Poetik im 17. Jahr-
   hundert. In: Ferdinand van Ingen (Hg.): Philipp von Zesen 1619–1969. Beiträge zu sei-
   nem Leben und Werk. Wiesbaden 1972, S. 193–220.
144 ZINCGREF, JULIUS WILHELM EEP: Emblemata ethico-politica. Hg. v. Dieter Mertens u.
   Theodor Verweyen. 1. Teilbd.: Text. 2. Teilbd.: Erläuterungen u. Verifizierungen. Tübin-
   gen 1993 (= Julius Wilhelm Zincgref. Gesammelte Schriften. Bde. II/1 u. II/2).
– FP: Facetiae pennalium. Hg. v. Dieter Mertens u. Theodor Verweyen. Tübingen 1978 (=
   Gesammelte Schriften. Bd. III).

## III. Epochenprobleme und -aspekte

Adam, A.: Lehrbuch der Dogmengeschichte. Bd. 2. Mittelalter und Reformationszeit. Gütersloh 1968.
Adam, Wolfgang (Hg.): Geselligkeit und Gesellschaft im Barockzeitalter. Unter Mitwirkung
   v. Knut Kiesant, Winfried Schulze u. Christoph Strosetzki hg. v. W. A. 2 Teile. Wies-
   baden 1997 (= Wolfenbütteler Arbeiten zur Barockforschung Bd. 28).
Alewyn, Richard (u. a.) (1957): Aus der Welt des Barock. Stuttgart 1957.
– (1966): (Hg.): Deutsche Barockforschung. Dokumentation einer Epoche. 2. Aufl. Köln
   Berlin 1966.
Bahner, Werner: Ein Dilemma literarhistorischer Periodisierung. Barock – Manierismus. In:
   W. B. (Hg.): Renaissance. Barock. Aufklärung. Epochen- und Periodisierungsfragen.
   Kronberg/Ts. 1976, S. 129–142.
Barner, Wilfried (1970): Barockrhetorik. Untersuchungen zu ihren geschichtlichen Grund-
   lagen. Tübingen 1970.
– (1971): Stilbegriffe und ihre Grenzen. Am Beispiel ›Barock‹. In: DVjs. 46. 1971, S. 302ff.
– (1975): Einleitung. In: W. B. (Hg.): Der literarische Barockbegriff. Darmstadt 1975, S.
   1–13 (= Wege der Forschung Bd. 358).
– (2000): Spielräume. Was Poetik und Rhetorik nicht lehren. In: III Hartmut Laufhütte
   (Hg.): Künste und Natur in Diskursen der Frühen Neuzeit (s. d.), S. 33–67.
Barrudio, Günter: Der Teutsche Krieg 1618–1648. Frankf. a. M. 1985.
Barth, Karl: Die Lehre von Gott. Zweiter Halbband. 4. Aufl. Zürich 1959 (= Die kirchliche
   Dogmatik. Bd. II/2).
Bauer, Barbara: Jesuitische »ars rhetorica« im Zeitalter der Glaubenskämpfe. Frankf./M.
   1986 (= Mikrokosmos Bd. 18).
Baur, Jörg: Lutherisches Christentum im konfessionellen Zeitalter – ein Vorschlag zur Ori-
   entierung und Verständigung. In: III Dieter Breuer (Hg.): Religion und Religiosität im
   Zeitalter des Barock (s. d.), S. 43–62.

Bayer, Oswald: Schöpfung als Anrede. Zu einer Hermeneutik der Schöpfung. 2., erw. Aufl. Tübingen 1990.

Becker, Winfried: Dreißigjähriger Krieg und Zeitalter Ludwigs XIV. (1618–1715). Darmstadt 1995. (= Quellenkunde zur deutschen Geschichte der Neuzeit von 1500 bis zur Gegenwart Bd. 2).

Beetz, Manfred: Rhetorische Logik. Prämissen der deutschen Lyrik im Übergang vom 17. zum 18. Jahrhundert. Tübingen 1980.

Beierwaltes, Werner: Neuplatonisches Denken als Substanz der Renaissance. In: Magia naturalis und die Entstehung der modernen Naturwissenschaften. Studia Leibnitiana. Sonderheft 1978, S. 1–18.

Beil-Schickler, Gudrun: Von Gryphius bis Hofmannswaldau. Untersuchungen zur Sprache der deutschen Literatur im Zeitalter des Barock, Tübingen und Basel 1995.

Benthien, Claudia und Irmela Krüger-Fürhoff (Hgg.): Über Grenzen. Limitation und Transgression in Literatur und Ästhetik. Stuttgart Weimar 1999.

Betz, Otto: Licht vom unerschaffnen Lichte. Die kabbalistische Lehrtafel der Prinzessin Antonia in Bad Teinach. 2. Aufl. Metzingen 2000.

Bircher, Martin (Hg.): Deutsche Schriftsteller im Porträt. Das Zeitalter des Barock. München 1979 (= Beck'sche Schwarze Reihe Bd. 200).

Bircher, Martin und Ferdinand van Ingen (Hgg.): Sprachgesellschaften, Dichtergruppen, Sozietäten. Hamburg 1978.

Bitskey, István: Konfessionen und literarische Gattungen der frühen Neuzeit in Ungarn. Beiträge zur mitteleuropäischen vergleichenden Kulturgeschichte. Frankfurt a. M. u. a. 1999 (= Debrecener Studien zur deutschen Literatur Bd. 4).

Böckmann, Paul: Formgeschichte der deutschen Dichtung. Bd. 1. Von der Sinnbildsprache zur Ausdruckssprache. Der Wandel der literarischen Formensprache vom Mittelalter zur Neuzeit. 2. Aufl. Hamburg 1965.

Böhme, Gernot/ Hartmut Böhme: Feuer, Wasser, Erde, Luft. Eine Kulturgeschichte der Elemente. München 1996.

Böttcher, Helmuth M.: Sterne, Schicksal und Propheten. Dreißigtausend Jahre Astrologie. München 1965.

Bogner, Ralf Georg: Die Bezähmung der Zunge. Literatur und Disziplinierung der Alltagskommunikation in der frühen Neuzeit. Tübingen 1997 (= Frühe Neuzeit Bd. 31).

Boskovska Leimgruber, Nada (Hg.): Die Frühe Neuzeit in der Geschichtswissenschaft. Forschungstendenzen und Forschungserträge, Paderborn 1997.

Branden, Peter u. Michaele Krug (Hgg.): Übergänge. Lektüren zur Ästhetik der Transgression. Münster Hamburg London 2003.

Brauneck, Manfred: Deutsche Literatur des 17. Jahrhunderts – Revision eines Epochenbildes. Ein Forschungsbericht. 1945–1970. In: DVjs. Sonderheft Forschungsreferate. 1971, S. 378*–468*.

Braungart, Georg: Hofberedsamkeit. Studien zur Praxis höfisch-politischer Rede im deutschen Territorialabsolutismus. Tübingen 1988 (= Studien zur deutschen Literatur Bd. 96).

Bremer, Kai: Religionsstreitigkeiten. Volkssprachliche Kontroversen zwischen altgläubigen und evangelischen Theologen im 16. Jahrhundert. Tübingen 2005.

Breuer, Dieter: (1979): Oberdeutsche Literatur 1565–1650. Deutsche Literaturgeschichte und Territoralgeschichte in frühabsolutistischer Zeit. München 1979.

– (1982): Geschichte der literarischen Zensur in Deutschland. Heidelberg 1982 (=UTB 1208).

– (1995a): (Hg. in Verbindung mit Barbara Becker-Cantarino, Heinz Schilling und Walter Sparn): Religion und Religiosität im Zeitalter des Barock. 2 Bde. Wiesbaden 1995 (= Wolfenbütteler Arbeiten zur Barockforschung Bd. 25).

– (1995b): Vorwort. Ebda. Teil I, S. XI–XXII.

Brieskorn, Norbert und Riedenauer, Markus (Hgg.): Suche nach Frieden: Politische Ethik in der Frühen Neuzeit I. Stuttgart 2000.

Buck, August: (1987): Humanismus. Seine europäische Entwicklung in Dokumenten und Darstellungen. Freiburg München 1987.

– (1992): (Hg.): Die okkulten Wissenschaften in der Renaissance. Wiesbaden 1992 (= Wolfenbütteler Abhandlungen zur Renaissanceforschung. Bd. 12).

Burdorf, Dieter: Poetik der Form. Eine Begriffs- und Problemgeschichte. Stuttgart Weimar 2001.

Cersowsky, Peter: Magie und Dichtung. Zur deutschen und englischen Literatur des 17. Jahrhunderts, München 1990.

Coenen, Lothar (Hg.): Handbuch zum Heidelberger Katechismus. Neukirchen-Vluyn 1963.

Conermann I: Claus Conermann: Zum vorliegenden Bande. In: I FG IV (s. d.), S. 12–24.

Conermann II: Claus Conermann: Zum vorliegenden Bande. In: I FG V (s. d.), S. 7–20.

Conermann III: Claus Conermann: Zum vorliegenden Bande. In: I FG VI (s. d.), S. 7–20.

Culianu, Ioan P.: Eros und Magie in der Renaissance. Mit e. Geleitwort von Mircea Eliade. Aus dem Franz. v. Ferdinand Leopold. Frankf. a. M. /Leipzig 2001.

Curtius, Ernst Robert: Europäische Literatur und lateinisches Mittelalter. 8. Aufl. Bern München 1973.

Czarnecka, Miroslawa, Andreas Solbach, Jolanta Szafarz und Knut Kiesant (Hgg.): Memoria Silesiae. Leben und Tod, Kriegserlebnis und Friedenssehnsucht in der literarischen Kultur des Barock. Zum Gedenken an Marian Szyrocki (1928–1992). Wroclaw 2003.

Danneberg, Lutz, Sandra Pott, Jörg Schönert und Friedrich Vollhardt (Hgg.): Säkularisierung in den Wissenschaften seit der Frühen Neuzeit. Bd. 2. Zwischen christlicher Apologetik und methodologischem Atheismus. Wissenschaftsprozesse im Zeitraum von 1500 bis 1800. Berlin New York 2002.

Daxelmüller, Christoph: Das literarische Magieangebot. Zur Vermittlung von hochgeschichtlicher Magiediskussion und magischer Volksliteratur im 17. Jahrhundert. In: Wolfgang Brückner, Peter Blickle, Dieter Breuer (Hg.): Literatur und Volk im 17. Jahrhundert. Probleme populärer Kultur in Deutschland. Teil II. Wiesbaden 1985, S. 837–863.

De Jong, E.: Einleitung. In: Die Sprache der Bilder. Realität und Bedeutung in der niederländischen Malerei des 17. Jahrhunderts. Braunschweig 1978, S. 11–19.

Deventer, Jörg: Gegenreformation in Schlesien. Die Habsburgische Rekatholisierungspolitik in Glogau und Schweidnitz 1526–1707. Köln Weimar Wien 2003 (= Neue Forschungen zur schlesischen Geschichte Bd. 8).

Diem, Hermann (1960): Dogmatik. Ihr Weg zwischen Historismus und Existenzialismus. 3. Aufl. München 1960 (= Theologie als kirchliche Wissenschaft. Bd. II).

– (1963): Die Kirche und ihre Praxis. München 1963 (= Theologie als kirchliche Wissenschaft Bd. III).

Dittrich, Lothar: Emblematische Weisheit und naturwissenschaftliche Realität. In: Die Sprache der Bilder. Realität und Bedeutung in der niederländischen Malerei des 17. Jahrhunderts. Braunschweig 1978, S. 21–33.

Dörrie, Heinrich: Atomistik. In: I KP (s. d.). Bd. 1, Sp. 713f.

Dotzauer, Winfried: Das Zeitalter der Glaubensspaltung (1500–1618). Darmstadt 1987 (= Quellenkunde zur deutschen Geschichte der Neuzeit von 1500 bis zur Gegenwart).

Drügh, Heinz J. (2000): Anders-Rede. Zur Struktur und historischen Systematik des Allegorischen. Freiburg i. Br. 2000.

– (2005): Die Ästhetik der Beschreibung. Poetische und kulturelle Energie deskriptiver Texte (1700–2000). Habil.Schr. Masch. Tübingen 2005.

Dülmen, Richard van: (1988): Fest der Liebe. Heirat und Ehe in der frühen Neuzeit. In: R. v. D. (Hg.): Armut, Liebe, Ehre. Studien zur historischen Kulturforschung. Frankf. a. M. 1988, S. 67–106.

– (1990): Kultur und Alltag in der frühen Neuzeit. Erster Band. Das Haus und seine Menschen 16.–18. Jahrhundert. München 1990.

Durchhardt, Heinz und Gerhard May (Hgg.): Union – Konversion – Toleranz. Dimensionen der Annäherung zwischen den christlichen Konfessionen im 17. und 18. Jahrhundert. Mainz 2000.

Dyck, Joachim (1966): Ticht-Kunst. Deutsche Barock-Poetik und rhetorische Tradition. Bad Homburg v. d. H. 1966 (= Ars poetica Bd. 1).

– (1977): Athen und Jerusalem. Die Tradition der argumentativen Verknüpfung von Bibel und Poesie im 17. und 18. Jahrhundert. München 1977.

Ehrenpreis, Stefan und Ute Lotz-Heumann: Reformation und konfessionelles Zeitalter. Darmstadt 2002 (= Kontroversen um die Geschichte).

Emrich, Wilhelm: Deutsche Literatur der Barockzeit. Königstein/Ts. 1981.

Engelsing, Rolf: Analphabetentum und Lektüre. Zur Sozialgeschichte des Lesens in Deutschland zwischen feudaler und industrieller Gesellschaft. Stuttgart 1973.

Evans, Robert J. W.: Das Werden der Habsburger Monarchie 1550–1700. Gesellschaft, Kultur, Institutionen. Wien Köln Graz 1986.

Faber, Richard u. Barbara Neumann (Hgg.): Literatur an der Grenze. 1995.

Faivre, Antoine: Esoterik. Braunschweig 1996 (= Edition Roter Löwe).

Fauth, Wolfgang: Mysterien. In: I KP (s. d.). Bd. 3, Sp. 1533–1542.

Fechner, Jörg-Ulrich: Der Lehr- und Lektüreplan des Schönaichianums in Beuthen als bildungsgeschichtliche Voraussetzung der Literatur. In: III Albrecht Schöne (Hg.): Stadt-Schule-Universität (s. d.), S. 325–334.

Fischer, Ludwig: Gebundene Rede. Dichtung und Rhetorik in der literarischen Theorie des Barock in Deutschland. Tübingen 1968.

Forster, Leonard: Die Festlichkeiten bei der Trauung Friedrichs von der Pfalz 1612–1613. In: Anglia 62. 1938, S. 362–367.

Foucault, Michel: Die Ordnung der Dinge. Eine Archäologie der Humanwissenschaften. Frankf. a.M. 1974 (= stw 96).

Freund, Winfried: Abenteuer Barock. Kultur im Zeitalter der Entdeckungen. Darmstadt 2004.

Fülop-Miller, René: Macht und Geheimnis des Jesuitenordens. 1929 u. ö.

Garber, Klaus (1982): Zur Statuskonkurrenz von Adel und gelehrtem Bürgertum im theoretischen Schrifttum des 17. Jahrhunderts: Veit Ludwig von Seckendorffs ›Teutscher Fürstenstaat‹ und die deutsche ›Barockliteratur‹. In: Elger Blühm, Jörn Garber, K. G. (Hgg.): Hof, Staat und Gesellschaft in der Literatur des 17. Jahrhunderts. Amsterdam 1982, S. 115–143 (= Daphnis 11 H. 1–2).

– (1987): Zentraleuropäischer Calvinismus und deutsche »Barock«-Literatur. Zu den konfessionspolitischen Ursprüngen der deutschen Nationalliteratur, in: III Heinz Schilling (Hg.): Die reformierte Konfessionalisierung (s. d.), S. 317–348.

– (1992): Barock und Moderne im Werk Benjamins. In: III Lüdke/Schmidt (Hgg.): Verkehrte Welten (s. d.), S. 28–46.

– [(2005): Hg.: Kulturgeschichte Schlesiens in der Frühen Neuzeit. 2 Teile. Tübingen 2005 (= Frühe Neuzeit Bd. 111) Verlagsankündigung]

Gebelein, Helmut: Alchimie. München 1991.

Giusti, Annamaria: Straßburg. Firenze 1980.

Godwin, Joscelyn: Musik und Spiritualität. Quellen der Inspiration in der Musik von der Frühzeit bis in die Moderne. Bern, München, Wien 1989.

Gräf, Holger Thomas/Ralf Pröve: Wege ins Ungewisse. Reisen in der Frühen Neuzeit 1500–1800. Frankf./M. 1997.

Greyerz, Kaspar von, Manfred Jakubowski-Tiessen und Thomas Kaufmann u. a. (Hgg.): Interkonfessionalität – Transkonfessionalität – binnenkonfessionelle Pluralität. Neue Forschungen zur Konfessionalisierungsthese. Heidelberg 2003 (= Schriften des Vereins für Reformationsgeschichte. Bd. 201).

Grimm, Gunter E.: Literatur und Gelehrtentum in Deutschland. Untersuchungen zum Wandel ihres Verhältnisses vom Humanismus bis zur Frühaufklärung. Tübingen 1983.

Grimm, Gunter E. u. Frank Rainer Max (Hgg.): Deutsche Dichter. Leben und Werk deutschsprachiger Autoren. Bd. 2. Reformation, Renaissance und Barock. Stuttgart 1988.

Haekel, Josef: Mythos und Myrhologie II. Religionsgeschichtlich. In: I RGG (s. d.). Bd. 4, Sp. 1268–1274.

Hammerstein, Notker: Schule, Hochschule und Res publica litteraria. In: III Neumeister/ Wiedemann (Hgg.): Res publica litteraria (s. d.), S. 93–110.

Hankamer, Paul: Deutsche Gegenreformation und deutsches Barock. Die deutsche Literatur im Zeitraum des 17. Jahrhunderts. Bonn 1962.

Hart Nibbrig, Christian L.: Übergänge. Versuch in sechs Anläufen. Frankf./M. 1995.

Henkel, Arthur / Albrecht Schöne: Vorbemerkungen der Herausgeber. In: I Henkel/Schöne: Emblemata (s. d.), S. IX–XXXI.

Herrmann, Hans Peter: Naturnachahmung und Einbildungskraft. Zur Entwicklung der deutschen Poetik von 1670 bis 1740. Bad Homburg v. d. H., Berlin, Zürich 1970 (= Ars poetica Bd. 8).

Herter, Hans: Nymphai. In: I KP (s. d.). Bd. 4, Sp. 204–215.

Herzig, Arno: Der Zwang zum wahren Glauben: Rekatholisierung vom 16. bis zum 18. Jahrhundert. Göttingen 2000.

Heussi, Karl: Kompendium der Kirchengeschichte. 12., neu bearb. Aufl. Tübingen 1960.

Holzem, Andreas: Normieren, Tradieren, Inszenieren. Das Christentum als Buchreligion. Darmstadt 2004.

Hoffmeister, Gerhart (Hg.): German Baroque Literature. The European Perspective. New York 1983.

Ingen, Ferdinand van (1985): Der Dreißigjährige Krieg in der Literatur. In: III Harald Steinhagen (Hg.): Zwischen Gegenreformation und Frühaufklärung (s. d.), S. 237–256.

– (1987): Die Rhetorik-Kammern in den Niederlanden und die Sprachgesellschaften in Deutschland. Res Publica Litteraria zwischen Gelehrsamkeit und Geselligkeit, In: III Neumeister / Wiedemann (Hgg.): Res Publica Litteraria (s. d.). Teil I, S. 111–130.

– (1991): Zum Selbstverständnis des Dichters im 17. und frühen 18. Jahrhundert. In: James A. Patente Jr., Richard E. Schade, George C. Schoolfield (Hgg.): Literary Culture in the Holy Roman Empire. 1555–1720. Chapel Hill, London 1991, S. 206–224.

Jakubowski-Tiessen, Manfred (Hg.): Krisen des 17. Jahrhunderts. Interdisziplinäre Perspektiven. Göttingen 1999.

Jaumann, Herbert (1974): Die deutsche Barockliteratur. Wertung, Umwertung: Eine wertungsgeschichtliche Studie in systematischer Absicht. München 1974.

– (1997): Frühe Neuzeit, in: I RL (s. d.). Bd. I. 1997, S. 632–636.

– (2001): Vorwort. In: H. J. (Hg.): Die europäische Gelehrtenrepublik im Zeitalter des Konfessionalismus. Wolfenbüttel 2001, S. 7–10.

– (2003): Sprachgesellschaft. In: I RL (s. d.). Bd. 3. 2003, S. 476–479.

Jedin, Hubert: Katholische Reformation oder Gegenreformation? In: Gegenreformation. Hg. v. Ernst Walter Zeeden. Darmstadt 1973, S. 46–81 (= Wege der Forschung. Bd. 311).

Kaminski, Nicola: Ex bello ars oder Ursprung der ›Deutschen Poeterey‹. Heidelberg 2004.

Kaufmann, Thomas: Dreißigjähriger Krieg und Westfälischer Friede. Kirchengeschichtliche Studien zur lutherischen Konfessionskultur. Tübingen 1998 (= Beiträge zur historischen Theologie. Bd. 104).

Kearney, Hugh: und es entstand ein neues Weltbild. Die wissenschaftliche Revolution vor einem halben Jahrtausend. München 1971.

Kemper, Hans-Georg (1980): Barock. In: Johannes Janota, Helmut Scheuer, H.-G. K.: Deutsche Literaturgeschichte. Vom Mittelalter bis zum Barock. Düsseldorf 1980, S. 75–154. (= Deutsche Literaturgeschichte für die Sekundarstufe II und für Studienanfänger.)

– (1985): Literarischer Glaubenskampf. In: III Harald Steinhagen (Hg.): Zwischen Gegenreformation und Frühaufklärung (s. d.), S. 138–171.

– (1988): Barock. C. Literarsch. In: Wörterbuch des Christentums. Hg. v. Volker Drehsen, Hermann Häring, Karl-Josef Kuschel und Helge Siemers in Zusammenarbeit mit Manfred Baumotte. Gütersloh/Zürich 1988, S. 123f.

– (1992): Zwischen schwarzer Magie und Vergötterung. Zur Liebe in der frühen Neuzeit. In: Literatur, Artes und Philosophie. Hg. v. Walter Haug und Burghart Wachinger. Tübingen 1992, S. 141–162.

– (1993): Tabak, Kaffee, Tee als Panazee. Die Dichter und die Drogen der Aufklärung. In: Paul Gerhard Klussmann, Willy Richard Berger, Burkhard Dohm (Hgg.): Das Wagnis der Moderne. Festschrift für Marianne Kesting. Frankf./M. Berlin u. a. 1993, S. 13–34.

– (1995): Religion und Poetik. In: III Dieter Breuer (Hg.): Religion und Religiosität im Zeitalter des Barock (s. d.), S. 63–92.

– (2004): Christentum – Humanismus – Aufklärung: Von den Leiden Jesu zu den ›Leiden des jungen Werthers‹. Perspektiven einer deutschen Literaturgeschichte der Frühen Neuzeit (1500–1800). In: Literaturstraße. Chinesisch-deutsches Jahrbuch für Sprache, Literatur und Kultur. Bd. 5. 2004, S. 23–39.

– (2005): Hermetik, Naturrecht und christliche Wahrheit: ›Wandlungen‹ der chinesischen Weisheit im Spannungsfeld der deutschen Aufklärung (Leibniz, Wolff, Claudius). In: Naoji Kimura & Horst Thomé (Hgg.): »Wenn Freunde aus der Ferne kommen«. Eine west-östliche Freundschaftsgabe für Zhang Yushu zum 70. Geburtstag. Bern Berlin u. a. 2005, S. 1–29 (= Deutsch-ostasiatische Studien zur interkulturellen Literaturwissenschaft. Bd. 3).

Kelly, J. N. D.: Reclams Lexikon der Päpste. Aus dem Englischen übs. v. Hans-Christian Oeser. Stuttgart 1988.

Kiesel, Helmuth: ›Bei Hof, bei Höll'. Untersuchungen zur literarischen Hofkritik von Sebastian Brant bis Friedrich Schiller. Tübingen 1979 (=Studien zur deutschen Literatur Bd. 60).

Kiesel, Helmuth / Paul Münch: Gesellschaft und Literatur im 18. Jahrhundert. Voraussetzungen und Entstehung des literarischen Markts in Deutschland. München 1977.

Kilcher, Andreas B.: mathesis und poiesis. Die Enzyklopädik der Literatur 1600–2000. München 2003.

Kimmich, Dorothee: Epikureische Aufklärungen. Philosophische und poetische Konzepte der Selbstsorge. Darmstadt 1993.

Kirchner, Gottfried: Fortuna in Dichtung und Emblematik des Barock. Tradition und Bedeutungswandel eines Motivs. Stuttgart 1970.

Klueting, Harm (1989): Das konfessionelle Zeitalter 1515–1648. Stuttgart 1989 (= UTB 1556).

– (2003): Hg.: Irenik und Antikonfessionalismus im 17. und 18. Jahrhundert. Hildesheim 2003.

Knape, Joachim: Was ist Rhetorik? Stuttgart 2000.

Koch, Ernst: Das konfessionelle Zeitalter – Katholizismus, Luthertum, Calvinismus (1563–1675). Leipzig 2000 (= Kirchengeschichte in Einzeldarstellungen. Bd. II/8).

Kormann, Eva: Ich, Welt und Gott. Autobiographik im 17. Jahrhundert. Köln Weimar Wien 2004 (= Selbstzeugnisse der Neuzeit. Bd. 13).

Krapf, Ludwig u. Christian Wagenknecht: Materialien und Dokumente. In: I SH I (s. d.), S. XXXVI–LI.

Kühlmann, Wilhelm (1982): Gelehrtenrepublik und Fürstenstaat. Entwicklung und Kritik des deutschen Späthumanismus in der Literatur des Barockzeitalters. Tübingen 1982.

– (1992): Selbstverständigung im Leiden. Zur Bewältigung von Krankheitserfahrungen im versgebundenen Schrifttum der Frühen Neuzeit. In: Udo Benzenhöfer und W. K. (Hgg.): Heilkunde und Krankheitserfahrung in der frühen Neuzeit. Studien am Grenzrain von Literaturgeschichte und Medizingeschichte. Tübingen 1992.

– (1993): Poeten und Puritaner: Christliche und pagane Poesie im deutschen Humanismus. – Mit einem Exkurs zur Prudentius-Rezeption in Deutschland. In: Hanns Kerner (Hg.): Humanismus und Theologie in der frühen Neuzeit. Akten des interdisziplinären Symposions vom 15. bis 17. Mai 1992 im Melanchthonhaus in Bretten. Nürnberg 1993, S. 149–180 (= Pirckheimer-Jahrbuch 1993).

– (1996): Pädagogische Konzeptionen. In: Handbuch der deutschen Bildungsgeschichte. Band 1. 15. bis 17. Jahrhundert. Von der Renaissance und der Reformation bis zum Ende der Glaubenskämpfe, hg. v. Notger Hammerstein. Unter Mitwirkung von August Buck, München 1996, S. 153–196.

– (1999): Der ›Hermetismus‹ als literarische Formation. Grundzüge seiner Rezeption in Deutschland. In: Scientia Poetica Bd. 3. 1999, S. 145–157.

– (2001): Reichspatriotismus und humanistische Dichtung. In: Ronald G. Asch, Wulf Ekart Voß und Martin Wrede (Hgg.): Frieden und Krieg in der Frühen Neuzeit. Die europäische Staatenordnung und die außereuropäische Welt. München 2001, S. 375–393.

Kühlmann, Wilhelm und Joachim Telle: Einleitung. In: Corpus Paracelsisticum. Bd. II. Dokumente frühneuzeitlicher Naturphilosophie in Deutschland. Der Frühparacelsismus. Zweiter Teil. Hg. v. W. K. u. J. T. Tübingen 2004, S. 1–39.

Kühlmann, Wilhelm/ Hermann Wiegand: Humanismus. In: Literatur Lexikon. Begriffe, Realien, Methoden. Hg. v. Volker Meid. Bd. 13, S. 421–427.

Kühn, Ulrich: Natur und Gnade. Untersuchungen zur deutschen katholischen Theologie der Gegenwart. Berlin 1961.

Lamping, Dieter: Über Grenzen. Eine literarische Topographie. 2001.

Lanzinner, M./ G. Schormann: Konfessionelles Zeitalter 1555–1618. Stuttgart 2001 (= Gebhardt Handbuch deutscher Geschichte. 10., völlig neu bearb. Aufl.).

Lau, Franz: Adiaphora. In: I RGG (s. d.). Bd. 1. 1957, Sp. 93–96.

Laufhütte, Hartmut (Hg.): Künste und Natur in Diskursen der Frühen Neuzeit. 2 Bde. Wiesbaden 2000 (= Wolfenbütteler Arbeiten zur Barockforschung Bd. 35).

Lehmann, Hartmut (1980): Das Zeitalter des Absolutismus. Gottesgnadentum und Kriegsnot. Stuttgart Berlin Köln Mainz 1980.

– (1997): Von der Erforschung der Säkularisierung zur Erforschung von Prozessen der Dechristianisierung und der Rechristianisierung im neuzeitlichen Europa. In: H. L. (Hg.): Säkularisierung, Dechristianisierung, Rechristianisierung im neuzeitlichen Europa. Bilanz und Perspektiven der Forschung, Göttingen 1997, S. 9–16.

Lehmann, Hartmut und Anne-Charlott Trepp (Hgg.): Im Zeichen der Krise. Religiosität im Europa des 17. Jahrhunderts. Göttingen 1999. (= Veröffentlichungen des Max-Planck-Instituts für Geschichte Bd. 152).

Leinkauf, Thomas unter Mitwirkung v. Karin Hartbecke (Hg.): Der Naturbegriff in der Frühen Neuzeit. Semantische Perspektiven zwischen 1500 und 1700. Tübingen 2005. (= Frühe Neuzeit 110).

Liedtke, Ralf: Die Hermetik. Traditionelle Philosophie der Differenz. Paderborn München u. a. 1996.

Lubos, Arno: Geschichte der Literatur Schlesiens. I. Bd. Teil I: Von den Anfängen bis ca. 1800. Würzburg 1995.

Lüdke, Martin und Delf Schmidt (Hgg.): Verkehrte Welten. Barock, Moral und schlechte Sitten. Reinbek bei Hamburg 1992 (= Rowohlt Literatur Magazin 29).

Mahlmann-Bauer, Barbara (Hg.): Scientiae et artes. Die Vermittlung alten und neuen Wissens in Literatur, Kunst und Musik. 2 Bde. Wiesbaden 2004 (= Wolfenbütteler Arbeiten zur Barockforschung Bd. 38).

Markwardt, Bruno: Geschichte der deutschen Poetik. Bd. 1. Barock und Frühaufklärung. 3., unveränd. Aufl. Berlin 1964.

Meier, Albert (Hg.): Die Literatur des 17. Jahrhunderts. München 1999 (= Hansers Sozialgeschichte der deutschen Literatur. Bd. 2).

Metzger, Michael M. und Erika A. Metzger: The Thirty Years War and its Impact on Literature. In: III Gerhart Hoffmeister (Hg.): German Baroque Literature (s. d.), S. 38–51.

Meyer, H. / R. Suntrup: Lexikon der mittelalterlichen Zahlenbedeutungen. München 1987.

Mildenberger, Friedrich: Gotteslehre. Eine dogmatische Untersuchung. Tübingen 1975.

Müller, J. T.: Historisch-theologische Einleitung in die Symbolischen Schriften der evangelisch-lutherischen Kirche. In: I Müller (s. d.), S. XI–CXXIV.

Münch, Paul (1978): Zucht und Ordnung. Reformierte Kirchenverfassungen im 16. und 17. Jahrhundert (Nassau-Dillenburg, Kurpfalz, Hessen-Kassel). Stuttgart 1978 (= Spätmittelalter und Frühe Neuzeit Bd. 3).

– (1992): Lebensformen in der frühen Neuzeit. Berlin 1992.

Neugebauer-Wölk, Monika (1999): Esoterik im 18. Jahrhundert – Aufklärung und Esoterik. Eine Einleitung. In: M. N.-W. (Hg.): Aufklärung und Esoterik. Hamburg 1999, S. 1–37 (= Studien zum 18. Jahrhundert. Bd. 24).

– (2003): Esoterik und Christentum vor 1800: Prolegomena zu einer Bestimmung ihrer Differenz. In: Aries New Series Vol. 3. 2003, S. 127–165.

Neumann, Gerhard u. Rainer Warning (Hgg.): Transgressionen. Literatur als Ethnographie. Freiburg i. Br. 2003.

Neumeister, Sebastian und Conrad Wiedemann (Hg.): Res publica Litteraria. Die Institutionen der Gelehrsamkeit in der frühen Neuzeit. 2 Bde. Wiesbaden 1987 (=Wolfenbütteler Arbeiten zur Barockforschung Bd. 14).

Niefanger, Dirk: Barock. Lehrbuch Germanistik. Stuttgart Weimar 2000.

Oestreich, Gerhard: Policey und Prudentia civilis in der barocken Gesellschaft von Stadt und Staat. In: III Albrecht Schöne (Hg.): Stadt – Schule (s. d.), S. 10–21.

Olejniczak, Verena: Heterologie. Konturen frühneuzeitlichen Selbstseins jenseits von Autonomie und Heteronomie. In: LiLi 26. 1996, S. 6–36.

Otto, Karl F.: Die Sprachgesellschaften des 17. Jahrhunderts. Stuttgart 1972 (= Sammlung Metzler Bd. 109).

Papus: Die Kabbala. Einführung in die jüdische Geheimlehre. Wiesbaden o. J.

Petzold, Leander (Hg.): Magie und Religion. Beiträge zu einer Theorie der Magie. Darmstadt 1978 (= Wege der Forschung Bd. 337).

Pott, Sandra: Säkularisierung in den Wissenschaften seit der Frühen Neuzeit. Bd. 1: Medizin, Medizinethik und schöne Literatur. Berlin, New York 2002.

Quade, Randolf: Literatur als hermetische Tradition. Eine rezeptionsgeschichtliche Untersuchung frühneuzeitlicher Texte zur Erschließung des Welt- und Menschenbildes in der Literatur des 17. Jahrhunderts. Frankf./M. 2001 (= Bochumer Schriften zur deutschen Literatur Bd. 58).

Raabe, Paul: Bibliotheken und gelehrtes Buchwesen. Bemerkungen über die Büchersammlungen der Gelehrten im 17. Jahrhundert. In: III Neumeister/Wiedemann (Hgg.) Res Publica Litteraria (s. d.). Teil II, S. 643–661.

Ratschow, Carl Heinz: Lutherische Dogmatik zwischen Reformation und Aufklärung. 2 Teile in 2 Bdn. Gütersloh 1966.

Reinhard, Wolfgang und Heinz Schilling (Hgg.): Die katholische Konfessionalisierung. Wissenschaftliches Symposion der Gesellschaft zur Herausgabe des Corpus Catholicorum und des Vereins für Reformationsgeschichte. Gütersloh, Münster 1995 (= Reformationsgeschichtliche Studien und Texte. Bd. 135).

Riha, Karl: neobarocco –?! Zum Problem der Stilwiederholung – aus aktuellem Anlaß. In: III Lüdke/Schmidt (Hgg.): Verkehrte Welten (s. d.), S. 83–91.

Robinson, Franklin W. and William H. Wilson with contributions by Larry Silver: Catalogue of The Flemish and Dutch Paintings 1400–1900. The John and Mable Ringling Museum of Art. Sarasota, Florida 1980.

Roob, Alexander: Das hermetische Museum. Alchemie & Mystik. Köln 1996.

Rublack, Hans-Christoph (Hg.): Die lutherische Konfessionalisierung in Deutschland. Wissenschaftliches Symposion des Vereins für Reformationsgeschichte 1988. Heidelberg 1992 (= Schriften des Vereins für Reformationsgeschichte. Bd. 197).

Sante, Georg Wilhelm (Hg.): Reich und Länder. Geschichte der deutschen Territorien. Bd. I. Die Territorien bis zum Ende des alten Reiches. Darmstadt 1978.

Scheffczyk, Leo: Einführung in die Schöpfungslehre. Darmstadt 1975.

Scheurl-Defersdorf, Siegfried Freiherr von: Altdorf. In: I RGG (s. d.). Bd. 1. 1957, Sp. 290.

Schilling, Heinz (1986): (Hg.): Die reformierte Konfessionalisierung in Deutschland. – Das Problem der »zweiten Reformation«. Wissenschaftliches Symposion des Vereins für Reformationsgeschichte 1985. Gütersloh 1986.

– (1988): Aufbruch und Krise. Deutschland 1517–1648. Berlin 1988.

– (1995): Die Konfessionalisierung von Kirche, Staat und Gesellschaft – Profil, Leistung, Defizite und Perspektiven eines geschichtswissenschaftlichen Paradigmas. In: III Reinhard/Schilling (Hgg.): Die katholische Konfessionalisierung (s. d.), S. 1–49.

Schindling, A. / W. Ziegler (Hgg.): Die Territorien des Reiches im Zeitalter der Reformation und Konfessionalisierung. Land und Konfession 1500–1650. 7 Bde. Münster 1989–1997.

Schipperges, Heinrich: Strukturen und Prozesse alchimistischer Überlieferungen. In: Emil Ernst Ploss / Heinz Roosen-Runge / H. S. / Herwig Bunz: Alchimia. Ideologie und Technologie. München 1970, S. 67–118.

Schlaffer, Heinz (1990): Poesie und Wissen. Die Entstehung des ästhetischen Bewußtseins und der philologischen Erkenntnis. Frankf./M. 1990.

– (2002): Die kurze Geschichte der deutschen Literatur. München Wien 2002.

Schmidt, Jochen: Die Geschichte des Genie-Gedankens in der deutschen Literatur, Philosophie und Politik 1750–1945. 2 Bde. Darmstadt 1985.

Schmidt-Biggemann, Wilhelm: Philosophia perennis. Historische Umrisse abendländischer Spiritualität in Antike, Mittelalter und Früher Neuzeit. Frankf./M. 1998.

Schneider, Martin: Das Weltbild des 17. Jahrhunderts. Philosophisches Denken zwischen Reformation und Aufklärung. Darmstadt 2004.

Schöffler, Herbert (1958): Protestantismus und Literatur. Neue Wege zur englischen Literatur des 18. Jahrhunderts. Göttingen 2. Aufl. 1958.

– (1974): Deutsches Geistesleben zwischen Reformation und Aufklärung. 3. Aufl. 1974.

Schöne, Albrecht: (Hg.): Stadt – Schule – Universität – Buchwesen und die deutsche Literatur im 17. Jahrhundert. Vorlagen und Diskussionen eines Barock-Symposiums der DFG 1974 in Wolfenbüttel. München 1976.

Schormann, Gerhard: Der Dreißigjährige Krieg. Göttingen 1985 (= Kleine Vandenhoeck Reihe 1506).

Seyfarth, Constans / Walter M. Sprondel (Hgg.): Seminar: Religion und gesellschaftliche Entwicklung. Studien zur Protestantismus-Kapitalismus-These Max Webers. Frankf./M. 1973.

Sinemus, Volker (1974): Stilordnung, Kleiderordnung und Gesellschaftsordnung im 17. Jahrhundert. In: III Albrecht Schöne (Hg.): Stadt – Schule – Universität – Buchwesen (s. d.), S. 22–43.

– (1978): Poetik und Rhetorik im frühmodernen deutschen Staat. Sozialgeschichtliche Bedingungen des Normenwandels im 17. Jahrhundert. Göttingen 1978.

Sparn, Walter: Wiederkehr der Metaphysik. Die ontologische Frage in der lutherischen Theologie des frühen 17. Jahrhunderts. Stuttgart 1976 (= Calwer Theologische Monographien. Reihe B. Bd. 4).

Stalder, Xaver: Formen des barocken Stoizismus. Der Einfluß der Stoa auf die deutsche Barockdichtung. – Martin Opitz, Andreas Gryphius und Catharina Regina von Greiffenberg. Bonn 1976.

Steinhagen, Harald (Hg.): Zwischen Gegenreformation und Frühaufklärung: Späthumanismus, Barock. 1572–1740 Reinbek bei Hamburg 1985 (= Deutsche Literatur. Eine Sozialgeschichte. Bd. 3).

Steinhagen, Harald/Benno von Wiese (Hgg.): Deutsche Dichter des 17. Jahrhunderts. Ihr Leben und Werk. Berlin 1984.

Steinmayr, Markus: Menschenwissen. Zur Poetik des religiösen Menschen im 17. und 18. Jahrhundert. Tübingen 2006 (= Communicatio, Bd. 35).

Stöckmann, Ingo (2001): Vor der Literatur. Eine Evolutionstheorie der Poetik Alteuropas. Tübingen 2001.

– (2002): Editorial. In: Text + Kritik. H. 154. Barock. 2004, S. 3f.

Straßner, Erich: Deutsche Sprachkultur. Von der Barbarensprache zur Weltsprache. Tübingen 1995.

Stuckrad, Kocku von (2003): Geschichte der Astrologie. Von den Anfängen bis zur Gegenwart. München 2003.

– (2004): Was ist Esoterik? Kleine Geschichte des geheimen Wissens. München 2004.

Szyrocki, Marian: Die deutsche Literatur des Barock. Eine Einführung. Stuttgart 1979.

Till, Dietmar (2000): Affirmation und Subversion. Zum Verhältnis von ›platonischen‹ und ›rhetorischen‹ Elementen in der frühneuzeitlichen Poetik. In: Zeitsprünge. Forschungen zur Frühen Neuzeit. Bd. 4. 2000, S. 181–210.

– (2004): Transformationen der Rhetorik. Untersuchungen zum Wandel der Rhetoriktheorie im 17. und 18. Jahrhundert. Tübingen 2004 (= Frühe Neuzeit Bd. 91).

Trepp, Anne-Charlott: Hermetismus oder zur Pluralisierung von Religiositäts- und Wissensformen in der Frühen Neuzeit: Einleitende Bemerkungen. In: III Trepp/Lehmann (Hgg.): Antike Weisheit (s. d.), S. 7–15.

Trepp, Anne-Charlott und Hartmut Lehmann (Hgg.): Antike Weisheit und kulturelle Praxis. Hermetismus in der Frühen Neuzeit. Göttingen 2001 (= Veröffentlichungen des Max-Planck-Instituts für Geschichte Bd. 171).

Trevor-Roper, Hugh Redwald: Religion, Reformation und sozialer Umbruch. Die Krisis des 17. Jahrhunderts. Mit e. Vorwort des Autors zur dt. Ausgabe. Frankf./M. Berlin (West) 1970.

Troeltsch, Ernst: Aufsätze zur Geistesgeschichte und Religionssoziologie. Hg. v. Hans Baron 1925 (= Gesammelte Schriften Bd. 4).

Trunz, Erich (1966): Der deutsche Späthumanismus um 1600 als Standeskultur. In: Richard Alewyn (Hg.): Deutsche Barockforschung (s. d.), S. 147–181.

– (1992): Weltbild und Dichtung im deutschen Barock. Sechs Studien. München 1992.

Ueding, Gert (Hg.): Rhetorik. Begriff – Geschichte – Internationalität. Tübingen 2005 (= Sonderband des ›Historischen Wörterbuchs der Rhetorik‹).

Wallmann, Johannes: Kirchengeschichte Deutschlands seit der Reformation. 3., durchges. Aufl. Tübingen 1988. (= UTB 1355).

Weber, Hans Emil: Der Einfluß der protestantischen Schulphilosophie auf die orthodox-lutherische Dogmatik. Darmstadt 1969 (= Reprograf. Nachdruck d. Ausg. Leipzig 1908).

Weber, Max: Die protestantische Ethik. Eine Aufsatzsammlung. Hg. v. Johannes Winckelmann. 6. Aufl. Gütersloh 1981.

Wiedemann, Conrad (1968): Engel, Geist und Feuer. Zum Dichterselbstverständnis bei Johann Klaj, Catharina von Greiffenberg und Quirinius Kuhlmann. In: Literatur und Geistesgeschichte, Festgabe für Heinz Otto Burger. Hg. v. Reinhold Grimm und C. W. Berlin 1968, S. 85–109.

– (1969): Nachwort. In: I Wiedemann: Der galante Stil (s. d.), S. 149–151.

– (1973a): Barocksprache, Systemdenken, Staatsmentalität. Perspektiven der Forschung nach Barners ›Barockrhetorik‹. In: Internationaler Arbeitskreis für deutsche Barockliteratur. Erstes Jahrestreffen. Wolfenbüttel 1973, S. 21–51.

– (1973b): Barockdichtung in Deutschland. In: Barbara Könneker / C. W.: Deutsche Literatur in Humanismus und Barock. Frankfurt/M. 1973, S. 177–201 (= Athenaion Essays 1).

– (1993): ›Dispositio‹ und dichterische Freiheit im Barock. In: Innovation und Originalität. Hg. v. Walter Haug u. Burghart Wachinger. Tübingen 1993, S. 239–250 (= Fortuna vitrea Bd. 9).

Windfuhr, Manfred: Die barocke Bildlichkeit und ihre Kritiker. Stilhaltungen in der deutschen Literatur des 17. und 18. Jahrhunderts. Stuttgart 1966.

Wolf, Peter / Michael Henker / Evamaria Brockhoff / Barbara Steinherr / Stephan Lippold (Hgg.): Der Winterkönig Friedrich von der Pfalz. Bayern und Europa im Zeitalter des Dreißigjährigen Krieges. Darmstadt 2003.

Wollgast, Siegfried: Mystische Strömungen in Literatur und Philosophie der ersten Hälfte des 17. Jahrhunderts in Deutschland. In: Daphnis 21, 1992, S. 269–303.

Zeeden, Ernst Walter (Hg.): Gegenreformation. Darmstadt 1973 (= Wege der Forschung. Bd. 311).

Zeller, Rosmarie: Dichter des Barock auf den Spuren von Kratylos. Theorie und Praxis motivierter Sprache im 17. Jahrhundert, in: GRM NF 38 (1988), S. 371–394.

Ziegler, Konrat: Greif. In: I KP (s. d.). Bd. 2, Sp. 876f.

Zilsel, Edgar: Die sozialen Ursprünge der neuzeitlichen Wissenschaft. Hg. u. übersetzt v. Wolfgang Krohn. Mit e. bibliogr. Notiz v. Jörn Behrmann. Frankf./M. 1976.

## IV. Gattungsprobleme und -aspekte

Adam, Wolfgang: Poetische und Kritische Wälder. Untersuchungen zu Geschichte und Formen des Schreibens ›bei Gelegenheit‹. Heidelberg 1988.

Althaus, Thomas: Epigrammatisches Barock. Berlin New York 1996 (= Quellen und Forschungen zur Literatur- und Kulturgeschichte. Bd. 9).

Baasner, Rainer: Lyrik. In: III Albert Meier (Hg.): Die Literatur des 17. Jahrhunderts
    (s. d.), S. 517–538.

Benjamin, Walter: Ursprung des deutschen Trauerspiels. Frankf./M. 1969.

Beißner, Friedrich: Geschichte der deutschen Elegie. Berlin 1941. 3. Aufl. 1965.

Bircher, Martin/Alois M. Haas (Hgg.): Deutsche Barocklyrik. Gedichtinterpretationen von
    Spee bis Haller. Bern u. München 1973.

Borgstedt, Thomas (1994): Kuß, Schoß und Altar. Zur Dialogizität und Geschichtlichkeit
    erotischer Dichtung (Giovanni Pontano, Joannes Secundus, Giambattista Marino und
    Christian Hoffmann von Hoffmannswaldau), in: GRM NF 44, 1994, S. 288–323.

–   (2001): Topik des Sonetts. Eine pragmatische Gattungskonzeption. Habil.-Schr. (Masch.)
    Frankf./M. 2001.

–   (2003): Sonett. In: I RL (s. d.). Bd. 3. 2003, S. 447–450.

Breuer, Dieter: Deutsche Metrik und Versgeschichte. München 1981 (= UTB 745).

Browning, Robert M.: Deutsche Lyrik des Barock 1618–1723. Autorisierte deutsche Ausg.
    besorgt v. Gerhart Teuscher. Stuttgart 1980.

Burdorf, Dieter: Einführung in die Gedichtanalyse. Stuttgart Weimar 1995 (= Sammlung
    Metzler 284).

Conrady, Karl Otto: Lateinische Dichtungstradition und deutsche Lyrik des 17. Jahrhun-
    derts. Bonn 1962.

Cysarz, Herbert (1964a): Vorwort zur Neuauflage (1964). In: I H. C.: Vor- und Frühbarock
    (s. d.), S. 4–8.

–   (1964b): Barocke Lyrik und barocke Lyriker. Ebda., S. 9–88.

Derks, Paul: Die sapphische Ode in der deutschen Dichtung des 17. Jahrhunderts. Eine
    literaturgeschichtliche Untersuchung. Diss. Münster 1970.

Dohm, Burkhard: Poetische Alchimie. Öffnung zur Sinnlichkeit in der Hohelied- und Bi-
    beldichtung von der protestantischen Barockmystik bis zum Pietismus. Tübingen 2000 (=
    Studien zur deutschen Literatur Bd. 154).

Dörrie, Heinrich: Der heroische Brief. Bestandsaufnahme, Geschichte, Kritik einer huma-
    nistisch-barocken Literaturgattung. Berlin 1968.

Ellinger, Georg: Geschichte der neulateinischen Literatur Deutschlands im sechzehnten
    Jahrhundert. Bd. I: Italien und der deutsche Humanismus in der neulateinischen Lyrik.
    1929.

–   Bd. II: Die neulateinische Lyrik Deutschlands in der ersten Hälfte des 16. Jahrhunderts.
    1929.

–   Bd. III: Geschichte der neulateinischen Lyrik in den Niederlanden vom Ausgang des 15.
    bis zum Beginn des 17. Jahrhunderts. Berlin Leipzig 1933.

Fechner, Jörg-Ulrich: (1966): Der Antipetrarkismus. Studien zur Liebessatire in barocker
    Lyrik. Heidelberg 1966.

–   (1969) (Hg.): Das deutsche Sonett. Dichtungen, Gattungspoetik, Dokumente. München
    1969.

Föcking, Marc: ›Rime sacre‹ und die Genese des barocken Stils. Untersuchungen zur Stil-
    geschichte geistlicher Lyrik in Italien 1536–1614. Stuttgart 1994 (= Text und Kontext 12).

Forster, Leonard: Das eiskalte Feuer. Sechs Studien zum europäischen Petrarkismus. Übs.
    v. Jörg-Ulrich Fechner. Kronberg/Ts. 1976 (= Theorie-Kritik-Geschichte Bd. 12).

Frank, Horst Joachim: Handbuch der deutschen Strophenformen. 2. Aufl. Tübingen Basel
    1993.

Gabriel, Norbert: Studien zur Geschichte der deutschen Hymne. München 1992.

Garber, Klaus (1974): Der ›locus amoenus‹ und der ›locus terribilis‹. Bild und Funktion der
    Natur in der deutschen Schäfer- und Landlebendichtung des 17. Jahrhunderts. Köln
    Wien 1974 (= Literatur und Leben N.F. 16).

– (1976): Vorwort. In: K.G. (Hg.): Europäische Bukolik und Georgik. Darmstadt 1976,
    S. VII–XXII (= Wege der Forschung Bd. 355).
Haller, Rudolf: Geschichte der deutschen Lyrik vom Ausgang des Mittelalters bis zu Goe-
    thes Tod. Bern München 1967.
Herzog, Urs: Deutsche Barocklyrik. Eine Einführung. München 1979.
Hess, Peter: Epigramm. Stuttgart 1989.
Hillebrand, Bruno: Theorie des Romans. Erzählstrategien der Neuzeit. 3. erweiterte Aufl.
    Frankfurt/M. 1996.
Hinderer, Walter (1983): (Hg.): Geschichte der deutschen Lyrik vom Mittelalter bis zur
    Gegenwart. Stuttgart 1983.
– (1978): (Hg.): Geschichte der politischen Lyrik in Deutschland. Stuttgart 1978.
Hofmann, Michael/Thomas Edelmann: Lyrik vom Barock bis zur Goethezeit. Interpretiert
    v. M. H. und Th. E. München 2002.
Holznagel, Franz-Josef, Hans-Georg Kemper, Hermann Korte, Matthias Mayer, Ralf
    Schnell, Bernhard Sorg: Geschichte der deutschen Lyrik. Stuttgart 2004 (= Reclam).
Hühn, Peter: Geschichte der englischen Lyrik. Band I: Vom 16. Jahrhundert bis zur Ro-
    mantik. Tübingen und Basel 1995. (= UTB 1847).
Ingen, Ferdinand van: ›Vanitas‹ und ›Memento Mori‹ in der deutschen Barocklyrik. Gro-
    ningen 1966.
Jaegle, Dietmar: Das Subjekt im und als Gedicht. Eine Theorie des lyrischen Text-Subjekts
    am Beispiel deutscher und englischer Gedichte des 17. Jahrhunderts. Stuttgart 1995.
Kaiser, Gerhard: Geschichte der deutschen Lyrik von Goethe bis Heine. Ein Grundriß in
    Interpretationen. Erster Teil. Frankf./M.1988.
Kemper, Hans-Georg (1981 I/II): Gottebenbildlichkeit und Naturnachahmung im Säkula-
    risierungsprozeß. Problemgeschichtliche Studien zur deutschen Lyrik in Barock und Auf-
    klärung. 2 Bde. Tübingen 1981.
– (1999): Hölle und »Himmel auf der Erden«. Liebes-, Hochzeits- und Ehelyrik in der
    frühen Neuzeit. In: Walter Haug (Hg.): Mittelalter und frühe Neuzeit. Übergänge, Um-
    brüche und Neuansätze. Tübingen 1999, S. 30–77 (= Fortuna vitrea Bd. 16).
– Deutsche Lyrik der frühen Neuzeit. 10 Bde. Tübingen 1987–2006.
– Bd. I: Epochen- und Gattungsprobleme. Reformationszeit. 1987.
– Bd. II: Konfessionalismus. 1987.
– Bd. III: Barock-Mystik. 1988.
– Bd. IV/1: Barock-Humanismus: Krisen-Dichtung. 2006.
– Bd. IV/2: Barock-Humanismus: Liebeslyrik. 2006.
– Bd. V/1: Aufklärung und Pietismus. 1991.
– Bd. V/2: Frühaufklärung. 1991.
– Bd. VI/1: Empfindsamkeit. 1997.
– Bd. VI/2: Sturm und Drang: Genie-Religion. 2002.
– Bd. VI/3: Sturm und Drang: Göttinger Hain und Grenzgänger. 2002.
Ketelsen, Uwe-K. (1976): Poesie und bürgerlicher Kulturanspruch. Die Kritik an der bür-
    gerlichen Gelegenheitspoesie in der frühbürgerlichen Literaturdiskussion. In: Lessing
    Yearbook Bd. 8. 1976, S. 89–107.
– (1991): Die Anonymisierung des Buchmarktes und und die Inszenierung der ›Speaking
    Voice‹ in der erotischen Lyrik um 1700. In: The literary culture in the Holy Roman
    Empire, 1555–1720. Ed. by James A. Parente jr., Richard Erich Schade and George C.
    Schoolfield. Chapel Hill, London: Univ. of North California 1991, S. 259–275. (= Studies
    in the Germanic languages and literatures 113).
– (1993): Die Krise der Gelegenheitspoesie in der deutschen Frühaufklärung und die Rede
    von der wahren Poesie. In: Walter Baumgartner (Hg.): Wahre lyrische Mitte – »Zentral-
    lyrik«? Frankf. /M. 1993, S. 33–49.

Knörrich, Otto (1981): (Hg.): Formen der Literatur in Einzeldarstellungen. Stuttgart 1981.
– (1992): Lexikon lyrischer Formen. Stuttgart 1992.
Krummacher, Hans-Henrik: Das barocke Epicedium. Rhetorische Tradition und deutsche Gelegenheitsdichtung im 17. Jahrhundert. In: Jb. d. dt. Schillerges. 18. 1974, S. 89–147.
Lamping, Dieter: Das lyrische Gedicht. Definitionen zu Theorie und Geschichte der Gattung. Göttingen 1989.
Loretz, Oswald: Das althebräische Liebeslied. Untersuchungen zur Stichometrie und Redaktionsgeschichte des Hohenliedes und des Psalm 45. Neukirchen 1971.
Meid, Volker (1982): (Hg.): Gedichte und Interpretationen. Bd. 1: Renaissance und Barock. Stuttgart 1982 (= Reclam).
– (1986): Barocklyrik. Stuttgart 1986 (= Sammlung Metzler Bd. 227).
Mönch, Walter, Das Sonett. Gestalt und Geschichte. Heidelberg 1955.
Müller, Günther: Geschichte des deutschen Liedes. Vom Zeitalter des Barock bis zur Gegenwart. Unveränd. fotomechan. Nachdr. d. 1. Aufl. 1925. Darmstadt 1959.
Müller, Wilhelm: Vorrede. In: I AG (s. d.), S. VII–XIV.
Müller, Wolfgang G.: Gegenwart und Vergangenheit im lyrischen Gedicht. In: Arbeiten aus Anglistik und Amerikanistik. Bd. 28. 2003, S. 43–58.
Rieder, Bruno: Contemplatio coeli stellati. Sternhimmelbetrachtung in der geistlichen Lyrik des 17. Jahrhunderts. Interpretationen zur neulateinischen Jesuitenlyrik, zu Andreas Gryphius und zu Catharina Regina von Greiffenberg. Bern Frankf./M. New York Paris 1991 (= Deutsche Literatur von den Anfängen bis 1700. Bd. 11).
Röbbelen, Ingeborg: Theologie und Frömmigkeit im deutschen evangelisch-lutherischen Gesangbuch des 17. und frühen 18. Jahrhunderts. Göttingen 1957 (=Forschungen zur Kirchen- und Dogmengeschichte Bd. 6).
Scheitler, Irmgard (1982): Das Geistliche Lied im deutschen Barock. Berlin 1982 (= Schriften zur Literaturwissenschaft. Bd. 3).
– (1984): Geistliches Lied und persönliche Erbauung im 17. Jahrhundert. In: Chloe. Beihefte zum Daphnis. Bd. 2. Frömmigkeit in der frühen Neuzeit. 1984, S. 129–155.
– (1999): Geistliche Lyrik. In: III Albert Meier (Hg.): Die Literatur des 17. Jahrhunderts (s. d.), S. 347–376.
Schilling, Michael: Lyrik. In: III Albert Meier (Hg.): Die Literatur des 17. Jahrhunderts (s. d.), S. 316–332.
Schings, Hans-Jürgen: Consolatio tragoediae. Zur Theorie des barocken Trauerspiels. In: Reinhold Grimm (Hg.): Deutsche Dramentheorien. Beiträge zu einer historischen Poetik des Dramas in Deutschland. 3. Aufl. Frankf./M. 1980, S. 1–44.
Schlaffer, Heinz: Musa iocosa. Gattungspoetik und Gattungsgeschichte der erotischen Dichtung in Deutschland. Stuttgart 1971.
Schlütter, Hans-Jürgen: Sonett. Mit Beiträgen von Raimund Borgmeier und Heinz Willi Wittschier. Stuttgart 1979.
Schöne, Albrecht: Emblematik und Drama im Zeitalter des Barock. Zweite, überarb. u. erg. Aufl. München 1968.
Schramm, Gabriele: Widmung, Leser und Drama. Untersuchungen zu Form- und Funktionswandel der Buchwidmung im 17. und 18. Jahrhundert. Hamburg 2003 (= Studien zur Germanistik Bd. 2).
Segebrecht, Wulf: Das Gelegenheitsgedicht. Ein Beitrag zur Geschichte und Poetik der deutschen Lyrik. Stuttgart 1977.
Stockinger, Claudia: Kasuallyrik. In: III Albert Meier (Hg.): Die Literatur des 17. Jahrhunderts (s. d.), S. 436–452.
Strich, Fritz: Der lyrische Stil des 17. Jahrhunderts. In: III Richard Alewyn (Hg.): Deutsche Barockforschung (s.d.), S. 229–259.

Verweyen, Theodor / Günther Witting: Das Epigramm. Beschreibungsprobleme einer Gattung und ihrer Geschichte. In: Simpliciana. Schriften der Grimmelshausen-Gesellschaft XI. 1989, S. 161–180.

Viëtor, Karl: Geschichte der deutschen Ode. Nachdr. d. Geschichte der deutschen Literatur nach Gattungen. Bd. 1. München 1923. Hildesheim 1961.

Weisz, Jutta: Das deutsche Epigramm des 17. Jahrhunderts. Stuttgart 1979.

Wiedemann, Barbara: Von Fischen und Vögeln. Überlegungen zum modernen Gedichtbegriff. In: Poetica 1995. H. 3/4, S. 396–432.

Zymner, Rüdiger: Gattungstheorie. Probleme und Positionen der Literaturwissenschaft. Paderborn 2003.


## V. Weitere Forschungsliteratur

Barner, Wilfried: Poeta doctus. Über die Renaissance eines Dichterideals in der deutschen Literatur des 20. Jahrhunderts. In: Jürgen Brummack u. a. (Redaktionskollegium): Literaturwissenschaft und Geistesgeschichte. Festschrift für Richard Brinkmann. Tübingen 1981, S. 725–752.

Kilcher, Andreas B.: Das Horoskop des 19. Jahrhunderts im Prüfstand der Geschichte. Walter Mehrings ›Verlorene Bibliothek‹. In: DVjs. 78. 2004, S. 287–312.

Mergenthaler, Volker: Völkerschau – Kannibalismus – Fremdenlegion. Ästhetik der Transgression 1897–1936. Tübingen 2005.

Schöne, Albrecht: Dichtung als verborgene Theologie. Versuch einer Exegese von Paul Celans ›Einem, der vor der Tür stand‹. 2. Aufl. Göttingen 2000.

# Personenregister

Biblische, mythologische und fiktive Namen s. Sachregister

# Sachregister